KB175577

ALICE
HYUN

현앨리스와 그의 시대

1903-
1956?

현 앨리스와 그의 시대

역사에 휩쓸려간 비극의 경계인

정병준 지음

2015년 3월 16일 초판 1쇄 발행
2024년 2월 7일 초판 5쇄 발행

펴낸이 한철희 | 펴낸곳 돌베개 | 등록 1979년 8월 25일 제406-2003-000018호
주소 (10881) 경기도 파주시 회동길 77-20 (문발동)
전화 (031) 955-5020 | 팩스 (031) 955-5050
홈페이지 www.dolbegae.co.kr | 전자우편 book@dolbegae.co.kr
블로그 blog.naver.com/imdol79 | 트위터 @Dolbegae79 | 페이스북 /dolbegae

책임편집 소은주
표지디자인 김동신 | 본문디자인 김동신·이은정
마케팅 심찬식·고운성 | 제작·관리 윤국중·이수민
인쇄·제본 상지사 P&B

ISBN 978-89-7199-651-5 (03900)

이 도서의 국립중앙도서관 출판시도서목록(CIP)은 e-CIP홈페이지(http://www.nl.go.kr/ecip)에서
이용하실 수 있습니다.(CIP제어번호: CIP2015006364)

책값은 뒤표지에 있습니다.

현 앨리스와 그의 시대

역사에 휩쓸려간 비극의 경계인

정병준 지음

어디에도 깃들 수 없었던
비극의 경계인들을 기억하며

차례

이 책은 현앨리스(1903~1956?)라는 여성의 삶과 비극적 최후를 다룬 것이다. 현앨리스는 일반에 잘 알려지지 않은 인물이며, 그 자신이 정치적으로 중요하거나 유명 인사도 아니다. 현앨리스는 남로당의 지도자 박헌영과 관련한 비극적 죽음으로 현대사 연구자들에게 알려져 있다.

현앨리스는 1955년 북한이 부수상 겸 외상이었던 박헌영을 '미 제국주의의 고용간첩' 및 '공화국 전복' 혐의로 사형 판결을 내릴 때 그 혐의를 확증하는 중요한 인적 증거로 활용되었다. 북한의 기소장은 그녀가 "1920년 상해 시절 박헌영의 첫 애인"이었으며 미국의 스파이로서 박헌영의 도움으로 북한에 입국해 스파이 활동을 했다고 지목했다.

소위 '박헌영 간첩사건'은 당시 공산권 세계에 만연한 정적 제거의 상투적 방식으로 생각되었지만, 실체적 진실은 전혀 밝혀지지 않았다. 박헌영을 사지로 옭아맨 현앨리스라는 인물과 행적에 대해서도 전혀 알려지지 않았다. 다만 북한의 주장이 있었고, 막연히 현앨리스가 미국의 스파이거나 박헌영의 애인이었을지도 모른다는 매혹적 상상만이 있었다. 2000년대 들어 일부 한국 언론은 현앨리스를 '한국판 마타하리'로 부르며, 이강국의 애인이었던 남한의 김수임과 대비되는 북한의 여간첩 등으로 호명하기도 했다.

이런 연유로 현앨리스에게 관심을 갖게 되었다. 본격적인 추적은 기성의 인식과는 다른 이야기를 전하는 자료들을 발견하면서 시작되었다. 현앨리스는 3·1운동기 한국 독립운동을 상하이와 전 세계에 알린 현순 목사의 맏딸이었고, 1920년 상하이에서 만난 박헌영과는 오누이 같은 사이였다. 그녀는 1945년 말 주한미군 사령부 정보참모부G-2 민간통신검열단CCIG-K에 배속되었는데, 이 조직은 편지 검열, 전화 도청, 전보 검열을 담당하는 정보기관이었다. 현앨리스는 조선공산당 당수 박헌영과 여러 차례 만나고 주한미군 내 공산주의자들과 어울리는 한편, 민간통신검열단의 임무를 파괴한 혐의로 남한에서 추방되었다. 정보참모부장 니스트Cecil Nist는 그녀를 '우리 임무를 거의 망친 악마'라고 표현했다. 즉 북한이 주장한 '미국의 스파이'라는 주장과 정반대로 미군정은 좌익과 결탁한 '악마'라고 평가했던 것이다. 왜 이런 상반되고 양극적인 평가가 서울과 평양에서 대두했는지 따져볼 필요가 있었다. 또한 현앨리스의 비극이 개인 차원에 그친 것이 아니라 아들과 직계가족, 나아가 재미한인 진보진영에 관련된 일련의 흐름이었음을 알게 되었다.

현앨리스가 평양에서 미국의 간첩으로 지목된 1955년을 전후해 로스앤젤레스에서는 그녀의 남동생들이 미국 하원 비미非美활동조사위원회 청문회에 소환되었다. 이들은 공산주의자라는 혐의로 공격을 받았고, 추방·체포 위험에 직면했다. 현앨리스 남매는 태평양을 사이에 두고 평양과 로스앤젤레스에서 냉전의 극단에 자리 잡았던 두 체제에 의해 정반대의 공격을 받았던 것이다.

현앨리스의 아들 역시 비극적 운명을 맞았다. 불행한 결혼 생활의 유복자로 1927년 하와이에서 태어난 정웰링턴은 1948년 체코슬로바키아(이하 체코) 프라하로 유학길에 올랐다. 그는 고투 끝에 외과의사가 되었지만 남한·북한·미국 어디로도 돌아갈 수 없는 처지가 되었다. 생존을 위해 발버둥치던 웰링턴은 1963년에 자살로 생을 마감했다.

현앨리스와 함께 1949년 평양행을 선택한 감리교 목사 출신인 이경선의 운명도 비감한 것이었다. 이경선은 미국으로 건너간 이후 한국 독립운동에 가담했고, 중일전쟁 이후 무장투쟁 노선의 신봉자가 되었다. 1945년 미국 전략첩보국OSS의 요원으로 자원해 중국까지 진출한 바 있었다. 전후 사회주의자를 자부한 그는 이름도 '민중을 생각한다'는 뜻의 이사민李思民으로 개명했고, 평양을 사상의 조국으로 생각했다. 그는 1955년 박헌영 재판에서 미국의 간첩으로 지목되었다.

한편 해방 이후 현앨리스와 함께 미국에서 진보주의 노선을 걸었던 김강, 전경준, 곽정순 등 재미한인들의 운명을 발견하게 되었다. 이들은 한국 현대사에서 전혀 알려지지 않은 도미 유학생 엘리트들로, 중일전쟁 이후 대일 무장투쟁을 주장했으나 해방 이후 좌표를 상실했다. 한국전쟁기 북한에 동조하게 된 이들은 1950년대 하원 비미활동조사위원회 청문회에 소환된 후 북한으로 추방되었다. 북한을 이상향으로 생각한 이들은 모두 아내를 동반하고 우여곡절 끝에 체코를 경유해 평양에 도착했으나 이후 외부세계와 완벽하게 단절되었다. 이들의 최후는 알려지지 않았다.

현앨리스를 중심으로 비극적 사건들이 동심원을 그리듯 발생했고, 믿기 힘든 역사적 사실들이 고리처럼 연결되어 대연쇄를 이루었다. 비극과 비극이 서로 엉키고 불행과 불행이 짝하며 이들의 이야기를 완성했다. 도대체 이런 믿기 힘든 비극적 인생 경로는 어떻게 만들어진 것인가, 왜 그녀 혹은 그들은 그런 선택을 했는가 하는 의문에서 이 책은 출발했다.

이 책은 현앨리스와 그 시대에 대한 오랜 추적의 산물이다. 진실은 전체상이 아닌 모자이크 조각으로 파편적·간헐적으로 발견되었고, 진전은 한 뼘씩 이루어졌다. 오랫동안 모아온 자료를 바탕으로 2010년부터 세 차례 미국 국립문서기록관리청NARA에서 관련 문서들을 찾았고, 2013년 여름 프라하에서 중요한 문서들을 발굴했다. 또한 현앨리스와 관련된 중요한 증언들을 확보할 수 있었다. 체코에서의 문서 발굴과 1921년 박헌영, 현앨리스가 함께 찍은 사진을 발견하지 못했다면, 이 책을 완성하기 어려웠을 것이다. 한 장의 사진은 두 사람의 관계를 응축해 설명해주었고, 체코의 문서들은 현앨리스, 정웰링턴, 재미한인 진보주의자들의 마지막 모습을 드러내주었다.

이 결과 이 책은 현앨리스의 개인사에서 출발해 현앨리스, 정웰링턴의 가족사를 거쳐 4세대에 걸친 현씨 집안의 근대사를 다루게 되었다. 또한 재미한인사, 한국 독립운동사, 한국 현대사, 북한 현대사, 냉전사에 한 발씩을 걸치게 되었다.

이 책은 뚜렷한 결론이나 주장을 담고 있지는 않다. 다만 이 비극적 인생들의 경로가 한국 근현대사의 우여곡절을 반영하고 있다는 점을 드러내고자 했다. 현앨리스는 우연한 선택이나 돌출적 행동으로 비극적 결말에 도달한 것이 아니라 본인의 의지와 노력의 결과 그 경로에 도달했다. 또한 그녀는 다면적이고 중층적이며 경계적인 정체성을 갖고 있었다. 일본의 신민, 미국의 시민, 남한의 국민, 북한의 공민으로 규정될 수 없는 경계적 정체성을 가지고 있었으며, 그 결과 좌익, 북한의 스파이, 미국의 스파이라는 공존하기 어려운 극단적 정체성을 강요당했다. 그녀는 한국 근현대사가 세계체제와 충돌하는 과정에서 파생된 뿌리 뽑힌 존재였으며, 늘 조국을 찾아 방황하는 방랑자, 이방인의 삶을 살아야 했다. 이런 경계적 삶은 한국 근현대가 경험한 파국이 반영된 것이다.

시작과 결말에 대한 최종 확인이 이루어진 후 본격적으로 초고를 쓰기 시작했다. 이 책과 관련해 이미 썼던 몇 편의 글이 뼈대를 이루었다.[1] 오랫동안 한 조각씩 모은 사금파리 조각들과 인터뷰들을 통해 현앨리스와 그 삶을 복원하려고 했다. 책을 쓰는 내내 무거운 마음을 벗기 어려웠다. 시대와 역사에 으깨진 삶들을 해원解寃해야 한다는 압박감과 너무 선명히 드러나는 한국 근현대사의 비극성 때문이었다.

오랜 의문과 궁금증, 매혹적 상상, 비극적 이야기의 마력에 이끌려 여기에 도달했으나, 과연 이 이야기가 현앨리스의 꿈과 희망, 이성과 의지, 그녀를 사로잡은 시대정신과 그녀가 꿈꾸었던 세계를 제대로 설명했는지는 가늠하기 어렵다. 다만 자료와 자료의 징검다리를 이어, 현앨리스의 일생과 그 시대를 복원 가능한 수준의 모자이크로 제시함으로써 주어진 소임을 다했다고 위안을 삼을 뿐이다.

이 책을 준비하는 데 도움을 준 여러분들에게 감사 인사를 드린다. 미국에서 자료조사를 하는 데 도움을 준 방선주 선생님, 체코 문서 발굴의 공로자이자 함께 정웰링턴을 연구하게 된 이화여대의 블라디미르 흘라스니

Vladimir Hlasny 교수, 인터뷰와 자료를 제공해준 그랜트 이치가와Grant Ichi-kawa, 일레인 야가와Elaine Yagawa, 도로시아 디 버킹엄Dorothea 'Dee' Buckingham, 로버타 장Roberta Chang, 야로슬라브 올샤Jaroslav Olša jr 전 주한체코 대사, 선우학원, 박기벽, 윤심온, 임경석 교수, 이경원K.W.Lee, 원경스님 등 여러분께 진심 어린 감사 인사를 드린다. 로스앤젤레스에서 자료를 찾아 보내준 이화여대 김수연 박사와 원고정리를 도와준 이화여대 대학원생 송하연에게 감사를 표한다.

책의 조판이 완료된 후 사진저작권을 수소문하는 과정에서 현순 집안의 후손들과 연락이 닿았다. 피터 현Peter Hyun 회고록의 사진들을 사용하도록 허락해준 피터 현의 자녀인 폴라 배슨Paula H. Batson, 레나 현Lena Hyun, 더글라스 현Douglass Hyun에게 감사를 표한다. 또한 데이비드 현David Hyun의 저서와 그가 정리해 남가주 대학 한국전통문화도서관에 기증한 현순목사콜렉션Rev. Soon Hyun Collected Works의 사진들을 사용하도록 허락해준 데이비드 현의 아들 네이슨 현Nathan Hyun에게 감사를 표한다. 엘리자베스 현Elizabeth Hyun Kim의 딸 도리스 김 펌밀Doris Kim Pummill, 손녀 카렌 해밀턴Karen Hamilton, 현 앨리스의 손녀이자 정웰링턴의 딸인 타비타 골든버그Tabitha Goldenberg 등 현씨 집안의 후손들이 이 책에 보여준 깊은 관심과 격려에 감사드린다.

이 책에 수록된 자료를 찾는 데 도움을 준 미 국립문서기록관리청, 남가주 대학 한국전통문화도서관Korean Heritage Library, University of Southern California, 남가주 사회연구조사도서관Southern California Library for Social Studies and Research, 하와이 대학University of Hawaii, 체코 비밀경찰국 문서보관소Archives of the Security Forces of the Czech Republic, 체코 국립문서보관소National Archives of Czech Republic, 체코 외무성 문서보관소Archive of the Ministry of Foreign Affairs, Czechoslovakia, 체코 프라하 찰스 대학 문서보관소Charles University Archives, 한국 국사편찬위원회, 독립기념관, 국가보훈처 등의 기관과 관계자들에게 감사드린다. 언제나처럼 가족들에게는 사랑과 감사의 말을 전한다. 세 번째 책

으로 인연을 더한 돌베개의 한철희 대표와 편집을 맡아준 소은주 팀장에게
도 감사 인사를 드린다.

　지천명知天命에 이르렀으나 여전히 역사의 무게를 헤아리기 어렵다는
것을 절감한다. 갈 길은 아직 멀고 호소하는 이야기는 많다. 학문의 길에서
도전이 있으면 마땅히 응답할 것이다. 모쪼록 이 책을 통해 한국 근현대가
세계체제와 충돌하며 빚어낸 식민·분단·전쟁·냉전의 역사가 개인과 가족,
집단에게 미친 영향과 그 유산을 되돌아볼 수 있기를 희망한다. 개인의 삶을
통해 시대와 역사의 흐름을 살펴보고자 한 이 시도가 부족한 글재주와 미숙
한 해석으로 빛바래지 않기만을 바랄 따름이다.

2015년 2월 저자 삼가 씀

1921

서장

한 장의 사진:
박헌영, 주세죽, 그리고 현앨리스

1921년, 상하이

SHANGHAI

그림 1 박헌영과 현앨리스(상하이, 1921년): 박헌영(1열 오른쪽 세 번째), 현앨리스(2열 오른쪽 두 번째), 주세죽(2열 오른쪽 첫 번재), 현피터(1열 오른쪽 첫 번재) ⓒ 원경

한 장의 사진: 박헌영, 주세죽, 그리고 현앨리스

— 1921년, 상하이

이야기는 한 장의 사진(그림 1)으로부터 시작된다. 원기 왕성한 19명의 청년들이 사진에 자리했다. 11명의 남성과 8명의 여성은 보타이이나 넥타이를 매고 양복이나 중국옷으로 성장盛裝을 했다. 모두 엄숙하고 근엄한 표정으로 한껏 자신감 넘치는 포즈로 뒷짐을 지거나 팔짱을 꼈다. 첫째 줄 가운데 앉은 보타이를 맨 앳된 젊은이만 유일하게 약간 삐딱한 자세로 친구 어깨에 팔을 올렸다. 그가 팔을 기댄 친구와 그 옆의 친구는 그를 향해 몸을 기울였다. 자연스럽게 그는 사진의 정중앙에서 눈길을 사로잡는다. 시선을 집중시킨 중앙의 이 젊은이는 한국 공산주의 운동의 전설이 된 박헌영이다.

원래 이 사진은 박헌영이 모스크바 국제레닌학교 재학 시절인 1929년 각국 혁명가들과 찍은 사진으로 알려져왔다. 특히 이 사진에는 호찌민(뒷줄 왼쪽 끝)과 박헌영의 부인 주세죽(가운뎃줄 왼쪽에서 세 번째) 등 아시아의 젊은 사회주의자들은 물론 상하이 시절 그의 절친한 벗이었던 김단야(앞줄 오른쪽에서 두 번째), 양명(앞줄 왼쪽에서 두 번째) 등이 포함되어 있다고 알려졌다. 베트남의 호찌민, 중국 의상을 입은 여성들, 일본 여학생 교복을 입은 여성, 앳된 소년 등이 보이므로 한국·중국·베트남·일본의 청년 혁명가들이 함께 찍은 사진이라고 자연스럽게 인식되었다. 나아가 사진이 주세죽의 유품 속에서 발견되었으며, 박헌영과 주세죽의 외동딸인 박비비안나가 촬영 시점과 피사체의 신분을 확인해주었기 때문에 의문의 여지가 없는 것으로 생각되었다.[1] 그런데 이 사진은 1929년 모스크바에서 동아시아 혁명가들과 찍은 것이 아니라, 1921년 겨울 상하이에서 중국에 유학 중이던 한국 학생들과 찍은 것이다. 촬영 시점(1929년), 촬영 장소(모스크바), 등장인물(호찌민, 주세죽) 등에서 오류가 있는 것이다.

첫째, 사진에 등장하는 박헌영의 나이와 포즈에서 단서가 발견된다.

그림 2 전傳 호찌민(그림 1 확대) **그림 3** 호찌민(1921년)
ⓒ 원경

1900년생인 박헌영은 아직 솜털이 가시지 않은 동안童顔의 앳된 모습이다. 1923년 박헌영의 체포 당시 사진은 남아 있지 않지만 이후 1925년 체포, 투옥 및 1927년 석방 사진이 남아 있다. 이 사진들은 동판이 선명치 않아서 비교가 불가능하다. 하지만 이 사진보다는 훨씬 더 나이든 모습의 박헌영을 발견할 수 있다. 박헌영의 분명한 생김새는 1928년 소련 망명 이후 주세죽과 찍은 가족사진들에 나타나는데, 1928년 9월 블라디보스토크에서 찍은 사진 및 1929년 아내, 딸과 함께 찍은 사진과 비교해보면 이 사진에 나타나는 박헌영은 훨씬 연소한 소년기의 모습을 간직하고 있다. 또한 박헌영은 1925년 체포 시점부터 안경을 쓰고 있었으며, 이후로 계속 안경을 착용했는데, 이 사진에서는 안경을 쓰지 않은 모습이다. 즉 박헌영이 안경을 쓰지 않던 1920년대 중반 이전의 사진임을 알 수 있다. 나아가 박헌영은 장난기 섞인 듯 반쯤 가로로 누운 포즈로 친구들과 어깨동무를 하고 있다. 국제 혁명가들을 배출하는 엄격한 규율의 모스크바 국제레닌학교에는 어울리지 않는 포즈다. 즉 이 사진 속 박헌영은 안경을 쓰지 않은 보다 젊은 시절이며, 모스크바 재학 시점은 아니었을 것이다.

둘째, 호찌민으로 알려진 인물도 호찌민이 아닐뿐더러 시기도 불일치한다. 호찌민은 1929년에 모스크바에 있지 않았다. 1919년 파리 강화회의 시기 「안남 인민의 요구」The Claims of the People of Annam로 이름을 알린 호찌민은 1923년 모스크바로 가 코민테른에 고용되었고 동방피압박공산대학 Communist University of the Toilers of the East에서 공부하며 1924년 6월 코민테른 5차 대회에 출석했다. 호찌민은 1924년 12월 중국 광저우廣州에서 인도차이나의 민족주의 운동가들과 함께 활동을 시작했고, 1925년 소련을 오간 이후 1927년 4월 소련으로 피신할 때까지 광저우에 체류했다. 그는 모스크바에서 1927년 여름을 보낸 후 11월 파리를 거쳐 1928년 태국 방콕에 도착했다. 1921년에 촬영된 호찌민의 사진과 비교해보면 전혀 다른 인물임을 알 수 있다.[2]

그림 4 전傳 주세죽(그림 1 확대) ⓒ 원경

셋째, 주세죽으로 알려진 여성 역시 주세죽이 아닌 것으로 보인다(그림 4). 우리는 1920년대 주세죽의 사진 세 장을 가지고 있다. 1920년대 초반 청계천에서 고명자, 허정숙과 탁족濯足하며 찍은 사진에서 주세죽은 세라복을 입고 있다(그림 7). 활기찬 여학생의 모습이다. 1928년 9월 블라디보스토크에서 박헌영과 찍은 사진에서 주세죽은 산후에 부기가 빠지지 않은 얼굴이다(그림 6). 임신한 몸으로 국경을 건너 산욕에 시달린 후의 모습이 역력하다. 1929년경에 찍은 세 번째 사진은 주세죽, 박헌영, 외동딸 비비안나가 함께 찍은 유일한 가족사진이다. 세 장의 사진을 비교해보면 주세죽은 잘생긴 외모에 통통한 체구를 가지고 있다. 빛나는 눈, 단정한 코, 넓고 반듯한 이마가 특징이다. 1928년과 1929년

그림 5 주세죽(1929년경) ⓒ 원경

그림 6 주세죽(1928년 블라디보스토크) ⓒ 원경

에 찍은 사진을 보면 이마의 정중앙이 아닌 왼편에서 시작하는 오른 가르마를 하고 있다. 반면 주세죽으로 알려진 여성(그림 4)은 눈매, 코, 입술, 이마, 가르마, 어깨선 등에서 남아 있는 주세죽의 사진과 일치하지 않는다. 이 사진의 촬영 시점, 장소, 등장인물을 특정한 것은 박

그림 7 주세죽(1920년대 초반)
ⓒ 원경

그림 8 주세죽 추정인물(그림 1 확대) ⓒ 원경

헌영의 아들인 원경스님으로, 원경스님은 사진의 소장자인 박비비안나로부터 들은 얘기를 전한 것이라고 한다.[3] 박비비안나의 기억이 정확하지 않았을 가능성이 높다. 그렇지만 박비비안나는 이 사진을 주세죽의 유품으로 간직하고 있었으며, 아버지 박헌영과 어머니 주세죽이 이 사진에 들어 있다고 생각했음이 분명하다.

그렇다면 이 사진 가운데 누가 주세죽인가? 아마도 두 번째 열 오른쪽 끝에 중국옷을 입고 숄을 무릎에 두고 있는 여성일 가능성이 높다.[4] 이 여성을 주세죽의 1920년대 세 장의 사진과 비교해보면 부드러운 얼굴선, 크고 빛나는 눈, 반듯한 이마, 좁고 부드러운 어깨선, 전반적으로 통통한 몸매, 박헌영보다 왜소한 체구 등에서 공통점을 찾을 수 있다. 주세죽은 1921년 4월 상하이로 건너와 공동조계 북사천로北四川路에 있던 안정씨여학교晏鼎氏女學校에서 1922년 5월까지 영어와 음악을 배운 바 있다.[5] 이 사진에서 중국 여성 복장을 한 것도 주세죽이 중국에 거주하던 시기에 찍은 사진임을 방증傍證한다. 사진의 오른쪽 상단 일부는 구겨져 훼손되었는데, 이 부분이 우연히 주세죽의 얼굴 중앙을 가로질렀고, 또한 얼굴의 정면이 아니라 측면이 찍혔기 때문에 박비비안나가 착각했을 것이다(그림 8).

그렇다면 이 사진은 언제, 어떤 장소에서, 누구와 함께 찍은 사진인가? 박헌영은 1920년 11월 상하이로 건너가 고려공산청년단 상해회, 고려공산당에 가입했으며 상하이에서 국내로 잠입을 시도하다 1922년 4월 2일 중국 안동현安東縣(지금의 단둥丹東)에서 신의주 경찰에 체포되었다. 일제 심문조서에 따르면 박헌영은 1921년 봄 상하이에서 학교를 다니던 주세죽과 결혼했다.[6] 사진은 박헌영과 주세죽이 상하이에 공통적으로 체류했던 1921년 4월부터 1922년 3월 사이에 찍은 것임을 알 수 있다. 사진 속 인물들이 대부분 두터운 누비옷이나 숄 등을 착용하고 있는 것으로 미루어 겨울철에 촬영된 것임을 알 수 있다. 따라서 이 사진은 1921년 하반기부터 1922년 상반기 사이에 촬영된 것임이 분명하며, 1921년 겨울에 찍었을 가능성이 높다.

또한 촬영 장소는 모스크바가 아니라 상하이였다. 이 사진에서 주세죽은 중국옷을 입었으며, 다른 대부분의 여성들도 중국옷을 입고 있다. 1929년 모스크바에서 한국인이 중심이 된 모든 여성이 중국옷을 입고 사진을 찍는 것은 상상하기 어렵다.

이 사진의 촬영 시점과 촬영 장소를 결정적으로 증언하는 것은 이 사진에 포함된 '1920년 상해 시절 박헌영의 첫 애인이었던 현앨리스'(그림 9)와 그녀의 남동생 현피터(그림 11)의 존재다. 사진을 처음 보았을 때는 기존의 설명에 따라 1929년 모스크바에서 아시아 청년 혁명가들을 촬영한 것이라고 생각했다. 그리고 현앨리스와 남동생으로 추정되는 인물을 일본인으로 생각했다. 현앨리스가 입고 있는 일본 여학생 교복(세라복)과 현피터의 양복이 다른 사람들과 달랐기 때문이다. 이들은 차림새뿐만 아니라 외모에서도 사진 속 여타 인물들과 다른 특이한 분위기를 보였다. 특별한 자리에 갖춰 입은 입성이라기보다는 자연스러운 생활의 연장인 것처럼 보였다. 여하튼 이들의 돋보이는 면모는 단번에 눈에 띄었다. 사진 속 인물들이 일본인이 아니라 현앨리스 오누이임을 깨달은 후에는 현앨리스 오누이가 1929년 모스크바 국제레닌학교에 유학했을지도 모른다고 생각했다. 그러나 이 시기에 오누이는 미국 하와이에 거주하고 있었다. 사진 속의 현앨리스 남매는 어린 티를 벗지 못한 상태였으므로 1929년 모스크바에서 촬영했을 가능성은 사라졌다.

1955년 북한의 박헌영 재판 기록에 따르면 검사총장 리송운은 「국가검사의 론고」(1955년 12월 15일)에서 "박헌영이가 1920년도 상해 생활에서

그림 9 현앨리스(그림 1 확대)
ⓒ 원경

그림 10 현앨리스(1923년)
ⓒ Peter Hyun

그림 11 현피터(그림 1 확대)
ⓒ 원경

그림 12 현피터(1924년)
ⓒ Peter Hyun

조선 민족으로 미국 국적을 가지고 있으며 기독교 신자이던 현앨리스를 자기의 첫 애인으로" 삼았다고 주장했다.[7] 즉 현앨리스가 1920년 상하이 시절 박헌영의 '첫 애인'이었다는 것이다. 현앨리스가 1955년 북한의 정치적 숙청 과정에서 박헌영의 옛 애인이자 미국 정보기관의 첩자로 등장한 것이다. 현앨리스가 미국 정보기관의 공작원으로 북한의 부수상 겸 외무상 박헌영을 포섭하는 '한국의 마타하리' 역을 맡게 되는 순간이었다.

이 사진에 등장하는 현앨리스와 현피터는 1920년부터 1924년까지 상하이에 체류했다. 박헌영, 주세죽의 상하이 체재 기간과 겹치는 시기였다. 이들이 1920년대 초반 상하이에 체류한 것은 아버지 현순 목사 때문이다. 감리교 목사이자 1919년 3·1운동의 주요 지도자 중 한 사람이었던 현순은 3·1운동 발발과 33인의 독립선언 소식을 상하이에 전달하는 역할을 했다. 현순은 3·1운동 직전 상하이로 떠났으며, 상하이에서 초기 상하이 임시정부를 수립하고 미국에 3·1운동의 발발 소식을 전하는 데 결정적 역할을 수행했다. 현순의 가족들은 미국 선교사 등의 도움으로 가까스로 한국을 탈출해 1920년 5월 8일 상하이에 도착할 수 있었다.[8]

사진 속에서 현앨리스는 다른 여성들과 달리 중국인 복장이 아니라 일본 여학생의 교복인 세라복을 입고 있다. 현피터의 회고에 따르면 현순 부부는 대도시 상하이가 위험하다고 생각해 과년한 딸들이 시장에 가는 것조차 허락하지 않았지만, 근대식 교육이 필요하다고 생각했다. 그래서 현순 부부는 현앨리스와 여동생 엘리자베스를 상하이의 여자기숙학교에 보냈다. 여자기숙학교에서 현앨리스는 중국 여학생들과 함께 생활하며 주말에만 집에 왔다. 현앨리스는 연극과 음악을 배우며 이 학교를 끝까지 마쳤다.[9] 우선 현앨리스가 중국 여학생들과 함께 다닌 이 학교의 교복이 세라복이었을 가능성을 생각해볼 수 있다. 현앨리스가 다녔던 중국 여학교의 정확한 이름은 알 수 없지만 단서는 찾을 수 있다. 1922년 7월 화동華東한국학생연합회(화동유학생회)는 상하이, 난징 등 중국의 동부(華東)에 있는 학교에 재학 중인 한국인 유학생 모임을 개최했다. 이 중 한인 유학생이 다니는 상하이의 학교 및 학생 수는 다음과 같았다.

> 上海에는 三育大學 十五, 惠靈專門學校 十一, 滬江大學 九, 同濟專門學校 八, 美術專門學校, 中西女塾, 崇德女學校 等 各三, 淸心女學校, 아마스女學校, 明强中學校 等 各二, 南洋大學, 商科大學, 浦東中學 햄부리스쿨 等 各一이고.[10]

이 가운데 여학교는 중서여숙, 숭덕여학교, 청심여학교, 아마스여학교 등이다. 현앨리스가 1920년에 다녔던 중국 여학교는 이 가운데 하나일 가능성이 높다.

두 번째 가능성은 일본 유학이다. 현앨리스의 어머니는 1921년 딸에게 근대 교육의 기회를 제공하기 위해 유학비를 마련한 후 그녀를 비밀리에 일본으로 보냈다.[11] 현앨리스가 다닌 학교의 이름은 미상이다. 현앨리스가 입은 옷으로 미루어 1920년 중국인 기숙학교 시절보다는 1921년 일본 유학 시절에 입었던 여학생 교복이었을 가능성이 높다.

그렇다면 박헌영과 주세죽, 현앨리스와 현피터는 어떤 모임에서 만나 무슨 이유로 사진을 찍었을까? 북한이 주장한 "1920년 상해 시절 박헌영의 첫 애인"이었다는 현앨리스와 박헌영의 관계는 무엇이었을까?

남동생 현피터의 회고에 따르면 박헌영은 독립운동가 현순을 존경하고 현앨리스, 현엘리자베스를 흠모하던 청년들 가운데 한 명이었다. 박헌영은 현순 집안과 함께 공원 피크닉에 동반하던 진중한 청년이었다. 현피터는 박헌영이 "내 이상형이었으며, 모든 한국인들의 영웅이 되었다"며, 솔직하게 박헌영이 자신의 매형이 되어주길 마음속 깊이 희망했다고 썼다.[12] 여기에 비교 대상이 된 현앨리스, 현피터의 사진들도 바로 현피터의 회고록에서 나온 것들이다.[13]

앳된 소년의 티가 역력한 현피터는 왜 20대 청년들과 함께 사진을 찍은 것일까? 그의 회고록은 이렇게 답하고 있다. 현피터는 상하이 소년혁명단의 열성 단원이었고, 박헌영은 그 지도자였다. 소년혁명단은 상하이 인성학교에 다니던 안중근의 아들 안원생(안준생의 오류), 김규식金奎植의 아들 김필립(김진동) 등 13~14세의 독립운동 지도자의 자식들로 구성되어 있었다. 소년혁명단의 목적은 한국 독립운동에 기여하는 것이었으며 주요 활동은 모든 종류의 체육을 통한 신체 단련, 대중집회를 알리는 전단 배포, 밀정 및 반역자 색출 등이었다. "우리 가족의 오랜 친구였으며, 과묵했던 박헌영"이 소년혁명단의 지도자가 되었으며, 그는 중국공산당과 관련을 맺고 후원을 얻었다. 박헌영은 젊은 한국 혁명가들을 위한 학교를 설립해 새로운 혁명이론을 가르치는 한편 선전선동의 실제 활동을 수행하게 했다.[14] 주로 중국공산당이 공장 노동자들을 노동조합으로 조직하도록 돕는 일이었다. 현피터는 박헌영의 지시에 따라 중국공산당이 주최하는 대중집회 참석을 요청하는 전단을 배포하다가 프랑스 경찰에 체포될 뻔하기도 했다. 현피터의 회고에 따르면 그가 14세 때인 1921년이었다. 박헌영은 현피터를 격려하며 그에게 블라디보스토크를 거쳐 소련으로 유학할 수 있는 여권을 건네주었다. 얇은 종이 위에 양파잉크로 작성된 이 여권은 3개 국어로 작성되었는데, 현피터 등 4명은 이 여권을 가지고 블라디보스토크에서 모일 예정이었다.

그러나 어머니가 이 여권을 불태움으로써 모스크바 유학은 좌절되었다.[15] 1922년의 일이었다.

앞의 사진(16쪽 그림 1)이 촬영된 1921년에서 1922년 사이 현앨리스, 현피터, 현순 등 현씨 가문과 박헌영은 밀접한 관계를 맺고 있었다. 먼저 현앨리스는 박헌영과 함께 화동유학생회 활동을 했을 가능성이 농후하다. 화동유학생회(화동한국유학생회 혹은 화동한국학생연합회로도 표기)는 1921년 가을에 교육 및 선전을 목적으로 조직되었으며, 단원은 상하이에 50여 명이 있었다.[16] 상하이 상과대학에 재학(1921년 4월~1922년 6월) 중이던 박헌영[17]은 초기 화동유학생회 회장이었다. 박헌영은 1921년 10월 22일 화동한국학생연합회 임시회장 자격으로 극동민족대회 대표자 정광호, 김상덕에게 위임장을 발급했다.[18] 일본 정보문서에 따르면 정광호는 화동유학생회 직원으로 되어 있으며, 통신처(우편물 수취처)도 그의 주소(吉益里 十六號 鄭光好)로 되어 있었다.[19] 극동민족대회, 즉 극동피압박민족대회에 대표를 파견한 화동유학생회는 이 시점에 단순히 상하이 지역 한국 유학생들의 모임이 아니라 사회주의·공산주의 조직의 표면 단체이거나 연관 단체였을 가능성이 높다. 정광호는 도쿄 2·8독립선언에 참가한 후 상하이로 건너가 상하이 임시정부 교통부 참사, 임시의정원 전라남도 의원을 역임했는데, 극동피압박민족대회에 화동한국학생연합회 대표로 참석한 바 있다. 박헌영이 귀국한 후 화동유학생회는 난징과 상하이로 이동하며 주요한 등이 대표를 맡았다. 1920~1921년 상하이 중국인 기숙학교를 다녔던 현앨리스는 박헌영과 함께 화동유학생회에서 활동했을 개연성이 높다.

현앨리스의 동생인 현피터는 박헌영이 지도하는 소년혁명단의 단원이었으며, 박헌영의 열렬한 추종자이자 그와 함께 혁명운동에 뜻을 둔 소년혁명가를 자임했다.

한편 현순도 박헌영과 밀접한 관련을 맺고 있었다. 현피터의 회고에 따르면 프랑스 조계 감옥에 갇힌 현순, 현피터 부자를 박헌영이 뇌물을 써서 구해주기도 했다.[20] 이는 단순히 개인적 친분이나 우의 때문만은 아니었다. 여기에는 이념과 활동의 친연성이 개재介在해 있었다.[21] 현순과 밀접한 관계였던 최창식崔昌植도 이 시기 박헌영과 긴밀한 사이였다. 최창식은 1919년 현순과 함께 상하이로 망명해 3·1운동 발발 소식을 전한 핵심 인물이었으며, 이동휘 국무총리의 비서장을 지낸 바 있다.

1921~1922년 상하이 시절 현순, 최창식, 박헌영은 여러 면에서 교집합을 가지고 있었다. 첫째, 세 사람 모두 사회주의 운동 조직에 몸담고 있었다. 열성적 민족주의자, 기독교 목사, 파리 강화회의와 민족자결주의를 신봉하던 외교 노선 옹호자이자 임시정부 지지자였던 현순과 최창식이 청년 박헌영과 함께 상하이에서 결성되기 시작한 상하이 고려공산당, 상하이 고려공산청년회 관련자가 되었던 것이다.

둘째, 이들은 모두 1922년 모스크바에서 개최된 극동피압박민족대회에 참석했거나 깊숙이 관여했다. 현순과 최창식은 고려공산당 대표로 모스크바 대회에 참석했고, 같은 시기 박헌영은 정광호, 김상덕金尙德을 극동피압박민족대회에 파견했다. 현순, 최창식은 물론 김규식, 여운형呂運亨 등 1919년 파리 강화회의와 외교 노선에 기대를 걸었던 임시정부 수립의 주역이자 독실한 친미 기독교도·민족주의자들이 1922년 모스크바가 후원하는 국제대회에 참석한 것은 1920년대 초반 상하이에서의 시대조류가 급격하게 변동하고 있음을 보여주는 것이기도 했다.

셋째, 이들은 모두 정丁자 돌림의 호를 사용했다. 현순은 석정石丁, 최창식은 운정雲丁, 박헌영은 이정而丁이라는 호를 썼다. 고무래 정丁자는 '사람'의 뜻도 있는데, 상하이 시기 같은 노선, 같은 지향을 가진 인사들이 모두 '정'자 호를 쓴 것이다.[22] 이는 우연의 일치로 보기 어렵다. 같은 활동과 지향을 가진 인사들이 동일한 글자로 호를 짓고 결의를 다지는 것이 전통적 관습이었기 때문이다. 최창식, 현순이 이미 '정'자 호를 쓰고 있었기에, 1920년대 초반 같은 조직에 속해 있던 낮은 연배의 박헌영이 '정'자를 차용해 호를 지었을 가능성이 높다.

이상과 같이 상하이 시절 박헌영은 현순, 현앨리스, 현피터 등 현씨 집안과 매우 밀접한 사상적·조직적·정서적 공감대를 형성하고 있었던 것이다. 현순을 고리로 박헌영은 현앨리스, 현피터와 연결되어 있었음을 알 수 있다.

사진 속에서 박헌영의 첫 부인 주세죽은 현앨리스 바로 옆에 위치하고 있다. 박헌영과 주

그림 13 현피터(1922년)
ⓒ Peter Hyun

세죽은 1921년 봄에 결혼했다. 1900년생인 박헌영은 스물한 살이었고, 1901년생인 주세죽은 스무 살이었다. 현앨리스의 선택도 곧 다가왔다. 1903년생인 현앨리스는 일본에서 '대학 졸업생'인 어떤 남자를 만나 사랑에 빠졌다. 현앨리스는 연인을 상하이로 데리고 와서 가족에게 소개했고, 두 사람은 1922년 상하이의 한인교회에서 결혼식을 올렸다.[23] 현순 집안의 가승家乘에 따르면 이 남자의 이름은 정준Jun Chung이다. 현피터는 보타이를 매고 누나의 결혼식에 맞춰 파마를 하고 성장을 한 채 사진을 찍었다(그림 13).

박헌영과 현앨리스가 '첫 애인'이었는지는 미상이지만 두 사람은 10대 후반과 20대 초반에 '독립과 혁명'의 기운이 이글거리던 이국의 땅 상하이에서 공동선을 지향하며 풋풋한 감정을 지녔을 수는 있겠다. 상하이는 독립운동, 혁명운동의 모험담과 용기 있는 도전으로 가득한 신비의 세계였다. 소년이 혁명가로 자라났고, 어제의 민족주의자가 오늘의 사회주의자로 변신翻身하는 대전환의 신세계가 이곳에서 펼쳐졌다.

이제 우리는 이 사진(16쪽 그림 1)이 1921년 겨울 상하이에서 찍은 사진임을 알게 되었다. 그러나 여전히 어떤 모임 또는 조직의 기념사진이었는지는 알 수 없다. 우리는 박헌영이 1921년 상하이 시절에 관련했던 조직을 알고 있다. 임경석의 연구에 따르면 화동한국학생연합회(회장), 고려공산청년회 중앙총국(중앙집행위원·책임비서), 사회주의연구소(이르쿠츠크파 고려공

산당 운영) 등이다.[24]

사진으로 돌아가보면, 우선 남녀의 성비가 비교적 고르게 배치되어 있고 연령대는 대부분 20대 초·중반으로 추정된다. 여성들은 가운데 열에 나란히 앉아 있으며, 격식을 갖춘 청춘 남녀의 모임임을 알 수 있다. 사진 속 인물들은 모두 정장 차림이고, 박헌영과 몇몇은 보타이를 하고 있다. 이는 특별한 행사를 기념하는 촬영이었음을 짐작케 한다.

비밀조직이었던 고려공산청년회 중앙총국이 기념사진을 촬영했을 가능성은 매우 낮다. 사진에는 박헌영과 함께 화요회 3총사로 불리게 된 김단야, 임원근이 포함되어 있지 않다. 사회주의연구소는 안병찬, 김만겸이 설립하여 운영하고 있었는데, 이들이 성장을 하고 기념사진을 찍었을 가능성도 희박하다. 또한 박헌영이 1921년 11월 모스크바 극동피압박민족대회로 정광호, 김상덕을 파견하며 기념사진을 찍었을 가능성도 낮다. 김상덕은 각진 얼굴로 쉽게 특정할 수 있는 인상인데, 앞의 사진에서는 보이지 않는다. 인물의 남녀 구성, 옷차림, 현피터의 참석 등을 고려할 때 이는 상하이 지역 청년들이 행사를 거행한 후 찍은 기념사진이었을 가능성이 높다. 또 다른 가능성은 1921년 10월 16일 상하이 공동조계 북사천로의 에스페란토 학교에서 개최된 일본인 공산주의자이자 에스페란토 연구자인 아오야마青山를 환영하는 행사의 기념사진이다. 여기에는 박헌영을 비롯해 상하이에 거주하는 조선인 공산주의자 20여 명이 참석한 것으로 알려져 있다.[23] 그렇다면 손님인 아오야마를 중심으로 사진이 구성되어야 하지만, 이 사진에는 그런 환영식의 흔적이 보이지 않는다.

중·장년들이 전혀 포함되지 않았고, 특별한 주인공이 자리하지 않은 채, 남녀 청년들이 성장을 하고 찍은 이 사진은 화동한국학생연합회(화동유학생회)가 모임을 기념하기 위해 찍은 사진이었을 가능성이 높다. 이것이 현재로선 가장 개연성 높은 추정이다.

이 사진을 찍은 박헌영, 주세죽, 현앨리스 등 세 청춘 남녀는 다가올 가혹한 운명의 전조를 눈치 채지 못했을 것이다. 희망으로 가득했던 상하이의 인연이 30여 년 뒤 자신을 파멸로 이끌 것은 짐작조차 할 수 없었을 것이다. 박헌영은 1933년 상하이에서 체포된 이후 다시는 주세죽과 해후할 수 없었다. 주세죽은 박헌영의 혁명동지 김단야와 재혼했지만, 그마저 1937년 스탈린에 의해 처형되었다. 노동교화형에 처해졌던 주세죽은 1953년 박헌영의 재판 소식을 듣고 딸의 안위를 걱정하며 유배지 크질오르다에서 모스크바로 가던 중 폐렴으로 사망했다. 박헌영과 현앨리스는 1956년 평양에서 처형되었다. 뜨거웠던 청춘들은 '혁명동지'들의 손에 의해 처형되어 신기루처럼 사라졌다. 이 글은 이들의 열정과 삶에 관한 이야기이자 시대와 역사의 수레바퀴에 으깨진 한 여성의 운명에 관한 보고서다.

1903

1장

**하와이에서 태어나
서울에서 자라다**

1903~1920년

1920

그림 14 현순 부부가 탔던 하와이 이민선 콥틱 호S.S. Coptic

아버지 현순, 하와이를 유람하다
— 1903~1907년

근대 세계에 관심이 많던 25세의 청년 현순은 1903년 2월 하와이행 이민 배에 올랐다. 임신 7개월에 접어든 아내가 함께했다. 이들 앞에 새로운 세계와 기회가 기다리고 있었고, 이들의 후손은 장차 역사와 시대가 충돌하며 빚어내는 소용돌이 속에 휩싸이게 될 것이었다.

현순은 대한제국 정부가 설립한 관립영어학교 출신으로 일본에 유학해 일본어와 근대 학문을 배웠다. 세례를 받은 독실한 기독교 신자였던 그는 하와이 노동이민의 통역으로 미국령 하와이로 향했다.

현순은 천령川寧 현씨 출신이었는데, 그의 집안은 대대로 유명한 역관 가문이었다. 부친 현제창玄濟昶은 민비와 고종의 총애를 받았던 무녀 진령군眞靈君의 도움으로 등과해 직산·군위·인제군수를 지냈다.[1] 현순은 1879년 3월 21일 현씨 집성촌이 위치한 경기도 양주부楊洲府 석적면石積面 항동杭洞 도암산道岩山 아래에서 출생했다. 아명은 성린聖麟이었다. 그는 열두 살 되던 1890년 전의典醫 이해창李海昌의 딸과 결혼했다.[2]

현순은 1897년 관립영어학원에 입학했다. "관립영어학원은 왕명으로 설립되고 영어를 마스터한 청년 학생들을 영국에 유학시켜 해군전술을 습득시키는"것을 목적으로 하고 있었다. 2명의 영국인 교사(W. 허치슨, 홀리팩스)와 한인 교사들로부터 일반독본, 과학독본, 지리, 산술 등을 배웠다. 학생들은 대부분 부유한 고관의 자제들이었고, "광무제는 시시로 전교 학생을 궁궐에 불러 조련시킨 후 진수성찬을 대접"했다. 하계에는 카키색, 동계에는 흑사지 교복을 착용했다.[3] 현순은 영국인 교사 반대운동에 동조했다가 1898년 퇴교당했다.

1899년 현순은 장응진, 김경민과 함께 일본에 유학했다. 현순은 여관 하녀로부터 일본어를 배웠고, 사촌형 현은玄檼의 주선으로 한국 정부로부터 약간의 재정 원조를 받았다. 그는 도쿄 간다神田에 위치한 순천順天대학에 입학해 수학, 대수, 기하, 삼각, 물리, 화학, 영어 등을 배웠다. 현순이 다닌 것은 순천중학교였다. 1834년 오사카에서 창립된 순천당숙順天堂塾은 1891년 도쿄 간다로 이전한 이후 순천구합사順天求合社(1871년), 심상중학尋常中學 순천구합사(1893년), 순천구합사중학교(1899년), 순천중학교(1900년)로 명칭을 변경했다.[4] 현순은 1902년 4월 순천중학을 졸업하면서 영어로 연설했다.[5]

그가 영어학교에서 공부하고 일본 유학을 하는 사이, 대한제국은 러시아와 일본의 팽팽한 대립과 긴장 속에서 근대화의 실낱같은 가능성을 엿보고 있었다. 격동하는 아시아의 현실을 목격한 현순은 세계의 신기운을 뿜어내는 신세계 미국에 대한 관심과 궁금증을 품었다. 그의 부친은 독립협회에 관여해 "제국신문을 시작"했고, 1899년 독립협회 회원 17명이 체포될 때 함께 체포되기도 했다. 현제창은 중추원 의관을 지냈고, 현순도 독립협회에 가입했다.[6]

귀국 후 생계를 모색하던 현순은 1902년 제물포 데슐러 은행의 영어 통역에 지원했는데, 이 은행 안의 동서개발회사East-West Development Company가 하와이 사탕수수 농장에 보낼 이민 노동자를 모집 중이었다.

대한제국기에 처음 시작된 하와이 이민은 중국과 일본 노동자의 이민 금지로 신규 노동력이 필요했던 하와이 경주耕主조합의 요청에 따라 추진되었다. 주한 미국공사 알렌Horace Allen이 중개했고, 하와이에서 파견한 데슐러 David W. Deshler가 한국에서 회사를 설립해 일을 추진했다. 대한제국은 역사상 최초로 이민기관인 유민원綏民院을 설치해 한인들의 이민을 주선하고 공식 여권인 집조執照를 발행했다. 현순은 관립영어학교 동창이던 안정수安鼎洙와 상의한 후 하와이 이민의 통역에 따라가기로 결정했다.[7]

현순은 일본 유학 중이던 1901년 친구 심비성의 권유로 YMCA 성경클래스를 다니며 성경 공부를 시작했고, 침례교회 목사 피셔로부터 세례를 받아 기독교 교인이 된 상태였다.[8] 현순은 1902년 동서개발회사에 근무하는 동안에도 인천 용동감리교회(내리교회)를 다니면서 선교사 존스G.H.Jones(한국 이름은 조원시趙元時)와 만났다.[9] 이후로 현순의 일생에 깊숙이 개입하게 된 존스는 현순에게 하와이행을 권유했고, 용동감리교회 신자 상당수가 이민에 지원했다. 공식적 이민이 허락된 1902년부터 1905년까지 약 7,226명의 한인들이 하와이와 미주로 이주했다.[10]

1902년 11월 안정수, 정인수鄭仁壽가 통역으로 동반한 첫 번째 하와이 이민 배가 호놀룰루로 출발했고, 현순과 임신 중인 아내 이마리아는 1903년 2월 8일 두 번째 이민 배에 올랐다. 이들은 2월 16일 일본 나가사키에서 콥틱 호로 갈아탔다.[11] 하와이 이민 배 승선자 명단에 따르면 현순과 부인(Lee Ching)은 3월 3일 호놀룰루에 도착했다.[12] 3주간의 긴 항해였다. 이마리아는 5월 8일 오하우 섬의 카후쿠Kahuku 코올라우Ko'olau에서 첫딸을 낳았다. 독실한 기독교도로 미국 생활을 동경하던 현순은 첫딸의 우리말 이름은 '아름다운 옥'이라는 의미의 미옥美玉, 영어 이름은 앨리스Alice로 지었다. 앨리스는 하와이에서 출생한 첫 번째 한국 아이였으며,[13] 1931년 9월 15일 속지주의에 따라 미국 시민이 되었다. 현순은 모두 8명의 자녀를 두었는데, 그중 위의 세 자녀(앨리스, 엘리자베스, 피터)가 하와이에서 태어났다.

현순은 1903년부터 1907년까지 하와이에 체류했다. 최초에 현순은 카후크 사탕수수 농장에서 '루나'라고 불리는 감독의 통역을 맡았다. 현순은 야간에 영어 학급을 조직해 20여 명을 가르쳤고, 기독교회를 조직해 조수로 일했으며, 자조회自助會를 조직했다.[14] 자조회는 호놀룰루로 퍼져갔다.

이후 1903년 11월 하와이의 우수한 청년들이 홍승하洪承河의 지도 아래 호놀룰루에 집합해 "한국에서의 위험한 정세를 토론한 후" 신민회新民會를 조직하고 홍승하를 회장으로 선출했다.[15] 김원용의 설명에 따르면 이는 하와이에서 조직된 최초의 정치적 단체였다. 그런데 일부 완고한 한인들은 이미 대한제국이 성립한 상태인데 '신민'을 명칭으로 주장하고, 국정쇄신을 강령으로 내세운 것은 정부를 전복하려는 반역이라며 반대했다.[16] 갈등의 주요 동기는 교파 간 갈등과 자금 문제였다. 신민회는 감리교인들의 조직인 반면, 반대파는 불교도와 성공회 교인들이었으며, 경비 문제로 분열이 생겼던 것이다. 신민회는 1904년 4월 20일 해체되었다. 반대파들은 『신조신문』을 발행하는 한편 이 사건을 본국에 보고해, 1905년 9월 외부협판이던 윤치호가 하와이를 방문하기에 이르렀다.[17] 현순이 신민회에 직접 관여했는지는 분명치 않지만, 1905년 을사조약을 하와이에서 경험하면서 정치적으로 각성된 것으로 보인다. 1906년 샌프란시스코 공립협회가 간행하는 『공립신보』에는 현순이 1906년에 투고한 글이 실렸다.

하와이布哇 전도사 현순씨의 기서奇書
경계자는 귀사에서 보내신 신문을 보온즉 나라를 사랑하시는 열심과 동포의 몽매한 것을 밝혀주시는 성의를 감사하여 동정을 표하와 두어줄 글을 올니옵나니 귀사에 진취됨이 날로 흥왕興旺하야 우로 대황제폐하에 성의聖意를 도으며 아래로 동포의 자유에 정신을 얻게 하기를 바라며 또한 우리 무리의 생명이 다하도록 설분雪憤하옵시다. 대저 오늘날 아세아대륙에 반도국 된 대한은 지구상 그림 가운데 이름을 글거바리게 되엿스니 저 삼천리 화려한 강산에 경개도 절승하다마난 오날 너의 주인은 누구뇨 초목이 다 슬퍼함을 마지안는고나 불상타 2천만 동포여 장대한 골격이 비샹타마난 오날 너희 집은 뉘거시뇨 광대한 천지에 발 붓칠 곳이 업게 되엿스니 금석도 기가 맥혀하도다 그런즉 강토와 인민은 가련하거니와 정부의 대관大官된 자들은 고대광실 조흔 집에 금의옥식錦衣玉食 쌓아노코 노비도 만켓마난 무엇이 부족하야 기군망상欺君罔上하다가 저희 부모와 선뫼先墓까지 팔아먹었시니 또 무엇을 팔아먹겟는가 저희 이름은 천고에 역적이오 저희 자손은 타인의 노예라 국가를 위하야 힘쓰다가 (미완) (한자 병기는 인용자).[18]

현순은 을사조약으로 한국이 일제의 '보호통치' 아래 들어가 주권을 상실하게 된 원인이 무능한 군주나 침략국인 일본이 아닌 고관대작의 책임이라고 비판하고 있다. 외교는 일본이 담당하니 내정內政을 개혁해야 한다는 '계몽운동기'의 대한협회나 서북학회 수준의 인식을 가졌음을 알 수 있다. 현순은 귀국한 후인 1908년에도 여전히 『공립신보』 구독자 명단에 올라 있었다.[19]

1905년 1월 현순은 아내와 어린 딸 앨리스를 데리고 카후쿠에서 호놀룰루 시내로 이주해 호놀룰루 감리교회에서 일하기 시작했다. 미국 선교사, 목사, 농장주들이 현순을 호평했기 때문이다. 현순은 문병호 부부, 송헌주와 한집에 살았다. 감리교회 목사는 일본에서 선교사로 있던 와드맨Wadman이었는데, 현순은 모쿨레아Mokuleia와 카후크를 순회하며 교인들을 돌보았고 2개의 예배당을 건립했다.[20] 1905년 3월 19일 차녀 엘리자베스가 호놀룰루에서 출생했다.

현순은 순회설교사로 일하면서 와드맨의 신임을 얻었다. 현순은 카우아이Kauai 섬의 설교사로 임명되었고, 농장주 아이젠버그Eisenberg의 도움으로 예배당을 건립했다. 이때의 인연으로 현순은 1926년 다시 카우아이 한인교회 담임목사로 부임해 은퇴할 때까지 14년 동안 목회했다. 현순은 1906년 김영식, 민찬호, 이경직, 홍치범 등과 함께 목사 과정을 마쳤다.[21] 현순은 하와이에서 한국으로 귀국하려던 존스 목사를 만나 한국 내 중요 직책을 약속받고 1907년 5월 호놀룰루를 떠나 귀국했다. 귀국 여비 1,000달러는 카우아이의 농장주 아이젠버그, 조지 윌콕스George Wilcox, 김평기, 홍덕수 등이 원조했다.

현순은 귀국한 후 1908년 여름 의형義兄 이원상의 도움으로 58쪽 분량의 『포와유람기』布哇遊覽記를 썼고, 이 책은 친척 현공렴玄公廉에 의해 발행되었다. 현순은 자신이 5년 동안 하와이를 유람하고 왔다고 생각했지만, 그곳이 장차 현씨 가족의 터전이 될 것으로 예상하지는 못했을 것이다.

현앨리스, 서울에서 자라다

— 1907~1919년

1907년 5월 현순은 아내와 2남 1녀를 동반하고 니혼마루日本丸에 올랐다. 배는 요코하마와 고베를 경유해 부산에 도착했다. 앨리스는 처음 보는 한국 풍경이 낯설었다. 다섯 살이 된 앨리스는 자녀들 중 유일하게 말할 수 있는 아이였다. 앨리스는 "백색 복장과 실크해트를 쓴 사람들을 보고 이상한 사람들"이라고 여겼다. 한복에 갓을 쓴 모양을 처음 본 소회였을 것이다.[22]

현순 부부는 하와이 체류 시절 낳은 3명의 아이들에게 앨리스(미옥美玉), 엘리자베스(명옥明玉), 피터(준섭駿燮)라는 이름을 지어주었다. 그 후 서울에서 낳은 5명의 자녀에게도 순옥, 폴(기섭麒燮), 조슈아(환섭驩燮), 데이비드(화섭驊燮), 메리 등 성경 속 위인의 이름을 붙였다. 베드로, 바울, 여호수아, 다윗, 마리아 등 성경 속 위대한 이름이 그의 자녀들 앞에 놓였다.

하와이에 오래 체류했고, 기독교 전도사이며, 통역을 할 정도로 영어를 잘 구사했던 현순은 당시 한국에서는 흔치 않은 존재였다. 또한 일본에 유학해 일본어와 일본 사정에 정통했다. 현순은 귀국 후에도 선교사들과 밀접한 관계를 유지했으며, 주로 교회일과 선교 사업에 종사했다. 귀국 직후 현순은 존스 목사의 소개로 정동제일 감리교회 최병헌 목사를 만났고, 그 교회의 부목사로 취임했다. 또한 1908년 해리스 감독으로부터 집사목사 안수를 받았다. 이후 정동교회 부흥전도집회를 주도했으며, 종로 YMCA에서 매주 설교했다. 한편 1907년 9월부터 배재학당에서 교두教頭와 총무로 일했고, 야간 영어학급을 개설했다. 현순은 5개월 동안 제물포에 있는 영미연초煙草회사에 근무하기도 했으나, 정동제일교회로 다시 돌아왔다. 현순은 존스 목사와 3개월 동안 평양으로 전도여행을 떠났고, 서대문교회를 비롯해 삼계, 서강, 염정, 창내 등 군소교회의 전도목사로 일했다. 현순은 해리스 목사의 비서 겸 통역으로 일했으며, 1908년 봄 감리교 연회에서 해리스 감독의 통역을 담당하기도 했다.

현순은 1909년 감리교 협성신학교에서 신학 공부를 시작해 1911년 12월 20일 최병헌, 전덕기 등과 함께 협성신학교 제1회 졸업생이 되었고, 장로목사 안수를 받았다.[23] 그는 1911년부터 상동교회에서 전덕기 목사를 도와 시무했으며, 상동청년학교 교장에 선임됨으로써 전덕기를 중심으로 한 상동 그룹에 합류했다.[24] 이후 1913년 감리교 주일학교 총무로 일하다가, 1914년 정동제일교회 담임목사로 취임했다. 그 뒤 현순은 1919년까지 복음설교를 계속하며 자칭, 타칭 한국의 '빌리 선데이'로 알려졌다고 자부했다.[25] 빌리 선데이는 유명한 야구선수 출신으로 부흥전도사가 된 윌리엄 애슐리 선데이William Ashley Sunday를 지칭한다. 현순은 1915년 다시 감리교 주일학교 연합회 총무로 파송되었고, 소속은 정동교회였지만 특별히 담임하는 교회는 없었다. 그의 후임으로 정동제일교회 담임목사가 된 사람은 손정도였는데 (1915년 4월~1918년 5월), 이들은 1919년 상하이, 베이징에서 독립운동과 임시정부 수립에 보조를 함께하게 된다.

현순의 부흥집회 및 전도활동은 탁월한 것이어서, 1915년 감리교 연회 보고에 따르면 1916년에 정동교회는 입교인 700명, 학습인 258명, 도합 958명이 되었고, 그 외 구도자가 800명에 이르러 전체 교인이 1,900명에 달했다.[26]

이 시기 현순의 정치적 색채는 분명하지 않았던 것으로 보인다. 유동식은 교회와 민족운동의 관계를 모두 다섯 가지로 구분했는데, 현순과 손정도는 교회운동 안에서 민족운동을 추구하는 사례로 꼽았다.[27] 1919년 이전 현순은 일본과 적대적 관계에 있지 않았으며, 친일적 선교사들과 밀접한 관계였다.

현순은 1907년 대한제국 군대 해산 당시 '존스 박사의 명'으로 일본인 경무사 마루야마丸山重俊와 함께 강화도에 가서 일본 군인과 무장 해제된 한국 군인 간의 분쟁을 해결했다.[28] 8월 중순 해산당한 강화도 진위대가 궐기해 강화군수와 일본 순사 등을 사살하고 강화읍내에서 일본군과 교전했다. 이 과정에서 난민과 병사 수십 명이 감리교회에 숨어들자 일본 측은 교회를 방화하려 했다. 강화교회 목사는 서울에 도움을 요청했고, 선교사 존스가 현순에게 도움을 청했다. 현순은 마루야마와 함께 교회에 방화하려는 일본 순사들을 저지한 후 서울로 돌아왔다.[29]

한편 현순은 1908년경 내부대신 유길준, 그의 동생 유성준과 교유하며 이들이 만든 흥사단 조직의 학사를 맡아달라는 권유를 받았다. 두 사람 모두 일본과 인연이 깊었다.

현순은 친일파로 유명한 해리스Bishop Merriaman Colbert Harris 감독의 통역이자 비서로 일했으며, 그를 후원한 하와이의 와드맨 감독 역시 친일적 인사였다. 1904년 한국, 일본 주재 감독이 된 해리스는 1906년 엡윗청년회가 을사조약 반대투쟁에 참가했다고 해체시켰고,[30] 1910년 데라우치 총독 암살 미수사건(105인 사건)의 흑막으로 불릴 정도로 친일적인 인물이었다.[31] 반면 그는 총독부 당국의 신임을 얻는 인물이었으며 중요한 영향력을 행사했다. 105인 사건이 터지자 해리스는 1912년 이승만의 출국 허가를 총독부로부터 받아주었고, 1913년 당대의 부호 민영휘의 아들(민규식)이나 친일 자작子爵 이재곤의 아들(이관용)도 얻지 못하는 미국행 여권을 여운홍에게 얻어주었다.[32] 여운형과 여운홍이 해리스를 만나기 위해 먼저 접촉한 사람이 바로 해리스와 친하게 지내던 현순이었다.

현순은 일본어를 유창하게 구사했다. 일본 YMCA 간사는 그에게 재판정에서 통역을 권유할 정도였다.[33] 1910년 일본 정부가 후원하는 조합교회 전도를 위해 한국을 방문한 에비나海老名 목사는 윤치오尹致旿 학무국장 등의 알선으로 청년회관에서 700명의 한국인 앞에서 연설했다. 당시 현순이 통역을 맡았는데, 에비나는 현순이 의미를 전달하는 통역이 아니라 자신의 정신을 전달하는 웅변을 해서 놀랐다고 소감을 밝혔다.[34]

현순은 1911년에서 1912년 사이 기독교 방문단의 일원으로 일본을 방문했다. 이 방문의 목적은 일본 정부 및 총독부가 후원하는 일본 견학단으로 기독교 목사들을 회유하고 일본 통치의 우수성을 선전하기 위한 것이었다. 현순은 1911년 7~8월 한국기독교의 원로 29명과 함께 일본을 방문했다. 목사관광단에는 이상재, 최병헌, 전덕기, 양전백, 김린, 현순, 신흥우 등 기독교단의 대표적인 인물들이 포함되어 있었다.[35] 현순은 일본어를 통역했는데, 일본에서 중등교육을 받고 미국에서 유학한 '소장목사'로 "雄姿立風爽, 音吐明亮, 일행 중의 異彩"라는 평을 얻었다.[36]

이듬해인 1912년 10~11월에도 현순은 김린을 단장으로 하는 조선견학단 20명의 일원으로 일본을 방문했다. YMCA 총무였던 김린은 친일적 조합교회 목사이자 1913년 한국 YMCA를 일본 YMCA에 병합시키려 시도하며 대소동을 일으킨 악명 높은 친일 목사였다. 1912년 11월 1일 김린과 현순은 내무성에 출두해 '천기天機를 봉사奉伺'했다. 이는 황궁을 방문해 천황을 만났음을 의미한다.[37] 방문단에는 11명으로 구성된 야구단도 있었는데, 강덕상은 야구단의 일원으로 여운형이 동석했을 가능성을 제시했다.[38]

이상에서 알 수 있듯이 귀국 후 1919년 이전까지 현순은 영어와 일본어에 능통하고 미국과 일본을 경험한 유력한 기독교 목사였을 뿐 정치적 활동이나 사건에 관련된 적은 없다. 그가 독립운동으로 노선을 급격히 전환하게 되는 것은 3·1운동의 영향이었다.

1903년 하와이에서 태어나 1907년 한국에 왔을 때 현앨리스는 다섯 살이었다. 해방 후 『서울신문』과 한 인터뷰에 따르면, 앨리스는 서울에서 이화고녀를 마치고 이화대학을 다니다 상하이로 건너갔다고 한다.[39] 『이화여자중고등학교 동창회명부』에 따르면 현미옥은 1919년 3월 24일 4년제 여자고등보통학교 제1회 졸업생으로 되어 있다. 45명의 졸업생 중에는 훗날 이화여대 교수가 된 김신실, 김애리시, 김애마 등도 있다.[40] 대학은 졸업하지 않았으므로 이화여대 졸업생, 동창 명부에는 이름이 올라 있지 않다.

한편 현피터는 현앨리스와 현엘리자베스가 이화대학의 중등 과정을 다

넜다고 기록했다. 자신이 공옥攻玉소학교를 다닐 때 이화대학을 찾아가 장
난치면서 놀던 기억을 회고하며 당시 교장이 터틀 여사Mrs.Tuttle라고 했다.[41]
공옥소학교는 이화학당의 부속학교Ewha Branch Day School로 1895년 이후 설
립되었으며, 터틀O.M.Tuttle은 1906년 2월 이화부속학교의 교장으로 부임해
1910년까지 교장을 맡았던 인물이다.[42] 현피터의 어린 시기 기억이 정확함
을 알 수 있다. 현앨리스는 해방 후 정동교회를 찾아 자신의 어린 시절을 회
상하기도 했다.

이 정도가 현재 현앨리스의 한국 시절에 관해 우리가 찾을 수 있는 자료
다. 그녀가 상하이에 도착하기 전까지의 행적은 문서상으로 잘 드러나지 않
는다. 현앨리스는 부친의 궤적을 따라 하와이 → 서울 → 상하이 → 하와이
로 이동했다. 현순을 따라가보면 자연스럽게 현앨리스의 궤적을 간접적으
로 복원할 수 있다.

정동제일교회와 상동교회에서 목회활동을 하던 현순은 1919년 3·1
운동 직전 상하이로 망명해 3·1운동의 발발과 임시정부 수립 소식을 미국
에 전했다. 현순은 1920년 워싱턴에 건너가 구미위원부 위원장으로 활동
했고, 1921년 하와이와 마닐라를 거쳐 다시 상하이로 돌아왔다. 1923년
까지 상하이에 머물던 현순은 하와이 감리교회의 초청을 받고 재차 하와
이로 건너갔다. 하와이에서 현순은 호놀룰루(1923~1926년), 카우아이 섬
(1926~1940년)에서 목사로 활동했다. 1940년 목사직에서 은퇴한 현순은
1947년 현앨리스와 현피터가 거주하는 캘리포니아 주 로스앤젤레스로 이
주했다.[43] 현순의 이동에 따라 가족들의 거주지도 변화했다.

1919년 현순, 상하이로 떠나다

현순은 1919년 3·1운동이 발발하기 직전인 2월 26일, 가족들에게 강원도로 지방 전도를 간다고 말한 후 상하이로 건너갔다. 현순은 펑톈奉天(선양瀋陽의 옛 이름)에서 3·1독립선언서를 소지한 천도교계의 최창식과 합류했으며, 두 사람은 톈진天津과 난징南京을 거쳐 3월 1일 상하이에 도착했다. 현순은 '조선 독립단'의 상하이 특별대표로 자임하며 활동하기 시작했다. 현순의 기록에 따르면 기독교 지도자들은 도쿄 2·8독립선언, 미국의 이승만 파리 강화회의 파견, 상하이 신한청년당의 김규식 파리 파견 등에 고무되어 천도교계와 함께 '거국일치적 운동'을 모의했다. 현순은 상하이로 파견되었는데, 그의 임무는 외교통신원으로 파리 강화회의와 미주 동포에게 연락하는 한편 해외 정보를 국내에 전달하는 것이었다.[44] 독립 승인을 요청하는 문서를 각국 정부에 발송하기 위해 영어를 잘하는 현순이 선발된 것이다.[45] 현순은 천도교 측으로부터 건네받은 여비 1,000원을 가지고 출발했다.

3·1운동은 현순과 그 가족의 삶을 완전히 바꿔놓았다. 근대 세계를 지향하고 해외 교육과 체류의 경험을 가지고 있던 독실한 기독교 목사는 한반도로 밀려드는 시대정신의 급류에 휩싸였다. 3·1운동은 기독교와 천도교의 운동이었고, 신사조 민족주의의 대폭발이었다. 세계대세, 정의인도, 민족자결이 독립만세운동을 이끈 화두였다. 3월부터 5월 말까지 211개 부군府郡에서 집회 건수 1,542회, 참가 인원 202만 3,098명, 사망자 7,509명, 부상자 1만 5,961명, 수형자 4만 6,948명, 소실 교회당 47개, 소실 학교 2개, 소실 민가 715호였다.[46] 200만 이상이 동원된 거대한 민중적 에너지는 1894년의 동학 농민전쟁 이후 최대의 것이었다. 현순은 이러한 이글거리는 민족 에너지의 최첨단에 올라탄 셈이었다.

현순은 1919년 3월 초부터 프랑스 조계에 '임시사무소'를 설치하고 총무 혹은 '상하이 특별대표원'으로 활동하며, 국내 3·1운동 소식을 중국과 미국, 유럽에 전달하는 역할을 했다. 이곳이 곧 상하이 독립운동의 중심지가 되었다. 현순은 상하이 한인 지도자들과 함께 논의하며, 3·1운동 소식이 전해지자 이를 파리 강화회의의 프랑스·미국·영국·이탈리아·벨기에·중국 6개국 대표에게 영문 전문電文으로 발송하는 한편 샌프란시스코와 호놀룰루의 대한인국민회에도 전문을 발송했다. 또한 독립선언서를 한문과 영문으로 번역해 중국의 중문·영문 신문에 발표했다. 현순이 보낸 전문은 미국에 도착해서 이승만의 성가聲價를 드높이는 데 기여했는데, 특히 손병희(대통령), 박영효(부통령), 이승만(국무경)을 중심으로 한 대한민주국 정부가 성립되었다는 잘못된 정보를 미국에 전달함으로써 이승만이 '국무경'으로 활동하는 단서를 제공했다.[47]

현순은 초기 상하이 임시정부 수립에도 기여했다. 현순은 국내의 지시를 기다리자고 주장했으나, 상하이에 모인 독립운동가들에 의해 4월 상순 임시의정원과 상하이 임시정부가 수립되었다. 현순은 초기 상하이 임시정부에서 외무위원·내무차장, 임시의정원 외무차장·외무부위원에 선임되었다. 그런데 4월 이래 다양한 정부안이 국내에서 상하이로 전해졌다. 4월 초에는 강대현 등이 이동휘를 집정관으로 하는 정부안을 가지고 왔으며, 4월 하순에는 한남수, 이규갑, 홍진, 장붕 등이 이승만을 집정관총재로 하는 소위 한성정부안을 들고 상하이에 도착했다. 이로써 상하이정부와 한성정부라는 2개의 정부안이 등장했다.

현순은 상하이정부와 노령국민의회가 한성정부를 계승해 통합하는 데 기여했다. 그는 1919년 8월 블라디보스토크에 가서 이동휘를 설득했고, 미국 해군의 도움으로 러시아 선박을 타고 이동휘, 김립, 남공선과 함께 상하이로 귀환했다.[48] 이동휘가 상하이정부에 부임하는 데 현순의 공로가 컸던 것이다. 그러나 통합 과정에서 한성정부를 그대로 '승인'할 것인가 아니면 일부 직책 등을 '개조'할 것인가를 둘러싼 논쟁이 벌어졌고, 연락을 담당한 현순은 설명 불충분 책임을 지고 임시정부 내무차장에서 물러나야 했다.

한편 현순은 1919~1920년 상하이 임시정부에서 가장 중요한 이승만의 지지 세력이자 응원자의 한 사람이었다. 미국 내 이승만의 성가를 높이는 데 현순이 결정적으로 기여했기 때문이다. 이승만은 1920년 5월 현순을 구미위원부 위원장으로 임명했고, 미국행 여비를 제공했다. 현순은 이승만의 상하이 내 복심 안현경과 함께 6월 25일 프랑스 선박인 포르토스S.S.Porthos 호 편으로 상하이를 떠났다. 태평양 횡단 선박은 일본을 경유했기에, 체포 위험을 피하기 위해 지구 반대편으로 향했다. 중국 여권을 지닌 현순은 동남아, 인도, 지중해, 대서양을 건너 1920년 8월 23일 미국 뉴욕에 도착했다.[49]

　전임 구미위원부 위원장이었던 김규식은 구미위원부 운영과 위원 송헌주의 해임 문제 등으로 이승만, 서재필과 갈등 끝에 사임했는데,[50] 현순 역시 이승만, 서재필과 원만한 관계를 유지하지 못했다. 현순은 1921년 4월 워싱턴에 구미위원부가 아닌 공사관과 대사관을 설립해야 한다고 주장해 서재필, 이승만과 갈등을 빚었다. 이승만, 서재필은 미국이 임시정부를 승인하지 않는 상황에서 공사관을 개설하는 것은 비현실적이며, 미국 정부와 갈등을 빚을 수 있다고 강력하게 반대했다. 현순은 임시 '정부'가 수립되었고 자신이 특명전권공사로 임명되었으니, 당연히 '위원부'가 아닌 '공사관'을 설립하는 것이 타당하다는 입장을 굽히지 않았다. 그는 미국 국무부에 공사관 설립과 자신이 특명전권공사라는 공문을 발송했다.[51] 서재필이 나서서 미국 국무부에 현순의 공문은 사실이 아니라는 취소공문을 보내고 위원부 사무실과 현순 명의의 은행계좌를 폐쇄하는 등의 소동을 벌인 끝에 현순은 1921년 4월 26일 구미주차위원부 위원장 대리에서 면직되었다. 이는 외교적 방략과 정치적 견해의 차이에서 비롯된 갈등이었지만, 미국 한인 사회에서는 공사관·위원부 논쟁을 정확히 알지 못했다. 이승만 진영은 현순을 부도덕한 공금 유용자로 몰아갔다.

　워싱턴에서 축출된 현순은 1921년 5월 24일 호놀룰루로 건너왔다.[52] 1907년 호놀룰루를 떠난 지 14년 만이었다. 처음에 하와이 한인 사회는 현순을 환영했지만, 곧 그가 이승만과 대립했다는 사실이 밝혀지면서 하와이 한인 사회 내 이승만 지지 진영은 현순을 극력 반대했다. 하와이에서 그를 변호한 것은 인천 내리교회 시절부터 친구였던 안정수뿐이었다.[53] 본토에서는 서재필이 여러 차례에 걸쳐 현순이 구미위원부의 공금을 마음대로 써버렸다고 주장했고,[54] 뉴욕에서는 허정許政이 대한인공동회를 개최해(1921년 5월 2일) 현순이 공금을 마음대로 처분하는 불법 행위를 저질렀다는 격문을 살포했다.[55]

현순도 가만히 있지는 않았다. 그는 이승만이 3·1운동 이후에도 위임통치론을 주장해 한국 독립운동에 해를 끼쳤다며 '이승만의 죄악과 불법 행위'를 성토하는 성명서를 '대조선독립단 33현 대표'大朝鮮獨立團 三十三賢 代表 명의로 발표했다.[56] 그렇지만 미주 내 정치적 지지 기반이 없었던 현순은 미주 본토와 하와이에서 이승만 지지파의 강력한 반대를 견디기 어려웠다. 현순은 1921년 7월 21일 그레이트 스테이트Great State 호를 타고 마닐라로 떠날 수밖에 없었다.[57] 호놀룰루–상하이 간 여비 700달러는 그의 친구 난세연과 현공춘이 모금해주었다.[58] 현순은 1921년 8월 16일 마닐라에서 상하이에 도착했다.[59]

현앨리스의 상하이행
― 1920년

현순이 상하이 → 연해주 → 워싱턴 → 하와이 → 마닐라 → 상하이로 전전하는 동안 그의 가족들은 어려움을 겪었다. 부인 이마리아와 8명의 자녀, 부모 등 11명의 식구가 가장 없이 일본 제국주의의 탄압 속에 살아야 했다. 현피터의 회고에 따르면 3·1운동 발발 이후 이마리아는 일제 경찰에 끌려가 온몸을 발가벗긴 채 고문을 당했다. 그녀는 고문하는 경찰에게 현순의 행방을 알지 못하며 풀어준다면 현순을 찾아가 그의 주소를 알려주겠다고 호소한 후에야 풀려날 수 있었다.[60] 생계가 막막해진 이마리아는 누군가를 찾아가 현순이 맡겨놓은 생활비를 요구했다. 회고록에 따르면 현순은 천도교 측에서 받은 2,000원 가운데 1,000원은 여비로 가져가고 1,000원은 기독교 측 간부에게 임치任置했다고 했으므로, 아마도 그 기독교 간부였을 것이다.

가족들은 우여곡절 끝에 현순을 찾아 상하이로 떠났다. 『동아일보』에 따르면 1920년 베이징에서 개최된 동양선교사대회에 참석한 일본기독교회 선교사 스미스는 베이징에서 만난 현순으로부터 가족들을 상하이로 보내달라는 부탁을 받았다. 스미스가 서울로 돌아오자마자 총독부에 힘을 쓴 결과 여행권을 얻어 1920년 4월 30일에 가족들은 상하이로 떠날 수 있게 되었다.[61]

『신한민보』에 따르면 그 선교사는 헤론 스미스Heron Smith 목사였다. 현순이 참석한 선교사대회는 1920년 2월 27일 베이징에서 열린 동양선교사대회로 추정되는데, 이 회의에 임시의정원 의장 손정도가 참석해 연설한 바 있다.[62] 서울의 현순 가족은 오막살이 초가집을 팔아 조밥과 밀가루죽으로 연명하는 처지였기 때문에 세간을 팔아도 여비의 절반조차 마련하지 못했다. 현순 가족의 소식이 보도된 후 1920년 4월 말부터 5월 초까지 『동아일보』에 접수된 동정금은 총 113원에 달했다.[63] 『신한민보』는 1920년 6월 조명구, 박주병 등 독지가가 『매일신보』를 통해 여비를 기부했으나 총독부가 여행권을 내주지 않아 현순 가족이 떠나지 못하고 있다고 보도했다.[64]

여하튼 우여곡절 끝에 이마리아는 8남매를 이끌고 1920년 중반 상하이로 출발할 수 있었다. 총독부는 가족을 보내는 대신 현순의 위치를 확인하고 그를 회유하기 위한 목적이 있었을 것이다. 현피터의 회고에 따르면 어린 8남매는 각자 짐을 지고 자기보다 나이 어린 동생을 돌보며 중국 대륙을 가로질러 상하이에 도착했다. 현순 가족을 데리고 상하이에 온 사람은 이강호 李康浩라는 인물이었다.[65] 현순의 가족은 1920년 5월 8일 상하이에 도착했다.[66] 이들이 도착할 무렵 현순은 워싱턴 주미외교위원부 위원장으로 임명되어 곧 상하이를 떠나야 했다. 가족들의 짧은 재회는 곧 이별로 이어졌다.

상하이 시절 현앨리스의 생활은 전혀 알려져 있지 않다. 아버지 현순이 1920년 6월 상하이를 떠나 1921년 8월 상하이로 돌아올 때까지 만 1년 동안 가족들은 어렵게 생계를 이어갔을 것이다. 임시정부 및 독립운동가처럼 이들도 상하이 프랑스 조계에 근거를 두고 생활했는데, 1923년 후쿠오카 고등경찰이 입수한 현앨리스의 원적은 경기도 옥인동 92번지, 현주소는 '上海 佛租界 平濟利路 16호'로 되어 있었다.[67]

현앨리스가 상하이에서 처음 이름을 알린 것은 1921년 1월 14일 상하이 한국인민단에서 개최한 이승만 대통령 환영회 석상에서였다. 현앨리스는 현미옥이라는 한국 이름으로 손정도의 딸 손진실孫眞實과 함께 이승만에게 화환을 바치는 역할을 맡았다.[68] 현앨리스는 열아홉 살, 손진실은 스물한 살이었다. 현순은 이 무렵 구미위원부 위원장으로 워싱턴에 있었다. 3·1운동기 상하이 내 한국 민족주의 진영과 기독교 진영을 대표하는 현순 목사와 손정도 목사의 딸들이 이승만에게 화환을 증정하는 장면은 상하이 내 이승만 지지 세력을 비유적으로 보여준다. 현순과 손정도는 감리교 정동제일교회 담임목사 출신이자 간담상조肝膽相照하는 친구 사이로 3·1운동 직후 베이징과 상하이에서 함께 독립운동에 투신했다.

『현순자사』玄楯自史에는 3·1운동기 현순과 손정도의 관계가 잘 드러나 있다. 1919년 3월 8일경 현순은 최창식 및 손문 정부의 기관지 『상하이 가제트』The Shanghai Gazette 주임인 장경여張敬予와 함께 베이징에 가서 중국 혁명가들과 면담했다. 이들은 영국 기자 자일스William R. Giles를 국내로 파견하고, 김규식의 파리행에 도움을 준 영국인 작가 심슨Lenor B. Simpson을 통해 국제기자단과 회견을 하기도 했다. 이때 손정도는 먼저 베이징에 와서 감리교 병원에서 유숙 중이었다. 그와 동행한 하란사는 '유행성 감기'에 걸려 병사했는데 1917년 이래 전 세계를 휩쓴 스페인 독감의 여파였을 것이다.[69] 현순은 손정도가 체류하고 있던 감리교 병원에서 최창식과 함께 묵으며 외교 업무를 수행했다. 이들 세 사람은 호를 함께했는데, 천도교계 인물이던 최창식의 호가 운정蕓丁이었으므로, 이에 따라 손정도는 입정立丁, 현순은 석정石丁으로 작호作號했다.[70] 이들은 베이징 기독교청년회를 통해 베이징 미국 공사관 비서관 등과도 면담하고, 상하이 미국총영사 커닝햄Curningham, 중국 기독청년회 전국총무 여일장余日章 등에게 보내는 소개장을 얻었다. 이후 최창식은 재정 수합收合을 위해 귀국했고, 현순은 손정도, 장경여 등과 함께 상하이로 귀환했다.[71] 이처럼 1919년에서 1920년 사이에 현순, 최창식, 손정도는 밀접한 관계를 맺고 있었고, 그 핵심에는 3·1운동과 상하이 독립운동의 연계가 자리하고 있었던 것이다.

1903년생인 현앨리스와 1901년생인 손진실은 모두 미국으로 건너가 공부했다. 현앨리스는 하와이를 터전으로 뉴욕에서 공부했다. 손진실은 시카고 대학에서 윤치호의 이복동생 윤치창을 만나 1925년에 결혼했으며, 해방 후 낙랑클럽의 주요 회원으로 활동했다. 해방 후 손진실은 초대 영국공사에 임명된 윤치창과 함께 영국에 건너갔고, 윤치창이 한국전쟁 중 공사직을 사임한 후 함께 뉴욕으로 건너갔다.[72]

1920

2장

3·1운동의 후예들

1920~1923년

1923

그림 15 극동피압박민족대회 주석단의 여운형(왼쪽 서 있는 사람)과 김규식(왼쪽 안경 쓴 사람) (모스크바, 1922년)
© Ernestine Evans

상하이에서의 조우: 박헌영 혹은 사회주의

현앨리스는 1920년에서 1921년 사이에 상하이와 일본에서 교육을 받았다. 상하이에서 현순 부부는 앨리스와 여동생 엘리자베스를 중국인 여자기숙학교에 보냈다. 앨리스는 학교에서 연극과 음악을 배웠다. 1921년 앨리스의 어머니는 학비를 마련해 딸을 비밀리에 일본으로 보내 유학시켰다.[1] 앨리스의 일본 유학 과정과 학교 이름은 알려져 있지 않다. 현순 자신이 도쿄에 유학했고, 여러 차례 일본을 여행한 데다 기독교계에 많은 친구가 있었으므로 일본행이 그리 어려운 선택은 아니었을 것이다. 그렇지만 상하이 독립운동계의 주요 인사인 현순의 딸이 공개적으로 일본 유학을 하기는 어려웠을 것이다. 여운형은 1919년 말 일본 조합교회의 주선으로 도쿄를 방문했는데, 총독부 측은 이를 여운형 귀순공작의 일환으로 추진했고, 상하이 정국에서는 여운형을 배신자로 공격하는 여론이 일어나기도 했다. 이로써 현앨리스의 일본 유학이 '비밀리'에 추진된 연유를 알 수 있겠다.

상하이는 민족주의와 독립운동의 열기로 달아올랐고 3·1운동의 여파로 일렁거렸다. 3·1운동 이전 100여 명에 불과했던 상하이의 한국인들은 1919년 중반 1,000여 명을 상회할 정도로 급증했다. 한국·일본·만주·러시아·중국 각지에서 상하이로 한인들이 모여들었기 때문이다. 상하이에서 앨리스는 그녀의 인생을 결정하는 두 남자와 인연을 맺었다. 첫 번째는 박헌영이고, 두 번째는 남편이 된 정준이었다.

현앨리스와 현피터는 박헌영, 주세죽과 함께 1921년 겨울 화동학생연합회로 추정되는 모임에서 사진을 찍었다(16쪽 그림 1). 이 사진에 나타난 것처럼 현앨리스와 현피터는 박헌영, 주세죽과 관련을 맺고 있었다. 그리고 이러한 관계는 현앨리스 오누이뿐만 아니라 이들의 아버지 현순이 박헌영과 밀접한 사이였기에 가능했다.

1900년생인 박헌영은 1919년 경성고보를 졸업한 후 미국 유학을 꿈꾸며 YMCA에서 영어 강의를 듣던 청년이었다. 막노동, 공장 아르바이트 등을 했고, 차미리사가 운영하는『여자시론』에서 기자 생활도 했지만 경제적 여유가 없어 미국행을 포기했다. 박헌영은 1920년 9월 일본으로 밀항했다가 대학 입학이 불가능하게 되자 11월 상하이로 건너갔다. 상하이에서 박헌영은 필생의 동지이자 화요회계 삼총사가 된 김단야와 임원근을 만났다. 이들이 상하이로 흘러들어온 것은 3·1운동의 연장선상이었다. 박헌영은 경성고보 졸업반 시절 3·1운동을 맞아 반일시위와 유인물 살포에 적극 참여하면서 민족의식을 키웠으며, 김단야는 고향 김천에서 만세시위에 동참했다가 태형 90대를 선고받았다. 이들은 3·1운동으로 고양된 민족주의자들이었고, 국제도시 상하이에서 당면하는 온갖 난관과 모험에 맞설 패기와 의지를 가지고 있었다. 이들은 '3·1운동의 후예'들이었다.[2]

박헌영의 경성고보 1년 후배이자 상하이에서 역시 사회주의 혁명운동에 참가했던 것으로 추정되는『상록수』의 작가 심훈沈熏은 1920년대 초반 상하이 시절 박헌영과 주세죽, 임원근과 허정숙을 주인공으로 한『동방의 애인』(『조선일보』연재, 1930년)이라는 소설을 쓴 바 있다. 두 커플의 사랑 이야기는 3·1운동의 여파 속에 상하이에 모여든 젊은 청춘들이 어떻게 사회주의 혁명가로 변신해갔는지를 보여준다. 이들은 모두 3·1운동 당시 투옥 경험이 있거나 민족주의의 세례를 받았다. 항일운동에 대한 강한 의지와 집념이 있지만 이국의 땅 상하이에 발붙일 곳 없던 이들은 경제적 궁핍과 불투명한 미래에 맞서면서 사랑을 키워갔다. 이들을 이끈 것으로 묘사된 상하이 한인계의 지도자 ×씨는 여운형을 모델로 삼은 것인데, 여운형은 이들을 공산당 조직으로 이끌거나 군관학교에 입학시켜주었으며, 소설 속 김동렬(박헌영)과 강세정(주세죽)의 결혼을 성사시켜주기도 했다.[3]

여운형이 60대 노인으로 묘사되거나, 임원근(박진)이 여운형의 주선으로 중국 군관학교에 다녔다는 내용은 사실이 아니다. 소설이기에 과장되거나 가공된 이야기들이 들어 있다. 그렇지만 여운형이 1916년에 잠시 귀국했을 때 한강을 헤엄쳐 건너던 홍안의 소년 이범석(한성고보 4학년)을 알게 되어, 1917년 상하이로 탈출한 그를 운남군관학교에 입학시켜준 것은 유명한 일화다. 김홍일도 상하이에서 여운형을 만나 군관학교에 입학하는 방법을 상의했다.[4] 또한 박헌영과 절친했던 김단야가 1919년 3·1운동 직후 비밀결사 적성단赤星團에 가입해 재만주 독립군사관학교 입교생을 모집하고 운동자금을 모금하는 일에 종사한 적이 있으므로, 군관학교 얘기가 전혀 허무맹랑한 것은 아니었다.[5] 심훈은 박헌영, 주세죽, 임원근, 허정숙의 사랑과 혁명가로의 전환에 여운형의 역할이 적지 않았다고 생각했음이 분명하다.

　1920년대 초반 박헌영은 상하이에서 급격하게 사회주의자로 변모했다. 그의 출발점은 3·1운동이었고, 그 토양은 민족주의였다. 박헌영은 고려공산당이 운영하는 사회주의연구소의 직원으로 활동하며 사상과 생계 문제를 해결했다. 박헌영은 1921년 3월 고려공산당의 자매단체인 고려공산청년회 상하이 지회 비서가 되었고,[6] 5월 이르쿠츠크파 고려공산당에 입당했다. 1921년 9월 고려공산청년회 중앙총국 결성에 참석해 중앙집행위원이 되었으며, 1922년 3월 고려공산청년회 제2차 중앙총국 회의에서 공청 책임비서로 선출되었다. 박헌영은 1922년 4월 국내로 잠입하려다 단둥에서 일본 경찰에 체포되었다. 박헌영의 상하이 체류 기간은 1920년 11월부터 1922년 4월 단둥에서 체포될 때까지 1년 7개월에 지나지 않았다. 그가 진정한 사회주의자·공산주의자로 단련된 것은 상하이의 조직 생활이 아니라 경찰의 고문과 총독부의 감옥을 통해서였을 것이다.

　현앨리스의 남동생 현피터는 상하이 시절 박헌영과 관련된 세 가지 에피소드를 남겼다. 첫 번째는 박헌영이 현순 가족과 함께 봄 피크닉을 간 것이다. 이 피크닉에는 현순 가족과 함께 현순의 절친한 친구인 최창식과 그의 아름다운 비서 김원경이 동반했다.[7] 현순, 최창식, 김원경, 박헌영이 모두 1921년 이르쿠츠크파 고려공산당에 가입하고 1922년 모스크바 극동피압박민족대회에 참석한 것은 자연스러운 일이었을 것이다.

두 번째로 박헌영은 현순, 현피터 부자를 프랑스 조계 감옥에서 꺼내준 구원자였다. 현순 부자는 한국인들을 '망국노'亡國奴, Wang Guo Loo라고 부르는 중국 아이들을 혼내다 프랑스 경찰 보조에게 끌려가 경찰서에 수감되었고, 판사로부터 유죄판결을 받았다. 중국인들은 한국인을 '가우리팡즈'高麗棒子로 부르며 조롱하고 모욕했다. 이때 박헌영이 뇌물을 써서 이들 부자를 꺼내주었는데, 현순은 박헌영이 자기들을 구해줄 것임을 믿고 있었다.[8]

세 번째 일화는 소년혁명단이었다. 박헌영은 인성학교에 재학 중이던 안중근, 김규식, 현순 등 독립운동 지도자의 아들들로 구성된 소년혁명단의 지도자가 되었고, 중국공산당의 후원을 얻어 이들을 지도했다. 또한 박헌영은 젊은 한국 혁명가들을 위한 학교를 설립해 새로운 혁명이론을 가르치는 한편 선전선동의 실제 활동을 수행하게 했다.[9] 현피터도 박헌영의 지도 아래 중국공산당 관련 전단을 배포하고 혁명가가 되기 위해 러시아 유학을 꿈꾸었다.

왜 박헌영은 현순을 존경하고 현순 집안의 피크닉에 동반한 것일까? 현순은 1920년 6월 상하이를 떠나 미국으로 갔고, 구미위원부 위원장에서 해임된 후 1921년 8월에야 상하이로 돌아왔다. 박헌영은 1922년 3월 국내로 잠입을 시도했으므로 두 사람이 상하이에서 만날 수 있었던 것은 1921년 8월에서 1922년 3월까지의 짧은 기간뿐이었다. 현순은 박헌영보다 두 세대 앞선 아버지뻘로 인생의 선배였고, 그가 경험하지 못한 미국과 일본 유학의 선구자였으며, 상하이 독립운동계의 중심인물이었다. 중요한 것은 20대 청년 박헌영과 40대 중년 현순 사이의 공통분모 혹은 교집합이었다. 후술하듯이 현순은 1921~1922년에 최창식, 여운형과 함께 이르쿠츠크파 고려공산당에서 함께 활동했으며, 박헌영도 같은 시기·장소·조직에서 사회주의와 공산주의를 접하게 되었고, 청년 지도자로 이름이 올랐다. 상하이 시절 박헌영은 현순 가족의 피크닉에 동행하며, 상하이 프랑스 조계 경찰에 체포된 현순,

피터 부자를 뇌물을 써서 빼내줄 정도의 친분관계를 유지했다. 이것은 단순히 인간적 친밀감뿐만 아니라 사회주의 활동과 연관된 조직적 관계였을 것이다. 이들의 관계를 설명해줄 수 있는 것은 1922년 모스크바 극동피압박민족대회였다.

1955년 북한의 박헌영 기소장은 투박한 어조로 이렇게 쓰여 있다. "특히 박헌영은 1948년 6월 하지에게 간첩 련락으로 파견했던 서득은을 통하여 박헌영이가 1920년도 상해 생활에서 조선 민족으로 미국 국적을 가지고 있으며 기독교 신자이던 현애리스를 자기의 첫 애인으로" 했다.[10] 그렇지만 박헌영과 현앨리스가 애인관계였을 가능성은 낮다. 박헌영은 1921년 봄 상하이에 유학 온 주세죽과 결혼했다. 함흥 출신의 주세죽 역시 3·1운동에 가담했다가 투옥된 경험이 있었다. 『동방의 애인』에는 이들이 서울의 감옥에서 만난 것으로 설정되어 있지만, 이들은 상하이에서 만나 곧 동거에 들어갔고, 1926년 정식으로 혼인신고를 했다.[11] 또한 현앨리스도 일본 유학 과정에서 만난 남자와 1922년 상하이에서 결혼했다. 박헌영과 현앨리스가 독립과 혁명이 일렁이는 이국의 땅 상하이에서 동족이자 동료로서, 혹은 오누이로서의 애틋한 감정을 느꼈을지 모르겠지만, 사랑과 결혼의 대상자는 명백히 달랐다.

현데이비드는 상하이 시절 박헌영과 여운형이 모두 앨리스에게 구애를 했지만 부자인 정씨(정준)에게 패배했다고 주장했는데,[12] 1917년생인 현데이비드는 가족들 사이에 전설처럼 회자되던 박헌영, 여운형의 이름을 이런 방식으로 기억했을 것이다. 박헌영은 1921년 상하이에서 주세죽과 결혼했고, 여운형은 이미 중년으로 1917년 이래 가족들과 함께 상하이에서 생활하고 있었다.

어떤 결혼: 정준과의 결혼

— 1922년, 상하이

현앨리스는 일본 유학 과정에서 '대학 졸업생'인 정씨를 만났다. 둘은 처음 우연히 만나게 되었고, 친구로 지내다가 곧 사랑에 빠졌다. 연인이 된 현앨리스는 이 남자를 데리고 상하이로 돌아와 가족에게 소개했고, 1922년 상하이의 한인교회에서 결혼식을 올렸다. 현순 집안의 가승에 따르면 이 남자의 이름은 정준Jun Chung이었다.[13] 현앨리스가 1927년 하와이에서 낳은 아들 정웰링턴의 출생증명서에 따르면 아버지의 이름은 정준Chun Chung이며, 출생지 및 거주지는 한국 부산으로 되어 있다. 1927년 당시 27세였고, 직업란에는 공무원Government Official이라고 적었다가 변호사Attorney at Law로 수정했다.[14] 1903년생인 현앨리스가 24세로 기록되었으므로 정준은 1900년생이었을 것이다.

이를 통해 정준과 관련한 두 가지 정보를 알게 되었다. 첫째, 이 사람은 1921년 전후 일본에서 대학을 졸업했고, 변호사였으므로 법학을 전공했을 것이다. 즉 정준은 1920년대 일본에서 법학을 전공한 사람이었을 것이다. 둘째, 이 사람은 1927년에 부산 혹은 경남 지역에서 변호사 혹은 총독부 관리로 일하고 있었을 가능성이 높다. 이 두 가지 정보를 토대로 조사한 결과, 양자의 교집합에 해당하는 정준鄭埈이라는 인물을 발견했다.

먼저 1920년대 한국인들이 유학한 일본 여러 대학의 동문회·교우회 명부를 뒤진 끝에 일본에서 법학을 전공한 정준이라는 인물을 찾았다.[15] 이 사람은 1925년 오사카의 간사이關西 대학 전문부 법률학과를 제14회로 졸업했다.[16] 『간사이 대학 교우회 학우회 회원명부』關西大學校友會學友會會員名簿에 따르면 정준의 고향은 경상남도 거창군 위천면渭川面 ○천리○川里로 되어 있다. 위천면의 지명을 확인해본 결과 복자伏字인 ○천리가 강천리薑川里임을 알 수 있었다.[17] 강천리에는 광해군 시절 척화파斥和派로 유명한 동계桐溪 정온鄭蘊(1569~1641)의 종택宗宅이 있었으며, 초계 정씨가 대대로 세거世居했던 곳이다.

간사이 대학 전문부 법률학과는 3년제로 법관보다는 법률 실무자를 양성하는 학교였다. 학제는 1~3학년에서 들어야 하는 수업들이 정해져 있었고, 1년 3학기제를 운영하고 있었다.[18] 입학 자격은 17세 이상, 중학교 졸업자, 전문학교 입학자, 검정규정에 따른 시험검정 합격자 등이었다. 학비는 1~2학기 각 28원, 3학기 20원으로 1년에 총 76원이었다. 일제강점기 한국인 일본 유학생 가운데 상당수가 실용적 학문보다는 법학이나 정치학을 선호했는데, 이는 한말 이래 일본 유학이 정치적 성격을 강하게 가졌기 때문이며, 다른 한편으로는 관료 진출의 기회와 전통 유학의 문사철文史哲 중시와도 연관이 있었다.[19]

다음으로 1927년『조선총독부 및 소속관서직원록』을 검색한 결과 정준鄭埈이라는 인물을 확인할 수 있었다. 이 정준은 1927년 당시 조선총독부 경상남도 동래군 군속郡屬으로 10등 관리였다. 정준은 1927~1928년 동래군 군속(10등), 1931~1933년 창녕군 군속(8등), 1936~1937년 통영군 군속(7등), 1938~1939년 하동군 군속(6등), 1940년 고성군 군속(6등)을 지낸 것으로 나타났다.[20] 승진 속도가 매우 빠른 것은 정준이 총독부가 선호할 만한 자격요건 중 하나인 대학·전문학교 졸업자였을 가능성을 보여준다. 간사이 대학 전문부 법률학과를 나온 정준과 동일인물일 가능성이 높은 것이다. 정준은 1927년 이래 1940년대까지 경상남도 소속 군청에서 6~10등 관리로 근무했다. 신문기사에 따르면 그는 1937년 9월 통영군 토목계로 통영 방파제 복구공사를 담당하고 있었고,[21] 1940년 4월 하동군 소속에서 고성군 서무과장으로 발령을 받았다.[22]

이 두 사람은 모두 정준鄭埈이라는 동일한 한자명을 사용하고 있으며, 현씨 집안의 기록들이 말하는 두 가지 단서, 즉 1920년대 초반 일본에서 법학을 전공했고, 1927년에 총독부 관리로 일하는 조건을 갖추고 있으므로 동일인물로 생각된다. 이 사람이 현앨리스의 남편이라면 그녀가 아들의 출생증명서를 작성하면서 왜 아버지를 공무원, 즉 총독부 관리라고 명기했다가 이를 수정해 변호사라고 썼는지 그 이유를 알 수 있다. 현앨리스는 아들의 장래를 위해 아버지의 직업을 총독부 군속 대신 변호사로 적었던 것이다. 하급 관리와 변호사는 분명히 다르지만 대학 법률과를 졸업한 사람으로서 변호사가 될 가능성이 열려 있었고, 필시 현앨리스뿐만 아니라 그 당사자도 변호사가 되기를 희망했을 것이다.[23]

그렇다면 간사이 대학을 나온 총독부 경상남도 10등 관리가 어떻게 현앨리스의 남편이 되었을까. 의문의 해답은 간사이 대학에서 발견할 수 있었다. 정준의 본명이 정봉균鄭奉均이며, 보성중학과 교토京都중학을 다닌 사실이 드러났기 때문이다. 정봉균이라는 이름으로 조사하기 시작하자 그가 1919년 3·1운동에 가담했다가 실형을 살았다는 사실이 뒤이어 확인되었다. 이로써 일본에서 만난 두 사람이 어떻게 연결되었는지와 정준이 현앨리스의 마음을 사로잡았던 이유를 알 수 있게 되었다.

정봉균은 3월 14일부터 16일까지 경남 의령군 의령읍에서 벌어진 만세시위운동에 참가했다. 당시 정봉균은 의령군 직원이었다. 시위운동의 주동자는 구여순具汝淳이었는데, 그는 3월 3일 서울에서 벌어진 만세시위에 동참한 후 독립선언서를 가지고 고향으로 돌아왔다.[24] 그는 이종사촌 이화경李華卿과 상의해 운동자금을 마련한 후 정용식鄭容軾, 최정학崔正學, 이우식李祐植, 김봉연金琫淵 등을 규합해 정용식의 병원에서 준비 작업을 했다. 이 사건은 다수의 군청 직원과 면사무소 직원들이 관련되었다. 주동자들은 용덕면장龍德面長 강제형姜齊馨의 협력을 받기로 했고, 3월 12일 의령군 용덕 면사무소에서 면서기 전용선田溶璿, 최병규崔秉圭의 도움으로 면사무소 등사판과 원지를 이용해 비밀리에 독립선언서 200매를 인쇄했고, 태극기, '독립' 혹은 '조선독립'이라 쓴 깃발, '정의와 인도의 문명전文明戰 결사대'라고 쓴 깃발을 다수 제작했다. 이들은 사전에 의령 공립보통학교 학생들이 호응하도록 비밀리에 접촉했다. 3월 14일 구여순, 남인섭 등은 의령읍 장터에서 독립을 호소하는 연설을 했고 독립선언서와 태극기를 배포했다. 의령 공립보통학교 학생 등 300여 명이 호응해 3,000명의 군중이 모여 읍내를 일주하며 만세시위를 벌였다. 3월 15일에는 의령향교 앞에서 1,500명이 모여 시위를 벌였고, 이 날 시위에는 '의령군청 직원'인 안의인安義人, 정봉균이 시위대열 선두에서 독립만세를 외쳤다. 15일 만세시위가 끝난 후 일본 군경의 검거가 시작되었다.[25] 한편 대구복심법원의 판결문에 따르면 정봉균, 남호섭南灝燮, 정원익鄭轅益, 이억근李億根 등은 3월 14일 구여순과 함께 교대로 만세시위에 동참을 호소하는 연설을 했다. 일본 측 기록에 따르면 "검거자 중에는 굴지屈指의 자산가 또는 군·면 서기 등이 있다"고 했다. 병원장(정용식), 용덕면장(강제형), 용덕면 면서기(전용선, 최병규), 의령군 직원(안의인, 정봉균) 등이 만세시위에 동참한 것을 의미했다. 그만큼 3·1운동의 기세가 드높았음을 보여준다.

의령읍 만세시위 사건으로 100여 명이 검거되었고, 그중 30명이 실형을 선고받았다. 이들에게는 출판법 및 보안법 위반이 적용되었다. 1심 판결은 1919년 4월 26일 부산지방법원 진주지청에서 내려졌다. 구여순·최정학·정호권鄭澔權 3년, 여찬엽余燦燁 2년, 강제형 1년 6개월, 여재병余在炳·박지묵朴枝穆·전용선·최병규 1년, 이태수李泰秀·남호섭·전태만田泰滿·이억근·정용식·노오용盧五容·안무상安武商 10개월, 박시강朴時江·김용호金鎔浩·정봉균·박판개朴判介·심상렬沈相烈·윤영만尹永萬·여익환余益煥·윤도식尹道植·박삼진朴三晋 6개월, 남성희南盛熙·정원익 4개월, 이시현李時玹·전학기田學基는 태笞 60대, 강남기姜南基는 2년 집행유예를 선고받고, 진주형무소나 대구형무소, 서울형무소 등에 투옥되었다.[26]

이들 가운데 구여순, 최정학, 남호섭, 정봉균, 정원익, 이억근, 노오용, 남성희, 이태수 등 9명이 공소控訴를 제기했지만, 1919년 7월 15일 대구복심법원에서 기각되었다. 이후 구여순, 최정학, 남호섭, 이억근 등 4명은 고등법원에 항소했지만, 1919년 10월 4일에 기각되어 형이 확정되었다.[27]

대구복심법원 판결문에는 공소를 제기한 9명의 인적사항이 기록되어 있는데, 투옥자 중 정봉균은 노오용과 함께 가장 어린 19세였다.[28] 정봉균은 일명 정판석鄭判錫으로 주소는 경상남도 거창군 위천면 강천리 49번지로 기록되어 있다. 간사이 대학을 다닌 정준과 동일인물임이 재확인된다. 즉 정봉균은 의령군 직원으로 일하던 19세의 나이에 의령읍 3·1운동에 동참했고, 부산지방법원 진주지청에서 1심 판결(1919년 4월 26일), 대구복심법원에서 2심 판결(1919년 7월 26일)을 받아, 보안법 위반으로 징역 10개월의 옥고를 치렀던 것이다. 정치적으로 조숙했던 그는 단순한 동참자가 아니라 주도자였다.

1920년에 출옥한 정봉균(일명 정판석)은 이름을 정준으로 개명하고 일본으로 유학을 떠났다. 정준은 1921년 간사이 대학 전문부 법률과에 입학했다. 바로 현앨리스가 비밀리에 일본에 유학 왔던 시점임을 알 수 있다. 현앨리스와 정준이 만난 곳은 간사이 대학이 있는 오사카였을 것이다. 조선인 노동자와 빈민층이 집중되어 있던 오사카는 일찍부터 조선인이 밀집한 지역이었으며, 많은 유학생이 거쳐 간 곳이다.

19세의 군청직원이던 정준은 '조선독립', '정의와 인도의 문명전', '결사대'라고 쓰인 깃발과 태극기를 휘두르며 만세를 불렀다. 시대의식이 휩쓸고 지나가자 그의 삶은 전혀 다른 방향으로 전개되었다. 사흘의 시간은 그의 의식, 그의 세계를 변화시키기에 충분했다. 역사의 시간은 객관적이기보다는 주관적이며, 순간이 모든 것을 결정했다.

현앨리스와 정준의 로맨스가 어떤 것이었는지는 가늠하기 어렵다. 현앨리스와 정준이 만난 곳은 제국 일본이었지만, 이들의 정신은 수백만 명의 에너지가 용출되었고, 수많은 개인의 삶과 처지를 혁명적으로 바꿔놓은 3·1운동의 전장에 뿌리박고 있었다. 이들의 삶은 3·1운동의 여진과 관성 속에서 움직여갔다. 이들의 20대는 3·1운동의 소용돌이 속으로 빨려 들어갔다. 이들은 3·1운동의 후예였고, 이들을 사랑과 결혼으로 이끈 중요한 동기는 3·1운동의 마력이었을 것이다. 3·1운동 지도자의 딸과 소년 독립운동가는 제국의 땅에서 만나 망명의 땅에서 결합했다.

현앨리스는 1922년 정준과 함께 상하이로 가서 가족들에게 소개했다. 현피터는 정준이 "잘생기고 유쾌한 사람"이라고 생각했다. 두 사람의 결혼식은 상하이 한인예배당에서 열렸다. 현피터는 상하이 한인 사회에서 열린 최초의 결혼식으로 기억했다. 피터는 누나의 결혼식에 맞춰 파마를 하고 보타이를 맨 뾰로통한 얼굴로 사진을 남겼다.[29]

현앨리스와 정준의 결혼 생활은 행복과는 거리가 있었다. 동생 피터의 회고록에 따르면 결혼한 현앨리스는 남편을 따라 한국 남부의 정씨 집으로 들어갔다. 시댁에서 현앨리스는 안채에 갇혀 살았고, 남편은 사랑채에서 친구들과 놀기만 했다. 남편의 가족은 소작인들을 부리는 지주 집안이었으며, 대학 교육을 받은 남편은 봉건적 구식 생활에 만족하며 술과 여흥으로 소일하는 나태한 지주 생활을 계속했다. 현앨리스는 대학 교육을 낭비하지 말고 유용한 일을 해보라고 남편을 설득하려 했지만, 그는 귀 기울이지 않았다.

현앨리스는 딸을 낳았다. 1926년에 네 살이라고 했으므로 1923년에 출산했을 것이다. 한국에서의 생활을 견딜 수 없게 된 앨리스는 남편을 떠나기로 결심했다. 남편은 그녀가 떠나는 것에 크게 개의치 않았지만 딸을 데려가지 못하게 했다. 딸을 떼어놓고 오기가 쉽지는 않았지만 그녀는 스스로를 구원하고자 했다. 현앨리스는 상하이로 돌아와 '손상된 삶'을 재건하길 희망했다. 피터는 앨리스가 한국에서 돌아온 뒤 1923년 2월 아버지 현순과 함께 하와이로 떠났다고 기억했다.[30]

현피터는 또 다른 회고록에서 1926년 앨리스가 남편과 네 살 난 딸이 있는 한국으로 돌아갔지만, 이것이 실수였다고 썼다. 불가능한 조건에 맞서 그녀는 이혼을 했고, 딸을 정씨에게 남겨둔 채 1927년 호놀룰루로 돌아왔다는 것이다. 그리고 몇 달 후에 그녀는 아들을 낳았다.[31]

현피터의 회고를 종합해보면 현앨리스는 1922년 정준과 결혼한 후 한국에 들어와 딸을 출산했다. 현앨리스는 1923년 상하이로 돌아가 현순과 함께 하와이로 떠났으며, 1926년 재차 한국의 남편에게 돌아왔다. 이듬해 남

편과 이혼했으나 이미 임신한 상태로 하와이로 돌아갔고, 남편 없이 아들을
낳았다.

현앨리스의 막냇동생으로 1917년생이던 현데이비드는 또 다른 기억을
들려주었다. 그는 이렇게 썼다.

> 앨리스의 희망은 한국에 있는 그의 남편과 별거함으로 생겼다. 그녀는 중
> 매결혼을 했다. 앨리스는 사랑 대신 한국의 전통적인 중매로 결혼한 그들
> 의 결혼을 받아들일 수 없었다.
> 그녀는 아버지의 가르침과 어린 시절부터 훈련에서 오는 독립심으로 그녀
> 가 임신 중에 남편에게 다른 여자가 있었다는 것을 알았을 때 앨리스는 남
> 편을 떠났다. 그녀의 남편은 예전의 한국 습관대로 행동한 사람이었다. 그
> 러나 앨리스는 한국계 미국인이었다. 그는 후처가 있는 또 하나의 처로서
> 는 살 수가 없었다.[32]

회고록들은 여러 가지 기억을 뒤엉켜서 보여주고 있다. 어떤 부분은 사
실이겠지만, 어떤 부분은 탈루·왜곡·과장·미화되었을 것이다. 현앨리스가
중매결혼을 했다는 데이비드의 회고는 일본에서 사랑하는 사람을 만났다는
피터의 회고와 배치된다. 앨리스가 1923년에 딸을 낳았다는 것은 피터의 회
고이며, 1927년에 아들을 낳았다는 것은 피터, 데이비드 모두의 회고에 공
통적으로 나오는 이야기다. 그런데 현순 집안의 가승에는 아들의 이름과 생
몰연대는 기재되어 있으나, 딸의 이름이나 생몰연대는 기록되어 있지 않다.

피터와 데이비드의 회고를 합쳐보면 두 사람이 이혼한 이유는 크게 두
가지였다. 첫째는 남편의 봉건적 구식 생활, 나태한 지주 생활이었다. 정준
은 1921년부터 1925년에 간사이 대학에 재학하며 3년 과정을 5년에 마쳤는
데, 상하이행과 결혼 때문에 늦어졌을 것이다. 아니면 1923년에 발생한 간
토關東 대지진 때문일 가능성도 있다. 정준의 본가는 경상남도의 전통적 양

반 집안이었는데, 그는 신식 교육을 받았으나 고향에서는 행동의 자유가 없었을 것이다. 하와이에서 태어나 상하이와 일본에서 교육받은 신여성 앨리스는 이 생활을 견디기 어려웠을 것이다.

둘째, 데이비드가 지적한 대로 다른 후처 혹은 향처郷妻가 있었을 가능성이다. 현앨리스가 딸을 낳고 남편을 떠날 수 있었던 것은 누군가 아기를 돌봐줄 사람이 있었음을 의미한다. 지방의 전통적 양반가였기에 조혼한 향처가 있었거나 아기를 돌봐줄 후처가 있었을 가능성이 높다. 현앨리스는 '예전의 한국 습관'대로 행동하고 '후처'가 있는 남편을 견딜 수 없었을 것이다. 이 때문에 현앨리스는 둘째를 임신했지만 남편과 헤어졌다. 아마도 임신 사실을 정준에게 알리지 않았을 가능성이 높다.

가족의 회고록에 등장하지는 않지만, 두 사람이 결별한 가장 큰 이유는 한때 독립투사였던 정준이 총독부 산하 경상남도청의 관리가 되었기 때문일 것으로 보인다. 현앨리스가 아들의 출생증명서에 기록했듯이 정준은 1927년에 동래군 군속(10등)이었다. 1919년 일제의 지배에 저항해 독립만세운동에 참가했다는 이유로 감옥 생활을 했던 홍안의 소년은 대학 법률과를 졸업한 뒤 일제의 관공리가 되었던 것이다. 이는 정준의 적극적 선택이자 결정이었고, 한때 그의 인생을 지배했던 독립운동이라는 선택지가 사라졌음을 의미했다.

3·1운동의 여진 속에 그 계승자이자 후예로 만났던 두 사람은 정치적 대격변이 진정되자 비로소 결혼 생활의 진실과 대면했을 것이다. 전통적 생활 방식, 다른 여자 등의 문제가 가하는 압박과는 질적으로 다른 정치적·민족적 선택이 현앨리스 앞에 놓였다. 아버지는 물론 자신도 독립과 혁명의 길에 서고자 했던 현앨리스로서는 받아들이기 어려운 상황이었다. 독립운동의 일선에서 물러나는 것과 총독부 관리가 되는 것 사이에는 건널 수 없는 간극이 존재했을 것이다. 상이한 정치적 선택과 불행한 결혼 생활은 두 사람의 관계를 파국으로 몰고 갔다. 그녀의 결혼 생활은 벗어날 수 없는 불행의 뫼

비우스 따와 같았지만, 다른 한편으로 같은 시기 현앨리스는 열성적으로 활동하는 운동가의 모습을 우리에게 보여준다.

극동피압박민족대회
— 1922년, 모스크바

1921년에서 1923년 사이 현순과 그 가족들은 상하이에서 함께 생활했다. 1년 넘게 상하이를 떠나 워싱턴에 체류했던 현순은 1921년 8월 상하이로 돌아왔다. 불과 1년 사이에 상하이는 격변에 격변을 거듭했고, 그의 인생에도 큰 변화가 기다리고 있었다.

임시정부는 1919년의 활기를 잃어가고 있었다. 기대를 걸었던 파리 강화회의와 민족자결주의는 한국 독립에 어떠한 희망도 주지 않았다. 동양의 마드리드이자 각국 조계지의 중심지 상하이에서 외교적 방법으로 한국 독립을 획득하기 위해 조직된 임시정부는 논쟁의 중심에 서게 되었다. 외교독립 노선의 구현체였던 임시정부의 동력은 약해졌고, 독립운동의 조직·위치·노선을 둘러싼 논쟁이 벌어졌다. 임시대통령 이승만은 1920년 12월부터 1921년 5월까지 상하이에 체류했지만, 독립운동의 대방략이나 자금 문제를 해결할 수 없었고, 오히려 위임통치 논쟁, 공채표·애국금 논쟁, 임시정부의 개조·승인 논쟁으로 분쟁의 핵심이 되고 말았다.[33]

우드로 윌슨Thomas Woodrow Wilson의 민족자결주의로 표상되는 미국과 기독교, 외교독립 노선에 대한 기대는 파리 강화회의의 폐막과 함께 저물었다. 반면 혁명으로 차르 전제를 타도한 러시아가 새로운 구원의 복음으로 등장했다. 러시아는 혁명·해방이라는 새로운 미래와 사회주의·공산주의라는 이념적 무기, 재정적 후원, 학습·피난처 제공이라는 매력적 강점들로 빛나기 시작했다. 1911년 중국 신해혁명에 이어 1917년 러시아혁명, 1918년 독일제국의 붕괴 등으로 이어지는 세계사의 흐름은 바야흐로 혁명의 시대가 도래했음을 의미했다. 상하이의 청년들은 러시아와 사회주의에 호감을 가졌다. 흥사단원이자 화동유학생회 회장을 지낸 안창호의 복심 주요한은 1920년『독립신문』기고문에서 "세계의 정신적 지배자는 아라사(러시아)"이며, 근대혁명은 사상혁명(르네상스와 종교개혁), 정치혁명(프랑스대혁명), 경제혁명(러시아혁명)의 3대 혁명을 거쳐야 성공할 수 있다고 주장했다.[34] 사회주의·볼셰비즘·러시아혁명은 세계의 대세로 받아들여졌다.

1922년 일본의 정보 자료에 따르면 현순은 상하이 공산당(1920년 3월 설립) 직원이며, 공산당의 통신처는 현순의 자택(平濟利路 16호)으로 되어 있었다.[35] 공산당의 산하 기관은 청년회, 즉 고려공산청년회로 되어 있었는데 박헌영은 1921년 3월 '고려공산청년단 상해회' 결성에 참가해 비서로 활동한 바 있다. 즉 박헌영은 현순의 지도 아래 있는 인물로 파악되었던 것이다. 이를 통해 1921년 8월 미국에서 돌아온 이후 현순의 선택지가 어떤 것이었는지를 알 수 있다. 현순은 이승만에게 강한 반감을 품고 있었고, 갈등 과정에서 이승만의 위임통치 청원을 비판함으로써 상하이 정국에서 박용만, 신채호 등 반이승만 세력과 보조를 같이하고 있었다.[36] 이들의 활로는 임시정부 내부에 있지 않았다.

또한 고려공산청년단의 집행위원장은 현순과 함께 상하이로 건너온 최창식이었다.[37] 1892년생인 최창식은『황성신문』소년기자로 이름을 얻었고, 오성학교의 민족주의 교사 시절에 일제의 감옥에서 수형 생활을 했다. 또한 그는 면암 최익현의 족친(삼종손三從孫)으로 알려져 상하이 정계에서 신망이 높았다.[38] 즉 최창식은 위정척사파 혹은 유생적 기반 위에서 천도교와 연관을 맺은 민족주의자로 상하이에 입성했다. 그는 1920년 현순과 함께 미국행을 도모했지만 뜻을 이루지 못했다. 이승만은 처음에는 현순과 함께 최창식의 도미행에 찬성했지만, 최창식은 도미 우선순위에서 현순, 안현경 등에 뒤졌다.[39] 최창식은 이동휘 총리의 비서장이 된 이래 점차 사회주의·공산주의에 가까운 행보를 보이기 시작했다. 현순이 이승만과 크게 분쟁한 후 상하이로 귀환하게 되자 다시 두 사람의 입장은 손뼉을 마주치듯 일치했다. 이것은 운명의 희롱이라고 해도 과언이 아니었다.

현순과 최창식은 모두 이르쿠츠크파 고려공산당 소속이었으며, 그 지도자 중 한 명이 여운형이었다. 1886년 생인 여운형은 신학교를 졸

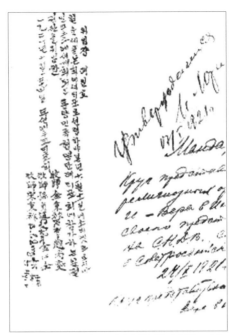

그림 16 현순의 모스크비 극동피압박민족대회 위임장(1921년)
© 한규무

업한 기독교 전도사로 열렬한 민족주의자였다. 그는 1918년 신한청년당을 조직하고 3·1운동과 파리 강화회의 외교운동에 적극적으로 나선 바 있다. 1919년 말에는 직접 도쿄를 방문해 제국의회에서 독립을 설파하기도 했다. 그러던 여운형은 파리 강화회의의 실패로 외교 노선이 현실적 종말을 고하고 임시정부가 파벌 투쟁과 노선 대립으로 동력을 잃자 모스크바와 사회주의로 눈을 돌렸다. 여운형은 1920년 상해파 고려공산당에 번역부 위원으로 가담했고, 이르쿠츠크파 고려공산당에 참가해 공산주의 서적을 번역하고 배포하는 작업을 벌였다. 여운형은 최초로 『공산당선언』, 『공산주의독본』 등을 번역했다.[40]

3·1운동 전후 외교독립 노선, 임시정부 수립의 주역이자 민족주의자로 손꼽히던 여운형, 현순, 최창식은 1922년 모두 고려공산당의 주요 인물이

되었다. 파리 강화회의를 목표로 한 외교독립 노선의 주인공들은 파리, 블라디보스토크, 워싱턴, 도쿄, 서울로 치달렸다.

때맞춰 러시아의 지도자 레닌은 한국 독립운동에 200만 루블을 제공하겠다고 공언했다. 러시아는 1921년에서 1922년까지 미국 워싱턴에서 개최되는 워싱턴 군축회의에 맞서 극동피압박민족대회를 모스크바에서 개최하기로 했다. 상하이의 민족주의자들은 극동피압박민족대회, 사회주의 혁명, 러시아, 공산당으로 관심을 돌리기 시작했다.

시세의 추향이 변하고 사상의 방향도 급변했다. 민족주의자들의 두꺼운 옷을 벗긴 것은 모스크바에서 불어오는 사회주의 훈풍이었다. 신학교를 졸업한 목사들과 선교사의 손에서 자란 대표적 친미파들이 모스크바로 향했다. 파리 강화회의 외교 대표였으며 구미위원부 위원장이었던 김규식, 목사이자 구미위원부 위원장이었던 현순이 도일외교의 주역 여운형과 함께 모스크바 극동피압박민족대회에 참석했다는 것은 한국 독립운동이 전환기에 놓였음을 상징한다.

1921년 8월 코민테른 극동비서부는 워싱턴 회의에 맞서 극동민족대회를 개최하기로 결정했다. 처음에는 11월 11일 이르쿠츠크에서 대회를 가질 예정이었지만, 12월 하순 모스크바로 변경되었고, 1922년 1월 21일부터 2월 2일까지 대회가 개최되었다. 총 144명의 극동 대표 가운데 한국은 52명으로 중국 42명, 일본 16명, 몽골 14명, 부랴트(동시베리아 남부 바이칼 호 동남쪽에 위치한 공화국) 12명 등 다른 국가에 비해 가장 많은 대표가 참석했다.[41] 극동의 식민지 문제에서 차지하는 한국의 중요성을 알 수 있다. 임경석의 연구에 따르면 최종적으로 참가한 한국 대표는 총 56명이다.[42] 현순은 조선예수교대표회의 대표로 참석했는데, 다음과 같은 위임장을 소지하고 있었다.

위임장 데일호
현순씨를 본회에서 대표로 션정하야 본년 11월 11일에 소비엣트 로시아 일

크스크에서 개회되는 동양민족혁명단톄 대표회에 참가하는 일절 권한을 위임함

1921년 10월 24일 됴션예수교대표회 목사牧師 김병조金秉祚 조상섭趙尙燮 목사牧師 손정도孫貞道 김인전金仁全 목사牧師 송병조宋秉祚 현순玄楯.[43]

1921년 10월 24일자로 서명한 목사들은 당시 상하이에 있던 한국인 목사들 전부라고 해도 과언이 아니다. 이들은 대표적인 민족주의자이자 친미파였다. 한규무의 추측처럼 조선예수교대표회는 극동피압박민족대회에 참가하기 위해 임시로 급조한 조직이었을 가능성이 높다.[44] 그런데 현순에게 위임장이 발급된 시점과 그의 소속 당파는 단지 이것이 임시방편만은 아니었을 가능성을 보여준다. 현순은 무당파로 기록되었지만, 실제로는 여운형, 최창식과 함께 이르쿠츠크 고려공산당에서 활동했기 때문이다. 이르쿠츠크 고려공산당은 자신의 영향력 아래 있던 상하이의 단체 및 개인들을 통해 1921년 10월 20일 전후로 '위임장', 즉 모스크바 극동피압박민족대회행 티켓을 발급했다. 임경석의 연구에 따르면 극동피압박민족대회에 파견될 대표들에게 위임장이 발급된 시점과 발급자, 소속 당파는 다음과 같았다.

- 10월 20일 김승학·임원근(대한독립신문사 대표) (고려공산당 당원·후보당원)
- 10월 21일 여운형(고려공산당 대표) (고려공산당 중앙위원회 의장 김만겸·서기 안병찬 발급)
- 10월 22일 김상덕·정광호(화동한국학생연합회 대표) (임시 회장 박헌영 발급) (고려공산당 중앙위원회 위원장 김만겸 추천)
- 10월 24일 김단야(고려공산청년회 상해회 대표) (고려공산당 후보당원)
- 10월 24일 현순(조선예수교대표회 대표) (무당파)
- 10월 27일 김규식(신한청년당 대표) (고려공산당 후보당원)[45]

이들은 모두 상하이 이르쿠츠크 고려공산당과 직간접적으로 연결된 조직 또는 개인으로 톱니바퀴처럼 서로 맞물려 있었다. 상하이 임시정부의 주역이자 외교독립 노선의 주창자였던 여운형(고려공산당), 김규식(신한청년당·고려당 후보), 현순(조선기독교연맹), 최창식(고려공산당) 등이 지도층을 이루었다. 이들보다 열 살에서 스무 살 어린 20대 초반의 청년 사회주의자들이 그다음 그룹을 형성했다. 박헌영과 함께 화요회 삼총사로 불렸던 김단야(고려공산청년회 상해회·고려당 후보), 임원근(대한독립신문사·고려당 후보)이 포함되었다. 박헌영은 모스크바 회의에 참가한 것으로 알려졌으나 이 회의에는 참석하지 않았다.[46] 그 외에 박헌영이 화동한국학생연합회 임시회장 자격으로 추천한 김상덕(화동한국학생연합회·무당파), 정광호(화동한국학생연합회·고려공청원) 등도 참석했다. 즉 이르쿠츠크 고려공산당 지도부–지도자 그룹–고려공산청년회 그룹–방계·연관조직 등으로 조직의 위계서열에 따라 위임장이 발급된 것이다. 결국 모스크바라는 신세계의 광원光源을 향한 상하이 한인들의 희망은 이르쿠츠크 고려공산당을 매개로 해서 지도자 그룹·청년 그룹·방계조직 등으로 포도송이처럼 퍼져갔던 것이다.

현순은 모스크바에 도착해 신상명세를 자필로 기록한 '조사표'를 제출했다.

1   성명과 생년월일: 현순, 42세, 3월 16일

2   교육: 일본 중학 급 기독교신학 졸업

3   직업: 목사

4   사회상지위(사족士族, 평민平民, 신사紳士 등별等別): 평민

5   여하한 위임장을 가지고 오셨소?: 조선예수교대표회의 위임장

6   어느 정당 혹은 단체에 속하였소?: 상해공산당

7   어느 노동조합에 속하였소?: 없소

8   몇 월 며칠[何月何日]에 어데서 러시아 국경을 넘어오셨소?: 1921년 11월

3일

9 목적과 희망: 조선독립을 목적하고 공산주의를 실시함을 희망함

10 어느 외국말을 아시오?: 영어와 일본어

11 이전에 러시아에서 오랫동안 머물렀었는지요?: 1919년 9월 3주간 귀
국에 체류

12 비고

서명 Soon Hyun 玄楯[47] (한자의 한글 표기는 인용자)

현순은 자신이 조선예수교대표회의 대표이자 '상해공산당' 소속이라고
밝히고 있다. 나아가 "조선독립을 목적하고 공산주의를 실시함을 희망"한다
고 썼다. 공산주의 혁명이 아니라 조선 독립이 목적이며 그 수단이 공산주의
라고 쓴 것이다. 아마도 현순을 모스크바에 파견한 한국인 목사들도 공산주
의를 독립의 방법이나 도구로 생각했을 것이다.

현순의 모스크바행
과 관련해 그가 작성한
간단한 메모가 남아 있
다. 이 메모에서 현순은
모스크바 회의의 개최 목
적이 1921년 워싱턴 군축
회의에 반대하는 것이었
으며 상하이에 고려공산
당 대표 김만겸이 주재하
고 러시아인 특파원이 와
서 대표를 선발했다고 적
었다. 현순이 기억하는
1921년 상하이에서 출발

그림 17 극동피압박민족대회 조사표(현순) © 한규무

한 대표는 김상덕, 김주金柱(김단야), 최창식, 김원경金元慶, 이애라李愛羅(권애라의 오기), 여운형, 김규식, 현순 등이었다.[48]

현순의 여정은 상하이 → 톈진 → 펑톈(선양) → 하얼빈 → 만주 → 치타 → 이르쿠츠크였다. 이르쿠츠크에는 '공산주의자 파티'(공산당)의 동양부가 있고 부장은 스미야스키Smyasky Daniel Beach였다고 기록했다. 당시 상하이에서 모스크바에 이르는 길은 크게 만주를 경유하는 노선과 몽골을 횡단하는 노선이 있었는데 여운형, 김규식 등 저명한 지도자들은 몽골 횡단 노선을 택했으며, 청년들은 주로 만주를 지나는 노선을 택했다.[49] 현순은 최창식, 김원경, 권애라와 동행했는데, 이들의 여정에 대해서는 김원경의 간단한 회고가 남아 있다. 김원경은 고려공산당 대표로 참석했는데, 모스크바에서 최창식을 만나 결혼했다.[50]

현순은 '동양민족혁명대회'에 참가한 각국 대표가 조선 대표 35명, 중국 대표 20명, 몽골 대표 20명, 일본 대표 7명, 미국 대표 1명, 프랑스 대표 3명이라고 적었다. 그는 레닌과 회견했다고 간단히 기록했다. 현순은 러시아에서 느낀 공산정치의 동향으로 첫 번째는 'No money no shops', 두 번째는 '만인 노동'No work no eat을 들었다. 돈도 상점도 없지만, 먹고살기 위해선 모두다 노동해야 하는 시스템이었던 것이다.[51]

김규식은 조선 대표단장으로 개막 연설을 했고, 여운형은 의장석에 앉았다. 김규식은 "하나의 불씨, 세계 제국주의, 자본주의 체제를 재로 만들어버릴 불씨를 얻고자 기대한다"고 연설해 박수갈채를 받았다.[52] 현순의 특별한 행적은 확인되지 않았지만, 공산주의자들로부터 '현동무', '목사동무'Comrade Minister로 불렸고 레닌, 트로츠키 등에게도 동일하게 소개되었다.[53]

1922년 모스크바 극동피압박민족대회에 참석하고 난 뒤 여운형, 박헌영, 현순의 행로는 차이가 있었다. 여운형은 1922년 한국노병회, 시사책진회 등 독립운동단체에 참가하는 한편 국민대표회 개조파에 섰다. 국민대표회가 실패한 후 여운형은 중국공산당, 중국국민당의 중국 혁명운동에 모두 동참하는 팔방미인의 재능을 발휘했다.

한때 미국을 동경했던 청년 박헌영은 조선공산당 조직에 대한 코민테른의 지시를 실천하기 위해 김단야, 임원근 등과 국내로 잠입하다가 1922년 4월 중국 단둥에서 체포되었다. 1921년 10월 말부터 1922년 2월까지 극동 피압박민족대회로 가는 여정은 화요회 삼총사를 혁명가로 이끌었다. 만주와 시베리아를 횡단해 모스크바에 도착한 이들은 러시아 사회주의 혁명 지도자들과 그들이 실현해놓은 세계를 직접 경험했다. 열정과 도전으로 가득한 이들은 신비의 사회주의 세계를 처음 목격한 젊은 순례자가 되었다. 모험담은 곧 영웅담으로 바뀌었고, 이것이 박헌영과 김단야의 인생을 결정했다. 1년 10개월의 징역형을 선고받은 박헌영은 이후 '강철의 혁명가'로 인생의 행로가 정해졌다.

상하이로 귀환한 현순을 기다리는 것은 9명의 부양가족, 아내와 8남매였다. 그는 현실로 돌아왔다. 현순은 이렇게 썼다. "1922년의 겨울은 평온했다. 1923년은 여余[나]에게 제일 고난의 시일이었다. 여余는 별 수입원別收入源이 없고 가처家妻는 한국韓國에서 지참持參한 돈을 모두 소비消費했다. 전 가족全家族이 매월每月 몇 푼의 돈으로 생계生計를 유지維持했다."[54] 현순의 선택은 영국 제약회사 판매원이었다. 그는 드윗트 회사의 판매원으로 일하며 상하이, 만주를 돌아다녔다.[55] 창춘長春에서 일하던 현순은 감리교 감독 프라이로부터 호놀룰루 한인 감리교회 목회를 제안받았다. 프라이는 현순 가족의 하와이행 여비를 약속했다. 현순과 그의 가족은 상하이를 떠나기로 결정했다.

블라디보스토크로 가는 현앨리스

— 1923년

현순의 두 아들 현피터와 현데이비드는 모두 현순이 1923년 2월 만딸 앨리스와 동반해 호놀룰루를 향했다고 기록하고 있다.[56] 현순도 자신이 장녀 앨리스와 상하이를 출발해 1923년 2월 24일에 호놀룰루에 상륙했다고 기록했다.[57] 호놀룰루 일본 총영사관의 보고에 따르면 현순은 1923년 2월 24일 S.S. 차이나 호를 타고 하와이 호놀룰루에 입항했다.[58]

가족이 모두 현앨리스가 현순과 동행해 하와이로 떠났다고 했으나 불과 40일 뒤 그녀는 다시 상하이에 나타났다. 현앨리스는 모종의 임무를 부여받고 러시아 블라디보스토크를 향해 가고 있었다. 당시 현앨리스의 행적이 일본 외무성 기록에 남아 있다. 이 흥미로운 기록을 따라가보자.

현앨리스는 1923년 5월 9일 상하이에서 블라디보스토크로 향하는 러시아 의용함대 증기선 심페로폴Simperopol, Симферополь 호에 탑승했다. 심페로폴 호는 5월 11일 오후 중국 산둥성 지푸芝罘를 경유해 블라디보스토크로 향했다. 그런데 이 배는 블라디보스토크로 직행하지 않고 뜻밖에 항로를 변경해 일본 후쿠오카福岡현 모지門司항에 입항했다. 후쿠오카 경찰당국은 이 배에서 현순의 딸인 현앨리스(현미옥)를 발견했다. 그녀는 결혼 상대자인 김창金昌이라는 남자와 동행하고 있었다. 후쿠오카 고등경찰의 사후 보고(1923년 5월 12일)는 김창의 진술을 전하고 있는데, 이에 따르면 그의 본적은 함경북도 경원군慶源郡이며, 시베리아 우수리스크 니콜리스크 데탄자에서 출생했다. 현주소는 블라디보스토크 하바롭스카야 가街 조선민회朝鮮民會 앞으로 되어 있고, 김성택金成澤의 장남이며, 직업은 잡화상으로 되어 있다. 올해 23세라고 했다. 자신은 열세 살 때부터 부친의 아편 재배 사업에 종사했고, 1919년 7월에 아편 매매를 위해 치타智多 및 하얼빈哈爾濱 방면에 약 반년간 체재했으며, 1921년 10월 이래 러시아에 귀화한 조선인 이반 니콜라

이와 함께 일용품상을 경영한다고 주장했다.

김창은 집안끼리 정혼한 사이인 현앨리스가 폐병에 걸렸기 때문에 치료를 위해 블라디보스토크로 데려가려는 중인데 1923년 2월 3일자 블라디보스토크 행정청이 발급한 여행권을 소지하고 상하이로 와서 현앨리스와 동행해 돌아가는 중이라고 밝혔다. 김창의 진술에 따르면 그의 부친은 1901년 블라디보스토크로 이주해 아편 재배에 종사했고, 1910년 한일병합 이후 가족들 모두 러시아에 귀화했다. 1920년 4월 임시정부 외무차장이던 현순이 블라디보스토크를 방문해 김창과 현앨리스의 정혼이 이루어졌으며, 동시에 현앨리스가 러시아에 귀화했다고 주장했다. 일본 경찰은 김창의 아버지 김성택도 독립운동의 유력자일 것으로 추정했다.[59]

현앨리스가 블라디보스토크의 청년과 약혼했다는 주장은 현순 집안의 어떤 문서나 증언에도 드러나지 않는다. 또한 현순은 1920년 4월 블라디보스토크를 방문한 사실이 없다. 조직의 임무를 보호하기 위해 준비한 허위 진술이었을 것이다.

이 보고서에 등장하는 현앨리스의 경력은 매우 흥미롭다. 후쿠오카 지사의 보고에 따르면 20세인 현앨리스(玄美玉)는 이미 여러 차례 내지內地, 즉 일본과 상하이를 왕복한 일이 있어서 여러 차례 관계 당국에 통보된 바 있었다. 1923년 4월 6일에도 어머니의 병환 소식을 전해 듣고 상하이로 간다며 야마시로마루山城丸 호를 타고 상하이로 건너간 일이 있었다. 그런데 현앨리스가 일본에서 상하이로 건너간 것이 1923년 4월 6일이라면, 1923년 2월부터 5월 초까지의 행적은 믿기 힘들 정도로 복잡하다. 즉 현순과 동행해 상하이 출발 → 호놀룰루 도착(1923년 2월 24일) → 일본 후쿠오카 출발(1923년 4월 6일) → 상하이 출발(1923년 5월 9일) → 블라디보스토크 도착의 여정이었는데, 불과 한 달여 만에 상하이 → 호놀룰루 → 후쿠오카 → 상하이 → 블라디보스토크를 자유롭게 여행했다는 것이다. 호놀룰루와 일본을 마음대로 오갔다는 점은 납득하기 어렵다. 여기에 1923년 한국에서의 결혼 생활까지 더하면 1923년 현앨리스의 행적은 의문투성이다. 뒤에서 다루겠지만 현앨리스는 현순과 동행해 호놀룰루에 가지 않았다. 그녀는 상하이에 체류 중이었다.

다시 보고서로 돌아가보자. 후쿠오카 지사는 현앨리스가 폐병에 걸렸다는 사실, 김창과 결혼했다는 사실, 러시아에 귀화했다는 사실을 증명하는 어떠한 증거 자료도 갖고 있지 않았다고 지적했다. 여기에 증인도 등장했다. 현앨리스와 함께 서울에서 살았고, 1923년 4월 상하이로 건너온 강해선姜海善이라는 사람이었다. 그녀는 현앨리스 어머니의 병환은 진위가 불분명하고, 앨리스가 공부하거나 독립운동을 하는 모습은 보지 못했다며 현앨리스를 '행동불명'行動不明의 여자라고 밝혔다.[60]

이 보고를 접수한 조선총독부 경무국은 현앨리스에게 정혼한 남편이 있고, 러시아에 귀화했으며, 폐병에 걸렸다는 얘기는 들은 바 없고, 치안의 우려가 있는 블라디보스토크에서 요양한다는 것은 의심스러운 점이라고 지적했다. 경무국은 "혹 공산주의에 공명해 그 선전원으로 러시아에 들어가기 위해 간혹 블라디보스토크로부터 상하이에 건너오는 자칭 김창金昌의 블라디보스토크 귀환을 호기로 삼아 동반을 의뢰한 것이 아닐까 사료"된다고 판단했다.[61]

며칠 뒤 조선총독부 경무국은 상하이 주재 경무국 파견원의 정보를 근거로 김창이 선우섭鮮于涉의 가명이라고 판단했다. 경무국 파견원은 선우섭이 고려공산청년회 대표로 국민대표회에 참석했던 블라디보스토크 거주 한인이며, 이미 "추관계醜關係가 있던 현순의 장녀 현미옥과 함께 길을 나섰"다고 보고했다. 이에 따르면 현앨리스는 "누차 조선-상하이 간을 왕복해 공산당에 관련된 연락 임무를 담당"한 바 있었다.[62] 즉 조선총독부 경무국의 정보에 따르면 현앨리스는 고려공산당과 관련된 연락 임무를 띠고 조선-일본-상하이는 물론 블라디보스토크를 왕래했던 것이다. 우리가 살펴본 바에 따르면 현앨리스는 이미 1922년 정준과 결혼한 상태였으므로 김창 혹은 선우섭과의 허혼詐婚 운운은 신분 위장책이었던 셈이다.

『용의조선인명부』容疑朝鮮人名簿에 따르면 선우섭鮮于燮의 자택은 러시아령 블라디보스토크 신한촌新韓村 하바롭스카야에 있었는데, 1928년 병보석으로 풀려난 박헌영이 9월에 만삭의 아내와 함께 블라디보스토크로 탈출해 머물던 집이 바로 이곳이었다.[63] 선우섭은 국민대표회에 연해주 고려공산청년회 대표로 참석해 블라디보스토크로 정기 보고서를 띄운 바 있다.[64] 선우섭鮮于涉(1899~1938)은 2010년 한국 정부로부터 독립유공자로 포상되었는데, 공적조서에 따르면 이명異名은 김창金昌, 클리멘티 페트로비치였다.[65]

현앨리스는 선우섭(김창)을 통해 다시 박헌영과 연결된 것인데, 그 핵심에는 고려공산당 혹은 고려공산청년회가 있었다. 현앨리스의 블라디보스토크행은 그녀가 사회주의·공산주의 조직의 비밀 임무를 띠고 맹렬히 활동했음을 보여주기에 충분하다.

현앨리스가 1923년 한국을 떠난 것이 남편과의 결별 때문인지, 아니면 현순과 동행해 하와이로 들어가려는 목적이었는지, 아니면 혁명운동 등의 다른 이유였는지는 정확히 알 수 없다. 그렇지만 1921년 일본 유학, 1922년 결혼, 1923년 딸 출산, 1923년 상하이 귀환으로 이어지는 20대 초반 현앨리스의 행적은 파란만장한 것이었고, 정확한 실체는 여전히 미궁 속에 빠져 있다.

전체적인 그림을 조감해보면 우리는 현앨리스가 상하이 시절 사회주의·공산주의 사상을 접했을 뿐만 아니라 운동에도 적극적으로 참여했을 개연성을 발견하게 된다. 또한 이는 그녀 개인 차원의 문제라기보다는 현씨 집안의 경향이기도 했다. 현순은 모스크바 극동피압박민족대회에 참가했고, 현피터는 박헌영의 서클에서 열심히 활동하며 모스크바 유학을 꿈꾸었다. 현앨리스는 조선, 일본, 상하이, 블라디보스토크를 왕래하며 '공산당 관련 연락 임무'를 수행했다. 그 공통분모는 1920년대 초반 상하이 한인 사회를 매료시키고 있던 사회주의·러시아·혁명이었다.

상하이에서 20세의 앳된 청년 박헌영은 공산주의자가 되었고, 민족주의자 목사의 아들딸들도 사회주의의 세례를 받았다. 정동제일교회와 상동교회 목사였던 현순, 새문안교회 장로였던 김규식, 기독교 전도사였던 여운형 등이 모스크바 극동피압박민족대회에 참석해 영국과 미국의 제국주의를 노골적으로 비판한 것과 같은 맥락이었다. 1920년대 상하이에 거주하는 한인들에게 사회주의는 시대의 대세였고, 멈출 수 없는 조류처럼 보였다.

현앨리스와 현피터는 1930년대 후반부터 현앨리스가 체코로 떠난 1949년까지 인생의 행로를 함께했다. 남매는 1930년대 하와이에서 노동조합운동·미국공산당과 관련되었고, 해방 이후 재미한인 사회에서 가장 급진적인 집단에 속하게 되었다. 나아가 1948년에는 미국공산당 당원으로 기록되었다.

이들은 1930년대 대공황 이후 미국 사회의 좌파적 흐름과 해방 이후 한국 상황으로부터 영향을 받았을 것이다. 그러나 이들의 인생행로를 결정한 것은 상하이에 거주했던 1920년부터 1924년 사이의 경험이었다. 찬란했던 모험담의 기억은 섬광처럼 선연하게 이들의 뇌리에 남았다. 3·1운동 이후 상하이 한인 사회의 혁명적 분위기와 시대정신의 영향을 몸에 새긴 이들은 진정한 '3·1운동의 후예'들이었다.

1924

3장

하와이와
뉴욕에서의 삶

1924~1945년

1945

그림 18 현앨리스와 아들 정웰링턴(1928년경)
© David Hyun

하와이로의 가족 이주
— 1922~1925년

1923년 2월 24일 현순은 하와이에 입국했다. 현순은 호놀룰루 한인 감리교
회 목사로 임명되었는데, 원래의 담임목사였던 황사용 목사가 한국을 방문
했기 때문이었다.[1] 입국 당시 현순은 중국으로 귀화해 중국 여권을 사용하
고 있었으며, 송지상宋之相, Song Tche Shiang이라는 중국 이름을 사용했다.[2] 현순
은 1919년 3·1운동 직후 베이징에서 중국인 친구들의 권유로 포강번鮑康藩이
라는 중국 이름을 만들었지만, 이를 사용하지는 않았다.[3] 현순은 1920년 8월
파리에서 미국으로 들어올 때와, 1921년 7월 21일 호놀룰루에서 마닐라로
향할 때 이미 송지상이라는 이름을 사용한 바 있다.[4]

상하이 거주 한인 독립운동가들은 일본 영사 경찰의 체포와 추적을 피
하기 위해 중국인으로 귀화하는 사례가 적지 않았다. 1919년 파리 강화회의
에 참가한 김규식은 김중문金仲文, Chin Cheng Wen으로 변성명했으며, 상하이
프랑스 공무국에서 일했던 엄항섭 역시 1923년 엄경민嚴敬民, Nien King Ming이
라는 이름으로 중국에 귀화했다. 엄항섭이 중국인으로 귀화하지 않았다면
1927년 일본 영사 경찰의 체포 요구에 따라 신병이 인도되었을 것이다.[5] 프
랑스 조계에 사는 것만으로 한국 독립운동가들에게 신변의 안전과 자유가
보장되는 것이 아니었다. 이중의 보장을 위해 한인 독립운동가들은 중국인
으로 귀화했고, 특히 여행증명을 얻기 위해서는 더욱 그럴 필요가 있었다.

1923년 5월 블라디보스토크를 향한 현앨리스는 아버지와 함께 하와이
로 들어오지 않은 것으로 보인다. 『신한민보』 1923년 10월 25일자 기사에
따르면, 호놀룰루 폴스트리트의 국어학교에서 현순 목사가 이윤호와 함께
학생들을 가르치고 있는데 현순의 딸이 상하이에서 도착하는 대로 이윤호
를 대체하리라고 보도하고 있다.[6] 또한 현순이 딸과 함께 하와이에 도착했
다는 기사나 자료는 찾아볼 수 없다. 1923년 2월 24일 호놀룰루에 도착한 현

앨리스가 일본으로 귀환했다가 4월 6일 다시 상하이로 갔다는 것은 시간상으로나 비용상으로 불가능한 일이었다. 당시 현순 집안은 경제적 어려움 때문에 가족들의 하와이 이주도 여러 차례로 나누어 이루어졌다. 이로 미루어 1923년 2월 현앨리스가 부친 현순과 함께 호놀룰루에 입항했다는 현씨 집안의 기록에는 착오가 있음이 분명하다.

호놀룰루 이민국 기록에 따르면 현앨리스는 1924년 1월 13일 상하이를 떠나는 덴요마루Tenyo Maru 호를 타고 1924년 1월 30일 호놀룰루에 도착했다.[7] 현앨리스는 미국 시민으로 입국했다. 승객 명단에 현앨리스는 21세, 여성, 미혼, 1903년 5월 8일 하와이 준주準州 오아후 섬 카후쿠 출생으로 기록되어 있다.[8]

현피터의 회고에 따르면 여행경비를 마련하기가 어려웠기 때문에 가족들은 여러 차례에 나누어 호놀룰루로 올 수 있었다. 피터는 1924년 5월 엘리자베스, 피터, 데이비드, 메리 4명이 동반해 하와이로 들어왔고, 1925년에 폴, 조슈아, 어머니(이마리아)가 들어왔다고 썼다.[9] 그의 기억은 기록과 일치한다.

『신한민보』와 호놀룰루 이민국 기록에 따르면 1924년 5월 24일 현순의 네 자녀가 도착했다.[10] 엘리자베스, 피터, 데이비드, 메리였다. 승객 명단에 따르면 피터와 엘리자베스는 1924년 5월 11일 프레지던트 클리블랜드President Cleveland 호를 타고 상하이를 떠나 5월 24일 호놀룰루에 도착했다. 이민국에 제출한 승선자 명단에 따르면 이들은 미국 시민으로, 서울에서 출생한 두 동생 데이비드와 메리는 외국인으로 입국했다.[11]

나머지 가족은 1925년 호놀룰루에 입국했다. 1925년 호놀룰루 일본 총영사관은 현순의 부인과 두 아들이 중국 여권을 가지고 1925년 3월 4일 태평양우선太平洋郵船 소속 프레지던트 클리블랜드 호를 타고 호놀룰루에 입항했다고 보고했다.[12] 폴과 조슈아였다.

이상과 같이 현순 가족은 현순(1923년 2월), 앨리스(1924년 1월), 엘리자베스·피터·데이비드·메리(1924년 5월), 이마리아·폴·조슈아(1925년 3월)

등의 순서로 네 차례에 나누어 하와이로 들어왔다. 현순 부부의 넷째 자식인 현순옥은 1922년 상하이에서 사망했다. 9명의 가족은 이제 하와이를 제2의 고향으로 정했다.

『신한민보』에 따르면 현순 가족의 하와이행은 벤너 감독의 주선으로 미국 영사의 입국 허가를 얻었기에 가능했다.[13] 중국에서 한인 가족 9명이 대규모로 하와이로 이주한 사실은 특기할 만한 일이었다. 이런 쉽지 않은 일이 가능했던 것은 현순이 기독교 목사, 선교사, 감독들과 좋은 관계를 유지했으며, 그에 대한 기독교계의 평판이 좋았음을 방증한다.

그렇지만 현순이 정착하려 한 호놀룰루에서 그의 지위는 불안정했던 것으로 보인다. 호놀룰루 한인 감리교회에 부임한 것이 전임 목사의 한국 방문과 관련이 있을 것이다. 하와이에 도착한 지 1년이 안 된 1924년 현순이 감리교 연회 이후 호놀룰루 한인 감리교회 목사직에서 사임할 가능성이 있다는 보도가 있었다.[14] 이 보도는 허위로 밝혀졌지만, 호놀룰루 내 현순의 입지는 튼튼하지 않았다.[15] 호놀룰루가 이승만 지지 세력과 박용만 지지 세력이 대립하고 있던 하와이 한인 사회의 중심지였기 때문이다. 그가 이승만과 극한적 대립을 벌인 것이 불과 2년 전이기 때문에 한인 사회에는 여전히 앙금이 남아 있었을 것이다.

1925년은 현순이 하와이 호놀룰루에서 활동을 벌인 마지막 해였다. 현순은 1925년 초반까지 호놀룰루 한인 감리교회가 발행하는 『한인교회보』에 주필로 등재되어 있었다.[16] 현순은 1925년 임시정부 후원회에 참가해, 속 사판 『단산시보』 발행 당시 이사부원이 되었다.[17] 또한 범태평양회의에 참석하기 위해 호놀룰루를 방문한 서재필과도 만났다. 1921년 공사관 설립을 둘러싸고 서로 격렬한 비난을 주고받은 지 4년이 흐른 시점이었다. 1925년 범태평양회의에는 송진우, 신흥우, 유억겸 등 한국 대표가 참석해 이승만, 서재필과 면담했고, 이후 미주-국내 사이에 실력양성론이 부상하는 계기가 된 바 있다.[18] 7월 11일 서재필 환영회에서 현순은 서재필의 약력을 보고

했고, 7월 16일 서재필이 주최한 오찬회에 참석했다. 이 오찬회에는 하와이 한인 사회의 대표적 지도자들이 다 모였는데, 아마도 이승만, 박용만이 공식 대면한 마지막 자리였을 것이다.

- 이승만박사(전 대통령): 나는 모든 일을 잘하려고 하였고 아무든지 혐의嫌意가 없소. 이렇게 모이는 것은 서박사나 계시면 될는지? 우리끼리는 모이기 어렵소.
- 이태성씨(누아누청년회 서기): 사람마다 자기 맡은 일만 잘하면 잘되겠단 말씀이야요.
- 김영기씨(교민총단장): 사람마다 양심대로 독립단獨立團에 가던지 민단民團에 가던지 자기 마음대로 가서 돈이나 잘 내서 일을 보아가면 그만이요.
- 현순씨(미감리교 목사): 장래 우리 일을 더 잘하려면 백성을 속이지 말고 참 빛으로 인도할 것이요 인도자라는 사람이 서박사가 와 모여주기를 바라지 말고 자기네끼리 스스로 모여서 음식도 먹고 담화도 하여야 되겠으니 이박사부터 시작하면 나 같은 가난한 자도 찻잔이나 준비하여 모이겠소. 또 무슨 정책이 있거든 두어 사람만 모여서 우물쭈물하지 말고 공중에 나와서 정견을 발표하여봅시다.
- 황사용씨(미감리교 목사): 나는 시골 사람인고로 시골 인심을 잘 아오. 시골 사는 한인들은 우리 하와이에서 사는 한인 가운데 여러 단체가 있더라도 같이 기관 하나만 내기를 원합니다.
- 안원규씨(실업가): 합한다고 하면 도리어 해가 많소. 그런 고로 합한다는 말은 그만두고 우선 이곳에 모인 우리부터 정의情誼를 돈독합시다. 여러분이 하시면 나라도 먼저 음식을 차리고 당신들을 청하겠습니다.
- 박용만씨(독립단 영수): 우리는 다 실패한 사람이요. 실패한 사람은 물러가는 것이 이치에 상당하니 실패한 우리는 물러가고 청년들에게 맡

겨서 일을 진행합시다.

- 민찬호씨(기독교 목사): 나는 말은 좋아 아니하고 일만 좋아하는 사람
올시다.
- 이승만박사(다시 일어나며): 모이기는 무엇을 모인단 말이요. 마음은
고치지 않고 모이면 무슨 일이 되오. 그런즉 여러분이 회개들 하시오.
- 신흥우씨(본국 대표): 당신네들을 먼데서 망원경을 끼고 들여다볼 것
같으면 다 '땜풀'들이요.[19]

십인십색十人十色, 백화제방百花齊放 격이었다. 갈등의 깊이가 느껴지는 대
화였다. 이승만과 김영기 등 그의 지지자들, 박용만과 현순 등 반이승만파
의 의견이 명백히 엇갈리는 것을 알 수 있다. 1915년 정적 박용만을 몰아내
고 하와이 교민사회 최대의 조직인 국민회를 장악했던 이승만은 1919년에
는 반대로 수세에 몰렸다. 임시정부 대통령으로 추대되었지만 이번엔 박용
만 측으로부터 위임통치 문제가 제기되면서 그의 위신은 물론 임시정부 자
체도 분쟁에 휩싸였다. 1915년부터 시작된 이승만 진영과 박용만 진영 간의
갈등은 해가 지나면서 다양한 모습으로 하와이 한인 사회에 풍파를 일으켰
다. 한국에서 참석한 신흥우는 이승만 지지자였지만 하와이 한인 사회의 분
열상을 놓고 노골적으로 이 '멍청이들아'Damn Fool라고 비난했던 것이다.

현순은 1926년 호놀룰루 한인 감리교회에서 카우아이 섬으로 목회지가
변경되었다. 1910년의 인구조사에 따르면 하와이 전체 한인 수는 4,553명이
었는데, 카우아이 섬은 하와이 섬(1,525명), 오아후 섬(1,024명)에 이어 세
번째로 많은 한인(873명)이 거주하고 있었다. 또한 카우아이 섬은 한인들이
처음 벼농사를 시작한 곳이었으며, 한글학교도 오아후 섬(12개), 하와이 섬
(7개)에 이어 세 번째로 많은 5개가 있었다.[20] 한인이 가장 많이 사는 섬 중의
하나였던 것이다.

나아가 카우아이는 이민 통역으로 하와이에 들어왔던 현순이 1906년

리후에Lihue 산정山頂에 한인 예배당을 건립했던 곳이기도 했다. 그를 기억하는 농장주, 한인 교인들이 있던 곳이었다. 한인 정치의 중심 호놀룰루에서 떨어진 시골 섬이었고, 그를 후원하는 사람들이 있던 곳이었다. 현순은 카우아이 섬에 들어가 1940년에 은퇴할 때까지 목회에 종사했다. 그의 자녀들은 리후에의 공립 소학교와 고등학교를 다녔다.

웰링턴의 출산, 사라진 모자이크 조각
— 1924~1930년

하와이에 도착한 현앨리스 형제들은 곧 한인 청소년 사이에서 두각을 나타냈다. 상하이 시절의 단체 생활과 조직 활동이 밑거름이 되었을 것이다. 현앨리스는 도착하자마자 장차 감리교 국어학교 교사로 시무할 예정이라고 보도되었다.[21] 1924년 8월 하와이 한인 감리교회 엡웟청년회의 신임원을 선정했는데, 현피터(현피드로)가 회장에, 현앨리스가 서기에 선출되었다.[22] 현피터는 17세, 현앨리스는 21세였는데 현씨 형제들이 하와이에 도착한 지 불과 반년도 안 되는 시점이었다. 그해 10월 엡웟청년회는 15세 이상 35세 이하의 남녀 교인들을 확대했는데, 이때도 현앨리스는 서기에, 현피터는 교제국장에 선임되었다.[23]

1925년 5월 호놀룰루 한인 감리교회가 발행한 『한인교회보』에 따르면 "현목사의 영양인 앨리스여사"가 폐병으로 입원치료 중이었는데, 치료가 효과가 있어서 "출원出院하야 소복蘇復 중"이라는 기사가 실렸다.[24] 현앨리스가 폐병으로 입원 치료를 받았다는 내용인데, 폐결핵이 장기요양을 요하는 병임을 고려한다면 현앨리스는 하와이에 들어온 이후 발병해서 1924년 이후 1925년 5월까지 입원 치료를 받았을 가능성이 높다. 이후 현앨리스는 한국과 중국을 오간 것으로 추정되지만 1930년까지 현앨리스의 행적은 묘연하며, 그녀에 관한 기록도 찾을 수 없다. 미국 이민국의 출입국 기록이나 한인 사회의 기록은 물론 일본 외무성의 기록에도 현앨리스나 현미옥이라는 이름은 등장하지 않는다. 말 그대로 현앨리스는 연기처럼 사라져버렸다. 1924년부터 1930년까지는 현앨리스의 인생 가운데 우리가 찾지 못한 가장 큰 모자이크인 셈이다. 그러나 그녀의 인생이 또 다른 전환점에 선 것은 분명했다.

앞에서 살펴본 것처럼 현앨리스는 1926년 남편과 딸이 있는 한국으로 돌아갔고, 남편과 헤어졌다. 더는 딸에 관한 이야기가 등장하지 않는 것으로 미루어, 첫딸은 사망했을 가능성이 높다. 앨리스는 남편과 이혼한 후 가족이 있는 하와이로 돌아왔다. 그녀는 임신 중이었다. 공교롭게 현씨 집안의 모녀는 잉태한 채 호놀룰루행 배를 타는 운명의 주인공이 되었다. 1903년 이마리아가 앨리스를 임신한 채 호놀룰루행 이민 배에 오른 지 23년 뒤에 이번에는 그 딸이 임신한 몸으로 태평양을 횡단했던 것이다. 그녀가 언제 어느 곳에서 출발해 언제 어떤 이름으로 호놀룰루에 도착했는지는 알 수 없다.

현앨리스는 1927년 10월 6일 오전 7시 카우아이 섬 리후에 카파이아 Kapaia에서 사내아이를 낳았다. 의사 야나기하라K.Yanagihara가 그의 출생증명서에 서명했다.[25] 현순은 첫 손자의 이름을 웰링턴Wellington이라고 지었다. 이는 영국 정치가가 아니라 중국의 외교관으로 명성이 높은 웰링턴 쿠Wellington Koo(고유균 顧維鈞)를 따른 것이었다. 한때 외교관 생활을 했던 현순은 웰링턴 쿠의 정치적 견해와 수완을 존경했기에 외손자의 이름을 웰링턴으로 지었다.[26]

웰링턴 정Wellington Chung은 현씨 가문의 장손으로 웰리Wellie, 윌리Willy라는 애칭으로 불리며 많은 사랑을 독차지했다. 그는 태어날 때부터 아버지가 없었으며, 어머니 현앨리스는 한국과 중국, 미국 본토를 오가느라 늘 그를 떠나 있었다. 그러나 '윌리'는 외롭지 않았을 것이다. 현순 대가족이 그를 에워싸고 있었기 때문이다. 현순 부부와 6명의 외삼촌과 이모는 그의 보호자이자 가족이었다. 특히 현순 부부에게 윌리는 사랑과 연민, 애틋함과 감출 수 없는 동정의 대상이 되었다.

현앨리스는 갓난 아들을 안고 사진을 찍었다(82쪽 그림 18). 데이비드 현의 회고록에 사진이 남아 있다. 불행했던 결혼이 남긴 유복자였지만, 앨리스는 행복한 표정으로 아들을 끌어안고 있다. 아기는 목은 가누지만 돌이 되기 전의 갓난아기이고, 앨리스 역시 아직 산후 부기가 덜 빠진 얼굴이므로, 이 사진은 1928년 초에 찍었을 것이다. 한국의 풍습에 따라 백일을 기념하기 위해 찍었을지도 모르겠다.

앨리스는 출산을 한 후 언젠가 다시 중국으로 떠났다. 웰링턴은 현순 부부에게 맡겨졌다. 앨리스에 관한 기록은 1930년에야 등장한다.『신한민보』는 수차례 하와이를 '방문'하고 그동안 '중국에 있던 현앨리스 여사'가 1930년 6월 19일 네 번째로 하와이에 도착했다고 보도했다.[27] 그녀는 이미 1924년 하와이에 도착할 때부터 유부녀를 의미하는 '여사'로 호칭되었으므로, 그녀가 결혼했다는 사실은 하와이 한인 사회에 공인된 일이었을 것이다.

현앨리스가 네 번째로 하와이에 도착했다는 기사가 정확하다면 이는 현앨리스가 1903년(출생), 1924년(이민), 1927년(임신, 출산), 1930년(재입국)에 한 차례씩 하와이에 입항한 사실을 가리키는 것으로 보인다. 1924년 이후 한국으로 돌아간 앨리스는 결혼 문제를 정리했고, 1927년 웰링턴을 출산한 후에는 중국으로 떠났다. 중국에서 그녀를 기다리고 있었던 것은 그녀가 1923년 블라디보스토크로 향할 때의 비밀 임무와 같은 종류였을 것이다. 1920년대 후반 현앨리스는 여전히 중국에서의 독립운동 및 혁명운동에 관여했을 가능성이 높다.

현앨리스가 가족도 없고, 생계 방도도 명확하지 않은 중국 땅에서 어떤 생활을 했을지 가늠하기는 쉽지 않다. 다만 여성의 몸으로 혼자 헤쳐 나갈 수 있는 일이 많지는 않았을 것이다. 단체나 조직에 속하지 않고서는 도움을 얻을 방도가 없었을 것이다. 그러나 현앨리스는 스스로 앞길을 개척하는 운명의 주인공이자 의지적 인간형이었다. 그녀는 두려움의 포로가 된 적이 없었다. 1949년 프라하로 홀로 떠날 수 있었던 결단력도 그녀의 삶 속에서 다져진 제2의 본성이었을 것이다.

현앨리스가 중국에 있었던 1920년대 후반의 정세는 격변에 격변을 거듭했다. 코민테른은 1928년 12월 테제로 조선공산당의 지부 승인을 취소한 후 공장과 노동현장에 기초한 혁명적 전위정당의 건설을 촉구했다. 코민테른의 1국1당 원칙에 따라 해외의 조선인 공산주의자들은 중국공산당이나 일본공산당에 가입해야 했다.

중국 혁명가들의 희망이었던 북벌은 1928년에 완료되었지만, 장제스의 공세로 국공합작은 와해되었고 중국공산당은 정강산으로 밀려났다. 『아리랑』의 주인공 김산(장지락)이 참가했던 1927년 광주 코뮌과 광동 해륙풍 소비에트의 참담한 실패가 연이었다. 중국공산당은 농촌을 근거지로 하는 새로운 혁명 전략으로 전환했다.

1929년 세계 대공황의 여파가 전 세계로 확산되었고, 좌익의 급진주의와 모험주의를 고조시켰다. 조선공산당 만주총국은 1930년 3월 당 해체를 선언하고 개별적 중국공산당 입당을 선언했다. 이들은 좌익 모험주의에 입각해 간도 5·30폭동을 일으켰고, 농민 폭동이 연달아 일어났다. 아마도 현앨리스가 목격한 중국의 정세는 이러했을 것이다. 1920년대 초반을 함께했던 상하이의 친구들은 국내나 모스크바로 흩어졌고, 여운형도 1929년 상하이에서 체포되어 국내로 압송되었다.

현앨리스의 하와이 귀환이 어떤 배경에서 이루어졌는지 우리는 알 수 없다. 반동의 시기에 몸을 낮추고 때를 기다리려고 했는지, 아니면 시대에 절망해 이상을 접고 현실에 적응하려 했는지 알 수 없다. 정치적 좌절과 경제적 곤란, 외로움과 가족을 향한 귀소歸巢 본능이 주요 동기였으리라 짐작할 뿐이다.

뉴욕에서의 대학 시절
— 1931~1935년

1930년 6월 하와이에 귀환했을 때 현앨리스는 27세였다. 아들 웰링턴도 어느덧 세 살이 되었다. 20대의 젊은 시절 인생의 많은 곡절을 겪었지만 그녀는 또 다른 도전에 나섰다. 이번에 현앨리스는 미국 대학에 진학하기로 결심했다. 또다시 아들과 가족을 떠날 결심을 한 것이다.

현앨리스가 하와이를 떠난 사이 동생들은 카우아이 섬 리후에의 고등학교를 졸업한 뒤 본토로 유학을 떠났다. 남동생 현피터는 1928년 카우아이 고등학교를 졸업하고 인디애나 주 그린캐슬Greencastle의 드포DePauw 대학에 입학했다.[28] 피터는 신학대학에 진학할 의사를 밝힌 후 관대한 후원자로부터 도움을 받았다. 이어서 현폴은 1932년 뉴욕의 예술학교에 입학하기 위해 하와이를 떠났다.

현앨리스의 바로 아래 여동생 현엘리자베스는 1925년 미국 본토에서 온 김병호와 결혼한 뒤 1927년 뉴욕으로 이주해 차이나타운에 살고 있었다. 김병호·엘리자베스 부부는 창내, 도리스, 엘리노어 세 아이를 두었다. 앨리스는 동생 부부가 사는 뉴욕을 선택했다.[29]

미국 귀화 기록 인덱스US Naturalization Record Indexes(1791~1992)에 따르면 현앨리스는 1931년 9월 15일 하와이에서 미국 시민권을 획득했다.[30] 여동생 엘리자베스도 함께 시민권을 획득했다. 현앨리스는 곧바로 1931년 9월 24일 샌프란시스코로 건너왔다. 현앨리스는 엘리자베스와 동행했는데,『신한민보』보도에 따르면 두 자매는 하와이의 미국 재판정에서 발급한 '미국 입적권'을 가지고 건너왔다.[31] 현앨리스와 엘리자베스는 하와이에서 출생했고, 미국 시민권을 얻었으나 이민국 관리들은 조사가 필요하다며 이들을 입국자 유치장인 엔젤 아일랜드Angel Island에 감금했다. 이들은 다음 날 국민회 총회장 백일규의 교섭으로 석방되었다.

1931년 뉴욕으로 건너온 현앨리스는 1935년까지 학업에 종사했다. 해방 후 현앨리스는 자신이 뉴욕 대학New York University을 마쳤다고 기자에게 밝혔다.[32] 피터 현은 현앨리스가 뉴욕 대학에 등록해 세계문학과 창작을 공부했다고 기억했다.[33] 막냇동생 데이비드 현은 현앨리스가 컬럼비아 대학에서 창작을 공부했다고 썼다.[34] 현앨리스의 발언과 가족들의 증언에 따르면 그녀가 뉴욕에서 대학을 다닌 것은 분명했다.

1933년 재미한인 유학생회가 간행한 『한국학생회보』The Korea Student Bulletin에 따르면 현앨리스는 북미대한인학생(또는 북미한인유학생) 총회 뉴욕 지부의 1933년 신임원 선거에서 사교부장으로 선임되었다.[35] 대학생만 가입할 수 있는 북미한인유학생 총회 뉴욕 지부에서 간부를 맡게 된 것은 1932년의 시점에 그녀가 대학생이 되었음을 의미한다. 현앨리스가 어느 대학 소속인지는 회보에 나와 있지 않다.

재미한인 유학생들이 간행하던 『1935년도 한국유학생 주소록』에 따르면 현앨리스는 뉴욕 시에 있는 헌터 칼리지Hunter College 영문과 2학년생으로 되어 있다.[36] 헌터 칼리지는 뉴욕시립대학 City University of New York 체제하에서 가장 큰 단과대학으로 1870년 설립된 뉴욕 시의 '여성 보통·고등학교' Female Normal and High School에 뿌리를 둔 여성 교육기관이었다. 1920년에 미국에서 가장 많은 여성이 등록하는 시립대학이었다.[37] 현앨리스가 이 대학을 택한 이유도 여성 교육기관이었던 것과 관련이 있었을 것이다.

현피터에 따르면 앨리스는 가정부로 일하며 생계를 유지했다.[38] 그녀는 1931년 뉴욕에 건너온 후 대학 입학을 준비하고, 경제 문제를 해결하고, 학업을 유지해야 했을 것이다. 1935년에 헌터 칼리지 2학년이었다는 것은 그녀의 대학 생활이 녹록하지 않았음을 의미한다. 미국 시민이 되었지만 오랜 기간 한국, 중국, 일본에서 생활했기에 정통적인 영어 습득에 어려움이 있었을 것이다. 또한 입학 자격을 갖추는 데도 시간이 소요되었을 것이다. 현앨리스가 문법의 어려움을 이야기하면서 영문학을 전공한 이유는 명확하지 않다.

현앨리스는 뉴욕에 체류하
며 공부했지만, 교민 사회나 유
학생 사회에서 활발하게 활동하
지는 않았다. 그녀가 뉴욕에 체
류하던 1930년대 초·중반은 재
미한인 유학생의 전성기였다.
북미대한인학생 총회는 해마

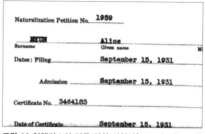

그림 19 현앨리스의 미국 귀화 신청서(1931년 9월 15일)
© NARA

다 뉴욕에서 연차대회를 개최했는데 이승만, 김규식 등 저명한 한인 독립운
동가들은 물론 국내에서 온 양주삼, 김성수, 장덕수 등과 미국 유명 인사들
을 초청하는 대규모 행사였다. 그런데 현앨리스가 뉴욕에 머문 1931년부터
1935년까지 북미대한인학생 총회 연차대회에 현앨리스의 이름은 보이지
않는다. 특히 1933년 6월에는 김규식이 상하이에서 뉴욕을 방문했는데, 현
앨리스는 1920년대 초반 상하이에서 김규식과 구면이었을 가능성이 높지
만, 『한국학생회보』의 김규식 환영회 기사에 이름이 나타나지 않는다.

현앨리스의 이름은 북미대한인유학생 총회 뉴욕 지부 사교부장(1933년),
유학생 명부(1935년)에만 등장했다. 아무래도 현앨리스는 아들이 딸린 이혼
녀인 데다 생계와 학업을 병행해야 했기 때문에 다른 유학생들과 쉽게 어울
리지 못했을 것이다.

그렇지만 표면적으로 알려지지 않았을 뿐 뉴욕 생활은 이후 그녀가 재
미한인 진보진영에서 일할 수 있는 중요한 실마리를 제공했다. 동생 현피터
와 전경준이라는 인물이 중개 역할을 했다.

현피터는 뉴욕에 체류하고 있던 1930년대 후반 재미한인의 중국후원
회United Koreans to Aid China 조직에 참가했다. 중국후원회는 1930년대 중반
이후 재미한인 진보진영의 시발점이 되는 조직이었다. 중국후원회가 발전
해서 조선의용대 미주후원회 → 조선민족혁명당 미주지부 → 『독립』신문으
로 이어졌기 때문이다. 이 조직들은 1930년대와 1940년대 재미한인 진보파

를 대변했는데, 1946년 이후 현앨리스, 현피터, 현순이 모두 이들과 밀접한 관련을 맺었다.

1937년 7월 중일전쟁이 발발한 후 뉴욕에 거주하는 한인들은 일본의 중국 침략을 반대하고 이를 저지하는 일환으로 일본이 미국에서 고철 등의 전쟁 물자를 수입하는 데 항의하는 시위를 벌였다. 현피터의 회고에 따르면 자신들은 뉴욕 시의 허가를 얻어 '중국 후원 가두모금일'Tag Day for Aid China 행사를 진행했다. 이들은 미국 시민들로부터 모금을 해 스튜드베이커Stude-baker 앰뷸런스를 구입해서 중국 내 한국 여단, 즉 조선의용대에 보냈다.[39] 『신한민보』에 따르면 1938년 4월 24일 뉴욕 중국후원회 대회에서 "적십자 자동차 한 대를 구입하여 중국"에 보내자는 제안이 있었는데, 그 제안자가 바로 뉴욕 중국후원회 총무였던 현피터였다.[40] 선우학원의 회고에 등장하는 것처럼 로스앤젤레스 주재 중국 영사관의 한韓 영사가 이들에게 도움을 주어서, 이들은 중국 본토로 자금과 응원품은 물론 외교행낭을 이용한 편지 등을 보낼 수 있었다.[41] 이들은 일화日貨 배척, 군수품 등 일본 수출 반대, 선전책자 발행, 강연회, 모금 및 시위 등의 활동을 벌였다. 현피터는 일본군의 난징 대학살에 경악하면서 "중국인들에 관한 공격 기사를 읽을 때면 한국인들과 우리 집이 공격을 당하는 것 같은 느낌이 든다. 나는 완전히 중국인들과 동일시 생각하고 있으며, 어떤 수단·방법을 쓰더라도 중국인들에게 도움을 주어야 한다"고 생각했다.[42] 현피터는 중일전쟁이 한국인들에게 두 번 다시 오지 않을 절호의 기회로서, 중국의 승리가 한국의 독립을 초래할 것이며, 반면 일본이 승리한다면 한국 독립은 100년 동안 무덤 속에 묻힐 것이라 전망했다.[43] 만주와 중국의 한인 독립운동가들이 중국의 혁명이 곧 한국의 해방으로 연결된다며 중국혁명에 참가하면서 내건 '이중의 임무'와 마찬가지 논리였다. 뉴욕에서 중국후원회를 만들고 중국을 응원하는 한국인들의 심사가 이러했던 것이다.

뉴욕에서 중국후원회 조직을 주도한 사람은 변준호였다. 뉴욕에서 시작한 중국후원회는 로스앤젤레스, 시카고 등에도 조직되었다. 중국후원회 활동 가운데 가장 유명한 것은 1938년 8월 로스앤젤레스 롱비치에서 열린 피켓 시위였다. "미국의 고철은 애매한 중국 시민을 살해한다", "일제는 중국인을 학살하는데 왜 미국이 지원하는가" 등의 구호를 내건 이 피켓 시위에는 중국 화교와 미국 노동조합이 동참했고, 그 결과 미국 언론의 주목을 받았다. 일본으로 수출되는 파쇠(고철)와 기름을 실은 배는 2주일이나 출항이 지연되었다.[44] 현피터는 1938년 2월 로스앤젤레스에 가서도 중국후원회 로스앤젤레스 지부의 대중집회에서 연설을 하는 등 적극적인 태도를 취했다.[45]

뉴욕 중국후원회의 발기인에는 현앨리스의 두 남동생인 현피터와 현폴, 여동생 현엘리자베스의 남편 김병호가 동참했다.[46] 현앨리스는 뉴욕을 떠나 하와이로 귀환한 후였지만 현피터, 현폴, 김병호가 참가한 것은 현씨 집안이 중국후원회의 주력 인사였음을 의미한다. 중국후원회에 참가한 주요 인사들이 이후 1946년부터 1949년까지 현앨리스와 정치적 운명을 같이 했다는 점에 비춰본다면 양자의 결합은 1930년대 중반 뉴욕에서 출발했다고 보는 것이 타당하다. 김병호는 1933년 6월 18일 김규식의 뉴욕 방문 이후 국민회, 교민단, 동지회가 중심이 되어 한국대일전선통일동맹 뉴욕 지부와 중한민중대동맹 뉴욕 지부를 결성하는 데 10달러를 낸 바 있다.[47] 김병호는 1935년 뉴욕 한인들이 당파의 구별 없이 3·1운동 기념식을 치르자며 조직한 뉴욕 한인공동회(임시회장 조극)의 발기인 명단에 포함되었다.[48] 당시 발기인 명단에는 전경준, 변일서, 이득환(리덕환으로 표기), 변준호 등이 있었는데, 변준호는 공동회의 서기였다. 뉴욕에서 이발소를 경영하던 김병호가 현씨 가문의 뉴욕 근거가 되었음을 알 수 있다. 이득환은 18년 뒤인 1953년 8월 이승엽, 이강국 등 남로당 간부 재판 과정에서 '리월리암'이라는 이름으로 북한 당국이 이강국을 미국의 간첩으로 무고하는 데 중요한 역할을 맡게 된 인물이다. 이강국은 독일 유학을 마치고 귀국하던 중 1935년 10월 뉴욕에 들렀는데, 당시 현피터와 리월리엄(이득환)을 만난 적이 있다.

1929년 드포 대학에 입학한 헌피터는 누나 엘리자베스가 살던 뉴욕에서 방학을 보내다 1930년 가을 뉴욕 시 연극계에 입문했다. 헌피터는 유명한 여배우이자 제작자, 감독이었던 에바 르 갈리엔Eva Le Gallienne이 운영하는 시빅 레퍼토리 극장Civic Repertory Theatre에서 1930년에서 1931년 사이에 견습단원으로 활동했다. 피터는 1930년 겨울 모스크바 예술극단에 매료되어 소련에 가서 연극을 공부할 생각을 하기도 했으며, 러시아에서 생산활동 고취를 위해 자원 예술인들로 구성된 특별작업대Shock Brigades에 매료되기도 했다. 특별작업대는 생산현장에 파견되어 생산증강을 유도하는 역할을 담당했는데, 피터는 3명의 동료와 함께 미국인 특별작업대American Shock Brigade를 결성해 소련으로 여행할 계획이었다. 피터는 이들과 함께 소련의 생산현장을 찾아가 공연한 후 미국으로 돌아와 이 경험을 책으로 펴낼 생각이었다. 이들은 소련 대표부를 찾아갔고, 소련 정부로부터 입국허가 및 소련 내 여행 경비 제공을 약속받았지만, 미국과 소련을 왕복하는 여비를 구하지 못해 계획이 좌절되었다. 대공황 시기 소련에 대한 우호적인 생각이 미국 내에서 고조되고 있었는데, 피터는 연극계에서 좌파적 흐름에 몸을 담았던 것이다.[49] 1920년대 초반 그가 상하이에서 소년혁명단의 일원으로 박헌영이 지시한 지하공작 임무를 수행했고, 모스크바 유학을 꿈꾸었던 사실을 기억한다면, 1930년대 초반 뉴욕에서 모스크바행을 시도한 이유를 이해할 수 있다. 그는 여전히 상하이 시절의 관성 위에 존재하고 있었던 것이다.

이후 피터는 1931년과 1932년에 케임브리지에서 연극단을 조직해 활동했고, 1932년 여름 하와이 카우아이에 돌아와 〈사탕수수밭의 불〉Cane Fire이라는 영화에 출연하기도 했다.[50] 피터는 1932년 코네티컷 주 하트포드의 극장을 거쳐 1934년 뉴욕에 돌아와 노동자 실험극단Workers' Laboratory Theatre에서 활동했다.[51] 노동자 실험극단은 노동운동에 봉사하는 선전선동을 수행하는 급진적 극단으로, 미국 산업별노동조합회의CIO: Congress of Industrial Organization 노동운동과 관련을 맺고 있었다. 미국 실험극단American Laboratory

Theatre은 원래 모스크바 예술극장의 스타니슬라프스키Stanislavsky 밑에서 배우와 감독을 하던 리처드 볼레슬라프스키Richard Boleslavsky와 마리아 우스펜스카야Maria Ouspenskaya가 1920년대 뉴욕에서 설립한 배우 훈련학교 겸 제작사였는데, 노동자 실험극단은 이를 본뜬 것으로 보인다. 이 극단에서 피터는 1934년 대공황 이후 금융시장 붕괴와 빈부 격차를 말하는 〈신문팔이 소년〉Newsboy이라는 15분짜리 연극에 참여했고, 1935년에는 청년실업과 이들에 대한 정부 정책의 군사적 측면을 비판한 〈청년이 선두에 서다〉The Young Go First라는 연극에 참여했다. 뉴욕을 관할하는 미국 제2군단 사령부는 일명 행동극단Theatre Action으로 알려진 노동자 실험극단이 공연하던 〈청년이 선두에 서다〉가 뉴욕 시에서 상연되는 연극 가운데 가장 급진적이고 공산주의적이라고 평가했다. 이 연극은 『뉴욕선』New York Sun 1935년 5월 29일자에 소개된 바 있는데, 루스벨트 정부가 운영하던 노동구제 프로그램인 민간보호단CCC: Civilian Conservation Corps에서 벌어진 실제 사례들을 비판한 것이다. 당시현피터는 행동극단 간부의 한 사람으로 파악되었다.[52]

노동운동을 위한 선전선동을 목적으로 운영되었던 노동자 실험극단은 운영난으로 폐쇄되었고, 이후 피터는 1935년부터 1937년까지 뉴욕연합극단New York Federal Theatre에서 아동극을 담당했다.[53]

북한의 기소장에 따르면 1935년 10월 독일에서 뉴욕을 거쳐 귀국하던 이강국이 크로리의 알선으로 뉴욕 조선인 노동자구락부에서 '현피타'(현피터)와 '리윌리암'(이득환)을 소개받았다고 되어 있다.[54] 이 시점에 피터는 뉴욕 노동자 실험극단에서 활동하며 사실상 노동운동에 관여하고 있었으므로 이강국과 만났다는 북한의 주장이 터무니없는 것은 아니었을지도 모른다.[55] 이강국은 경성제국대학을 졸업한 인텔리로 당대 유명한 자본가 조준호趙俊鎬의 처남이 되었는데, 그의 후원으로 1932년부터 1935년까지 독일에 유학할 수 있었다.[56] 북한의 재판 기록에 따르면 이강국은 독일에서 프롤레타리아 과학동맹에 가담하고 혁명사상을 가진 아시아인들의 회의에 참석하는 한편, 1932년 10월 독일공산당에 가입했다. 그는 일본인 그룹 책임자가 되어 독일 내에서 실천활동을 벌였다.[57] 미국 이민 기록에 따르면 독일 유학을 마친 이강국은 한국으로 돌아가는 도중 1935년 10월 8일 뉴욕 항에 도착했다. 그는 1935년 10월 2일 영국 사우샘프턴Southampton에서 출발하는 베렝가리아Berengaria 호를 타고 왔는데, 뉴욕 항 승선자 명단에 따르면 '이강국Lee Kang Kook, 26세, 국적은 일본, 민족은 일본인, 출생지는 한국 서울, 직업은 교사teacher'로 기록되어 있다. 그는 베를린에서 1935년 6월 18일에 발급된 미국 비자를 소지하고 있었다.[58]

1953년 북한이 이강국을 미국의 간첩으로 기소하면서 제시한 주요 증인은 현앨리스였는데, 정작 이강국이 뉴욕에서 현앨리스를 만났다고 하지는 않았다. 현앨리스는 1935년 8월 이미 하와이로 돌아간 후였기 때문이다. 그러나 뒤에서 서술하겠지만 북한 당국이 현피터와 이강국이 만났다고 지목한 '뉴욕 조선인 노동자구락부'는 미국공산당 당원이었던 전경준이라는 인물이 조직한 것이었으며, 현앨리스는 뉴욕 전경준의 집에서 6개월 동안 체류한 사실이 있다. 따라서 전경준 – 현앨리스(정웰링턴) – 현피터 – 이강국의 간접적 접촉이 이뤄졌을 가능성을 배제할 수 없다.

이강국은 귀국 후 이화여자전문을 나온 김수임과 관계를 맺음으로써 훗날 김수임과 자신의 운명을 결정했다. 김수임은 1949년에서 1950년 사이 한국을 떠들썩하게 했던 '김수임 간첩사건'의 주인공으로 한국 정부에 의해 '북한의 첩자' 혐의로 처형되었고, 이강국은 북한에 의해 '미 제국주의의 고용간첩' 혐의로 처형되었다. 김수임은 이강국 때문에, 이강국은 김수임 때문에 처형된 것이다.

현피터의 극단 생활은 1937년 그가 감독한 아동극을 브로드웨이에 올리려는 순간 종막을 고했다. 〈비버의 반란〉Revolt of the Beavers이라는 아동극이 흥행 가치가 있다고 판단한 뉴욕 연합극단 측은 이 아동극을 브로드웨이에 올릴 계획이었다. 그런데 출연진들이 '동양인'을 감독으로 쓸 경우 브로드웨이에 갈 수 없다며 감독 교체를 강력히 요구했다. 인종차별주의, 중상, 모욕에 지친 현피터는 10여 년간의 연극계 생활을 접고 하와이로 돌아갔다.[59] 노동조합과 연관된 극단 활동을 통해 현피터는 진보적·사회주의적 지향과 이상향을 추구했지만, 결국 인종차별의 높은 벽 앞에서 좌절하고 말았다. 아시아 이민자들에겐 이념의 벽 이전에 인종차별의 장벽이 더 컸던 것이다.

현앨리스가 뉴욕에 도착한 1931년 9월 이래 현피터는 케임브리지, 하와이를 돌아다녔기 때문에 함께 지낼 시간은 많지 않았겠지만, 1933년에서 1935년 사이에는 피터가 노동자 실험극단, 뉴욕 연합극단에서 활동하며 함께 뉴욕에 거주했다. 현앨리스는 서른을 넘긴 나이에 아들까지 딸린 이혼녀로서 어렵게 대학 생활을 유지했으나, 동생들에게는 제2의 엄마 또는 멘토 같은 존재였다. 또한 그녀는 상하이 시절 피터와 함께 활동했던 경험이 있었다. 한국, 일본, 중국 사회의 격정을 관통해 뉴욕에서 재회한 현앨리스와 현피터는 가족 구성원 가운데 가장 밀접한 관계를 유지했다. 1930년대 초반 현씨 오누이가 뉴욕에서 공통적으로 경험한 생활세계의 영향과 식민지 출신 소수인종으로서 겪은 차별 경험은 이들의 삶에 큰 영향을 미쳤다. 하와이에서 이들의 생활과 활동의 터전은 노동운동과 노동조합에 관련된 분야로 특화되었다.

한편 현앨리스는 뉴욕에서 전경준John Juhn이라는 한인 운동가와 교류했다. 전경준은 로스앤젤레스에서 뉴욕으로 이주한 사람인데, 1940년대와 1950년대 재미한인 진보진영을 대표하는 주간신문『독립』의 핵심으로 일했다. 전경준의 경력은 재미한인 사회에는 잘 알려지지 않았다. 전경준은 매우 특이한 배경을 지닌 인물이었는데, 그에 대한 정보는 체코에서 발견되었다.[60] 전경준은 1957년 미국 이민귀화국IRS: Immigration and Naturalization Service에 의해 부인 안나 전Anna Juhn(결혼 전 이름은 안나 송)과 함께 추방되었고, 체코를 통해 북한에 들어갔다.

체코 외무성MZV: Ministerstvo zahraničných vecí 문서에 따르면 전경준은

1895년 북한 출생으로, 한국에서 농업에 종사하다가 화북과 시베리아를 떠돌며 농업, 철도, 산림 관련 일을 했다. 1차 세계대전 중에는 러시아 무르만스크에 있었는데, 국제군에 체포되어 소련을 떠나 영국군English army의 포로로 배정되었다. 그는 프랑스로 이송되었고 거기서 다른 한국 친구들을 만났다. 이들과 함께 프랑스 르아브르Le Havre 항에 가서 부두화물 노동자가 되었다. 1920년 노동파업 이후 그는 선원이 되었고 미국으로 가는 화물선을 탔다. 그 후 로스앤젤레스에서 식자공, 타이피스트 등의 일을 했다. 1924년경 그는 한국노동자상조회Korean Workers Benevolent Association를 조직했는데 이는 상호부조 조직이었다. 북한의 이강국 기소장에 나오는 '뉴욕 조선인 노동자구락부'가 바로 이곳이었을 가능성이 높다.

전경준은 1929년 미국공산당에 가입했다. 미국 내 그의 주요 활동은 국제노동보호International Labor Defense와 관련된 것인데, 이 조직은 외국 출신 시민을 보호하는 목적이 있었다. 1950년대 체코에서 정웰링턴이 설명한 바에 따르면, 현앨리스는 1930년대 전경준의 뉴욕 집 지하실에서 6개월 동안 거주한 바 있다.[61]

현앨리스가 뉴욕에 체류한 만 4년은 고투의 연속이었다. 생활고와 인종차별, 영문학의 난관 등이 가로놓여 있었다. 다른 한편 1946년 이후 현앨리스의 삶을 이끈 주요 실마리가 이 시기 뉴욕에서 마련되었다. 현앨리스는 뉴욕에서 대학에 다니는 동안 재미한인 가운데에서 가장 급진적인 인물들을 만났다. 중국후원회를 중심으로 결집한 뉴욕의 전경준, 이득환, 현피터, 변준호, 로스앤젤레스의 김강, 이경선, 신두식, 선우학원 등이다. 이들은 1943년부터 1949년까지 『독립』신문을 중심으로 활동했다. 해방 이후 이들은 재미한인 가운데서 가장 좌파적이고 급진적인 노선을 취했다. 미군정의 정책에 반대하고, 분단과 단독정부를 반대하며, 이승만을 혐오했다. 1947년 이후 분단이 현실화되자 이들의 급진주의적 노선은 재미한인 사회에서 고립되었다. 이들의 선택지는 북한을 지향하는 것이었다. 이득환, 이경선, 현앨리스는 1949년을 전후해 북한에 입국했고, 선우학원은 체코를 통해 북한행을 모색하다 1950년 미국으로 귀환했다. '사회주의 조국' 북한을 선택한 이득환, 이경선, 현앨리스는 1953년부터 1955년까지 일어난 남로당·박헌영 숙청 과정에서 모두 미국의 간첩으로 지목되었다. 이들의 정확한 운명은 알려지지 않았지만, 정당한 공개재판 없이 처형된 것이 분명했다.

반면 미국에 남은 나머지 『독립』 그룹은 정반대의 대우를 받았다. 전경준, 김강, 신두식은 공산주의자 혐의를 받고, 긴 재판 끝에 1950년대 중반부터 북한으로 추방되었다. 현앨리스의 남동생 현피터와 현데이비드는 하원 청문회에 소환되어 친공산주의 및 북한 동조 혐의로 여론 재판을 받았다. 평양에서는 "미제의 고용간첩" 소동이, 로스앤젤레스에서는 "공산주의의 첩자" 소동이 벌어졌던 것이다.

현앨리스는 1931년부터 1935년까지 뉴욕에서 공부했지만, 결국 대학을 마치지 못했다. 영문학을 전공해서 현실적으로 직업 선택의 폭이 넓지 않았고, 대학의 벽은 높았다. 현데이비드의 표현을 빌리자면 접속사, 전치사, 숙어 등 영문법의 어려움을 극복할 수 없다는 것을 깨달은 현앨리스는 대학 생활을 접었다.[62] 서른두 살의 현앨리스는 1935년 8월 9일 말로로S.S. Malolo 호를 타고 로스앤젤레스를 떠나 호놀룰루에 도착했다.[63]

하와이 노동운동, 공산주의 운동과의 조우
— 1936~1941년

현앨리스는 가족이 있는 카우아이 섬으로 돌아가지 않았다. 그녀는 호놀룰루에 정착했다. 하와이에 들어온 직후 현앨리스의 일상은 그녀가 1936년에서 1937년 사이 현순에게 보낸 26통의 편지에 나타나 있다. 현씨 가문이 남가주 대학USC에 기증한 이 편지들을 통해 우리는 현앨리스의 생활을 엿볼 수 있다.

현앨리스는 생활력이 매우 강했고 여러 가지로 돈을 벌 궁리를 했다. 현순에게 보낸 편지의 대부분은 돈 문제와 관련된 것이었다. 현앨리스는 자신이 여관 주인 같다(1936년 8월 12일자 편지), 팔라마Palama 한인학교에서 교사로 일하게 되었다(1936년 9월 14일), 일본어 신문『하와이호치』ハワイ報知를 구독하며 번역을 시도한다(1936년 8월 21일), 킬패트릭Kikpartick 대위의 의뢰로 하와이에서 간행되는『유나이티드 차이니스 뉴스』United Chinese News(『중화공보』中華公報)의 중국어 번역을 하게 되었다(1936년 9월 17일)는 등의 소식을 전하고 있다.[64] 현순에게 부탁하는 대부분의 일은 집세를 낼 돈, 데이비드의 학비, 주택 구입 보조비 등 주로 돈 문제였다. 이 시기 현앨리스의 주요 관심은 생존과 생활이었다. 동생들의 취직 걱정, 일거리가 떨어진 것 등을 모두 편지에 적어 보낼 정도로 생계가 급선무였다. 현앨리스는 하와이 꽃무늬를 날염한 티셔츠를 제작해 판매하는 데 뛰어난 사업수완을 보였다.

현앨리스는 남동생인 조슈아와 데이비드를 데리고 있었다. 조슈아는 목수로 한국인 가구점에서 일하며 가족을 부양하는 데 보탬이 되었다. 그에게 일을 맡긴 사람은 박관두Park Kwan Doo였다. 카우아이에서 고등학교를 졸업한 데이비드는 호놀룰루에서 어머니의 학비 원조와 현앨리스의 숙식 제공, 본인의 아르바이트로 하와이 대학을 졸업할 수 있었다.[65]

1936년 이후 하와이 호놀룰루에서 현앨리스의 주요 사업은 하숙집을 운영하는 것이었다. 현앨리스는 목수였던 남동생 조슈아와 함께 호놀룰루 펀치볼에 집을 마련했다. 1936년 10월 편지에 따르면 현앨리스는 방 서너 개를 하숙 칠 수 있는 집을 고르고 있었다. 목수였던 조슈아가 집을 수리했다. 현피터에 따르면 앨리스는 자신의 집을 '창조'한 것이나 다름없었다. 그녀는 계약금을 낼 돈조차 없는 상황에서 아나푸니 거리Anapuni Street에 낡았지만 아름다운 고가의 집을 사는 데 성공했다.[66] 이 집은 조용한 중산층 이웃들로 둘러싸여 있었다. 2명의 한국인 대학생이 그곳에 하숙하면서 하숙비를 대신해 현앨리스를 돕고 있었다. 현앨리스는 하숙을 치며 집세와 집값을 충당했던 것이다. 앨리스는 큰 이익을 남기고 집을 판 뒤 남은 대출액을 모두 갚고 마노아밸리Manoa Valley 언덕에 새 집을 샀다. 이 집은 2개의 침실, 거실, 식당, 부엌, 화장실, 마루가 있었고 아래층에는 널찍한 손님방이 있었다.[67]

현앨리스는 아들 웰링턴에게 살가운 어머니는 아니었던 것으로 보인다. 현순에게 보낸 26통의 편지 중 아들 웰리Wellie를 언급한 것은 단 두 차례이며, 간단하게 잘 지내는지 물었을 뿐이다(1936년 9월 2일, 10월 30일). 오히려 외삼촌 현피터가 현순과 이마리아에게 보낸 편지(1937년 2월 6일, 8월 24일)에서 웰리의 소식을 물으며 웰리의 편지를 궁금해 했다.

현순은 카우아이로 들어온 이래 일곱 남매를 하나둘씩 외지로 떠나보냈다. 큰딸 현앨리스는 1922년에 결혼한 후 1927년에 돌아왔지만, 다시 중국으로 뉴욕으로 떠돌았다. 둘째 딸 엘리자베스는 1925년에 결혼한 후 뉴욕에 정착해 살았다. 큰아들 피터는 1928년 카우아이 고등학교를 졸업하고 본토의 대학에 진학했다. 피터는 연극계를 전전하다가 1940년에야 호놀룰루로 돌아왔다. 둘째 아들 폴은 1932년 뉴욕 예술대학에 진학해 카우아이를 떠났다. 1930년 미연방정부 센서스에 따르면 현씨 가족은 현순(51세), 이마리아(53세), 현폴(18세), 현조슈아(14세), 현데이비드(13세), 현메리(10세), 정웰링턴(2.6세)으로 총 7명이었다.[68] 현앨리스, 현엘리자베스, 현피터가 모두 집을 떠나 있음을 알 수 있다.

1930년대 하와이에서 현순의 삶은 평온했다. 그는 카우아이 한인교회에서 시무하며 정력적으로 교회 일을 돌보았다. 1932년 카우아이 가파농장에서 새로운 예배당을 건설했고,[69] 카우아이 전역을 순회하면서 한인들의 목회에 힘썼다.[70]

현순은 임시정부와도 원만한 관계를 유지했다. 그는 임시정부를 후원하는 하와이 지방회를 조직하기 위해 노력했다. 1932년 5월 22일 '임시정부

와히아와 후원회' 건설 집회에서 연설했고, 카우아이 섬에서는 '임시정부 가와이 후원회'를 조직했다. 40명의 회원이 1930년부터 1931년까지 임시 정부에 600달러를 보냈고, 1932년에도 300달러의 위문금을 보냈다.[71] 현순 은 1936년 11월 임시정부에 의해 하와이 군도 선유위원宣諭委員으로 선임되 었다.[72] 이승만이 임시정부와 파국적 갈등을 겪는 사이 현순은 임시정부의 재정적 후원자로 신임을 받고 있었다. 1936년 신사참배 문제로 국내 기독교 가 탄압받자 하와이 한인예수교연합회에서는 이에 대항하기 위한 이사원을 선정했는데, 현순이 회장에 선출되었고, 한길수는 총무로 선출되었다.[73]

현앨리스가 1936년 호놀룰루에 정착하면서 셋째 아들 조슈아와 넷째 아들 데이비드까지 카우아이를 떠났다. 카우아이의 대가족은 이제 현순, 이 마리아 부부와 외손자 웰링턴, 그리고 호놀룰루와 카우아이를 오가는 막내 딸 메리뿐이었다. 현순은 1940년 카우아이 목사직에서 은퇴하고 가족들이 있는 호놀룰루로 이주했다.

1940년 현피터도 호놀룰루로 돌아왔다. 이후 현피터는 현앨리스가 북 한으로 향하게 되는 1949년까지 정치적·조직적 활동을 함께했다. 1930년 대 뉴욕과 할리우드에서 현피터의 생활은 신산辛酸 그 자체였다. 장남으로서 일곱 남매를 부양하는 아버지의 고통을 외면할 수 없었지만, 뉴욕이나 로스 앤젤레스 같은 대도시에서 자기 한 몸 건사하기도 어려웠기 때문이다. 현피 터가 1937년에서 1938년 사이에 현순에게 보낸 편지 일곱 통이 남아 있는 데, 현앨리스의 편지와 달리 자신의 정치적 감정을 솔직하게 피력하고 있다.

현피터는 "인류가 당면하고 있는 고통과 불평등의 근본적 원인을 파악" 해야 하며, 물질적 빈곤을 극복할 수단과 방법을 찾아야 한다고 썼다.[74] "미 국 사회는 인구의 10퍼센트 미만이 부의 90퍼센트 이상을 지배하며, 인구의 90퍼센트 이상의 사람들이 물적 자원의 10퍼센트를 가지고 있다는 것입니 다. 새로운 기술과 산업적 변화도 부를 지배하는 10퍼센트의 이해관계를 위 협하기 때문에 차단됩니다. 우리는 사회에 감금당해버렸습니다."(1938년

7월 11일)

　현피터는 그것을 해결하는 방법은 미국 도시 전역에서 조직되는 노동당과 지방에서 조직되는 농민정당이 진정한 인민의 정당, 즉 미국 농민−노동자당The American Farmer−Labor Party으로 통합될 때 가능할 것이라고 주장했다. 현순이 지지하는 루스벨트 대통령은 노동자의 편이 아니라 자본가·기업가와 타협을 추구하는 어중간한 사람이라고 평가했다.[75] 현피터는 자신의 생각이 공산주의로 비판받을지 모른다는 점을 변호하고 싶어했다. 자신의 생각은 공산주의가 아니라 '정의'일 뿐이라고 주장했다.[76]

　현피터는 호놀룰루에서 현앨리스와 합류했다. 이제 상하이 시절처럼 대가족이 다시 모였다. 현씨 가족들은 오아후 섬 하나우마 베이Hanauma Bay 인근의 코코헤드Koko Head 분화구의 땅을 임차해 농장을 경영했다. 3에이커 (약 1만 2,140제곱미터)의 땅에 방 두 개짜리 방갈로가 있는 땅이었다. 현순은 농부가 되었고, 하와이 대학에 다니는 데이비드는 주말에 일을 도왔다. 가족들은 오이 농사를 짓기 시작했다. 앨리스는 판매와 유통을 맡았다. 피터는 출납을 보았고, 메리는 어머니 일손을 도왔다.[77]

　현앨리스와 피터는 하숙집을 운영했고, 현순 부부와 조슈아, 데이비드, 메리는 카이무키Kaimuki에서 함께 살았다.[78] 현앨리스가 운영하는 하숙집은 하와이에 정박한 선원과 군인들의 휴식처로 주말과 휴가 등에 활용되었다.[79] 피터에 따르면 이들은 뉴잉글랜드, 뉴욕, 시카고, 인디애나, 그리고 서부 해안의 주인 워싱턴, 오리건, 캘리포니아에서 왔다. 이들은 주로 노동조합 관련자로 미국노동조합연합AFL: American Federation of Labor, 산업별노동조합회의 관련자였다.[80] 현앨리스의 집을 찾아오는 사람은 피터나 앨리스를 아는 누군가로부터 소개받은 사람들이었다. 피터의 표현을 빌리자면 "곧 우리 집은 자유주의적 경향이 있는 모든 서비스맨의 정보센터clearinghouse가 되었다." 선우학원은 현앨리스, 현피터 남매가 하와이 노동조합운동에서 활동하던 공산주의자였으나 미국 본토의 진보운동과는 관련이 없었다고 했는

데, 일맥상통하는 내용이다.[81]

이 시기에 앨리스와 피터는 미국공산당 하와이 지부의 당원으로 활동했다. 가입 시기는 명확하지 않다. 하와이 공산주의에 대한 마이클 홈스T.Michael Holmes의 연구에 따르면 피터와 앨리스는 진주만 사건 이전 미국공산당 당원이었다. 태평양전쟁 발발 이후 미국공산당은 당원들에게 저자세를 취하며 당과 관련된 모든 문건을 파기하라는 지시를 내렸다.

현피터와 현앨리스는 문건 파기 대신에 자신들이 임대하고 있던 코코헤드 분화구 인근 땅에 책자와 신문 한 상자를 파묻기로 결정했다. 가족들이 오이 농사를 짓던 바로 그 땅이었다. 이들은 이 책자와 신문들을 두고 이사했는데 1943년 5월 30일 일요일에 문제가 발생했다. 현앨리스는 로버트 맥엘라스Robert McElrath의 집에서, 이치로 이주카Ichiro Izuka, 아 쿠온 맥엘라스Ah Quon McElrath, 잭 기모토Jack Kimoto 등 훗날 하와이 내 주요 공산주의자로 지목된 노동조합·노동운동 지도자들과 함께 있었는데, 현씨 일가가 농사짓던 땅을 임대받은 농부로부터 밭을 갈다가 책 상자를 발견했으니 와서 가져가라는 소식을 들었다. 새로운 임차인은 현씨 일가에게 연락하기 전에 군 정보기관에 신고했고, 군은 덫을 놓고 있었다. 현앨리스, 이주카, 기모토가 책자를 가지러 갔다가 체포되었고, 몇 시간 동안 억류되었다. 이들은 그날 밤 오후 10시 30분에 석방되었고 더 이상의 소동은 없었다.[82] 아마 당시 현앨리스가 호놀룰루 미군 정보부서에서 근무했기 때문일 가능성이 있다.

지역 언론에도 보도되지 않은 이 작은 소동은 수년 뒤 하와이 공산주의자들에 대한 청문회에서 중요한 이슈로 부각되었다. 1948년 8월 3일 하와이 패링턴Farrington 고등학교 선생이던 라이네케John E.Reinecke에 대한 청문회 석상에서 증인으로 참석한 이주카는 이 사건을 발설해 여론의 주목을 끌었다. 이치로 이주카는 국제부두창고노동조합ILWU: International Longshore and Warehouse Union 하와이 지부의 간부(카우아이 섬 부지부장)를 지냈으며, 9년간 공산당원으로 활동했다. 그는 1947년 11월 15일 『하와이 공산주의의 진실』*The*

*Truth about Communism in Hawaii*이라는 31쪽짜리
팸플릿을 간행하며 전향했다. 그는 하와이
공산주의자들의 이름을 거론하며, 노동조
합이 공산주의자들의 영향력 아래 움직인
다고 주장했다. 이 팸플릿은 이후 하와이 공
산주의자 색출의 주요 근거로 활용되었다.
1943년 코코헤드 공산당 문건 사건에 등장
하는 사람들은 모두 하와이 내 노동조합운
동 관련자들이며, 이후 공산주의자라는 혐
의로 청문회에 소환되거나 기소되었다.

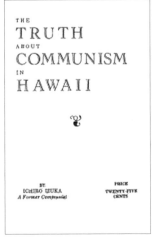

그림 20 『하와이 공산주의의 진실』 표지
(1947년) © Ichiro Izuka

　이주카에 따르면 하와이 공산당은
1945년 11월 재가동되었고, 하와이의 주
도적 공산주의자들은 그 몇 달 전에 비공식적인 '지역 토론 그룹'Community
Discussion Group으로 알려진 모임에서 활동하고 있었다. 지도부는 라이네케
박사, 로버트 맥엘라스 부부, 현피터와 현앨리스, 아일린 후지모토Eileen Fuji-
moto, 잭 기모토, 잭 가와노Jack Kawano, 이주카 등이었다. 이들은 지역을 옮겨
다니며, 지역 문제를 주제로 대중 토론을 개최했다. 당원들은 개별 접촉을
통해 중산층과 전문직 종사자들에게 참석을 권유했다. 이 모임은 학교 교장,
교사, 부유층의 관심을 끌었고, 이들에게 공산주의 문학작품들을 소개했다
는 것이다.[83] 물론 이 시기에 현앨리스와 현피터는 한국에 있었기 때문에 이
주카의 진술은 사실과 거리가 있다. 이주카는 또한 1946년 11월 자신이 공
산당을 탈당할 당시 미국공산당 하와이 지부 집행부에 앨리스와 피터의 동
생인 데이비드가 있었다고 주장했다.[84]

　이주카는 1950년 4월 10일부터 12일, 7월 6일에 개최된 하와이 지역의
공산주의 활동에 관한 미국 하원 비미활동조사위원회 청문회에 출석해 현
앨리스와 현피터가 코코헤드 농장에서 발견된 공산주의 서적 및 문건과 관

런 있다고 증언했다.[85]

　전후 하와이에서 현앨리스의 공산주의자 행적이 부각된 것은 국제적 냉전, 미국의 매카시 선풍, 하와이 준주의 미국 정식 주 편입이라는 정치 상황이 복합적으로 작용한 결과였다. 1947년 이후 냉전이 본격화되면서 미국 하원에서는 비미활동조사위원회가 상설화되어 할리우드의 공산주의자 색출에 나섰고, 상원에서는 조지프 매카시Joseph McCarthy가 본격적으로 활동을 개시했다. 하와이 사정은 좀더 복잡했는데, 1945년부터 미국의 준주였던 하와이의 정식 주 편입을 위한 논의가 하원과 상원에서 진행되고 있었기 때문이다. 하와이는 국제부두창고노동조합이 강한 지역이었으며, 국제 공산주의, 즉 모스크바의 영향력이 강하다는 의혹이 적지 않았다. 하와이 부두노동자들은 1949년 총 176일간 파업을 벌여 지역경제를 마비시킬 정도로 부두노조의 활동은 강력한 조직 역량을 갖고 있었다.[86] 1947년부터 1951년 사이 미국 상원과 하원 양원에서는 하와이의 노동운동에 소련과 공산주의의 영향이 침투해 있으며, 하와이에 공산주의의 영향력이 강하다는 의혹이 여러 차례 제기되었다. 국제 정세를 반영한 미국 내 정치 상황의 변화와 정식 주 승격을 앞둔 하와이 지역의 특수한 위치 때문에 노동조합은 강력한 도전에 직면했으며, 공산주의자로 거론된 인사들은 여러 청문회에 소환되고 정치적·사회적 활동이 제한되었다.

　1950년 4월 10일 하원 비미활동조사위원회의 청문회가 호놀룰루에서 열렸고, 초점은 1949년 부두노동자 파업이었다. 총 70명의 증인이 소환되었고, 그중 39명이 수정헌법 제5조를 근거로 증언을 거부했다. 소환된 하와이 준주 헌법제정회의Constitutional Convention 대의원인 리처드 가게야마Richard Kageyama는 자신이 1947년 2월 패링턴 고등학교 교사이던 라이네케를 통해 공산당에 입당했으며, 1949년 공산당을 탈당했다고 고백했다. 그는 또한 청문회에 앞서 공산당의 지시로 비미활동조사위원회 앞에서 할 자신의 증언을 국제부두창고노동조합의 변호사와 상의했다고 증언하며 공산당원을 지목했다.[87] 증언을 거부한 39명 중 26명이 국제부두창고노동조합 간부거나 직원이었다.

1950년 10월 1일자 『호놀룰루 레코드』Honolulu Record에 대한 비미활동조사위원회 조사 기록에 따르면 하와이 공산주의자들 중 145명이 전쟁 중 만들어진 노동자 전용식당Labor Canteen 관련자였다. 공산주의자로 거론된 인사들은 노동자 전용식당의 의장 잭 홀Jack Hall, 서기 도리스 오자키Doris Ozaki, 진행위원회 엘리자베스 브리스토Elizabeth Bristow, 재무위원회 현앨리스, 아 쿠온 맥엘라스, 랠프 보스브링크, 프로그램북 도리스 오자키 등이었다.[88] 노동자 전용식당은 전후 하와이 시민연대협회Hawaii Association for Civic Unity의 모체가 되었는데, 이주카에 따르면 이는 공산당이 자유주의자들과 지식인들을 끌어들이는 매개체로 이용되었다. 특히 이주카는 호놀룰루의 노동자 전용식당이 인근 주둔 군인들에게 공산주의 선전을 하는 온실이었다고 주장했다.

『호놀룰루 레코드』는 2차 세계대전 때 육군 군사정보국에서 언어전문가로 참전했던 고지 아리요시Koji Ariyoshi라는 하와이 일본인 2세 활동가가 만든 노동 문제 전문 신문으로 국제부두창고노동조합의 후원을 받고 있었다. 아리요시는 일본인 억류 수용소에서부터 인도, 스리랑카, 버마를 거쳐 중국 연안에 파견된 OSS(전략첩보국)의 딕시미션Dixie Mission에까지 동참했으며 중국공산당과도 접촉했던 인물이다. 그는 중국공산당의 마오쩌둥은 물론 일본공산당의 노사카 산조野坂参三와도 만난 적이 있었다. 아리요시는 1948년 하와이로 귀환해 진보적인 일본어 신문 『하와이호치』의 영향을 받아 『호놀룰루 레코드』를 간행했다. 이 신문은 탐사 보도를 전문으로 하는 한편 사회주의적 관점에서 지역 노동운동과 민주당의 성장을 촉구했다. 아리요시는 매카시 선풍의 와중에 정부 전복 혐의로 1951년에 체포되어 기소된 바 있다.[89]

1950년 4월 비미활동조사위원회의 청문회 결과, 이주카가 거론한 인물들은 FBI, 하원 비미활동조사위원회 등의 집중 감시를 받았고, 1951년 8월

28일 FBI는 이들 7명을 정부에 대한 폭력적 전복 옹호와 해당 내용 교육 음모 혐의로 체포했다. 이들이 유명한 '하와이의 7인'Hawaii Seven이다. 여기에는 국제부두창고노동조합 하와이 지역 책임자인 잭 홀, 노동 문제 전문의 진보적 신문『호놀룰루 레코드』발행자 고지 아리요시, 하와이 대학 화학자이자 공산당 하와이 지부 의장이던 찰스 후지모토Charles Fujimoto, 후지모토의 아내 아일린 ILWU 서기, 전 패링턴 고등학교 교사 존 라이네케,『호놀룰루 레코드』의 사원 잭 기모토와 제임스 프리먼이 포함되었다. 이들은 1940년에 제정된 일종의 국가보안법인 스미스법Smith Act으로 기소되었다.[90]

1947년 이주카가 문제를 제기했을 때 현앨리스와 현피터는 로스앤젤레스로 이주한 뒤였으므로 하와이 내부의 소동과는 거리가 있었다. 그렇지만 현앨리스가 북한으로 떠난 뒤, 1950년 10월 23일 현데이비드는 법무부의 외국인 공산주의자 일제 검거로 체포된 86명에 포함되었다. 법무장관은 이들을 6개월간 구금하고 추방할 권한을 가지고 있었다.[91]

현앨리스는 1936년 이래 호놀룰루에서 노동조합원 등을 상대로 한 하숙으로 생활을 영위했으며, 노동조합과의 관계를 통해 생계와 사회활동을 모두 해결했다. 상하이 시절 독립운동과 혁명운동에 관여했던 청춘의 관성이 현앨리스와 피터에게 지속되었던 것이다. 현앨리스와 피터의 뉴욕 생활은 새로운 세계와의 조우였지만, 인종차별과 기성 세계의 높은 벽을 실감하게 했다. 이들은 유리천장에 좌절했고, 대공황 이후 거세진 미국 좌파의 움직임에 정치적으로 동조했다. 또한 이들은 재미한인 진보주의자들과 연계될 수 있는 조직적 계기를 마련했다. 이들은 중일전쟁에 격려와 희망의 기운을 보냈고, 한국의 독립과 혁명을 염원했다.

현앨리스, 현피터 남매가 언제, 어떤 경로로 미국공산당에 가입했는지는 알 수 없다. 그러나 현앨리스 남매가 하와이 국제부두창고노동조합, 노동자 전용식당, 지역 토론 그룹 등의 합법 단체를 통해 지역사회의 노동조합운동 활동가들을 만나게 되었으며, 나아가 미국공산당과 연계되었던 것으로 생각된다. 현앨리스가 관여한 하숙집, 노동자 전용식당, 지역 토론 그룹, 노동조합 등의 교집합에 공산당의 영향과 그림자가 어려 있었다.

　이들은 하와이에서 출생한 한국계 미국인으로 식민지 한국에서 성장했고, 미국에서 대학 교육을 받았다. 이들은 미국 시민이 되었지만, 이들의 정체성과 정신은 그들의 시민권이 속한 미국에도, 그들의 강제된 국적 일본에도, 미국 내 객관적 위치였던 동양계 이민에도 속하지 않았다. 또한 이들은 여타 한국인 이민 2세들과도 다른 정신세계에 속해 있었다. 이들의 정체성과 정신은 상하이 시절 받은 독립운동과 혁명 활동의 세례에서 발원했다. 이들은 진정한 한국인이길 희망했다. 하와이에서 남매의 삶은 여전히 1920년대 초반 상하이의 꿈결 같은 순간들이 계승되거나 변형된 형태로 지속되었던 것이다.

태평양전쟁기의 행적
— 1941~1945년

태평양전쟁이 발발한 이후 현앨리스는 하와이 주둔 미군에서 일했다. 해방 후 『서울신문』 인터뷰에서 현앨리스는 "전쟁 중에는 육군성 정보 관계 일을 보았"다고 밝혔다.[92] 그녀가 일했던 육군성 정보 관계 일에 대한 단서는 현순의 회고에서 찾을 수 있다. 『현순자사』는 이렇게 쓰고 있다.

> 여余는 시시時時로 풔드 새후터 소재所在 미육군정보美陸軍情報 장교將校들과 접촉接觸하고 일본日本의 아세아침략亞細亞侵略과 가까운 장래將來에 미국美國이 전쟁戰爭에 관계關聯된다고 말했다.
> 1914년一九四一年 11월 말경十一月末頃에 여余는 의도적意圖的으로 호노룰루의

퓌드 새푸터의 육군정보부陸軍情報部에 가 영관급領官級 장교將校를 면회面會 미군공격美軍攻擊을 할 일본전략日本戰略에 관關해서 그와 토론討論했다. 나의 주장主張은 이것이었다. 즉卽 일본군日本軍이 동남아東南亞를 침략侵略하는 일방一方 루즈벨트 대통령大統領에게 평화적平和的 해결解決을 위한 교섭交涉을 하기 위爲하여 일본특사日本特使가 파견派遣되었다. 이것은 미국민美國民을 기만欺瞞하기 위한 일본日本의 약은 술책術策이다. 일본군日本軍은 여余가 예언豫言한 대로 1941년一九四一年 12월十二月 7일七日에 진주만眞珠灣을 공격攻擊했다. 여余의 자녀子女들은 모두 2차대전二次大戰 중中 미 육군美陸軍에서 근무勤務했고 여余도 전쟁 말戰爭末까지 육군陸軍을 위爲해 일했다.[93] (한자 앞 한글과 숫자 병기는 인용자)

현순은 자신이 호놀룰루 포트섀프터Fort Shafter의 미국 육군 정보장교들과 만나서 미국과 일본의 전쟁을 얘기했다는 것이다. 특히 그는 1941년 11월 말에 포트섀프터의 육군 정보부에 가서 영관급 장교들을 만나 일본의 미국 공격에 대해 경고하며, 일본의 평화특사 파견은 기만책이라고 주장했다. 나아가 진주만 사건 이후 현순과 자녀들이 모두 2차 세계대전 중 미 육군에서 근무했다고 했다.

현순은 1945년 7월 20일 호놀룰루 전쟁 포로수용소에 훈련교관Training Instructor으로 임시 고용되었다.[94] 사이판 등지에서 포로가 된 한인들은 호놀룰루 포로수용소에서 『자유한인보』 등을 간행한 바 있다. 현순문서철에는 『자유한인보』를 제작한 포로들에 대한 기사가 들어 있다.[95]

그렇다면 현앨리스가 근무한 미 육군 혹은 육군성 정보 관계 일이란 무엇이었을까? 호놀룰루 포트섀프터와 육군정보부 등과 관련해 떠오르는 인물은 바로 한길수다. 한길수는 태평양전쟁 때 한국인으로서는 대중적 인지도가 가장 높았던 인물이다. 한길수는 일본군의 진주만 공격을 사전 예고해 유명 인사가 되었다. 그는 이미 1937년 하와이 준주의 정식 주 승격을 위한 상하 양원 합동조사위원회the Join House and Senate Investigating Committee에 출석해 하와이에서 일본 영사관의 음모를 폭로하는 증언을 하고, 재미 일본인 사회에는 미국이 아니라 일본에 충성하는 스파이들이 존재한다고 폭로함으로써 미국 언론의 주목을 받았다. 한길수의 주장에 따르면, 그는 1941년 4월까지 2년 동안 3만 2,000마일(약 5만 1,200킬로미터), 35개 주 90개 도시 순회, 169회의 강연과 7회의 라디오 출연을 했다.[96]

그는 1932년 하와이 주재 미국 해군정보국ONI과 접촉해 정보원으로 일하기 시작했고, 거마비 30달러를 받으며 수집한 하와이 거주 일본인에 관한 정보를 포트섀프터 미 주둔군 정보당국과 해군정보부에 보고서 형식으로 제출했다.[97] 한길수는 이미 1930년대 이용직 목사와 함께 'W. K. Lyhan'(William Lee Yongchik & Kenneth Hann)이라는 가명으로 정보문서들을 미 육군 정보당국에 제출한 바 있다. 리한은 이용직의 '리'와 한길수의 '한'을 조합한 명칭이다.

한길수는 1933년 7월 호놀룰루 포트섀프터에서 하와이를 방문한 김규식과 미 육군 정보참모부G-2의 회담을 주선했다. 그는 1933년부터 1937년까지 미 육군 정보참모부, 해군정보국, 미 해군의 윌리스 브래들리Willis W. Bradley 대위와 협력했고, 1935년부터 1937년 사이에 요시다吉田 혹은 케네스Kenneth라는 이름으로 호놀룰루 주재 일본 총영사관에서 '역逆첩자counterspy'로 활동하며, 일본의 미국 침략 계획에 관한 고급 정보들을 염탐했다.[98] 한길수는 일본 영사관에 침투한다는 사실을 미국 해군정보부와 육군정보부에 미리 통보함으로써 자신이 미국의 이익에 봉사한다는 점을 강조했다. 그는 1936년 5월 22일 헐Cordel Hull 국무장관에게 보낸 편지에서 일본 영사관 "내부권inner circle에 포함되는 데 성공"했다고 밝히며, "해군중령 커패트릭이 새 정보장교로 부임한 이후 그는 저에게 한 달 약 30달러씩을 지급"하고 있다고 밝힌 바 있다.[99]

1937년의 청문회로 언론의 주목을 받은 한길수는 1938년 샌프란시스코로 건너갔고, 1938년부터 1947년 초까지 워싱턴 DC에서 중한민중동맹단의 대표 명의로 활동했다. 1940년 재미한인 사회는 하와이와 본토를 통합한 재미한족연합회를 조직했는데, 여기서 한길수는 국방봉사원에 임명된 바 있다. 한길수의 정치적 지향은 재미한인 사회 내의 진보진영이었던 조선의용대 미주후원회, 조선민족혁명당 미주지부와 일정하게 교차하는 부분이 있었다. 김규식과 김원봉의 민족혁명당을 지지하며, 조선의용대의 군사운동을 후원한다는 교집합이었다.

한길수의 약력에서 우리는 1936년 호놀룰루 포트섀프터, 미 육군 정보부대, 해군정보부, 커패트릭 해군중령 등의 단어를 발견했다. 이는 현순의 회고록에 등장하는 포트섀프터, 미 육군 정보부대와 교집합을 형성한다.

이번에는 1936년부터 1937년 사이에 현앨리스가 현순에게 쓴 편지로 돌아가보자. 현앨리스는 1936년 9월 17일 현순에게 보낸 편지에서 이렇게 썼다. "어제(9월 16일) 킬패트릭 중령의 요청으로 그의 사무실에서 만났습니다. 그는 저에게 중국어 번역관translator 자리를 주겠다고 제안했어요. 당장 번역관 일을 하기는 곤란하므로 스스로를 시험할 시간을 요청해 2주간 시험기간이 지난 후 9월 말에는 일의 시작 여부를 결정하기로 했습니다. 킬패트릭은 이 일이 안정적이라고 합니다."[100] 또 다른 편지에서 현앨리스는 현순이 소개해준 『유나이티드 차이니스 뉴스』의 편집자를 만나 그 신문을 구독하기로 했는데, 킬패트릭 중령이 번역해주길 요청한 신문이 바로 이 신문이었다고 썼다. 이 신문 번역은 그리 어려운 일이 아니지만 시간은 소요될 것 같다고 밝혔다.[101] 『유나이티드 차이니스 뉴스』는 호놀룰루에서 1928년부터 1951년까지 간행되던 일간지로 중문란과 영문란을 함께 갖고 있었다.[102]

현앨리스가 말하는 킬패트릭이 다름 아닌 한길수가 말하는 새 정보장교 커패트릭 해군중령임을 알 수 있다.[103] 해군중령이므로 해군정보부 책임자였을 가능성이 높다. 현앨리스가 현순에게 보낸 다른 편지(1936년 7월 8일)에서 한길수의 이름이 등장하는 것으로 미루어 1936년 현앨리스는 현순과 한길수를 통해 킬패트릭과 연관되었을 것이다. 현앨리스는 현순과 한길수를 통해 호놀룰루 포트섀프터의 미 육군 정보부대, 해군정보부의 킬패트릭 중령과 관련을 맺었을 가능성이 있다.

1936년 중국어 신문의 번역관을 구하던 해군정보부와의 접촉이 태평양전쟁기 현앨리스의 행로에 영향을 미쳤을 것이다. 현앨리스의 어학 능력이 도움이 되었으리라 짐작할 수 있다. 1936년 현앨리스는 중국 신문뿐 아니라 『하와이호치』 신문을 구독하며 번역을 시도했다.[104] 그녀는 한국, 중국, 일본, 미국에서 교육받았으므로 최소한 한국어, 중국어, 일본어, 영어를 구사할 수 있었다. 정규 학교를 다녔으므로 이들 4개 언어를 구사하는 데 어려움이 없었을 것이다.

태평양전쟁기 현앨리스가 근무한 미 육군성 정보 관계의 일이란 번역이나 통역 일이었을 것이다. 진주만 사건 이후 일본과 전쟁하던 시기였기에 중국어보다는 일본어 번역·통역과 관련된 업무였을 것으로 판단된다. 또한 중국어를 잘하는 화교 출신이 많았으므로 당연히 앨리스는 일본어 번역 일을 맡았을 것으로 추정된다.

현앨리스의 전시 복무와 관련된 단서는 전쟁이 끝난 후 발견되었다. 하와이 주재 미국 중부태평양 사령부는 1945년 10월 23일자 명령에서 일본인 2세 여성 언어전문가Nisei Linguists 13명의 도쿄 맥아더 사령부 파견을 지시했다. 일본인 2세 여성 10명과 한국계 혹은 중국계 여성 3명이 포함된 이 파견 명령서에 현앨리스의 이름도 들어 있었다.[105]

이 기사를 쓴 도로시아 버킹엄에게 현앨리스의 2차 세계대전 당시 경력을 문의했지만, 자신은 알지 못한다는 답변을 받았다.[106] 이를 단서로 현앨리스의 행적을 추적하기 시작했다. 2011년, 2012년, 2013년 세 차례에 걸쳐 미국 국립문서기록관리청에서 태평양전쟁 무렵 현앨리스에 관한 기록을 조사했다.

처음에는 현앨리스가 일본인 2세 여성들과 함께 여성군단WACs: Women Army Corps 소속으로 1943년 9월 이후 입대했으며, 육군 군사정보국이 미네소타 주 포트스넬링Fort Snelling에서 운영하는 군사정보서비스언어학교MISLS: Military Intelligence Service Language School(이하 군사언어학교)를 졸업한 후 일본어 전문가로 복무했을 것으로 생각했다. 왜냐하면 현앨리스의 동생 현피터가 바로 군사언어학교를 졸업해 언어전문가가 되었기 때문이며, 도쿄로 파견된 '니세이'Nisei 여성들이 언어전문가였기 때문이다. 피터 역시 현앨리스와 동일한 학력과 성장 배경을 지녔으므로 영어, 일본어, 중국어, 한국어에 능통했다. 피터가 군사언어학교를 졸업했으므로 현앨리스 역시 같은 학교를 나왔을 것으로 추정했다. 1945년 10월 일본에 언어전문가로 파견된 것도 같은 연장선상에 놓인 일로 보였다.

여성군단은 1943년 1월 여성 하원의원이었던 에디스 로저스Edith Nourse Rogers가 여성의 입대·임관 법안을 상하 양원에 제출한 데 따라 1943년 7월 1일 법률로 성립된 것인데, 이는 이전에 존재하던 여성보조군단WAAC: Women's Army Auxiliary Corps을 대체한 것이다. 여성군단에는 다양한 소수민족 여성들이 참전했는데, 일본계 미국인(니세이) 여성들에 대해서는 1943년 3월부터 모집이 시작되었고, 실제로는 1943년 9월부터 입대가 허용되었다.[107]

니세이 여성들의 경우 약 100명이 여성군단의 일원으로 참전했으며, 200여 명 이상이 간호생도단Cadet Nurse Corps으로 참전했다. 여성군단에 지원한 여성들은 5개의 훈련소에서 5주 동안 기초훈련을 받았다. 하와이에서 자원한 60명의 니세이 여성에 대한 훈련은 1943년 하와이에서 시작되었다.

니세이 여성군단은 사무직·행정직·수송 임무를 부여받았으며, 해외 전투에는 배치되지 않았다. 그 가운데 1944년 11월 기초훈련을 마친 최초의 여성들이 포트스넬링의 군사언어학교에 배속되었다. 7명의 니세이 여성군단이 미네소타 주 포트스넬링에 입대해 일본어 전문가로 훈련받았고, 군사정보국에서 복무했다. 니세이 여성들은 현역 심문관으로 훈련받지 않았고, 일본어 문서 번역을 훈련받았다. 2차 세계대전과 직후에 약 300명 이상의 니세이 여성이 여성군단에서 근무했다.[108] 그런데 니세이 여성군단 명단에서 현앨리스의 이름을 발견할 수 없었다.

전쟁이 끝난 후 1946년 1월 일본계 미국인 여성군단원 11명과 중국계 미국인 1명 및 백인 여성 1명이 일본 맥아더 사령부 배치를 받아들여 도쿄로 향했다.[109] 맥아더 장군이 여성 병사의 해외근무를 승인하지 않았기 때문에 이들은 1년 계약의 군속으로 민간정보검열단Civil Intelligence Service에서 일해야 했다. 위에 등장하는 중국계 미국인이 현앨리스일 것으로 예상했다. 현앨리스의 가족들이 1923년에서 1925년 사이 하와이로 입국할 때 중국 국적을 획득한 사실이 있기 때문이다. 그렇지만 이 중국계 미국인은 현앨리스가 아니었다.

결국 3년에 걸쳐 여성군단, 군사언어학교, 하와이 주재 중부태평양 사령부, 전시홍보국OWI: Office of War Information 하와이 지부 등에 대한 광범위한 조사 작업을 벌였지만 태평양전쟁기 현앨리스가 근무한 '미육군성 정보 관계 부서'를 발견할 수는 없었다. 일본어를 번역하는 언어전문가로서 미 육군부 소속 군속으로 일했음이 분명한 현앨리스의 태평양전쟁기 활동 내역은 끝내 밝힐 수 없었다. 이에 대한 추가 조사는 훗날을 기약하는 수밖에 없다.

1945

4장

서울로의 짧은 귀환

1945~1946년

1946

그림 21 도쿄에 도착한 니세이 여성 언어전문가(1945년 11월 1일): 1열 왼쪽부터 데이지 야마나카, 아이네즈 안, 밀드레드 야마모토, 미사오 구와예, 란코 다케다, 델마 도와타, 2열 왼쪽부터 수미 세리자와, 치사토 후루카와, 릴리 리, 도로시 나카마, 마사에 그린, 미도리 가와구치, 현앨리스 © Grant Ichikawa

현앨리스, 도쿄를 거쳐 서울로 부임하다

― 1945년 12월

태평양전쟁기 현앨리스의 정확한 행적은 아직 미궁이다. 현앨리스의 이름이 다시 등장하는 것은 전쟁이 끝난 지 두 달 정도 지나서였다. 현앨리스는 1945년 10월 23일 미국 중부태평양 사령부의 명령에 따라 도쿄의 맥아더 사령부에 파견되었다. 13명의 니세이 여성 언어전문가가 파견되었는데 여기에 동행한 것이다. 아마도 이들은 도쿄에 파견된 최초의 미국 여성 군속일 것이다. 이들은 육군 소위에 해당하는 GS-07급으로 급료와 대우를 받게 되었고, 맥아더 사령부의 연합통역번역대ATIS: the Allied Translator and Interpreter Section의 민간요원으로 복무하게 되었다. 이들은 장교복 옷깃에만 'US'라는 기장을 달았지만 여성군단이 아니라 육군부 군속DACs으로 간주되었다. 미 중부태평양 사령부의 명령서는 다음과 같이 쓰고 있다.

> 아래에 명기한 여성 언어전문가, CAF-6급의 전쟁부 군속들은 소위 계급에 해당하며, 10월 29일경 정부 항공기로 일본 동경행을 허가받았으며, 도착하자마자 태평양 방면 미 육군사령부HAFPAC의 민간통신검열관Civil Censorship Officer에게 보고해야 할 것이다.
> 릴리 리Lily N.S.Lee, 미도리 가와구치Midori Kawaguchi, 치사토 후루카와Chisato Furukawa, 델마 도와타Thelma T.Towata, 도로시 나카마Dorothy H.Nakama, 밀드레드 야마모토Mildred S.Yamamoto, 아이네스 안Inez Yae Ahn,란코 다케타Ranko Taketa, 수미 세리자와Sumi Serizawa, 앨리스 현Alice Hyun, 마사에 그린Masae T.Green, 미사오 구와예Misao Kuwaye, 데이지 야마나카Daisy Yamanaka.[1]

여성들은 1945년 10월 하와이 히캄Hickam 기지를 출발, 태평양을 횡단해 10일 만에 일본에 도착했다. 이들은 콰젤린에서 존슨 섬, 사이판을 거쳐

일본 아쓰기 비행장에 도
착했다. 일본에서 이들의
주요 임무는 편지 검열cen-
sor mail이었다.[2]

도쿄에 파견된 여성
언어전문가는 모두 13명
이었는데, 현앨리스 등 3명
은 한국계나 중국계로 추

그림 22 밀드레드 야마모토(1945년)와 그랜트 이치가와(2012년)
© Grant Ichikawa

정되며 나머지 10명은 일본계로 추정된다.

태평양전쟁기 현앨리스의 전시 복무와 전후 행적을 파악하기 위해 이
들 니세이 여성들을 조사해보기로 했다. 먼저 한국계 혹은 중국계로 추정되
는 릴리 리와 아이네스 안을 조사했지만, 이들의 행적과 경로를 확인할 수
없었다. 하와이 한국 이민사 전문가인 로버타 장Roberta Chang에게 부탁해 2
차 세계대전 참전 한국계 여성들을 수소문했지만, 역시 정보를 찾을 수 없었
다. 로버타 장은 1945년 입대해 미국 본토에서 근무했던 마거릿 양Margaret
Yang Kim과 인터뷰했지만, 현앨리스를 알지 못한다는 답변을 들었다.[3]

다행히 니세이 여성 2명의 행방을 찾았다. 먼저 찾은 것은 밀드레드 야
마모토였다. 주소를 수소문해 2011년 버지니아 주 비엔나 자택을 찾았을 때
그녀는 이미 사망한 후였다. 남편인 그랜트 이치가와Grant Ichikawa와 인터뷰
할 수 있었는데, 그는 당시 도쿄에 주둔 중이었으므로 야마모토 일행의 사정
을 알고 있었다. 이치가와는 워싱턴 DC 일대 일본계 미국인의 대부 격인 인
물이고, 특히 2차 세계대전에 참전했던 일본계 미군을 대표하는 인물이다.
그는 일본계 미군 재향군인회JAVA: Japanese–American Veterans Association에서 활
발히 활동하고 있으며, 지역사회에서 2차 세계대전 참전영웅으로 소개되고
있었다. 그는 재미 일본인 사회에서 굴지屈指하는 유명 인사로 그의 집을 방
문했을 때 오바마 대통령과 함께 찍은 사진, 지역신문에 2차 세계대전의 영

웅으로 소개된 기사, 일본 방위성 장관이 워싱턴을 방문했을 때 일본계 미군 참전기념비 앞에서 설명하는 사진 등을 보았다. 일본계 미군 재향군인회를 통해 야마모토와 이치가와의 존재를 알게 되었다.

가난한 일본계 이민 농부의 아들로 미국 캘리포니아에서 태어난 이치가와는 UC 버클리에서 경영학을 전공했지만, 농사를 지을 수밖에 없었다. 2차 세계대전이 발발하자 그는 미군에 입대했다. 이치가와는 포트스넬링과 캠프 새비지Camp Savage에서 일본어 전문가로 훈련받은 후 호주와 필리핀에서 참전했고, 맥아더 사령부의 연합통역번역대ATIS에서 일했다. 전쟁이 끝난 후 맥아더 사령부가 도쿄로 진주하면서, 이치가와가 일하던 연합통역번역대도 도쿄로 이전했다. 이치가와는 전후 도쿄에서 니세이 일본어 전문가로 근무하던 중 밀드레드 야마모토를 만나 1946년 4월에 결혼했다.

이치가와는 야마모토가 니세이 언어전문가로 선발된 경위에 대해 몇 가지 이야기를 들려주었다. 야마모토는 호놀룰루에서 미군에 선발되었는데, 일본에 파견되기 전에 거의 훈련을 받지 못했으며, 일종의 브리핑 정도만 들었던 것으로 기억했다. 선발 자격 요건은 특별한 것이 없었으며 일본어에 대한 포괄적 이해 수준 정도에 지나지 않았다. 야마모토 역시 군대 복무 경험은 없었다고 한다. 왜 중부태평양 사령부가 니세이 여성들을 파견했는지 문의하자, 아마도 상부의 지시라기보다는 독자적으로 일을 추진한 것으로 생각한다고 답변했다. 이치가와는 현앨리스에 대해서는 들어본 적도 없고 알지도 못한다고 답했다.

이치가와는 1953년 CIA에 들어갔고, 1960년대 일본과 인도네시아 등지에서 근무했다. 1960년대 후반 2년 동안 남북한을 통괄하는 CIA 한국 데스크로 약 12명의 부하직원을 거느리고 서울지부를 지원하는 임무를 수행했으며, 마지막으로 베트남에서 근무했다. 이치가와는 구순이 넘었지만 기억력이 명료했다.[4]

다음으로 이치가와를 통해 란코 다케다(결혼 후 일레인 야가와)의 생존

사실을 알게 되었다. 로스
앤젤레스에서 혼자 살고
있는 노년의 일레인 야가
와는 낯을 가렸다. 2011년
이치가와를 통해 연락했
지만, 인터뷰 요청을 거절
했다. 2012년에 재차 방문

그림 23 란코 다케다(일레인 야가와, 왼쪽 1945년, 오른쪽 2012년)
© Grant Ichikawa

의사를 밝힌 후에야 로스
앤젤레스에서 인터뷰할 수 있었다. 로스앤젤레스 외곽에 위치한 자택에서
만난 일레인 야가와는 도쿄 시절을 많이 기억하지 못했다. 이미 70여 년 전
의 일이었기 때문이다.

일레인 야가와는 태평양전쟁 중 여성군단이 아니었다고 했다. 평범한
일을 하고 있었는데 차출되었다는 것이다. 아버지가 반미·친일 혐의로 수용
소에 수감 중이었는데, 어느 날 길을 가던 중 군인이 자신을 알아보며 일본
행을 권유했다는 것이다. 아버지를 수용소에서 빼낼 수 있을지도 모른다는
기대를 가지고 응했고, 이미 당국에서는 집안 사정과 자신에 대해 훤하게 꿰
뚫고 있었다는 것이다. 일레인 야가와는 도쿄행 니세이들의 선발 조건이나
자격에 대해서는 기억하지 못했다. 그녀는 농가에서 태어나 할머니가 살던
일본에서 중학교를 다녔기 때문에 일본어에 능숙한 편이었다.

어떤 훈련을 받았냐고 질문하자, "훈련은 많이 받지 못했어. 어떤 식당
같은 데 모여서 사전 교육을 받은 정도지"라고 답했다. 여성군단은 아니었
지만 육군 군복을 입었다고 했다. 현앨리스에 대한 기억은 간단했다. "현앨
리스가 연장자였고, 말이 없었으며, 괜찮았다(She was nice)."[5]

니세이 언어전문가들을 통해 알 수 있는 정보는 이 정도였다. 이들은 현
앨리스와 한 달 정도 함께 근무했으므로 기억이 많지 않은 것이 어쩌면 당연
했다.

우리는 현앨리스가 1945년 10월 도쿄의 맥아더 사령부에 파견되었으며, 그 이전 태평양전쟁기에는 호놀룰루 해군정보부나 육군정보부에서 일본어 번역 일을 했다는 것을 알고 있다. 태평양전쟁기의 경력이 전후의 일본 파견으로 이어졌을 것이다.

현앨리스는 도쿄의 태평양 방면 미국 육군사령부 연합통역번역대의 민간통신검열관실에 배치되었다.[6] 연합통역번역대는 맥아더 사령부 휘하의 정보참모부에 배속된 조직으로 정보를 수집하기 위해 관련 자료를 통역·번역하는 임무를 담당하는 부대였다. 한국전쟁 시기 미군이 노획한 소위 '북한노획문서'의 통역·번역을 담당한 부서였다면 이해하기 쉬울 것이다.[7]

이들의 주요 임무는 일본인들의 편지 검열이었으며, 소위 계급에 해당하는 육군부 군속의 급료와 대우를 받았다. 패전 후 도쿄는 혼란과 빈곤이 넘쳐났지만, 이들의 도쿄 생활은 활기차고 화려했다. 이들이 소위 계급의 대우를 받은 것은 파격적이었다. 이들 육군부 군속을 제외하고 여성군단 소속 니세이 여군들이 최초로 일본에 배치된 것은 1946년 1월이었는데, 이들은 병장 출신이었고 도쿄에서도 사병 대우를 받았기 때문이다.[8] 일본계 11명, 중국계 1명, 백인 1명 등 총 13명은 맥아더 사령부에 배치되면서 1년 계약의 군속으로 민간정보검열단에서 일했다. 일레인 야가와는 다른 여성군단 출신들이 사병 대우를 받은 반면 자신들은 장교로 대우받았고, 막사 대신 다이이치 호텔을 숙소로 삼았기 때문에 다른 여성군단원들이 질투했다고 회고했다.[9]

도쿄에 배치된 현앨리스는 1945년 12월 중순 서울로 전근했다. 주한 미24군단 정보참모부 산하 민간통신검열단CCIG-K이 그녀를 필요로 했기 때문이다. 원래 도쿄의 연합통역번역대에서 일본의 민간통신을 검열할 예정이었던 현앨리스는 한국에 배치되면서 한국인 민간통신을 검열하는 임무를 맡게 되었다.

현앨리스의 서울 전근은 꿈에 그리던 '해방 조국'으로의 환향이었다.

그리운 고향, 고향집과 친척·친지들, 독립과 혁명의 동지들이 기다리고 있을 터였다. 그러나 단지 그리움과 즐거운 추억만이 그녀를 기다리고 있지는 않았다.

미국과 소련이라는 강력한 힘이 한반도의 새로운 질서를 만들어내기 위해 경합하고 있었고, 한반도는 그 원심력에 빨려 들어갔다. 제국 일본의 식민지였던 한국은 이제 강대국 도마 위의 생선과 같은 신세였다. 강대국의 결정에 그 운명이 달려 있었다.

미소라는 거대한 자기장은 한반도 주민을 책받침 위의 쇳가루처럼 힘의 서열에 따라 재배치했다. 보이지 않는 달의 인력이 밀물과 썰물의 조수간만 차이를 만들어내듯 한반도에서 두 힘의 파급력은 결정적이었다. 한반도가 양극단의 원심력에 의해 둘로 쪼개졌고, 두 힘의 마찰 면에 위치하고 있던 현앨리스는 산산조각 나버렸다. 현앨리스의 비극적 최후는 그리운 해방 한국과 조우하면서 필연적으로 파국이 예정되어 있는 것과 다를 바 없었다.

서울로 부임한 통역 현피터
— 1945년 11월

한편 현앨리스가 호놀룰루에서 서울로 향하던 시점에 남동생 현피터도 서울에 부임한 상태였다. 하와이에서 측량사로 일하던 현피터는 1944년 38세의 나이로 군대에 지원했다. 오클라호마의 포트실Fort Sill에서 6주간 포병훈련을 받았다.[10] 그는 사관훈련소 입소 제안을 거절하고 포트스넬링의 군사언어학교에 지원했는데, 일본어를 전공해 한국으로 배치되길 희망했기 때문이다.

그가 입대한 군사언어학교는 원래 이민 2세인 일본계 미국 시민(니세이)을 훈련시키는 학교로 1942년 미네소타 주 캠프 새비지, 1944년 미네소타 주 포트스넬링으로 위치가 변경되었다. 1944년 이 학교는 군사정보서비스언어학교로 바뀌었다.[11] 1942년 5월 42명의 니세이가 처음 졸업한 이래 1945년 8월 15일까지 552명이 군사언어학교를 졸업했다. 이들은 통역·심문·번역을 교육받았으며 약 6,000명의 니세이 남성들과 48명의 니세이 여성들이 학교를 졸업했다.[12]

현피터는 매일 5시간씩 3개월 동안 교육받은 후 일본군 포로를 심문하거나 노획문서 번역 일을 맡을 예정이었다. 군사언어학교를 졸업한 후 현피터는 T/4계급으로 1945년 5월 10일 위스콘신 주 매코이 포로수용소Camp McCoy, Wisconsin에 통역관으로 배치되었다.[13] 매코이에는 이탈리아 포로, 독일 포로, 일본 포로들이 있었는데, 일본 포로 중 150명은 한국인으로 마셜 군도에서 포로가 된 사람들이었다. 1945년 OSS 워싱턴 본부가 한반도 침투 작전인 냅코 프로젝트NAPKO Project를 추진하면서 공작원으로 활용할 한인들을 비밀리에 모집한 곳이 바로 이곳 매코이 수용소였다. 훗날 한국 정부의 내무장관을 지내게 되는 OSS 요원 장석윤이 김의성이라는 가명으로 포로로 위장해 이곳에 침투했고, 반일적 한인 포로들을 선발했다. OSS 요원 박기벽도 1945년 초 이 비밀 업무에 관여한 바 있다.[14] 현피터가 이곳에 배치된 것은 일본 포로 때문이었지만, 그는 한인 포로들과 접촉하며 쌀, 배추, 양념들을 구해주기도 했다. 박기벽은 생전 인터뷰에서 자신이 매코이 포로수용소에 들어가 현피터를 통역으로 대동해 한국인 포로들과 접촉했으며, 그중 2명을 시카고 스티븐슨 호텔Hotel Stevenson로 데려왔다고 증언했다.[15] 매코이 포로수용소에 있던 한인 포로 가운데 김필영, 김현일, 이종흥이 냅코작전에 참가했는데, 이들 가운데 김현일은 박기벽이 모집한 사람이었다.[16]

장석윤과 박기벽이 잠수함을 타고 한반도 연해안으로 침투해 내륙에 공작·정보 거점을 만들려던 냅코 프로젝트의 실상을 현피터에게 공개했을 가능성은 없지만, 현피터는 이들을 통해 최소한 OSS가 한인 공작요원을 모집하는 중임을 알게 되었음이 분명했다. 현피터는 포로수용소의 통역보다는 OSS에 가담해 좀더 직접적으로 대일 공격에 참가하고 싶었다. 한국 침투라는 임무에 매료된 현피터는 워싱턴 DC로 갔다.

워싱턴에서 OSS에 가담할 기회를 찾던 현피터는 국무부에서 한국 문제를 담당하던 매큔McCune을 만났다. 그는 주한선교사의 아들로 서로 구면이었다. 수십 년 전 서울 정동교회에서 만났고, 겨울철 배재학당 언덕에서 함께 썰매를 타던 사이였다. 바로 조지 맥아피 매큔George McAfee McCune(1908~1948)이었다.[17] 피터가 현순 목사의 아들임을 알게 된 매큔은 그에게 한국행을 권유했다. 그의 도움으로 현피터는 매코이 포로수용소를 빠져나와 육군에서 제대한 후 미군 점령에 동반할 수 있었다. 그의 회고록에 따르면 하루아침에 병장 대신 소령 제복을 입었고 미 육군의 영관급 장교를 증명하는 새 신분증을 받았다.[18] 그는 육군부의 군속이자 한국어 통역관으로 한국에 배치된 것이다.

1945년 9월 미군의 남한 진주가 시작되면서, 육군부는 남한 주둔 미24군단에 배치할 민간인 전문가, 특히 신뢰할 만한 한국어 통역의 확보가 매우 절실했다. 육군부 민사국은 군내 가용인력 가운데에서 1945년 9월 주한 미24군단에 파견할 한국어 통역들을 수배했다. 모두 17명의 후보자 명단이 확인되었다.

- 현피터Peter Hyun, 한국어 통역, 연봉 4,750달러, 전직 육군, 고용일 1945년 9월 21일.
- 김준성John Starr Kim, 한국어 통역, 연봉 4,750달러, 현직 Office of Censorship, 고용일 1945년 9월 7일.
- 호레이스 호턴 언더우드Horace Horton Underwood 박사, 한국어 통역, 연봉 4,750달러, 현직 OSS, 고용일 1945년 9월 13일.
- 이문상Moon Sang Lee, 한국어 통역, 연봉 4,750달러, 현직 없음, 고용일

1945년 9월 10일.

- 명신홍Paul S. Myung, 한국어 통역, 연봉 4,750달러, 현직 Office of Censorship, 고용일 1945년 9월 7일.

- 배민수Minsoo Pai, 한국어 통역, 연봉 4,750달러, 현직 없음, 고용일 1945년 9월 7일.

- 곽정선David C. Kwak, 한국어 통역, 연봉 4,750달러, 현직 Office of Censorship, 고용일 1945년 9월 7일.

그림 24 한국행 배를 탄 현피터(1945년)
© Peter Hyun

- 선우천복Carl C. Sunoo, 한국어 통역, 연봉 4,750달러, 현직 Office of Censorship, 고용일 1945년 9월 7일.

- 김성덕Jacob S. Kim, 한국어 통역, 연봉 4,750달러, 현직 없음, 고용일 1945년 9월 7일.

- King Y. Chun(한국 이름 미상), 한국어 통역, 연봉 4,750달러, 현직 Office of Censorship, 고용일 1945년 9월 7일.

- 김세선Sae Sun Kim, 한국어 통역, 연봉 미상, 전직 Foreign Economic Administration, 고용일 1945년 9월 6일.

- 이병간Pyeng Kan Lee, 한국어 통역, 연봉 4,920달러, 전직 Military Intelligence Service, 고용일 1945년 9월 6일.

- 김진억Lloyd Kimm, 한국어 통역, 연봉 미상, 현직 Office of Censorship, 고용일 1945년 9월 6일.

- 한영교Young Kyo Hahn, 한국어 통역, 연봉 미상, 현직 Foreign Economic Administration, 고용일 1945년 9월 5일.

- 정기원Kei Won Chung, 한국어 통역, 연봉 미상, 현직 OSS, 고용일 1945년 9월 5일.

- 김진홍Chin Hong Kim, 한국어 통역, 연봉 미상, 현직 Foreign Economic Administration, 고용일 1945년 9월 5일.
- 홍윤식Richard Y. Hong, 한국어 통역, 연봉 미상, 현직 OSS, 고용일 1945년 9월 5일.[19]

이들은 대부분 태평양전쟁기 미국 정부와 군 기관에서 전시 복무를 했고 이를 통해 충성심과 신뢰도가 확인된 인물들이었다. 이들은 전시에 우정공사 검열국Office of Censorship 6명, 전략첩보국Office of Strategic Service 3명, 해외경제국Foreign Economic Administration 3명, 군사정보국Military Intelligence Service 1명, 육군 1명, 무직 3명 등의 배경을 가지고 있었다. 한국인들이 태평양전쟁 중 근무했던 대부분의 기관들이 망라된 것이다.[20] 이들 가운데 미국 시민권을 가진 사람은 현피터 한 명뿐이었을 것으로 생각된다. 나머지 대부분은 유학생 출신 혹은 미국 시민권이 없는 재미한인이었다.[21]

이들 가운데 몇 사람의 인적사항을 적어보면 다음과 같다.[22]

- 김성덕Jacob S. Kim: 1909년 9월 17일생. 평양부 선교리(신양리) 103에서 출생. 1909년 12월 평양 장대현 교회에서 마포삼열 목사에게 세례. 1930년 4월~1932년 3월 평북 중강진에서 교편. 1933(2)년 숭실전문학교 졸업. 1932년 9월~1935년 5월 신암교회에서 장립집사로 시무. 1935년 6월~1936년 12월 함경회조교회 전도사. 1937년 10월 10일 도미. 웨스턴신학교Western Theological Seminary(S.T.B. 1937), 프린스턴신학교Princeton Theol. Sem.(Th.M. 1938~1939). 1942년 뉴욕 한인교회 집사. 1942년 북미장로교 뉴욕노회 선교목사로 안수. 부인은 한태강. 부친은 1918년 제7대 조선예수교장로회 총회장을 역임한 김선두 목사. 백씨는 김성락 목사(장로교)로 재미한족연합회 일원으로 1946년 방한.

- 김세선金世旋(S. S. Kim): 강원도 철원 출신. 1902년 7월 5일생. 1925년 와세다 대학 경제학부 졸업. 1926년 4월 하와이에 도착해 이승만의 환영을 받음. 1930년 시카고의 루이스 인스티튜트 졸업. 경제학 전공. 1929년 북미유학생총회 재무부위원장. 1931년 컬럼비아 대학원 경제학과 입학. 1933년 석사. 논문제목 "A Study of Labor Conditions in Korea". 박사학위 과정 중 사업. 일본제 물건(주로 동양잡화)을 수입해서 도매. 사업에 성공. 1933~1935년 북미유학생총회 회장. 1936년 1월 19일 윤병구 목사에게 세례. 2차 세계대전 시 미 국무부 검열국에서 일본 문서 분석. 이승만과 가까운 사이. 임시정부 영향으로 샌프란시스코에서 결성된 북미한국유학생 총회의 뉴욕 지방 발기인.[23]
- 김진홍: 윌밍턴 델라웨어의 Faith Seminary에 다니는 학생. 1938년 6월경 조직된 미국 한인기독교학생연합회 조직 시 실행위원. 1930~1940년대 뉴욕 한인교회 교인.
- 이문상Moon S.Lee: 인디애나 거주. 1942년 3월 1일 자유한인대회 당시 워싱턴 DC 일본 공사관에 태극기 게양.[24]
- 곽정선郭正善(David C. Kwak): 음악가(첼로 전공). 배재중학교, 연희전문 졸업(1938년) 후 같은 해 시카고로 유학. 시카고와 뉴욕에서 음악 공부. 바이올리니스트 곽정순의 동생. 1942년 이후 시카고·뉴욕 우체국 검열국에서 근무. 1943년 9월 뉴욕에서 하와이 출신 김애순과 결혼. 국민회 회원. 1945년 11월 귀국. 1946년 11월 미국으로 돌아감.[25]

이들은 전시 미국 정부기관 또는 군 기관에서 일하면서 미국 정부의 신뢰를 얻었고, 그 연장선상에서 당장 한국 배치에 필요한 인적 자원으로 육군부의 추천을 받았다. 이 가운데 가장 먼저 남한에 배치된 것은 1945년 11월 13일에 입국한 홍윤식洪胤植(연희전문 출신), 선우천복鮮于天福(연희전문 출신), 김진홍金鎭鴻(숭실전문 출신), 한영교韓永敎(숭실전문 출신), 김세선金世旋(김채선金采善으로 오기됨), 배민수裵敏洙, 명신홍明信弘(청산학원 출신) 등 7명이었다. 당시 언론 보도에 따르면 이들은 맥아더 사령부의 요청을 받아 "좌관佐官급 군속의 자격"으로 도착했다.[26] 이는 이들이 영관급 통역의 대우를 받는다는 것을 의미했다. 미군정 내 한국인 군속으로서는 최고 직위였다. 보도에 따르면 현피터(현피득玄彼得), 곽정선, 이병간李丙干 3명이 추가로 한국에 배치될 예정이었다.

현피터는 주한미군 사령부의 필요와 요청에 따라 한국에 배치될 한국어 통역으로 1945년 9월 21일 주한 미24군단 배속이 결정되었다. 그는 미 육군에서 제대한 후 연봉 4,750달러의 한국어 통역으로 육군부 군속에 임명되었다.[27] 그가 실제 한국에 도착한 것은 1945년 11월이었다. 그는 위싱턴을 떠나 호놀룰루 히캄 기지, 콰젤린, 사이판, 마닐라, 오키나와의 나하를 거쳐 서울에 도착했다.

1945년 11월에 이르러 총 12명의 한국인 통역들이 주한 미24군단 사령부에 도착했으며, 이들은 모두 지방 단위 미군정에 배치되었다. 1945년 11월 27일 개최된 제1회 각 도 지사회의에서 이들은 다음과 같이 배치되었다.

경기 S. E. 그림 중령
충북 R. C. 씨넷 중령
충남 W. A. 캄 중령(이문상, 곽정선)
전북 R. F. 갤로글 중령(김진홍, 배민수)
전남 J. R. 뿌럭키 중령(홍윤식, 김취선金最善[김세선의 오기―인용자])
경북 R. A. 자노우스키 중령(선우천복, 명신홍)
경남 C. B. 해리스 준장(한영교, 정기원)
강원 E. L. 멀리닉스 중령(김성덕, 현피터)[28]

1945년 11월 말까지 실제로 주한 미24군단에 배속된 한인 유학생 출신들은 곽정선, 김성덕, 김진홍, 김세선, 이문상, 명신홍, 배민수, 선우천복, 정기원鄭基元, 한영교, 현피터, 홍윤식 등 12명이었다.

이들 중 상당수는 이후 유명 인사가 되었다. 이들은 미군정기 한국에서 최고의 배경과 경력을 지닐 수 있었기 때문이다. 이들은 미국 유학, 전시 미국 정부·미군 기관 근무, 해방 후 미군정에서 최고 직위의 한인 통역 근무 등의 공통적 경력을 지녔다. 미국 정부와 미군정의 신뢰가 덧붙여짐으로써 성공의 지름길을 걷게 된 것이다. 배민수는 금융조합연합회 이사장, 숭실대학교 이사장을 지냈고, 명신홍은 유명한 기독교 목사이자 신학자가 되었다. 한영교는 연세대 신학대학원장을, 김성덕은 뉴욕 한인교회 목사를 지냈고, 김세선은 워싱턴 주한미대사관에서 외교관으로 활동했다. 정기원은 전시 중 북미한인학생연맹 회장을 지냈고, 이문상은 이승만의 추천으로 OSS 군사언어학교에 입대 후보자 목록에 오른 경력이 있다.

반면 현피터와 선우천복은 1946년 좌익 관련 혐의로 한국에서 추방되었고, 곽정선은 1955년 비미활동조사위원회HUAC 청문회 이후 북한으로 추방된 곽정순의 동생으로 1945년 11월 한국에 들어와 1년 동안 근무한 뒤 1946년 11월 다시 미국으로 돌아갔다.[29] 성공과 실패의 갈림길에는 미군정의 판단과 개입이 작용했다.

서울에 들어온 현피터는 제일 먼저 아버지가 목회했던 정동교회를 찾았고, 유년 시절의 기억을 더듬었다. 현피터는 26년 만에 친척들을 만났고, 사촌인 현해숙과 현효섭을 만났다. 20대 초반인 효섭은 축구선수로 한국의 국민적 영웅이었고, 해숙은 의사였다. 현피터는 조상의 고향인 황골Whang-Gol을 찾아갔는데, 황골은 현순이 태어난 경기도 양주군 석적면 항동杭洞일 것이다.[30]

한국에 입국한 직후 현피터가 느낀 것은 인민공화국·인민위원회에 대한 미군정의 해산 명령이었다. 이들이 공산주의자라는 사실 외에는 합리적 설명이 없다고 느꼈다. 현피터의 회고록 가운데 한국인들과의 접촉 사례가 있다.

첫째, 현피터는 조선문화건설중앙협의회(문협) 관계자들을 만났다. 이들은 현피터를 뉴욕에서 온 연극 감독으로 알고 있었다. 한국인들은 배우 에바르 갈리엔과 그가 연출한〈비버의 반란〉등에 대해 질문했다.[31]

둘째, 현피터는 1945년 말 강원도 춘천에 배속되었을 때 38선을 직접 경험했다. 그는 혼자 지프를 몰고 가 북한군 병사들을 만났으며, 반갑게 인사하고 차를 나누었다.[32]

셋째, 현피터는 춘천에서 텅스텐 광산의 관리권을 요청하는 한국인 유지들과 대면했다. 이들은 피터를 최고급 요릿집으로 초대해 기생파티를 연후, 텅스텐 광산의 관리권을 요구하며 피터에게 사장 자리를 제공하고 회사 주식의 30퍼센트를 주겠다고 제안했다. 피터는 이들을 불법무기 소지죄로 투옥시켰다.[33]

이상은 현피터의 소신과 판단이 잘 드러나는 행동이다. 그의 생활세계는 주한 미군정 사령부 영관급 통역이었지만, 그의 의식세계는 남한 진보진영에 속한 것이었다. 그의 생각과 행동은 거침이 없었고, 아시아의 냉전이 시작되던 한반도에서 그의 행동은 미군정의 의혹을 사기에 충분했다.

현앨리스와 박헌영의 재회

현앨리스는 남한 체재 중 두 차례 언론에 공개되었다. 먼저 현앨리스는 남동생 현피터와 함께『서울신문』1946년 3월 20일자에 등장했다.「해방된 고토故土 밟은 군복의 조선 남매: 미군으로 빛나는 귀국」이라는 기사에 두 사람은 군복을 입은 모습으로 사진을 찍었다. 조금 긴 내용이지만 해방 후 현앨리스 남매의 육성이 담긴 유일한 인터뷰이므로 모두 인용한다.

그림 25 현앨리스·현피터 인터뷰 기사(『서울신문』, 1946년 3월 20일)

누님은 미육군 대위 동생은 미육군 소좌의 자격으로 고국에 빛나는 귀국을 한 조선인 남매가 있다. 누님은 현애리스(조선명 玄美玉) 동생은 준섭駿燮의 두 분으로서 모두 하와이 출생이며 미옥 씨는 다섯 살 때에 조선으로 나와 이화梨花고녀를 마치고 이화대학梨大을 중도에 그만두고 상해上海로 갔다가 가족을 따라 하와이로 건너가서 뉴욕 대학을 마친 후 전쟁 중에는 육군성에서 정보 관계의 일을 보았으며 전쟁이 끝나자 작년 12월 중순 조선 여성으로선 처음이라고 할 군복을 입고 17년 만에 그리운 조선에 진주한 것이다. 동생 준섭 씨는 누님보다 먼저 작년 11월에 진주하야 곧 강원도 춘천에서 군정을 살피다가 이번 경기도 공보과 고문으로 취임하였는데 39세라고는 보이지 않는 젊고 씩씩한 얼굴이다. 씨는 하와이에서 탄생하여 한 살 먹던 해에 서울로 왔었는데 당시 엄친 현순玄楯 씨는 정동貞洞 예배당의 목사로 계시고 씨는 경성공옥학교京城攻玉學校를 졸업하고 배재중학에 입학하든 해에 3·1운동 때문에 망명하는 가족을 따라 상해로 갔다가 다시 하와이로 가서 그곳에서 하이스쿨을 나온 후 인디아나 주에 있는 립퍼 대학을 졸업하였다. 전쟁 중에는 끓어오르는 적개심을 누르지 못하고 육군에 지원을 하여 미국 육해군 최고 기밀기관인 OSS에 속하여 미군이 조선에 진주할 때의 께리라전 등의 준비를 하고 있었다. 미국에서도 조선말을 잊지 않으려고 애썼다는 두 남매는 류창한 어조로 다음과 같이 말했다.

- 현미옥대위玄美玉大尉 담담談: 과거 36년간 왜놈을 멕이기 위하야 말러빠진 조선에 돌아오니 감개무량합니다. 우리 가족이 살든 정동례배당을 찾으니 문꼬리 쇠솟을 걸어놓은 모양까지도 그대로 남아 있는 것을 보니 얼마나 경제적으로 빈한했기에 이렇게도 진보하지 못했는가를 느꼈습니다. 조선에도 부녀총동맹婦女總同盟을 비롯하여 여러 부녀단체가 있는 모양인데 조선의 여성은 먼저 낡아빠진 인습에서 해방되어야하며 그 후에 경제적 정치적으로 해방되어야 한다고 생각합니다. 미국에서는 남녀의 구별이 그리 심하지 않으므로 여자도 각 정당의 일원으로 참가하여 있습니다. 이 점은 조선과는 다르다고 생각합니다. 우리 여성도 앞으로 민주주의국에 정정당당히 협력하여야 될 줄로 믿습니다.
- 현준섭소좌玄駿燮少佐 담담談: 조선의 독립은 세계 민주주의 국가에 의하여 약속된 것이며 미 국무성과 하지 중장의 성명 등 모든 것이 민주주의를 요구하고 또 그것만을 바라고 있음으로 장차 조선은 절대로 진정한 민주주의로 해결해야 된다고 믿습니다. 중국에 있어서의 좌우합작은 우리에게 좋은 교훈이라고 생각합니다. 미소공동위원회가 금명간에 개최되는 모양인데 이것에만 기대를 가지고 자주적인 통일을 힘쓰지 않는 것은 옳지 못하다고 생각합니다.[34]

현앨리스와 현피터의 소회는 남달랐을 것이다. 3·1운동 이전에 자신들이 살았던 정동교회와 학교들을 둘러보면서, 식민지 유년기를 떠올렸을 것이다. 한국인으로 성장했으나 미국인이 된 이들이 느끼는 해방 한국의 감격은 그 결이 달랐다.

이 인터뷰에는 사실과 과장이 엉켜 있었다. 이들의 출생과 학력, 이력 등은 사실에 해당한다.[35] 현피터가 전시에 OSS에 참가했다거나, 현앨리스가 육군 대위이고 현피터가 육군 소령이라는 것은 과장이거나 허위정보였다. 현앨리스는 소위 대우를 받는 육군부 문관DAC이었고, 현피터는 제대 군인으로 24군단 소속 한국인 통역Korean Interpreter이었다.[36] 군속으로서의 대우가 대위급·소령급이었을 텐데, 한국 언론은 이들을 현역 군인으로 소개했던 것이다.

현앨리스는 좌익계 조선부녀총동맹을 남한 여성단체의 대표 격으로 서슴없이 거론했다. 그녀의 성향을 알 수 있다. 현피터 역시 "장차 조선은 절대로 진정한 민주주의로 해결해야 된다"고 강조했는데, 그가 말하는 '진정한 민주주의'는 1937년에서 1938년 사이 그가 아버지 현순에게 보낸 편지에 드러나는 민주주의였을 것이다. 인구의 10퍼센트가 전체 부의 90퍼센트를 장악하는 현실에 대한 '정의'를 의미했을 것이다. 또한 현피터는 좌우합작에 대한 기대, 자주적 통일에 대한 강조를 덧붙였다. 해방정국에서 그가 어떤 정치적 지향을 가졌는지 가늠할 수 있겠다.

현앨리스가 등장하는 두 번째 기사는 1946년 5월 1일자로『신천지』에 게재된「미국美國의 여성女性」이다.[37] 이는 현앨리스가 서울에서 쓴 유일한 잡지 글이다. 현앨리스가 미국으로 추방된 이후 간행된 이 글에서 그녀는 미국 여성의 생활상, 정치 참여, 사회 참여 등을 개괄적으로 소개하고 있다. 현앨리스가 주로 여성 문제에 관심을 가지고 있었음을 알 수 있다. 아이러니하게도 현앨리스가 북한에 들어가 남긴 마지막 흔적도 북한 부녀동맹이 간행하는 기관지『조선여성』에 쓴「미국의 로동녀성들」이라는 글이었다.[38] 현앨리스는 서울과 평양에 '미국 여성'에 관한 글 한 편씩만을 남긴 것이다.

현피터의 회고록에는 서울에서 현앨리스와 만난 사실 혹은 현앨리스의 행적이 전혀 서술되어 있지 않다. 현피터는 한동안 강원도 춘천에서 근무했지만, 1946년 다시 경기도 공보과 고문으로 일했으므로 현앨리스의 서울 체재 기간에 서울에서 상봉했을 것이다.

서울에서 현앨리스의 생활이 어떠했는지에 관한 기록은 없다. 현앨리스는 서울에서 다나카 하우스Tanaka House에 거처를 두었다. 명칭으로 미루어 적산가옥이었던 것으로 보이는데, 위치나 주소는 미상이다. 다나카 하우스는 현앨리스의 개인 숙소가 아니라 주한 미24군 사령부·주한 미군정 사령부에 근무하는 여성 군속 등을 위한 숙소 건물이었다. 다나카 하우스는 주한미군 내 공산주의 그룹이 회의와 토론을 하고 책략을 꾸미는 공간으로 활용되었으며, 주한미군 방첩대는 이곳을 거점으로 채널이 형성되어 정보가 전달되었을 것으로 추정했다.[39]

명백한 사실은 현앨리스가 한국에 들어온 직후 박헌영과 공식적으로 만났다는 점이다. 이들이 상하이에서 마지막으로 만난 것은 아마도 1921년 말 혹은 1922년 초였을 것이다. 이들은 거의 사반세기 만에 재회한 것이다. 20대 초반, 10대 후반의 청춘들은 식민지 시대가 독립·혁명의 투사들에게 부여한 우여곡절의 길을 따라 중년이 되어서야 재회한 것이다.

이들의 재회가 어떠했는지에 대한 공적·사적인 기록은 거의 남아 있지 않다. 현앨리스가 주한미군 내 공산주의자들을 대동하고 공산당 당수 박헌영을 수차례 만났다는 사실은 그녀가 미국으로 추방된 뒤에 밝혀졌다. 방첩대CIC는 1946년 5월 18일 서울 조선공산당 본부를 급습해 다수의 문서를 확보했다. 이들 문서에서 현앨리스가 조선공산당과 접촉했으며, 박헌영과 만났다는 분명한 증거가 발견되었다.[40] 「공산당 일지」Communist Diary라는 문서는 조선공산당 본부 습격 과정에서 확보한 내부 문건이었는데, 『주한미군 사령부 정보참모부 주간요약보고』G-2 Weekly Summary에 그 내용이 실렸다.

「공산당 일지」는 1945년 12월 26일부터 1946년 5월 16일까지 조선공산당 본부에서 일어난 주요 사건을 기록하고 있다. 이 가운데 현앨리스가 등장한 것이다.

1월 2일: 박헌영 동지와 방(이름 미상) 동지가 서울로 귀환했다(원문 주석: 앞의 항목에는 이들의 '국외' 출발이 12월 25일이었다고 기록하고 있다. 방인식은 박의 경호원이 분명하다).

1월 4일: 박헌영 동지가 2명의 미국 기자들과 회견한다(그중 한 명은 당원이다), 6시부터 스노E.Snow를 만나다. 3시부터 5시까지 미국공산당 당원들과 회견한다.

1월 6일: 정재달 동지가 귀환했다(주석: 1월 7일자 공산당 회계장부의 기록에 따르면 정재달은 '북으로부터' 1만 엔을 가져온 것으로 되어 있다. 주간정보요약 No. 37, 첨부 2의 paragraph 5c를 참조).

1월 8일: 이주상 동지 평양으로 떠나다. 1월 6일까지의 신문 및 문건들을 가져간다(주석: 이주상은 미군정에 공산당 중앙집행위원회 위원으로 등록했다).

1월 10일: 아침에 박 동지와 방 동지가 러시아 영사관을 방문했다. 러시아 영사관에 『해방일보』 제32~41호(12~20일)를 전달하다.

1월 11일: 박 동지가 A. 현Hyun(미국인)과 회견하다(주석: 이는 아마도 육군부 고용원이었으며 훗날 하와이로 돌아간 앨리스 현을 언급하는 것으로 추정된다. 아래의 3월 2일자 및 6일자를 참조).

3월 2일: 오후 5시 30분 제플린Zepelin, 노먼Norman, 클론스키Klonsky, 현앨리스Miss Hyun Alice, 정, 김과 이야기했다. 방은 병원에서 퇴원했다(주석: 제플린, 노먼, 클론스키는 미국공산당 당원으로 알려진 3명의 사병이며, 제대를 위해 미국으로 귀환했다).

3월 6일: 오후 2~4시 여씨의 집에서, 여씨는 현(앨리스)과 회견했다(주석: 이는 여운형이다. 아래의 4월 16일자를 참조).

3월 10일: 프라우다지, 몇 통의 편지, 그 외 여타 신문들이 평양으로부터 도착했다. 평양분국에서 동지들이 왔다.

3월 11일: 오전 10시 당본부에서 평양에서 온 동지들과 회의를 개최했다. 평양분국에 위임장의 서명과 인장이 진본임을 보고했다.

3월 13일: 오후 2시에 박 동지가 <u>여씨와 회견했다.</u>

3월 28일: 박 동지가 <u>여씨와 회담했다.</u>

4월 16일: <u>허헌, 김원봉, 유영준과 공보국의 뉴먼 대령Col Newman 제씨가 참석한 여씨의 기념식이 개최되었다</u>(주석: 여기에서 명백히 '여씨'가 여운형으로 확인된다).

4월 27일: <u>오후 2시에서 3시까지 여씨와 회담하다.</u>

4월 28일: <u>오후 3시에서 3시 30분까지 여씨와 회견하다.</u>[41] (밑줄 강조는 인용자)

현앨리스는 1945년 12월 중순 서울에 부임했는데, 1946년 1월 11일 박헌영과 회견한 것이다. 1946년 1월 11일이라면 신탁통치의 대파동이 한반도를 휩쓸던 시기였다. 조선공산당 본부에서 공식 면담을 한 것인데, 양자의 접촉이 이 정도에서 그치지는 않았을 것이다.

우리는 박헌영의 입장에서 생각해볼 필요가 있다. 조선공산당 당수로서 남한 공산주의 운동의 최고 지도자인 박헌영은 미군정 정보참모부 예하의 가장 민감한 정보기관인 민간통신검열단의 서울지구 부책임자를 만난 것이다. 또한 박헌영은 현피터와도 수시로 접촉했다. 현피터는 강원도지사 전속 통역관이자 경기도 공보과 고문으로 활동했는데, 미군정 내에서는 최고위급 한국인 통역이었다.

이들의 만남은 개인적으로는 수십 년 전의 친구이자 동지의 재회였으나, 객관적으로는 조선공산당 당수와 주한미군 정보책임자·고위 군속의 회견이었다. 개인적 관계와 객관적 직위·입장 간의 간극이 현저하게 컸다. 박헌영은 미국·미군이 해방군으로 평가되는 시대상황 속에서 청년 시절의 옛 친구들을 자연스럽게 만났을 수도 있다. 그러나 공산당 당수라는 직위의 무게는 몇 년 지나지 않아 그에게 가혹한 대가를 요구했다. 또한 이는 그 반대 편이었던 현앨리스, 현피터에게도 마찬가지였다.

1946년 1월 4일에 등장하는 미국공산당 당원들이 누군지는 밝혀져 있지 않지만, 3월 2일자에 등장하는 제플린, 프리쉬, 클론스키였음이 분명하다. 만약 현앨리스였다면 그렇게 지칭하지는 않았을 것이다. 현앨리스는 3월 2일에도 주한미군 내 공산주의자들과 함께 박헌영을 만났다.

나아가 현앨리스는 3월 6일 여운형과 만났다. 그런데 그녀가 여운형을 만난 사실이 정확한 시간과 함께 조선공산당 본부 일지에 기록되었다. 이는 현앨리스 측이나 여운형 측에서 면담 사실을 조선공산당에 통보했음을 의미한다. 현앨리스·박헌영·여운형의 접촉은 최소한 조선공산당 내부에서는 명확히 인지되는 상황이었던 것이다. 현앨리스는 1920년대 초 상하이에서 인연을 맺었던 박헌영·여운형과 서울에서 재회함으로써 자신의 인생이 1920년대 초반 상하이에서 맺어진 인간관계의 연장선상에 놓여 있음을 증명했다. 결정적 순간이 한 인생에 미치는 영향과 그 경로 의존성의 관성을 짐작할 수 있겠다.

한편 현피터 역시 박헌영과 수시로 접촉했다. 현피터는 한국 배치 직후 미군과 한국인 대표 간의 연락장교로 활동했다. 그는 일본인들은 한국인을 '빠가'馬鹿라 불렀고, 미군들은 '국스'Gooks라는 경멸적 호칭으로 불렀다고 기억했다. 1945년 11월 강원도 춘천에 부임한 이후 그의 업무는 군정장관의 보좌역으로 한국의 종교 및 정치 지도자들의 의견을 군정에 전달하는 것이었다. 현피터는 1946년 3월 경기도 공보과 고문으로 취임했다.[42] 그는 좌익 문화단체를 방문하는 한편 좌익계 거물들과도 서슴없이 접촉했다. 1920년대 초반 상하이에서 그와 친밀했던 여운형, 박헌영, 김구 등을 수시로 방문했다. 현피터는 특히 박헌영을 "상하이 시절 나의 영웅 중 한 명"이었다고 회고했다.[43] 현피터의 이런 행적은 당연히 주한미군 정보당국의 주목을 끌었다.

현앨리스와 주한미군 공산주의자 클론스키를 주목했던 CIC가 현피터를 뒤쫓게 된 것은 당연한 이치였다. 현피터는 정보참모부G-2로부터 미행당하기 시작했고, 미행은 수주일 동안 지속되었다. 이후 그는 매일같이 주한미군 사령부로 소환되어 전일의 행선지, 방문자, 토론 내용 등에 대해 심문을 받았다. 이 와중에도 현피터는 미행을 따돌리고 조선공산당 당사 뒷문으로 들어가 박헌영을 만났다. 현피터가 미군 일을 그만두고 박헌영과 함께 일하고 싶다고 했을 때 박헌영은 이를 거절했다. 박헌영은 "결국 미군정은 이곳에서 하나의 목적을 갖고 있다. 미군 기지를 수립해서 한국을 미국의 식민지로 만드는 것이다", "우리는 한국에 충분한 사람들이 있다. 미국에는 우리 목적을 위해 호소하고 일해줄 사람이 아무도 없다. 미국으로 돌아가 그곳에서 우리 독립과 자유를 위해 일해달라"고 당부했다.[44]

CIC 문서철에는 조금 다른 이야기가 들어 있다. CIC가 현피터에게 관심을 가진 이래 편지 가로채기가 시작되었다. 그 과정에서 현피터가 미국공산당과 조선공산당을 지원하기 위한 활동을 한다는 혐의가 포착되었다.[45] 특히 그가 1급 특별 등기우편으로 하와이의 부친 현순을 통해 조선민족혁명당 관련 소식을 전달받고 있으며, 다른 한편으로 조선민족혁명당이 남한의 현피터와 현앨리스, 하와이의 현순 등 현씨 가족을 매개로 남한에 관한 최신의 방대한 정보를 수집했으며, 이를 로스앤젤레스의 기관지 『독립』에 출간케 했다고 확신했다.

CIC는 현피터에 대해 다섯 가지 혐의를 지목했다.[46] 첫째, "그는 클론스키와 빈번한 접촉을 한 인물이었다." 클론스키는 현앨리스가 자신에게 동생 피터를 소개했으나 피터와는 맥주를 마시고 떠드는 정도의 친목 모임을 가졌을 뿐이라고 주장했다. 그러나 클론스키가 현피터를 수차례 만난 것은 사실이었으며, 그는 현앨리스의 가족관계에 대해서도 정확한 정보를 가지고 있었다.

둘째, "그는 전쟁부 민간고용원 신분이었지만, 스스로를 미 육군장교 신분으로 거짓 주장했으며, 피터 현 대위Captain Peter Hyun라는 명칭으로 편지를 주고받았다." 앞에서 살펴본 것처럼 그는 군대에서 사병으로 제대한 군속이었으나 대우는 '소령'급이라고 생각했다.

셋째, "그는 군 경력을 위조했다." 현피터는 "방첩 분야에서 특별훈련 (일본어). 통역 및 감독—일본인 및 한국인 포로, OSS"라고 적었는데, CIC는 현피터가 스스로 이 모두가 거짓임을 인정했다고 기록했다. 그런데 그가 포트스넬링에서 일본어 교육을 받았고, 매코이 포로수용소에서 일본인·한국인 포로의 감시원·통역으로 일했으며, OSS에 가담하고 싶어한 것은 사실이므로 위조라기보다는 과장에 가까웠다.

넷째, "그가 임무태만의 잘못을 저질렀는데, 군정 명령을 위반한 2건의 재판 과정에서 공식 통역으로 일하면서 피고들을 위해 고의적이고 설득력 있게 오역했다." 사실 여부를 알 수 없으나 CIC는 그의 편지에 이런 행동을 자랑하는 언급이 있다고 지적했다.[47]

다섯째, "아주 가까운 장래에 보다 실질적으로 정보 보고를 정착시킬 수 있는 지위에 있게 될 것"으로 자부했다. CIC는 현피터가 현앨리스와 합작으로 하와이에 있는 현순과 미국 내 공산당 동조자들에게 미군정 관련 정보를 전달하고 있는 것으로 판단했다.

현앨리스와 현피터는 개별적으로 박헌영과 접촉한 것으로 보인다. 이들이 함께 움직인 흔적은 발견되지 않는다. 그렇지만 이들은 박헌영과 개인적인 친분, 과거의 인연을 되새기는 데 그치지 않았다. 현앨리스는 박헌영에게 제플린, 클론스키, 프리쉬 등 다수의 주한미군 공산주의자들을 소개했기 때문이다. 만약 1946년 초 현앨리스와 현피터가 없었다면 불가능했을 만남이었다. 나아가 이들의 관계는 단순한 수인사에 그친 것이 아니었다.

주한미군 공산주의자들의 박헌영 회견[48]

CIC의 파일 No. 4-44-390에 따르면 현앨리스는 1946년 3월 2일 주한미군 내 공산주의자들인 클론스키, 프리쉬, 제플린 등과 함께 조선공산당 당수 박헌영과 면담했다.[49] 박헌영은 프리쉬, 클론스키, 제플린을 '동지'라고 호명하며 "귀중한 문헌과 정보를 제공"한 데 대해 감사를 표했다. 박헌영은 이들 세 사람을 미국공산당에 추천하는 편지(1946년 3월 20일자)를 써주었다. 클론스키는 박헌영의 추천장들을 가지고 미국으로 가려다가 1946년 3월 26일 인천항에서 CIC 요원에게 압수당했다. 세 통의 추천장은 이름을 제외하고 모두 동일한데 클론스키에게 써준 박헌영의 추천장은 다음과 같다.

> 클론스키 동지
> 귀하가 한국을 떠나게 된 이때, 귀하의 한국 체류 중 진실되고 열정적인 동지로서 귀하의 행동에 무한한 감사를 드린다. 특별히 우리에게 귀중한 문헌과 정보를 제공한 귀하의 행동에 가슴에서 우러나오는 감사인사를 드린다. 나아가 한국 상황에 대한 귀하의 계속적 조사를 높게 평가한다. 귀하가 미국으로 돌아가서 적극적 역할을 하기 바라며, 한국의 현 상황과 우리 당의 세부 상황을 미국공산당에 알리기 바란다. 귀하를 통해 우리의 최고 혁명적 인사를 미국공산당의 모든 동지들에게 드린다.
> 서명 조선공산당 당수 박헌영.[50]

박헌영의 친필 영문 서명이 들어 있는 이 편지의 핵심은 세 가지다. 첫째 귀중한 문헌과 정보 제공에 대한 감사, 둘째 한국 상황에 대한 지속적 조사에 대한 호평, 셋째 미국공산당에 한국과 조선공산당의 상황 전달 요망 등이었다. 주한미군 내 공산주의 그룹의 주요 활동과 이에 대한 조선공산당 측의 평가를 정리한 것이라고 할 수 있다.

그렇다면 주한미군 내 공산주의자들은 조선공산당에 어떤 '귀중한 문헌과 정보'를 제공했고, 조선공산당과 어떤 관계를 유지했는가? 과연 현앨리스와 현피터는 이러한 양자관계에 어떤 역할을 담당했는가?

첫째, 주한미군 내 공산주의자들은 조선공산당 주요 지도자들과 연락관계를 맺었을 뿐만 아니라 조선공산당을 위한 지원 활동을 펼쳤다. 이들은 미국 내 가족과 친척을 동원해 남한으로 공산주의 문헌

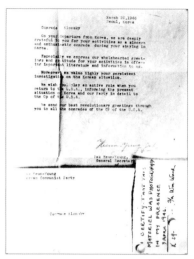

그림 26 박헌영이 클론스키에게 써준 추천장(1946년 3월 20일) © NARA

을 반입했다. 남한에는 공산주의 서적이 적을 뿐만 아니라 한국어로 번역된 것이 극히 적었기 때문에 남한 공산주의자들은 "연구와 번역을 위해 가능한 한 모든 마르크스주의 문헌을 필사적으로" 필요로 했다.

단서는 1946년 3월 25일 미국 워싱턴 주 포트로턴Fort Lawton에 날아든 익명의 투서에서 발견되었다. 이 투서는 주한미군으로 일하는 에드윈 브라운Edwin Brown이 "위험한 빨갱이"a dangerous red commy라고 고발하는 것이었는데, 편지는 즉각 주한미군 제971CIC 지대로 전달되었다. 971CIC 지대의 조사 결과, 브라운이 주한미군 공산당원 및 한국인들과 접촉한다는 사실이 밝혀졌다. 특히 브라운은 뉴욕의 여자 친구에게 자신이 공산당 총비서를 만났다고 편지에 적었다.

어제 공산당 총비서인 정 동무Comrade Chung를 만났는데, 영어를 잘 구사하며, 우리는 (좌익 신문) 『데일리 워커』Daily Worker와 『뉴 월드』New World 시리즈에 대해서 협력할 것이다.

CIC는 조선공산당 총비서는 박헌영이기 때문에 정 동무를 통역으로 추정했다.[51] 아마도 정 동지는 경성콤그룹 출신으로 경성제대 출신인 정태식鄭泰植이었을 것이다. 당시 조선공산당 기관지『해방일보』정치부 기자였던 박갑동은 주한미군 공산당원이 조선정판사朝鮮精版社 건물 2층에 있는 당 중앙본부에 오면 박헌영이나 조직부·선전부 간부와 만나지 않고 3층 해방일보사로 와서 사장 권오직이나 조두원이 의례적으로 만났지만, 보통은 편집위원 정태식이 접대역을 맡았다고 증언한 바 있다.[52]

브라운은 조선공산당 간부들을 만난 후 이들을 위해 미국에서 공산주의 문헌을 구입했다. 브라운은 뉴욕의 해리 리히텐슈타인Harry Lichtenstein에게 보내는 편지에서 이렇게 썼다.

최근 조선공산당의 일부 아주 좋은 동무들과 상당히 즐거운 모임을 가졌다. 언어 장벽에도 불구하고(그들 중 일부만이 유럽 언어를 구사할 줄 알았다) 그들은 나에게 굉장한 인상을 주었다. 이는 나로 하여금 이 편지의 주요 주제로 삼게 만들었다. 이곳 동지들은 어떤 언어로든 가용할 수 있는 마르크스주의 문헌이 상대적으로 적으며, 한국어로 번역된 것은 극히 일부일 뿐이다. 이들은 필사적으로 연구와 번역을 위해 모든 가능한 마르크스주의 문헌을 필요로 하고 있다. 때문에 하기 목록을 나에게 보내주기 바란다.
영어 번역으로 획득할 수 있는 마르크스, 엥겔스의 모든 저작
플레하노프의 4개 저작
레닌 저작선
출간된 레닌 저작전집
레닌 저작선집 2세트(스탈린의『변증법적 유물론과 사적 유물론』, 레닌의『제국주의론』및『국가와 혁명』각 5부를 포함)
또한 당신이 생각하기에 그들에게 도움이 될 만한 모든 것. 참전 전우회가 준비한 마르크스, 엥겔스, 레닌주의와 수정주의 같은 새로운 것을 포함해

서 여하한 모든 현행 팸플릿과 문헌을 보내주실 것.[53]

조선공산당을 위해 미국으로부터 공산주의 관련 서적과 자료를 들여온 것은 브라운뿐만이 아니었다. CIC 조사에 따르면 클론스키도 아내로부터 '약간의' 공산주의 문건을 우송받았고, 자신이 다 읽은 후 '정기적으로' 박헌영 혹은 조선공산당 간부들에게 넘겨주었다고 마지못해 진술했기 때문이다.[54]

둘째, 이들은 군사우편이 아니라 민간우편을 활용해 남한과 미국 내 공산주의 문헌과 정보들을 반대편으로 우송해 배포했다. 1946년 3월 14일 한국에 배치된 브라운은 불과 11일 뒤인 3월 25일경 서울 본정의 초원다방에서 편지를 수령한 후 이를 플로리다 주 탐파의 유치우편留置郵便을 통해 자신의 여자 친구인 아이린 번스타인Irene Bernstein에게 보냈다.[55] 편지 내용은 남한 내 공산당 활동 및 정치사건에 관한 문헌들이었다. 브라운은 자신에게 답장을 보낼 때는 '한국 서울 본정 초원다방 에드윈 B. 브라운'을 수취인 주소로 사용하라고 일렀다.

서울 본정의 초원다방을 이용하는 것은 공산당에게 익숙한 연락 방식으로 다방이 일종의 사서함 역할을 했다. 조선공산당 관련자가 접선장소에 편지·자료를 전달하면, 주한미군 공산주의자들이 이를 민간우편을 통해 미국에 우송하거나 아니면 제대하는 군인 편에 미국으로 발송했다.[56]

셋째, 주한미군 내 공산주의 그룹은 조선공산당 및 산하단체들과 접촉하면서 주한 미군정의 정책에 대한 비판적 여론과 자료를 다각도로 수집했다. 이는 미군정을 압박하고 조선공산당을 지원하기 위한 일종의 국제적 연대였다. 현재 우리는 클론스키가 미국으로 추방될 때 소지했다가 CIC로부터 압수당한 문건들을 확인할 수 있다.

클론스키는 1946년 3월 26일 인천항에서 케이프 퍼피추아Cape Perpetua 호에 탑승했을 때 CIC 조사를 받았다. 그의 소지품에서 다수의 조선공산당 관련 문서 및 편지, 노트 등이 발견되었다. CIC의 압수품 목록에 따르면 클론스키는 (1) 조선공산당·외곽단체의 간행물, (2) 조선공산당·외곽단체의 지도자 인터뷰와 관련 메모, (3) 조선공산당의 추천서와 메시지 등 대량의 문건을 소지하고 있었다. 클론스키는 남한뿐만 아니라 북한에서 인쇄된 북조선임시인민위원회 결성 포스터를 소지하고 있었는데, 여기에는 김일성과 김두봉의 사진이 들어 있었다.

조선공산당·외곽단체의 간행물

『해방일보』, 『노동자』, 『조선독립』, 『신세계: 산업계에 바치는 3월 1일 특집호』

『농민용 정치교재』

『조선민족문화건설의 길』(김태준 저, 조선공산당 중앙위원회 간행)

『조선의 민주주의와 재건』

「조선문화단체연맹 프로그램」

「조선노동조합전국평의회는 파시즘에 반대하는 세계 노동자의 통일을 요구한다」(캘리포니아 로스앤젤레스 955 Jefferson Blvd.에 위치한 조선민족혁명당 간행)

「남조선 경제산업 상황」

「포스터」("북조선인민위원회 결성 만세", 김일성 위원장·김두봉 부위원장 사진)

조선공산당·외곽단체의 지도자 인터뷰와 관련 메모

「1946년 1월 25일자 한국 서울의 JODK 방송국을 통해 행한 박헌영의 라디오 연설」(영어 번역본)

「1946년 3월 8일자 민주주의민족전선의 기자회견 노트」(박헌영과 UP의 Mr. Hoyt, NYT의 Mr. Johnson, AP의 Mr. Lansburg와의 인터뷰)

「조선공산당 책임비서 박헌영 인터뷰」

「조선노동조합전국평의회의 활동에 미친 남한 1946년 3월 1일 사건의 영향」

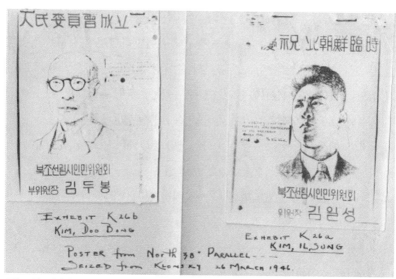

그림 27 북조선임시인민위원회 결성 포스터: 김일성(위원장), 김두봉(부위원장) © NARA

「조선공산당 계획 및 프로그램. 오코누Okoneu, 김성수에 대한 노트」

「1946년 3월 5일 조선노동조합총연맹 의장 허성택 인터뷰」

「조선노동조합전국평의회의 지하활동. 철도노동조합 위원장 이성백 이야기」

조선공산당의 추천서와 메시지

「조선공산당에서 미국공산당에 보내는 메시지」

「조선공산당의 필요」

「조선부녀동맹이 미국 YWCA에 보내는 메시지」

「조선공산당(박헌영)이 로버트 클론스키를 미국공산당에 소개하는 추천장」

「조선공산당(박헌영)이 노먼 프리쉬를 미국공산당에 소개하는 추천장」

「조선공산당(박헌영)이 해롤드 제플린을 미국공산당에 소개하는 추천장」

「조선공산당이 미국공산당에 보내는 편지」

클론스키가 수집한 자료가 아주 방대한 것이었으며, 1946년 3월 7일 CIC가 그의 소지품을 압수했음에도 불구하고 여전히 많은 자료를 수집했음을 알 수 있다. 이 자료들이 조선공산당 측에서 흘러나온 것은 의문의 여지가 없었다. CIC의 수색과 위협에도 클론스키, 제플린, 옴스테드, 웨스트 등은 다수의 자료를 미국에 가지고 가서 이를 언론에 공표했다.

넷째, 이들은 조선공산당과 미국공산당의 국제적 연계를 시도했다. 이는 박헌영이 미국공산당에 보내는 친서에 잘 드러나 있다. 클론스키가 소지하고 미국으로 가져가려고 했던 이 서한에는 당시 조선공산당이 미국공산당을 바라보는 관점과 희망 사항들이 적혀 있었다. 3쪽 분량의 타이핑된 이 서한에서 박헌영은 미국공산당과 연락하는 것이 처음이라고 기록하고 있다.

박헌영은 처칠의 철의 장막 연설을 맹비난하면서 미국은 자본주의 세계의 중심적 지위를 점하고 있다고 지적했다. 미국공산당의 책임은 미국 노동대중을 투쟁으로 인도하는 것이라고 적시하고 있다.

박헌영은 미국공산당에 구체적인 요구나 희망을 피력하지 않았다. 다만 남북한의 상황이 전혀 다르다는 점을 강조하고 있다. 적군이 주둔하고 있는 북한에서는 민주주의의 진전이 매우 순조로워서 북조선임시인민위원회가 조직되고 토지개혁이 이루어진 반면, 남한에서는 친일파와 민족반역자를 활용해 청총·학병동맹·노동조합·농민조합·중앙인민위원회의 간부들이 대거 체포되었고, 미군정은 반동적 자본가·지주·친일파의 이익을 옹호하고 있다고 썼다. 최근 이승만과 김구가 지도하는 민주의원이 조직되었고, 이에 반대하는 민전이 조직되었다고 알리고 있다.

이 편지에 쓰인 구호는 모두 다섯 가지인데, '미국공산당 만세', '국제 파시즘 격멸의 거대한 힘인 미국 민주인민 만세', '우리 동맹의 후원으로 한국 독립 달성 만세', '조선과 미국 인민 간의 연대 만세'였다.[57] 클론스키는 박헌영과 만났을 때 그가 미국공산당의 상황에 대해 궁금해 했으며, 또한 공산주의 이론에 관한 책을 얻고 싶어했다고 CIC 심문 과정에서 말했는데,[58]

박헌영의 편지는 이런 내용을 반영하는 것이다.

미군정의 분석처럼 조선공산당 내에서 영어에 능통한 공산주의자가 문서를 작성한 것이 분명했다. 클론스키는 1946년 3월 8일 박헌영이 외국 기자들과 가진 인터뷰의 영어 번역본을 소지하고 있었는데, 회견에 참석한 외국 기자 중 누구도 클론스키에게 인터뷰 내용을 제공하지 않았다.[59] 때문에 조선공산당 측에서 3월 26일 한국에서 추방되는 클론스키 편에 가급적 많은 영문 자료를 제공하기 위해 노력하며 서둘러 영역본을 제공했을 것이다. 그러나 박헌영이 미국공산당에 보내는 친서는 CIC에 압류되었고, 조선공산당과 미국공산당의 최초의 공식적 연락은 성사되지 못했다.

이상과 같이 1946년 1월부터 6월까지 주한미군 내 공산주의자들과 박헌영 및 조선공산당은 밀접한 관계를 유지했다. 이들의 관계는 단순히 우호적 면담이나 회견에 그친 것이 아니었다. 미국에서 발행된 공산주의 문건과 서적들이 이들을 거쳐 조선공산당에 전달되었고, 조선공산당 및 관련 단체들의 문건과 서적들은 이들을 통해 미국으로 반입되었다. 나아가 이들은 박헌영이 미국공산당에 추천하는 추천서를 받았을 뿐만 아니라 박헌영이 미국공산당에 보내는 공식 서한의 전달자 역할을 자임했다.

이 모든 관계의 핵심에는 현앨리스가 있었다. 박헌영이 신뢰할 수 있었던 현앨리스라는 존재가 중간에 개입하지 않았다면, 주한미군 내 공산당원들의 박헌영 면담 및 조선공산당과의 연계는 불가능했을 것이다.

민간통신검열단의 현앨리스

현앨리스는 1945년 11월 15일에서 12월 20일 사이, 좀더 정확히 본인의 진술에 따르자면 12월 중순에 민간통신검열단 한국지부에 배치되었다.[60] 『민간통신검열단-한국지부 역사』,『월간작전보고』등에 따르면 현앨리스는 서울 제1지구대District Station 인사과 부책임자에 임명되었다. 이 자리는 서울 지구대의 모든 민간요원의 활동을 책임지는 위치였다.[61]

민간통신검열단은 주한미군 사령부가 보유한 여러 종류의 정보기관 중 하나였다. 주한미군의 대표적 정보기관은 정보참모부였으며, 그 주요한 손발은 방첩대CIC와 민간통신검열단CCIG-K이었다. 원래 방첩대는 야전부대에 배속되는 것이 아니라 방첩대 사령부에 직속되는 것이 원칙이었지만 주한미군 사령부의 경우 방첩대 지대를 정보참모부G-2 예하에 두었다.

방첩대의 임무는 아군 정보가 적대 세력에게 유출되는 것을 방지하는 방첩 활동과 적의 정보를 수집하는 첩보 활동이었다. 반면 민간통신검열단은 관할 지역 내 민간의 편지·전화·통신을 검열 또는 감청함으로써 필요한 정보를 수집하는 임무를 지녔다. 양자는 정보의 수집·분석·평가는 물론 그 활용에 대해 서로 긴밀히 협력했다.

주한미군 사령부 민간통신검열단의 전신은 1945년 9월 8일 24군단과 함께 인천에 도착한 방첩대 산하의 제3민간검열선발대3rd CAD: Censorship Advance Detachment였으며,[62] 이는 곧 민간통신검열단으로 변경되었다(1945년 9월 9일 주한미군 일반명령 제9호). 처음에는 본부(우편국·행정국·정보기록통신국)와 3개의 지구대, 즉 제1지구대(서울), 제2지구대(부산), 제3지구대(광주)의 조직체계를 구상했다. 하지만 실제로는 서울의 제1지구대가 계속 유지되었고, 부산의 제2지구대는 일본인들이 철수하는 10월 이전까지만 유지되었다.

민간통신검열단의 조직은 행정국과 작전국으로 구성되었으며, 작전국 예하에는 첩보·기록과(첩보기록반·요시찰반·보관기록반·배부반), 우편과(본부·제1지구대·제2지구대·이동검열반), 무선통신과(전화 검열·통신 검열)가 있었다. 주한미군은 진주 직후인 1945년 9월 11일경 서울중앙우체국에서 편지 검열을 시작했으며, 중앙전신전화국에서 통신 감청을 시작했다. 이

그림 28 민간통신검열단CCIG-K 서울사무소(1945년 10월 30일): 왼쪽은 정보보고서를 작성하는 한국인 요원들, 오른쪽은 전보를 검열하는 한국인 요원들 ⓒ NARA

는 일본에서 맥아더 사령부의 연합통역번역대 산하 민간통신검열단이 수행하던 작업의 한국판이었다. 2차 세계대전 시기에 양성된 니세이 일본어 전문가들이 도쿄에서 수행한 가장 큰 업무가 바로 편지 검열과 전신 검열이었는데, 수백 명이 한 방에 모여 편지 검열을 하는 사진은 이 업무의 규모와 강도를 보여주기에 충분하다.[63]

주한미24군단 정보참모부장이던 니스트 대령의 설명에 따르면 민간통신검열단의 목적은 남한의 민간우편물을 검열해 첩보를 얻는 것이었다. 구체적으로는 미군정에 유해한 첩보의 유포를 방지하며, CIC에 필요한 정보를 제공함으로써 미군정의 안정을 꾀하는 것이었다.[64] 민간통신검열단의 조직 인가는 장교 10명, 사병 16명, 육군부 군속 45명, 한국인 363명이었으나, 실제로 배치된 인원은 장교 11명, 사병 25명, 육군부 군속 7명, 한국인 244명이었다. 현앨리스는 육군부 군속이었으며, 민간통신검열단이 운영하는 제일 크고 중요한 서울지구대의 인사과 부책임자였다. 한국계 미국인이 담당한 정보계통 직위로는 가장 중요하고 높은 자리였다.

민간통신검열단은 남한 사회 저변을 샅샅이 훑고 검열했다. 특히 서울의 편지와 전신의 경우 완벽하게 통제했다. 민간통신검열단 서울지구대는 1946년 6월 12일부터 7월 11일까지 한 달 동안 총 54만 9,184개의 민간우편과 통신물을 검열했으며, 같은 기간 부산지구대는 총 12만 8,944개를 검열했다. 즉 민간통신검열단은 서울에서 매달 약 55만 건, 부산에서 약 13만 건의 민간우편과 통신물을 검열했던 것이다.[65] 엄청난 양과 규모에 놀랄 수밖에 없다. 한국 사회의 저변을 완벽하게 검열했다고 해도 과언이 아니다.

현재 남아 있는 『정보참모부 보고서(일일정보요약, 주간정보요약)』 등에는 민간통신검열단이 검열한 정보의 주요 내용이 담겨 있으며, 특히 주간보고서의 경우에는 반드시 주요 검열 내용이 등록되어 있다. 주요 정치인, 정당 및 사회단체에 오가는 우편과 통신물은 반드시 검열되었다.[66]

서울지구대가 작성한 SEO/2146호 검열 보고서에는 여운형을 납치한 테러단의 편지가 소개되어 있다. 김달호金達鎬 등 6명은 여운형을 납치해 살해하려다 실패했다. 이들은 대동신문사 사장 이종형李鍾榮에게 편지를 썼다. 1946년 7월 16일자로 된 이 편지에서 이들은 이승만과 이종형을 존경한다면서 "여운형을 살해하려다 실패했지만 그에게서 사죄 선서와 백지 서명을 받아 이것을 숭모하는 이종형에게 보낸다"고 썼다. 첨부된 여운형의 자필 사과문에는 "나는 조국에 적대되는 일을 하였음을 인정한다. 그래서 나는 일체의 사회활동을 포기하고 은퇴할 것을 맹세한다"라는 문구와 함께 서명과 도장이 찍혀 있었다. 민간통신검열단이 편지를 압수했기에 이 편지는 『대동신문』大東新聞에 게재되지 않았다. 해방 후 여운형에게 가해진 열두 차례의 테러 가운데서도 악명 높은 이 사건은 여운형을 신당동 산기슭으로 납치한 후 살해하려 한 것이었다. 범인들은 여운형에게 유서를 강요한 후 그를 교살하려고 했지만, 여운형이 수십 미터 벼랑 아래로 몸을 굴리는 바람에 실패했다. 『대동신문』은 격렬한 어조로 "여운형 같은 민족반역자"의 살해를 찬양했고, 결국 군정령 위반으로 3개월 간 정간 처분을 받고 이종형 역시 구속되었다.[67]

미군정기 공식 우편을 이용한다는 것은 미군정 정보당국자에게 공개편지를 쓰는 것과 다를 바 없었다. 통신 비밀은 보장되지 않았고, 점령군의 안전이라는 구실로 공개적인 편지 검열이 일상화되었다. 당연히 주한 미군정

사령부는 검열한 편지를 활용해 정보공작과 역逆공작을 자유롭게 펼쳤다. 가장 유명한 사례는 1946년 5월에서 6월, 조봉암이 박헌영에게 보내는 사신私信이 공개된 사건이다.

CIC는 조봉암이 박헌영에게 보내는 「존경하는 박동무에게」라는 비판적 사신을 부분적으로 왜곡하거나 개작하여 우익 신문에 유포했다. 조봉암은 항의했지만, 얼마 후 CIC에 재차 체포되었고(6월 11일), 석방된(6월 22일) 직후 공산당과 계급독재에 반대하며 공산주의 운동을 부정하는 성명을 발표할(6월 23일) 수밖에 없었다. 조봉암은 조선공산당에서 탈퇴했고(8월 2일), 조선공산당 측 역시 조봉암을 출당 처분할 수밖에 없었다. CIC가 압수한 편지를 기초로 조봉암이 조선공산당을 비판, 부정함으로써 조선공산당에 타격을 가하는 공작이 성공한 것이다.[68] 민간통신검열단의 역할을 잘 알수 있는 사례였다.

민간통신검열단은 한국에 진주한 직후인 1945년 10월 20일 현재 총 117명을 대상으로 한 요시찰명부Watch List를 만들어 'Flash List Ko'라는 명칭으로 특별 관리했다. 요시찰명부에는 이름, 주소, 출처가 적혀 있었다. 첩보기록과 요시찰반이 명부를 관리했는데, 명부의 출처는 24군단의 정보참모부, 방첩대, 미군정의 범죄수사단CID 등이었다.[69] 이 명단은 계속 수정 또는 보강되었다. 민간통신검열단은 이승만을 Ko195번으로, 김구를 Ko196번으로 관리했다.

민간통신검열단이 찾고자 했던 정보는 ① 미국에 적대적이거나 권위를 훼손시키는 내용, ② 불법 활동, ③ 암시장 관련 정보, ④ 소련과의 전쟁 가능성 등이었다. 방첩대는 테러리즘, 간첩·파괴 활동과 연관된 비밀조직 또는 정당을 주목했고, 정치인들의 충성심과 정치 계획 등을 파악하려 했다. 이런 검열을 통해 남한 사회는 미군정의 철저한 정보 통제 속에 놓여 있었다. 민간통신검열단은 한국 정부가 수립된 직후인 1948년 8월 18일에 작전을 종료했는데, 아마 그 유산은 한국 정부의 정보공작기관이었던 사정국(대한관찰부)으로 계승되었을 것이다.

　민간통신검열단의 가장 큰 어려움은 한국인 가운데에서 유능한 검사관 examiners과 번역관translators을 확보하는 문제였다. 영입된 한국인들은 대부분 중등학교 출신에 상업교육을 받았고 불충분한 영어 지식을 가진 사람들이었으며, 민간통신검열단에 취직하려는 가장 큰 이유가 월급을 받기 위해서라기보다는 영어 습득의 기회를 잡기 위해서였다. 때문에 이들에게 애국적 동기는 없었으며, 잦은 결근과 자발적 퇴직이 많았고, 일요일 근무를 거부했다. 1945년 9월 20일까지의 통계에 따르면 77명의 한국인과 일본인을 고용했으나, 일본 국적으로 해고된 사람 6명, 자발적 퇴직자 5명이 발생해 66명의 한국인이 일하는 실정이었다.[70]

　현앨리스가 배치된 서울지구대(제1지구대)의 경우, 크게 우편국(접수과·분류과·분배과·요시찰명부 분류과·민간요원과), 통신국(전화과·전신과)으로 구성되어 있었다. 이 가운데 민간요원과Civilian Personnel Section는 민간인 기록, 민간인 봉급 준비, 민간요원 급료의 운영 책임을 맡은 조직으로 장교 보직이었다.[71] 현앨리스가 보임된 직책이 바로 제1지구대 민간요원과의 부책임자Assistant Chief였으며, 해당 지구대의 모든 민간요원 활동에 대한 최종 책임을 지는 자리였다. 현앨리스의 직위는 주한미군 사령부–정보참모부–민간통신검열단–제1지구대 민간요원과 부책임자라는 정보기관의 위계서열에서 중요한 중간관리자의 역할이었다. 그렇지만 실제로 현앨리스가 수행한 업무는 미군 정보공작의 지속성과 효율성을 현저히 붕괴시키는 결과를 초래했다.

　CCIG-K에서 현앨리스의 활동이 어떤 것이었는지에 대해서는 전혀 다른 방식의 설명과 접근방법이 존재한다.

　먼저 북한의 박헌영 공판 기록(1955년)에서 현앨리스는 이렇게 묘사되어 있다.

- 「一. 기소장」(최고검찰소 검사총장 리송운) (1955년 12월 3일): 박헌영의 보장하에 입국한 현애리스에 대하여 증인 현효섭의 진술에 의하면 그는 제二차 대전 시부터 미국 군대에 종사했고 八·一五 후는 역시 미군에 배속되어 서울에 와서 미군 씨·씨·아이·지·케라는 시민 우전郵電 검열기관에서 조선 사람들의 편지와 통신련락을 검렬하는 비밀사업에 종사했다(기록 293~297페지).

- 「三. 국가 검사의 론고」(1955년 12월 15일): 박헌영이가 1920년도 상해 생활에서 조선 민족으로 미국 국적을 가지고 있으며 기독교 신자이던 현애리스를 자기의 첫 애인으로 했고, 제2차 대전 후 미군이 남반부에 상륙했을 때 상면했던 씨·씨·아이·지·케에서 미국 군대로 비밀공작하던 현애리스.[72]

CCIG-K는 우편·통신에 대한 검열과 감청을 담당하는 부서였으며, 미 24군 사령부 정보참모부 예하의 조직으로 방첩대CIC와도 긴밀한 연관을 가진 조직이었다. 북한 당국의 입장에서 볼 때 미군 G-2, CIC, CCIG-K에서 근무한 한국인은 당연히 미국의 스파이·정보원·공작원으로 보일 가능성이 높았다. 더구나 박헌영을 정치적으로 숙청하기 위한 공작의 시기였으니, 박헌영을 미국 정보기관과 연결하는 핵심 고리였던 현앨리스가 미국의 첩자로 규정되는 것은 피하기 힘든 결과였다.

반면 주한미군 방첩대는 현앨리스의 활동에 대해 이렇게 평가했다.

그녀는 민간통신검열단CCIG-K의 한국인 고용원 49명을 고의적으로 해임했으며, 그녀의 개인적 친구들을 고용했다(이들 중 26명은 38선 이북에서 온 것으로 밝혀졌다). 이들 중 한 명은 그녀의 사촌 현운섭Hyun Woon Sawp으로 훗날 해임되었을 때 CIC에 선서 진술을 통해 자신이 민주주의민족전선과 인민공화국people's republic party의 구성원이라고 했는데, 둘 다 좌익 조직이다.[73]

현앨리스가 공산주의자라고 의심했던 CIC는 그와 밀접한 관련을 가졌던 클론스키 등 주한미군 내 공산주의자들을 조사했다. CIC는 현앨리스가 공산주의 활동에 가담한다고 판단했고, 주한미군 사령부는 CIC의 권고에 따라 그녀를 해임해 한국에서 추방했다.

현앨리스에 대한 좀더 노골적인 평가는 그녀의 직속상관이었던 주한미군 사령부 정보참모부장 니스트 대령이 쓴 「CCIG-K의 목적」이라는 비망록(1946년 8월 2일)에 드러나 있다.

1946년 2월, 한 전쟁부 민간고용원이 조선에 들어와서, 38선 이북 출신인 "북에서 온 그녀의 친구들"의 대다수를 고용함으로써 CCIG-K의 임무를 파괴하는 데 거의 성공했다. 그녀는 미국으로 송환되었고, 획득된 다량의 정보와 활동은 차근차근 회복되기 시작했다.[74]

다른 문서에는 니스트 대령의 발언이 이렇게 기록되어 있다.

대령은 전 기간 동안 검열된 항목 수에 관한 도표를 우리에게 보여주었다. 그는 2월에 특별히 급속한 하강이 있었던 점에 대해 당시 전쟁부가 한 여성을 고용해 한국에 왔는데, 그녀가 그들의 임무를 망친 악마로 자라났기 때문이라고 설명했다. 그녀는 38선 이북 출신인 "북에서 온 그녀의 친구들"의 대다수를 고용함으로써 CCIG-K의 임무를 파괴하는 데 거의 성공했다. 그들은 그녀를 제거했고, 획득된 정보와 활동량은 차근차근 회복되기 시작했다.[75]

전쟁부 고용 여성은 다름 아닌 현앨리스였다. 니스트의 표현을 빌리자면 현앨리스는 1946년 2월 CCIG-K의 활동을 파괴하는 데 거의 성공한 '악마'였으며, 그 방법은 북한 출신 인사들을 대거 CCIG-K에 받아들이는 것이었다.

우리는 정반대의 설명과 태도에 직면하게 된다. 1955년 북한은 현앨리스가 미국 정보기관의 비밀공작 요원이었다고 주장했으며, 1946년 미군정은 그녀가 CCIG-K의 임무를 망친 '악마'였다고 말했다. 과연 무엇이 진실일까?

CCIG-K는 늘 수준 높은 한국인 통역자와 번역자가 필요했다. CCIG-K는 진주 후 2주 동안 50여 명의 평범한 통역자와 100여 명의 수준 낮은 번역자들을 구한 바 있다.[76] 현앨리스의 직책은 서울지구 민간요원과 부책임자로서 모든 민간요원의 활동을 책임지고 있었다. 즉 인사권을 가지고 있었던 것이다. CIC는 현앨리스가 다수의 북한 출신 인사들을 통역자·번역자로 선발하는 데 관여했다고 판단했다. 오랫동안 한국을 떠나 있던 현앨리스가 이 시기에 남북한에 '친구'가 있을 리 없었다. 니스트 대령이 지목한 '친구'는 공산주의자를 의미했다.

CIC의 조사 결과와 주한미군 사령부 최고 정보책임자의 발언을 종합하면 CCIG-K 서울지구대 부책임자이던 현앨리스는 다수의 북한 출신 인사들을 통역자·번역자로 선발하는 데 관여했고, 이는 실질적으로 CCIG-K의 검열 임무를 방해하고 붕괴시키려는 노력의 일환이었던 것이다.

다시 말해 1955년 박헌영 재판 과정에서 북한이 주장한 것처럼 현앨리스가 미군 정보기관 CCIG-K의 공작원이었고, 미국의 간첩으로 북한에 침투했다는 주장과는 정반대로 현앨리스는 CCIG-K에 근무하면서 검열 임무를 방해하고 붕괴시키려 했던 것이다. 또한 이는 현앨리스의 자의적이고 독자적인 선택이었다기보다는 공산주의자들과 협력한 것이었을 가능성이 높다. 1946년 1월부터 3월 사이에 박헌영과 현앨리스의 접촉 및 주한미군 내 공산주의 그룹의 활동이 이를 방증하기 때문이다.

다른 한편 현앨리스가 북한 출신 인사들을 선발해 CCIG-K의 업무를 마비시켰다는 주한미군 측의 주장이 과장되었을 가능성도 배제할 수 없다. 현앨리스의 임무가 민간통신검열단의 업무를 수행하면서 필요한 번역관·통역관을 인선하는 것이었기 때문이다. 그녀의 일상적 인사 활동이 사후에

CIC에 의해 악의적으로 묘사되었을 가능성도 있다. 입장과 관점의 차이가 사물과 상황을 전혀 다르게 인식하게 만들었을 것이다.

CIC 보고서에 등장하는 현앨리스의 사촌이자 민주주의민족전선(민전)·조선인민공화국(인공) 성원으로 민간통신검열단에서 일한 현운섭은 북한 기소장에 등장하는 현효섭과 동일인물로 추정된다. 그는 현앨리스의 사촌이며, 북한의 박헌영 재판 과정에 등장해 현앨리스의 민간통신검열단 근무 사실을 정확히 지목한 증인이었다. 현효섭은 현피터의 회고록에 등장하는데, 당시 20대 초반의 유명한 축구선수로 미군정에 대해 매우 비판적이었고, 한반도의 분단에 대해 낭패한 상태였다.[77] 현효섭은 해방 전 현순에게 편지를 보내 자신이 보성전문 상과에 입학했다는 안부 편지를 보낸 바 있다.[78]

좌익계 인사였던 현효섭의 운명 역시 비극적이었다. 북한의 박헌영 공판 기록에 따르면 현효섭은 1917년 8월 6일생이다. 1935년 배재고보 시절부터 축구선수로 이름이 알려졌다. 현효섭은 보성전문 축구부의 중심으로 1938년 제1회 전 일본 3지역(관동·관서·조선) 축구대항전에 조선축구단 대표로 참가했으며, 1939년 메이지신궁 축구대회에 참가하기도 했다. 1940년 일본대표팀 후보 선수로 발탁된 기록이 있다.[79] 대한축구협회 공식 역사를 다룬 『한국축구100년사』에 따르면, 현효섭은 일본 대표 명단에는 올라 있지 않으나, 1938년 김성간, 김용식, 배종호, 이유형 등과 함께 일본 축구대표팀 유니폼을 입고 찍은 사진이 있다.[80] 그는 해방 후 1947년 조선축구협회 제6대 집행부에서 평의원 겸 감사를 맡아 협회 행정에 깊이 관여했다. 또한 그는 여러 차례 평양을 왕래했는데, 1948년 여름 런던올림픽 축구 대표선수 선발에서 탈락한 대학생 대표급 선수 10여 명을 데리고 집단 월북했다. 월북한 선수는 고려대 4명, 연세대 4명, 동국대 1명, 서울상대 1명, 서울약대 1명이었다. 남로당원의 권유와 런던올림픽 대표선수 탈락, 유럽 사회주의 국가 원정 등이 월북 이유로 추정되었다.[81]

한편 일본의 국민 추리작가 마쓰모토 세이초松本淸長의 소설에는 축구선

수 현효섭이 임화를 만나 자
신의 숙부이자 미국 시민인
현피트(현피터)가 미군소령
으로 한국에 근무하고 있으
며, 젊은 고모 현앨리스는 미
군 PX에서 근무하고 있음을
알리는 대목이 나온다. 현효
섭은 숙부(현피트)와 고모
(현앨리스)를 통해 이승엽의

그림 29 일본 축구대표팀 유니폼을 입은 현효섭(왼쪽 두 번
째, 1932년) © 대한축구협회

이름을 자주 들었다고 임화에게 얘기했고, 임화는 현앨리스가 미군정 여론
국장인 설정식과 같은 차를 타고 다닐 뿐만 아니라, 조선공산당 중앙위원 이
승엽에게까지 미군기관의 촉수가 뻗쳐 있다는 식으로 대꾸했다. 마쓰모토
의 책은 소설이므로 사실과 부합하지 않는 측면이 적지 않지만,[82] 현효섭이
축구선수이며 현앨리스 오누이와 친척이라는 사실을 지목하는 등 의외의
사실성을 갖고 있기도 하다.[83]

　현앨리스의 추천으로 1946년 2월 민간통신검열단에서 일했던 현효섭
은 주한미군 CIC 앞에서 아마도 현앨리스가 공산주의자들과 어울렸다는 내
용의 선서 진술을 했고, 9년이 흐른 뒤인 1955년 박헌영을 미국 스파이로 조
작하는 재판 과정에서 또다시 북한 최고검찰소의 증인으로 등장해 이번에
는 현앨리스가 미군 정보공작기관의 중간간부였다고 증언했다.[84]

　현앨리스는 민간통신검열단의 업무에 조직적으로 개입하기 위해 좌익
이던 사촌을 불러들였지만, 10여 년 뒤 이는 현앨리스와 박헌영이 미국의 비
밀공작원이자 스파이라는 증거로 활용되었던 것이다. 현효섭은 박헌영 재판
(1955년 12월 15일)에 증인으로 채택되었으나 재판정에 등장하지는 않았다.[85]

현앨리스와 주한미군 내 공산주의 그룹

주한미군 사령부가 현앨리스의 존재를 인식하게 된 사건은 1946년 3월 1일 발생했다. 이날 해방 후 처음으로 삼일절 기념집회가 개최되었다. 격렬했던 신탁통치 찬반 갈등의 여파로 삼일절 기념식은 좌익과 우익, 찬탁과 반탁 진영으로 갈라져 진행되었다. 우익은 민주의원 주최로 9시 30분부터 종로 보신각 앞에서 기념식을 열었고, 좌익은 민주주의민족전선 주최로 9시부터 종로 파고다공원에서 기념식을 가졌다. 11시부터는 3·1기념전국준비위원회 주최로 조선신궁이 있던 남산공원에서 추도식이 개최되었다. 남산공원 집회는 좌익진영이 주도한 것으로 조선공산당의 홍남표·김광수, 중앙인민위원회의 허헌, 인민당의 여운형, 민전의 정노식·성주식 등이 참석해 연설했다. 이 집회에는 30여만 명이 운집했다. 원래 남대문을 거쳐 종로로 행진할 계획이었으나 미군정의 만류로 남산공원에서 행사를 마쳤다.[86]

이 자리에서 작은 소동이 일어났다. 주한미군 로버트 클론스키 일병과 육군부 군속 현앨리스가 집회에 참가했다가 주한미군 헌병의 제지를 받았다. 주한미군에게는 집회 접근금지 명령이 내려진 상태였다. 주한미군이 좌익의 대중집회에 참석한 사실은 곧바로 주한미군 사령부 정보참모부G-2와 방첩대CIC의 주목을 끌었다. 수사가 시작되었고, 주한미군 내에 공산주의자 또는 공산주의 동조자로 의심되는 사람들이 발견되었다.[87]

CIC는 현앨리스에 대해 이렇게 썼다.

현앨리스는 클론스키를 감시하던 CIC가 그녀의 배경과 활동에 관심을 기울이기 전까지 민간통신검열단 한국지부Civil Censorship Intelligence Group in Korea의 미국인 군속으로 신뢰받는 직위를 점하고 있었다.[88]

"미국인 군속으로 신뢰받는 직위를 점"한 현앨리스가 주한미군 공산주의자와 함께 좌익이 주도하는 대중집회에 참가했던 것이다. 곧 현앨리스와 클론스키에 대한 편지 가로채기가 시작되었고, 지속적인 감시가 이루어졌다. 현앨리스와 클론스키를 추방하는 순간에야 미군 방첩대는 이들이 박헌영과 빈번하게 접촉했음을 깨닫고 경악했다. 나아가 미군 방첩대가 조선공산당 본부를 습격했을 때 클론스키와 현앨리스가 조선공산당 책임비서인 박헌영과 빈번한 접촉을 했다는 사실이 공산당 내부문서를 통해 확인되었다.

1946년 1월 10일 주한미군 사령부는 로버트 클론스키를 주목하고 조사하기 시작했다.[89] 고등학교 재학 시절 스페인 내전에 참전했던 클론스키는 1944년에 입대하기 전 뉴욕 일대에서 활동했던 공산주의자였다. 그는 뉴욕주 빙엄턴Binghamton에 소재한 공산당 서던 타이어 지부Southern Tier Section에서 조직책으로 활동하며 밥 커비Bob Kirby라는 이름을 사용한 적이 있다.[90] 그가 입대하던 시점부터 미군 당국은 클론스키의 행방에 주의를 집중했다. 그런데 어떻게 된 영문인지 클론스키가 한국에 배치되면서 그에 대한 정보 파악이 지체되었다. 그 결과 클론스키는 주한미군 사령부 작전참모부G-3 정보교육과Information & Education Section: I & E Section가 발행하는 주간지 『코리아 그래픽』Korea Graphic의 편집자로 10주 동안 활동했다. 감시 타이밍을 놓친 미군 방첩대는 클론스키의 행적을 밀착 감시했고, 이 과정에서 현앨리스와의 접촉을 발견한 것이다.[91]

공산주의자 클론스키에 대한 일상적 감시에서 출발한 문제는 눈덩이처럼 커져갔다. 주요 정보기관 관련자인 현앨리스가 포착되자, 그녀를 징검다리로 삼아 주한미군 내 특정부서 관련자들이 줄줄이 연관된 혐의가 드러났다. 또한 그 연결망에는 미국·남한의 공산당과 주요 공산당원들이 복잡하게 얽혀 있었다. 미국공산당과 조선공산당이 서로 밀접하게 연결되었거나 연결을 시도한다는 징후들을 포착한 주한미군 사령부는 경악을 금치 못했다. 또한 조선공산당 당수 박헌영이 주한미군 내 공산주의자들과 빈번하게 접촉하며 정보를 주고받았다는 사실이 드러나면서 일은 일파만파가 되었다. 조금 과장하자면 클론스키와 현앨리스를 중심으로 국제 공산주의 스파이망으로 불러도 될 만한 조직의 그림자가 어른거렸다.

현앨리스와 클론스키에 대한 감시와 수사를 통해 다수의 주한미군 공산주의자들이 특정되었다. 수사 결과 남한에서 공산주의 혐의를 받고 9명의 주한미군 관련자가 추방되었다.[92] 그중 상당수는 작전참모부 정보교육과 소속이었다.

- 클론스키Robert Klonsky(T/3, 군번 3958894): 1946년 3월 26일 한국에서 추방
- 프리쉬Norman Frisch(T/3, 군번 33751359): 1946년 3월 10일 한국에서 추방
- 제플린Harold Zepelin(하사, 군번 37361813): 1946년 3월 24일 한국에서 추방
- 현앨리스Alice Hyun(CCIG-K 서울지구 민사과 부책임자): 1946년 4월 4일 이후 한국에서 추방
- 현피터Peter Hyun(경기도 군정 공보과 고문): 1946년 4월 4일 이후 한국에서 추방
- 웨스트James West(T/5, 군번 42158006): 1946년 5월 15일 한국에서 추방
- 선우천복Carl C. Sunoo(경상북도 군정 관방官房): 1946년 5월 15일 한국에서 추방
- 옴스테드David L. Olmstead(일병, 군번 12241525): 1946년 6월 19일 한국에서 추방
- 브라운Edwin B. Brown(일병, 군번 19804453): 1946년 6월 19일 한국에서 추방[93]

이들 외에도 정보교육과의 데시아Dessea(중위, 출판책임장교)와 제서슨 Freeman B. Zeserson(T/5, 군번 11099198)도 추방되었는데, 이들은 공산주의자

라는 혐의를 받지 않았다. 하지는 맥아더에게 보내는 전문(1946년 6월 21일)에서 현피터, 클론스키, 프리쉬, 옴스테드, 제플린 등은 주한미군과 전쟁부 군속으로 조선공산당과 긴밀하게 협력했으며, 아마도 소련 영사관과 접촉했을 것으로 추정했다. 이들의 출국 과정에서 승선 후 검색과 심문이 이루어졌다. 하지는 지난 9개월 동안 총 10만 명이 본국으로 귀국했는데, 그중 7명만을 CIC가 출국 전에 검색·심문한 것은 전복 활동을 했다는 명백한 확증이 없었기 때문이라고 밝혔다.[94]

위의 인사들 가운데 가장 핵심적인 인물은 현앨리스, 클론스키, 프리쉬, 제플린이었다. 클론스키는 1946년 3월 26일 미국으로 추방되었고, 인천항에서 CIC는 그의 소지품에서 다수의 조선공산당 관련 문서 및 편지, 노트 등을 압수했다. 클론스키는 2차 세계대전 참전으로 종군기념 동성휘장Combat Battle Star을 받았고, 스페인 내전에 참전한 미군인 에이브러햄 링컨 여단의 여러 집회에 참가했다. 1950년 9월 현재 펜실베이니아와 델라웨어 공산당 비서로 활동했고, 1953년 보스턴에서 스미스법 위반 혐의로 체포, 기소되었다. 클론스키는 1958년 법무부가 소를 취하할 때까지 약 1년 동안 투옥되었다.[95] 1958년 이후 로스앤젤레스로 이주한 클론스키는 캘리포니아 주립대학UCLA 인근에서 서점을 운영하며 평생 공산주의자로 활동했다. 그는 할리우드의 영화산업 노동자·작가·감독 등을 조직하는 활동을 했으며, 베트남 전쟁에 반대해 투옥된 안젤라 데이비스Angela Davis 교수를 후원하며 영화에 단역으로 출연하기도 했다. 1998년 스페인 정부는 스페인 내전에 참전한 공로를 인정해 그에게 명예시민증을 수여했다. 클론스키는 2002년 시카고에서 사망했다.

노먼 프리쉬는 24군단 사령부 정보교육과가 간행하는 공식 일간지『코즈 쿠리어』The Corps Courier의 편집장이었다. 그는 클론스키, 제플린, 웨스트, 현앨리스와 친밀한 관계를 유지했으며, 함께 사진을 찍기도 했다.[96] 프리쉬는 3월 10일 한국에서 추방되었는데, 미국으로 귀국한 후 한국 여성의 상황, 주한미군의 인종차별적인 한국인 대우 등에 대해 글을 썼다. 그의 글은 이승만의 추종자 주영한이 간행하는 『공개편지』*The Korean Open Letter*에 전재되었다.[97] 글 제목에서 드러나듯 미국인들이 황인종을 경멸할 때 사용하는 '국'gook이라는 단어를 활용해, 미군들이 한국인을 모욕하고 인종차별적으로 대우한다는 점을 지적했다. 이 기사는 1947년 1월 『독립신보』에 전재되었다.[98] 미군들은 한국인이 '미국'이라고 할 때마다 '나는 바보'me gook라고 고백하는 것처럼 들렸다고 조롱했고, 미군정 사령부를 뜻하는 USAMGOK United States Military Government of Korea의 'GOK'이 '국'이라는 단어로 오해받을 수 있다고 해서 USAMGIK United States Military Government in Korea로 바꾸었다는 것은 유명한 일화다.[99] 프리쉬는 미군들이 한국인을 '국'이라고 조롱하며, 한국의 풍습을 '국' 풍습이라 저주하고, '국'의 말(한국어)을 조금 배우려 하고, '국' 여자(한국 여자)를 희롱하고, '국' 술(한국 술)을 먹고 장님이 되며, '국 사냥'을 갔다고 썼다.

해롤드 제플린은 반도호텔 사무원이었는데, 클론스키 등과 함께 박헌영을 여러 차례 면담했다. 그는 1946년 3월 24일 한국에서 추방되었다. 그는 1946년 5월 2일 미국 산업별노동조합회의CIO 캘리포니아 분회 공식 기관지인 『레이버 헤럴드』*Labor Herald*에 남한의 전평 위원장 허성택과 부위원장 박세영이 친필로 서명해 산업별노동조합회의 의장 필립 머리Philip Murray에게 보내는 공식 문서를 전달했다.[100] 제플린은 또한 클론스키와 함께 로스앤젤레스의 좌익 신문인 『데일리 뉴스』*Daily News*에 미군정의 노동탄압 정책을 비판하는 기사를 실었다.[101] 제플린의 경우 출국 과정에서 CIC의 검색이나 심문을 받지 않아 다량의 문건을 가지고 나올 수 있었다. 그는 1954년 스미스법 위반 혐의로 기소되었으며, 미국공산당 콜로라도 주 의장, 주위원회 위원, 청년위원회 의장 등을 지냈다.[102]

제임스 웨스트는 입대 전 좌파 신문 『데일리 워커』*Daily Worker*의 만화가였으며 뉴저지 주 청년공산동맹Young Communists League의 주州 의장이었다.

1943년 미국공산당 전국대회에 참석했으며, 러시아에서 2년 동안 거주한 경력이 있다.[103] 웨스트는 남한의 정치적 정보를 아내에게 전달했고, 그녀는 이를 미국공산당에 전달해 출간케 했다. 웨스트는 1946년 5월 15일 한국에서 추방되었다.

선우천복은 경상북도 군정 관방Chief of Secretariat이었는데, 1946년 2월 28일 경상북도 청사에서 로스앤젤레스 재미한인들이 발간하는 진보적 신문인『독립』을 배포하다 CIC 수사망에 걸렸다.[104] 선우천복은 로스앤젤레스에 거주하는 선우현의 아들로 연희전문학교 문과를 졸업한 뒤 미국에서 건축학을 공부했다. 태평양전쟁 중에는 전시검열국Office of Censorship에서 근무했으며, 종전 후 전쟁부 한국어 통역으로 귀국해 1945년 11월 말 경상북도 군정에 명신홍과 함께 배치되었다.[105] 선우천복은 자신이『독립』과 무관하다고 주장했지만, 이 신문을 "가능한 한 광범위하게 배포해달라"는 메모와 함께 도청 사무실에 배포했다. 미군정 조사 결과『독립』배포 행위가 불법 행위는 아니라는 법률적 판단이 내려졌지만, CIC는 즉각 선우천복의 미국 귀환을 권고했다.[106] 24군단 사령부는 1946년 4월 24일 선우천복의 미국 귀환과 도착 즉시 해임을 결정했다.[107] 선우천복은 경상북도 군정장관, 언더우드 등에게 구명 편지를 썼지만 소용이 없었다. 그는 제임스 웨스트와 함께 1946년 5월 15일 한국을 떠나는 제너럴 에른스트USS General Ernst 편으로 미국으로 추방되었다.[108] 그런데 시애틀 입국 과정에서 여권이 없다며 한국으로 재추방되었다.[109] 선우천복은 1946년 9월경 한국으로 귀환했고, 민간통신검열단의 요시찰명부에 이름이 등재되었다.[110]

데이비드 옴스테드는 CIC의 심문 과정에서 클론스키가 유일하게 인정한 주한미군 내 공산주의자로, 입대 전 뉴저지 주 공산당 비서를 지냈다. 코넬 대학을 다닌 옴스테드는 2차 세계대전 때 미군의 공식 러시아어 통역을 담당했다.[111] 주한미군 내 공산주의자들의 합법적 활동 경로 중 하나라고 의심받은 미국참전군인회AVC: American Veterans Committee에서 열성적으로 활동했다. 클론스키, 프리쉬, 제플린, 현앨리스, 현피터가 서울에서 추방된 후 옴스테드는 그 뒤를 이어 공산당의 확장을 시도했고, 1946년 6월 19일 브라운과 함께 한국에서 추방되었다.[112] 옴스테드는 1946년 하반기 로스앤젤레스의 기관지『독립』에 미군정을 비판하는 선동적 기사를 썼는데,[113] 미군정·미군들의 한국인에 대한 인종차별과 멸시를 비판했다.[114] 옴스테드는 1950년 코넬 대학에서 인류학 박사학위를 받은 이후 1954년부터 캘리포니아 주립대학 데이비스 캠퍼스UC Davis에 인류학과를 설립했다.[115] 언어인류학anthropological linguistics을 전공한 옴스테드는 1963년에『한국 민속 독본』Korean folklore reader이라는 책을 간행했으며, 캘리포니아 주립대학 데이비스 캠퍼스 명예교수를 지냈다.[116]

에드윈 브라운은 미군 제89사단 소속으로 프랑스에 주둔 중이던 1945년 2월에서 3월경 프랑스공산당에 가입했다. 브라운은 자신의 편지지에 공산당을 상징하는 붉은 낫과 망치 문양을 찍어서 사용했다. 그는 자신이 공산주의자임을 거리낌 없이 밝혔고, 자신이 "혁명적 노동계급 철학의 후원자"라고 했다. 그는 1946년 6월 19일 김포공항을 통해 추방되었는데, 출발에 앞서 실시된 심문과 수하물 검사 과정에서 다량의 공산주의 문건이 발견되었다.[117]

이상과 같이 클론스키와 현앨리스를 비롯한 주한미군 내 공산주의자들은 1946년 상반기에 대부분 한국에서 추방되었다. 이들의 남한 내 활동을 정리하면 다음과 같다.

첫째, 주한미군 내 공산주의자들은 일정한 그룹을 형성해 활동했다. CIC의 평가에 따르면 이들은 주한미군 24군단 사령부 내에 공산주의 연락망을 구축했으며, 성공하지는 못했으나 공산주의 세포를 주한미군 내에 건설하려고 시도했다. 제224 CIC 파견대가 사건 관계자를 정리한 조직도에 따르면 이 세포는 미군정·주한미군의 정책에 관한 정보를 미국공산당으로 유출하는 동시에 미군정을 불신케 하기 위해 조선공산당을 지원하는 것이 목

미군정 내 공산주의자들의 연결망·관계

출처: "Klonsky," Regarded Confidential, authority CO USACRF, (undated) RG 319, IRR File "Klonsky, Robert F, X8469545"

적이었다.[118] CIC는 공산당 활동가로서 오랜 경력을 가진 클론스키, 제플린, 프리쉬가 주한미군 내에서 최고의 위치에 있었으며, 이들은 24군단 작전참모부 정보교육과를 주요 활동무대로 삼아 최고의 정보를 얻을 수 있었다고 평가했다. 클론스키, 제플린, 프리쉬 등 3명은 모두 박헌영으로부터 미국공산당에 보내는 추천서를 받은 인물이었다.

가장 중요한 역할을 한 것은 역시 현앨리스였다. 현앨리스는 이들을 박헌영, 조선공산당, 좌익 조직들과 연계시키는 데 결정적 역할을 했다. 또한 이들을 로스앤젤레스의 재미한인 좌파 신문인 『독립』과 연계시킴으로써 미군정에 비판적인 기사가 재미한인 언론과 미국 좌파 언론에 실릴 수 있게 했다. 1946년 중반 캘리포니아 일대에서 간행된 신문 『독립』과 미국 좌파 언론에 미군정을 비판하는 기사가 광범위하게 실린 것은 대부분 이들 주한미군 내 공산주의 그룹의 역할에서 기인한 것이다.

앞의 조직도에서 드러나듯 현앨리스·현피터 남매가 없었다면 주한미군 내 공산주의 그룹은 쉽사리 조선공산당, 조선민족혁명당 하와이 지부, 『독립』 신문 등과 연계를 맺기 어려웠을 것이다. 즉 주한미군 내 공산주의 그룹은 현앨리스 남매와 결합됨으로써 활발한 활동을 벌일 수 있었다. 나아가 현앨리스는 주한미군 24군단 사령부 내 가장 민감한 정보들을 취급하는 부서의 부책임자로 주요 정보를 얻는 통로가 되었을 것이다.

둘째, 주한미군 내 공산주의 그룹은 조선공산당은 물론 그 외곽단체이자 대중조직인 조선노동조합전국평의회(전평), 조선부녀총동맹(부총), 문화단체 등과 긴밀하게 접촉했다. 아울러 박헌영을 비롯한 조선공산당 지도부와 수차례 접촉했다. 클론스키, 제플린, 프리쉬, 현앨리스, 현피터가 각각 박헌영과 접촉했고, 클론스키는 박헌영을 비롯해 조선공산당 간부 정재달, 전평 의장 허성택, 전평 투쟁위원회 위원장이자 철도노조 위원장인 이성백 등과 인터뷰했다. 그는 박헌영, 정재달, 허성택, 이성백에 관한 기사를 쓸 요량으로 그들의 생애에 대한 상세한 메모를 작성해놓은 상태였다.

이들 주한미군 내 공산주의 그룹은 조선공산당과 접촉해 미국에서 수집한 정보를 전달했고, 한국의 상황에 관한 정보를 수집해 미국공산당에 전달하려 했다. 이 때문에 주한미군 CIC는 현앨리스, 클론스키, 프리쉬, 제플린이 박헌영을 자주 방문한 것으로 평가했다.[119] 현재 우리가 알고 있는 정보는 CIC 수사 과정에서 밝혀진 일부에 지나지 않으므로, 알려지지 않은 주한미군 공산주의자들과 조선공산당의 접촉 및 상호관계는 훨씬 긴밀했을 가능성이 높다.

셋째, 주한미군 내 공산주의 그룹은 남한에서 입수한 자료에 근거해 다양한 방식으로 이를 미국 언론에 배포했다. 미군정이 가장 두려워한 것이 바로 이 대목이었다. 즉 주한미군이 현지 경험에 기초해 미군정의 실정을 구체적으로 비판하는 한편 조선공산당의 입지를 넓히는 여론 선전의 효과 때문이었다. 미군정의 실책을 비판하는 보도 자료들은 미국 좌익 언론인 『데일리뉴스』나 『뉴 매시즈』*New Masses*에 실렸으며, 재미한인 주간지인 『독립』에도 다수가 게재되었다.

미국 언론이 미군정에 최초의 정치적 타격을 준 것은 1946년 1월 23일 『독립』에 게재된 한길수의 폭로 기사였다. 한길수는 이승만이 운산금광에 투자한 동양광업개발주식회사OCMC: Oriental Consolidating Mining Company의 대리인 새뮤얼 돌베어Samuel H. Dolbear에게 정치자금을 받고 한국의 광산 채굴권을 넘겼다고 주장했다.[120] 3월 12일 국내 13개 신문은 이를 대대적으로 보도했고, 3월 13일에는 소련공산당 기관지 『프라우다』*Pravda*까지 이를 대서특필했다. 결국 이승만은 미군정이 공들여 만든 민주의원 의장직을 사임해야 했고, 이는 미군정과 이승만에게 적지 않은 정치적 타격을 주었다.[121]

주한미군 인사가 직접 투고한 기사가 처음 『독립』에 등장한 것은 1946년 3월 13일자였는데, 미군정의 반노동정책을 지적하며, 미국이 한국 시장과 자원을 독점하려는 제국주의 행태를 보이고 있다고 비판하는 내용이었다.[122] '한국 서울의 미국인 관찰자'An American Observer In Seoul, Korea 명의로 된 이 글은 클론스키가 소지하고 있던 남한 노동운동에 관한 취재 자료가 어떤 용도로 쓰였는지를 보여준다.

클론스키가 한국을 떠날 때 가지고 있던 소지품에서 발견된 로스앤젤레스 민족혁명당이 간행한 「조선노동조합전국평의회는 파시즘에 반대하는 세계 노동자의 통일을 요구한다」라는 전단은 전평의 허성택 의장과 박세영 부의장 명의의 성명을 담고 있었는데, "이 모든 자료는 한국 서울에서 최근 받은 것이며 로스앤젤레스의 민족혁명당이 인쇄했다"고 설명한다.[123] 하지만 주한미군 사령부는 클론스키 등 주한미군 공산주의 그룹을 한국에서 추방할 때까지도 이런 기사의 게재 여부를 정확히 알지 못했던 것으로 보인다. 이 익명의 미국인 관찰자의 투고는 5월 중순까지 계속 이어졌다.

- 「한국의 전투적 노동운동 보고: 미군정은 친파시스트 한국인들을 선호하며, 노조 파업 깨기에 분망하다」(한국 서울의 미국인 관찰자) (1946년 4월 10일)[124]
- 「한국에 관한 보고」(랠프 이자드Ralph Izard) (1946년 4월 17일)[125]
- 「미국 노동자에게 보내는 한국 노동자의 호소」(전평) (1946년 4월 24일)[126]
- 「미국 여성에게 보내는 한국 여성의 호소」(부총) (1946년 5월 1일)[127]
- 「미국은 굶주림을 한국인을 굴복시킬 무기로 사용하고 있다」(한국 서울의 미국인 관찰자) (1946년 5월 15일)[128]

한국에서 추방된 클론스키와 제플린은 1946년 4월부터 5월까지 『로스앤젤레스 데일리 뉴스』Los Angeles Daily News, 『피플스 데일리 월드』Peoples Daily World 등과 연달아 인터뷰했다. 이후 주한미군의 실명이 공개되기 시작했다.

- 번 파틀로Vern Partlow, 「작고 빼앗겼던 한국은 국제적 영향하에 혁명의 격동 속에 들끓고 있다」, 「L.A. 한인 사회는 지도자들의 독립 방략을 둘러싼 갈등으로 분열되었다」, 『로스앤젤레스 데일리 뉴스』, 1946년 5월 5일, 9일, 10일.[129]
- 번 파틀로, 「참전군인들은 미국이 한국을 지배하기 위해 친일파와 봉건 그룹들을 후원한다고 한다」, 『로스앤젤레스 데일리 뉴스』, 1946년 5월 5일, 9일, 10일.[130] (클론스키와 제플린의 인터뷰)

- 해롤드 로스만Harold Rossman, 「일본놈 괴뢰는 한국에서 성공하고, 노동조합 활동가는 밑바닥을 긴다」, 『레이버 헤럴드』, 1946년 5월 3일.[131] (제플린의 인터뷰)
- 한국에서 방금 귀환한 미군 병사, 「미군정은 민주주의를 억압하고, 친일파를 권좌에 앉힌다」, 『피플스 데일리 월드』, 1946년 4월 17일, 18일, 23일.[132]

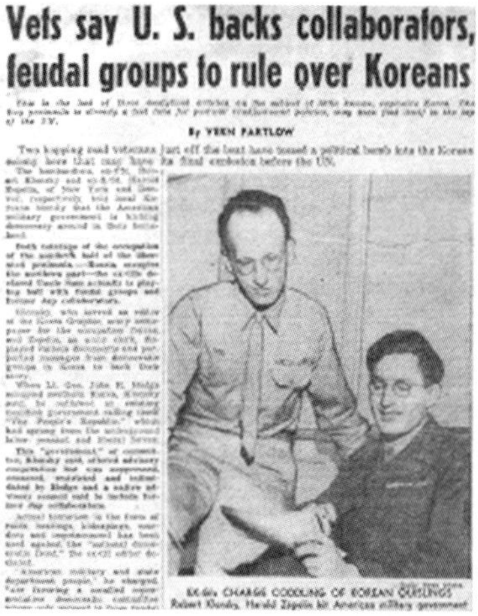
Vets say U. S. backs collaborators, feudal groups to rule over Koreans

By VERN PARTLOW

그림 30 클론스키(왼쪽), 제플린(『LA 데일리 뉴스』, 1946년 5월 5일) © NARA

- 한국에서 방금 귀환한 미군 병사, 「병사는 미군정의 경찰정책이 일본놈보다 잔혹하다고 주장한다」, 『피플스 데일리 월드』, 1946년 4월 17일, 18일, 23일.[133]
- 「미군 병사는 미군정의 남한 내 반민주적 테러를 비난한다」, 『피플스 데일리 월드』, 1946년 5월 13일.[134] (클론스키의 인터뷰)

『피플스 데일리 월드』와의 인터뷰(1946년 5월 13일)에서 클론스키는 자신이 5개월 동안 한국에 주둔했는데, 1946년 1월부터 3월 사이에 언론에 대한 탄압과 테러공격 등을 직접 목격했으며, 남한에는 언론의 자유가 없고, 미군정은 불리한 정보가 남한 밖으로 새어나가는 것을 막기 위해 전전긍긍하고 있다고 비판했다. 주한미군 내 공산주의 그룹이 대부분 미국으로 추방된 뒤인 1946년 6월부터 이들은 인터뷰 형식이 아닌 기고 형식으로 미국 언론과 『독립』에 기사를 게재했다.

- 제임스 웨스트, 「미군 병사는 한국 내 미국 정책 관찰 결과를 말하다」, 『독립』, 1946년 6월 26일.[135]
- 헤롤드 제플린, 「조선노동조합전국평의회의 역사」, 『독립』, 1946년 7월 17일.[136]
- 시드니 버크, 「미국인들, 한국에서 인종적 우위를 과시」(옴스테드 인터뷰), 『독립』, 1946년 7월 24일.[137]
- D. L. 옴스테드, 「한국: 위선 속의 실험」, 『독립』, 1946년 7월 17일, 24일, 8월 7일, 14일, 28일.[138]

이상의 모든 기사는 『독립』에 게재되었다. 제목만으로도 미군정의 노동자·노동운동에 대한 탄압, 친일파·봉건그룹·친파시스트 선호, 민주주의 억압, 인종적 우위, 반민주적 테러 지원, 경찰정책 등에 초점이 맞춰져 있음을 알 수 있다. 즉 미군정이 친일파와 봉건 세력을 옹호하는 반면 노동자·농민·여성의 '민주주의'를 억압한다는 주장이었다. 남한 혼란의 책임이 미군정에 있다는 주장임을 알 수 있다.

미군정은 『독립』과 주한미군 내 공산주의자, 특히 현앨리스 남매의 역할이 결정적이었다는 판단을 내렸다. 또한 이러한 연유로 『독립』은 미군정이 가장 혐오하는 '공산주의' 신문으로 낙인찍혔다. FBI도 『독립』의 보도 행태를 지켜보면서 재미한인 사회에 대한 사찰을 강화했다. 그 여파는 한국전쟁을 거치면서 강력한 파장을 불러왔고, 그 결과 1950년대 내내 재미한인 진보주의자들에 대한 비미활동조사위원회 청문회와 국외 추방 관련 재판이 진행되었다.

이는 여러 면에서 파장을 미쳤는데, 한편으로는 『독립』을 배포했다는 이유로 미군정에 배속된 육군부 한국인 군속이 파면되는 등 미군정의 감시가 강화되었고, 다른 한편에서는 미국으로 귀환한 현앨리스 남매가 『독립』을 중심으로 본격적인 활동을 개시하게 되었다. 1946년 3월부터 8월까지

『독립』의 영문란을 도배한 미군정 비판 기사들은 주한미군 내 공산주의 그룹이 기고하거나 인터뷰한 내용인데, 이들은 현앨리스 남매의 연결고리를 통해 『독립』에 접근할 수 있었기 때문이다.

넷째, 그렇다면 주한미군 내 공산주의 그룹의 활동 성격을 어떻게 평가할 수 있을까? 먼저 이들이 주한미군 내에서 사보타지 혹은 반역 행위를 기도하거나 계획했을 가능성은 희박하다. 또한 이들이 미국공산당의 조직적·계획적 지시 아래 움직였을 가능성도 희박하다. 클론스키의 경우 미국공산당의 주요 활동가였지만, 군 입대 이후 상시적인 정보당국의 감시와 통제를 받았기 때문에 미국공산당과 조직적 연계를 유지하기 어려웠다. 현앨리스와 현피터는 1930년대 하와이에서 노동운동·공산주의 운동에 관계했으나 1941년 태평양전쟁 이후 활동을 중단했으며, 미국공산당과의 조직적 연계도 단절된 상태였다. 다른 공산주의자도 마찬가지였을 것으로 보인다.

이들이 소속되어 있던 기관 역시 영향력을 행사하기 어려운 곳이었다. 클론스키가 소속된 정보교육과의 『코리아 그래픽』, 『코즈 쿠리어』는 공식성이 분명한 간행물이었기 때문에 이들의 영향력이 끼어들 틈이 거의 없었다. 민간통신검열단에서 현앨리스의 활동을 '악마적'이라고 표현한 니스트의 평가 역시 과장되었을 가능성이 있다.[139]

클론스키, 현앨리스 등 주한미군 내 공산주의자들은 공산주의자라는 공감대 위에서 우연히 결합된 상태였다고 추정된다. 이들의 관계가 세포조직과 같이 조직적 실체가 명확했다고 보기는 어렵다. 미국공산당은 1941년 진주만 공격 이후 사실상 활동을 중단했고, 1945년에야 활동을 재개했다. 때문에 이들은 미국공산당 중앙의 조직적·계획적 지령에 따라 체계적으로 활동했다기보다는 미국공산당 중앙과의 조직적 연계가 단절된 상태에서 개인적 차원에서 연결되었던 것으로 판단된다.

다만 이들은 공산주의자의 입장에서 미군정의 정책에 부정적이고 비판적인 생각을 가졌으며, 조선공산당에 동정적인 입장과 생각을 가졌다. 이들은 한국에 배치된 후 자연스럽게 소그룹을 형성하고 공동으로 행동했다. 공동 행동은 관련 정보·자료의 수집, 그룹 내부의 공유, 미국으로의 확산이 었다. 이들은 미군정의 실책과 조선공산당, 산하단체, 지도자들의 핍박과 정 당성을 증명하는 자료를 수집하고, 이를 그룹 내에서 최대한 공유하려 했으며, 종국적으로는 미국 좌익 언론에 최대한 유포시키려 노력했다. 이 과정에서 미국으로부터 공산주의 문헌을 수집해 조선공산당에 전달하고, 조선공산당·미군정 관련 정보와 자료를 수집해 미국에 전달하기 위해서 민간우편, 제대군인, 연락 포스트의 활용 등 다양한 방법을 모색했다.

서울에서 추방된 현앨리스

현앨리스는 CIC의 조사 결과 현직에서 해임되고 한국에서 추방되었다. CIC 는 현앨리스가 공산주의 활동에 가담한다고 판단했고, 주한미군 사령부는 CIC의 권고에 기초해 그녀를 해임하고 한국에서 추방했다. CIC는 해임의 근거로 세 가지를 들었다.

1 그녀는 민간통신검열단CCIG-K의 한국인 고용원 49명을 고의적으로 해임했으며, 그녀의 개인적 친구들을 고용했다(이들 중 26명은 38선 이 북에서 온 것으로 밝혀졌다).

2 개인 이력서를 제출하는 데 있어, 그녀는 자신의 두 아들을 적절한 기 재항목에 써넣지 않았고, 미국공산당 관련도 기록하지 않았다.

3 그녀는 클론스키, 옴스테드, 웨스트, 프리쉬와 지속적으로 교류했다.[140]

첫 번째 혐의는 위에서 살펴본 바 있다. 두 번째 혐의와 관련해 현앨리스에게는 정웰링턴이라는 아들이 있었으나, 미군정은 존John과 데이비드David를 아들로 잘못 알고 있었다. 아마도 동생들을 착각했을 것이다.[141] 현앨리스는 자신이 공산당원이라는 점을 공식적으로는 밝힌 적이 없고 공식 기록에 남기지 않았으므로, 입대 시 신원진술서에 그렇게 쓰지 않았을 것이다.

결국 가장 중요한 것은 세 번째 혐의로 그녀가 클론스키, 옴스테드, 웨스트, 프리쉬 등 주한미군 내 공산주의자들과 함께 어울렸다는 내용이었다. 클론스키는 한국에 배치된 이후 어느 시점에 현앨리스와 만났고, 그녀와 매우 밀접한 관계를 맺었다. 클론스키에 따르면 현앨리스는 "서울에서 꽤 알려져" 있었고, 그녀의 숙소인 다나카 하우스는 주한미군 내 공산주의자들의 회합 장소로 빈번하게 활용되었다.

한편 현앨리스는 하와이의 부친 현순과도 밀접하게 연락을 주고받았는데, CIC는 현씨 가문이 공산주의적 경향이 있다고 판단했다. CIC는 현앨리스의 소지품에서 현순이 보낸 다음과 같은 편지를 압수했다.

우리는 너와 일부 조선민족혁명당 당원들이 지금 서울에 돌아간 것을 알고 있다. 하와이 우리 당원들은 너를 통해 직접 한국 내 우리 당의 활동과 상황을 듣기를 매우 기대하고 있다. 나는 만난 속에서도 내 모든 힘을 다해 하와이 지부를 살려놓고 있다. 우리 지부는 자원의 원칙으로 한국에 대표를 파견하기로 결정했다. 재미한족위원회 대표단의 일부가 최근 한국으로 떠났다(명단은 첨부). 나는 임시정부의 지령에 따라 시작된 모스크바 결정에 대한 항의운동과 관련해 한국에서 벌어진 불행한 상황을 알고 있다. 이 편지에 호놀룰루에서 간행되는 2개의 주요 영자신문에 실린 내 편지 클리핑을 동봉한다. 내 친구 중 일부는 자기 상원의원들에게 이를 전달했다. 나는 조국 해방의 이 결정적 시기에 너와 함께 있기를 기대한다. 경구. 모든 동료에게, 현순.[142]

당시 현순은 민족혁명당 하와이 지부에서 열성적으로 활동하고 있었으며, 한국으로 귀환한 민족혁명당 측과 연관을 맺고 싶어했음을 알 수 있다. 해방 후 재미한족연합회는 미주 단체에서 5명, 하와이 단체에서 9명 등 총 14명의 대표단을 남한에 파견했다. 한시대, 김호, 송종익, 김병연, 김성락 등 미주 대표단은 1945년 10월 27일 비행기로 출발해 11월 4일 서울에 도착했다. 김원용, 도진호, 전경무, 최두욱, 조제언, 정두옥, 안창호, 박금우, 안정송 등 하와이 대표단은 1946년 1월 26일 배편으로 출발해 2월 12일 서울에 도착했다.[143] CIC는 하와이 대표단 중 2명이 민족혁명당 하와이 지부 출신이라고 판단했다. 아마도 『독립』과 관련이 있는 정두옥, 이정근의 부인 박금우였을 가능성이 높다. 그렇지만 현앨리스가 남한 체류 중 민족혁명당이나 김원봉 등과 접촉했다는 흔적은 나타나지 않는다. 현순은 민족혁명당 당원이었지만, 현앨리스는 공산당에 가까운 인물이었기 때문이다.

여하튼 민족혁명당의 출판물들이 남한에 들어올 뿐만 아니라 로스앤젤레스에서 간행되는 신문 『독립』에 미군정의 정책을 비판하는 기사가 실리는 것은 미군정에 뼈아픈 대목이었다. 미군정은 정보 유출의 주요 통로가 현앨리스라고 생각했다. 지역 의원들에게 전보를 보내 "조선 노동계급의 적과 협력하는 하지 중장의 소환을 요구하라. 조선의 완전 독립을 요구하라. 미군정의 조선 내 파시스트 정책을 중단하라"는 『독립』의 보도에 미군정이 경악한 것은 당연했다.

CIC 문서철에 따르면 현앨리스는 1946년 4월 1일경 데이비드 옴스테드에게 우송된 상자를 정보교육과에서 가져와 4월 4일 현재 보관하고 있었다. 따라서 그녀가 한국에서 추방된 것은 1946년 4월 4일 이후였을 것이다.[144]

현앨리스의 행적은 피터의 회고록에 등장한다. CIC의 조사를 받은 현피터 역시 결국 어느 날 아침 G-2 정보참모부장의 명령으로 체포되어 추방되었다. 인천을 떠난 배는 일본 요코하마에 정박했다. 그는 도쿄에 들어가 현앨리스를 만났다. 현앨리스 역시 G-2에 체포되어 일본으로 추방된 상태였다. 그녀는 여군단 군복을 입은 채 여군단 본부에 가택 연금되었고, 로스앤젤레스로 갈 배편을 기다리고 있었다.[145] 이 오누이의 짧은 한국 귀환 경험은 반년이 채 안 되어 종결되었던 것이다. 현앨리스는 최종적으로 호놀룰루로 보내졌다.[146]

이들의 한국 귀환과 추방 과정은 이들이 장차 미국 사회에서 깃들 곳이 어디인지를 보여주는 시금석이자 한반도가 당면할 미래를 보여주는 것이었다. 현앨리스와 피터는 자신들이 생각하는 진정한 민주주의, 진정한 해방, 진정한 완전 자주독립에 대해 확신을 가지고 움직였다. 독립운동과 혁명운동의 길을 따라 옛 친구, 동지들과 함께 길을 가고자 했을 뿐이다. 반면 '해방자'로 등장한 미국은 이들의 행동을 공산주의 활동으로 단정하고 이들을 해임한 뒤 추방했다.

이들은 짧은 해방을 맛보았고, 깊은 좌절과 분노에 사로잡혔다. 자신들의 소중한 신념 그리고 그에 기초한 행위와 삶이 부정당했다고 느끼자 이들은 선택의 기로에 서게 되었다. 인식의 차이는 행동의 차이를 불러오고, 신념과 확신에 찬 결정일수록 더욱 격렬한 반응을 초래하게 마련이다. 한 삶이 유지해온 관성의 힘은 지속적이고 지배적인 영향력을 행사했다. 그렇지만 역사와 시대의 소용돌이에 휘말렸을 경우 한 개인이 이를 홀로 거슬러 헤쳐 나간다는 것은 거의 불가능했다.

1946

5장

『독립』·재미한인
진보진영에 가담하다

1946~1949년

1949

그림 31 현순 가족사진: (왼쪽부터) 현피터, 현앨리스, 현순(로스앤젤레스, 1948년)
© David Hyun

로스앤젤레스로의 대이동
— 1946년

한국 주재 육군부 군속에서 면직되어 호놀룰루로 쫓겨온 현앨리스는 1946년 8월 캘리포니아 주 로스앤젤레스로 건너왔다.[1] 단기적 방문이 아닌 이주였다. 그 후 현씨 가족은 1946년과 1947년에 걸쳐 로스앤젤레스로 이주했다. 1920년대 서울에서 상하이로, 상하이에서 하와이로 이동한 이래 세 번째의 가족 대이주였다. 현씨 가족 가운데 제일 먼저 로스앤젤레스로 이주한 사람은 막내딸 현메리 부부로, 이들은 캘리포니아 주 밀밸리Mill Valley에 터전을 잡았다.[2]

현엘리자베스의 가족도 로스앤젤레스로 이주했다. 남편 김병호가 먼저 로스앤젤레스로 이주했다. 김병호가 뉴욕에서 로스앤젤레스로 이사한다는 소식은 이미 1933년부터 한인 신문에 실렸다. 1933년『신한민보』는 김병호가 가족을 동반하고 로스앤젤레스로 이주했다고 보도한 바 있다.[3] 그렇지만 김병호 부부는 여전히 뉴욕에 거주했다. 1935년 뉴욕 한인공동회 발기인 명단에 김병호의 이름이 나타나고, 인구세도 뉴욕에서 낸 것으로 되어 있다. 김병호는 1937년에도 자동차로 미대륙을 횡단하다가 샌프란시스코에 들른 적이 있었다.[4] 1938년에는 로스앤젤레스로 와서 어떤 사업을 할 것인지 살펴보고 있다는 보도가 있었고,[5] 1942년 6월에는 뉴욕에 오랫동안 체류하던 김병호와 동부인이 자녀를 대동하고 로스앤젤레스로 이사 왔다는 보도가 있었다.[6]

김병호가 로스앤젤레스로 이주한다는 소식이 이렇게 자주 전해졌던 데는 사정이 있다. 김병호는 뉴욕에서 이발관을 경영했는데, 화재보험을 타기 위해 이발관을 방화했다는 혐의로 고소당했다. 그는 유죄 판결을 받고 집행유예로 풀려났지만 그 후 '행방불명'되었다. 1935년경의 일이었다. 1937년 현앨리스가 현순에게 쓴 편지에 따르면 미국 이민 당국은 하와이의 와드맨 감독에게 대리인을 보내 현순 목사의 사위 김병호에 대한 정보를 요구했다.[7] 현데이비드의 회고에 등장하는 것처럼 그 이후 김병호는 "방랑자처럼 떠돌며 사업"을 했던 것으로 보인다. 그가 1933년, 1938년, 1942년 로스앤젤레스에 나타난 것도 이와 관련이 있을 것이다.

엘리자베스가 두 딸(도리스, 엘리노어)을 데리고 합류한 시기에 대해서는 가족들의 증언이 엇갈린다. 현피터는 1946년 뉴욕 차이나타운에 위치한 엘리자베스의 아파트를 방문했다고 기록한 반면, 현데이비드는 엘리자베스가 1930년대 말 대공황이 한창일 때 로스앤젤레스로 이사했다고 썼다.[8] 현순이 1945년 7월 18일에 작성한 「이력서」에 따르면 김병호, 엘리자베스 부부의 주소는 '1710, W. Temple Street, Los Angeles, California'로 되어 있다.[9] 생활력이 강한 엘리자베스는 잡화·주류 판매상을 사서 하루에 12시간씩 일했다. 현엘리자베스는 세 아이를 두었는데, 혼자서 아들 김창내(예일 대학)와 딸 도리스와 엘리노어(UCLA)를 대학에 보낼 정도로 생활력이 강했다.

현피터는 오리건 주 포틀랜드에서 하선한 후 바로 워싱턴 DC로 달려갔다. 현피터는 미국시민자유연맹American Civil Liberties Union의 도움을 받아 워싱턴 주 시애틀 출신 휴 딜레이시Hugh DelLacey 의원을 찾아갔다. 현피터는 자신이 미군정의 연락장교로 임명되었고, 조선공산당 위원장을 포함한 한국인 정치가와 접촉했으며, 그 결과 기소나 청문회 절차 없이 체포되었고, 죽음의 위협 속에 감금된 후 한국에서 추방되었다며 자신의 사정을 설명했다. 딜레이시 의원은 전쟁부장관 패터슨Patterson에게 조사와 사과를 요청하는 항의 서한을 보내겠다고 약속했다. 그것으로 현피터의 군 생활은 마감되었다. 전쟁부에서는 답장이 없었다.[10] 현피터는 1946년 10월 로스앤젤레스로 건너와 가족들과 합류했다.[11] 한편 국내 신문에는 현피터가 현앨리스와 함께 뉴욕에서 잡지 편집에 종사하고 있으며, 한국 문화인들의 동향에 심심한 경의와 관심을 가지고 있다는 기사가 실리기도 했다.[12] 아마도 국내 인사들과 주고받은 편지에서 현피터가 그런 계획을 말했을지도 모르겠다.

현앨리스는 1931년 뉴욕으로 건너갈 때와 마찬가지로 1946년에도 로스앤젤레스에서 엘리자베스의 도움을 받았다. 가족들은 주류 판매 상점이 많은 이익을 남긴다는 사실을 알게 되었다. 현앨리스는 5,000달러를 빌려 현피터와 함께 로스앤젤레스 동부의 빈민가 벙커힐Bunker Hill에 'the First Grand Liquor Store'라는 주류 판매 상점을 열었다. 앨리스는 여동생 엘리자베스로부터 주류 판매상을 샀다.[13] 남매는 추수감사절, 크리스마스, 새해 등 명절에 이웃 아이들에게 선물을 주면서 지역 인심을 얻었다. 마을 주민들이 노상강도로부터 가게를 보호해주었고, 6개월 만에 1,000달러를 벌었다. 4년 동안 가게를 운영하면서 단 한 차례도 강도나 절도 피해를 입지 않았다.[14]

현앨리스와 현피터 남매는 실버레이크Silver Lake 외곽 미셀토레나 거리Micheltorena Street 언덕 위에 위치한 스페인풍 고급주택을 8,000달러에 샀다. 당시 하와이 호놀룰루에는 현순, 이마리아 부부와 남동생 조슈아만 남아 있었다. 남매는 하와이의 가족을 초청했다. 현순 부부는 1947년 9월 로스앤젤레스로 이주했다.[15]

하와이 대학을 나온 남동생 데이비드는 남가주 대학에서 건축학을 공부했고, 현앨리스의 아들 정웰링턴은 캘리포니아 대학 로스앤젤레스 캠퍼스UCLA에 입학했다.[16] 현씨 가족 가운데 합류하지 않은 사람은 현폴뿐이었다. 현폴은 뉴욕에 건너가 조각가로 활동했는데, 어떤 영문에서인지 1945년에는 외항선원으로 배를 타고 있었던 것으로 보인다.[17]

현앨리스와 현피터 남매가 하와이를 떠난 정확한 이유는 알 수 없다. 소극적으로 해석하면 전쟁 전 하와이에서 이들이 종사했던 노동운동·공산주의 운동, 미군정 시기 이들의 추방 경력 등이 이유가 되었을 가능성이 있다. 이들은 전력이 노출되었고, 하와이 한인 사회와 교류가 적은 데다 활동반경이 좁았기 때문일 것이다.

적극적으로 보면 로스앤젤레스가 이들에게 매력적인 지역이었을 가능성이 높다. 가장 큰 이유는 『독립』그룹과의 긴밀한 관계였다. 이들과 연계되었던 주한미군 내 공산주의자들이 1946년 3월부터 8월까지 내내 주간신문『독립』에 한국에 관한 비판적 기사를 계속 연재했는데 클론스키, 옴스테드, 제플린, 웨스트 등이 기사를 직접 제공하지는 않았을 것이다. 현앨리스와 현피터의 중계 역할이 있었기에 가능한 일이었다. 즉 1946년 3월과 8월 사이에 이미 현앨리스와 현피터는『독립』편집진 혹은 주도층과 긴밀하게 연락하면서 유대관계를 맺고, 이들의 기사를 연재했던 것이다.

하와이 시절 이들은 노동운동에 종사했지만, 한인 사회와 밀접한 관계를 유지하지는 않았다. 그렇지만 로스앤젤레스로 이주한 후 이들은 본격적으로 재미한인 진보운동에 합류했다. 이것이 하와이에서 로스앤젤레스로 이주한 원인의 하나였을 것이다. 현순, 현앨리스, 현피터는 모두 재미한인 진보 세력이던『독립』그룹에 합류해 활동하기 시작했다. 로스앤젤레스는 새로운 삶의 터전이었을 뿐만 아니라 이들 가족의 공통된 사회 · 정치활동의 공간이 되었다.

3·1운동기 가족들의 삶을 이끈 것이 현순이었다면, 1946년 이후 가족들의 삶을 이끈 것은 현앨리스와 현피터였다. 3·1운동의 과제가 식민지 한국의 독립이었다면, 이 시대의 과제는 분단 · 군정하 한국의 완전 자주독립과 통일이었다. 아버지에서 아들딸로, 다시 손자로 이어지는 30여 년간 지속된 '독립'운동이었다.

현앨리스가 전후 로스앤젤레스 재미한인 사회에 모습을 나타낸 것은 1946년 9월 1일 나성羅城(로스앤젤레스) 한인 감리교회에서 개최된 한국 사정에 대한 강연회 자리였다. 나성 한인 감리교회는 해방 전후 재미한인 진보 진영의 본거지로 조선의용대 미주후원회와 민족혁명당 미주지부의 주요 구성원이 이 교회의 교인들이었다. 황사용 목사, 이경선 부목사, 평신도 대표 최능익, 중견 교인 황성택, 리마리아, 황제넷, 곽림대, 김강, 변준호, 이창희, 최봉윤, 선우학원 등이 대표적이었다.[18]

현앨리스는 강연에서 현재 한국의 분열과 혼란상은 소작농 · 자작농 대

지주·자본가의 대립에서 기인한 것이라고 설명했다. 한국 인구의 88퍼센트인 소작농과 자작농은 착취를 받는 대중인 반면 지주·상업가·실업가 등 자본가·부유계급은 12퍼센트에 지나지 않으며 한국은 총산업의 92퍼센트가 일본인 소유였으니, 이를 정부 관할로 만들어야 경제적 통일을 이루고 정치적 독립을 달성할 수 있다고 주장했다. 현앨리스는 "좌는 진보적 성질"이며 "우는 보수적 혹은 반동적 태도"라고 보는 게 세계의 공통된 시각이며, 이런 정치 관념은 경제 조직의 반영이라고 했다.

현앨리스는 좌우익 분열은 미군정의 인공 부인 정책, 친일파 등용 정책 때문이며, 좌우합작의 가능성은 남아 있다고 보았다. 미국의 한국에 대한 정책이 이렇게 된 것은 미국 자본의 확장 때문이며, 한국이 독립하면 소련과 우호관계를 맺어 자본주의를 배척할 가능성이 있기 때문이라고 분석했다.[19] 미국, 미군정, 미국인들로 묘사된 '미국'의 실체가 무엇인지 정확하게 특정하지는 않았지만, "미국 자본의 확장"이라는 대목에 이르면 "금융 독점자본의 팽창"이라는 사회주의적 세계관이 적용되고 있음을 알 수 있다.

재미한인 진보진영:
중국후원회-조선의용대 미주후원회
-조선민족혁명당 미주지부-『독립』

현앨리스는 1946년 하반기 로스앤젤레스의 『독립』 그룹에 합류했다. 1943년 창간된 주간신문 『독립』은 사실상 조선민족혁명당 미주지부의 기관지였다. 그 전신은 『의용보』(조선의용대 미주후원회)와 『민족전선』(조선민족혁명당 미주지부)이라는 월간 잡지였다.

조선의용대 미주후원회는 1940년대 재미한인 진보진영의 중심이 된 조직으로, 그 전신은 1937년 뉴욕에서 출발한 중국후원회였으며, 후신은 1942년 결성된 조선민족혁명당 미주지부였다. 미주에서 진보진영이 결집할 수 있었던 것은 1937년 중일전쟁의 발발이 초래한 새로운 정세 때문이었다. 중국의 승리가 한국 독립으로 이어진다는 희망이 생겼고, 대일항전과 무장투쟁에 대한 기대가 높아졌기 때문이다.

중국후원회는 1937년 이래 뉴욕, 로스앤젤레스, 시카고 등지에서 조직되었고, 이를 주도한 사람은 뉴욕의 변준호卞埈鎬였다. 변준호는 시카고 인맥을 동원해 시카고 후원회 지부를 만들었고, 1937년 12월 로스앤젤레스로 건너가 후원회 지부를 조직했다.

변준호는 1896년 경기도 양평에서 출생했다.[20] 1916년 경신학교를 졸업한 후 1916년부터 1917년까지 난징에서 신학을 공부했다.[21] 중국에서 도미해 1917년 8월 30일 샌프란시스코에 도착했다. OSS에 제출한 기록에 따르면 1923년 샌프란시스코에 있는 고등학교에 다녔고, 1924년 시카고 메딜 Medill 고등학교로 옮겼다. 1925년 일리노이 주 웨슬리언 대학(농학과 1학년), 1927년 노스웨스턴 대학 재학 기록이 있다. 가난한 집안 출신으로 고학을 했는데, OSS 문서의 표현에 따르자면 "10년간 하인 및 세일즈맨"을 했다. 한국어와 일본어가 유창하며, 중국어와 영어도 꽤 한다고 알려졌다. 변준호는 3·1운동 직후 샌프란시스코에서 조직된 청년혈성단의 발기인으로 참가한 바 있으며,[22] 1920년 흥사단에 가입했다. 조선총독부 경무국 문서에는 "독립을 몽상하는 민족주의자"로 요주의명부에 등록되었다.

변준호는 1930년대 초 김호철이 시카고에서 주도한 사회주의 연구단체인 사회과학연구회의 '골수회원'이었다. 재무위원과 집행위원장을 맡았던 변준호는 국민회로부터 출회 처분을 당했고, 경찰에 고발되기도 했다.[23] 변준호는 로스앤젤레스로 이사한 후 청과상으로 성공했으며, 1945년 1월 4일 OSS의 공작원 훈련반FEU: Field Experimental Unit에 민간요원 훈련생으로 입대해, 1945년 1월 18일부터 9월까지 FEU 특별훈련소에서 정탐 및 첩보훈련을 받았다. OSS는 그를 "이근성, 김강보다 더 성숙한 타입이고 아주 건전한 상식적 인물", "명민하지 않지만 끈기 있는 학생"으로 평했다.[24] 변준호는 1945년 9월 15일 OSS에서 제대했다.

변준호와 함께 로스앤젤레스에서 중국후원회에 참가한 김강, 이경선, 신두식, 최봉윤, 선우학원, 곽림대, 최능익, 김혜란 등은 재미한인 진보진영의 핵심 인물이었다. 특히 김강, 이경선, 신두식, 선우학원 등 4명은 1948년 10월 15일 이사민(이경선), 선우학원이 김일성과 박헌영에게 보낸 유명한 편지에서 미국 내 한인 공산주의자를 대표하는 7인으로 호명된 사람들이다.[25] 즉 1948년 재미한인 공산주의자의 대표 7인으로 지목된 사람들 가운데 핵심 인물 4인이 이미 중국후원회에서 활동하고 있었던 것이다. 변준호는 로스앤젤레스에서 주류 판매 상점을 운영하고 있었고, 수입의 상당 부분을 『독립』에 쏟았다.[26] 이들 가운데 한국전쟁 시점까지 『독립』을 지킨 것은 김강, 신두식, 변준호였고, 이경선은 1949년 북한행을 선택했다. 1950년대 김강과 신두식은 미국 하원 비미활동조사위원회에 소환된 후 북한으로 추방되거나 추방 직전에 몰린 반면, 변준호는 어느 시점엔가 기록에서 사라져 버렸다. 이후 그의 행적은 아직까지 밝혀져 있지 않다.[27]

선우학원은 로스앤젤레스 중국후원회를 주도한 사람이 이경선 목사였다고 주장했다. 조선의용대 후원회의 주도자에 대해 선우학원은 이렇게 대답했다.

조선의용대후원회: 회원의 대부분이 나성 감리교 교인들이였지요. 그 이유는 이[경선—인용자] 목사가 감리교 부목사였고, 내가 주일학교 교장이였기 때문이지만, 황사용 목사도, 평신도 대표 최능익, 그 외 여러분이 우리와 친분이 있었기 때문입니다. 사실 감리교가 진보운동의 본산지였습니다. 변준호는 뉴욕에서 활동하다가 나성으로 이사한 후 우리와 함께 일했고 신두식이는 맑스주의 연구자로 진보적 인사였고 교인은 아니였죠. 김강은 협성신

학교에서 이경선과 동창생이지만 미국에서 교회에 나오지 않았습니다. 변준호와의 관계가 더 가까웠지요.

미주에서 공산주의자들, 변준호, 신두식, 김강 등의 영향은 없었고 모두가 이 목사의 기독교 사회주의의 영향 밑에 있었습니다. 이 목사가 공산주의자로 자충한 것도 사회주의와의 차이가 별로 없습니다.[28]

중국후원회에는 미주 국민회, 흥사단, 동지회 계통의 중립적 인사들이 많이 참여했으며, 이들은 좀더 혁신적이고 진보적인 성향을 지녔다.[29] 1939년 중국후원회는 조선의용대 후원회로 개편되었는데, 이는 1938년 중국에서 조선의용대가 결성된 데 따른 것이었다. 지역별로 뉴욕은 1939년 4월, 로스앤젤레스는 같은 해 9월, 시카고는 같은 해 10월에 조선의용대 후원회로 개편되었다. 로스앤젤레스의 경우 회원은 60여 명이었으며, 집행위원장 안석중, 위원 김강, 최능익, 신두식, 변준호, 김혜란, 곽림대, 최봉윤, 선우학원, 이창희, 이경선 등이었다. 이들은 자발적으로 조선의용대를 후원했지만 아직까지 조선의용대와 직접 연계를 맺은 것은 아니었다. 1940년 5월 뉴욕, 시카고, 로스앤젤레스의 후원회가 통합해 조선의용대 미주후원회 연합회가 되었다.

중일전쟁 이후 중국과 일본의 전면전이 전개되자 재미한인들은 중일전쟁을 응원함으로써 한국 독립의 희망을 발견하고자 했다. 이 시기에 대일무장투쟁에 대한 응원과 기대감이 높아졌다. 한편 하와이와 본토에서 동지회와 국민회의 보수적 노선에 반감을 갖고 무장투쟁에 공명하던 좌파·진보주의자들이 조선의용대 미주후원회로 결집하게 되었다.

이경선, 김강, 변준호 등은 국민회 회원이었고, 동시에 이경선, 김강은 흥사단의 열성회원이었다. 이들은 국민회·흥사단 등 기성 한인단체에서 혁명적 독립운동관을 피력했지만 호응을 얻지 못했다. 이경선은 1938년 2월부터 4월까지 민오民吾라는 필명으로 「우리 혁명운동의 전도」라는 글을 『신한민보』에 8회 연재했다.[30] 혁명운동의 3대 원칙으로 민족론·민권론·경제론을 내세운 이 글은 '혁명방략'을 제시하고 있다. 이와 동시에 김강도「순풍에 돛을 답시다」라는 글을『신한민보』에 2회 연재했다.[31] 김강은 중일전쟁을 계기로 중국의 전쟁이 우리의 전쟁이며, 중국을 적극 후원하는 동시에 일화日貨를 배척해야 한다고 주장했다. 이는 중국후원회의 핵심 모토였다. 이경선과 김강 등 새로운 세대의 급진적 목소리가『신한민보』에 적극 반영된 것은 중일전쟁 발발이라는 새로운 정세의 전개뿐만 아니라 이들과 같은 노선의 신두식이 당시『신한민보』주필(1935~1938년)을 맡았기 때문이다. 시대의 변화와 무장투쟁, 혁명운동을 주장하는 목소리는 1938년 재미한인 사회에서 절정을 이루었다.

　김강은 1937년 말부터 1938년 초까지『흥사단보』에「흥사단 주의 실현에 당면한 문제」를 연재하며 주의를 환기했다.[32] 이경선은 흥사단 이사부의 요청에 따라 임시 시사연구위원의 자격으로 1938년 8월『혁명방략대요』革命方略大要라는 보고서를 제출했다. 보고서는 민족평등·민권평등·민생평등·민교民敎평등을 내세웠으나 흥사단으로부터 외면당했다. 국민회 시카고 지방회의 강영승은 시국연구위원회를 통해 준비한「혁명운동건의서」를 1938년 9월 국민회 집행위원회에 제출했지만 큰 반향을 얻지는 못했다.[33] 국민회 중앙상무부의 후속대책은 시사위원회를 조직하는 데 그쳤다. 즉 중일전쟁이라는 독립운동의 큰 기회를 포착해서 미주 한인단체들은 '시사연구'를 했지만 구체적인 실천방법에서는 궤를 달리했던 것이다.

　김강, 이경선, 강영승 등은 국민회·흥사단을 통해 혁명적 독립운동, 즉 무장투쟁을 주장했지만 큰 호응을 얻지는 못했다. 재미한인 사회는 점진적 실력양성론에 입각한 안창호 세력과 외교·교육 노선에 입각한 이승만 세력 등 보수적 노선으로 양분된 상태였다. 양은식의 지적처럼 이들은 마르크스주의의 씨앗을 뿌리려고 했지만, 씨앗이 뿌려질 토양의 상태를 알지 못했던 것이다. 기본적으로 재미한인 사회는 정치적으로 복잡하지 않은 기독교 공동체였으므로 계급투쟁이나 무장투쟁에 호응하지 않았다.[34] 결국 국민회와 흥사단에서 수용되지 못한 이들은 중국후원회와 조선의용대 미주후원회, 조선민족혁명당 미주지부라는 별개의 조직을 통해 자신들의 노선을 추구할 수밖에 없었다.

한편 조선의용대 미주후원회 연합회는 1940년 1월 1일 『의용보』라는 월간지를 창간했다. 이경선, 최영순 등이 집필을 담당했다. 이 잡지는 1941년 말부터 1942년 초까지 간행되었다. 조선의용대 미주후원회는 1941년 4월 재미한인의 통일 모임인 해외한족대회에 참가했다. 하와이에 거주하던 이경선이 집행부 서기를 맡았다.

조선의용대 미주후원회는 1942년 6월 30일 조선민족혁명당 미주지부로 재조직되었는데,[35] 조선의용대가 한국광복군 제1지대로 편입되면서 독자성이 사라졌기 때문이다. 조선의용대의 일부 세력은 1941년 봄부터 화북으로 북상하며 중국공산당 팔로군과 합작했고, 이에 따라 충칭에 남은 김원봉과 조선의용대는 큰 곤란에 처하게 되었다. 중국군사위원회는 1941년 11월 15일 한국광복군에 대한 중국군사위원회의 완벽한 통제를 명문화한 한국광복군 행동준승 9개 조항을 한국광복군에 요구했고, 1942년 5월 15일에는 조선의용대를 해산하고 이를 한국광복군 제1지대로 편입시켰다. 조선민족혁명당은 제6차 전당대회(1941년 11월)에서 임시정부 참여를 의결하고, 임시정부 지지를 결정했다. 그렇지만 의용대와 광복군 측의 융합은 쉽게 이뤄지지 못했고, 갈등도 해소되지 않았다.

현순 문건에는 김원봉이 최능익에게 보낸 1942년 6월 11일자 편지가 등사되어 있다.

김약산장군의 내전 6월 11일 1942

최능익씨

태평양전쟁으로 인하야 우리의 통신이 지완遲緩하고 우리 활동에도 불소한 영향이 밋첫습니다. 중국군사회의의 명령으로 조선의용대는 한국독립군과 연합하엿는데 우리 의용대는 한국독립군 제1로군으로 인준하고 전일 한국독립군이엿든 제2로군은 중국군사회의에 인준치 안엇읍니다. 중국군사회의에서 단만 본인이 부사령이 되엿다고 공포하고 아즉까지 총사령은 임명치 안엇습니다. 한국 임시정부는 이청천씨로 총사령을 임명하엿으나 한국독립군은 한국 임시정부와는 아모 관계가 업는 고 임시정부가 임명하엿다는 총사령은 아모 효력이 업는 것이올시다.[36]

즉 조선의용대가 한국광복군과 통합해 제1지대가 되었고, 김원봉은 부사령으로 중국군사위원회에서 인준을 받았다. 이전의 한국광복군은 제2지대가 되었으나 중국군사위원회가 인준하지 않았고, 총사령도 임명하지 않았다. 임시정부는 이청천을 한국광복군 총사령으로 임명했지만, 현재 한국광복군은 임시정부와 무관하다는 내용이다. 김원봉이 이런 내용의 서한을 미주와 주고받았으므로 임시정부와 민족혁명당 간의 관계, 한국광복군과 조선의용대 간의 관계를 미루어 짐작할 수 있겠다. 임시정부·광복군을 지지하는 국민회·흥사단 계열과 민족혁명당·조선의용대를 지지하는 의용대 미주후원회 간의 갈등과 긴장관계도 상당한 파열음을 내고 있었다.

이 편지가 오간 직후인 1942년 6월 30일 조선의용대 미주후원회가 조선민족혁명당 미주지부로 개편된 것이다. 재미한인 사회에서는 조선의용대 미주후원회가 결성되는 단계에 접어들면서 이에 대한 반대 여론이 높아졌다. 이들이 임시정부가 아닌 조선의용대로 '군사운동비'를 보내려 했기 때문이다. 즉 임시정부에 대한 후원과 지지가 줄어들기 때문이었다.[37] 기존의 임시정부 지지 세력들은 조선민족혁명당 미주지부에 강한 반감을 가졌다. 임시정부 지지와 이념 문제가 그 핵심에 놓여 있었다.

조선민족혁명당 미주지부는『의용보』의 후신으로『민족전선』이라는 기관지를 간행했고(1942년 10월 11일) 이경선이 담임 기자를 맡았다. 그러던 중 이들은『삼일신보』의 주자鑄字를 얻었고, 박상엽을 주필로 초빙했다. 한국에서 영자지『서울프레스』*Seoul Press* 기자였던 박상엽은 미국으로 건너간 후 1943년『신한민보』영문란의 주필로 초빙되었으나 보수적 노선에 반대해 사직한 상태였다. 미국 정보부가 제안한 연봉 4,000달러의 자리를 마다하고『독립』을 선택한 박상엽은 이후 4년 동안 주필로 활동했다. 주자 사용에 불편을 느낀 박상엽, 김강, 변준호는 라이노타이프 타자기를 구입하는데 600달러를 출연했고, 모금을 통해 2,000달러를 모아 인쇄소를 사들일 수 있었다.[38] 이어 뉴욕에서 온 전경준이 옛『신한민보』타자원 최응선에게 타자법을 배웠고, 1943년 10월 6일『독립』창간호가 인쇄되었다. 전경준은 타자원으로 일한 경력이 있었는데, 그는 1956년 폐간 때까지 계속『독립』의 인쇄를 담당했다.『독립』의 창간에는 모두 73명의 발기인이 참가했다.[39]

즉 1937년 뉴욕의 중국후원회로부터 출발한 재미한인 진보 세력은 조선의용대 미주후원회를 거쳐 조선민족혁명당 미주지부로 결집했고, 그 기관지로『독립』을 간행하게 된 것이다.[40]

그런데 이미 뉴욕의 중국후원회가 출범하던 시점부터 국민회는 이들을 '공산당'이라고 비판했다. 국민회 당국자는 이들의 회관 사용을 금지하며 집회금지령을 내렸다.[41] 국민회가 이런 의심을 하게 된 것은 중국후원회를 주도한 변준호의 경력 때문이었다. 국민회 회장 백일규는 1934년 시카고에서 공산당으로 자처하는 불량분자 수3명이 암약하니 조심하라는 기사를『신한민보』에 게재한 바 있다.[42] 이는 1930년대 초반 시카고에서 김호철, 변준호 등이 주도하던 사회과학연구회를 겨냥한 것이었다. 그렇지만 그로부터 9년이 지나 중일전쟁과 태평양전쟁이 발발하자 재미한인 사회의 기풍과 흐름이 달라졌다. 대일 무장투쟁의 의미가 그만큼 중요하게 부각되었기 때문이다. 1934년에 '공산당'을 조심하라는 광고를 냈던 백일규가 1943년『독립』창간 발기인으로 참가한 데 이어 제2대 사장이 된 것은 태평양전쟁의 발발과 무장투쟁의 기운 때문이었다.

이처럼 재미한인 사회 내에서 쉽게 자리를 잡지 못하던 좌파들은 중일 전쟁과 태평양전쟁이라는 미증유의 사변을 맞아 역사적 흐름에 편승하면서 성장했다. 이들은 좌파적 지향을 가졌으나 대일 무장투쟁의 필요성과 이에 대한 후원을 강조하여 재미한인 사회의 지지를 얻었다. 즉 조선의용대, 조선 민족혁명당에 대한 후원은 이념적 친연성뿐만 아니라 무장투쟁의 필요성이 라는 시대적 과제에 공명하는 것이었다.

현순의 메모장에는 한길수가 미국 관리에게서 전해 들은 한국 독립운 동에 대한 충고가 정리되어 있다. 1942년경에 쓴 것으로 추정되는 이 메모 에서 미국 관리는 한국 독립운동에 대한 미국 국무부(국무원으로 표기)의 의 문점들을 이렇게 얘기했다.

1 미일 개전 전에 일본인들은 자신들과 싸우는 한국인들을 공산주의자 라고 하지 않았는가?

2 이승만과 중경 임시정부(신정부로 표기)는 무슨 연고로 시베리아와 만 주에서 일본인과 싸우는 한인들을 공산주의자라고 하는가?

3 이승만과 중경 임시정부는 시베리아와 만주에서 항일하는 한인들을 다 공산주의자로 제외하면 어디에서 군인들을 모집하려는가?

4 이승만과 중경 임시정부는 무슨 연고로 자기만이 한국 인민을 대표하 였다고 하는가?

5 미국 정부는 한국, 일본, 만주, 시베리아, 중국 각처에 거류하는 한인 들의 호소를 받았는데, 이는 이승만과 중경 임시정부가 그곳 인민들 을 관할치 못한다는 내용이다.

6 이러한 사실로 보면 이승만의 단체가 실제를 정면하여 모든 단체들에 게 동일하고 정당한 대표권을 주지 않으면 그들의 요구를 고려할 수 없다.

7 국무부에서는 중국, 러시아, 영국 등의 희망과 결정이 어떠한 입장에

있는가를 고려하지 아니할 수 없다.[43]

즉 무장투쟁을 위해서는 중국과 시베리아에 거주하는 한인들을 배제할 수 없으며, 이들의 입지를 배려해야 한다는 것이었다. 즉 공산주의자·사회주의자와 연대한 반일 무장투쟁을 주장하는 한편 임시정부가 독립운동의 유일 지도부가 아니라는 점을 강조한 것이다. 이런 여론은 민족혁명당 미주지부와 한길수의 중한민중대동맹 측에서 제기되었다. 한길수는 사회주의적이거나 진보적인 성향은 아니었으나 시대적 흐름을 파악하는 데 탁월한 능력을 지닌 인물이었다. 특히 그는 미국 백인 사회 일부에서 제기되는 공포와 염려를 잘 대변해 명성을 얻었다.

1949년 현앨리스와 함께 체코를 통해 북한으로 간 이경선 목사도 이 시점에 무장투쟁의 열렬한 옹호자가 되어 있었다. 1944년 『독립』에 실린 이경선의 「시국대책」이라는 기사가 대표적이다. 그는 지금이 바로 군사운동이 필요한 시점이라고 강조하며, 조선의용대와 광복군을 합한 숫자가 1,000명이고 일본 점령지구 내 한인이 수십만 명이므로 군자금과 무기만 있으면 중국 관내에서 수만 명의 군인을 모집할 수 있다고 주장했다.

만주에는 김일성 조상지 등의 영솔한 독립부대와 동북항일연군에 가입된 한인 청년 군인들을 다 합하면 통칭 3만 명 이상을 말하나 무려 수만 명이 있는 것은 사실이오 또한 연해주의 한인 적군은 통칭 3사단을 말하나 무려 수만 명 있는 것은 사실이다.[44]

만주의 동북항일연군, 연해주의 한인 적군, 김일성 등을 강조함으로써 재미한인들이 수십만 원의 군사비를 모금해 원동遠東에 보내야 한다는 것이다. 현순의 메모와 일맥상통하는 내용이다. 무장투쟁을 위해서 재만·연해주 공산주의 무장 세력과 연대해야 한다는 주장이었다.

그렇지만 이들은 재미한인 사회 내에서 주류적 존재가 되기는 어려웠다. 이미 1910년대부터 재미한인 사회는 이승만, 박용만, 안창호라는 걸출한 3명의 지도자에 의해 사회·교민 조직이 잘 분할된 상태였다. 특히 이승만 계열의 동지회와 반이승만 계열의 국민회·흥사단의 대결이 치열했다. 민족혁명당 미주지부는 그 밖의 진보적 소수파였다. 태평양전쟁 전후 재미한인 사회는 통일과 분열을 반복했는데, 그 핵심에는 여전히 이승만을 둘러싼 갈등이 있었다. 표면적으로 분열은 재미한인들이 조직하고 임시정부가 승인한 주미외교위원부로부터 시작되었다. 그리고 이 갈등은 임시정부와 그를 오랫동안 지지해온 재미한인, 나아가 재미한인 진보진영에 재앙적 결말을 초래하게 된다.[45]

주미외교위원부는 임시정부 외교부 산하에서 대미 외교를 전담하는 조직이었다. 그런데 이 조직을 창출하고 재정적으로 후원한 것은 재미한인들이었다. 즉 재미한인들이 실제로 설립하여 후원하고 명목만 임시정부 산하에 둔 조직이었다. 이러한 형식과 내용의 괴리에서 문제가 발생하기 시작했다. 정부의 권위와 재미한인의 현실적 이해와 요구가 충돌했기 때문이다.

태평양전쟁 발발 직전인 1941년 4월 재미한인들의 통일운동 결과 해외한족대회가 개최되었다. 하와이와 미주의 한인 단체들을 망라한 해외한족대회는 이승만 계열의 동지회와 반이승만파인 국민회가 오랜 갈등을 딛고 연대한 것이었다. 이 대회의 결과 재미한족연합회가 조직되었다. 재미한족연합회는 한국인이 많은 하와이에 의사부를, 외교적·군사적 실행이 가능한 로스앤젤레스에 집행부를 두었다. 재미한족연합회는 외교와 군사 두 방면에 주력했다. 외교의 측면에서 주미외교위원부를 설립해 임시정부의 승인을 받은 외교기관으로 만들었고, 이승만을 위원장으로 추대했다. 군사 측면에서는 한길수를 국방봉사원으로 임명해 미국의 국방에 기여하도록 했다. 그렇지만 이승만이 워싱턴에서 외교 활동을 시작한 후 재미한족연합회와 갈등이 빚어졌다. 이승만의 외교는 3·1운동 당시와 동일한 방식이었고 1인

외교로 자신의 명성을 높이는 데 주안점을 두었기 때문이다.

재미한족연합회는 1943년 초부터 이승만의 면직을 임시정부에 청원하는 한편 위원부의 확대와 개조를 주장했다. 외교위원부 개조는 표면적으로 외교위원부를 확대 개조해 외교운동을 원활히 하자는 것이었지만, 내용적으로는 이승만의 외교위원부 운영방식과 외교방략, 지도력에 대한 국민회 계열의 반발과 도전이었다. 김구는 이 요구를 거부했다. 재미한족연합회가 이승만에 대한 재정 지원을 중단하자 동지회가 탈퇴함으로써(1943년 12월) 갈등은 정점에 달했다. 재미한족연합회가 워싱턴 사무소를 설립하고(1944년 6월 5일) 임시정부에 대한 후원을 축소·중단하자, 임시정부는 1944년 8월 외교위원부 개조 방침을 표명했다. 재미한인 단체 10분의 7 이상이 참석해, 참석자 4분의 3의 결정으로 조직되는 외교위원부를 인정하겠다고 선언했다.

이에 따라 이승만 계열을 제외한 재미한인 단체들이 참가한 회의 결과, 외교위원부의 개조가 이루어졌다(1944년 11월). 그렇지만 임시정부는 이승만과 동지회가 포함되지 않았다며, 애초의 약속을 어기고 이승만을 위원장으로 삼는 독자적인 외교위원부 인선안을 발표했다(1944년 11월). 이는 25년 이상 임시정부를 지지해온 재미한인 대다수의 의사결정을 무시하고, 임시정부 스스로의 공약을 저버린 것이었다. 임시정부가 자의적으로 결과를 번복한 후 임시정부와 재미한인 사이에는 회복할 수 없는 간극이 발생했다. 이후 재미한인 사회는 임시정부 지지파와 임시정부 지지철회파, 나아가 임시정부 반대파까지 속출했다.

미주 한인 사회 내의 진보적 흐름을 대표하던 조선의용대 미주후원회, 민족혁명당 미주지부도 임시정부에 대한 계속적 지지 여부, 재미한족연합회의 독자적 워싱턴 사무소 설치 문제를 둘러싸고 양분되었다. 1944년 12월 15일 민족혁명당 미주총지부 위원장 변준호와 총무 김강은 재미한족연합회와 민혁당 미주총지부 내의 반反임정 태도를 비판하며, 충칭의 민혁당 본부에 거취 문제를 논의하자고 제안했다.[46] 충칭에서는 민혁당이 임시정부에 참여해 김규식이 국무회의 부주석이 되었고, 김원봉은 광복군 부사령이 된 상태였다. 민혁당은 임시의정원에 의석을 얻었고, 조선의용대는 광복군 제1지대가 되었다. 민혁당과 임시정부는 좌우합작을 통해 연립정부를 수립함으로써 정부 통일, 군대 통일, 의회 통일을 이룬 상태였다. 민혁당의 공식 노선은 임시정부와 합작해 항일투쟁을 벌여나가는 것이었다.

그런데 이들의 제안은 다수파에 의해 거부되었을 뿐만 아니라 나아가 민족혁명당 미주총지부는 2파로 분열되었다. 구舊간부파는 독자외교나 임시정부 반대를 거부한 반면 신新간부파는 한족연합회 참가 및 한길수를 중심으로 한 한족연합회의 워싱턴 사무소 외교에 찬성했다.

1944년 12월 17일 민족혁명당 미주총지부 위원장 변준호와 총무 김강은 「민혁 미주총지부 분열 진상」이라는 성명을 발표해 민족혁명당 미주총지부가 2개의 당파로 분열되었다고 선언했다. 이에 맞서 '조선민족혁명당 북미총지부'는 새로운 임원진을 발표했다. 여기에는 회장 곽림대, 총무 황성택, 선전 한길수, 조직 겸 통신 최능익 등이 포함되었다.[47] 이들은 한족연합회에 대표 파견 및 반임정 태도를 분명히 했다. 이에 따라 재미한인 진보진영을 대표하던 민족혁명당 미주지부는 '민족혁명당 미주총지부'(구간부파)와 '조선민족혁명당 북미총지부'(신간부파)라는 2개의 당파로 분열되었다.

구간부파의 민혁당 미주총지부는 1945년 1월 7일 연례집회를 열고 1945년 임원을 개선했다. 개선된 임원진은 신두식(집행위원장), 조극(총무), 이경선(비서), 김두헌(회계), 황사용·최영순(선전), 김강·선우학원(정치), 변준호·이경애·류시열(조직) 등이었다.[48] 그렇지만 이들 구간부파는 민족혁명당 미주지부 내에서 소수파가 되었고 공식 직위에서 추방되었다.[49] 1937년 이후 재미한인 진보진영의 핵심이었던 이들이 '임시정부' 지지 때문에 당에서 쫓겨난 것이다.

이때 OSS가 이들에게 손을 내밀었고, 이들은 주저하지 않고 OSS에 입대했다. 오랫동안 군사운동을 주장했던 이들은 마흔 살이 넘은 나이에 미군에 입대해 특수공작원 훈련을 받게 된 것이다. 중국, 만주, 연해주에서 무장투쟁을 벌여야 한다고 주장했던 사람들이 군복을 입고 코만도Commando 훈련을 받게 될 줄은 상상하지도 못했을 것이다. 이를 통해 OSS 및 미국 정보기관들이 재미한인 사회를 손바닥 위에 놓고 관찰했다고 해도 될 정도로 정확한 정보 판단이 이루어졌음을 알 수 있다.

OSS 문서철에는 1945년 1월 입대한 민족혁명당 미주지부 출신 입대자들의 인적사항이 들어 있다.[50] OSS는 1944년 10월 이들에 대한 인터뷰를 실시해 입대 의사를 타진한 적이 있었다.

- 김강Kimm, Diamond: 1902년 10월 5일 평북 용천 출생. 기혼. 1921~1926년 협성신학. 1928년 7월 6일 미국 도착. 1928~1938년 USC, 콜로라도 광산학교. 학사·석사. 금속화학기술자. LA에서 『독립』 편집. 1945년 1월 4일 민간요원으로 OSS 입소. 1945년 1월 18일부터 9월까지 정탐·사보타지 훈련받음. 다방면에 탁월한 성적. 1945년 9월 17일 OSS에서 제대.[51]

- 변준호James Penn: 1902년 1월 1일 원산 출생. 미혼. 1917년 8월 30일 미국 도착. 1927년 노스웨스턴 대학. 10년간 하인 및 세일즈맨으로 일했음. OSS 참가 이전에 LA에서 상점주인. 1945년 1월 4일 OSS FEU에 민간요원 훈련생으로 참가. 1945년 1월 18일부터 9월까지 FEU 특별훈련소에서 정탐. 첩보훈련. 명민하지 않지만 끈기 있는 학생. 1945년 9월 17일 OSS 제대.

- 이경선Lee, Kyung Sun: 1900년 4월 16일생. 1945년 1월 30일 OSS 입대. 중국·버마·인도전구CBI 배치 예정. 해외 배치될 한국인 그룹에 포함될 예정. 그의 임무는 중요한 비밀임무를 수행할 동양인 요원을 선발·훈련하는 것이 될 예정. 한국어와 일본어 말하고 쓰기 유창, 중국어 읽고

쓰기 가능. 언어적 능력 외에 국내
외의 다양한 한국 정치운동 및 한국
인들과 친밀하며 2년간 중국에서,
2년간 일본에서 산 경험이 있음.

그림 32 이창희(1944년 3월 4일) © NARA

- 이창희Lee, Chang Hei: 1902년 3월
  15일생. 1922~1927년 연희전문.
  1931~1936년 조지 피바디 대학(화
  학). 1931~1937년 밴더빌트 대학 수
  학(화학·신학). 1939년『신한민보』주필.[52] 1941년 11월~1942년 2월 애
  리조나 주 챈들러Chandler의 샌마르코스San Marcos 호텔에서 벨보이Bell
  hop로 일했음. 캘리포니아 레이크 애로헤드Lake Arrowhead의 애로헤
  드 롯지Arrowhead Lodge에서도 벨보이로 일했음. 1942년 2~7월 노스
  다코타 비스마르크 포트링컨Fort Lincoln 적성 외국인수용소Detention of
  Enemy Aliens에서 법무부 공식 통역. 1942년 7~9월 콜로라도 주 볼더
  Boulder 해군언어학교Naval Language School에서 일본어 강사. 1944년 LA
  에서 OSS 일본어 통역을 한 바 있음. 1945년 1월 30일 OSS 입대. 해외
  배치될 한국인 그룹에 포함될 예정. 그의 임무는 중요한 비밀임무를 수
  행할 동양인 요원을 선발·훈련하는 것이 될 예정. 한국어와 일본어 말
  하고 쓰기 유창. 중국어 읽고 쓰기 가능. 언어적 능력 외에 LA에서 OSS
  에 의해 민간인(일본어 통역)으로 고용된 바 있음. 국내외의 다양한 한
  국 정치운동 및 한국인들과 친밀함. 한국에 오래 거주했으며 일본을
  여행한 바 있음. 1944년 10월 29일 월커 대령Col. Walker이 인터뷰했음.

김강과 변준호는 한반도 침투작전인 냅코 프로젝트에 투입되었고, 이
경선은 중국 전구戰區에 배치되어 쿤밍昆明에서 해방을 맞이했다.

김강, 변준호, 이경선, 이창희 등은 정치적·외교적으로 독립운동이 불

가능하자 40대의 나이에 무장투쟁을 위해 목숨을 걸고 기꺼이 OSS에 입대해 특수훈련을 받을 정도로 애국열이 뜨거웠음을 알 수 있다.

이들이 OSS에서 훈련받고 있는 사이에 충칭의 민족혁명당과 미국의 민족혁명당 지부의 관계는 완전히 단절되고 말았다. 충칭의 민족혁명당 중앙집행위원회는 제8기 제6차 특별회의를 개최해 곽림대를 위원장으로 하는 새로운 '집행위원회'의 해체를 명령하고 신두식(위원장)과 이경선(서기)을 중심으로 하는 원原간부진을 인정했다.[53] 이 소식은 1945년 4월 북미로 전해졌다. 조선민족혁명당 중앙집행위원장 김규식, 총서기 김원봉은 신두식과 이경선에게 당의 결정에 반대하는 모든 회원을 축출하라는 지령을 내렸다.

이에 맞서 곽림대 측은 자신들은 미국 정부의 인가를 얻은 법인이므로 누가 해산시키거나 축출할 수 없다고 주장했다. 이들은 자신들이 '미주조선민족혁명당'으로 활동할 것이라고 밝혔다.[54] 조선민족혁명당 북미총지부는 1945년 1월 12일 캘리포니아 주정부의 허가를 받아 법인으로 등록한 상태였다. 이들은 법인 인가증명서에 위원장 곽림대를 비롯하여 각 부서 책임자들의 서명을 등록해놓았다.[55]

사정이 여기에 이르자 재미한인 진보진영의 분열과 쇠락은 분명해졌다. 중국후원회-조선의용대 후원회-조선민족혁명당 지부를 통해 성장해 온 재미한인 진보 세력은 사분오열되었다. 민족혁명당 다수파는 독자노선을 내세우며 재미한족연합회의 워싱턴 사무소와 합작하고 임시정부·광복군과 결별했다. 그러나 이들과 재미한족연합회와의 관계는 원만하지 않았다. 이들은 민족혁명당 본부와도 연계가 끊어진 상태에서 독자 정당으로 행세하기 시작했다. 이들은 외교에 중점을 두었으나 현실적으로 재미한족연합회의 독자외교는 불가능했다.

반면 민족혁명당 소수파이자 원간부파는 충칭 본부와 연계해 임시정부 지지를 표방했지만 재미한인 사회에서 소수파로 몰리게 되었다. 원간부파의 핵심 인사들은 OSS에 가담한 상태였으므로 민족혁명당을 회복시킬 수 없었다. 이들은 임시정부의 배신에 분노하던 다른 세력과 달리 임시정부에 참가한 민족혁명당 본부의 노선에 따랐다. 사회주의적 이념의 무장투쟁을 옹호했던 민족혁명당 미주지부 원간부파는 공산주의자라는 비판을 받아왔으나 이제 임시정부 지지를 이유로 자신이 조직한 정당에서 축출되고 미주 한인 사회에서 극소수파로 몰렸던 것이다. 역사의 아이러니가 아닐 수 없다. 역설적으로 이승만을 도태시키려던 재미한족연합회의 시도는 이승만이 아닌 임시정부와 한족연합회에 치명상을 안기는 결과를 낳고 말았던 것이다.

이 시점에 민족혁명당 미주지부로 집중되었던 재미한인 진보진영의 동력과 열정은 상실된 것과 다를 바 없었다. 민족혁명당은 이제 재미한인 사회에서 진보의 대명사가 아니었고 이들의 터전도 아니었다. 이들이 1945년 하반기 OSS에서 제대했을 때 재미한인 진보진영은 1942~1944년의 활기를 되찾을 수 없었다. 재미한인 진보진영의 황금광 시대는 저물었다.

종전 후의 상황도 그 연장선상에 놓여 있었다. 이승만은 해방 직후 가장 먼저 입국한(1945년 10월 16일) 후 임시정부의 후광과 미군정의 지지를 받으며 남한 정계에서 주도권을 장악하기 시작했다. 한국에서 이승만은 더 이상 재미 시절 재미한족연합회와 진보진영이 마음대로 비판할 수 있던 그런 위상이 아니었다. 이승만은 전국적 지도자로 부상했다. 재미한족연합회 대표들 역시 1945년 말부터 1946년에 걸쳐 남한에 입국했다. 김호와 김원용은 입법의원 관선의원이 되었고, 한족연합회는 신진당을 결성해 중도우파로서 정치활동을 벌였다.[56]

반면 민족혁명당 미주지부 계열 인사들은 남한 입국이 좌절되었다. 미국 국무부와 맥아더 사령부, 하지 사령부 등은 귀국을 희망한 좌파 인사들의 귀국 청원을 거부했다. 한길수, 김강, 변준호, 현순 등은 모두 입국을 시도했지만 거부되었다. 특히 김강은 1945년에서 1948년 사이에 총 세 차례나 입국을 신청했지만 거부당했다. 주한 미군정의 초청을 받았는데도 국무부가 여권을 내주지 않았다.[57]

민족혁명당은 두 파로 완전히 양분되었으며, 전쟁 말기 임시정부, 이승만(동지회), 국민회 등과 완전히 등을 돌린 상태가 되었다. 충칭의 민족혁명당은 귀국 후 남한에서 큰 정치적 입지를 점하지 못했고, 좌우의 극단적 정치 흐름 속에 국내 활동을 사실상 중단하기에 이르렀다. 이미 민족혁명당 본부와 연계가 단절된 상태였던 민족혁명당 미주지부는 해산을 선택했다. 민족혁명당 미주본부는 1946년 5월 6일 당의 목적인 조선 독립이 이루어졌다면서 곽림대 위원장 명의로 해산을 선언했다.[58] 민족혁명당 하와이 지부는 미국 사찰당국의 감시와 의심을 받게 되자 1947년 8월 해산하고 9월 민생사民生社라는 친목·상호부조 단체로 전환했다.[59]

재미한인 진보진영에게 민족혁명당이라는 정당이나 재미한족연합회라는 사회단체는 의미를 지닐 수 없었다. 외교냐 무장투쟁이냐, 임시정부 지지냐 독자노선이냐도 더는 설 자리를 잃었다. 해방 직전 자체 분열을 경험한 이들에게 뼈아픈 결과였다. 해방 후 이들의 유일한 조직적 근거지는 정당이나 사회단체가 아니라『독립』신문이라는 매체뿐이었다.

1946년에 이르러 주한미군, OSS 등을 통해 오랫동안 염원하던 무장투쟁을 실제 경험한 민족혁명당 미주지부 인사들이 로스앤젤레스로 모였다. 이들은 이후『독립』의 중핵으로 활동하게 되는 변준호, 김강, 이경선, 선우학원, 현앨리스, 현피터 등이다.

OSS를 제대한 변준호는 6~7개월 동안 중부 캘리포니아에서 농장생활을 하다가 1946년 3월 로스앤젤레스로 돌아왔다.[60] 변준호는 1946년 9월 말부터『독립』에 글을 기고하기 시작했다.[61]

김강은 냅코 훈련을 받고 있는 와중에도 계속『독립』에 유지금을 냈고,[62] 1945년 6월 OSS 훈련을 받던 중에도 이경선, 변준호, 이창희 등과 함께『독립』의 편집원으로 선임되었다.[63] 김강은 1946년 5월 1일자 기명 사설을 통해『독립』귀환을 알렸다. 이후 김강은 KK라는 필명으로「시사단평」을 연재했다. 철학자 소크라테스의 캐리커처가 들어간 이 칼럼은 1946년 7월 10일부터 김강의 실명으로 게재되기 시작했다.

이경선은 1945년 하반기 중국 쿤밍에서 워싱턴으로 돌아온 후 이사민
李思民으로 이름을 바꾸었다. 민중을 생각한다는 의미였다. 그는 1946년부터
1948년 초반까지 워싱턴 DC에 체류한 것으로 보인다.[64] 1948년 5월 시애틀
워싱턴 대학 한국어 강사로 취임해서 1949년 4월까지 시애틀에 머물렀다.[65]
그는 1949년 체코를 거쳐 북한으로 들어갔다.

선우학원은 시애틀 워싱턴 대학 한국어 강사였는데, 1945년 7월 30일
미군에 입대했다. 그는 1946년 9월 『독립』에 기사를 게재함으로써 신문사에
복귀했다.[66] 이후 1946년에서 1949년에는 『독립』의 주요 기고자가 되었다.
워싱턴 주립대학에서 미국공산당에 입당했으며, 이경선과 함께 가장 적극
적으로 공산주의 활동에 참가했다. 그는 1949년 영국을 거쳐 체코로 향했다.

한편 잘 알려지지 않았지만, 현앨리스와 관련해서 중요한 『독립』 관련
자들이 있다. 먼저 이득환William Lee은 1946년 4월 13일 독립신문사 이사회
에서 『독립』 신문 총무가 되었다. 그는 1937년 뉴욕에서 중국후원회를 조직
할 때부터 가담한 인물로 조선의용대 미주후원회, 조선민족혁명당 미주지
부, 『독립』의 적극적 참여자였다.[67] 이득환은 최초로 북한에 들어간 재미한
인 인사였으며, 1953년 소위 이강국 간첩사건 기소장에 현앨리스와 함께 미
국의 간첩으로 지목되었다.

전경준John Juhn 역시 알려지지 않은 인물이다. 그는 1929년 미국공산
당에 가입했으며 중국후원회에도 가담한 바 있다. 『독립』의 인쇄인, 즉 타자
원으로 신문사가 문을 닫는 시점까지 일했다. 재미한인 진보진영에서 표면
에 드러나 활동하지는 않았으나 『독립』이 유지되는 데 결정적 기여를 했다.
그는 1957년 미국 정부에 의해 북한으로 추방되었다.

OSS에 참가했던 이창희는 돌아오지 않았다. 그는 시애틀로 돌아가 최
봉윤과 함께 호텔을 경영했다.[68] 그리고 현앨리스와 현피터가 이들의 대열
에 합류했다.

『독립』·재미조선인민주전선에서의 활동

현앨리스는 로스앤젤레스에서 거주하던 1946~1949년에 2개의 단체에서 활동했다. 첫 번째는 주간신문 『독립』이었다. 『독립』은 1943년 창간된 재미 한인 진보진영의 언론기관이자 한때 민족혁명당 미주지부의 기관지였다. 두 번째는 재미조선인민주전선이었다. 재미조선인민주전선은 1946년 남한에서 조직된 좌익 통일전선인 민주주의민족전선의 미국판으로 1947년에 조직되었다.

현앨리스는 한국에 있던 1946년 초반부터 『독립』과 비공식적 관계를 맺었을 것이다. 『독립』에는 1946년 2월 두 차례에 걸쳐 「정치적 림종에 박두한 김구 리승만 임정의 말로」라는 기사가 게재되었다.[69] "서울에 현재 체류 중이었던 미국 관측자가 직접 본사로 보내어온 보고"라고 소개된 이 기사는 『독립』 신문에 최초로 게재된 서울발 체험자의 보도였다. 이승만, 김구, 한민당을 폭력단 또는 파쇼분자로 비판하는 반면 좌익은 연합전선과 민중이 후원하는 인민공화국 등으로 묘사한 기사의 내용과 서술방식, 선택된 용어나 언어들은 주한미군의 것이 아니라 당시 남한 좌익의 것을 그대로 전사轉寫한 것이었다.

때문에 현앨리스가 이 기사의 제공자였을 가능성이 높다. 이 시점에 『독립』과 직접 관련을 맺은 미군정 내 한국인은 현앨리스, 현피터, 선우천복 등이었는데, 현피터는 강원도 군정에서 일했고, 선우천복은 경상북도 군정에서 일했으므로 자유롭게 서울에서 활동하던 사람은 현앨리스뿐이었다. 1946년 『독립』에는 여러 차례 '서울의 미국인 관찰자' 명의의 기사가 실렸는데, 여기에 현앨리스가 개입했거나 아니면 직접 기사를 썼을 개연성이 높다.

또한 1946년 3월 이승만을 민주의원 의장직에서 실각시킨 소위 '광산 스캔들' 혹은 '돌베어 스캔들' 기사도 현앨리스와 관련되었을 가능성이 있

다. 이승만이 운산금광 매각 미수금을 일본 정부로부터 받아내려 한 동양개
발금광회사의 대리인 새뮤얼 돌베어라는 인물을 임시정부의 광산 고문으로
임명하고, 한국 광산에 대한 광범위한 권리를 양여하는 대가로 미화 100만
달러를 받기로 약속했다는 이 보도의 출처는 『독립』 신문이었다.[70] 이 기사
는 1945년 11월~1946년 2월에 서울에 도착한 재미한족연합회 대표단에 의
해 유포되었을 가능성을 배제할 수 없지만, 『독립』의 기사 출처가 한길수였
고 국내에서 주로 좌익 언론을 통해 기사가 유포된 것으로 미루어 조선공산
당과 밀접한 관련을 맺고 있는 인사가 정보를 제공했을 가능성이 높다. 당시
『독립』은 경상북도 군정 관방이었던 선우천복의 사례에서 알 수 있듯이 우
편으로 국내에 배송되었다. 광산 스캔들을 보도한 언론들은 미군정 조사 과
정에서 누군가가 신문을 언론사 편집국에 두고 갔다고 진술했다. 서울에서
박헌영과 긴밀하게 접촉하고 있던 현앨리스가 여기에 개입했을 개연성이
적지 않다.

1946년 주한 미군정 CIC의 조사 과정에서 현앨리스와 현피터가 1급 특
별 등기우편을 통해 하와이의 현순·조선민족혁명당과 관련 소식이나 정보
를 주고받았다는 점이 밝혀졌다. 또한 이들을 통해 남한에 대한 최신의 방대
한 정보가 『독립』에 실렸다는 사실이 지적된 바 있다.[71]

현앨리스는 나아가 클론스키, 제플린, 웨스트, 옴스테드 등 주한미군 내
공산주의자들의 기사가 『독립』에 실릴 수 있도록 개입했다. 서울에서는 현
앨리스가, 로스앤젤레스에서는 『독립』의 전경준과 이득환 등이 역할을 분
담했을 것이다.

이런 지속적 관계의 연장선상에서 현앨리스는 1946년 8월 로스앤젤레
스에 정착한 이후 『독립』 그룹에 합류하게 된 것이다. 그런데 현앨리스의 행
보는 다른 재미한인 진보주의자들과 달랐다. 현앨리스는 재미한인 사회 내
에서만 움직인 것이 아니라 미국공산당과 관련된 외곽단체 및 연계조직과
연계해 활동했다.

현앨리스는 1946년 10월 샌프란시스코에서 개최된 '중국 및 원동 문제 토의 전국대회'(1946년 10월 18~20일)에 참석했다. 이 대회의 정확한 명칭은 '중국 및 극동 문제 전국대회'The National Conference on China and the Far East로 '평화쟁취전국위원회'The National Win the Peace Committee와 '민주적 극동정책위원회'The Committee for a Democratic Far East Policy가 공동 주최한 것이었다. 그런데 이 전국대회와 이를 주최한 2개의 위원회는 모두 미국 법무부가 발표한 「법무부 전복조직 명단」AGLOSO: Attorney General's List of Subversive Organizations에 등재되었다. '민주적 극동정책위원회'는 1948년 3월 명단에 올랐고, '중국 및 극동 문제 전국대회'(평화쟁취전국위원회)는 1955년 11월 명단에 올랐다.[72] 원래 이 명단은 2차 세계대전 시기 파시스트 조직과 공산당 조직을 분류하기 위한 것이었으며, 1947년 대통령 명령 9835호에 의해 설립된 충성심사위원회Loyalty Review Board가 조직되어 연방정부 공무원들의 충성심을 심사하면서 성격이 변화했다. 충성심사위원회는 1948년 3월 「공산주의 비밀조직 명부」List of Communist Classified Organizations를 발표했다. 즉 현앨리스는 미국 법무부의 시각에서 판단할 때 미국공산당의 전선조직이거나 그와 연관된 전복조직으로 규정된 조직들이 주최하는 대회에 참석했던 것이다.

현앨리스와 함께 한국 대표로 참석한 것은 시애틀에서 온 선우학원, 샌프란시스코에서 온 정덕근Dakin K.Chung, 미국인 데이비스 자비스David Sarvis였다. 정덕근은 하와이 중한민중동맹단에서 한길수의 열렬한 지지자이자 추종자였으며, 『독립』의 창간 멤버이기도 했다. 또한 1945년 「자유종」이라는 칼럼을 지속적으로 쓴 바도 있다. 정덕근은 1946년 1~4월 『독립』 신문 총무로 일하다 4~8월까지 전시홍보국OWI에서 한국어 방송을 한 적이 있다. 이후 샌프란시스코에서 사업에 종사했다.[73]

자비스라는 인물은 미국공산당 관련자로 추정된다. 당시 『독립』에 소개된 경력에 따르면 그는 중국에서 태어나고 자랐으며, 뉴욕의 포드햄 대학Fordham University을 다녔다. 그는 한국 문제에 관심이 많은 극동 문제 전공자였으며, 미국 해병대의 일본 전문가로 전후 일본 나가사키 현 사세보佐世保에 주둔한 바 있다. 제대 후 '민주적 극동정책위원회' 로스앤젤레스 지부the Los Angeles chapter of the Committee for A Democratic Far Eastern Policy의 열성 활동가였으며, 뉴욕의 진보적 선전선동 연극 단체인 '스테이지 포 액션'Stage for Action의 감독이었다.[74] 한국인이 아닌 미국인 자비스가 한국 문제의 주 발언자로 지정되었는데, 이는 이 행사의 주체와 주도자가 미국공산당이었음을 의미한다.

현앨리스의 약력은 이렇게 소개되었다.

> 최근 한국에서 LA에 도착했으며, 존 R. 하지Hodge 중장 예하에서 민간통신검열단Civil Intelligence Group 사무실의 부책임자assistant administrator로 일했던 현앨리스. 그녀는 하와이 대학에서 수학했으며, 이후 일본과 중국 양쪽 모두를 여행하며 열성적으로 연구한 바 있음.[75]

현앨리스가 G-2 CCIG-K의 서울지구 부책임자로 일했다는 사실과 함께 하와이 대학에서 수학했다는 점이 적시되어 있다. 해방 후 재미한인 사회에 알려진 현앨리스의 경력 그대로다.

이 대회에 앞서 『독립』은 한국 대표가 행할 핵심 발언의 내용이 "반한反韓 독재자 하지를 소환하고 한국 정부를 수립하라고 주장"하는 것이라고 보도했다.[76] 현앨리스는 대회에 참석하기 위해 700여 장의 결의문과 이 대회 특별 기념호로 발행된 『독립』신문 700여 장을 배포했다.[77] 대회에는 전쟁부장관에게 현피터의 추방에 대한 항의 편지를 썼던 딜레이시 하원의원이 참가해 연설했다. 선우학원은 1946년 10월 19일 한국·일본 회의에서 "주한미군은 한국인들의 일에 간섭하고 있는 반면 소련 지역에서는 그런 간섭이 없다"고 발언했다.[78]

대회는 현앨리스가 준비해간 한국에 대한 결의사항을 채택했다.[79] 결의사항은 다음과 같은 다섯 가지였다.

1 민주적 발전과 민주정부 수립을 방해하는 현 국무성 정책을 교정할 것

2 미소공동회를 즉시 속개하게 할 것

3 대중을 대표한 정치단체를 종합한 임시 민주정부를 수립케 할 것

4 인민의 자유를 제재하는 모든 법령을 철폐할 것

5 미군정부에서 체포된 모든 민주주의 인도자들을 즉시 석방케 할 것

즉 핵심은 국무부 정책 전환, 미소공동위원회(이하 미소공위) 재개, 미소공위에 기초한 임시정부 수립, 악법 철폐, 수감 정치범 석방 등을 요구한 것이다. 1946년 중반 남한 좌익진영의 요구와 동일한 것이었다.

현앨리스는 이 대회를 총평하는 글을 『독립』에 실었는데, 지금까지 재미한인 외교운동이 실패한 것은 식민지로서 정식 외교관계를 수립하려 했기 때문이라고 분석하며, 현재 미국 정치가 보수파의 지배 아래 놓여 있고, 미국 자본가들은 세계 독점을 계획하고 있기 때문에 여기에 반대해 세계평화운동을 전개해야 한다는 주장을 담고 있다.[80]

현앨리스가 『독립』에 합류한 1946년에 재미한인 진보진영은 노선의 혼란과 정치적 좌절에 당면해 있었다. 이들을 공산주의자라고 비판했던 동지회는 이승만을 통해, 국민회는 한족연합회 파견 대표를 통해 남한 정계와 연계를 맺고 정보를 얻는 한편 국내 정치에 일정하게 개입할 수 있었다. 반면 재미한인 진보진영은 오랫동안 유지해온 임시정부·민족혁명당과의 유대가 단절되었고, 국내 정계와 연계가 끊어진 상태에서 귀국마저 좌절되었다. 정치적 지렛대는 사라졌고, 완벽하게 정치적으로 고립된 상태에 놓이게 된 것이다.

재미한인 진보진영, 특히 민족혁명당 미주지부 계열들은 새로운 정치적 돌파구가 필요했다. 이들은 국내와 연계하기를 바랐고, 새로운 정보와 접촉면 확대가 필요했다. 이들은 임시정부나 민족혁명당이 아닌 조선공산당과 남한 내 좌파들을 정치적 동맹자로 설정하기 시작했다. 그 실마리는 현앨

리스와 현피터가 부분적으로 제공했을 것이다. 이들은 미군정에 근무하며 고급 정보를 다루었으며, 박헌영·조선공산당·좌익 대중단체들과 광범위하게 접촉하는 한편 직접 남한 사정을 경험한 거의 유일한 재미한인 진보인사였기 때문이다.

『독립』의 논조는 1946년부터 급격하게 과격한 방향으로 선회하고 있었다. 1946년 상반기 이후『독립』에 실린 기사들을 보면, 마르크스·레닌주의에 대한 소개, 미군정과 이승만·김구·김성수 등 남한 우파에 대한 비판, 박헌영·여운형·김일성과 북한에 대한 찬양 등 좌파적 색채가 뚜렷하게 나타났다. 1946년 기사들의 제목만 보아도 그 정치적 성향을 알 수 있다.

「사회과학강좌: 레닌은 어떠한 인물인가? 조세프 스탈린」, 1946년 1월 9일
「사설: 영미 자본주의 대 소련의 약소민족 정책」, 1946년 2월 6일
「정치적 임종에 박두한 김구 이승만 임정의 말로」, 1946년 2월 6일
「김성수 장덕수 장택상 등 민족반역자군의 용서할 수 없는 죄악」, 1946년 2월 13일
「박헌영 여운형은 우리 조선 무산대중의 선봉이다」, 1946년 3월 13일
「김규식 일파의 반민족적 망동의 책임을 구명하자」, 1946년 6월 12일
「반동의 수괴 이승만 김구를 전 민중의 이름으로써 영구히 매장하자」, 1946년 6월 19일
「참된 애국자 이관술 동지」, 1946년 9월 18일
「사러 있는 전설인 고려 민족의 영웅 김일성 장군」, 1947년 4월 2일

이들 기사는 대부분 국내에서 간행되던 조선공산당·남로당 기관지인 『해방일보』, 『조선인민보』, 『청년해방일보』, 『현대일보』 등의 기사를 전재한 것인데, 민족혁명당 당수 김규식을 '반민족적 망동'으로 규탄하는 기사까지 버젓이 게재된 것이다.

이런 상황은 해방 후 재미한인 사회의 혼란스러운 정체성, 갈등하는 방향성을 보여주는 것이었다. 태평양전쟁기에는 항일독립, 임정 지지라는 간단한 공통의 목표가 제시될 수 있었으나, 이제는 국가 수립을 둘러싸고 어떤 국가를 지향하고, 어떤 정치적·사상적 노선을 취할 것인가 하는 복잡하고 결정적인 정치적 선택의 기로에 서게 된 것이었다.

『독립』은 국내 좌파를 연대 상대로 설정했는데, 이는 특별한 논의와 결정 과정을 거쳤다기보다는 1944년에서 1945년 말 재미한인 진보진영, 특히 민족혁명당 미주지부가 경험했던 분열과 대립, 이후 미군 종군 경험 등이 크게 작용했을 것이다. 여기에 주한미군 내 공산주의자는 물론 박헌영·여운형 등 국내 좌파 세력과 긴밀한 접촉관계를 가진 현앨리스 남매가 돌파구를 제공했을 것이다. 시대의 갈림길에서 이들은 조선공산당과의 연계를 선택했고, 이는 이제『독립』의 노선이자 관성으로 작용하기 시작했다.

남한 좌익계 신문 기사를 그대로 전재한 1946년 이래『독립』의 새로운 논조는 해방 이전과는 크게 거리가 있었다. 해방 이전『독립』은 한국 독립운동이라는 큰 대의 속에서 무장투쟁과 임시정부 지지·후원을 내세움으로써 재미한인들의 지지를 이끌어냈는데, 해방 이후는 점차 재미한인들의 보편적 인식에서 멀어져간 것이었다. 재미한인들은 한국 정치현실을 피부로 느끼기 어려웠고, 이들의 급진적 주장에 동감하기도 어려운 환경적 조건을 갖고 있었다.

나아가 현실정치의 현장과 중심은 미주가 아니라 국내였다. 재미한인 사회의 딜레마는 여기에 있었다. 자신들이 주인공이나 주어가 될 수 없는 현실에서 끊임없이 누군가를 지지·후원한다는 것은 지속적 동력을 갖기 어려웠다. 또한 항일독립과 정부 수립 사이에는 대의명분과 구심력에서 현저한 차이가 있었다.

『독립』은 이러한 노선과 논조를 취함으로써 재미한인 사회 내부에서 존립 근거를 스스로 허문 셈이다. 재미한인으로부터 멀어진『독립』은 국내 좌파들에게 다가섰던 것이다. 남한 좌파로부터 북한까지의 거리는 한 뼘의 간격이었다. 이러한『독립』의 노선은 독립운동의 시대가 저물고 신국가 건설을 향한 이념투쟁의 시대가 도래했음을 선언하는 것이었다.

1946년 이래『독립』의 논조가 점차 좌경화되자 이에 대한 비판이 고조되었고, 신문 구독자와 후원자가 점차 줄어들었다. 이는 재정적 위기를 초래했다. 1944년『독립』의 수입은 1만 65달러로 신문대금, 유지금, 보조금 등 다양한 자금이 유입되었다.[81] 하지만 1946년 이후 재정 상황이 급격히 나빠졌다. 1946년 5월부터 이득환이 매달 250달러를 인쇄비로 후원한 덕분에 간신히 신문을 인쇄할 수 있었다.[82] 이득환은 로스앤젤레스에서 주류 상점을 운영했다고 알려져 있다. 재정 상황은 전혀 호전되지 않았다. 1948년도『독립』의 수입은 3,814달러, 지출은 3,402달러, 잔액은 383달러였고,[83] 미국인 독자가 증가한 반면 한국인 독자는 감소했다.[84] 1950년도에는 수입 3,126달러, 지출 2,987달러, 잔액 139달러를 기록했다.[85]

즉 1944년 1만 달러에 달했던『독립』의 예산은 1946년 이래 3,000달러 수준으로 급감했으며, 한국인 구독자가 줄어든 반면『독립』에 관심을 갖는 미국인들이 늘었던 것이다. 이는『독립』의 노선이 미국 정부기관과 도서관 등의 주목 혹은 감시를 받게 되었음을 의미했다.[86]

『독립』의 위기는 재정뿐만이 아니었다. 인물난도 심각해졌다.『독립』의 초대 사장은 김성권이었는데, 그는 한학자이자 흥사단·국민회 회원으로 재미한인 사회의 원로였다. 1945년 6월 2대 사장으로 선임된 백일규는 국민회의 원로이자『신한민보』주필로 10여 년 동안 활동하면서 높은 평판을 쌓은 인물이었다. 1947년부터 1949년까지 사장을 맡은 김강은 김성권, 백일규 같은 평판을 지닌 원로가 아니었다. 1950년에는 하와이에서 건너온 현앨리스와 현피터의 부친 현순이 사장을 맡았고, 1951년에는 역시 하와이에서 건너온 손창희가 사장을 맡았다. 사장직을 맡은 인사가 재미한인 사회에서 점하는 무게가 점차 약해져갔다.

재정난과 인물난, 필진의 부족, 국내 정보의 차단 등이 복합되어 『독립』
에 위기가 도래했다. 그 결과 1947년 6월 4일자(178호)부터 판형이 축소되
었다. 한글판은 7단에서 5단으로, 영문판은 8단에서 5단으로 축소되었다.
지면은 30퍼센트 이상 줄어들었다. 신문이 가지고 있던 많은 문제를 물리적
으로 해결하려고 했던 시도였다.

『독립』은 더는 예전의 활발했던 면모를 회복하지 못했다. 사장인 김강
은 K.K.라는 필명뿐만 아니라 실명으로 꾸준히 기사를 게재했지만, 그 외
에 기명 기사는 거의 실리지 않게 되었다. 남한 단독정부는 기정사실화되었
으며, 재미한인 사회의 경제력은 미국 디플레이션의 만연과 함께 쇠락했다.
『독립』의 쇠락도 명백해졌다. 급기야 1947년 8월부터 10월까지 신문 간행이
임시 중단되었으며, 4년 동안 『독립』을 지켜온 주필 박상엽과 총무 이득환
은 사직했다.[87]

재미한인 사회에서 고립되고, 재정 후원이 급격히 감소하면서 오랜 열
정과 헌신을 바쳐온 사람들도 차츰 낙담해 멀어져갔다. 사장 김강과 이사장
곽림대는 "다만 일비一臂의 힘이라도" 보내달라며 『독립』이 "창간 포부를 저
바리지 않으려고 형천극지荊天棘地"하고 있다고 광고해야 했다.[88]

『독립』이 좌파 노선을 공개적으로 공표한 것은 1947년이었다. 1947년
1월 19일 제5회 사우총회는 신문의 정책을 결정했다.[89] 『독립』에 대해 "공산
당 신문"이라는 지적과 "너무 과격하다"는 의견들이 재미한인 사회에 널리
퍼져 있었는데도 다음과 같은 정책으로 밀고 나갔다.

> 독립신문의 근본정책이 무엇이냐? 하는 본사 사우 독자 급 동포들의 무름
> 에 대하여 본사 간부 일동은 지난번 제5회 사우총회를 계기로 하여 신중 토
> 의한 결과 "독립신문은 조국에 있는 조선민주주의민족전선의 로선을 기초
> 로 하여 조국의 민주적 건국사업에 공헌키 위하여 최대의 노력을 하자"는
> 것을 결의하였습니다.[90]

즉 1946년 2월 서울에서 조선공산당, 조선인민당 등 좌익 정당과 사회단체들이 중심이 되어서 조직한 민주주의민족전선(민전)의 노선이 『독립』의 노선이라고 선언한 것이다. 『독립』은 민전의 선언문을 게재함으로써 구체적으로 자신들이 취할 노선을 표현했다.

『독립』은 1947년 1월 1일 신년호에서 러시아 볼셰비키 혁명의 승리는 『프라우다』라는 정치적 신문을 통해 가능했는데, "진보적 혁명운동"에 있어서 "교육과 조직의 중심은 출판물"이며, "자본주의가 계속되는 동안 인민의 참된 출판물이 재정상 기타 괴로움을 당할 것은 명백"하지만 "혁명적 출판물은 역사의 필연성에서 출생"한 것이라며 『독립』이 "모든 혁명의 선봉대"라고 자임했다.[91] 미주에서 러시아혁명 시기의 『프라우다』지의 역할을 자임하는 『독립』의 선언은 지극히 관념적이며 비현실적인 것이었지만, 당시 『독립』의 다급한 마음과 분위기를 엿볼 수는 있겠다. 한반도에서 전개되는 혁명적 정세와 역사의 대전환기를 목격하면서 어떻게든 본국의 혁명투쟁과 호흡을 같이하고 싶다는 주관적이고 낭만적인 의지를 읽을 수 있다. "조선 완전 독립과 인민의 행복을 위하여 투쟁하는 독립을 위하야 모이는 여러 동지들에게 혁명적 경례를 올리면서, 1946년 12월 서북학인"이라고 기록한 익명의 이 기사는 1947년 『독립』의 사장이 된 김강이 썼을 가능성이 높다.

『독립』이 공개적으로 남한 좌익 노선과 공동보조를 취하기로 결정한 제5차 사우총회에서 현앨리스와 현피터는 『독립』의 핵심 간부가 되었다. 현앨리스는 이사부 서기·상무위원(서무 겸 서기)·편집부원, 현피터는 이사원·편집부원, 현순은 하와이 사우회 서기에 선임되었다.[92] 1947년 현앨리스는 이사부·상무위원(서무 겸 서기)·편집부원 등 4개의 직책을 겸할 정도로 『독립』의 핵심 인물로 부각되었다.

1948년이 되자 현앨리스는 미주 이사·서기·편집부원을 맡았고, 현피터는 이사원·편집부원을 맡았다.[93] 그리고 1950년 현순이 『독립』 사장이 되었다. 현씨 집안은 1947년 이후 『독립』의 가장 중요한 간부진이 된 것이다.

『독립』의 주요 간부가 된 현앨리스는 1947년 총 3편의 기사를 투고했는데, 국제 정세를 분석하는 내용들이었다. 첫 번째 기사는「녀자의 정치 동등권을 위하여: 연합국 내 여자위원부의 대활약」이라는 제목으로 15개국으로 구성된 연합국 여성위원부가 연합국 내 여성 지위 향상을 위한 제안을 만들어 유엔 경제사회부에 제출할 것이라는 내용이었다.[94] 현앨리스는 1946년 남한과 1950년 북한에서 모두 '미국 여성'에 관한 글을 쓴 적이 있으며, 1946년 국내 신문 인터뷰에서도 여성의 권리와 부녀총동맹에 관해 언급한 바 있다. 여성의 권리와 지위 문제에 깊은 관심을 가졌음을 알 수 있다. 결혼과 출산, 이혼 등의 경험이 영향을 끼쳤을 것이다.

두 번째 기사는 흥미롭게도 팔레스타인 지역에서 반영反英 '독립'을 꾀하는 이스라엘 사람들에 대한 지지 기사다. 예루살렘에 있는 유대인 지하운동 조직에 "예루살렘의 자유를 위한 미국인 동맹회"가 지원을 하기로 했다는 내용에 대한 설명이었다.[95] 아마도 영국이 유대인 지하운동가들을 사형 또는 무기징역에 처한 사실에서 남한 좌익 지하운동가들이 탄압받고 있는 상황을 연상시키려고 한 것으로 보인다.

세 번째 기사는 트루먼 독트린을 다룬 것이다. 트루먼 독트린은 그리스와 터키에 대한 지원을 통해 유럽 공산주의 세력의 팽창을 저지하겠다는 적극적 정책의 표현으로 유럽에서 냉전의 전면화를 알리는 계기가 되었다. 이 기사에서 현앨리스는 미국의 트루먼 대통령이 그리스를 지원하는 이유는 중동의 석유 쟁탈전과 밀접한 관련이 있으며, 결국 "중아세아의 석유 부원"이 "희랍후원정책의 리면"이라고 분석했다.[96] 미국의 그리스 지원 정책을 중동 석유와 연계시키는 분석틀이 흥미롭다.

현앨리스는 1947년 3건의 기사를『독립』에 실은 후 1949년 5월 프라하에서 '세계평화대회' 기사를 보낼 때까지 직접 글을 쓰지는 않았다. 현피터와 현순도『독립』에 여러 차례 글을 기고했다.[97]

현앨리스가 로스앤젤레스에서 관계한 또 다른 조직은 재미조선인민주전선(북미조선인민주전선)이었다. 1947년 2월 조직된 재미조선인민주전선은 1년 전 남한에서 결성된 좌익 통일전선인 민주주의민족전선(민전)의 노선을 따라 조직된 미주 '통일전선'이었다. 1947년 1월『독립』의 제5차 사우총회가 남한 민주주의민족전선의 정책 노선을 자신의 것으로 한다고 선언했던 바의 실현체였다.

1947년 2월 21일 조직된 재미조선인민주전선의 목적은 "인민정부 수립을 위해 국제 민주주의 노선 위에서 원칙적으로 단결하는 것", 즉 모스크바 3상 결정에 의한 민주주의 정부 수립이었다. 또한 이를 방해하려는 "국내 국외의 반동세력과 싸우며 동시에 그들의 반역적 음모와 활동을 폭로하고 분쇄"하는 것을 목적으로 내세웠다.[98]

이 통일전선에 참가한 단체는 조선인민당 후원회 위원회, 조선노동조합전국평의회(전평) 미주 후원위원회, 독립신문사 등이었다.[99] 그렇지만 인민당 후원회, 전평 후원회 등은 실체가 없는 유명무실한 단체였고, 사실상 민족혁명당 미주지부가 해체된 뒤『독립』을 중심으로 활동하던 진보적 인사들이 다양한 조직명을 내건 것에 지나지 않았다. 이는 재미조선인민주전선의 간부 진영에서 그대로 드러났다. 강영승을 위원장으로 하는 재미조선인민주전선의 간부진은『독립』의 간부진과 정확하게 일치했다.[100]

재미조선인민주전선은 재미한인 사회를 보수적·반동적이라고 규정했는데,[101] 현앨리스가 중앙집행위원·서기·선전부원을 맡았고, 현피터는 중앙집행위원·선전부원을 맡았다.[102] 그렇지만 재미조선인민주전선은 별다른 활동을 할 수 없었다. 1947년 이후 미소냉전이 본격화되면서 한반도 분단의 고착화와 남한 좌익 세력의 몰락으로 미주 내에 좌파적 입지가 거의 사라졌기 때문이었다. 재미조선인민주전선은 '라성조선인공동회'를 소집하거나(1947년 4월 13일),[103] 제2차 미소공동위원회의 미국·소련 대표에게 축전을 발송하는(1947년 5월 25일)[104] 정도의 활동을 할 수 있었을 뿐이다.

남한의 민전과 동일하게 '민전'이라는 약칭을 사용한 북미조선인민주전선은 1948년 2월 29일 시국 강연 및 토론회를 개최했고,[105] 5월 11일에도 시국회담을 가졌다.[106] 1948년 상반기에 남북연석회의, 5·10선거 등의 일정이 연달아 있었기 때문에 강연, 토론회, 민중대회 등을 개최한 것이다. 그리고 이것이 북미조선인민주전선이 할 수 있는 최선책이었다. 1948년 5월 23일에도 민중대회를 열어 남한 단독선거 반대 등을 논의했고, 6월 27일과 7월 11일에는 민전 간부회의를 개최해 '통일정부' 수립 문제를 논의했다.[107] 여기서 '통일정부'는 북한이 수립하는 정부를 가리킨다. 7월 11일 북미조선인민주전선 명의로 발표된 성명은 남한의 5·10선거에 전 민족의 4분의 1만이 참가했으므로, 외국군 철수 후 '공동선거로 통일정부'를 수립하자고 주장했다.[108]

왜 북미조선인민주전선이 이런 태도를 취했는지는 이 시기 『독립』의 기사를 일별하면 알 수 있다. 1948년도의 『독립』은 균형감각을 잃었다. 좀 더 정확히 말하면 남한 좌파의 노선을 추종하며 반미군정·반우익·반이승만 노선을 취하다가 결정적 계선을 넘은 것이다. 격렬한 미소·좌우·남북 대결의 상황에서 힘의 논리가 지배하고, 진영의 대결이 본격화하는 와중에 중용의 길을 취하거나 부동심을 유지하기는 어려웠을 것이다. 세불리勢不利·불여의不如意했지만, 정치적 관성에 따라 극한까지 나아간 것이다. 이런 선택의 결과, 더는 돌이킬 수 없는 지진두地盡頭까지 밀려온 것이다. 1948년 『독립』의 기사들은 이러한 당파성을 여실히 드러냈다.

「시사단평: 조선에 단독정부 수립은 민족적 잔멸」이라는 기사는 단독정부를 주장하는 사람은 민족적 원수라고 규정했고,[109] 남한 선거 반대로 350명이 살해되었다고 썼다.[110] 반면 북한의 헌법 초안을 '조선헌법'으로 부르며, 1948년 4월 14일자 신문의 2면을 모두 채울 정도로 호평했다.[111] 김일성의 약력이 소개되었고,[112] 남북협상은 '역사적 승리'로 보도되었다.[113] 1946년 김구를 '반동의 수괴'로, 김규식을 '반민족적 망동'의 책임자로 호명했던 『독립』은 1948년에는 두 사람을 '영도자', '애국열에 불타는 지도자'라고 묘사했다.[114]

나아가 남한에 수립된 정부는 '남한 단정'으로 "미국 정부의 촉진과 소수 친일파와 소위 신탁 반대파(지금은 위임통치 주장자)가 협동하여 진행"된 단독선거에 따라 "협잡정객을 규합한 (중략) 내각"이라고 규정했다.[115] 반면 북한에 수립된 정부는 '북방 단정'이 아니라 통일정부라고 주장했다. "민족 대표가 우리 땅에서 우리 통일정부를 조직하였은즉 지방, 당파를 초월하고 저 그 합법성을 보아 공평한 판단과 정신적 지지를 준비할 것뿐"이며 "조선인민공화국은 민족 요구 민족 권위 정치철학에 의한 최선의 실현이다"라며 지지를 표명했다.[116] 즉 『독립』은 사설을 통해 북한 정부가 통일정부이며 이를 지지한다고 선언한 것이다.

북미조선인민주전선 역시 1948년 10월 10일 "이미 조직된 통일정부를 원칙적으로 승인"하기로 결의했다. "이번 남북선 민족대표가 한 곳에 회집하여 남북을 망라한 정부를 조직한 것은 최선의 운명이라고 볼 수밖에 없음으로 그 정부를 원칙적으로 승인하고 가능한 한도에서 합작하고자 의견 일치되다"라고 공표했다.[117] 북한은 남한 대의원을 지하 선거를 통해 선출했고, 이들이 북한 대의원과 통합해 최고인민회의를 구성함으로써 정부를 수립했다고 주장했는데, 이를 '최선의 운명'이라고 지지한 것이다.

1949년 1월 북미조선인민주전선은 1년 동안의 활동을 이렇게 정리했다.[118]

1   남한 단독정부 수립운동에 대해 유엔과 미국 여론에 호소

2   미소 양군의 철퇴 주장

3   남한 단정 수립 이후 이를 반대하고, 남북 인민대표로 조직된 조선인민최고위원회를 원칙상 지지하기로 결의

4   트루먼에게 남한 주둔미군 철수 요구

5   파리 유엔총회에 남한 단독정부 승인에 대한 항의서 발송

6   로스앤젤레스 동포 2세를 종합해 왈레스후원회 조직 및 요청서 발송

현앨리스는 1948년 10월 30일 '재미조선인왈레스후원회'가 주최한 강연회에 참석했다. 헨리 월러스Henry Wallace는 루스벨트 재임 시절 부통령을 지내다 사직한 인물로 진보당을 결성하고 미국 진보주의자들의 지지를 받았다. 이사민과 선우학원이 김일성·박헌영에게 보낸 편지에서도 바로 이 월러스의 대통령 선거 출마에 관한 미국 정세를 보고한 바 있다. 총 200여 명이 모인 이 집회는 '왈레스후원회' 단체 10여 개가 결집한 것이었다. 현피터가 사회를 보았고, 독립신문사 사장 김강이 연설했다. 현앨리스는 남북한에 대한 상세한 보고를 했다. 이들은 공산당원 혐의로 투옥된 10여 명의 석방, 재미한인의 입적권入籍權 부여, 주한미군 철수 등의 결의안을 채택했다.[119]

현앨리스는 1949년 3월 미국을 떠나 체코로 향했다. 북미조선인민주전선은 특별회의를 열어 '출타'한 현앨리스 대신 조극을 서기로 보결했다.[120] 그녀는 1949년 1월 초 독립신문 서기로 임명되었으나 3월에는 이미 동유럽으로 떠난 상태였다.

1949년 4월 2일 북미조선인민주전선은 조선전평미주후원회(변준호), 독립신문(김강, 박상엽)과 함께 유엔총회와 미국 정부에 공개서한을 보냈다. 미군의 철수, 유엔한국위원단의 철수를 주장하는 내용이었다.[121] 1949년 6월 북한에서 조국통일민주주의전선이 결성되자 북미조선인민주전선은 이에 동의한다는 성명을 발표했다.[122]

미국 FBI는 1946년 이후『독립』의 친북·친공산주의 논조에 주목했고, 관련자들을 본격적으로 사찰하기 시작했다. 특히『독립』과 미국 노동조합과의 연대 활동을 주의 깊게 사찰했다. 이러한 조사 결과에 입각해서 1955~1956년 주요 관련자에 대한 비미활동조사위원회의 청문회가 시작되었고, 이민국은 관련자들을 추방하는 절차를 진행했다.[123]

한 줄기 빛: 체코의 한홍수

1946년 이후 『독립』의 쇠락과 재미한인 좌파의 입지 축소는 명백해졌다. 일제강점기에 항일 무장투쟁과 강력한 독립운동을 주창했고, 해방 후 '진정한 민주주의'를 추구했던 이들의 현실적 선택지는 많지 않았다. 이들의 선택은 남한 좌익과의 연계, 북한으로의 지향이었다. 『독립』그룹은 북한에 대한 정보와 북한으로 향하는 길을 원하고 있었다. 그러나 북한과 접촉하기는 쉽지 않았다. 미국에서 북한으로 연결된 우편, 통신, 교통의 길이 전무했기 때문이다.

이때 북한과의 연계 통로로 등장한 사람이 체코 프라하에서 고고학자로 활동하고 있던 한홍수였다. 당시 빈 대학University of Vienna 조교수였던 한홍수는 1946년 11월부터 1948년 4월까지 『독립』신문에 총 54건의 기사를 투고했다.

- 「조선을 외국 제국주의의 굴네에 집어너으려는 자는 전 인류의 적이다: 조선 사회의 특수성」, 1946년 12월 11일
- 「구라파에서 조국문화선전을 위하야 활동하는 한홍수 박사: 체코슬로바키아에서 본사에 내도한 한홍수 박사의 서한」, 1946년 12월 26일
- 「전후 오스츠리아 급 체코 량국의 실정을 통하야 본 조선의 건국사업 '해방된 국가의 길'」 1~2회, 1947년 1월 1일, 1월 8일
- 「민주주의 신조선 건설과 식자의 길」 1~2회, 1947년 1월 13일, 1월 22일
- 「애국심의 본질」 1~2회, 1947년 1월 29일, 2월 5일
- 「민주주의의 본질」 1~16회, 1947년 3월 5일, 3월 12일, 3월 19일, 4월 2일, 4월 9일, 4월 16일, 4월 23일, 4월 30일, 5월 7일, 5월 14일, 5월 21일, 6월 4일, 6월 11일, 6월 18일, 6월 25일, 7월 9일
- 「전 세계 여성 대표 앞에 조선 여성의 기백을 보인 박정애 이한라 양 대

표」, 1947년 3월 19일

- 「우리 전평 대표는 세계 근노대중 앞에 민족의 슬픔을 호소」, 1947년 7월 2일
- 「우리나라의 앞길을 바라보며」, 1947년 7월 16일
- 「개인주의와 집단주의」 1~5회, 1947년 7월 23일, 7월 30일, 8월 6일, 8월 13일, 8월 20일
- 「세계민청축전 관방기」 1~9회, 1947년 10월 12일, 10월 20일, 11월 12일, 11월 19일, 11월 26일, 12월 3일, 12월 10일, 12월 17일
- "Koreans at Youth Festival," 1947년 11월 19일
- 「미국에 계신 동무께」, 1947년 12월 31일
- 「우리 민족의 명예를 위하야」 1~6회, 1948년 1월 14일, 1월 21일, 1월 28일, 2월 4일, 2월 11일, 2월 18일
- 「전쟁과 경제」 1~6회, 1948년 3월 3일, 3월 24일, 3월 31일, 4월 7일, 4월 21일, 4월 28일

한흥수가 쓴 글이 1947년부터 1948년 4월까지 거의 매 간기마다 『독립』의 지면을 장식했다. 게다가 그의 글은 다름 아닌 『독립』 그룹이 애타게 그리던 북한에 대한 정보를 담고 있었다. 북한에 대한 정보도 단순한 전문傳聞이나 자료 제공, 소식 전달에 그친 것이 아니라 북한의 고위급 정부 관료를 포함한 북한 대표단과 실제로 접촉하면서 생생한 현장 뉴스로 전한 것이다. 살아 있는 날것 그대로의 느낌이 전해졌다. 이름만 들었던 북한 주요 지도자들의 면모가 한흥수의 글을 통해 재현되었다.

북한 대표들을 프라하에서 만난다는 소식은 재미한인들에게 충격 그 자체였을 것이다. 당시 미주에서 간행되는 한인 언론기관은 『독립』 외에도 미주 국민회가 간행하는 『신한민보』, 하와이 국민회가 간행하는 『국민보』, 워싱턴의 한국사정사가 간행하는 『보이스 오브 코리아』 *The Voice of Korea* 등이

있었지만, 체코를 통한 북한의 소식은 『독립』에만 게재되었다. 한흥수는 북한 실정, 북한 고위관료와의 접촉 경과 외에도 체코의 사정, 마르크스 · 레닌주의에 대한 기초 지식 등 다방면의 글쓰기를 했다.

그림 33 한흥수(1945년) © NACR

마르크스 · 레닌주의자이자 고고학자였던 한흥수는 1909년 9월 29일 송도의 부유한 집안에서 태어났다.[124] 1930~1936년에 도쿄의 조치 대학上智大學, Sophia University에서 공부했으며, 1936년 폴란드 바르샤바를 거쳐 오스트리아 빈 대학에 유학했다.

한흥수는 1933년 이래 한국 석기문화에 관한 연구자로 명성을 얻고 있었다. 유학을 떠나기 전인 1935년과 1936년에 『진단학보』震檀學報에 두 차례에 걸쳐 한국의 거석문화와 석기문화에 관한 글을 발표했고, 백남운의 『조선사회경제사』 원시사회 부분을 반박하는 글을 세 차례에 걸쳐 『비판』批判에 실은 바 있다.[125] 그는 1936년 모스크바, 바르샤바, 크라쿠프를 경유해 오스트리아에 도착했는데, 자신의 여행담을 『조선일보』, 『비판』 등에 연재하기도 했다.[126]

한흥수는 1936~1937년에 빈 대학에 재학한 후 스위스로 옮겼는데, 그의 설명에 따르면 "빈에서 사회사 연구를 하다 오스트리아가 침략되자 스위스로 피신"한 것이었다.[127] 1938~1939년에 스위스 베른 대학University of Bern을 다녔으며, 프리부르 대학University of Fribourg에서 박사학위를 받았다. 그는 빈에 먼저 와 있던 선배 고고학자 도유호(1905~1982), 뮌헨 대학의 김재원(1909~1990)과 교류했는데, 도유호는 한흥수를 해방 후 평양으로 초청한 고고학자였다.

한흥수는 1941년까지 연구를 계속하다 "1941년 봄 일본 관헌의 요구"로 스위스에서 독일 베를린으로 추방되어 약 반년 동안 강제로 체류하다가 오스트리아로 이주 허가를 받았다.[128] 올샤 대사에 따르면 한흥수는 2차 세계대전 발발 직전 귀국하기 위해 책 상자 18개를 한국으로 부쳤는데 1941년 6월 독일의 소련 침공으로 귀국할 수 없었으며, 그가 스위스를 떠난 것은 "스위스 공산당과 접촉"했다는 이유로 체류가 금지되었기 때문이었다.[129]

한흥수는 1941년 8월 빈으로 돌아와 그해 10월 국립민족대학 박물관 Museum of Ethnology 골동부 담임으로 취직했다. 그는 "특별히 유능한 일꾼", "중국어·한국어·일본어와 스크립트를 할 줄 아는 유일한 전문가"로 평가되었다.

한흥수는 1943년 '체코 동지들의 주선'으로 프라하 동양학원Oriental Institute, Orientalni ustav에 교원으로 취임했다. 올샤에 따르면 그는 1942년 이래 빈과 프라하를 매달 정기적으로 통근했는데, 프라하의 응용예술박물관 Museum of Applied Arts이 준비하는 일본 전시회의 과학자문 역으로 일했다. 한흥수는 프라하에서 한국어 코스를 시작했고, 중국어와 일본어도 가르쳤다. 한편 이때 프라하에서 특별한 연인 후베르타 알거미슨Huberta Algermissen(1903~1997)을 만났다. 한흥수는 후베르타의 집에서 살았고, 후베르타는 그의 독일어 글의 편집을 맡아주었다.[130]

한흥수는 1945년 이후 프라하에 계속 거주하며 프라하에서 한국학을 세우는 데 주력했다. 그는 1946년 빈 대학에서 교수자격 심사논문Habilitation이 통과되어 동아시아 문화사 분야 강의 자격을 얻음으로써 최고의 학문적 인정을 받았다. 그는 독일어로 다양한 한국 역사, 한국 문학 등을 집필·번역·출간했다. 체코어로 번역하고 편집하는 일은 후베르타가 맡았다. 그가 쓴 책 『한국의 어제와 오늘』Korea vcera a dnes; Korea Yesterday and Today은 1949년 체코어로 번역·출간되었다. 그는 김남천의 『대하』(1939년)를 한국어 제자인 알로이스 풀트르Alois Pultr(1906~1992)와 공역했고(1947년), 풀트르는 한흥수의 한국어 교재에 입각해 체코어로 된 한국어 교재를 최초로 간행했다(1949년). 풀트르는 1950년 프라하 찰스 대학 철학부에서 한국 연구가 독립적 분과 학문이 되는 데 기여했다.[131] 또한 한흥수는 이효석의 『메밀꽃 필 무렵』(1937년)과 이태준의 『해방 전후』(1946년)를 번역했다.[132]

그림 34 후베르타 알거미슨(후베르타 김) © NACR

한흥수의 정치적 색채는 사회주의·공산주의였던 것으로 보인다. 올샤 대사에 따르면 1941년 한흥수가 스위스에서 추방된 것은 공산당 관련 혐의였다. 또한 1945년 임시정부는 임시정부 인사가 "유럽 정치인들을 직접 만나 한국의 독립을 호소할 수 있도록" 체코 입국 비자 발급을 요청했는데(1945년 7월 13일), 한흥수는 전문가의 의견을 통해 체코 외무부가 이를 거부하도록 하는 데 개입했다.[133] 한국에 대한 전문적 배경지식이 없었던 체코 외무부는 외부에 보고서 작성을 의뢰했는데, 익명의 보고서는 임시정부가 "매우 보수적"이고 "실제 한국과는 아무런 연줄이 없다"고 평하며, 소련의 적극적 대한정책이 한국 국민에게 더 나은 후속 조치가 될 것이라고 했다. 당시 이 보고서는 프라하에서 한국어, 한국사, 한국문학, 한국 전래동화 등을 쓰고 번역하던 한흥수의 지도 아래 작성된 것이었다. 한흥수는 오스트리아와 체코의 현상을 설명하면서, 이들의 과거가 조선의 현실과 유사하다면서 오스트리아는 반反자유국가이며, 반동파의 독재국가라고 비평했다.[134] 그의 성향을 알 수 있다.

한흥수는 어떤 경로인지 알 수 없으나 1946년 하반기 『독립』과 연계되었다. 그의 첫 번째 원고는 1946년 11월 프라하에서 작성된 것으로 되어 있다. 그의 친구인 건축가 김경한이 1946년 미국으로 간 사실과 연관이 있을지 모르겠다. 이후 한흥수는 『독립』의 열성적 기고자이자 투고자로 활동했다.

한편 한흥수는 1947년 프라하에서 개최된 여러 국제회의에 참석한 북한 대표단의 소식을 미주에 전했다. 1947년 3~4월에는 세계 민주여성연맹 대표대회에 참석한 북한 대표단 박정애, 이한라의 소식을 전했다. 북조선인

그림 35 『한국의 어제와 오늘』

민위원회 위원인 박정애는 북조선민주여성동
맹 대표였는데, 한흥수는 "우리 대표의 출석은
큰 의미가 있"으며 "북방의 민주주의적 발전
을 세상에 알리울 첫 기회를 얻은 것은 오로지
소련과 그 위대한 적위군의 후의에 있는 것"이
라고 썼다.[135]

　　1947년 6월에는 체코 프라하에서 개최된
세계노동조합총회에 남북한의 대표가 참석
했다는 소식을 전했다. 이 대회에 참석할 북한
대표 원동근(37세)·최경덕(38세), 남한 대표
이인동(39세)·한철(38세), 역사가 박동초, 미술가 장진광 등은 6월 13일 프
라하에 도착했는데, 한흥수는 이들을 만나 자세한 약력과 대담 소회를 『독
립』에 투고했다.[136]

　　1947년 7월 20일부터 8월 17일까지 프라하에서 세계민주주의청년동
맹 주최로 민청 축전이 개최되었다. 북한에서는 똑같은 제복에 태극기를 가
슴에 붙인 28명의 청년들이 도착했다. 이 중 6명은 여성이었다. 약 한 달간
지속된 이 대회에 대한 한흥수의 보고는 모두 9회에 걸쳐서 『독립』에 연재
되었다.[137] 『독립』은 주간신문이었기 때문에 한흥수의 글이 4개월 이상 뒤
에 실렸지만, 아마도 『독립』 그룹은 한흥수의 편지를 통해 거의 실시간으로
대회 방청기를 들었을 것이다. 왜냐하면 대회가 진행되는 도중 미주의 최능
익이 북한 민청 대표들에게 "정으로 보내주신 미화 50달러를 은행에서 찾아
전달"한 사실이 『독립』에 보도될 정도로, 프라하의 한흥수와 로스앤젤레스
의 『독립』 그룹 사이의 연락은 매우 신속하고 긴밀했기 때문이다.[138]

　　한흥수는 북한 대표단이 프라하를 방문할 때마다 안내역을 담당했으므
로, 북한 소식을 미주에 알리는 연락창구 역할을 했다. 또한 한흥수는 현앨
리스의 아들 정웰링턴이 프라하 찰스 대학 의학과에 입학하는 데 도움을 주

었으며, 선우학원의 프라하행에도 일정한 도움을 주었다.[139]

나아가 한흥수는 고고학자 도유호의 알선으로 북한에 들어갔다.[140] 한흥수는 1946년과 1947년 사이 프라하에 파견된 북한 고위급 인사들과 긴밀한 관계를 유지했기 때문에 입북에 어려움이 없었을 것이다. 한흥수가 『독립』에 보낸 마지막 기사는 1947년 10월 28일에 작성한 것으로 되어 있다.[141] 북한 정부 수립 이전이어서 체코에는 북한대사관이나 연락사무소가 없었으나 한흥수는 북한 정부의 초청장을 들고 모스크바의 보증하에 여정에 나설 수 있었다. 한흥수는 귀국하는 도중 모스크바를 경유했는데, 이는 유명한 작가로 당시 모스크바 주재 체코대사관 문화관cultural attache이었던 자르밀라 글라자로바Jarmila Glazarova의 재정적 후원으로 가능했다.

북한에 들어간 한흥수는 1948년 7월 김일성 대학 사회학sociology department 분야에서 가르치기 시작했고, 곧 지위가 급상승했다. 1948년 11월 조선물질문화유물 조사보존위원회가 설치되자 한흥수가 위원장이 되어 고대유물전시회를 열었다.[142] 올샤는 선배 고고학자 도유호, 그가 소설책을 번역해준 조선문학예술총동맹 서기장 김남천, 현앨리스의 친구이자 북한 외무상 박헌영 등 고위직의 도움을 받았을 것으로 추정했다.

한흥수는 북한에 들어간 후 고고학, 선사 분야에서 중요한 역할을 했으며, 문화유산 보존시스템 수립에 기여했다. 원시사회사, 민족문화유산 등에 관한 학술 논문 4편을 남겼으며,[143] 그 외에도 체코 여성에 관한 짧은 글과 푸칙이라는 사형수의 수기를 번역해 남겼다.[144] 2편의 글을 쓴 『문화유물』은 그가 위원장으로 있던 조선물질문화유물 조사보존위원회의 기관지였다.

한국전쟁 때 북한군의 서울 점령 직후 한흥수는 서울에 내려와 현지 박물관들을 둘러보았고, 1950년 말 베이징으로 피난했다가 1951년 봄 이전에 평양으로 귀환했다. 그는 1952년 4월 이후 공식석상에서 사라졌는데, 도유호와 학문적 갈등을 빚으며 "부르주아적 관점을 대표한다"는 비판을 받던 것으로 추정된다. 그는 강계의 학교에 재배치되었고, 그 직후에 사망했다

고 한다.[145]

　침체되고 낙망해 있던 재미한인 진보진영에게 한흥수의 등장은 북한으로 향하는 한 줄기 빛처럼 선연히 빛났다. 이들에게 프라하는 북한으로 연결되는 유일한 통로이자 지름길로 여겨졌다. 재미한인들에게 드디어 새로운 활로가 열린 것처럼 보였다.[146] 신기루처럼 떠오른 새로운 가능성을 실현하기 위해서는 그것을 실행에 옮길 결연한 의지와 결심이 필요했다. 현앨리스와 그의 아들 정웰링턴이 첫 번째 대열에 올랐다. 이들의 이마는 희망으로 빛났을 것이다. 그렇지만 이들을 기다리고 있던 운명은 비극적 죽음이었다. 한흥수의 짧은 개화開花가 그의 정치적·학문적 죽음으로 이어진 것처럼, 이들 모자에게도 불행의 미래가 예약되어 있었다.

김일성·박헌영에게 편지를 쓰다
― 1948년

한국전쟁 때 평양을 점령한 미군은 내각 정부합동청사Joint Cabinet Ministries Building에서 이사민과 선우학원이 김일성·박헌영에게 쓴 편지를 찾아냈다. 1948년 11월 15일자로 된 이 편지는 『대외미주』對外米洲라는 문서철에 들어 있었다. 문서철의 제목으로 미루어 북한 외무성에서 발견된 것으로 추정된다. 편지를 쓴 당사자들은 이 편지가 김일성과 박헌영에게 전달되었는지 정확하게 알지 못했는데, 편지는 북한 외무성 당국에 전달된 것이다. 적어도 박헌영에게 전달된 것은 분명해 보인다. 그런데 어떤 연유에서인지 이 문서철에는 다른 문서들은 하나도 없고 오직 이 편지만 들어 있다. 이 편지는 도쿄로 이송되었고, 맥아더가 지휘하는 미국 극동군 사령부 군사정보국 연합통역번역대가 1950년 10월 27일에 편지를 번역했다.

미농지에 타이프라이터로 작성된 6쪽 분량의 이 편지는 이후 다양한 논쟁의 중심이 되었다.[147] 편지 번역본은 FBI의 수중에 들어갔고, 몇 년 뒤 재미한인 공산주의자 혐의자들을 수사하고 국외로 추방하는 데 직접적으로 활용되었다. 편지에 이름이 등장하는 김강, 선우학원, 신두식, 현피터, 곽정순, 남궁요설 등이 1954~1956년 비미활동조사위원회 청문회에 증인으로 소환되었고, 추방되거나 투옥 위협을 당했다.

편지는 이사민과 선우학원 두 사람이 쓴 것으로 되어 있지만, 선우학원은 청문회에서 편지는 이사민이 작성했고, 자신은 공동 서명자였다고 증언했다.[148] 편지를 쓸 당시 이사민과 선우학원은 모두 시애틀 워싱턴 주립대학에서 한국어 강사로 일하고 있었다. 두 사람은 모두 신학교나 미션스쿨을 졸업한 독실한 기독교도였는데, 미국공산당에 가입한 이후 가장 적극적인 공산주의자로 활동했다. 이들은 1948~1949년의 시점에 재미한인 좌파의 핵심 인물이었으며, 명백히 남로당과 북한의 노선에 공명하고 있었다. 이들은 스스로를 혁명가라고 생각했으며, 미주에서의 공산주의 활동에 만족하지 않고 혁명의 본거지인 평양으로 돌아갈 생각이었다.

이사민의 본명은 이경선李慶善으로 평양 협성신학을 12회로 졸업한 감리교 목사였다. 이경선의 사위 윤심온尹深溫이 작성한 「이사민목사경력초」李思民牧師經歷草에 따르면 1898년 평양남도 순천군 후탄면 합포리에서 출생했고, 1916년 평양 관립 농업학교를 졸업했다. 1919년 3월 상하이 호강滬江 대학에 재학하던 중 3·1운동에 참가했다.[149] 이경선 본인의 기록에 따르면 지하공작을 하다 체포되어 고문당하고 4년형을 선고받은 적이 있었다.[150] 감리교 목사로 평양과 평남 지방에서 활동했으며, 안창호의 수양동맹회에 참여한 바 있다. 1937년 기독교 시찰을 명목으로 미주에 건너와서, 나성(로스앤젤레스) 한인 감리교회 부목사를 지냈다. 태평양전쟁이 발발하기 직전인 1941년 7월 호놀룰루에 건너가 1942년 6월 15일 로스앤젤레스로 돌아왔다.[151] 하와이 체류 시절에 현앨리스, 현피터, 현순 등을 만났을 가능성이 있

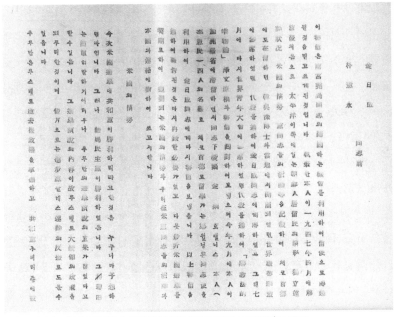

그림 36 이사민·선우학원이 김일성·박헌영에게 보낸 편지(1948년 11월 15일) © NARA

다. 1943년 이후 샌프란시스코에서 거주했는데,[152] 1944년부터 시애틀 워싱턴 대학에서 선우학원과 함께 한국어 강사로 일했다.

자술自述에 따르면 이경선은 1918년부터 혁명운동에 뜻을 두었다.[153] 흥사단원으로 미국에 건너간 이후 흥사단 단소에서 거주하며 흥사단 이사부로부터 임시 시사연구위원으로 임명받아 『혁명방략대요』(1938년 8월)를 제시했지만, 묵살당한 후 관계가 멀어졌다.[154]

선우학원의 증언에 따르면 평양 숭인상업학교를 다닐 때 학교 예배시간에 이경선 목사를 초빙해 사귀면서 이경선의 소개로 안창호를 면접한 바 있었다.[155] 선우학원에 따르면 이경선은 미국에서 국민회와 흥사단을 통해 독립운동을 활성화하려고 노력했으나 실패했고, 결국 로스앤젤레스에서 동지를 모아 진보운동을 시작했는데, 그 시작이 '재미 조선의용대 후원회'였다는 것이다. 선우학원은 이경선의 사상에 대해 이렇게 증언했다.

이경선 목사의 공산주의 사상은? 1943년에 나와 와싱턴 대학에서 미국 군대를 가르치고 있었습니다. 한국 점령을 준비하고 있던 미군들. 그때 김일성 유격대가 항일투쟁하고 있다는 소식을 듣고 우리도 공산주의를 알아야겠다고 생각하고 공부를 시작했습니다. 이 목사는 영어가 부족해서 나와 함께 책을 읽고 토론을 1년간 계속했지요. 그 당시부터 공산주의에 대한 신념이 시작됐고 이 목사는 자기가 공산주의자라고 자칭했습니다. 우리는 공산주의자들의 강연회에도 많이 참석했고 그들과 대화도 계속했습니다. 그러나 공산당에는 가입하지 않았습니다. 외국인이니깐. 그때 이사민으로 이름을 바꾸었고요.[156]

그림 37 이경선(흥사단우 사진)
© 도산안창호선생기념사업회

즉 이경선이 워싱턴 주립대학 재직 시 선우학원과 함께 김일성 유격대 소식을 듣고 공산주의를 공부하기 시작해 신념을 갖게 되었다는 것이다. 선우학원은 "이경선은 목사였고 진실한 애국자였습니다. 그의 한 생애를 애국 위해서 희생봉사 한 사람입니다. 미국에서 독립운동을 재발시켰고 진보운동을 시작한 분입니다"라고 평했다.

그는 재미한인 진보진영을 대표하는 조선의용대 미주후원회, 조선민족혁명당 미주지부, 『독립』의 열렬한 지지자였다. 이경선은 조선의용대 미주후원회 연합회가 간행한 『의용보』의 집필 담당이었고, 조선민족혁명당 미주지부의 기관지 『민족전선』의 담임 기자였다. 또한 『독립』 신문의 이사원·편집위원 등에 선임되었다. 1944년 말 주미외교위원부를 둘러싼 재미한인 사회의 대분열 과정에서 민족혁명당이 분열되자 1945년 1월 초 OSS에 가담했다. 그는 산타카탈리나Santa Catalina에서 훈련받은 후 대서양을 횡단해 중국 쿤밍에 도착했다. 쿤밍에서 해방을 맞은 이사민은 현지에서 제대해 충칭이나 한국으로 돌아가고 싶었지만 다시 워싱턴으로 귀환해야 했다. 그는

그림 38 이경선(1946년) © 리사민

1945년 12월 OSS에서 제대한 이후, 다시『독립』에 합류했다.

한 가지 특기할 만한 점은 이경선이 1945년 미군 복무의 대가로 시민권을 획득했다는 사실이다. 그는 1945년 3월 22일 미국 시민으로 귀화했다.[157]

그는 민오民吾라는 호를 사용했으며, 이사민이라는 이름은 해방 이후부터 쓰기 시작한 것으로 보인다. 1942년 충칭과 미주를 달군『우리 통신通訊』의 미주 편집인이 바로 민오 이경선이었다.[158] 1938년『신한민보』에도 민오라는 필명으로「우리 혁명의 전도」라는 기사를 8회 연재했다.[159] 이경선은 다작의 기질이 있었는데,『혁명방략대요』,『미국려행긔』,『새조선』,『종군긔』,『변증법적 유물론』등 다수의 팸플릿형 소책자를 간행했다.

그가 미국에서 제일 먼저 쓴 것은『혁명방략대요』로 흥사단 이사부의 요청에 따라 임시 시사연구위원 자격으로 쓴 것이다. 선우학원의 회고록에 소개된 바 있으며, 원본은 이경선의 사위 윤심온이 소장하고 있다. 이 책자는 이론적 강령으로 민족 평등·민권 평등·민생 평등·민교 평등을 내세웠는데, 민권民權 평등은 사회민주주의 혹은 진정한 민주주의를 의미하는 것이었다. 목표는 폭력·비폭력 수단을 동원한 '통일혁명 기관'의 조직이었고, 이를 위해 자금 모집, 훈련, 선전, 교통 문제 연구 방안을 제시했다. 별지에는 비밀통신을 위한 암호문까지 작성했다. 결국 정치·군사·외교·선전 등에서 어떻게 혁명을 추진해야 하는지를 기술한 것이다.

『미국려행긔』는 1940년 6월에 발행되었는데『종군긔』에 부록으로 붙어 있다. 이경선이 미국의 여러 곳을 여행하면서 만난 사람, 느낀 점을 기록한 55쪽 분량의 책이다.『새조선』은 1945년 1월 20일 로스앤젤레스에서 출판되었는데, 해방 후 한국 사회를 어떻게 건설할 것인지에 대해 쓴 다양한 논설과 기사를 실은 논설집이다.[160] 제1편 해방, 제2편 건설, 제3편 논문, 부록 조선혁명운동약사로 구성되어 있다. 사회주의적 세계관과 방략을 제시하고 있으며, 출간 일자는 그가 OSS에 입대한(1945년 1월 4일) 직후다.[161] 이경선은 1945년 OSS 요원으로 중국 쿤밍에 다녀온 뒤, 그 경험을 기록한『종군긔』라는 책자를 출간했다. 이 책은 OSS 훈련 과정과 중국 파견 과정에 관한 사실적인 기록을 담고 있다.[162]

이경선이 미주에서 쓴 마지막 저작은 마르크스·레닌주의에 관한 것이었다. 그는 '리사민'이라는 이름으로 1947년 11월부터는『독립』에「변증법적 사적 유물론」을 9회 연재했고, 1949년에 이를 묶어서『변증법적 유물론과 사적 유물론』으로 출간했다. 이는 번역물이었는데, 여기에 '사회변혁의 총과정'과 '유물사관의 공식 약해', 북한 헌법을 부록으로 첨부했다.[163] 이경선은 이 책을 한흥수를 통해 북한에 보내기도 했다. 목사에서 기독교 사회주의자 또는 공산주의 입문자로 변신한 이경선이 자신이 번역한 책을 '사회주의 국가' 북한에 보낸 것은 그만큼 신념과 확신에 찬 결의를 보여주는 것이었지만, 다른 한편 그가 북한을 얼마나 나이브하게 바라보고 평가했는지를 보여주는 것이기도 했다.

이경선은 1945년 말 OSS에서 제대한 이후 수년간 워싱턴 DC에서 거주했다. 이경선은 제대군인원호법G.I.Bill of Rights으로 조지 워싱턴 대학에 등록했다.[164] 선우학원이 비미활동조사위원회 청문회(1954년 6월 18일, 시애틀)에서 행한 증언에 따르면 이경선은 워싱턴 DC에서 1946년에서 1947년 사이에 미국공산당에 가입했고, 1948년 시애틀로 이주한 후 선우학원이 당원으로 소속된 워싱턴 주립대학 공산주의 그룹인 유니버시티 에이 클럽University A Club으로 전속되었다. 선우학원에 따르면 이경선은 로스앤젤레스에서 미국공산당 내 한인공산주의 그룹을 조직하려고 시도했다. 하지만 미국공산당은 한인만을 별도로 분리하는 것을 허가하지 않았으며, 미국인 당원들과 섞이길 원했다.[165]

이경선은 1948년 5월 시애틀의 워싱턴 주립대학 한국어 강사로 일하기 시작했다. 1944년에 이어 두 번째였고, 아마도 선우학원의 도움이 있었을 것이다. 시애틀에서 그는 한국에서 온 아들 이영석과 함께 살았다.[166]

이경선은 1949년 체코로 떠날 때까지 『독립』의 열렬한 지지자였다. 그는 1948년 12월 『독립』 제7회 사우총회에서 "진보주의를 계속함이 인류생활의 진리"라고 강연했는데, 남한 정권은 친일파 민족반역자로 구성된 파쇼 정권이라고 규정했다. 이경선은 "우리는 과학을 믿는다"며 "과학을 진리로 믿고 아직 증명되지 못한 것이 있을지라도 장차 증명될 가능성이 있는 것으로 보는 것이다"라고 했다.[167] 이경선은 북한 『노력자』에 게재된 남한 선거 기사를 읽고 1948년 12월 "망국 단선을 기초로 한 매국 국회와 괴뢰정권을 철저히 분쇄하자"는 내용을 기고하기도 했다.[168] 1949년 2월에는 『독립』 사설을 통해 "북쪽에는 질서와 평화와 건설공작이 활발하게 진행"되는 반면 "남쪽에는 혼란과 유혈 상잔과 파탄" 일로이기에 "민주, 독립, 평화, 부강을 희망한다면 민주혁명의 원수요 민족반역자 집단인 남조선 괴뢰정권을 하로 밧비 분쇄"해야 한다고 썼다.[169] 그는 이제 유신론에 기초한 목사나 종교인이 아니었다. 1947년 이후 『독립』에 등장하는 것은 이경선 목사가 아닌 리사민으로 변증법적 유물론, 중국의 신민주주의, 진보주의를 확산시키는 마르크스주의 이론가이자 선전선동가였다.[170]

또한 이경선은 선우학원과 함께 시애틀에서 한인 진보주의자들을 결집하는 활동을 했던 것으로 추정된다. 이경선은 루스벨트 대통령 시절 부통령을 지낸 바 있는 월러스의 진보당(신진당) 전국대표대회에 참가해, 주한 미군 철수와 재미한인의 미국 시민권 부여 등을 주장했다.[171]

이경선은 1949년 7월 초 로스앤젤레스로 건너왔고, 7월까지 미국에 있었던 것으로 보인다.[172] 그는 로스앤젤레스를 떠난 지 두 달 만인 1949년 8월 20일 헝가리 부다페스트에 도착했다.[173] 그는 자신의 고향이자 정치적 이상향인 평양을 향하고 있었다. 선우학원의 의회 증언에 따르면 이경선은 체코와 "정규적인 연락"을 하고 있었는데, 아마도 한흥수와의 연락을 의미했을 것이다.

선우학원은 1918년생으로 평양 숭인상업학교를 졸업했고, 도쿄에서 기독교 학교인 아오야마 가쿠인青山學院을 다녔다.[174] 그는 2년 동안 감리교 목사가 될 준비를 했다. 1938년 미국으로 가서 로스앤젤레스의 성경학원Bible Institute을 다녔고, 1938~1943년간 캘리포니아 파사데나 칼리지Pasadena College를 다녀 문학사를 받았다. 이후 캘리포니아 주립대학 버클리 캠퍼스에서 1년간 연구했고, 1942년부터 1943년까지 동양언어학부 강사를 지냈다. 1943년부터 1949년까지 워싱턴 주립대학에서 연구하고 가르쳤으며, 문학 석사학위를 받고 박사과정에 진학했다. 1941년 12월부터 1942년 4월 30일까지 FBI 로스앤젤레스 지부에서 임시 일본어 통역으로 일하기도 했다.[175] 태평양전쟁 중 이경선과 함께 워싱턴 주립대학에서 군인들에게 한국어를 가르치는 강사로 일했고, 1945년 6월부터 12월까지 미국 공군에서 근무했다. 군 복무 중이던 1945년 12월 애리조나 주 피닉스에서 미국 시민으로 귀화했다.

1946년 6월에는 워싱턴 주립대학 강사로 재임명되었으며, 런던 대학 University of London의 런던경제대학London School of Economics을 통신 과정으로 공부했다. 1949년 체코로 건너가 찰스 대학King Charles University에서 역사학 박사학위를 받았다. 1950년 한국전쟁 직전 미국으로 돌아와 스탠퍼드 대학, 골든게이트 대학에서 경영학 수업을 들었고, 1954년에는 일간지『샌프란시스코 크로니클』San Francisco Chronicle의 편집 기자로 일했다.[176]

1947년부터 FBI는 시애틀 공산당 당사에 대한 감시와 기술적 감시, 시애틀 프런티어 서점Frontier Book Store에 대한 마이크 감청을 통해 선우학원이 공산당 32구역 교육국장임을 파악하고 있었다. 또한 선우학원이 공산당 기관지인『폴리티칼 어페어즈』Political Affairs를 구독하며, 12권짜리 레닌 선집을 구입한 사실도 파악하고 있었다.[177]

비미활동조사위원회 청문회에서 선우학원은 자신이 공산주의자가 된 배경을 크게 세 가지로 설명했다. 첫째, 자신은 16세 이후 기독교인이 되었고 목사가 될 생각이었으나 1943년 시애틀에 와서 집을 얻는 데 인종차별을 당했고, 미군에 입대해 남부를 여행하며 흑인에 대한 인종차별을 목격했기 때문이다. 둘째, 조 레인Joe Lane 박사라는 은퇴한 내과의사가 공산당이 인종차별, 평화, 평등을 위해 싸울 당이라고 알려주었다. 셋째, 한반도는 남북으로 분단되었는데, 한국 지식인의 80~90퍼센트는 공산주의나 좌파를 선호했다. 자신은 지식인 그룹이나 미래 지도부에서 배제되고 싶지 않아 공산당에 가담했다는 것이다. 선우학원은 미군에서 제대한 직후 1946년 1월 시애틀 워싱턴 주립대학에서 미국공산당에 가입해 교수클럽인 유니버시티 에이 클럽 소속이 되었다. 그는 체코로 출국하기 직전인 1949년 8월 공산당을 떠났다고 주장했다.

선우학원은 시애틀의 공산주의 지도자 훈련학교인 '북서지구 공산당 지도자 훈련학교'Northwest District Communist Leadership Training School에서 2주간 강도 높은 훈련을 받은 뒤 노스킹카운티 지구North King County Distric의 제32분회 교육국장이 되었다. 그는 6개의 클럽을 관할했는데, 그가 속한 유니버시티 에이를 비롯해 대학교수 클럽University Faculty Club, 유니온베이 빌리지클럽Union Bay Village Club, 2개의 학생클럽 등이었다.

선우학원은 미국공산당에 가입한 후 활발하게 활동했다. 1946년 10월 현앨리스와 함께 샌프란시스코에서 개최된 '중국 및 원동 문제 토의 전국대회'에 참석한 것도 미국공산당 활동의 연장선상이었을 것이다. 이 대회에 참가한 현앨리스, 정덕근, 자비스도 모두 미국공산당 당원이었을 것이다.

그는 1949년 7월 뉴욕에서 개최된 전국인권회의National Human Rights

Conference에 시민권의회Civil Rights Congress와 워싱턴 재향협회Washington Pension Union 대표로 참석했다. 이후 미국 전역을 여행하며 중공의 승인과 중국의 중요성에 대한 연설을 했다.

한편 선우학원은 재미한인 사회 내의 진보진영에서 활발히 활동했다. 그가 미국공산당에 가담한 계기도 재미한인 사회의 영향이 가장 컸을 것이다. 선우학원은 1939년 조선의용대 로스앤젤레스 후원회에 참가한 이래 조선민족혁명당 미주지부, 『독립』의 중요 지지자이자 간부로 활동했다. 선우학원은 주로 1900년대 초반에 출생한 김강, 변준호, 이경선, 전경준, 이득환 등 재미한인 진보진영 주요 인사들보다 열 살 이상 어린 세대였으므로, 이들의 급진성으로부터 영향을 받았을 가능성이 높다.

그는 미군에서 제대한 후에 시애틀 워싱턴 주립대학으로 돌아갔으며, 1946년 9월 『독립』에 기사를 게재함으로써 한인 사회에 복귀했다.[178] 선우학원은 1946년부터 1949년까지 『독립』에 다수의 기사를 투고했다. 그가 쓴 기사들은 주로 미국의 대외정책, 미국의 정치 정세, 한국에 대한 정책 등이었다.

- 「미국 외교정책 해부」 1~4회[179]
- 「남조선 경제정책을 검토」[180]
- 「세계평화 금년 미국 선거전」 1~2회[181]
- 「추 대통령의 미국자본 외출론」 1~2회[182]
- 「대서양안전동맹이란 무엇인가」 1~3회[183]
- 「미국권리조례대회」 1~3회[184]

특히 전후 시애틀의 워싱턴 주립대학에서 한국어 강사로 함께 일한 이경선과 정치적·사상적 입장을 같이했다. 두 사람 모두 평양 출신으로 독실한 감리교 신자였으며, 감리교 신학교 또는 기독교계 학교를 졸업했고, 미주에서는 의용대 후원회·민족혁명당 미주지부·『독립』에서 함께 일했으며, 1945년 미군에 입대해 태평양전쟁의 마지막 시기를 보냈다. 또한 종전 이후 미국공산당에 입당했으며, 시애틀에서 함께 생활하면서 미국공산당, 한국 공산주의자들과 긴밀한 연계를 갖고 있었다. 이 밖에도 두 사람의 공통점은 많았는데, 양자의 차이점은 나이, 미국 대학 교육 여부, 영어 구사 능력 정도였다.

두 사람은 1948년 10월 시애틀에서 김일성·박헌영에게 편지를 썼는데, 이미 미국공산당에 가입했던 만큼 공산주의자의 관점에서 쓴 편지였다. 편지의 주요 내용은 크게 세 가지였다. 첫째 미국의 정세, 둘째 "재미당동지" 在美黨同志들의 동향 보고, 셋째 북한으로의 귀국 희망 피력 등이었다.

미국의 정세는 선거와 관련된 이야기 정도였고, 훗날 가장 논란이 된 것은 이 편지에서 언급한 '당 동지'의 동향이었다. 이 편지에 따르면 재미한인 당 동지는 로스앤젤레스 13명, 샌프란시스코 1명, 시애틀 5명, 시카고 1명, 뉴욕 4명, 워싱턴 2명 등 총 26명이었으며, '조선당원 대표'로 이름이 밝혀진 인사는 로스앤젤레스의 변준호·김강·현앨리스, 시애틀의 선우학원·이사민, 뉴욕의 신두식·곽정순 등 7명이었다. 문맥으로 보면 이는 미국공산당에 가입한 재미한인 공산당원을 뜻하는 것이었다. 그렇지만 선우학원은 하원 청문회에서 이를 부인했다. 비미활동조사위원회는 이 편지의 영역본을 들고 한 문단 한 문단씩 선우학원에게 질문하고 답변을 요구했다. 이 부분에 대한 선우학원의 증언을 들어보자.

- 선우학원: 그 당은['조선당원 대표'—인용자] 그가[이경선—인용자] 조직하려고 했던 정당이다. 그와 같은 정당은 그가 이 편지를 쓸 시점에는 존재하지 않았지만 그는 재미한인 가운데에서 북한 동정자들로 조직할 계획을 가지고 있었다.
- 태브너: 이 그룹을 언급하면서, 미국공산당 활동의 패턴을 따른다고 했는데, 이들 26명이 미국 내 공산당 당원임을 의미하지 않는가?

- 선우학원: 아니다.

- 태브너: 이들 중 일부는 공산당 당원이었는가?

- 선우학원: 그렇다. 그들 중 일부는 당원이지만 26명 모두가 그런 것은 아니다.[185]

선우학원은 미국 FBI, 이민국, 하원 청문회 등에서 자신은 공산주의자였다가 체코의 현실을 보고 공산주의를 부정하게 되었다며, 미국 정부의 공산주의자 색출 조사 과정에 적극 협력했고, 이미 노출된 시애틀의 미국인 공산주의자들과 북한으로 간 현앨리스와 이사민, 체코에 있는 정웰링턴 등을 공산주의자로 지목했다. 그렇지만 선우학원은 미국에 남아 있는 옛 동료인 재미한인 진보주의자들을 보호하려 한 것이다.[186]

편지에는 로스앤젤레스에 한국인 당원이 많고, 한인 거류 중심지이므로 "미국米國 당부黨部의 허락許諾으로 조선인朝鮮人 그룹을 재조직再組織(전前에도 조직組織되였으나 연내年來로 좀 해이解弛하여젓음)하고 1개월個月에 1차식次式 회집會集"한다고 쓰여 있다. 이는 로스앤젤레스에 미국공산당 산하 한국인 그룹이 조직되어 매달 한 번씩 회의를 한다는 뜻이었다. 김일성과 박헌영에게 자신들의 공산주의 활동을 과장하기 위한 목적이 전혀 없다고 볼 수는 없겠지만, 사실무근은 아니었을 것이다.

그렇지만 선우학원은 청문회에서 이 사실을 부정했다. 즉 이경선 목사가 로스앤젤레스에서 미국공산당 내 한인 공산주의 그룹을 조직하려고 시도했지만, 미국공산당은 미국인 당원들과 통합하라며 이를 허가하지 않았다고 발언했다. 그의 주장은 논리적이지만 편지 내용과 일치하지는 않는다. 역시 재미한인 공산주의자들을 보호하기 위한 목적이 있었다고 생각된다. 선우학원은 필자에게 보낸 편지에서 『새조선』을 간행할 때 몇 사람의 동지로 구성된 '비밀 그룹'이 있었는데 이경선, 김강, 변준호, 이창희, 최봉윤, 선우학원 등이 포함되어 있었다고 했다.[187]

편지에 따르면 "조선당원대표朝鮮黨員代表로 나성羅城에 변준호卞峻鎬 김강
金剛 현玄앨니스 사항沙港에 선우학원鮮于學源 이사민李思民 뉴욕에 신두식申斗湜
곽정순正淳 이상以上 7인人이 당원黨員을 대표代表하여" 당원 연락, 당 정책 심
의, 미국 당본부와 연락을 주관한다고 되어 있다. 즉 이는 로스앤젤레스뿐
만 아니라 한인이 거주하는 시애틀, 뉴욕에 한인 공산주의 연락망 혹은 조
직망이 존재함을 의미했다. 우리는 이 편지 외에는 '조선인 그룹' 혹은 '조
선당원 대표'의 존재를 확인해주는 증거를 갖고 있지 않다. 그러나 현앨리
스를 포함한 총 7명의 '당원 대표'는 재미한인 진보진영의 핵심 인사이자
1946년에서 1949년 사이에 『독립』그룹을 형성한 인물들이었다.

'조선인 그룹'의 외곽 조직으로 거론된 것은 '민주인민전선연맹', 즉 북
미조선인민주전선과 '진보당 후원회'였다. 이들 조직은 미국 노동조합·진
보적 단체와 연계해 활동을 벌였다고 되어 있다. 이들은 민주전선·진보당
후원회의 최근의 활동으로 미국 진보당·노동조합과 연계한 대중집회를 꼽
았다. 이 집회에서 미군 철수, 북한 정부 성립 보고, 미국의 동양인 차별 철폐,
구금된 미국공산당 지도자·진보당 지도자 석방 등의 슬로건을 제시했다.

편지는 『독립』에 대해 설명하고 있는데, 전시 중에는 연 예산 1만 달러
였지만, 현재는 3,000달러로 유지하고 있으며 미주에서 발행되는 한국 신문
4종 가운데 제일이라고 자부했다. 특히 북한 소식은 "우리 독립만이 보도"
했고, "두 동지(김일성, 박헌영)의 글은 발표되는 대로 재료를 었는[원문 그대
로: 얻는] 대로 다 기재"했다고 자부했다. "우리 동지들의 결심은 38선이 해
소될 때까지 [『독립』을—인용자] 유지"하는 것이라고 쓴 대목에서는 비장함
마저 느껴진다.

선우학원은 청문회에서 자신이 창간 당시부터 후원자였는데, 이 신문
은 처음에 '진보신문'으로 창간되었으나 점차 '공산주의자가 지배하는 신
문'이 되었고, 1954년에는 월간으로 발행되며, 주로 북한 선전물을 활용해
신문을 만든다고 발언했다.

이 편지의 또 다른 핵심은 북한과 연락 또는 연대하기 위해 재미한인 진보진영이 기울인 노력에 대한 설명이었다. 이들은 프라하의 한흥수를 알게 된 이후 그를 통해 북한과 연락을 시도했다. 이 편지에 따르면 총 네 차례 북한과 연락을 시도했다.[188]

1차 연락은 1947년 4월 이사민이 작성한 편지였는데, 해방 후 재미한인의 정세, 독립운동 상황, 미국의 정세, 재미 당원의 활동을 적은 것이었다. 이 편지는 1947년 6월 체코의 한흥수와 체코에서 열린 세계직업연맹에 참석했던 북한 대표단을 통해 김일성에게 전달을 시도했다. 세계노동자조합 총회는 1947년 6월 프라하에서 개최되었는데, 북한의 원동근·최경덕, 남한 대표 이인동·한철, 역사가 박동초, 미술가 장진광 등이 참가했다. 이들은 1947년 6월 13일 프라하에 도착했으며, 한흥수가 이들을 방문하고 안내한 바 있다.[189] 이는 이경선이 한흥수와 정기적으로 연락하고 있었으며, 한흥수가 이경선으로부터 미리 입수한 편지를 북한 대표단에게 전달했음을 의미한다.

2차 연락 역시 체코의 한흥수를 통해 이루어졌다. 1947년 7월 프라하에서 개최된 세계청년대회에 참석했던 대표를 통해 이사민이 작성한 「변증법적 유물론」의 번역 원고와 서신이 북한에 전달되었다. 이는 세계민주주의청년동맹이 주최한 세계민청축전으로 1947년 7월 20일부터 8월 17일까지 프라하에서 열렸다. 북한에서는 여성 6명을 포함한 28명의 청년 대표들이 참석했다. 한흥수는 이들과 함께 축전에 참가했고, 총 9회에 걸쳐 『독립』에 「세계민청축전 관방기」를 게재했다.[190]

3차 연락은 1948년 9월이었고 역시 체코를 통해 이루어졌다. 이 시점에 한흥수는 북한에 들어간 후였으므로 체코에 유학을 가게 된 현앨리스의 아들인 정웰링턴이 전달자 역할을 했다. 로스앤젤레스의 변준호, 김강, 현앨리스, 이사민 4인 명의로 김일성에게 보내는 서신이었다. 정웰링턴은 프라하의 찰스 대학 의학과에 입학하기 위해 1948년 9월 29일 로스앤젤레스를 출발했다.[191] 1948년 9월은 북한 정부가 수립된 후였으므로, 이들은 강력하게 북한행 의사를 표명했을 것으로 보인다. 1948년 현앨리스, 변준호, 김강이 이경선과 함께 편지를 쓰게 된 동기는 "조선당원대표로 나성에 변준호 김강 현앨니스"라고 언급한 것처럼 이들이 로스앤젤레스 '조선인 그룹'의 대표였기 때문일 것이다.

4차 연락, 즉 1948년 11월 15일자 이사민·선우학원이 김일성·박헌영에게 보내는 편지는 남궁요설南宮堯卨이라는 귀국 유학생 편으로 전달되었다. 선우학원은 의회 증언에서 처음에는 서한을 우편으로 보내려 했으나 불가능하기도 하고 위험하다는 것을 알게 되어, 시애틀에서 아이들을 데리러 남한으로 들어가는 친구 남궁요설에게 편지를 맡겼다고 했다. 남한 지하조직에 편지를 전달하면 그것이 북한으로 전달되어 답장까지 받아올 줄 알았다고 했다. 남궁요설은 아주 친한 친구였고 '그의 본성과 성격' 때문에 그를 완전히 신뢰했다고 덧붙였다. 그가 한국에 간 것은 편지 전달 임무 때문이 아니며, 그가 귀국하는 기회를 이용한 것뿐으로 자신이 아는 한 그는 공산당원이 아니라고 했다.

편지의 마지막에 이사민과 선우학원을 비롯한 재미한인 공산주의자들의 희망이 적혀 있었다. 이제 재미한인 진보진영의 유일한 관심사는 북한에 가는 것이었다. 해방 후 남한으로 귀국 수속을 했으나 다 불허된 미국 동지들은 "거의 전부가 귀국을 희망"하고 있으며, "일단 구라파로 가서 동구를 통해 귀국하는 것이 유일한 길"이었다. 이를 위해 동유럽 주재 북한 사절의 편의를 제공해달라는 부탁이 뒤따랐다.

사실 이들이 김일성과 박헌영에게 거듭 편지를 쓴 이유는 북한으로 '귀국'하고 싶은 희망 때문이었다. 이들은 재미한인 사회에서 극소수파가 되었고, 남한에 수립된 한국 정부에는 적개심을 가졌다. 북한만이 이들에게 '조국'이자 '모국'이었던 것이다. 그렇지만 남한을 통해 귀국하는 길이 막히자 체코를 통해 북한으로 가는 길을 찾게 되었던 것이다. 한흥수는 이 가능성을 제시했을 뿐 아니라 직접 체현해 보이기도 했다. 이 편지를 끝으로 현앨리스, 이경선, 선우학원 등이 체코로 떠나게 되었다. 이후 현앨리스와 아들 정 웰링턴은 체코를 통한 북한과의 연계에서 핵심적인 역할을 하게 된다.

또한 1956년 이후 미국에서 비미활동조사위원회 청문회 이후 추방된 재미한인 진보주의자들인 김강 부부, 곽정순 부부, 전경준 부부 등도 체코를 통해 북한으로 들어갔다. 편지는 "우리의 진정한 지도자 김일성 박헌영 동지 만세"로 끝맺었다.

이제 이 편지를 둘러싼 의혹을 살펴볼 차례다. 편지를 전달한 인물은 남궁요설이라는 사람이다. 바리톤 성악가였던 남궁요설은 평양신학교 교수이던 남궁혁의 아들이었다. 그는 1947년 9월 미국 워싱턴 주 샤를 시의 '샤를 패시픽메소시스트 대학'으로 유학을 왔고, 워싱턴 주 시애틀에 거주하던 선우학원, 이사민과 친분을 맺었다.[192] 시애틀 한인 사회가 협소했으므로 당연히 교류가 있었을 것이다. 그러나 선우학원이나 남궁요설 모두 정치적·사상적 연계는 부인했고, 또한 그것이 사실이었을 것이다.

문제는 편지가 어떻게 전달되었고, 어떻게 미군 손에 들어가 FBI 수사를 받게 되었는가 하는 점이다. 선우학원에 따르면 이 편지는 임화를 통해 박헌영에게 전달되었다고 전해 들었는데, 한국전쟁 발발 직후 미국 정보당국에 체포되었을 때 편지의 영어 번역본이 등장해 깜짝 놀랐다는 것이다.[193] 선우학원은 개인적으로 현앨리스와 박헌영의 미국 CIA 관련설을 의심한다고 했는데, 박헌영이나 임화가 미국 정보당국에 편지를 넘겼을 가능성이 있다고 했다.[194] 선우학원 박사는 2012년 인터뷰에서도 이렇게 얘기했다.

이 편지를 여기 남궁요설이라는 사람이 가지고 갔거든. 자기가 임화하고 연락이 있고, 임화가 박헌영하고 연락한다. 그래서 편지를 이경선 목사와 나하고 둘이 써서 남궁요설이가 가지고 들어갔거든. 갔다 회답을 받아가지고 오라 했는데 못 받아 가지고 왔어요. "어떻게 됐느냐, 주었느냐?" 하니 임화한테 줬다고. 임화가 박헌영이 주었을 거거든. 박헌영이가 친미파인데 말이야 그거 줄 리가 있어요. 김일성이한테 주지 않고 미국에 줬다고, 정보부에. 그게 걸려서 내가 잡혔거든.[195]

선우학원은 필자에게 보내는 편지에서 이렇게 증언했다.

우리의 편지는 임화(시인)를 통해서 박헌영에게 전달됐고 김일성에게는 전달되지 않았습니다. (후일 내가 김일성 주석과 면담했을 때 물어보았습니다.) 박헌영이가 미국 측에 전달한 것으로 판단합니다. 그 편지는 지금도 내게 원본이 있고요.[196]

그런데 이 주장은 사실과 다른 부분이 있다. 남궁요설은 임화가 아닌 김공석이라는 사람에게 편지를 전달했기 때문이다. 남궁요설은 선우학원과 같이 1954년 6월 19일 비미활동조사위원회 시애틀 지역 청문회에 소환되었다.[197] 당시 이민귀화국은 그에 대한 추방 절차를 진행 중이었다. 그에 대한 청문회는 매우 간단했다. 누구의 지시로 누구에게 편지를 전달했는지를 물었다.

남궁요설은 귀국하는 자신에게 이경선 목사가 한국 정부의 공중보건국 South Korean Government in public health department에서 일하는 의사의 이름을 종이에 써주며 "남한에 가거든 공중보건국을 방문해서 이 사람을 찾으라"고 했다는 것이다. 의학박사였던 이 사람을 만나러 공중보건국을 방문했지만 안내원은 그런 사람이 없다고 했다. 김강의 부인 차순석이 미군정 약국의 약사였으므로, 이경선이 알려준 것은 '의학박사'가 아니라 차순석이었을 가능성도 배제할 수 없다. 의사와 접촉하는 데 실패한 남궁요설은 자신이 알고 있는 음악가, 작가, 시인, 화가, 그리고 좌익으로 알려진 사람들을 접촉하다가 김공석Kim Kong Sok이라는 사람을 만났다. 남궁요설은 김공석이 지하인사와 접촉할 방법이 있으며 김일성에게 편지를 전달할 수 있다고 자신했기에 그에게 편지를 전달했다는 것이다. 그렇지만 남궁요설은 편지가 김일성에게 전달되었는지는 알지 못한다고 답변했다. 자신이 남한에 체류하던 4개월 동안 같은 경로로 답장을 받기로 되었기에, 여러 차례 김공석에게 답장을 요구했지만, 그는 그때마다 편지를 전달했으나 답장이 없다고 말할 뿐이었다.

과연 이 편지는 누구에게 전달된 것인가? 선우학원의 주장처럼 김공석을 통해 임화에게 편지가 전달되었고, 최종적으로는 박헌영에게 전달된 것으로 추정할 수 있다. 또 김일성에게 편지가 전달되지 않은 것은 사실이었을 것이다. 평양에서 노획될 당시 이 편지는 외무성에서 발견되었기 때문이다. 그렇지만 같은 맥락에서 임화와 박헌영이 편지를 미국 측에 전달했다는 선우학원의 판단은 수긍하기 어렵다.

이 편지는 한국전쟁 중 평양의 내각 정부합동청사에서 발견되었고, 1950년 10월 27일 도쿄의 연합통역번역대가 번역했다. 발견된 시점은 정확하게 특정되어 있지 않지만, 평양이 유엔군에 점령된(1950년 10월 19일) 직후였을 것이다.

현재 이 편지는 미군이 한국전쟁 때 북한으로부터 노획한 문서들을 모아놓은 소위 '북한노획문서철'에 들어 있다. 이 편지는 『대외미주』라는 제목의 서류철에 들어 있었는데, 여기에는 다른 문건은 없고 오직 이 편지만 있는 상태다. 북한 측이 이 문서만 빼놓고 다른 문서들을 소각하거나 폐기했을 가능성은 없다.

우리는 몇 가지 가능성을 생각해볼 수 있다. 첫째, 서류철을 노획한 미군 정보당국이 노획 시점에 다른 문서들의 정보적 중요성 또는 가치 때문에 이를 별도로 보관했을 가능성이다. 종종 노획 문서에는 원본 없이 사진 복사본만 있는 문서들도 있으며, 신노획문서철의 경우 시작하는 200001번부터 200046번까지의 문서들이 현재 행방불명된 상태다.[198] 그렇지만 이 경우 문서철에서 이 편지만 남겨 놓았다고는 생각하기 어렵다.

둘째, 북한 측의 누군가가 미군이 이 편지를 발견하도록 일부러 흘려두

그림 40 편지가 발견된 외무성 『대외미주』 문서철 © NARA

있을 가능성이다. 셋째, 미군 정보당국의 손길이 미쳤을 가능성이다. 둘 다 음모론적 시각에서 생각해볼 수 있는 가능성이다. 그러나 역시 전시 중 이런 문서를 끼워놓았다면 이것은 믿기 힘든 정보공작의 사례가 될 것이다. 노획 문서 전문가인 방선주 박사는 이런 경우는 매우 드물며, 다른 문서와 연관 없이 이 편지만 들어 있는 것은 의심할 만한 점이라고 지적했다.[199]

여하튼 이사민과 선우학원이 김일성·박헌영에게 쓴 1948년도 편지는 남궁요설을 통해 서울의 김공석에게 전달되었다. 김공석이라는 사람이 이 편지를 어떻게 처리했는지 알 수 없지만 남궁요설은 답장을 받지 못했다. 그리고 2년 뒤 한국전쟁의 와중에 평양을 점령한 미군은 이 편지만 들어 있는 문서철을 북한 정부청사에서 발견했다. 이 편지는 이후 재미한인 진보주의자들을 공격하는 데 핵심 자료로 활용되었다.

편지를 전달한 남궁요설은 이후 인생이 바뀌었다. 1919년 전라남도 광주에서 태어난 남궁요설은 일본에서 음악을 공부했고, 1940년 오페라 가수로 데뷔했다. 전일본음악경연대회에서 1등상을 수상했고, 슈베르트의 가곡 〈보리수〉를 한글로 번역했다고 알려져 있다. 1947년 워싱턴 주립대학 음대로 유학해 석사학위를 받았다.

남궁요설은 1949~1950년에 벌써 FBI로부터 친공산주의 동정자라는 의심을 사고 있었다. 워싱턴 주립대학 극동 및 슬라브 언어학과의 빅터 밀러 Victor N. Miller 교수와 주한 미군정에서 근무했던 해리 앤스테드Harry B. Ansted 는 남궁요설 부부는 공산주의자가 아니고 그의 아버지 남궁혁은 프린스턴 대학과 버지니아 대학을 졸업한 서울의 유력한 목사라며, 그가 상하이 방언과 만다린어·일본어·한국어에 능숙한 인재이자 부부가 모두 도쿄, 서울, 상하이, 홍콩에서 음악교육을 받은 인재임을 증명한다는 편지에 공동서명을 해 육군부에 발송했다.[200] 남궁요설 부부가 누군가의 보증을 받아 자신들이 공산주의와 무관함을 증명하는 문서를 군 기관에 보내야 할 정도로 감시 또는 압력을 받았음을 알 수 있다. 이 편지를 담당한 미6군은 FBI에 남궁요설 부부의 행적 조회를 의뢰했는데, FBI는 이 부부가 친공산주의라고 판단한다는 내용의 1949년 11월 21일자 보고서를 제6군 정보처에 송부했다(1950년 6월 29일).[201] FBI 시애틀 지부는 비밀정보원T-1의 정보를 인용해 이경선이 공산주의자임을 인정했고, 선우학원과 남궁요설도 공산주의를 선호한다고 비밀정보원에게 시인했음을 보고했다.[202] 그는 지속적으로 추방 위협을 받았던 것으로 보인다. 1960년 10월 13일과 1980년 11월 3일 등 여러 차례 귀화 신청을 한 것으로 보아 오랫동안 시민권을 얻지 못했음을 알 수 있다.[203] 편지 사건의 여파였을 것이다.

바리톤을 꿈꾸었던 남궁요설은 편지 사건에 휘말린 이후 다른 직업을 전전했다. 노스웨스턴 오리엔트 항공사, 워싱턴 주립대학 의과대학 과학사 진사 등으로 일했다. 사진에서 재능을 발견한 이래 1966년 처음 전시회를 열었고, 1978년 시애틀 미술관에서 단독 전시회를 열었다.[204] 그는 특색 있는 풍경 사진으로 일가를 이루었다. 워싱턴 주립대학을 빛낸 150인에 뽑히기도 했으며, 사진 전시회 도록과 관련 서적을 출간하기도 했다.[205] 남궁요설은 2013년 7월 22일, 94세를 일기로 시애틀에서 사망했다.

1948

6장

**희망의 빛, 죽음의 길:
체코에서의 몇 개월**

1948~1949년

1949

그림 41 세계평화대회 프라하 지회에 참석한 현앨리스·정웰링턴(뒷줄), 북한 대표 박정애·한설야·김창준(앞줄 오른쪽부터) (프라하, 1949년 4월 20일) © Britishpathe

체코로 향하는 현앨리스와 정웰링턴

— 1948~1949년

이제 우리는 현앨리스의 아들 정웰링턴 얘기를 할 시점이 되었다. 이 모자관계가 어떠했는지에 대한 상세한 기록이나 진술은 발견할 수 없다. 우리는 몇 장의 사진과 파편적 기록에 의지해야 한다. 현앨리스가 아들과 함께 찍은 사진 몇 장이 남아 있다.

첫 번째는 현앨리스가 백일 무렵의 웰링턴을 안고 찍은 사진이다(82쪽 그림 18).[1] 아들을 끌어안고 찍은 유일한 사진인데 앨리스는 산욕에 시달린 듯 부은 얼굴이지만, 행복한 기운으로 가득하다. 그녀가 남긴 사진 가운데에서 가장 활짝 웃고 있는 얼굴이다. 이 행복한 얼굴은 고통스러운 결혼 생활과 어려웠던 출산 과정 뒤에 찾아온 안도감과 성취감의 표현이었을 것이다. 1927년 아들을 잉태한 채 남편과 이혼하고 하와이로 돌아가서 웰링턴을 낳았으니 소회所懷가 남달랐을 것이다.

두 번째는 1948년 9월 웰링턴이 체코로 떠나기 전 로스앤젤레스의 중국 식당에서 현씨 가족들이 함께 찍은 사진이다(261쪽 그림 44). 이 자리의 주빈 웰링턴은 어머니와 떨어져 할머니 곁에 앉았고, 그의 앞에는 큰외삼촌 피터가 자리했다.[2] 가족의 중심에는 현순이 자리했고, 왼편 꼭짓점에는 피터가, 오른편 꼭짓점에는 웰링턴이 위치했다. 현순을 중심으로 피터와 웰링턴이 정립鼎立의 삼각형을 이룬 형상이다. 나머지 가족들은 그의 보호 속에 놓인 것처럼 보인다. 가족 간의 상대적 거리와 역할을 보여주는 듯하다. 웰링턴은 웃고 있지만 긴장한 빛이 역력하다.

세 번째는 옆의 사진이다(그림 41). 이 사진은 1949년 4월 20일 프라하에서 열린 세계평화회의 영상 기록에서 따온 것이다. 거의 동일한 사진이 현앨리스가 『독립』에 쓴 기사에 함께 실려 있다.[3] 현앨리스와 정웰링턴 모자는 북한에서 온 대표단의 뒤편에 자리하고 있다. 북한에서 온 대표단은 여성동

맹 위원장 박정애, 조선문학가동맹 회장 한설야, 민주주의기독교연맹 김창준 목사로 구성되어 있었다.[4]

이 어색하고 기묘한 사진은 현앨리스, 정웰링턴 모자가 북한의 고위급 대표단을 만나게 된 경로와 그 이질감을 잘 보여준다. 미국에서 활동했던 여성 공산주의자와 그 아들은 평양의 공산주의자들과 체코에서 조우했다. 서로 합류할 수 없는 간격이 느껴지는 이 장면은 앨리스와 웰링턴이 각각 평양과 프라하에서 마주치게 될 문화적 충격의 전조였다. 이들은 'Korea'(조선) 대표단 뒤에 자리했지만, 북한 측은 물론 대회 주최 측으로부터도 공식 인정을 받지 못했다. 이들은 우연히 끼어든 방청객이었을 뿐이다. 미국, 북한, 체코의 기묘한 조합과 이들의 우연한 조우는 '조선'에서 이들이 인정받지 못할 존재임을 예언하는 것이었다.

이들은 필사의 노력으로 북한과 연결되기 위해 희망의 빛을 찾아 체코까지 갔지만, 정작 프라하의 북한 대표단에게는 당혹감만을 주었을 것이다. 북한 대표단은 미국에서 왔다는 자칭 공산주의자 모자의 정체에 의혹을 가질 수밖에 없었을 것이다. 어머니와 아들이 함께 공산주의자 혹은 진보주의자를 자처하며 혁명운동 동참을 호소했겠지만, 이들의 프라하 체류 자체가 불가사의한 일로 비쳤을 것이다. 미국 시민이자 공산주의자로 조선혁명에 헌신하겠다는 설명과 모자관계 자체도 어울리지 않는 조합이었음이 분명하다.

그들의 의도와 상관없이 국제대회 행사장에서 찍힌 위의 사진은 현앨리스 모자가 함께한 마지막 유물이 되었다. 현앨리스는 몇 달 뒤 평양으로 들어갔고, 다시는 아들을 만나지 못했다. 1년 뒤 한국전쟁이 발발했고, 전쟁의 포성은 평양과 프라하 사이의 모든 소식을 끊어버렸다. 1953년 2월경 현앨리스가 체포된 후 모든 것이 침묵 속에 끝났다. 생사의 안부나 연락이 더는 전해지지 않았다. 정웰링턴은 어머니의 비극적 최후를 짐작했을 뿐 정확한 사실을 알 수 없었을 것이다.

사실 현앨리스와 웰링턴은 살뜰한 모자지간은 아니었을 것이다. 특히 웰링턴이 더 그렇게 느꼈을 것이다. 현앨리스는 늘 아들 곁을 떠나 있었고, 아버지의 존재는 처음부터 그의 삶에서 제외되어 있었다. 외가의 사랑으로 자랐지만, 어느 순간 자신이 여느 평범한 가족과는 다르다는 점을 깨달았을 것이다. 카우보이모자를 쓰고 체크셔츠와 청바지를 입고 스카프로 멋을 부린 어린 웰링턴의 얼굴에서 그늘이 발견되어도 이상할 게 없다.[5]

그림 42 카우보이 윌리 © David Hyun

체코 국립문서보관소에서 발견한 사진 속의 웰링턴은 이목구비가 뚜렷한 잘생긴 사내였다. 그러나 눈매에는 우수가 어려 있고, 얼굴에 쓸쓸함이 짙게 드리운 것은 그의 비극적 최후를 연상했기 때문만은 아니다. 그의 우수는 어머니로부터 물려받은 유산이었을 것이다(265쪽 그림 45 참조).

우리는 많은 의문의 벽과 마주하게 된다. 한국에서 잉태되어 하와이에서 태어나고 미국에서 교육받은 이 청년은 마침내 체코에 와서 생을 마감했다. 이 사람을 이끈 삶의 정체성은 무엇이었을까? 하와이와 로스앤젤레스를 삶의 터전으로 삼았던 이 모자는 어떤 연유로 프라하까지 가서 북한 대표단 뒤에 어색하게 앉아 있었던 것일까? 마흔여섯의 현앨리스는 왜 가족과 제2의 고향인 미국을 떠나 체코로 떠나야 했는가? 가족도 친구도 없고 고향도 아닌 평양은 어떤 마력으로 그녀를 유혹했는가? 그의 아들 웰링턴은 왜 아무 연고가 없는 체코에서 의과대학에 진학하려 한 것인가? 체코에서 완벽한 고립자이자 외국인인 그가 의사가 되려고 결심하며 꿈꾸었을 미래는 어떤 모습이었을까? 두 사람의 약속과 결심은 무엇이었는가? 구름처럼 일어나는 질문들이다. 우리는 정웰링턴의 삶을 복기함으로써 해답에 한 걸음 다가설 것이다.

웰링턴은 1927년 10월 4일 오전 7시 하와이 카우아이 섬 리후에 마을에서 태어났다. 외할아버지 현순이 목회하는 곳이었다. 그의 유년기와 관련해 외삼촌 데이비드의 회고록에 몇 장의 사진이 들어 있다. 돌이 지난 웰링턴은 외할머니 마리아의 품에 안기거나 외할아버지 현순의 무릎에 앉아 사진을 찍었다. 사진 속에서 그는 외조부모, 피터·폴·조슈아·데이비드 외삼촌, 메리 이모 등과 함께했다. 웰링턴은 대가족의 품에서 자라났다.[6] 그렇지만 가족사진에서 부모는 부재했다.

웰링턴은 카우아이 섬에 위치한 리후에 초등학교Lihue Elementary School를 졸업한 후 열세 살 되던 1940년 2월 26일 호놀룰루의 로버트 루이스 스티븐슨 중학교Robert Louis Stevenson Intermediate School에 입학했다. 어머니 현앨리스는 당시 호놀룰루에서 하숙집을 운영하며 피터·조슈아·데이비드 등을 건사하고 있었다. 1940년 현순이 목사직에서 은퇴한 시점과 일치했다. 현순 부부는 오랫동안 돌보던 외손자를 데리고 호놀룰루로 건너온 것이다. 웰링턴의 중학교 학적부에 따르면 중학교 입학 당시 보호자는 외할아버지 현순(목사)과 어머니 앨리스정A. Chung(주부)으로 표기되어 있다. 주소는 아나푸니 가Anapuni St. 1707번지로 되어 있다.[7] 아이큐 검사 결과는 110이었다.

2학년 학제의 중학교를 다닌 후 고등학교 과정intermediate-Senior High School 1년을 이 학교에서 다녔다. 1941년과 1942년 성적이 남아 있는데, 영어는 B·A, 수학(1)은 A·C, 일반과학은 B·B, 사회는 B·A, 라틴어(1)는 C·C, 고급기술은 C·C였다. 결석은 1일, 지각은 없음으로 기록되어 있다.[8] 라틴어와 기술에 관심이 많았으며, 1942년 6월에 중학교를 졸업했다. 졸업증 번호는 42459번이다.

이어서 정웰링턴은 1942년부터 1944년까지 호놀룰루 루스벨트 고등학교Roosevelt High School에 재학했는데,[9] 1942년 고등학교의 여름학기를 이수함으로써 스티븐슨 중학교에서 이수한 고등학교 1학년 성적을 그대로 인정받았다. 과목 가운데에는 미국사를 3학년 1~2학기에 모두 A를 받아 최상이

그림 43 하와이 대학 '토론·변론반'의 정웰링턴(앞줄 왼쪽 첫 번째) (1945년) © *Ka Palapala*

었고, 생물학(A·B)과 화학(A·B)을 잘했으며, 성적이 나쁜 과목은 삼각법(D)과 입체기하학(C)이었다. 전반적으로 B와 C가 절반 정도 차지했다. 1944년 여름학기 이후 졸업했으며, 졸업장은 1945년 5월 11일 발급되었다.

웰링턴은 1944년 2학기와 1945년 1학기에 걸쳐 총 1년 동안 하와이 대학University of Hawaii을 다녔다. 일반과학 의예과GS P-M 과정이었다. 총 12과목을 수강했는데, 화학·영어·독어·역사(미국사)·동물학·인류학 등이었다.[10]

하와이 대학 시절 웰링턴은 '토론·변론반'the Board of Debate and Forensic에서 활동했다. 그는 토론에 재능이 있었고, 웅변대회에서 2등상을 받았다. 『카팔라팔라』*Ka Palapala*(하와이 대학 졸업앨범, 1946년)에는 이렇게 기록되어 있다.

수년 만에 처음으로 토론·변론반은 전전 기능과 유사한 활동을 수행할 수 있었다. (중략) (1945년) 1월에 개최된 ASUH 웅변대회에서 마일스 시시도Miles Shishido가 명료하게 우승했다. 주제는 '하와이의 미래 전망'이었다. 2등은 웰링턴 정이 차지했으며, 조지 아리요시George Ariyoshi와 로버트 번즈Robert Burns가 각각 3등과 4등을 했다.[11]

하와이 대학 1년을 마친 웰링턴은 돌연 뱃사람이 되었다. 그는 선원이 되어 한 번은 대서양을 횡단했고, 다른 한 번은 태평양을 횡단했다. 유럽과 아시아를 순방했으니, 항해 거리로 따지면 세계 일주를 한 셈이다. 웰링턴이 배를 타게 된 동기에 대해서는 두 가지 추정이 가능하다. 첫째는 현앨리스의 하숙집에 다수의 부두노동자, 선원, 미국 노동조합연합AFL· 산업별노동조합회의CIO 조합원들이 드나들었으므로 그들의 영향을 받았을 것이다. 둘째는 외삼촌 현폴이 1945년에 외항선 선원이었다는 사실과의 연관성이다. 현순이 1945년 7월 18일자로 작성한 「현순 이력서」에 따르면 현폴은 당시 외항선원으로 기록되어 있었다.[12]

1946년 1월 12일 화물선 로버트 로리S.S.Robert Lowry 호의 선장이 뉴욕이민당국에 보고한 선원명부에 따르면, 웰링턴은 뉴욕 스테이튼 아일랜드 Staten Island 19번 부두를 출발하는 이 배의 선원이었다. 로버트 로리 호는 1945년 11월 30일 뉴욕 항에 입항했는데, 웰링턴은 출항 당시 선원 39명 중 한 명으로 보고된 것이다. 'Wellington Chung, Age 18, Nationality U.S.A.' 라고 기록되어 있으니 우리가 추적하고 있는 정웰링턴이 분명하다. 그는 선원seamen이었다. 흥미로운 것은 이 배의 목적지였다. 이 화물선은 미국 메인주 포틀랜드Portland 항을 경유해 발트 해에 위치한 폴란드 그단스크Gdansk로 향하는 배였다.[13]

우리가 알고 있는 웰링턴의 마지막 주소는 하와이 대학 성적표에 기재된 것인데 호놀룰루 후엘라니Huelani Dr 3100번지였다. 그런데 6개월 뒤에 뉴욕에서 폴란드행 화물선의 선원이 된 것이다. 이 시점에 그의 어머니 현앨리스는 서울의 민간통신검열단에, 외삼촌 현피터는 강원도 군정 통역으로 남한에 살고 있었다. 남한이나 중국, 북한이라면 모를까, 폴란드로 가는 화물선을 탄 이유가 무엇인지는 알 수 없다.

웰링턴이 미국으로 귀환한 기록을 선원명부에서 찾을 수 있었다. 그는 중국 상하이를 출발해 1946년 6월 7일 하와이 호놀룰루에 입항한 휴스턴 볼런티어스 호S.S. Houston Volunteers의 선원으로 이민당국에 보고되었다. 입항 보고에 따르면 그의 해상 근무 기간은 8개월, 선원 지위는 3등 선원O.S.: Ordinary Seaman, 승선일은 1946년 4월 5일, 승선 장소는 시애틀, 호놀룰루 상륙 대상자, 문자 해득, 연령 18세, 성별 남자, 인종 하와이 출생 미국인, 국적 미국, 신장 5.6피트(약 171센티미터), 체중 135파운드(약 61킬로그램), 질병 없음으로 되어 있다.[14]

1946년 6월 당시 웰링턴의 선원 경력이 8개월로 기록되어 있으므로, 그가 선원이 된 것은 1945년 10월부터였음을 의미한다. 앞의 로버트 로리 호의 승선까지 고려한다면, 웰링턴의 8개월간의 선원 생활은 다음과 같았을 것이다.

- 1945년 10월경 [호놀룰루에서 로버트 로리 호의 선원이 됨]
- 1945년 11월 로버트 로리 호 뉴욕 항에 입항
- 1946년 1월 12일 로버트 로리 호 폴란드 그단스크로 출항
- 1946년 일자 미상일 미국 귀환
- 1946년 4월 6일 시애틀에서 휴스턴 볼런티어스 호의 선원이 됨 [중국으로 출항]
- 1946년 6월 7일 휴스턴 볼런티어스 호 중국 상하이에서 호놀룰루로 귀환, 웰링턴 하선 ([ ]는 인용자의 추정)

이와 관련해 웰링턴이 체코에서 진술한 바에 따르면, 그는 상선commercial ferry의 보통선원ordinary sailor이 되어 폴란드, 덴마크, 파나마, 캐나다, 중국을 항해했다. 그는 중국에서 북한에 입국하려고 노력했지만 '전쟁' 때문에 들어갈 수 없었다.[15] 즉 웰링턴이 상선을 타게 된 데에는 중국을 거쳐 북한으로 가려는 의도가 있었던 것이다. 첫 번째는 뉴욕에서 로리 호를 타고 대서양을 건너 폴란드, 덴마크, 파나마를 방문했고, 두 번째는 시애틀에서 볼

런티어스 호를 타고 태평양을 건너 중국을 방문했던 것이다. 중국 상하이 혹은 다른 도시에서 북한으로 가려고 했지만 실패했다. 그가 상하이를 오가던 1946년 4~5월은 본격적으로 국공내전이 재발하던 시점은 아니었으므로, 좀더 정확히 말하자면 상하이에서 평양으로 이르는 안전한 경로와 연결망을 찾지 못했기 때문일 것이다.

여하튼 웰링턴이 8개월간의 선원 생활을 끝마치고 호놀룰루로 귀환한 시점에 그의 어머니 현앨리스도 미군정으로부터 추방당해 호놀룰루로 귀환했다. 재회한 모자는 앞으로의 인생행로를 논의했을 것이다. 그 가운데 북한으로 가는 가능성과 필요성을 생각해보았을지도 모르겠다.

현앨리스는 로스앤젤레스로 이주했고, 웰링턴도 그 뒤를 따라 로스앤젤레스로 건너왔다. 『독립』의 보도에 따르면 "얼마 전에 포와로서 라성에 재주하시는 현앨리스녀사의 자제 월터군은 다시 미국 군대에 입영을 결정하고 그 모친을 만나 뵈올 차로 도미하였다."[16] 즉 웰링턴은 미군에 입대할 생각을 이전에 했음을 알 수 있다. 왜 군대에 입대하려 했는지는 알 수 없다.

사실 웰링턴은 체코에서 의과대학 진학 서류를 제출하면서, 자신이 체코에서 의과대학에 진학하려는 두 가지 이유를 제시했다. 첫째 자신은 미국 공산당과 협력했던 공산당원이라고 주장했고, 둘째 '새로 조성된 정세' 때문에 미국에 돌아가면 군대에 징집될 터인데 자신은 미군에서 복무하길 원치 않는다며 개인적 · 정치적 신념을 제시했다.[17]

그런데 웰링턴은 군대에 입대하지는 않았다. 그는 1947년 봄 캘리포니아 주립대학 로스앤젤레스 캠퍼스UCLA에 입학했다. 대학은 생명과학대학LS, 전공은 의예과Pre-Med였다. 그의 주소는 로스앤젤레스, 보호자는 현앨리스, 출생지는 하와이, 출생일은 1927년 10월 4일로 되어 있다. 하와이 루스벨트 고등학교에서 취득한 18학점이 입학 학점으로 인정되었고, 하와이 대학에서 1년간 취득한 36학점이 타 학교 이수과목 학점으로 승인되었다. 웰링턴은 1947년 1년 동안 봄 · 여름 · 가을학기 UCLA에 다녔는데, 봄학기와 여름학기는 성적이 있지만, 가을학기 성적은 표시되지 않았다. 프라하 찰스 대학에 입학하기 위해 아직 성적이 마감되지 않은 시점에 성적표 발급을 요구했기 때문이다. 성적표 발급일은 1947년 12월 11일이었다.

웰링턴이 의과대학 진학을 목표로 삼았던 것은 분명하다. 하와이 대학에서도 의예과를 선택했고, UCLA에서도 의예과를 선택했기 때문이다. 외삼촌 데이비드 현에 따르면 그는 여섯 살 때부터 의사가 되고 싶어했다. 데이비드의 증언을 들어보자.

윌리는 그 당시 백인들이 다니는 루스벨트 고등학교에서 수학했고 UCLA에 진학하여 1947년 졸업했다. 그는 성적이 좋은 재능 있는 학생이었으나 미국 의과대학 어느 곳에서도 받아주지 않았다. 당시의 의과대학 입학 허가 방침에 따라 소수민족의 입학 지원은 관례적으로 거절당했다. 윌리는 6세 때부터 의사가 되고 싶어했다. 그는 의과 과정을 거절당한 것을 받아들이지 않았다. 1948년 체코슬라바키아의 푸라하 의과대학에서 그를 받아들였다.[18]

웰링턴은 1947년 UCLA 의예과를 1년간 다녔으므로 1947년에 졸업했다는 데이비드의 증언은 정확하지 않다. 그러나 웰링턴이 1948년 9월 체코로 떠나기 전까지 UCLA를 계속 다녔을 가능성은 있다. 그는 체코 찰스 대학에 제출한 입학 신청서에서 UCLA를 3년간 다녔다고 주장했다.[19] 3년은 과장되었을 수 있지만, 1948년 봄학기와 여름학기를 다녔을 가능성이 높으므로 햇수로는 2년 동안 대학을 다닌 셈이다. 한편 소수민족의 의과대학 입학 지원이 관례적으로 거절당했다는 현데이비드의 지적은 정황상 타당할 것으로 보인다.[20] 또한 웰링턴이 왜 굳이 체코를 선택했는지에 대해 상당한 해답이 될 수 있다.

한편 선우학원은 현앨리스가 처음에는 웰링턴을 모스크바로 유학 보내려 했으나 실현되지 않자 프라하를 택하게 되었다고 증언한 바 있다.[21] 현데이비드와 선우학원의 증언에 기초한다면 웰링턴의 프라하행은 미국 의과대학의 대안이었거나 모스크바의 대안으로 등장한 것이었다.

또한 웰링턴이 찰스 대학에 지원한 것은 한흥수와 관련이 있었을 것이다. 앞에서 살펴본 것처럼 1946년 11월부터 한흥수는 매주 『독립』의 지면을 통해 체코와 북한의 소식을 전달했다. 1947년은 한흥수가 『독립』의 지면을 지배한 해라고 해도 과언이 아니었다. 한흥수가 어떻게, 어떤 도움을 주었는지는 분명히 드러나 있지 않다. 올샤 대사는 한흥수가 정웰링턴이 프라하 찰스 대학 의학과에 입학하는 데 도움을 주었다고 썼다.[22] 한흥수가 『독립』에 보낸 마지막 기사가 1947년 10월 28일이었다.[23] 한흥수는 1948년 3월 20일 프라하를 떠나 평양으로 향했다. 한흥수는 1947년에 정웰링턴 혹은 현앨리스에게 찰스 대학 의과대학과 어떻게 접촉해야 하는지, 누구의 도움을 얻어야 하는지 조언했을 것이다. 아무래도 『독립』의 핵심 멤버가 된 현앨리스가 중간 역할을 했음이 분명했다.

웰링턴은 1947년 11월부터 12월 사이에 자신이 다닌 스티븐슨 중학교, 루스벨트 고등학교, 하와이 대학교, UCLA 대학교에 성적표를 요청했다. 중학교(1947년 12월 3일), 고등학교(1947년 12월 3일), 하와이 대학(1947년 12월 2일), UCLA(1947년 12월 11일)가 성적표를 발급했는데, 발송처를 보면 당시 웰링턴이 어떻게 체코행을 준비했는지 알 수 있다.

중학교 성적표는 프라하의 국제학생연맹International Union of Students 의학교수부Medical Faculty Bureau의 벤저민 웨인펠드Benjamin Wainfeld 앞으로 발행되었다. 웨인펠드는 프라하에서 웰링턴이 가깝게 지낸 미국인이며 찰스 대학 의과대학에 재학 중이었다.[24] 국제학생연맹은 체코에 체류하는 외국인 학생들의 모임이었는데 웨인펠드는 그 모임의 중심인물이었다. 고등학교 성적표의 발급 목적은 체코 프라하 II구역의 '의학교수부'에 제출하기 위한 것이었다. 즉 웰링턴은 프라하 대학 입학을 위해 프라하의 의학교수부에 입학 신청을 하는 한편 프라하의 국제학생연맹 간부이자 찰스 의대 학생이었

그림 44 정웰링턴이 체코로 떠나기 전 촬영한 가족사진: (왼쪽부터) 현피터, 현안나(피터 부인), 현데이비드, 현데이비드균(데이비드 아들), 현앨리스, 현순, 현메리함(데이비드 부인), 현프릴랜드탄(데이비드 아들), 현마리아리(현순 부인), 정웰링턴(로스앤젤레스, 1948년 9월) © David Hyun

던 미국인 웨인펠드에게 도움을 요청한 것이다.

찰스 대학 문서보관소의 정웰링턴 파일에 따르면, 그는 1947년 12월 출생증명서, 중·고등학교와 2개 대학교의 성적표, 입학 청원 편지 등을 제출했다. 1948년 1월 22일 찰스 대학 의과대학 학생입학위원회student admission committee at the College of General Medicine at Charles University는 외국인에게 할당된 입학 정원을 초과하지 않는 한 웰링턴의 입학을 반대하지 않는다고 결정했다. 다만 미리 결정할 수는 없다고 했다. 또한 입학위원회는 입학 허가의 선결 조건은 체코어의 원활한 구사 능력이라고 통보했다.[25] 웰링턴은 체코어를 공부하기 시작했다.

1948년 웰링턴의 행적은 확인되지 않는다. 웰링턴은 프라하의 찰스 대학 의학과에 입학하기 위해 1948년 9월 29일 로스앤젤레스를 출발했다. 그의 가족들은 로스앤젤레스의 중국 식당에 모였다. 『독립』은 이렇게 보도했다.

정웰리는 유럽으로: 현앨리스여사의 독자 정웰리는 체코슬로바키아 푸라하

찰스 대학에 의학을 공부할 차로 9월 29일 라성을 출발. 그의 유럽 유학을 위하여 그의 외조모되시는 현목사 부인은 떠나기 전 송별 겸 웰리 21세 생일잔치를 성대히 배설하였고 유학을 축복하는 친구들은 많은 선물을 드렸다.[26]

앞에서 살펴본 것처럼 현순·이마리아 부부, 현앨리스·정웰링턴 모자, 현피터·안나Anna 부부, 데이비드·메리함Mary Ham 부부와 두 아들(데이비드 균David Kyun · 프릴랜드탄Freeland Tan)이 함께 자리했다.

1927년생인 웰링턴은 이제 스물한 살의 청년이 되어 혼자서 체코로 떠난 것이다. 그는 로스앤젤레스의 '조선당 대표 동지' 변준호, 김강, 현앨리스, 이사민 4인이 김일성에게 보내는 서신을 품고 있었다. 가족과 친구들은 이 '유학'의 길이 웰링턴의 마지막 길이 될 줄 몰랐을 것이다.

웰링턴은 1948년 10월 16일 파리에 도착했다.[27] 1948년 9월 14일 워싱턴에서 여권을 발급받았으며, 여권 번호는 27155번이었다.[28] 웰링턴은 10월 20일 독일과 맞닿은 체코의 서쪽 도시 헤프Cheb의 국경을 넘어 체코에 입국했다. 웰링턴의 첫 거주지는 학생기숙사인 콜레이Kolej, College였는데, 1949년 2월 16일까지 여기에 머물렀다. 웰링턴은 한홍수에게 건넬 편지를 가지고 왔지만, 한홍수는 이미 북한에 들어가 7월부터 김일성 대학에서 가르치고 있었으므로 만나지 못했을 것이다. 그렇지만 프라하 내 외국인 사회와 긴밀한 관계였던 한홍수가 남긴 인연으로 프라하 내 외국인들과 교류했을 가능성이 있다. 웰링턴은 프라하 내 저명 인사이자 미국인 망명자였던 조지 휠러George Show Wheeler 및 그의 가족과 교류하기 시작했고, 벤저민 웨인펠드, 폴 테리Paul Terry 등과 사귀었다.[29]

현앨리스도 1949년 2월 27일 프라하에 도착했다. 현앨리스는 1948년 11월 17일 워싱턴에서 발급받은 여권을 소지하고 있었는데, 여권번호는 293509번이었다.[30] 웰링턴은 1949년 2월 12일 체코 외무성에 독일 방문 비자를 요청했는데, 어머니를 만나러 가기 위해서였다. 요청은 수락되었다.[31]

현앨리스는 뉴욕을 출발해 독일을 거쳐 프라하에 도착했다. 현앨리스와 정웰링턴은 사전에 치밀한 계획을 세우고 체코로 향한 것이 분명했다. 두 사람은 4개월 간격으로 체코에 도착했는데, 이는 사전에 서로 조율한 결과였을 것이다.

현앨리스가 정확하게 어느 시점에 미국을 떠났는지는 명확하지 않다. 현앨리스는 1949년 1월 초 『독립』 신문 서기로 임명되었으나 1949년 3월 북미조선인민주전선은 현앨리스가 '출타'했다며 그녀가 맡고 있던 간부직에 다른 사람을 임명했다.[32] 즉 현앨리스는 1949년 로스앤젤레스에서 뉴욕으로 이동했고, 2월경 뉴욕을 떠나 웰링턴과 마찬가지로 프랑스와 독일을 경유해 체코로 입국했을 것이다. 선우학원의 사례에서 알 수 있듯이 현앨리스도 프랑스나 독일 여행을 이유로 여권을 얻었고, 체코 정부의 입국 비자는 미국공산당 관련 인사의 도움을 받았을 것이다. 현앨리스는 1948년 2월 10일 시카고의 체코 대사관에서 체코행 입국 비자를 발급받았다.[33]

현앨리스는 독일에서 정웰링턴을 만나 함께 체코로 들어왔다. 앨리스는 한동안 웰링턴과 함께 지내다가 프라하의 구시가에 따로 셋집을 얻었다.[34] 그녀는 동양학원의 동료인 후베르타 김Huberta Kimova과 함께 살았다.[35] 후베르타 김은 한홍수의 친구이자 동양학원의 강사였던 건축가 김경한의 아내였다.

체코에서의 체류와 활동
— 1949년 2~11월

현앨리스는 1949년 2월 27일 체코에 도착한 후 1949년 11월 18일 프라하를 떠났다. 그녀는 부다페스트와 베이징을 거쳐 마침내 평양에 들어갔다.[36] 앨리스는 평양으로부터 입국 허가를 기다리며 프라하에 체류하는 동안 다양한 활동을 벌였다.

우선 이들 모자는 체코에 체류하며 증명사진을 한 장씩 남겼다. 블라디미르 교수의 도움으로 체코 국립문서보관소에서 발굴한 현앨리스와 정웰링턴 파일에 들어 있는 이 사진은 체류 자격을 얻기 위해 제출한 신청서에 동봉된 것들이다.[37]

현앨리스는 약간 지치고 짜증난 듯한 표정으로 얼굴을 반쯤 삐딱하게 돌린 채 카메라를 비스듬히 응시하고 있다. 인민복 혹은 군복으로 추정되는 옷차림을 하고 있는데, 꼭 다문 입술에서 결연한 의지가 전해진다. 체코에 도착해 체류 신청을 하기 위해 증명사진을 찍은 것으로 보인다.[38] 웰링턴은 단정하게 기름을 발라 머리를 빗어 넘겼는데, 잘 정돈된 머리칼, 깊고 검은 눈동자, 다문 입술이 조명에 빛나고 있다. 사진 자체는 음영과 조명이 잘 처리되고 공들여 손본 흔적이 역력한데, 체코가 아닌 미국 사진관에서 촬영한 것으로 보인다.[39]

현앨리스는 체코 체류 약 9개월 동안 다양한 활동을 했다. 먼저 북한 대표단이 참가하는 두 차례의 공산권 국제회의에 참가했다. 프라하에서 열린 세계평화대회World Peace Congress 프라하 지회(1949년 4월 20일), 헝가리 부다페스트에서 개최된 세계청년학생축전과 민청세계대회(1949년 8~9월)에 참석했다. 현앨리스는 아들과 함께, 또 이경선과 함께 참석해 북한 대표단을 만났다. 두 번째로 현앨리스는 이런 소식들을 『독립』에 전달하는 통신원 역할을 했다. 세 번째로 현앨리스는 체코에 체류하며 동양학원 동양어학교 School of Oriental Languages에서 한국어를 가르쳤다.

현앨리스는 1949년 5월 18일 『독립』 지면에 등장하는데, 프라하에서 소식을 전했다. 그녀는 4월 20일에 있었던 세계평화대회 체코 프라하 지회 활동을 알렸다. 세계평화대회 혹은 세계평화회의는 소련이 주도하는 코민포름Cominform의 노선에 따라 조직된 국제 조직이었다. 코민포름은 1947년

그림 45 현앨리스와 정웰링턴(체코, 1949년) © NACR

이래 세계가 소련이 주도하는 평화 애호 진보진영과 미국이 주도하는 호전
광 자본주의 국가로 분열되어 있다는 교리를 천명했다. 이 연장선상에서 미
국 주도의 자본주의 진영의 제국주의, 대량학살 무기, 모든 종류의 차별에
반대하며 소련과 공산주의 진영이 세계적 군축, 주권, 독립, 평화 공존의 주
창자임을 선전하는 세계적 캠페인이 전개되었다.

첫 출발로 1948년 8월 6일 폴란드 브로츠와프Wroclaw에서 평화 옹호 지식
인세계의회The World Congress of Intellectuals for Peace가 개최되었고, 1949년 3월 뉴
욕 아스토리아 호텔에서 세계 평화를 위한 문화·과학회의Cultural and Scientific
Conference for World Peace가 개최되었다. 이후 1949년 4월 20일 파리에서 제1차
평화옹호세계의회The World Congress of Advocates of Peace in Paris가 개최되었는데,
72개국에서 총 2,200명의 대표가 참석했다. 프랑스 원자력위원회 최고정무
위원이자 퀴리 부인의 남편인 프레데리크 졸리오-퀴리Frédéric Joliot-Curie 교
수가 의장에 선출되었다. 프랑스 정부가 다수의 대표에게 비자 발급을 거부
함으로써 프라하에서 동시에 의회가 개최되었다. 현앨리스가 참가한 것은
바로 평화옹호세계의회 프라하 지회World Peace Congress in Prague였다. 이 대회

이후 평화옹호 빨치산세계위원회a World Committee of Partisans for Peace가 만들어졌고, 1950년 셰필드Sheffield와 바르샤바 의회를 거쳐 세계평화회의World Peace Council가 창립되었다. 피카소의 〈라 콜롱브〉La Colombe, The Dove가 의회의 엠블럼으로 선정되었으며, 세계평화회의의 상징으로 채택되었다.[40]

세계평화대회(제1차 평화옹호세계의회)가 개최될 때 프랑스 정부는 동유럽 국가들은 한 나라에 대표 1인의 입국만을 허가했고, 동양권 국가들의 대표들은 입국을 거부했다. 이 결과 프라하에 모인 각국 대표들이 프라하 지회를 개최했다. 세계평화대회 프라하 지회에 참석한 대표는 중국 43명, 몽골 6명, 조선 3명, 그 외 소련·그리스·폴란드·스페인·불가리아 등 16개국에서 모두 215명이 참석했다.

북한 대표는 남한 민주주의기독교연맹 위원장으로 활동하다 월북해 북한 기독교민주당 당수가 된 김창준 목사, 조선문학가동맹 위원장 한설야, 북한 여성동맹 위원장 박정애 등 3명이었다.[41] 이들이 4월 20일 대회에 출석하는 영상이 남아 있다. 김창준, 한설야, 박정애 순으로 '코리아'Korea 대표단 자리에 앉았고, 그 뒤에 현앨리스와 정웰링턴이 자리했다. 현앨리스는 북한 사정에 대해 질문했고, 한설야는 다음과 같이 답했다.

지금 인민공화국 남반부 인민들이 이승만 괴뢰망국정부와 미제국주의를 반항함은 강화되어가며 유격전술로 전개되고 있습니다. 공화국 남반부에 있는 81군 중 벌써 유격군이 점령한 군이 25군이고 점령지대에서는 인민위원회를 조직하여 토지개혁을 실행하고 있으며 친일파 민족반역자들을 숙청하는 중 또 그들의 전술은 놀랠만치 되어 있고 무기까지 제작합니다. 그리고 조선 인민의 통일은 확실히 실현될 것은 불원한 장래입니다. 인민공화국 북반부에서는 작2년 동안 공업은 급속도로 발달되어 인민의 생활도 향상되었으며 세계시장에 상업품이 수출되기 시작되었습니다. 특히 생산품 중 비료는 품질이 우수함으로 여러 나라에 수출하는 중 벌써 서전, 카나

다에까지 수출되고 있습니다.[42]

남한에서는 반정부 폭동으로 유격대가 대활약하고, 북한에서는 공업이 발전해 곧 통일이 될 것이라는 전망은 아마도 이 시점에 북한의 승리와 발전에 대비되는 남한의 참상을 강조하는 현앨리스의 기본 시각을 반영한 것으로 보인다. 그러나 남한 81개 군 중 25개 군을 점령해 일종의 해방구로 만들었다는 주장에서 허위선전과 희망을 사실로 인식하는 비현실적이고 낭만적인 정세 인식을 엿볼 수 있다.

프랑스 영사관이 대회 개최 이틀 후 북한 대표와 몽골 대표에게 입국 허가를 내주어 이들은 파리로 향했다. 북한 대표단과 현앨리스의 우연한 조우는 이틀 만에 끝났다.[43]

현앨리스는 1949년 8월 체코에서 여성의 지위와 활동에 대한 기사를 『독립』에 두 차례 기고했다.[44] 현앨리스는 체코의 여성들이 공업, 농업, 노동조합, 정계에서 어떻게 활동하는지를 설명하면서, 국민보험법에 의해 여성의 사회 관념이 변화하게 되었다고 진단했다.

현앨리스가 1949년 2월 체코에 도착한 이후, 시애틀에 거주하던 이경선이 체코로 들어왔다. 시기는 정확히 알 수 없으나, 이경선은 1949년 7월경 미국을 떠났다. 1949년 7월 초 시애틀에서 로스앤젤레스로 내려온 이경선은 친지들에게 인사를 한 후 체코로 떠났다. 그가 1949년 9월 13일자로 헝가리 부다페스트에서 쓴 기사에 따르면 "라성을 떠난 지도 벌써 두 달이 되었"다고 썼으므로 7월에 출발했을 것이다.[45] 이경선이 체코에 입국한 경로와 정확한 날짜는 미상이다. 이경선은 1945년 미국 시민이 되었으므로 미국 국무부의 여권과 체코 정부의 입국 비자를 가지고 있었을 것이다.

이경선의 체코 도착 이후 두 사람은 함께 움직인 것으로 보인다. 현앨리스는 이경선과 함께 8월 20일 부다페스트에 도착해 9월 초순까지 체류했다.[46] 원래 이들은 8월 14일까지 도착할 예정이었지만 독일, 오스트리아를 통과하는 데 시간이 지체되었다. 이들이 부다페스트에 간 이유는 민청세계연맹이 주최하는 제2회 세계청년학생대회2nd Youth Festival of the World Federa-tion of Democratic Youth에 참석하기 위해서였다. 8월 14일 개막된 이 대회에는 세계에서 약 1만 명의 청년이 참가했으며, 북한은 축구단과 예술단 등이 포함된 55명의 대표단을 파견했다.[47]

이경선은 9월 13일 부다페스트발 보고를 통해, 세계청년학생대회(1949년 8월 14~28일)와 세계청년학생대회의Youth Congress of the World Federation of Demo-cratic Youth(1949년 9월 2~8일)의 경과를 자세히 전했다. 세계청년학생대회에는 북한 40명, 남한 3명, 소련 유학생 12명 등 총 55명의 '조선 대표'가 참가했는데, 단장은 오운식, 부단장은 조희영, 소련 학생 대표는 서만일이었고, 여성 대표도 11명이 있었다.[48] 세계청년학생대회의에는 조선 대표 16명이 참석해 조희영이 집행위원으로 선출되었다. 보고서의 말미에 이경선은 조국전선의 결성 소식, 남한의 유격대 활동, 북한의 생산 증강 등을 기록했다. 『독립』에는 북한 대표 오운식의 연설이 영문과 한글로 여러 차례에 나뉘어 소개되었다.[49] 모두 이경선과 현앨리스의 손을 거쳐 전달되었다. 이미 미국 FBI는 『독립』 기사들과 한인 정보원들을 통해 현앨리스와 이경선의 부다페스트와 파리에서의 활동을 소상하게 파악하고 있었다. FBI 호놀룰루 지부는 전 하와이 미국공산당 당원이었던 이치로 이주카의 확인에 기초해 현앨리스가 미국공산당 당원이라는 논평을 덧붙였다.[50]

현앨리스가 이경선과 합류한 뒤 선우학원이 체코에 들어왔다. 선우학원은 1949년 9월 체코에서 개최될 예정인 세계인권대회World Conference of Hu-man Rights에 미국공산당 대표로 참석하고, 프라하의 찰스 대학에서 가르치기 위해 미국을 떠났다. 그는 유럽 여행을 이유로 미국 국무부 여권을 얻었고, 체코행 비자는 워싱턴 주 민권의회 국장인 존 대시박John Daschbach의 도움으로 얻었다. 선우학원은 1949년 9월부터 1950년 5월까지 체코에 머물렀는데, 그가 도착했을 때 세계인권대회는 무기한 연기되었다.[51] 선우학원은 체코에서 미국인 망명객 조지 휠러와 현앨리스의 아들 웰링턴 정을 만났다. 선우학원은 비미활동조사위원회 청문회에서 웰링턴이 의대생으로 한국계 미국인이었는데, "그를 자주 만났으며 그를 공산주의자로 알고 있다"고 증언했다. FBI 호놀룰루 지부 역시 정보원을 인용해, 웰링턴이 공산당의 전선인 미국민주청년American Youth For Democracy의 재정 후원을 받는 것으로 알려졌으며, 또한 로스앤젤레스 공산당의 쿠인 클럽Quinn Club의 회원이었다고 기록했다.[52]

1949년 9월 체코의 수도 프라하에는 미국 시민권을 가진 재미한인 공산주의자 3명이 집결했다. 하와이에서 출생한 미국 시민 현앨리스, OSS에 참가해 참전군인으로 미국 시민이 된 이경선 목사, 미국 공군으로 참전해 역시 미국 시민이 된 선우학원 세 사람이다. 현앨리스는 태평양전쟁 이전 미국 공산당에 가입한 것으로 추정되며, 이경선은 1946년에서 1947년 사이에 워싱턴 DC에서 미국공산당에 가입했고, 선우학원은 1946년 1월 시애틀에서 미국공산당에 가입했다. 이들은 모두 이사민·선우학원의 편지에 '조선당 대표 동지'로 언급된 인사들이었다. 게다가 세 사람 모두 독실한 기독교인이었다. 목사의 딸, 신학교를 졸업한 목사, 신학 과정을 다닌 독실한 신자였던 것이다. 이런 기묘한 인사들이 체코에서 결집한 것이다.

이들을 1949년 9월 체코로 불러 모은 것은 태평양전쟁 이후 이들이 가지고 있던 삶의 관성과 세계 인식 때문이었다. 적극적인 대일 무장투쟁과 사회주의 세계관을 추구하던 이들은 해방 후 미군정과 미국의 한반도 정책에 실망했고, 이승만과 한국 정부를 극도로 증오했다. 반면 이들은 남한 좌익과 북한을 이상향으로 생각했다.

동유럽에서는 사회주의·공산주의가 확산되었고, 이들이 체코로 건너오는 시기에 중국에서는 공산혁명이 완성되고 있었다. 세계의 대세는 사회주의·공산주의로 해석되었고, 남한에서도 4·3사건과 여순사건 등 유격대의 '무장항쟁'이 치열하게 전개되었다. 남한의 무장혁명이 승리한다면 약동하는 "승리와 건설의 북한"과 통일이 머지않아 실현될 것으로 보였다. 북미조선인민주전선은 북한의 조국전선 결성(1949년 6월)에 맞춰 체코에 있던 이경선과 현앨리스를 대표로 선정해(1949년 9월) 조국통일민주주의전선에 참가하기로 결정했다.[53] 이제 이들은 재미한인『독립』진영의 대표이자 북미조선인민주전선의 대표로서, 또한 미국공산당 당원으로서 자신들이 꿈에도 그리던 사회주의 조국을 목전에 두고 있었다.

한편 현앨리스는 체코에 체류하는 동안 미국에 예치해놓은 예금으로 생활했다. 또한 동양학원의 동양어학교에서 한국어를 가르쳤다. 현앨리스는 한흥수의 애인 후베르타 김, 알로이스 풀트르 등과 함께 가르쳤다. 웰링턴도 근대언어연구소Institute for Modern Languages에서 영어를 가르쳤다. 이후 체코 한국학의 아버지가 된 알로이스 풀트르는「한국어 교재」Korean Language Text-book라는 제목으로 받은 박사학위 논문 서문에 현앨리스의 도움을 다음과 같이 명기했다. "이 교재에 담긴 대화 자료는 현재 평양 김일성 대학 고고학 교수로 재직 중인 한흥수 박사, 김경한, 현앨리스 여사의 협조로 수집한 것인데, 이분들은 프라하 동양어학교에서 한국어를 교수하는 데 협력했다."[54]

또한 현앨리스는 동양학원이 조직한 '한국의 친구들'이라는 비공식 그룹의 모임에도 참가했다. 이 그룹은 동양문화경제관계협회the Association for Cultural and Economic Relations with the Orient 한국 지회를 설립하려고 노력했으며, '남조선과 북조선' 같은 주제로 대중강좌를 마련하려고 했다. 이들은 한국 문제 전문가인 현앨리스에게 한국 상황에 관한 대중강좌를 준비해달라고 부탁했다.[55] 현앨리스가 체코를 떠난 후 한국어 강좌는 선우학원이 대신 담당하게 되었다.[56]

현앨리스는 1949년 2월 26일 체코에 도착한 후 1949년 11월 18일 프라하를 떠났다. 그녀는 부다페스트와 베이징을 거쳐 평양에 들어갔다.[57] 그런데 현앨리스와 이경선의 북한행이 동시에 이루어진 일인지는 명확하지 않다.

선우학원에 따르면 해방 후 제일 먼저 평양에 간 사람은 이철이었고, 그

다음으로 이경선 목사가 김원봉과 김두봉의 초대를 받아 북한에 갔다. 세 번째로 평양에 간 것은 현앨리스로 베이징을 거쳐 평양에 입국했다.[58]

선우학원은 필자에게 보낸 편지와 인터뷰에서도 이경선은 민족혁명당 미주지부 시절부터 관계가 깊던 김원봉과 김두봉의 초청으로 북한에 갈 수 있었다고 증언했다. 이경선은 1940년대 미주에서 김원봉과 직접 편지를 주고받는 사이였다.[59] 현피터도 현앨리스가 체코를 통해 모스크바로 들어갔고, 이후 베이징을 통해 평양에 들어갔다고 썼다.[60] 선우학원은 현앨리스가 베이징에서 개최되는 '세계민주여자연맹회의'에 미국 대표로 참석했다가 평양으로 갔다고 했다.[61]

북한의 기록은 1949년 봄 간첩 현앨리스와 이사민이 "정치적 망명자로 가장"하고 미국에서 체코로 잠입했는데, 박헌영이 외무상의 직권을 이용해 입국 비자를 발급해서 이들을 입국시켰다고 했다.[62] 즉 북한의 기록은 현앨리스와 이경선이 함께 북한에 들어왔으며, 이들의 입국을 보증한 것이 박헌영이었다고 주장했다. 입국 비자 발급의 최종 권한이 외무상에게 있으므로 박헌영이 최종 결재한 것은 틀림없는 사실이었을 것이다.

현앨리스와 이경선이 체코를 떠나 북한으로 간 후 유일하게 체코에 남은 사람은 선우학원이었다. 선우학원이 체코에 간 것은 북한행에 뜻이 있었기 때문이다. 선우학원은 박정애를 만나 평양행을 시도했으나 성공하지 못했다. 체코에는 북한 대표부가 없었기에, 선우학원은 모스크바 북한 대사관에 입국 신청을 했다. 그렇지만 주영하 대사는 회답을 보내지 않았다.[63] 나아가 선우학원의 미국 청문회 증언에 따르면 자신의 이전 동료로 "공산주의자이며 이미 북한에 들어간 사람"이 두 차례 편지를 써서 "(이곳에) 오지 말라. 왜냐하면 전쟁 가능성이 있기 때문이다"라고 했다. 이는 이경선이었다.

선우학원의 또 다른 인터뷰에 따르면 이경선은 북한에서 그에게 두 차례 편지를 보냈는데, 첫 번째 편지는 무사히 도착했다는 내용이었고, 두 번째 편지는 이경선이 이승만을 비판하기 위해 쓴 『로동신문』 기사였다.[64] 이경선은 남한이 북한을 침공하려 한다는 식으로 썼지만, 이는 전쟁이 임박했음을 알리는 신호였다. 선우학원은 북한행 시도를 중단했다. 그의 가족들은 평양에 있었다.

대신 선우학원은 체코 정부의 신임을 얻어 석탄광, 시골, 농장 등을 여행했으며, 상상했던 공산주의와 현실 공산주의의 차이를 깨닫고 실망했다. 체코는 1948년 무혈혁명이 일어나 사회주의 정부가 수립되었는데, 선우학원은 프롤레타리아 독재 없이 평화적인 사회주의 혁명이 가능한지가 매우 궁금했다. 그의 체코행은 박사학위 취득과 강의라는 표면적 목적 외에 북한행과 사회주의 혁명의 실상을 파악하고 싶다는 숨은 목적이 함께 있었다.

선우학원은 1950년 찰스 대학에서 박사학위를 받았다. 그의 박사학위 논문 제목은 「1876~1882년 조선의 조약 연구: 조선의 개국」이며, 박사학위 논문은 찰스 대학 박사학위 명부에 2583번으로 등록되었다.[65]

선우학원은 북한 입국을 단념했고, 또한 평화적인 프롤레타리아 독재가 실현 불가능하다는 것을 깨닫게 되었다. 그는 체코의 공산당 총비서였던 루돌프 슬란스키Rudolph Slansky의 연설을 들은 적이 있는데, 그가 민족반역자로 처형되는 것을 목격했으며, 프라하를 방문한 북한 교육부상 남일과 면담하기도 했다. 전쟁이 임박한 사실을 안 선우학원은 북한 입국을 포기하고, 한국전쟁 발발 6주 전에 체코를 떠났다.

선우학원이 미국에 돌아온 직후 한국전쟁이 일어났다. 그는 미국 정보기관으로부터 국가반역자라는 위협과 심문에 시달려야 했다. 그는 결국 FBI에 협력했으며, 1954년 시애틀에서 진행된 스미스법 위반 사건에서 연방정부를 위해 증언했다. 선우학원은 1954년 비미활동조사위원회 청문회에 소환되었다.

1953

7장

파국 :
박헌영 간첩사건에 휘말리다

1953~1956년

1956

그림 46 조선민주주의인민공화국 내각 직속 중앙지도간부학교 제18기 졸업 기념 사진 · 리사민(이경선)
(1950년 7월 10일) © NARA

북한에서의 나날들

— 1949~1953년

현앨리스와 이경선은 1949년 11월 말에서 12월 초 사이에 평양에 들어갔다. 두 사람이 평양에 들어간 후 어떻게 생활했는지는 명확하지 않다. 현앨리스는 현미옥이라는 이름으로 여성동맹의 기관지『조선여성』1950년 4월호에 「미국의 로동녀성들」이라는 글을 썼다.[1] 북한에 들어간 뒤 '앨리스'라는 영어 이름 대신에 '미옥'이라는 한국 이름을 사용한 것이다. 북한에서 그녀는 자신의 이름을 현미옥으로 부름으로써 '조선인'으로서 자기정체성을 내세우고 싶었음을 알 수 있다.[2] 그러나 3년 뒤 북한의 재판정에 '현미옥'이 아닌 '현앨리스'로 소환되었다. 그녀가 희망했던 혁명가로서 '조선' 정체성은 부정당했고, 스파이로서 '미국' 정체성이 호명된 것이다. 가장 흥미로운 사실은 북한이 현앨리스를 미국의 간첩으로 규정하면서 국적을 강조하지 않은 부분이었다. 현앨리스의 법적 신분은 미국 시민이었지만, 그녀의 정신적 지향은 '조선인'이었고, 북한의 공격 대상은 미국이 아니라 박헌영과 남로당이었기 때문일 것이다.

「미국의 로동녀성들」은 현앨리스가 미국에서 목격하거나 경험한 여성 노동자들의 삶을 정리한 것이다. 현앨리스는 남한, 미국, 체코, 북한에서 계속 여성 문제에 대한 글을 남겼다. 이것이 북한의 공개 기록에서 찾을 수 있는 그녀의 행적과 관련한 마지막 기록이다.

한편 이경선은 북한에 입국한 후 '리사민'이라는 이름으로 활동하기 시작했다. 그의 활발한 활동은 북미조선인민주주의전선 대표 자격으로 이루어졌다. 그에 관한 첫 번째 소식은 1949년 12월 20일 평양방송을 통해 알려졌다. 그는 평양방송에 출연해 미국과 이승만을 비난하는 한편 북미조선인민주전선 대표로 조국전선에 참가하기 위해 북한에 왔다고 말했다. 또한 그의 글은 1949년 12월부터『로동신문』에 실리기 시작했다.『로동신문』에서 확인되는 리사민 명의의 글 혹은 인터뷰는 모두 9건이다.

- 「재미동포들은 미제와 매국노 리승만 도당들을 반대하며 조국통일 독립을 위하여 싸운다(북미조선인 민주주의전선 대표 리사민 씨 담)」, 『로동신문』, 1949년 12월 20일
- 「재미동포는 인민공화국을 지지하며 리승만 괴뢰정권을 절대 반대한다(북미조선인 민주주의전선 대표 리사민)」, 『로동신문』, 1949년 12월 29일
- 「재미 당시의 리승만의 죄악을 폭로함(북미조선인 민주주의전선 대표 리사민)」, 『로동신문』, 1950년 1월 7일
- 리사민, 「미국식 민주주의는 이러하다」, 『로동신문』, 1950년 1월 11일
- 리사민, 「자본주의 국가들에서는 누구를 위하여 공채를 발행하는가?」, 『로동신문』, 1950년 3월 15일
- 리사민, 「미국인들의 흑인 학대와 유색 인종차별은 어떤 것인가?」, 『로동신문』, 1950년 3월 22일
- 리사민, 「미제는 '신이민법'안으로서 침략정책을 강화하려 한다」, 『로동신문』, 1950년 5월 8일
- 리사민, 「팟쇼화하는 미제의 교육실정은 어떤 것인가?」, 『로동신문』, 1950년 5월 26일
- 리사민, 「달레스의 캄풀주사도 리승만을 구원치 못한다」, 『로동신문』, 1950년 6월 25일

이경선이 『로동신문』에 재미동포, 이승만, 미국식 민주주의와 인종차별의 실체 등에 관한 글을 썼음을 알 수 있다. 탁월한 정세 분석이나 빼어난 특징은 없지만, 생생하게 미국의 소식을 전달하는 내용이었다. 특히 그가 '북미조선인민주전선 대표'의 자격으로 발언하고 활동했음을 알 수 있다.

『로동신문』에 1949년 12월부터 1950년 6월까지 9건의 기명기사가 실린 것은 이례적인 일이었는데, 그만큼 입북 초 이경선에 대한 북한 당국의 기대나 평가가 우호적이었음을 반증한다. 또한 이경선이 미국 전문가로 1950년 상반기 『로동신문』 지면의 주요 해설을 담당했다고 해도 과언이 아니다. 이경선은 한국전쟁이 발발하는 날 발행된 『로동신문』에 존 포스터 덜레스John Foster Dulles 대통령 특사의 한국 방문(1950년 6월 17~20일)과 38도선 시찰을 비판하는 기사를 실었다. 당시 존슨 국방장관과 오마 브래들리 합참의장도 도쿄를 방문 중이었는데, 이경선은 이들의 한국과 일본 방문이 전쟁 도발 음모이자 대일 단독 강화조약을 통한 일본군의 재무장화와 한일 군사동맹에 초점이 맞춰진 것이라고 비판했다.[3] 한국전쟁 직후 북한은 미국과 한국이 북침을 개시했으며, 맥아더·덜레스·존슨·브래들리 등 군부의 매파들이 한국전쟁 도발을 음모했다고 주장했는데, 그 중요한 '원조' 해설 기사를 훗날 '미제의 고용간첩'으로 규정되는 이경선이 썼던 것이다.

　이경선이 적어도 한국전쟁 발발 시점까지 『로동신문』에 미국 관련 해설 기사를 전담할 정도로 신임을 받고 있었으므로, 한국전쟁 발발 이전 혹은 발발 직후 북한 당국에 체포되었다는 일각의 주장은 근거가 없다.

　이경선은 북한 잡지에도 다수의 글을 게재한 것으로 보인다. 이경선은 1950년 1월 잡지 『태풍』颱風에 「미주재류동포의 정형」과 「최근 미국의 실정」이라는 기사를 썼다.[4] 이 잡지는 남한 사정을 전문적으로 다루었는데, 한 호에 2개의 글을 쓴 것이다. 이경선이 『로동신문』에 게재했던 미국의 정치 정세, 미국의 실상, 이승만의 '죄악상', 재미한인들의 북한 정부 지지 소식 등을 종합한 것이었다. 원래 다작의 기질이 있던 이경선이 입북한 후에도 많은 글을 쓴 것이다. 이경선의 사위 윤심온과 이경선의 중앙간부지도학교 동기생 김규호金奎鎬는 이경선이 『민주조선』에도 다수의 글을 썼다고 증언했다.[5] 추가 조사를 한다면 더 많은 이경선의 글이 발굴될 것이다. 이경선의 문필 활동은 1949년 12월부터 1950년 6월까지 지속되었다.

한편 이경선은 체코에 체류하던 1949년 9월, 북미조선인민주전선의 대표로 조국전선에 참가하라는 지시를 받았는데, 북한에 들어가서 이 과제를 수행했다. 1950년 4월 『독립』에 다음과 같은 기사가 실렸다.

조국평화통일민주전선에 참가할 일을 대표 리사민씨에게 위탁하여 청원케 하였던 바 조국전선 중앙위원회에서 신중히 고려한 후 정식으로 북미조선민전을 조국전선의 일원으로 참가함을 승낙하기로 결정하고 1월 10일부 동 전선중앙위원회 서기장 김창준씨로 하여금 승인 공함을 보내게 하였던 바 수일 전 동 공함이 이곳 민전 간부에게 접수되었다.[6]

북미조선인민주전선은 이사민을 통해 1950년 1월 10일 조국전선에 가입하게 된 것이다. 1947년 이래 그토록 원하던 북한과 직접 연결에 성공한 것이었는데, 북한과의 공식 관계는 이것이 처음이자 마지막이다. 조국전선에 가입한 해외 한인 단체는 북미조선인민주전선이 유일했다.[7] 평양의 소식은 3개월 뒤 로스앤젤레스로 전달되었는데, 체코의 선우학원을 통해 전달되었음이 분명하다. 선우학원이 말한 이경선으로부터 받았다는 2개의 편지 중 하나가 이 소식이었을 것이다.[8]

미국 정보당국은 1949년 12월 이미 이경선의 존재를 주목하고 있었다. 1949년 12월 20일 평양방송에 출연한 사실을 CIA의 외국방송첩보단FBIS: Foreign Broadcast Information Service 「평양방송 청취 일일보고서」를 통해 인지하고 있었기 때문이다.[9] 미국 정보당국은 북미조선인민주전선이 조국전선에 가입을 신청했으며, 1950년 1월 8일 조국전선 중앙위원회가 가입을 공식 승인했다는 사실도 파악하고 있었다. 미국 정보당국은 북미조선인민주전선이 로스앤젤레스에 본부를 두고 미주의 다양한 지역에 지부를 둔 조직으로 『독립』을 간행하며, 이사민을 미국 대표로 북한에 파견했다고 파악했다.[10]

이경선은 방송 연설에서 자신은 미국에서 왔기 때문에 미국의 정체와

"반역자 이승만 도당"의 정체를 잘 알고 있다. 재미한인들은 조국의 통일 독립을 염원하기에 『독립』신문을 통해 조국전선 참가를 요청했다. 지난 8월 가입 신청이 공식 승인되어 기뻤다고 했다. 이경선은 방송 연설의 후반부 내내 이승만을 비난했는데, 이승만의 위임통치 청원, 일본과의 협력관계 등이 그 내용이었다.

그런데 놀랍게도 이경선의 배경 정보에 관한 문서는 미국이 아닌 서울에서 작성되었다. 1950년 1월 14일자로「이사민에 관한 인물 정보」라는 제목의 문서를 작성한 것은 서울 주재 미국 대사관의 드럼라이트Everett Drumright 참사관이었다. 드럼라이트가 정리한 이경선의 경력은 다음과 같다.

> 1897년경 출생. 평양의 감리교 목사. 1937년경 교회일로 도미.
> 전쟁 중 미군으로 인도·중국 전구에서 활동. 이범석이 지휘한 한국 팀의 일원이었을 가능성 있음.
> 미군 복무 덕에 미국 시민권 획득. 제대군인원호법G.I.Bill of Rights으로 조지 워싱턴 대학 등록. 1946년 이경선에서 이사민으로 개명.
> 전시의 정보 보고에 따르면 상당히 반일적·친공산주의적 활동을 했음. 1919년 그는 상해 한국 지하 독립운동과 연계되었다가 일본에 체포되어 4년간 투옥됨. 그는 조선민족혁명당의 창시자이자 대한인국민회의 회원인데, 이들 조직은 중국공산당과 관련이 있음.
> 그는 미국 내 한국인 그룹 중 급진적 인사로 알려졌으며, 김강·변준호를 비롯한 다른 좌익 신념가들과 교류함. 그는 호놀룰루, 로스앤젤레스, 워싱턴 DC에 거주했으며 최근 시애틀에서 아들과 함께 거주한다고 알려짐.
> 이사민은 오래전부터 정치적으로 공산주의를 지향했으며, 현재 공산주의 통제하의 북한 정권에서 활동적 요원이 되었음. 따라서 국무부가 이사민의 귀화가 사기적 방법으로 획득된 것이 아닌지 검토해보길 희망함.[11]

주한 미국 대사관의 드럼라이트 참사관은 이경선의 배경 정보를 정확하게 알고 있었던 것이다. 이경선이 감리교 목사로 미국에 건너와 민족혁명당 미주지부 등에서 활동하며 충칭의 김원봉 등과 연계되었고, 1945년 OSS에 참가해 중국 쿤밍과 시안西安에서 활동했으며, 1945년 참전 군인 자격으로 미국 시민으로 귀화한 사실 등을 거론했다. 어떻게 1950년 1월의 시점에 주한 미국 대사관이 이경선의 OSS 관련 정보를 정확하게 파악할 수 있었는지는 미상이다.

미국 국립문서기록관리청에서 찾을 수 있는 이경선 관련 정보는 현재 3건인데, 모두 미국 정보부서에서 작성한 것이다. 첫 번째는 OSS가 작성한 참전 군인 이력서철, 두 번째는 1950년 1월 주한미대사관이 작성한 이경선 관련 문서, 세 번째는 1952년 미국 육군정보부가 작성한 이경선 관련 정보문서의 일종인 IRR 파일 등이다. 세 번째 자료에 대해서는 좀더 상세하게 다루겠지만, 이경선이 1949~1950년에 CIA, MID(군사정보국Military Intelligence Division) 등 미국 주요 정보당국의 관심 대상이었고, 그에 대해 여러 종류의 문서가 만들어진 것은 특기할 만한 일이다.

북한에서 현앨리스는 이경선과 한 부류로 분류되었다. 이들은 출신 배경, 경력, 활동 배경 등에서 공통점보다 차이점이 훨씬 많았지만, 북한에서는 체코를 거쳐 북한에 입국한 재미한인 공산주의자라는 점에서 동일한 부류로 취급되었을 것이다. 이경선은 1900년생, 현앨리스는 1903년생이니 각각 50대 초반과 40대 후반의 장년이었다.

이들이 북한에 들어가 어떤 일을 했는지에 대해서는 별다른 기록이 남아 있지 않다. 1953~1955년 남로당·박헌영에 대한 기소장 등의 기록에 따르면 현앨리스는 중앙통신사 또는 외무성에서, 이경선은 조국전선의 중요 직위에 배치되었다.[12] 현앨리스는 미국 출신이고 영어에 능통했기 때문에 중앙통신사에서 영어 번역·해석과 관련된 일을 하거나 외무성에서 미국 관련 업무를 했을 것이다. 이경선이 "조국전선의 중요 직위"에 배치된 것은 그

가 북미조선인민주전선의
대표 자격으로 북한에 들어
왔기 때문일 것이다.

현앨리스는 평양에 연
고가 없었지만, 이경선은 가
족들이 평양에 거주하고 있
었다. 평양에는 부인 최내
영崔乃榮과 2남 3녀가 있었

그림 47 이경선과 둘째 아들 이영석(워싱턴 DC, 1947년 12월 25일)
© 윤심온

다.[13] 1937년 가족들을 모두 평양에 두고 왔기 때문에 더더욱 북한으로 돌아
가고 싶었을 것이다. 그의 아들 이영석李英晳은 1946년 워싱턴에 있던 이경
선에게 편지를 보내왔다. 어떻게 평양의 편지가 이경선에게 전달되었는지
는 알 수 없지만, 주한미군에서 근무했던 현앨리스와 현피터의 도움을 받았
을 가능성이 있다. 편지 내용은 다음과 같다.

근일 북선으로부터 리경선씨에게로 온 그의 둘째 아들 영철 군의 편지인데
이 편지의 내용을 기재하여 북선에 대하여 궁금증이 있는 여러분께 소개 겸
전하는 바이다.

"부친님 전쟁 중 6, 7년간을 지나는 동안에 연로하신 조부님 이하 여러 가족
이 다 무사하오며 촌에 있던 토지 만여 평은 몰수를 당하게 되었으나 아부
님께서 조선 해방 공로자라고 하여 몰수 당하게 되지 안음으로 식량문제에
대해서는 그리 곤란치 않을 것 같습니다. (중략) 저는 중학 3년시에 시국관
계로 학교를 중지하였는데 공부를 다시 더 계속하기 위하여 상경하였습니
다. 아부님의 친한 친구이신 홍긔두洪箕疇, 정신근, 오광선 씨 등이 다 인민
위원부에서 시무합니다."[14]

아들의 편지는 몇 가지 사실을 알려주고 있다. 첫째, 이경선의 토지 1만

여 평(3.3정보)을 몰수당하지 않았다는 사실이다. 북한의 토지개혁에 따르면 자경하지 않는 3정보 이상의 토지는 몰수하도록 되어 있었는데, 이경선은 '조선 해방 공로자'여서 몰수당하지 않았다는 것이다. 이는 이경선이 미주에서 보여준 행적 때문이라기보다는 수양동우회 사건 관련자였기 때문일 것이다. 둘째, 이경선의 친구로 홍기주, 정신근, 오광선 등을 꼽은 점이다. 홍기주는 이경선과 함께 비석리교회 부목사를 하던 인사로, 해방 후 조선민주당 위원장(1946년), 평남인민위원회 위원장(1946년), 북조선인민위원회 부위원장(1947년), 최고인민회의 대의원(1948년), 조국전선 중앙위원회 위원(1949년)을 지낸 북한 정계의 거물이다.[15]

이경선의 아들 이영석은 1947년 미국으로 건너와 워싱턴 DC에서 이경선과 사진을 찍었고, 1949년에는 시애틀에서 함께 살고 있었다. 이경선이 미국 시민권을 가졌으므로 자녀 초청 비자로 입국했을 것이다. 윤심온이 작성한 가계도에 따르면 이영석은 스탠퍼드 대학 전기공학과를 졸업한 후 브라질로 건너갔다.[16]

이경선은 한국전쟁이 발발하던 1950년 6월 25일 『로동신문』에 덜레스의 서울 방문을 비판하는 기사를 실었다. 그는 1950년 4월 재교육을 위해 내각 직속 중앙지도간부학교 제18기로 입교한 상태였다. 이경선이 중앙지도간부학교에 입학한 사실은 선우학원도 이미 알고 있었다. 선우학원은 1954년 시애틀에서 열린 비미활동조사위원회 청문회에서 이경선이 미국에서 왔기 때문에 "공산주의 지도자 훈련소Communist leader-training camp에 보내져 추가 교육을 받았다"고 진술한 바 있다.[17] 즉 선우학원은 이경선이 중앙지도간부학교에 입소했다는 소식까지는 전해 들었던 것이다. 이경선은 한국전쟁이 발발한 뒤인 1950년 7월 10일 이 학교를 졸업했다. 『졸업기념사진첩 제18기』(조선민주주의인민공화국 내각 직속 중앙지도간부학교, 1950년 7월 10일)에 따르면 그의 동기생은 총 171명이었다.[18] 또한 동기생 김규호는 1952년 2월 공작원으로 일본에 파견되었다가 체포되었는데, 그의 진술에 따르면 이경선은 그 시점까지 조국전선에서 계속 활동 중이었다. 즉 전쟁의 발발은 아직까지 이경선의 신변에 아무런 영향을 주지 못했으며, 이는 현앨리스의 경우에도 마찬가지였을 것이다.

이강국 재판: '미제의 스파이' 현앨리스, 이월리엄
― 1953년

현앨리스는 1950년 4월 『조선여성』에 등장한 이후 북한에서 소식이 끊겼다. 선우학원은 그녀가 "평양 체류 중에는 박헌영의 비서로 근무했다는 소문"을 들었다고 했다.[19] 현피터는 현앨리스가 입북 후 박헌영의 개인비서가 되었다고 적었으며, 데이비드 역시 그녀가 박헌영의 동료가 되어 가깝게 일했다고 적었다.[20] 1920~1921년 상하이에서 처음 만났고, 1945~1946년간 서울에서 재회했던 두 사람이 1949년 이후 평양에서 상봉했음은 분명하지만, 박헌영이 부주의하게 현앨리스를 개인비서로 두었을지에 대해서는 의문이 있다. 박헌영은 1949년 평양에서 윤레나와 결혼했고, 새 신부와의 사이에 두 명의 자녀를 두었다.

현앨리스의 이름이 다시 등장한 것은 1953년 8월 소위 "리승엽, 배철, 박승원, 윤순달, 조일명, 리강국 등 반당 반국가적 간첩 도당들의 사건"에서였다. 남로당 핵심 인사들은 1953년 2월에 모두 체포되었고, 박헌영은 3월에 체포된 것으로 알려져 있다. 이들 가운데 박헌영을 제외한 이승엽, 이강국 등은 모두 1953년 7월에 기소되었고, 박헌영만 1955년 12월에 기소되었다.

1953년 2월에 체포된 사람들은 이승엽(당 비서 겸 인민검열위원회 위원장), 조일명(문화선전성 부상), 임화(조소문화협회 부위원장), 박승원(당 연락부 부부장), 이강국(무역성 조선일반제품 수입상사 사장), 배철(당 연락부 부

장), 윤순달(당 연락부 부부장),
이원조(당 선전선동부 부부장), 백
형복, 조용복, 맹종호, 설정식 등
12명이었다. 이들은 반국가·반
혁명 간첩 혐의로 체포되었다.[21]
박헌영도 그 직후 체포되었는데,
이미 1953년 3월 31일 소련군사
고문단장 라주바예프는 김일성
을 만나 박헌영의 체포 이유와 이
승엽, 이강국, 임화, 배철의 혐의
에 대한 소명을 들었다.[22]

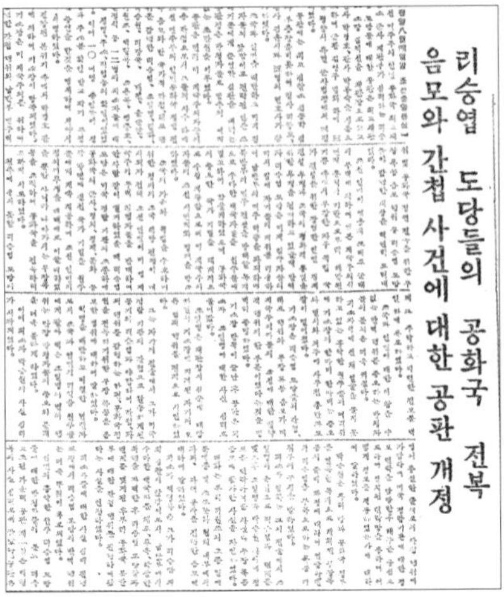

그림 48 1953년 남로당 재판 기사(『로동신문』, 1953년 8월 5일)

"피심자 리승엽 조일명 림화 박승원 리강국 배철 윤순달 리원조 백형복
조용복 맹종호 설정식 등의 조선민주주의인민공화국 정권 전복음모와 반국
가적 간첩 테로 및 선전선동 행위에 대한 사건"에 관한 재판은 "조선민주주
의인민공화국 최고검찰소 검사총장 리송운"의 「기소장」(1953년 7월 30일)
으로 시작되었다.[23] 기소 이후 재판은 1953년 8월 3일부터 6일까지 최고재
판소 군사재판부에서 진행되었다. 재판 결과 이승엽 등 10명은 사형, 윤순달
은 15년형, 이원조는 12년형을 선고받았다. 재판이 열리는 동안 조선로동당
중앙위원회 제6차 전원위원회(1953년 8월 5~9일)가 개최되어 이승엽 등 제
국주의 스파이·변절분자들의 암해공작과 파괴공작을 비호·조종한 혐의로
박헌영을 출당시키고 재판에 회부시킬 것을 결정했다.[24]

현앨리스의 이름은 1953년 8월 이승엽, 이강국 등 남로당 핵심 간부 12명
에 대한 재판 과정에서 처음으로 거론되기 시작했다. 재판은 민간법정이 아
닌 군사재판으로 진행되었다.[25] 공판 과정에서 현앨리스는 현피터, 이윌리엄
과 함께 언급되었다. 공판 기록에 따르면 현앨리스는 모두 네 번 언급되었는
데 기소장, 검사 논고, 판결문 등에서 조금씩 혐의 사실이 다르게 표현되었

다. 현앨리스와 이월리엄의 이름은 이강국 재판 과정에서만 거론되었을 뿐, 다른 관련자의 재판에는 등장하지 않았다. 즉 현앨리스와 이월리엄(이득환) 은 이강국을 '미제의 고용간첩'으로 특정하는 데에만 활용되었던 것이다.

(1)「一. 기소장」(1953년 7월 30일)

(피심자 리강국 진술)『나는 1935년 10월 독일로부터 귀국할 때 미국 뉴욕 에서 크로리를 만나 앞으로 그와 련계 밑에 조선에 귀국한 후 활동할 것을 약속하고 그로부터 장차 나와 같이 조선에서 사업할 사람으로 뉴욕 조선인 로동자 구락부에서 현피타와 리월리암을 소개받았습니다』(중략) 1950년 5월 미국 정탐기관의 지령에 의하여 미국에서 직접 파견된 현애리스와 리 월리암을 평양 자기 집에서 2차에 걸쳐 만나 간첩활동 련계를 맺을 데 대하 여 밀담하였다. (기록 제4권 173~174쪽)[26]

(2)「리강국에 대한 신문」(1953년 8월 4일)

1948년 7월 미군 간첩이 파견한 현애리스와 리월리암이 래방한 일이 있었 고 1950년 이자들이 재차 와서 내가 미군과 련계를 취하는 것을 안다는 듯 이 표시하면서 자기들은 미군 간첩이라는 것을 말하고 협력을 요구하므로 저는 충분히 생각해서 후일 만나자고 하였는데 그 후는 그들이 안 오므로 간첩 련계는 맺지 못했습니다.[27]

(3)「三. 국가 검사의 론고」(1953년 8월 6일)

피소자 리강국은 1950년 5월경 전쟁 도발이 림박하게 되자 미군정 정탐기 관의 지령에 의하여 미국에서 직접 파견된 간첩 현애리스와 리월리암을 자 기 사택에서 2차에 걸쳐 만나고 그들에게 군사기밀에 대한 정보 재료의 수 집과 전달을 약속하였던 것입니다.[28]

(4) 「六. 판결」(1953년 8월 6일)

五. 피소자 리강국 전 북조선 인민위원회 외무국장, 체포 직전에는 무역성 조선일반제품수입상사 사장. (중략) 조국해방전쟁 발발 후인 1950년 7월에는 미국에서 직접 파견된 간첩분자 현애리스와 리윌리암에게 공화국의 군사기밀을 탐지하여 제공할 데 대한 토의를 하였다.[29]

이강국은 1935년 10월 이미 뉴욕에서 '미제의 간첩'이 되기로 하여 현피터와 이윌리엄을 만났으며, 1950년 평양의 자택에서 현앨리스와 이윌리엄을 두 차례 만났다고 진술했던 것이다. 이강국 재판 기록에는 현앨리스를 만난 시점이 1948년 7월, 1950년 5월 2회, 1950년 7월 1회 만난 것으로 되어 있다.

그런데 위의 (1) 기소장(1953년 7월 30일), (2) 이강국의 법정 진술 (1953년 8월 4일), (3) 국가 검사의 논고(1953년 8월 6일), (4) 판결(1953년 8월 6일) 등에는 여러 가지 차이점과 재판의 실상을 보여주는 조작 사실들이 포함되어 있었다.

먼저 이강국은 법정 진술에서 1948년 7월 현앨리스와 이윌리엄이 자신을 방문한 적이 있다고 했지만, 이는 사실이 아니다. 현앨리스는 1949년 11월 말에서 12월 초 사이에 북한에 들어갔고, 1948년 7월에는 아직 미국에 체류하고 있었기 때문이다. 다른 가능성은 1935년 뉴욕에서 이강국과 만났던 이윌리엄이 입북 후 1948년 7월에 혼자서 이강국을 방문했을 경우다. 이강국은 현앨리스가 언제 입북했는지 몰랐으며, 월북 전에 그녀를 만난 적이 없으므로 '미국 공작원' 현앨리스를 이강국과 연결시키기 위해 이윌리엄을 등장시켰을 가능성이 있다.

또한 이강국은 법정 진술에서 1950년에 현앨리스와 이윌리엄이 재차 방문해 자신과 미군의 연계를 아는 체하며 자기들도 미군 간첩이니 협력하자고 했으나, "충분히 생각해서 후일 만나자"고 답했으며, 그 후 이들이 오지 않아 "간첩 련계는 맺지 못했"다고 진술했다. 우리가 살펴본 바에 따르면 현앨리스는 '미군의 간첩'일 가능성, 그런 발언이나 역할을 자처했을 가능성은 전혀 없다. 미국 정보당국이 현앨리스를 다룬 다양한 문서철에 근거한다면 현앨리스는 미국이 혐오하는 공산주의자였지, 미국 정부의 '정보요원'으로 거론된 적이 없다. 만약 그럴 가능성이 조금이라도 있었다면 현앨리스에 관한 자료는 절대 공개되지 않았을 것이다.

게다가 이강국은 교묘하게 자신의 혐의를 부정했다. 그의 발언을 정리하면 이렇다. ① 현앨리스가 자신과 미군의 연계를 이미 파악하고 있었다. ② 현앨리스 스스로 자신이 미군 간첩임을 자인했다. ③ 현앨리스가 간첩활동 협력을 요구했다. ④ 이강국은 즉답을 피하고 훗날 보자고 답했다. ⑤ 그 뒤로는 현앨리스와 이윌리엄이 찾아오지 않았다. ⑥ 결국 간첩 연계는 맺지 못했다. 현앨리스가 미군 간첩임을 자인하며 이강국에게 간첩 협력을 요구했다. 이런 진술 자체가 믿기 힘든 우극愚劇이었지만, 가장 중요한 것은 이강국의 결론이었다. 이강국은 결국 "간첩 련계는 맺지 못했"다고 강조한 것이다. 이강국은 자체 모순적이며, 실현 불가능한 내용의 진술을 통해 자신의 혐의를 부정한 셈이다.

국가 검사는 기소장(1953년 7월 30일) 단계에서는 1950년 5월 이강국이 현앨리스와 이윌리엄을 두 차례 만나 밀담했다고 했으나, 재판 과정의 논고(1953년 8월 6일) 단계에서는 "군사기밀에 대한 정보 재료의 수집과 전달을 약속"했다고 주장했다. 즉 밀담을 간첩활동 약속으로 비약시킨 것이다. 나아가 판결문(1953년 8월 6일)에서는 '밀담'과 '간첩활동 약속'을 한 것이 전쟁 발발 전인 1950년 5월이 아니라 전쟁 발발 후인 1950년 7월이었다고 변경했다.

결국 재판 과정에서 현앨리스와 관련된 이강국의 혐의는 "1950년 5월에 두 차례 만나서 밀담했다"→"1950년 5월에 두 차례 만나서 군사기밀 제공을 약속했다"→"1950년 7월에 만나 군사기밀 제공을 토의했다"로 변경되었던 것이다. 전쟁 전에 만나서 얘기를 나눈 사실이 전쟁 중 간첩활동을 벌인 것으로 변경된 것이다. 기소 내용이나 기소장을 변경하지도 않고 주요 혐의 사실의 인과관계가 바뀐 것이다. 이강국과 현앨리스를 미국의 스파이·공작원으로 만들기 위한 북한 당국의 끊임없는 심문이 만들어낸 부정확성이었거나 조작의 결과였을 것이다. 현앨리스는 이강국 재판정에 출석하거나 소환되지 않았다.

한편 이강국 재판 과정에서 현앨리스와 관련한 사실 두 가지가 초점으로 부각되었다. 첫째 1935년 10월 미국 뉴욕에서 크로리의 주선으로 조선인 노동자구락부에서 현피터와 이윌리엄을 만났다는 사실, 둘째 1950년 5월 미국 "정탐기관의 지령"으로 파견된 현앨리스와 이윌리엄을 평양 자택에서 두 차례 만나 "간첩활동 련계를 맺을 데 대하여 밀담"했다는 사실이 그것이다.

재판정에서 재판장과 이강국이 나눈 대화는 이렇게 묘사되어 있다.

- 재판장: 피소자의 정체의 본질은 무엇인가.
- 리강국: 미제의 전형적 주구입니다.
- 판사 박경호: 김수임은 피소자의 처인가.
- 리강국: 처는 아니고 다만 애인입니다.
- 판사: 크로리, 현애리스, 리윌리암 등의 정체는?
- 리강국: 그들은 모두 미국의 간첩들입니다.[30]

우리는 '미제의 간첩'으로 거론된 크로리, 현앨리스, 이윌리엄의 이름과 함께 조선인 노동자구락부와 현피터라는 익숙한 이름을 발견할 수 있다. 한 사람씩 관련 사항을 살펴보자.

이강국의 소위 '자백'에 따르면 크로리는 "미국 정탐부의 일원"이었고, 이강국은 이미 1935년부터 미국의 "주구로 활동할 것을 서약"했다. 믿기지 않을 정도로 허술하고 터무니없는 주장이다. 1946년 김오성金午星이 쓴 「이강국론」에 따르면 이강국은 1932년 독일에 도착한 직후 독일공산당에 가담하는 한편 조선의 실정을 독일에 알리는 활동을 벌였고, 함께 독일공산당의 출판 활동 및 외국과의 연락을 담당했다.³¹ 이강국의 재판 진술(1953년 8월 4일)에 따르면 그는 경성제국대학 재학 시절 미야케 시카노스케三宅鹿之助로부터 마르크스·레닌주의를 배웠고, 1932년 5월 처남 조준호의 경제적 원조로 독일 베를린 대학에 유학해 3년 동안 공부했다. 미야케가 독일에서 공부했고 독일은 사회주의 운동이 강했기 때문에 독일에 유학한 것이다. 그는 독일에서 독일 공산주의자의 지도를 받아 프롤레타리아 과학동맹, 혁명적 아세아인회, 독일공산당에 가입했고(1932년 10월), 일본인 '그루빠' 책임자로 일했다고 진술했다.³²

즉 이강국은 20대 후반의 열렬한 국제 공산주의자로 자처하던 때였는데, 북한은 그가 돌연 귀국하던 1935년 뉴욕에서 미국 정탐부의 주구走狗로 활동할 것을 서약했다고 주장한 것이다. 이강국은 귀국 직후 사회주의·공산주의 운동에 종사했고, 1936년부터 원산적색노조에 관계했다가 1938년에 수감되었으므로, 이강국이 전향해 미국 정보기관의 주구가 되었다는 북한의 주장은 전혀 설득력이 없다.³³

나아가 북한 당국은 크로리가 누구인지 특정하지 못했다. 전후 맥락을 살펴보면 크로리는 이강국이 뉴욕으로 가는 선상 혹은 뉴욕에서 만난 미국 공산당 당원이었을 가능성이 높다. 그런데 북한이 해방 후가 아닌 해방 전, 그것도 1935년을 거론해 이강국을 미국의 스파이로 몰아간 가장 큰 이유는 일제강점기에 남로당 계열의 좌익들이 모두 전향한 일본·미국의 협력자 또는 스파이였다는 인상을 부각시키려는 의도였을 것이다. 가장 대표적인 인물이 시인 임화였다. 임화 역시 남로당 사건에 연루되어 심문받는 과정에서 일제강점기에 카프 활동을 하다가 1935년경 전향해 일본 경찰에 협력했다는 혐의를 받았다. 그러나 심약하고 병약했던 임화는 "구류장에서 자살하려고 안경알을 깨서 오른팔 동맥을 끊어 출혈을 심히 하여 인사불성에 이른 것

을 그 후 수혈을 많이 하여 생명은 구하였으나 그로 인하여 신체가 쇠약"해
져 재판정에 출정해 제대로 서 있지도 못하는 상태였다. 공개 출판된 북한의
재판 기록에 그렇게 묘사되어 있을 정도였다.[34]

북한이 1953년 남로당 재판이 끝난 후 당원들에게만 '절대비밀'로 배
포한 문건에 따르면 사건 관련자들은 다음과 같이 규정되었다.

> 리승엽(일제시 인천시 식량영단 리사장 및 지주, 해방 후 미국 간첩), 조일명(일
> 제시 혁명의 변절자, 해방 후 미제 간첩), 림화(일제 간첩, 해방 후 미국 간첩), 박
> 승원(혁명의 변절자, 해방 후 미제 간첩), 김형륙(미제 간첩), 안영달(미제의
> 간첩), 리강국(미제의 간첩), 김점권(혁명의 변절자)[35]

한편 크로리가 현피터와 이윌리엄을 소개했다는 뉴욕의 조선인 노동자
구락부는 '미국 정탐부'의 소굴이 아니라 앞에서 살펴본 것처럼 재미한인
공산주의자 전경준이 만든 진보적 노동자 구제 조직이었다. 전경준은 미국
공산당에 입당한 인물이었으며, 또한 현피터, 현폴, 김병호 등 현씨 가문의
사람들과 함께 중국후원회 뉴욕 지부에서 활발한 활동을 벌였던 인물이다.
북한은 마치 현피터와 이윌리엄이 '미국 정탐부의 일원' 크로리의 하수인인
것처럼 묘사했지만, 이 무렵 현피터와 이윌리엄은 재미한인 진보진영에 속
해 있었다. 북한은 현피터가 현앨리스의 동생이라는 사실을 강조하지 않았
다. 또한 현앨리스가 1930년대 전경준의 자택 지하실에서 몇 개월 동안 거
주했다는 사실도 밝혀내지 못했다.

그런데 1953년 재판이 끝난 후 당원들에게 배포한 위의 「최근 당내에
서 발로된 리승엽, 배철, 박승원, 윤순달, 조일명, 리강국 등 반당 반국가적
간첩 도당들의 사건에 관하여」라는 47쪽 분량의 문건은 현앨리스와 현피터
를 함께 거론했다. 한국전쟁 때 미군이 북한에서 노획한 소위 '북한노획문
서철'에서 발견한 이 자료는 지금까지 알려진 남로당·박헌영 재판 관련 문

건 중에서 두 사람을 함께 언급한 유일한 자료다. 문건은 박헌영이 종파분자로 "미국 정탐기관의 리익을 위하여 사업"한 행적을 거론하면서 다음과 같이 지적하고 있다.

> 노불의 지도하에 있는 미군 소좌 현피드와 그의 누이 현애리스와 루차 접견하였으며 현애리스가 미국 간첩기관들의 모략에 의하여 미국으로 돌아갔다가 체코슬로바키야를 통하여 북조선에 들어올 것을 요청하였을 때 박헌영은 이를 허락하였으며 그를 외무성에 취직시켰다.[36]

첫째 박헌영이 서울에서 미군 소령 현피터 및 그의 누나 현앨리스와 여러 차례 접견했고, 둘째 현앨리스가 미국 간첩기관들의 모략으로 미국으로 귀환한 후 체코를 통해 북한에 들어오려 하자 박헌영이 이를 허락했으며, 셋째 현앨리스를 외무성에 취직시켰다는 것이다. 여기서 언급된 '노불'이라는 인물은 이승만의 측근이자 미국 대사관 직원이었던 해럴드 노블Harold Noble일 것이다. 그런데 어찌된 영문인지 '미군 소령' 현피터는 남로당·박헌영 재판 과정에서 전혀 부각되지 않았다.

다음으로 이강국 재판 과정에서 여러 차례 언급된 리윌리엄이라는 인물이 누구인지 알아볼 차례다. 한국에서는 리윌리엄을 이사민, 즉 이경선으로 오인하고 있다. 이는 『서울신문』이 1995년 '이사민·현앨리스 사건'을 보도하며 리윌리엄을 이사민으로 보도했기 때문이다.[37] 그렇지만 리윌리엄은 이사민(이경선)이 아니라 『독립』 신문의 열성적 지지자이자 재미한인 중 제일 먼저 북한에 들어간 이득환李得煥이다. 「이사민·선우학원이 김일성·박헌영에게 보낸 편지」(1948년 11월 15일)에 따르면 '이득환 동지'가 한 달 전에 평양에서 발송한 서신이 소련을 통과하여 검열 없이 미국에 배달되었다고 기록되어 있다.[38] 즉 1948년 10월 이전에 이득환은 이미 평양에 들어간 상태였다. 북한의 이강국 재판 기록에 나타난 것처럼 이득환(리윌리엄)은 1935년 뉴욕에서 이강국과 상봉한 인연으로 북한에 들어간 후인 1948년 7월에 이강국을 만났을 수는 있겠다.

선우학원은 해방 후 미국에서 평양에 처음 들어간 사람이 변준호와 주류 판매상을 하던 '이철(윌리엄)'이라고 썼다. 이철은 한때 공산주의자였으며, 해방되던 1945년 평양에 입국했으나 이후 소식이 끊겼다는 것이다.[39] 그런데 변준호와 함께 뉴욕에서 활동한 사람의 한국 이름은 이철이 아니라 이득환이며, 그의 영어 이름이 윌리엄이었다. 또한 그는 1945년이 아니라 1948년경에 입북했다. 선우학원이 이름과 입북 시기를 잘못 기억한 것으로 보인다. 이득환은 1946년 4월 13일 독립신문사 이사회를 통해 만장일치로 총무로 선임되었다. 그는 원래 독립신문사 재무였다.[40] 당시 『독립』에 보도된 이득환의 약력은 다음과 같다.

> 리득환씨는 본국 충남 예산 출생으로 서울에 있는 협성중학교를 졸업하고 1927년에 장지壯志를 품고 도미하야 켄터키에 있는 뿌리어전문학교에서 형설의 공을 닦고 1937년에 뉴욕에 와서 뜻있는 진보적 동지 변준호, 전경준, 그 외 수인과 함께 중국후원협회를 발기하여 돈을 거두어 의료 자동차 의약품 등을 사서 중국 군대에 직접 보내는 일편 반일 비밀운동을 일으키다가 1939년 라성으로 내려와서 조선의용대후원회, 조선민족혁명당에 참가하여 조국 독립운동을 위하여 힘썼고 1943년 여름에 독립신문이 발기될 때에 발기자 사우로 참가함으로 오늘날까지 본보의 (몇 자 불명) 본보의 (몇 자 불명) 정신적으로나 물질적으로나 공로자이다.
> 리득환씨가 그의 사업에 억매인 몸임도 불구하고 본사의 중직을 담당하는 호의를 본사직원 일동은 깊히 감사하는 바이다. 독립신문사 백.[41]

즉 이득환은 충남 예산 출신으로 협성중학을 졸업한 후 1927년 도미했다. 그가 수학한 켄터키의 '뿌리어전문학교'는 버리어 대학Berea College으로 생각된다. 그는 1937년 뉴욕에 와서 변준호, 전경준 등과 함께 중국후원협회에 가담했고, 1939년 로스앤젤레스로 와서 의용대 후원회와 민족혁명당에 참가했다. 1943년 『독립』신문 발기인으로 참여하여 열성적인 지지자로 활동했다. 1946년 4월 『독립』 총무가 된 이래 1947년 8월까지 매달 신문 인쇄비 250달러가량을 부담했다. 1947년 8월부터 10월까지 『독립』 신문이 임시정간된 것은 편집주간 박상엽의 사직뿐만 아니라

그림 49 1953년 남로당 공판 기록 © NARA

이득환의 재정 후원이 중단되었기 때문이었다.[42] 민족혁명당 미주지부·『독립』의 열렬한 지지자였으며 미국공산당 당원이었던 이득환은 1948년 10월 이전에 평양에 들어간 것으로 추정된다. 이득환이 평양에 들어간 경로 역시 체코를 경유했을 가능성이 높지만, 그에 관한 자료는 아직 확인된 바 없다.

1953년 3월 남로당 사건이 터지면서 미국에서 온 이득환도 미국의 간첩으로 몰렸다. 북한은 이득환이라는 한국 이름 대신 '리월리암'이라는 미국 이름을 사용했는데, 미국이 파견한 간첩이라는 인상을 주기 위한 것으로 보인다. 미국에서 온 재미한인들을 현미옥이나 이득환이 아니라 '현애리스', '리월리암'으로 호명하는 것만으로도 이들이 북한과 조화될 수 없는 이질적 존재이자 "미제의 스파이"라는 의혹을 불러일으켰을 것이다.

그렇지만 이득환은 현앨리스나 이사민과는 달리 미군이나 전략첩보국 OSS 등의 정보·공작 분야에서 활동한 경험이 없기 때문에 그를 미국 정보기관의 스파이로 규정하기는 어려웠을 것이다. 때문에 1953년 남로당 재판에서 이강국을 미국의 간첩으로 규정하는 데 연결고리로 등장했던 '리월리암'의 이름은 1955년 박헌영 재판 과정에서 사라졌고, 대신 이사민이 그 자리를 차지했다.

박헌영 재판: 알려지지 않은 현앨리스의 최후
— 1955~1956년

1955년 12월 기소된 박헌영 재판 과정에서도 현앨리스라는 이름이 재차 거론되었다. 현앨리스의 비중과 역할은 이강국 재판 때와는 달라져 있었다. 그녀는 박헌영이 받고 있던 혐의의 주요 원인 제공자로 부각되었다.

앞에서 살펴본 1953년 이승엽, 이강국 등 남로당원에 대한 공판 기록(「최근 당내에서 발로된 리승엽, 배철, 박승원, 윤순달, 조일명, 리강국 등 반당 반국가적 간첩 도당들의 사건에 관하여」)에서는 박헌영을 '미제의 간첩'으로 규정하지는 않았다.

1953년 단계에서는 박헌영의 측근들인 이승엽, 이강국, 임화 등의 '간첩 혐의'를 특정함으로써 그들의 지도자인 박헌영도 당연히 책임이 있다는 정도의 논리를 전개했다. 박헌영이 "파괴 암해사업"에 연계되었다는 핵심 증거로 다음과 같은 사항이 적시되었다.

ㄱ 즉 박헌영은 리강국이 미국 헌병 사령관 뻐드의 애인 김수임과 련계를 가지고 미국인 운전수가 운전한 차를 타고 입북한 사실과 리승엽이 1946년과 1947년에 체포되었다가 즉시 석방된 사실들을 알고도 오늘까지 은폐하고 말하지 않았으며

ㄴ 박헌영은 안영달이 김삼룡 동지와 리주하 동지를 체포하여준 간첩인 줄 알면서도 그를 내무기관에 넘겨주지 않음으로써 사건의 전말을 조사하지 못하게 하고 비밀리에 총살하여버렸으며

ㄷ 조일명의 증언에서 나타난 바와 같이 박헌영은 벌써 그 당시 남조선에 와 있던 또는 해방 후에는 미국 대사관 최고 정치고문으로 있던 노불의 친애를 받았으며 해방 후에는 그와 련계를 가지고 있었으며 조일명은 박헌영의 지시에 의하여 그에게서 받은 간첩 자료들을 미국 정

보기관에 제공하였습니다.[43]

즉 이강국이 김수임의 도움으로 베어드John Beard 헌병사령관의 자동차 편으로 입북했으며, 이승엽이 두 차례 미군정에 체포·석방된 사실을 은폐 했고, 김삼룡·이주하를 팔아넘긴 안영달을 비밀리에 총살했으며, 미국 대 사관 최고 정치고문 노블과 연계되었고, 조일명은 박헌영의 지시로 자료를 미국 정보기관에 제공했다는 혐의다. 박헌영이 구체적으로 '공화국 전복음 모'나 '미국 정보기관의 고용간첩 행위'를 했다는 혐의는 제시되지 않았다.

뒤에 서울에서 현앨리스와 현피터를 면담한 사실, 체코에서 현앨리스 의 입국을 승인한 사실 등이 덧붙여졌다. 이 정도가 1953년 단계에서 박헌 영에게 씌워진 혐의였다. 박헌영도 「자아비판서」에서 "자기의 종파적 편협 성과 계급적 암둔성과 개인 영웅주의와 소부르죠아 이데올로기야"를 비판 했을 뿐 간첩 행위를 시인하지는 않았다.[44]

1953년 8월 남로당 핵심에 대한 공판이 종결된 후 1955년 11월 박헌영 에 대한 공판이 시작될 때까지 북한 당국은 박헌영이 '미제의 고용간첩'임 을 입증하기 위해 끊임없는 심문과 증거 수집을 시도했을 것이다. 2년 3개월 동안의 노력은 1955년 박헌영 재판 과정에서 나타났다. 박헌영 재판 과정에 서 현앨리스가 중요하게 언급된 부분을 인용하면 다음과 같다.

(1) 「一. 기소장」(최고검찰소 검사총장 리송운)(1955년 12월 3일)
一. 미 제국주의자들을 위하여 감행한 간첩 행위
(전략) 미국 정탐기관의 지령에 의하여 파송된 리승엽, 조일명, 서득은, 리 강국, 안영달, 림화, 박승원, 현애리스, 리사민 등 미국의 충실한 앞잡이들 은 박헌영의 추천 보증으로 당과 국가의 중요 직위에 잠입하게 되었으며 또는 기타의 방법으로 그들의 활동이 보장되었다. (중략)
특히 박헌영은 1948년 6월 하지의 지령에 근거하여 정치적 망명객을 가장하고 미국으로부터 구라파에 와 있던 미국 간첩 현애리스와 리사민의 정체를 기만하여 그들을 미국에서 추방당한 진보적 인사로 음폐하고 입국을 보장하여주었으며 그 후 현애리스를 중앙통신사 또는 외무성에, 리사민은 조국전선의 중요 직위에 배치시켜주면서 그들의 간첩활동을 백방으로 보장하여주었다.

이에 대하여 박헌영은 신문에서 다음과 같이 진술했다.

『……1948년 6월 서울에 갔다 오는 서득은의 편을 통하여 하지가 주는 지시를 전달받았는바 그 내용은 현애리스를 비롯한 몇 사람의 미국 정보원을 구라파를 통하여 북조선에 파견하겠으니 그들의 입국을 보장하여주며 입국 후 당 및 정권 기관의 중요 기밀을 수집할 수 있는 제반 조건을 보장하라는 것이었습니다. 그 후 나는 현애리스와 그에 따르는 미국 정보원들을 하지의 지령대로 입국시켰습니다……』(기록 1권 2234~235페지)

박헌영의 보장하에 입국한 현애리스에 대하여 증인 현효섭의 진술에 의하면 그는 제2차 대전 시부터 미국 군대에 종사했고 8·15 후는 역시 미군에 배속되어 서울에 와서 미군 씨·씨·아이·지·케라는 시민 우전郵電 검렬기관에서 조선 사람들의 편지와 통신련락을 검렬하는 비밀 사업에 종사했다. (기록 293~297페지)[45]

(2) 「二. 공판심리」(1955년 12월 15일)

- 박헌영에 대한 신문

  (박헌영의 진술) 하지의 지령에 의하여 1949년에 미국 간첩 현애리스와 리사민의 입국을 보장하여준 사실이 있고, 리승엽과 함께 개성을 중심으로 한 신해방 지구에 경기도 인민위원회를 조직하고 그곳을 범죄 활동의 기지로 삼으려고 획책한 사실이 있었습니다.[46]

- 증인 리강국에 대한 신문

  (리강국의 진술) 그 후 1950년 봄부터 박헌영이 입북시킨 미국 간첩 현

애리스와 련계를 가지고 두 번 그에게 군사기밀을 탐지하여 제공했습니다.[47]

(3) 「三. 국가 검사의 론고」(1955년 12월 15일)

특히 박헌영은 1948년 6월 하지에게 간첩 련락으로 파견했던 서득은을 통하여 박헌영이가 1920년도 상해 생활에서 조선 민족으로 미국 국적을 가지고 있으며 기독교 신자이던 현애리스를 자기의 첫 애인으로 했고, 제2차 대전 후 미군이 남반부에 상륙했을 때 상면했던 씨·씨·아이·지·케에서 미국 군대로 비밀공작하던 현애리스를 비롯한 몇 사람의 미국 정보원을 구라파를 통하여 북반부에 파견하겠으니 그들의 입국과 간첩활동을 보장하라는 하지의 지령을 받고 있던 차 1949년도에 와서 정치적 망명객으로 가장하고 미국으로부터 구라파에 와 있던 미국간첩 현애리스와 리사민이 미국에서 추방당한 진보적 인사로 음폐하여 입국을 보장하여주었을 뿐만 아니라 현애리스를 중앙통신사 또는 외무성에 리사민을 조국전선의 중요한 직위에 비치시켜주면서 이들의 간첩활동을 백방으로 보장하여주었던 것입니다.[48]

(4) 「四. 피소자 박헌영의 최후 진술」(1955년 12월 15일)

검사총장이 론고한 바와 같이 저의 죄악의 엄중성으로 보아 사형은 마땅한 것입니다. 그리고 오전 공판 심리에서『신정부』와『새 당』의 조직 음모라든가 무장폭동 음모에 대한 직접적 책임이 저에게 없는 것같이 진술한 부분은 한 개 궤변으로 잘못된 것이기에 취소합니다. 제가 미국 간첩들의 두목이고 그들을 나 자신이 희망하는 범죄를 감행하게끔 모든 것을 비호 보장하여 온 장본인인 까닭에 전적으로 저에게 책임이 있습니다.[49]

(5) 「五. 판결」(1955년 12월 15일)

피소자 박헌영은 1948년 6월 서득은의 편을 통하여 『현애리쓰를 비롯한 미국 정보원을 구라파를 통하여 북조선에 파견하겠으니 그들의 입국과 간첩활동을 보장하여주라』는 하지의 지령을 접수하고 있다가 1949년 봄 정치적 망명자로 가장하고 미국으로부터 구라파를 걸쳐 잠입한 간첩 현애리스와 리사민에게 입국사증을 발급케 한 후 현애리스를 중앙통신사 또는 외무성에, 리사민을 조국전선의 요직에 배치하여 그들의 간첩활동을 보장하여주었다.[50]

이상에서 우리는 박헌영 공판 기록에서 현앨리스가 언급되고 중요하게 취급된 대목 다섯 곳을 살펴보았다. 1955년 공판 기록에서 나타나는 박헌영의 "범죄 혐의"와 현앨리스의 역할은 1953년 단계와 차이가 있었다. 중요한 변화를 정리하면 다음과 같다.

첫째, 박헌영이 1949년 현앨리스의 입북을 허가한 이유가 1948년 6월 하지로부터 지령을 받았기 때문이라는 점이 새로 제시되었다. 하지의 지령은 남한에 파견되었던 서득은을 통해 박헌영에게 전달되었다고 했다. 즉 박헌영이 하지의 직접 지령을 받는 "미제의 고용간첩"이며, 현앨리스는 그것을 실행한 미국 간첩망의 우두머리임을 입증하려 했던 것이다. 또한 박헌영과 현앨리스의 관계가 단순히 간첩망의 연락관계가 아니라 "박헌영이가 1920년도 상해 생활에서 조선 민족으로 미국 국적을 가지고 있으며 기독교 신자이던 현애리스를 자기의 첫 애인으로 했"다고 함으로써 둘 사이가 연인 관계였다는 뉘앙스를 풍겼다. 박헌영의 부하 이강국이 미국의 간첩이자 헌병사령관의 '애첩' 김수임의 손아귀에서 놀아난 것처럼, 박헌영도 하지의 직속 간첩이자 상하이 시절의 '첫 애인' 현앨리스에게 농락당한 것으로 묘사된 것이다.

둘째, '리월리암'의 이름은 사라졌고, 대신 이사민이 현앨리스의 파트너이자 미국 간첩으로 거론된 사실이다. 앞에서 살펴본 것처럼 1947년에서

1948년 사이 입북한 이월리엄(이득환)은 로스앤젤레스에서 주류 판매상을 했던 경력이 있을 뿐, 미군 정보·공작 관련 기관에서 복무한 경험이 없었다. 때문에 1953년 이강국 재판 과정에서 강조되었던 이월리엄의 이름은 사라지고 대신 이사민이 등장한 것이다. 이사민은 1945년 OSS에 가담해 워싱턴과 캘리포니아에서 공작원 훈련을 받았고, 중국 쿤밍과 시안까지 날아갔던 공작원 출신이므로 그 경력이 미국 정보원으로 둔갑한 것이다.

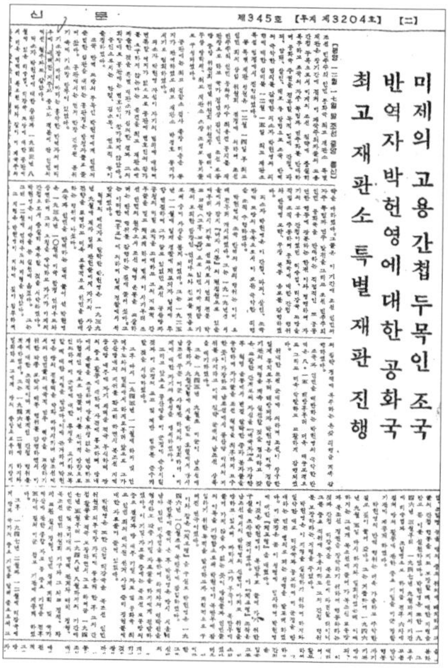
신 문 제345호 【루계 제3204호】 【二】

미제의 고용간첩 두목인 조국 반역자 박헌영에 대한 공화국 최고 재판소 특별 재판 진행

그림 50 1955년 박헌영 재판 기사(『로동신문』, 1955년 12월 18일)

한편 이강국은 1953년 진술에서는 현앨리스와 이월리엄을 세 차례 만났으나(1948년 7월, 1950년 5월, 1950년 7월) '간첩 연계'는 없었다고 했는데, 1955년 진술에서는 1950년 봄부터 현앨리스와 연계를 가지고 두 차례 군사기밀을 제공했다고 증언했다. 1953년 이강국 진술의 사실 오류와 모순을 간파한 북한은 1955년 단계에서는 이월리엄의 이름을 배제했고, 현앨리스와 이월리엄이 이강국과 접촉했다는 특정 시점(1948년 7월, 1950년 7월)을 배제한 후, 현앨리스와 이강국이 두 차례 접촉해 간첩 행위를 한 것으로 변경했다. 박헌영의 간첩 혐의를 확정하기 위해 이강국의 진술을 수정한 것임을 알 수 있다. 박헌영과 남로당을 숙청하기 위한 재판이었으므로 이 정도의 수정은 약과였을 것이다.

그런데 정작 박헌영을 "미제의 고용간첩"으로 둔갑시키는 데 결정적 역할을 한 현앨리스, 이사민, 이윌리엄(이득환)은 재판 과정에서 증인으로 선정되지도 않았을뿐더러 소환되지도 않았다. 사실 1955년 재판에서는 남로당 사건에서 가장 중요한 범죄 혐의자로 지목된 이승엽조차 증인으로 선정 또는 소환되지 않았다.[51] 재판에서 증인으로 선정된 사람은 한철, 김소목, 권오직, 조일명, 이강국, 하필원, 김해균, 현효섭, 이순금 등 불과 9명이었으며, 그나마 한철, 김소목, 권오직, 조일명, 이강국만 심문하고 나머지는 심문조차 하지 않았다. 1953년 재판에서 주요 범죄인으로 사형을 선고받았던 이승엽·임화·박승원·배철, 징역형을 선고받았던 윤순달(15년)·이원조(12년) 등 남로당 핵심 인사들은 증인으로 소환되지 않았다. 가장 중요한 "범죄 하수인"들이 그 "두목"의 재판정에서 혐의를 입증하지 않은 것이다.

셋째, '간첩'으로서 현앨리스의 경력이 좀더 상세하게 묘사되었으며, 그녀가 정보공작기관의 요원이라는 인상을 주는 세부적 묘사가 이루어졌다. 우리가 앞서 살펴본 것처럼 그녀의 사촌동생이자 유명한 축구선수 출신으로 민간통신검열단에서 근무했던 현효섭이 소환되었다. 그는 현앨리스가 2차 세계대전 때 미군에서 '종사'했고, 해방 후 '미군에 배속'되어 CCIG-K라는 민간통신검열단에서 '편지·통신연락'을 검열했다고 증언했다.

또한 그녀가 평범한 간첩이 아니라 하지의 명령으로 북파된 공작원이라는 새로운 혐의가 제시되었다. 1948년 6월 하지의 지령을 받은 서득은이 북한에 와서 박헌영에게 하지의 지령을 전달했고, 박헌영이 이를 실행에 옮겼다는 주장이었다. 즉 하지-현앨리스-박헌영으로 이어지는 간첩 연계망이 존재했다는 것이다. 나아가 현앨리스와 박헌영을 연인관계로 묘사함으로써 이들이 정치적·사상적으로만이 아니라 도덕적으로도 문란하고 타락한 인간형이었음을 부각시키려 시도했다.

북한의 기소장에 등장하는바, 하지가 "현애리쓰를 비롯한 미국 정보원을 구라파를 통하여 북조선에 파견하겠으니 그들의 입국과 간첩활동을 보장하여주라"고 지령했다는 대목과 박헌영이 이에 따라 미국 정보원들을 입국시켰다는 대목은 믿기 힘들 정도로 유치한 설정이다. 김일성은 박헌영과 함께 쌍두마차를 이루며 1949년부터 1950년까지 모스크바와 베이징을 왕복하면서 스탈린과 마오쩌둥으로부터 전쟁 개시 허가를 얻기 위해 동분서주했는데, 당의 2인자이자 '공화국'의 부수상 겸 외무상이 주한미군사령관의 스파이였다고 주장한 것이다. 하지가 미군 스파이망의 총책이고, 박헌영을 그의 충실한 하수인으로 묘사한 것인데, 하지는 거의 전지전능한 존재이고 박헌영은 마리오네트처럼 설정한 셈이다.

북한 측으로서는 현앨리스를 미국의 고용간첩으로 묘사할 수 있는 더 좋은 방법이 있었는지도 모른다. 그것은 현앨리스가 미국 시민이자 미국공산당 당원으로 가입했다는 전력, 그가 민족주의 지도자이자 미국 거주 현순 목사의 딸이라는 배경을 부각하는 것이었다. 또한 미국 시민이자 미국공산당 당원 이경선이 홍기주의 친구로서 그가 북한 고위층에 침투해 간첩망을 확대시키려 했다는 혐의도 써볼 만한 것이었다. 두 사람이 미국 간첩으로 미국공산당에 위장 잠입한 전력을 가지고 마침내 평양까지 침투했다고 주장할 만했지만, 북한은 이런 배경은 전혀 거론하지 않았다.

그럼에도 박헌영이 미군·정보기관에서 근무한 경력이 있던 현앨리스와 이사민을 북한에 입국시켜주고, 이들에게 외무성, 조선중앙통신, 조국전선 등의 일자리를 주선해준 것은 돌이킬 수 없는 실수였음이 분명했다. 재판을 시작하기 훨씬 전에 박헌영은 자포자기 상태였을 것이다. 박헌영은 저항하고 혐의를 부인하고자 했지만 이미 돌이킬 수 없는 지경에 처해 있었다. 그의 추종자들은 모두 숙청 과정에서 사형당했고, 최종적 정치 책임은 그에게 있었기 때문이다. 출간된 북한의 공판 기록에서조차 박헌영은 재판 당일 (1955년 12월 15일) 오전과 오후에도 진술을 번복하며 최후의 저항을 한 것으로 나타나 있다. 박헌영은 오전 심리에서 북한이 주장하는 남로당 계열의 '신정부'·'새 당'의 조직 음모, 무장폭동 음모에 대해 자신에게 직접 책임이 없다고 발언했다가 오후 심리에서 이를 '궤변'이라며 취소했다. 박헌영은 자신

의 '죄악의 엄중성으로 보아 사형은 마땅'하다고 발언한 것으로 되어 있다.[52]

평양의 박헌영 재판은 1955년 12월 3일 국가 검사의 기소로 시작되어 12월 15일 하루 동안의 공판으로 종결되었다.[53] 이 책이 박헌영 재판의 전반적 진실을 다루는 것은 아니지만, 적어도 북한 권력의 2인자로 부수상과 외상을 지낸 박헌영에 대한 재판이 불과 하루 만에 종결된 것은 이 재판 절차의 정당성을 의심하게 만드는 것이다. 재판 기록에는 박헌영이 제출한 변호사 선임을 포기한다는 자필 메모가 붙어 있어 보는 이의 마음을 처연케 한다.[54] 박헌영이 포기한 것은 변호사 선임권이 아니라 조선혁명에 대한 그의 오랜 투쟁, 사회주의를 향한 굳은 신념이었을 것이다. 남로당·박헌영 재판이 진행되는 과정에서 연안파나 소련파는 모두 침묵을 지켰다. 권력투쟁의 일환으로 생각했던 것이다. 이후 가장 강력한 라이벌이 사라진 김일성 빨치산파의 질주는 예견된 것이었다.

빨치산파 최용건을 재판장으로 하는 최고재판소 특별재판은 박헌영에게 사형을 선고했다. 형법 제78조, 제68조, 제76조 2항, 제65조 1항에 근거해 박헌영에게 모두 네 번의 사형과 네 번의 전 재산 몰수가 선고되었다.[55] 그는 도저히 빠져나갈 수 없는 중대 범죄자로 판결되었다.

1950년대 공산진영에서 정치적 패배자나 정적을 숙청할 때 스파이·간첩이라는 혐의를 씌우는 것은 상례常例였다. 1953년 스탈린 사망 이후 베리야가 실권을 장악했는데, 그는 스탈린을 위해 수많은 고위직을 스파이로 처형한 바 있다. 그런데 권력투쟁 과정에서 베리야가 실각하자 반대파들은 그를 스파이 혐의로 처형했다.[56] 중국에서도 1950년대 내내 스파이 색출과 처형이 연이었다. 체코에서도 1949년 공산당 총비서였던 루돌프 슬란스키가 민족반역자·스파이 혐의로 처형되었다. 1950년대 프라하 주재 미국 대사관의 주요 문서들은 체코의 이런 스파이 처형의 실체를 다룬 것들로 가득하다.

그렇다면 현앨리스와 이사민(이경선)은 언제 체포되었고, 그들의 운명은 어떻게 되었을까? 북한 측의 기록에 따르면 현앨리스는 1953년 8월에 벌어진 남로당 계열에 대한 재판 과정에서 이미 미국의 북파 공작원으로 등장하고 있다. 따라서 현앨리스는 1953년 2~3월 남로당 주요 간부들을 대대적으로 체포하는 과정에서 함께 검거되었을 가능성이 높다. 현앨리스의 체포 시점에 대한 시사점은 이경선에게서 찾을 수 있다.

이경선의 체포 시점에 대해서는 두 가지 설명이 있다. 먼저 이경선의 사위(큰딸 이영옥의 남편) 윤심온 목사는 필자와의 인터뷰와 「이사민목사경력초」에서 이렇게 진술했다.

> 1948. 4. 조선이 일제 침략에서 벗어났으나 38도선으로 남북이 분단되어 남에는 이승만이 집권하게 될 것이고, 북에는 사회주의 정권이 서게 될 것으로 생각되어 조국통일민주주의전선 북미주 대표로 평양으로 가서 2년간 언론 활동을 하였는데 6·25전란이 일어나자 6월 28일 야간에 당기관원에게 끌려가 박헌영 일파로 지목되어 처형되었음.[57]

윤심온의 증언은 상당 부분 사실과 거리가 있다. 이경선이 1948년 4월에 입북했다는 것은 사실이 아니다. 아직 북한 정부가 수립되지도 않았고, 조국전선이 결성되기(1949년 6월) 1년 전이기 때문이다. 이경선은 1949년 11월 말에서 12월 초 북한에 들어왔다. 또한 한국전쟁 발발 직후인 1950년 6월 28일 당기관원에게 끌려가 "박헌영 일파로 지목되어 처형"되었다는 것도 사실이 아니다. 윤심온은 당시 자신은 피신 중이어서 이경선이 끌려가는 것을 목격하지는 못했지만, 그의 부인이자 이경선의 장녀인 이영옥李永玉이 이경선의 체포 광경을 목격했다고 진술했다. 그러나 이 역시 사실과 거리가 있다. 내각 직속 중앙지도간부훈련소의 졸업 앨범(1950년 7월 10일)에서 나타나듯 이경선은 체포되지 않은 상태였다. 윤심온이 60여 년 전의 일을 이경선의 유족들로부터 전문傳聞했기 때문에 부정확한 진술을 한 것으로 생각된다.

이경선의 체포와 관련해 가장 유명한 것은 전 조선노동당 고위간부를 지낸 신경완의 증언이다. 신경완은 1949년 조선노동당 사회부(통일전선부의 전신) 지도원으로 있다가, 1953년 박헌영·이승엽 사건이 터지자 대남연락부로 자리를 옮겨 이 사건을 조사하는 임무를 수행한 담당자로 소개되었다. 그의 증언이 처음 실린 것은 1995년 『서울신문』에 연재된 「새로 쓰는 한국 현대사」 시리즈였다. 그는 이사민·현앨리스가 재미동포 부부이며, 이사민의 본명이 이경선(미국

그림 51 윤심온(로스앤젤레스, 2012년)

이름 이윌리엄)이라고 증언했다.[58] 또 이사민·현앨리스가 전쟁 발발 이전인 1950년 4월 평양이 아닌 모스크바 공항에서, 그것도 간첩 행위로 수집한 증거 자료들과 함께 발견되었다는 충격적인 주장을 했다. 이에 기초해 『서울신문』은 이사민·현앨리스 부부가 미국의 간첩으로 월남했다가 사이공으로 탈출한 '위장간첩 이수근 사건'과 유사하다고 규정했다.

신경완의 증언은 1994년, 1995년, 2002년에 각각 다른 매체를 통해 알려졌는데, 모두 동일한 내용을 담고 있다. 중요한 내용을 인용하면 다음과 같다.

현앨리스와 이사민이 북에 들어온 것은 1949년 4월이다. 이들은 해방 이후 남한에 와서 2년쯤 미군정의 정보계통에서 활동한 사람들이었다. 전형적인 직업적 첩보원이었다. 이들은 다시 미국으로 되돌아갔다가 체코의 프라하로 가서 체코 정부에 북조선으로의 정치적 망명을 요구했다. 이때가 1949년 1월이었다.

이들의 망명 허락은 3~4개월의 시간이 걸렸는데 이것은 체코 정부가 이들의 정치적 망명을 불순하게 생각했기 때문이다. 체코의 안전기관은 이들의 정치적 망명은 동기가 불분명하고 북한이 부모의 고향이라고 밝혔으나 근

거 없는 것으로 판명되자, 이들의 정체를 의심하기 시작했다. 결국 체코 안전기관의 의견을 토대로 당시 북한 내무성 안전국도 이들의 망명을 받아들일 수 없다고 통고했다.

그러나 당시 외무상이었던 박헌영이 내무성의 판단을 무시하고 입국사증을 내주었다. 현앨리스와 이사민이 북에 도착했을 때 외무성 측이 나서서 환영행사를 해주기까지 했다. 그 후 이사민은 조국전선 중앙위원회 조사연구부 부부장으로, 현앨리스는 중앙통신사 번역부장을 거쳐 1949년 11월에 외무성 조사보도국으로 자리를 옮겼다. 그야말로 파격적인 대우였다.[59]

이사민과 현앨리스가 박헌영의 도움으로 북한에 들어왔다가 다시 박헌영의 도움으로 출국했으나 1950년 4월 모스크바 공항에서 간첩으로 체포되어 평양으로 압송되었다는 주장이다. 첩보영화의 한 장면 같은 그의 묘사는 이후 이사민과 현앨리스에 대한 한국 측 인식에 결정적 영향을 미쳤다. 신경완의 증언이 기정사실로 인정되면서, 한국 언론들은 현앨리스를 '한국의 마타하리'라고 불렀다.[60]

우리가 살펴본 바에 따르면 이월리엄은 이경선이 아니라 이득환이므로, 이 증언의 기초적 토대가 사실과 다르다는 것을 알 수 있다. 나아가 그의 증언은 사실과 허구, 해석과 과장을 뒤섞어놓은 것이다. 기본적으로 북한의 공판 기록을 토대로 다양한 상상적 허구를 섞어 북한의 주장과 인식을 자유롭게 확대 해석한 것이다.

먼저 현앨리스와 이사민이 2년 동안 미군정 정보계통에서 일했다는 것은 사실과 다르다. 현앨리스가 미군정에서 근무한 기간은 6개월 미만이었고, 이사민은 미군정에서 일한 적이 없다. 다음으로 두 사람이 '전형적인 직업적 첩보원'이라는 주장도 우리가 살펴본 바에 따르면 사실과 거리가 있다. 현앨리스와 이사민이 미군 정보기관에서 근무한 것은 사실이지만 모두 한국의 독립·해방·혁명을 위한 활동이었다.

또한 이들이 1949년 1월 프라하에서 정치적 망명을 요구했다는 것도 사실과 다르다. 현앨리스는 1949년 2월, 이사민은 7~8월경에 체코에 도착했기 때문이다. 재미있는 점은 이들이 입북한 동기를 드라마틱하게 묘사한 부분이다. 이들의 망명 허락에 3~4개월이 걸린 이유는 체코 안전기관이 이들의 정치적 망명을 불순하게 판단하고 정체를 의심했기 때문이며, 이런 의견을 토대로 북한 내무성 안전국이 망명 불허를 통고했지만 외무상이던 박헌영이 이를 무시하고 입국사증을 내주었다는 것이다. 즉 이들이 입국하던 시점부터 체코 보안기관과 북한 내무성에서는 이들의 정체를 의심했지만, 박헌영이 일방적으로 입국을 허용했다고 설명한 것이다.

2013년 블라디미르 흘라스니 교수의 도움으로 체코 외무성, 비밀경찰국, 내무성 등 접근 가능한 모든 문서보관소를 조사했지만, 이들의 입국과 관련해 북한 정부와 체코 정부가 주고받은 문서는 발견되지 않았다. 사회주의 국가 체코에서 그런 중요한 사실이 있었다면, 그 시점이나 사후에 반드시 문서로 기록했을 것이다. 이 경우 문서의 부재는 사실의 부재를 의미한다. 만약 국제적인 의혹이 있는 사례가 실재했다면, 웰링턴의 사례에서처럼 북한 대사관이 체코 외무성에 조치를 요구하는 문서를 발송했을 것이 분명했다.

또한 유일한 근거는 이들이 북한이 부모의 고향이라고 했으나 근거가 없는 것으로 판명되었다고 한 점인데, 이경선은 평양이 고향이었고 가족들이 평양에 살고 있었다. 또 선우학원의 증언에서 드러나듯이 이경선의 입국에는 단지 박헌영의 입국사증이 아니라 김두봉과 김원봉의 조력이 중요하게 작용했다. 나아가 이들은 단순한 개인의 지위가 아니라 북미조선인민주전선이라는 조직의 대표자 자격으로 정치적 망명을 요구했다. 이경선과 현앨리스의 입북 후 행적은 북미조선인민주전선 대표로서의 활동이었기에 단순히 박헌영의 농간으로 치부할 수 없는 일이었다.

다만 신경완의 증언 중 이들이 도착했을 때 외무성 측이 환영행사를 해주었다거나, 이경선은 조국전선 중앙위원회 조사연구부 부부장으로, 현앨리스는 중앙통신사 번역부장을 거쳐 1949년 11월에 외무성 조사보도국으로 이동했다는 주장은 북한의 공판 기록과 일치하는 대목이며 그럴법한 설명이다.

문제는 이들의 체포 시기와 체포 이유에 대한 증언 부분이다.

이들은 이북에 들어와 5~6개월 동안은 아주 성실한 태도를 보이며 어느 지방을 고향이라고 찾아가는 등 주변 사람들이 믿게끔 행동했다. 그러다가 1949년 말부터 수상스런 행동을 하기 시작했다. 입국 때 체코 정부가 "신원이 애매하다"고 통보해옴에 따라 내무성 안전국이 이들을 계속 주시했는데, 두 사람이 인적이 드문 곳에서 비밀리에 만나는 것이 포착되었다. 이상하리만치 자주 구라파에 편지를 했는데 답장은 한 차례도 없었다. 이들이 단파라디오를 듣는다는 사실도 포착되었다. 결국 1950년에 들어서는 감시와 편지 검열을 강화했다.

이들은 1950년 3월경 당국에 구라파 여행을 요청했다. 내무성에서 '불가' 통보를 하자 계속 졸라댔다. 그러나 박헌영의 외무성 측은 4월에 출국사증을 내주었다. 그러자 안전국은 사람을 붙여 이들을 계속 미행했다. 이들이 출국할 때 모스크바를 경유하도록 하고, 모스크바 공항에서 이들의 몸과 짐을 샅샅이 수색했다. 의심했던 대로 이들의 몸에서 그동안 이들이 수집한 자료가 쏟아져 나왔다. 군대 관계 비밀 자료도 다수 발각되었다.

이들은 그 길로 이북에 강제 귀환되었다. 내무성 안전국은 이들을 다그쳐 미국 정보기관으로부터 정보수집 임무를 띠고 침투한 정보요원임을 밝혀냈다. 이들은 다른 임무를 부여받으려고 체코에 가려다 꼬리가 잡혀 되돌아온 것이다. 이들이 체포되자 입국 경위가 문제가 됐다. 체코 정부의 '신원 불분명' 지적과 안전국의 '고향 불명' 판단에도 불구하고 박헌영이 입국사증을 내준 사실이 곧 드러났다. 박이 이에 그치지 않고 이들의 입북 환영 행사를 열고 고위 직책까지 준 것도 드러났다.

그러나 박헌영이 이들과 직접 연결되었음은 당시에는 드러나지 않았다. 나중에 박헌영 사건이 터지자 이 문제가 다시 거론되지 않을 수 없었다.[61]

내용을 요약하자면 ① 현앨리스와 이사민은 인적 드문 곳에서 비밀리에 만났다, ② 구라파에 자주 편지했으나 답장이 없었다, ③ 단파라디오를 들었다, ④ 1950년 3월 구라파 여행을 신청했고, 박헌영이 출국사증을 내주어 4월에 출국했다, 모스크바 공항에서 군대 비밀 자료를 포함한 수집 자료가 발각되어 강제 송환되었다, ⑤ 조사 결과 미국 정보기관의 요원임이 드러났는데, 이들은 다른 임무를 부여받기 위해 체코로 가는 길이었다는 것이다.

신경완이 언급한 ①~③의 진위 여부는 판단할 길이 없다. 현앨리스와 이사민 두 사람은 미국에서 공산주의 활동을 하던 열성당원이었지만, 1949년 이후 북한에서 접한 공산주의와는 쉽게 융합할 수 없었을 것이다. 북한의 입장에서 볼 때 현앨리스와 이사민은 미국의 정보공작 요원일 수밖에 없었다. 현앨리스는 태평양전쟁 때 미군 정보부서에서 일본어 번역 업무를 했으며, 미군정기에는 주한미군 정보참모부 예하의 민간통신검열단의 행정부 책임자로 일한 전쟁부 소속 군속이었다. 이경선 역시 태평양전쟁 때 미국 전략첩보국 소속 요원으로 중국 쿤밍과 시안에 파견되었던 공작 전문가였다. 이들은 한때 미군 정보기관·첩보기관에서 일했지만 공산주의적 입장 때문에 미군정에서 추방되거나 제대한 인사들이었다. CCIG-K에서 현앨리스의 대활약은 이를 잘 보여준다.

열성적 공산주의자로 온갖 모험과 우여곡절을 겪어 공산 조국을 찾아 평양에 도착한 이들을 기다리고 있었던 것은 좌절과 스파이 혐의였다. 1930~1940년대 미국과는 전혀 다른 평양에서 이들이 겪어야 했을 문화적·정신적·심리적 충격은 불을 보듯 명확한 것이었다. 두 사람은 미국 시절을 얘기하고 심리적 위안과 동료애를 느끼기 위해 만났을 가능성이 있고, 현앨리스는 아들이 있는 프라하로 여러 차례 편지를 썼을 것이 분명하다. 또한 이경선은 두 차례 이상 프라하의 선우학원에게 편지를 보냈으며, 당연히 프라하를 통해 미국에 있던 동지들과 아들에게도 편지를 보냈을 것이다. 현앨리스 역시 미국에 있는 가족과 동지들에게 편지를 썼을 것이다. 유일한 연결 통로는 체코였으므로, 프라하 동양학연구소에서 함께 지냈던 후베르타 김 등 친구들에게 편지를 썼을 것이다.

신경완의 증언 가운데 이들이 1950년 4월 모스크바로 출국했다가 공항에서 비밀 문건이 발각되어 체포·송환되었다는 주장은 전혀 사실이 아닐뿐더러 가공의 주장이다. 우리가 살펴본 것처럼, 이경선은 1950년 4~6월 내내 『로동신문』을 통해 논평과 집필 활동을 활발하게 하고 있었다. 이경선은 적어도 1952년 2월까지는 건재했다. 현앨리스도 그 시점까지 북한에서 활동하고 있었을 것으로 판단된다. 또한 이미 북한 정보당국이 충분한 의심을 가진 상태에서 평양에서 가능한 몸수색을 모스크바 공항에 도착해서야 실행해 증거를 발견했다는 주장은 이 증언의 전반적 신뢰성을 허무는 것이다.

이경선은 1952년 2월까지 조국전선 서기국의 간부로 재직 중이었다. 또한 모스크바로 출국했다가 체포되었다는 1950년 4월에 이경선은 북한 내각 직속 중앙지도간부학교에 입교해 공부 중이었다. 이러한 정보는 1952년 초 일본에서 나왔다. 주일미군 CIC가 체포한 북한 공작원의 진술과 소지품에서 증거가 나온 것이다.

이사민과 함께 1950년 7월 중앙지도간부학교 제18기로 졸업한 김규호라는 자는 북한 정치보위부에서 일하던 중 1952년 2월 공작원으로 일본에 파견되었다. 그는 일본에서 공작망을 건설하다가 주일미군 CIC 441지대 제7지구에 체포되었다. 체포 당시 김규호는 중앙지도간부학교 제18기의 『졸업기념사진첩』(1950년 7월 10일)을 소지하고 있었는데, 여기에 이사민의 이름과 졸업사진이 들어 있었다.[62] 졸업생을 분석하던 CIC는 미국 출신의 공산주의자 이사민을 발견하고 그에 대한 조사를 진행했다.

조사 결과 이사민이 일정 기간 미국에 체류했으며, 당시 미국 내 한

인 정치조직의 책임자였다고 주장했음이 드러났
다. 이후 이사민이 소련을 경유해 북한에 입국했고,
1950년 4~7월 중앙지도간부학교에서 수학했다는
사실이 확인되었다. 또한 이사민이 재학 당시 학생들
에게 미국에 대해 강의했으며 내각 기관지인『민주
조선』에 기사를 썼다는 점도 확인되었다. 김규호에
따르면 이사민은 1952년 조국전선 서기국의 간부로

그림 52 이사민(1950년)
© NARA

활동 중이었다. 주일미군 CIC는 이사민이 공산주의 공작원으로 전복 활동
을 위해 미국에 재침투할 가능성이 높다는 의견을 달아 이 첩보를 관련 기관
에 배포했다.[63]

즉 이사민은 1950년 4월 모스크바에서 체포된 것이 아니라 1952년까
지 조국전선에서 건재한 상태였다. 또한 주일미군 CIC는 미국 시민인 이사
민의 미국 재침투를 우려하며 관련 정보를 확산시켰다. 따라서 신경완이 주
장한 앞의 내용 ④, ⑤는 허위이자 가공된 사실임을 알 수 있다. 그가 이런 주
장을 한 것은 북한의 재판 기록을 정당화하며 박헌영이 미국의 간첩이라는
인상을 주려는 의도 때문이었을 것이다.

자료에 근거한다면 1953년 2~3월 남로당 간부에 대한 대대적 검거가
이루어지기 전에 현앨리스와 이사민은 외무성, 조국전선 등의 기관에서 그
대로 근무하고 있었을 가능성이 높다. 이들이 북한 사회에 적응하지 못했을
가능성, 북한이 이들을 미국의 공작원으로 의심했을 가능성이 현저히 높다
는 점은 인정할 수 있다. 그렇지만 이들이 미국의 공작원으로 입북했으며 공
작원으로 활동했다는 북한의 주장은 사실과 부합하지 않는다. 현앨리스가
당면한 파국적 종말은 그녀가 선택한 운명의 귀결이었을지 모른다. 분단과
전쟁, 권력투쟁, 음모와 공작이 뒤엉킨 한국 현대사의 우여곡절은 의지와 열
정으로 가득했던 한 여성의 삶을 파탄으로 종결지었던 것이다.[64]

현앨리스와 이사민의 최후가 어떤 것이었는지는 알 수 없다. 1953년 남

로당 재판 과정에서 사형을 선고받은 남로당의 핵심 인물 이승엽, 임화, 박승원, 배철 등이 1955년 박헌영 재판에 등장하지 않은 이유는 이들이 처형되었거나 고문치사를 당했기 때문일 것이다. 그렇지만 현앨리스의 경우 박헌영을 미국과 연결시킬 수 있는 핵심 인물이었기 때문에 1953~1955년 사이에 처형하지는 않았을 것으로 추정된다. 1955년 재판 과정에서 현앨리스를 묘사하는 다양하고 새로운 혐의와 배경정보들이 쏟아진 것으로 미루어 북한 당국은 1955년 재판 때까지 그녀를 살려두었을 것이다. 만약 1955년에 생존하고 있었다면, 박헌영이 처형된 것으로 알려진 1956년 8월 종파사건 직후 처형되었을 가능성이 높다.

현앨리스는 1949년 미국을 떠난 뒤 다시는 돌아오지 못했다. 평양에서 그녀의 행적은 북한의 남로당·박헌영 재판 기록과 증언에서만 파편적으로 드러날 뿐이다. 현앨리스의 이름은 1953년 이강국, 이승엽 등 남로당계 간부들의 재판과 1955년 박헌영 재판에서 부각되었지만, 정작 그녀는 재판정에 나타나지 않았다. 이강국, 박헌영 등을 '미제의 고용간첩'으로 규정하는 데 가장 핵심적인 증인이자 그녀 자신도 '미제의 스파이'로 규정되었지만, 재판 과정에 소환되거나 증언하지 않았다. 현앨리스의 혐의와 관련해 그녀의 재판 기록이 공개된 바 없으므로 그녀가 정당한 법적 절차를 거쳤는지는 미상이다. 우리가 알고 있는 한 현앨리스에게 공정한 재판과 진술의 기회는 주어지지 않았다. 그녀가 희망했던 "진정한 민주주의"에 대한 북한식 화답이었다.

현앨리스, 이사민(이경선), 이월리엄(이득환) 등 태평양전쟁기부터 해방 직후까지 재미한인 진보진영의 핵심 인물이자 스스로 진실한 공산주의자라고 확신했던 재미한인들은 남한의 상황에 절망했고 북한을 희망이자 조국이며 정치적·사상적 이상향이라 생각했다. 이들은 1947~1949년 미국에서 체코와 소련을 경유하는 실낱같은 경로를 개척해 북한을 찾아갔다. 역경을 거쳐 북한에 진입한 이들의 사례는 재미한인 공산주의자들에게 행운으로 비쳤다. 몇 년 뒤 한국전쟁이 발발했고, 이들의 운명은 모두 비극으로 종결되었다.

스스로 운명의 개척자라고 생각했으며 사상의 조국을 찾았다고 생각한 이들은 한결같이 "미제의 정탐꾼, 스파이, 공작원"으로 몰렸다. 현앨리스와 이득환은 이강국 재판 과정에서, 현앨리스와 이사민은 박헌영 재판 과정에서 미국의 스파이로 등장했다. 태평양전쟁 전후 한국의 독립을 위해 충칭 임시정부를 후원했으며, 나아가 무장투쟁만이 독립의 길이라 생각해 스스로 미군에 입대했던 이들의 이력은 미국의 공작원을 입증하는 근거가 되었다. 현앨리스가 미군 일본어 전문가로 활동했고, 전후 주한미군 24군단 정보참모부 민간통신검열단에서 복무한 경력은 모두 스파이 경력이 되었다. 이사민은 혁명적 독립운동의 주창자였으며, 때문에 1945년 OSS에 입대해 쿤밍과 시안까지 진출해서 한국 독립운동의 지도자들을 만났지만, 역시 미국 공작원의 경력으로 치부되었다. 이득환은 전후 『독립』의 열성적 재정 후원자로 자신의 수입을 모두 투자했고 몇 년 동안 자신의 삶과 에너지를 『독립』의 총무로 헌신했지만, 역시 북한에서 스파이로 몰렸다.

남북한에 비친 현앨리스의 이미지

현앨리스는 남로당·박헌영 사건 이후 한국인들에게 알려지기 시작했다. 현앨리스가 먼저 알려진 것은 북한에서였다. 이승엽, 이강국 등 남로당 간부 13명에 대한 재판이 1953년 8월 3일부터 6일까지 진행되었는데, 재판이 진행되는 과정에서 『로동신문』은 1953년 8월 5일부터 남로당 재판을 다루기 시작했다. 이날 1면 헤드라인은 「미제 고용간첩 도당들에 대한 인민들의 증오와 분노」였으며, 1면 아래에는 4단으로 「리승엽 도당들의 공화국 전복 음모와 간첩사건에 대한 공판 개정」이 실렸다. 8월 3일부터 진행된 남로당 공판을 다룬 것이다.[65] 2~3면은「기소장」이 통단으로 게재되었는데, 이들의 혐의는 크게 세 가지였다. 첫째 "미 제국주의를 위하여 감행한 간첩 행위", 둘째 "남반부 민주 력량 파괴 약화 음모와 테로 학살 행위", 셋째 "공화국 정권 전복을 위한 무장폭동 음모 행위" 등이었다.[66]

이 가운데 현앨리스는「기소장」에서 이강국의 혐의를 입증하기 위해 거명되었다.『로동신문』에 공개된 이강국의 진술은 1956년 공간된 재판 기록과 거의 유사했는데, 1935년 귀국 도중 뉴욕에서 크로리를 만나 '연계'할 것을 약속했다는 것이다.[67] 이강국은 "1950년 5월 미국 정탐기관의 지령에 의하여 미국에서 직접 파견된 간첩 현애리쓰와 리월리암을 평양 자기 집에서 2차에 걸쳐 만나 간첩활동 련결을 맺을 데 대하여 밀담하였다(기록 제4권 173~174페지)"라고 했다.[68] 현앨리스가『로동신문』에 등장한 첫 번째 기사였다. 현앨리스는 이강국의 '죄행'을 증명하는 부분에서도 등장했는데, "1950년 5월경에는 미국에서 직접 파견된 간첩분자 현애리스와 리월리암과 공화국에 대한 간첩 행위를 감행할 것을 약속하였다(기록 제4권 173~174페지)"라는 동일한 내용이 반복되었다.

1953년 8월의 남로당 재판은 거의 실시간으로『로동신문』에 상세히 보도되었다. 8월 7일에는 2일차 공판 소식이 실렸다.[69] 그런데 흥미롭게도 피고인들이 법정에 출두해 '자기 범죄 행동을 진술'했는데, 이강국은 등장하지 않았다. 조일명, 박승원, 임화, 백형복, 이승엽의 순서로 진술을 했지만,[70] 이승엽과 함께 가장 중요한 '간첩'으로 지목되었던 이강국의 법정 진술이 빠져 있는 것이다.

재판이 끝난 후인 8월 8일 공판 종료 소식과 함께 판결문이 게재되었다.[71] 그런데 우리가 앞에서 살펴본 바와 같이「판결」에는 이강국이 "조국 해방전쟁 발발 후인 1950년 7월에는 미국에서 직접 파견된 간첩분자 현애리스와 리월리암에게 공화국의 군사기밀을 탐지하여 제공할 데 대한 토의를 하였다"라고 혐의 사실이 변경되었다.[72] 이후 『로동신문』에는 '리승엽 도당'을 비난하는 집회 소식이 연달아 게재되었다.[73]

소련의 타스통신은 1953년 8월 7일 박헌영의 안위를 걱정하는 보도를 실었고,[74] 같은 날 로이터통신은 박헌영을 포함한 12명의 북한 고위층 인사가 체포되었으며, 남일이 후임 외무상으로 임명되었다는 소식을 도쿄발로 전했다.[75] 이는 고위인사 12명을 체포했다는 평양방송의 8월 7일 보도를 인용한 것인데, 박헌영이 미국과 남한에 국가기밀을 누설했다는 혐의를 받고 있음을 시사했다. 한편 한국의 『동아일보』는 박헌영을 비롯한 8명의 북한 고위간부가 정부 전복 기도와 정보누설 혐의로 사형을 선고받았다고 보도했다.[76] 로스앤젤레스의 한인 사회에도 이승엽 공판 소식이 전해졌다. 『독립』은 『민주조선』 8월 8일자를 인용해 「간첩 리승엽 도당들의 공판」이라는 기사를 게재했다. 그러나 현앨리스나 이월리엄의 이름은 거론되지 않았다.[77]

미소 냉전과 한국전쟁은 극단적으로 대립하는 양 진영에 공포와 두려움, 자기검열을 불러왔다. 두려움과 공포는 이전에는 보이지 않던 새로운 것을 창조했다. UFO가 발견되고, 간첩신고가 연이었으며, 마녀사냥이 이어졌다. 이 시기 『로동신문』에는 미국이 소련과 중국에 파견한 간첩·파괴분자 재판 소식이 심심치 않게 보도되었다.[78] 현앨리스도 그와 같은 부류로 북한 사회에서 인식되었음이 분명하다.

1955년 12월 15일에 있었던 박헌영 재판 소식은 『로동신문』 12월 18일자에 보도되었다. 2면의 3분의 2 정도를 차지하는 기사 하나가 전부였다.[79] 상세한 기소 내용, 심문 과정, 피고인 진술, 판결 등의 세부 내용은 소개되지 않았고, 재판 경과를 요약해 보도했다. 1953년 8월의 재판 경과가 여러 날에 걸쳐 상세하게 보도된 것과는 사뭇 다른 양상이다. 북한 내부에서는 이미 남로당 숙청에 따른 사상검토 사업이 대대적으로 벌어진 후였고, 남로당의 존재가 말살된 다음이었기 때문일 것이다.

현앨리스는 박헌영의 혐의를 입증하기 위한 부분에서 이렇게 거론되었다.

박헌영은 1948년 6월 현애리쓰를 비롯한 미국 탐정을 구라파를 통하여 북조선에 파견하겠으니 그들의 입국과 간첩활동을 보장하여주라는 하지의 지령을 접수하였다. 그는 1949년 봄에 정치적 망명자로 가장하고 미국으로부터 체코슬로바키야에 잠입한 간첩 현애리쓰와 리사민에게 외무상의 직권을 리용하여 입국사증을 발급케 하여 이들을 입국시킨 후 중요한 기관의 요직에 배치하여 그들의 간첩활동을 보장하여주었다.[80]

1946년 미군정에 의해 조선공산당, 주한미군 공산주의자와 교류하는 한편 민간통신검열단 업무를 마비시킨 혐의로 추방된 현앨리스가 어떻게 1948년 6월 하지의 지령으로 북한에 침투하는 간첩이 되었는지 알 도리가 없으나, 이것이 『로동신문』에 보도된 마지막 소식이다. 박헌영 재판이 끝난 후 소련의 타스통신은 12월 18일자로 조선중앙통신 보도를 그대로 간략하게 요약 보도했다.[81] 『동아일보』는 런던발 로이터통신을 인용해 소식을 전했다.[82]

현앨리스의 존재가 남한에 알려지기 시작한 것은 사건이 있은 후 20여 년 이상이 흐른 뒤였다. 해방 후 조선공산당 기관지 『해방일보』의 정치부 기자를 지냈고, 서울시당 간부를 지낸 박갑동이 1973년 『중앙일보』에 「내가 아는 박헌영」을 연재하면서였다. 박갑동은 상하이 시절의 박헌영을 설명하면서 현앨리스에 대해 다음과 같이 소개했다.

박(박헌영)의 로맨스 관계는 주세죽 이외에도 잘 알려지지 않은 사실이 하나 있었다. 그가 상해고려공산청년동맹을 조직, 책임비서로 있을 때 망명객의 딸인 현앨리스란 여성이 박헌영을 무척 따랐다. 앨리스와의 교제는 주세죽처럼 깊은 관계는 아니었고 그리 오래 사귄 사이도 아니었는데 30년 뒤에 큰 화근을 안겨다 주었다.

박을 좋아한 현앨리스는 박이 국내에 잠입차 상해를 떠난 다음 아버지를 따라 미국에 이주했다. 그러나 그 뒤에도 마음 속에 오래오래 사랑을 간직했던 현앨리스는 1948년 9월 박헌영이 월북, 북한 김일성내각의 초대 부수상 겸 외상이 됐다는 소식을 전해 듣고 미국에서 체코슬로바키아에 갔다. 그리고는 체코슬로바키아에서 평양에 편지를 내어 그의 곁에 가겠다고 졸라댔다. 현앨리스의 고향은 평안남도이었다 한다.

뜻밖에 현앨리스의 편지를 받은 박헌영은 깜짝 놀랐으나 그녀가 독립운동가의 딸이었고 성격을 잘 알기 때문에 평양에 오도록 주선해 주었다. 그때만 해도 박헌영의 세력이 단단한 때이었으니까 거리낄 게 없었다. 그는 현이 영어에 능통하고 미국사정에 정통하다는 이유로 그가 상자리로 있던 외무성 타이피스트로 채용, 곁에 있도록 해주었다.

이것이 나중에 박헌영의 간첩혐의가 된다. 박헌영은 원래가 미국의 간첩이며 그 때문에 미국정보부의 연락책인 현앨리스를 평양에까지 끌어들여 간첩행위를 했다는 또 한 가지 혐의를 추가받고 처형받게 된다. 현앨리스가 진짜 미국정보기관에 관련되어 있었는지는 모를 일이다.

그러나 박헌영은 다만 그 옛날 젊은 시절에 상해에서 알게 된 한 여인의 간절한 소원을 들어준다는 단순한 정의로 현앨리스의 입북을 허용했던 듯하다.[83]

박갑동의 회고는 소소한 착오가 있는 점을 제외하곤 대체로 우리가 살펴본 현앨리스의 행적과 일치한다. "마음 속에 오래오래 사랑을 간직했던" 현앨리스가 체코에서 "그의 곁에 가겠다고 졸라댔"고 박헌영이 "상[외무상 ─ 인용자]자리로 있던 외무성 타이피스트로 채용, 곁에 있도록 해주었다"는 것이 둘의 관계에 대한 박갑동 식의 정리인 것이다.

박갑동은 1975년 『탄식의 조선혁명』이라는 책에서 이 이야기에 살을 조금 덧붙여 설명했다. "김일성이 박헌영을 정치적 육체적으로 매장하기 위해 어떻게 해서든지 그럴듯한 구실을 붙여서 함정에 빠뜨려 잔혹하게 처리해 버렸다"는 것이다. 현앨리스에 대한 설명은 다음과 같다.

연애관계는 아니고, 박헌영이 상해 시절에 만났던 또 한 여성이 있다. 박헌영이 상해 고려공산청년동맹을 조직해서 책임비서로 활동하고 있을 때, 독립운동을 위하여 상해에 망명해 왔던 한 여성이 있다. 현앨리스라는 소녀인데, 그녀는 박헌영을 오빠처럼 사모하고 있었다. 당시 15~6세의 현앨리스와의 관계는 형제 같은 것이었고 오랜 사귐도 아니었지만, 30년 후에 박헌영에게 커다란 화를 미칠 것이라고는 꿈에도 생각지 않았을 것이다. 현앨리스는 박헌영이 국내에 잠입하기 위하여 상해를 떠난 후, 아버지를 따라 미국으로 이주했다. 그녀는 미국으로 이주하고 나서도 조선 독립의 일을 잊지 않고, 또 소녀시절 상해에서 청년투사 박헌영에 대해 품었던 존경과 동경의 마음도 잊지 않았다.

그래서 경성제대에서 三宅鹿之助[미야케 시카노스케 ― 인용자] 조교수 밑에서 공산주의 독서서클을 지도했던 이강국이 베를린대학의 유학을 끝내고 귀국 도중 1935년 뉴욕에 잠시 들렀을 때, 현앨리스는 일부러 이강국을 찾아와서 박헌영의 안부를 물었다는 것이다. 그로부터 13년 후 1948년 9월, 박헌영이 북조선의 김일성과 협력해서 평양에 조선민주주의인민공화국을 수립하고 부수상 겸 외상에 취임했다. 이것을 전해 들은 현앨리스는 박헌영을 만나고 싶은 마음과 그녀의 고향인 평양으로 돌아오고 싶은 마음에서 1949년 미국에서 체코슬로바키아의 프라하로 가서, 거기에서 평양의 박헌영에게 편지를 보내 오랜 외국 망명생활로부터 해방된 조국, 고향에 돌아가 여생을 보내고 싶으니 평양에 돌아갈 수 있게 해달라고 부탁한 것이었다.

오랫동안 잊어버렸던 현앨리스에게서 편지를 받아들은 박헌영은 그가 독립운동가의 딸이고 성격도 알고 있었기 때문에 그녀가 평양에 올 수 있도록 조치를 해주었다. 당시 박헌영은 조선민주주의인민공화국의 국가권력을 김일성과 나누어 갖고 있던 시대였기 때문에 그런 것은 간단한 일이었다. 박헌영은 현앨리스가 영어에 뛰어나고 미국사정에 정통하기 때문에, 그가 담당하고 있는 외무성의 타이피스트로 채용했다. 이것이 나중에 김일성의 트집이 되리라고는 박헌영도 현앨리스도 상상도 할 수 없었을 것이다.

1953년 박헌영이 평양에서 김일성에게 미국의 스파이로 체포되었을 때, 나도 박헌영파로 감금되었었지만 나를 취조하러 온 김일성의 치안기관의 사람이 "박헌영은 처음부터 미제국주의의 스파이였기 때문에 미국 정보부가 파견한 여자 스파이, 현앨리스를 평양에 불러들이고, 그녀의 비호자로서 스파이 행위를 시켰다"는 것이었다. (중략)

만약 현앨리스가 정말로 미국의 스파이였다면, 박헌영의 재판 때 당연히 증인으로 출석시키고, 박헌영이 미국의 스파이라는 것을 증명시켜야 하는데, 현앨리스는 박헌영의 재판 때 증인으로 나오지 않았다. 뿐만 아니라 현앨리스가 스파이라는 것을 증명하고, 벌하기 위한 재판도 행해지지 않았던 것이다. 김일성 치안당국은 현앨리스를 스파이라고 자백시키고, 박헌영과 연결시키려고 온갖 고문을 다했지만 그것은 효과를 거둘 수 없었다. 김일성 치안당국은 조국에, 고향에 돌아온 한 여성을 고문으로 말살시켜 버렸다. 박헌영이 단지 젊었을 때 상해에서 알았던 한 여성이 조국에, 고향에 돌아오고 싶다는 간절한 소원을 들어주었다는 단순한 호의가, 의심 많은 라이벌에 의해 무참한 죽음을 초래했던 것이다.[84]

아마도 박갑동은 북한의 공판 기록과 자신의 견문, 그리고 해석을 덧붙여 이렇게 묘사했을 것이다. 박갑동은 남로당·박헌영 사건이 종결된 이후인 1957년 6월 평양을 떠나 베이징을 거쳐 홍콩, 일본으로 밀항했으므로 북한에서 떠돌던 소식들을 전한 것이다.[85] 대체로 현앨리스가 박헌영에게 품었던 연모의 마음으로 두 사람의 관계를 설명한 것이다. 현앨리스가 1920년대 이래 겪었던 인생 노정과 사상적 경향을 박갑동이 알 수는 없었을 것이다. 상하이, 하와이, 뉴욕, 주한미군에서의 활동이 그녀를 어떻게 이끌어갔는지는 누구도 알 수 없었다.

박갑동이 현앨리스와 박헌영의 관계를 남녀의 인연으로 설명했다면, 전 로동당 중앙위원·평양시당 위원장이었던 고봉기는 현앨리스가 이강국을 제거하기 위해 김일성이 활용한 미인계였다고 주장했다.[86] '고봉기의 유서'라는 부제가 붙은 이 책은 연변의 김학철이 썼다고 알려져 있다.[87] 이 책에 따르면 김일성은 정엽(조국보위후원회 위원장, 고봉기의 후임 루마니아·불가리아 대사)에게 이강국을 제거할 방법을 지시했다는 것이다. "남조선서 들어올 때 미국 첩보기관에서 훈련을 받구 들어온 간첩"인 '김애리사'를 붙여서 역이용하라고 지시했다는 것이었다. '김애리사'는 "요염하기 짝이 없고 또 능란하기 비길 데 없는 우물"로 묘사되었다. 이강국은 남한에서 온 김애리사를 사랑하게 되었고, 김애리사 역시 이강국을 사랑하게 되었는데, 이강국이 토로한 불평불만은 김애리사를 통해 정엽에게 전달되었고, 김일성에게 직접 보고되었다는 것이다. 결국 이강국은 미제의 고용간첩으로 몰려 처형당했고, 김애리사도 처형당하고 말았다는 것이다.[88] 고봉기는 루마니아 대사 시절 대사관 참사관으로 있던 성엽으로부터 이 이야기를 들었다고 했다.

　　우리는 여기에 등장하는 '김애리사'가 다름 아닌 현앨리스임을 알 수 있다. 미국 첩보기관의 훈련을 받고 남한에서 파견된 현앨리스가 김일성에 의해 이강국을 제거하는 데 역이용되었다는 주장인 것이다. 김학철은 연안파 사이에서 떠돌던 현앨리스와 이강국의 관계를 그럴듯하게 각색한 것으로 보인다. 연안파들에게조차 현앨리스의 이미지는 저열한 음모론 또는 관음증의 수준을 넘지 않았던 것이다.

　　한국에서 현앨리스에 대한 관심이 본격적으로 높아진 것은 1990년대 소련이 해체된 후였다. 북한 정권의 고위직을 역임한 옛 소련파 인사들이 서울을 방문하면서 다양한 이야기를 들려주기 시작했다. 그 가운데 박헌영 사건 당시 내무성 부상을 역임한 강상호는 이런 증언을 남겼다.

　　박창옥 동지는 "박헌영이 해방 전 중국의 상해에 있을 때 미국선교사들과 내통하고 있는 현목사 집에서 하숙을 했다. 이를 인연으로 해 그는 현목사 (이름을 기억 못함)를 통해 미국간첩이 됐다. 그후 서울에 들어가 현목사의 딸 애리스를 불러들여 그녀를 통해 미국선교사들과 교분을 가지면서 간첩활동을 했다. 그는 또 해방 후 평양에 올라와 다시 그녀를 불러들여 외무성 영어통역을 맡겼다. 박헌영은 결국 그녀를 통해 공화국의 중요한 비밀을 미국에 제공하는 등 간첩활동을 했으니 이를 밝혀내라"고 지시했습니다.[89]

강상호는 이승엽 등 남로당 핵심에 대한 사형 판결이 내려진 뒤에 이 이야기를 내무성 예심처장이던 소련파 주광무朱光武로부터 들었다는데 1953년 8월 이후의 일이었을 것이다. 주광무는 당시 박창옥朴昌玉 로동당 선전선동 부장의 지시에 따라 조사를 벌였고, 그 결과를 내무상 방학세方學世에게 보고하거나 아니면 직접 박창옥에게 전달했다는 것이다.

강상호의 증언은 당시 그가 소련파의 일원으로 내무성 부상이라는 북한 정부의 핵심 요직에 있는 상태였으며, 고급 정보를 접할 수 있는 객관적인 위치에 있었다는 점에서 다른 어떤 주장이나 증언보다 신뢰도가 높다고 생각된다. 강상호는 현순 목사의 이름을 기억하지 못했지만, 당시 북한 정권에서 박헌영을 미국과 관련짓기 위해 현앨리스를 어떻게 활용하려고 했는지를 잘 보여준다.

박헌영이 상하이 시절 현순의 집에서 하숙을 했다는 점, 현순이 미국 선교사들과 친밀한 사이였다는 점, 박헌영이 현앨리스를 평양으로 불러들여 '외무성 영어통역'을 맡겼다는 점 등은 사실이었을 것인데, 이를 근거로 박헌영이 현순을 통해 미국 간첩이 되었으며, 또한 현앨리스를 통해 서울에서 미국 선교사들과 교분을 가지며 간첩활동을 했고, 평양에서 현앨리스를 통해 중요한 비밀을 미국에 제공하는 간첩활동을 했다는 혐의를 덧씌우려고 했음을 알 수 있다.

이 시점에 이르면 우리는 소위 남로당·박헌영 간첩사건의 실체적 진실을 거의 파악할 수 있게 된다. 박헌영·남로당 숙청은 전쟁 책임과 전후 권력 구도 재편 과정에서 벌어진 권력투쟁의 결과였다. 그것이 평양식 마녀사냥의 형태로 나타났던 것이다. 최소한의 정치적 합리성이나 포용은 존재하지 않았다. 북한은 박헌영과 남로당을 '미제의 고용간첩'으로 몰아 숙청한 후 그 역사마저 말살했고, 남한은 이들이 공산주의자라는 이유로 역사에서 지웠다. 이들은 남북한에서 지워진 역사의 교집합에 해당할 것이다.

언론에서 현앨리스를 본격적으로 주목하게 된 것은 2002년이다. 이번에는 가족들의 증언이 알려진 것이다. 박헌영 재판이 있은 지 반세기 만에 현앨리스의 막냇동생 현데이비드는 한국에서 자신의 가족사를 책으로 펴냈다. 데이비드는 "현씨 가문의 천사였던 앨리스와 그의 아들 윌리는 한국의 자유를 위한 천사로 죽은 것"이라고 기록했다.[90] 감리교 감독회장은 현앨리스가 감리교 하와이 연회 감독의 비서였고, 현순 목사 목회의 동역자였으며, 부친과 상하이 임시정부 주석 김구의 추천으로 그의 동생 피터 소령과 함께 맥아더 사령부에서 비서(군속 중위)로 근무하다 한국전쟁 중 월북한 후 스파이 혐의로 처형되었다고 추천사를 썼다.[91]

언론은 여기에서 한걸음 더 나아가 현앨리스가 '한국판 마타하리'로 일제강점기 상하이에서 박헌영과 여운형으로부터 동시에 구애를 받았고, 한국전쟁 때는 맥아더 극동사령관의 비서(중위 신분)로 일하다가 박헌영과 월북해 1955년 미국 스파이 혐의로 총살당한 비운의 여인이라고 보도했다.[92]

이러한 한국의 주장과 보도는 북한의 공식 발표나 주장과 결합되어 현앨리스에 대한 매혹적 상상을 부풀렸다. 현앨리스는 김수임과 함께 대표적인 여간첩, 이중간첩, 마타하리 등의 표상과 이미지를 갖게 되었다. 이후 북한의 기록을 사실로 전제한 접근 시도가 다양하게 있었다.[93]

남북한의 누구도 현앨리스의 굴곡 많은 인생 자체에는 관심이 없었다. 그녀는 박헌영 간첩사건의 조연으로 다양한 역할을 부여받았지만, 그녀가 인생의 주인공으로 조명받은 것은 아니었다. 북한은 현앨리스를 미국의 고용간첩으로, 남한은 그녀를 '한국판 마타하리'로 호명했지만 그녀의 삶에 대한 진지한 성찰은 없었다. 그녀는 미국의 간첩·이중첩자·역공작·미인계 등 첩보·애정 소설의 통속적 여주인공의 이미지로 소비되었을 뿐이다. 그 인생에 드리워진 식민·분단·전쟁의 굴곡진 근현대사는 전쟁, 첩보, 공작, 권력투쟁, 사랑, 배신, 여간첩 등의 현란한 표상에 가려졌다.

우리는 가능한 범위에서 현앨리스의 삶을 복기할 수 있게 되었다. 3·1운동이라는 독립과 혁명의 찬연한 빛에 매료되었던 한 청춘은 상하이, 블라디보스토크, 하와이, 뉴욕, 도쿄, 서울, 로스앤젤레스, 프라하, 부다페스트, 평양으로 줄달음질치며 역사와 자기 운명의 주인공이 되고자 했다. 비극적 역사의 경로만큼 쓰라린 개인적 불행과 실패의 연속이었지만, 의지와 열정으로 극복하고자 했다. 마침내 이상향에 도달했다고 믿던 순간 샹그릴라는 죽음의 하데스임이 드러났다. 그녀와 함께 북한에 도달했던 이경선, 이득환은 물론 1950년 중반 미국에서 추방당하자 북한을 조국으로 선택한 김강, 전경준, 곽정순 등 재미한인들도 같은 운명의 희생자가 되었다.

이 비극적 한국인들의 운명은 제대로 기억되지 않았다. 거친 시대가 남긴 상처라기엔 너무나 가혹했고, 그들에게 덧씌운 '스파이'라는 오명은 비극을 우화로 만듦으로써 치열했던 삶에 모욕적 기억만을 남겼다. 그리고 비극적 진실이 전하는 발현되지 못한 역사의 가능성과 교훈은 망각 속으로 사라져갔다.

8장

그 후:
남겨진 자의 운명

그림 53 김강 구명 호소 팸플릿(왼쪽 위), 김강(오른쪽 위), 현데이비드·김강 구명 호소 팸플릿(아래)

청문회에 소환된 '마오쩌둥의 제1요원' 현피터

1955년 평양에서는 현앨리스가 박헌영 간첩사건의 핵심 인물이자 미국 정보기관의 스파이로 부각되었다. 그녀는 사랑과 음모의 포로가 된 통속적 미국 첩보공작원으로 규정되었다. 현앨리스와 연관된 박헌영과 이강국도 '미제국주의의 고용간첩'으로 사형선고를 받았다.

같은 시기 지구 반대편 미국에서는 정반대의 사태가 벌어졌다. 현앨리스의 두 동생은 미국 정부로부터 공산주의자이자 소련·중국의 첩자라는 공격을 당했다. 로스앤젤레스에서는 공산주의자 색출과 추방 소동이 벌어졌다. 평양과 로스앤젤레스에서 마녀사냥이 벌어졌던 것이다. 한쪽에서는 '미제국주의의 스파이'라는 혐의로, 다른 한쪽에서는 '소련과 중국의 스파이'라는 혐의로 현씨 가족들은 고통을 당했다.[1]

이들은 자신들이 시대의 첨단에 서 있고 역사의 흐름에 올라탔다고 생각했다. 정작 냉전기에 두 체제가 충돌하는 순간 이들의 존재는 충돌 면에 위치하고 있음이 드러났다. 이들은 시대와 체제에 의해 찢겨질 운명이었다. 이들 중 누구도 바라거나 꿈꾸었던 미래가 아니었다. 이들은 시대의 제단에 바쳐진 희생양이었고, 이는 회피할 수 없는 명命이었다. 시대가 선택을 요구했고, 이들의 의지가 자신들의 최후를 결정했다.

1948년 10월 김일성과 박헌영 앞으로 보낸 편지에서 거론되었던 '조선당 대표 동지'들의 1950년대 행적은 이 시대의 비극적 결을 잘 드러내 보여주었다. 이들은 여러 청문회에 소환되어 공산주의자라고 공격당했고, 이민국의 추방 명령과 체포, 감금, 그리고 긴 송사에 시달려야 했다. 시민권을 가진 사람들은 추방을 모면할 수 있었지만, 시민권이 없는 사람들은 미국 정부의 끈질긴 추방 위협을 받았다. 이들은 미국 헌법과 자신들을 추방하는 법적 근거였던 매캐런법McCarran Act의 '신체 박해' 조항에 의지해 하소연한 후에야 물리적 박해의 우려가 있는 남한으로의 추방을 겨우 모면할 수 있었다.

이들이 우여곡절 끝에 도착한 조국은 북한이었는데, 그곳은 이들이 상상했던 이상향이 아니었다. 현앨리스, 이경선, 이득환의 사례가 보여주듯이 입북한 재미 진보주의자들은 스파이 혐의라는 뫼비우스의 띠에 갇힐 운명이었기 때문이다.

로스앤젤레스에서 가장 언론의 주목을 받은 것은 현앨리스의 두 남동생이었다. 현피터와 현데이비드는 한국전쟁 시기 캘리포니아 지역에서 반전 평화운동과 소수민족 인권운동의 중심으로 부각되었다. 여기서 반전과 평화는 한국전쟁에 대한 미국의 개입 중단, 원자폭탄의 사용 금지 등이 핵심이었다. 미국 정부는 이들이 미국공산당·북한과 연계되었다는 의심을 하고 있었고, 특히 이들이 관련된 『독립』 신문, 남가주평화십자군Southern California Peace Crusade, 외국출생자보호위원회ACPFB: American Committee for Protection of Foreign Born등이 사찰의 중심이 되었다.

한국전쟁 발발 이후 현피터는 『독립』 지면을 통해 이승만 반대 캠페인을 계속했다. 이승만이 하와이 사탕수수 농장에서 일하던 한인들로부터 자금을 착취했고, 공채를 판매했다고 주장했다.

'워싱턴 메리고라운드'Washington Merry-go-round라는 칼럼을 쓰고 있던 드루 피어슨Drew Pearson은 주간 라디오방송에서 '로스앤젤레스의 한국 공산주의 세포'를 다루면서 『독립』 신문의 직원들은 전부 공산주의자라고 주장했다. 또한 FBI는 현피터에게 접근해 '정보원'이 되어줄 것을 요청하기도 했다.[2]

현피터와 부인 안나는 1951년 시카고에서 열린 미국평화십자군American Peace Crusade의 창립총회에 초청받았다. 이 대회는 유명한 흑인 인권운동가 두보이스W.E.B.DuBois가 주도했는데, 한국에서의 전쟁 중단, 미소 간의 전쟁 위협 중단, 원자무기 중단 등의 강령을 채택했다. 로스앤젤레스로 돌아온 피터 부부는 교회, 문화기관, 다른 인종 그룹들을 초청해 남가주평화십자군을 조직하고 그 위원장을 맡았다. 한국전쟁 기간 동안 이 조직은 대중교육, 대중시위, 평화센터 조직을 추구했다. FBI는 샌디에이고의 아니타 슈나이더

Anita Schneider라는 해군상사 부인을 정보원으로 침투시켰다. 이 여성은 샌디에이고에 평화십자군센터를 만들고 싶다고 도움을 요청했고, 그녀와 함께 샌디에이고 조직 활동에 참가한 현피터는 이후 곤경에 처했다.

결국 현피터는 1956년 12월 8일 비미활동조사위원회 청문회에 소환되었다.[3] 출두에 앞서 그는 법률자문을 담당하는 미국시민자유연맹American Civil Liberties Union의 유명 시민권 변호사인 앨 위런Al Wiren과 만났다. 위런은 피터에게 청문회에서 답변을 거부하라고 조언했다. 이유는 간단했다. 첫째, 일단 답변을 시작하면 계속 답변해야 하고, 누구와 만났으며 어떤 대화를 나누었는지를 요구할 것이며, 만약 거부하면 의회모독죄로 투옥될 것이다. 둘째, 공산당과의 관련에 대한 질문에 "예"라고 답변하면 스미스법에 따라 무력 또는 폭력으로 미국 정부 전복을 옹호했다는 혐의로 기소되어 중형을 선고받을 것이고, "아니오"라고 답변하면 그를 공산당 모임에서 만났거나 그를 공산주의자로 알고 있다는 증언을 동원해 위증죄로 감옥에 보낼 것이다. 따라서 수정헌법 제5조에 의지해, 자신에게 불리한 증언을 거부할 권리를 주장해야 한다는 것이었다.[4] 청문회 기록에 따르면 현피터는 헌법과 권리장전, 특히 수정헌법 제1조와 제5조에 근거해 답변을 거부했다.

청문위원들은 아니타 슈나이더를 거론하며 현피터가 중국의 공산주의 지도자 마오쩌둥과 개인적으로 접촉한 적이 있는지를 물었다. 청문위원들은 현피터가 관여한 '불온한' 비미Un-American 조직들을 거론했는데, 여기에는 그가 주필로 있던 『독립』 신문, 그가 집행위원장을 지낸 남가주평화십자군, 그가 후원한 외국출생자보호위원회 로스앤젤레스 지부 등이 거론되었다. 또한 청문위원들은 가족관계를 집요하게 캐물었다. 누나 현앨리스가 북한에 있는가, 추방 절차에 놓인 현데이비드가 동생인가, 제수인 현메리가 외국출생자보호위원회의 간부이자 공산당원인가 등을 공박했다. 피터는 권리장전과 수정헌법에 의지해 언론의 자유, 결사의 자유, 사상의 자유에 해당하는 문제라며 답변을 거부했다.[5] 특히 한국전쟁 기간 동안 한국에서 미군의 즉시 철수를 요구하는 다양한 대중집회에 참가한 부분이 거론되었다.

현피터에 따르면 아니타 슈나이더가 다음 증인석에 등장해서, 자신이 피터와 함께 남가주평화십자군에서 일했고, 샌디에이고에 평화십자군의 지부인 샌디에이고 평화포럼San Diego Peace Forum을 조직할 때도 함께 일했다고 주장했다. 그녀는 평화십자군 조직이 "빨갱이 전선조직"이며, 현피터는 "전국을 돌아다니며 적기를 흔들면서 미국인들로 하여금 우리가 전쟁광국가라고 믿게 하려고 했다"라고 주장했다. 또 현피터가 "미국 내 중국공산당 독재자 마오쩌둥의 제1요원"이라고 발언했다.[6] 청문회 기록에 따르면 슈나이더는 현피터보다 하루 앞선 1956년 12월 7일 청문회에 증인으로 참석해, 현데이비드와 현피터가 모두 공산주의자였다고 주장했다.[7] 슈나이더는 FBI의 정보원으로 1951년 8월부터 1954년 12월까지 일했으며, 1951년 8월 미국공산당에 위장 가입했다. 그녀는 이미 6개월 전인 1955년 6월 27일 비미활동조사위원회 로스앤젤레스 청문회에서 현피터에 대해 증언했으며,[8] 1955년 7월 5~6일 비미활동조사위원회 샌디에이고 청문회에 출석한 가장 중요한 증인이었다.[9] 그녀는 7월 5일 샌디에이고 청문회에서 현피터가 공산주의자이며, 그로부터 "자신이 중국에서 마오쩌둥으로부터 소규모 그룹으로 (조직을) 분할하는 방법을 배웠다"는 얘기를 들었다고 증언했다. 그룹을 소규모로 분할하면 소그룹이 공격받아도 모체 조직은 제거되지 않는다는 내용이었다.[10] 현피터는 아마도 자신이 1921~1922년 상하이 시절 박헌영과 함께했던 소년혁명단 이야기, 중국공산당과의 연계를 자랑 삼아 말했을지도 모르겠다. 현피터는 언론에 의해 공산주의자라는 공박을 당했고 압력도 받았지만 버틸 수 있었다. 그는 미국 시민이었기 때문에 신변의 위험을 느끼지는 않았다. 그렇지만 가정에는 트라우마가 남았다. 외부의 시선과 비난으로 고통받은 후 그는 부인과 이혼하고 말았다.

16년 동안 추방 위협에 시달린 현데이비드

심각한 문제는 현순의 넷째 아들이자 현앨리스와 현피터에게는 동생인 현데이비드에게 생겼다. 현데이비드는 한국에서 태어나 중국 여권을 가지고 미국에 입국한 외국인이었기 때문이다. 재미한인 운동에 관여하지 않았던 데이비드는 1949년 7월 이민귀화국INS에 의해 구금되었다가 석방된 적이 있는데, 1950년 10월 21일 추방을 목적으로 한 체포 명령이 떨어졌다. 이후 데이비드는 체포·구금·추방 위협과 항소·석방·캠페인 사이를 오가는 끔찍하고 지리한 과정을 16년이나 겪어야 했다. 그의 생애는 매카시 시절 소수민족 인권운동의 상징이 되었던 것이다.

현데이비드 측에 따르면 자신이 1946년 하와이 농장노동자의 파업을 주도한 혐의로 농장주들의 혐오와 반감을 샀으며, 이후 공산주의자 또는 반미행위자라는 비판의 표적이 되었다는 것이다. 데이비드는 1950년 10월 다른 3명과 함께 체포되어 터미널 아일랜드Terminal Island에 수감되었고, 이들은 '터미널 아일랜드의 4인조'Terminal Island Four로 불렸다.[11] 현데이비드에게는 보석을 불허하는 체포 명령이 재발급되기까지 했다(1950년 10월 31일).

연방대법원은 1951년 4월 30일 각각 5,000달러의 보석금을 내는 조건으로 석방하라고 판결했고, 이들은 1951년 5월 3일 석방되었다. 현데이비드는 만 6개월 이상을 터미널 아일랜드에 구금되었다.[12] 연방대법원은 매캐런 안보법McCarran Security Act이 외국인들에게 공정한 재판의 권리를 박탈하는지의 여부를 심리했는데, 1952년 3월 이 법의 유효성을 지지하면서 법무장관에게 외국인의 체포·구금·추방 권한을 부여했다.

그동안 이민귀화국은 추방을 위한 증거를 수집했는데, 첫 번째 청문회는 로스앤젤레스에서 열렸지만, 후속 청문회는 데이비드와 변호사가 반대했음에도 호놀룰루에서 개최되었다. 심지어 데이비드가 터미널 아일랜드에 구금된 기간 동안 개최된 청문회 중 1950년 12월에 있었던 2건의 증언 녹취록에 근거해 이민귀화국은 데이비드가 공산당 당원이었음을 입증하려 했다. 이민귀화국이 제시한 데이비드의 혐의는 다음과 같다. 첫째, 1945년 하와이 공산당을 재가동하는 데 중요한 기여를 했다. 둘째, 1946년 하와이 공산당의 집행위원이 되었다. 셋째, 1946~1947년에 당원 모집 활동에 참가하는 한편 미국 내부의 재분배를 강력히 옹호했다. 넷째, 1947년 로스앤젤레스로 이주한 후 하와이 인권옹호위원회Hawaiian Civil Liberties Committee의 지부를 서부 해안에 조직했다. 다섯째, 1949년 로스앤젤레스 공산당의 웨스트레이크Westlake 지부 교육국장이 되었다.[13]

현데이비드는 당사자와 변호인이 부재한 상태에서 열린 공정하지 못한 청문회였다며 소송을 제기했으나 기각되었고, 1952년 12월 1일 최종 추방 명령을 받았다. 그 후 1953년 7월 추방을 위해 이민국 유치장에 구금되었다가, 로스앤젤레스위원회의 도움으로 샌프란시스코 연방항소법원이 정한 보석금 2,000달러를 내고 1953년 11월 24일 석방되었다.[14]

이민귀화국은 '공산당 위험인물'이라는 이유로 데이비드를 남한으로 출국시키려 했으나, 강제 출국 시도를 임시 보류한 것이었다. 제9순회항소법원은 현데이비드가 공정한 청문회를 받았다고 판결했으며, 대법원도 1956년 5월에 이를 인용했다. 현데이비드가 전복 활동에 계속 가담한다는 증거는 1950년 이래 그가 추방 대상자들을 방어하기 위해 참여했던 외국출생자보호위원회 로스앤젤레스 지부 활동이었다.

그렇지만 이민귀화국은 1958년 데이비드에게 그의 사건을 무기한 연기한다고 통보했다. 사건을 재개하려는 시도가 몇 차례 있었으나 1966년 2월 19일 이민항소위원회Board of Immigration Appeals는 데이비드에 대한 추방 명령을 철회했다. 공산당 가입 여부를 입증하는 책임은 피소자가 아니라 행정부에 있다는 대법원의 판결(1963년)에 뒤이은 조치였다.[15]

현데이비드에게 결정적 도움을 준 것은 외국출생자보호위원회 로스앤젤레스 지부였다. 이들은 적극적으로 팸플릿을 배포하고 자금을 모으고 언론에 홍보했다.[16] 김강, 전경준, 곽정순 등 다른 재미한인들이 추방된 반면 데이비드와 『독립』의 주필 박상엽이 추방을 면할 수 있었던 것은 전적으로 언론과 미국 친구들의 도움 때문이었다. 외국출생자보호위원회는 전담위원회를 구성해 1960년대 중반까지 지속된 소송에 맞서 법률적·재정적 도움을 제공했다. 어린 나이에 미국에 이주한 데이비드는 영어를 유창하게 구사했고, 미국 백인 사회 내에 다방면의 사교 네트워크를 구축한 덕분에 살아남을 수 있었을 것이다.[17]

외국출생자보호위원회(1932~1982년)는 1933년 뉴욕에서 미국공산당이 조직한 것이다. 외국 출신 급진주의자와 공산당원들의 권리를 보호하기 위해 이민법과 개별 이민 소송, 관련 대중교육 등을 벌였으며 주요 활동은 1950년대에 집중되었다.[18] 외국출생자보호위원회 로스앤젤레스 지부(이하 로스앤젤레스위원회)는 1950년 9월 조직되었으며, 로즈 체르닌Rose Chernin이 설립자 겸 위원장을 맡았다. 그녀 자신이 청년공산주의연맹 회원이라는 혐의를 받아 스미스법 위반으로 추방 위협을 당했다. 그녀는 1952년 유죄로 판정되어 귀화취소에 직면했다. 그러나 대법원은 1957년 그녀의 혐의와 귀화취소 명령을 번복했다.

로스앤젤레스위원회의 가장 대표적인 사건이 1951년 '터미널 아일랜드의 4인조' 사건으로, 이는 향후 지부의 활동 방식과 개입 범위를 정한 것이었다. 이들은 매캐런법의 첫 희생자였으며, 집과 직장에서 영장 없이 체포되어 터미널 아일랜드에 6개월 동안 구금되었다. 로스앤젤레스위원회는 재정 후원, 법정과 이민귀화국 앞에서의 피켓시위·항의시위 조직, 리플릿·팸플릿 제작과 유포 등의 활동을 벌였다. 이들의 활동은 1952년 제정된 매캐런-월터법McCarran-Walter Law을 폐지하는 데 집중되었다. 이 법은 1950년 매캐런(국내안보)법McCarran (Internal Security) Act의 반이민·반공산주의 정책을 강화한 것으로, 반공을 표방했지만 노조를 와해하는 무기로도 활용되었다.[19]

현데이비드를 후원하기 위해 만들어진 조직의 이름은 '데이비드 현의 친구와 이웃들'Friends and Neighbors of David Hyun이었다. 이 단체는『망명: 데이비드 현의 이야기』Exile: The Story of David Hyun와 현순 목사의 이름으로 된『내 막내아들을 위해 호소합니다』I Am Appealing on Behalf of My Youngest Son라는 두 종류의 팸플릿을 제작했다.[20] 이 팸플릿의 제작 연도는 1954년으로 추정되는데, 수록된 편지들이 1954년도에 작성되었으며, 주요 내용들이 1954년 3월 24일 현데이비드에 대한 이민국 특별청문관Special Hearing Officer of the Immigration Service 청문회에 제출된 것이기 때문이다. 현데이비드의 변호사는 그가 남한으로 추방된다면 물리적 박해를 받아 이승만 정부의 손에 죽을지 모른다는 주장을 뒷받침하는 100건 이상의 문서들을 제시했다. 각국의 통신원, 유명 인사들이 제시한 15건의 진술서가 포함되었는데, 여기에는『뉴욕타임스』의 월터 설리번Walter Sullivan,『시카고 선타임스』의 프레더릭 쿠Frederick Kuh, 미국인권연맹American Civil Liberties Union의 로저 볼드윈Roger Baldwin, 오리건 주 포틀랜드의 스탠리 얼Stanley Earl 등이 포함되었다.[21]

현데이비드를 추방하기 위해 적용된 매캐런법(1950년)과 매캐런-월터법(1952년)은 미국공산당이 소비에트의 지령에 따라 움직인다거나 무력 또는 폭력으로 연방정부를 붕괴시키려 한다는 증거를 미국 법무부가 제시하지 못했기 때문에 공산당원으로 의심되는 '외국인'들을 추방하기 위한 목적으로 만든 법이었다. 이에 따라 이민당국은 외국인 공산당원을 체포·구금·추방할 수 있는 권한을 갖게 되었다. 연방정부는 소수민족의 반인종차별주의 정치를 국가 통합을 방해하고 국제 공산혁명의 씨앗을 뿌리려는 외국인들의 책동으로 규정하려고 시도했다. 이러한 시도는 현데이비드와 김강의 재판에서 잘 드러났다.[22]

그렇지만 매캐런-월터법에는 신체적 박해를 받을 가능성이 있는 나라로 추방할 수 없다는 '신체 박해' 조항이 들어 있었다. 현데이비드의 변호인들은 이 조항을 들어 이승만 정권이 정적들을 살해했다고 주장하며 한국으로의 추방을 중단시키려 했던 것이다. 현순은 상하이에서 자신과 함께 독립운동을 했던 김구와 여운형이 이승만에 의해 암살되었다는 내용을 『내 막내 아들을 위해 호소합니다』에 적시했다.[23]

현데이비드에게는 미국공산당 당원이라는 혐의가 적용되었지만, 이 팸플릿들은 '공산주의'라는 단어는 전혀 사용하지 않고, 데이비드가 얼마나 '미국화'를 갈망하고 '미국화'되었는지를 묘사하는 데 초점을 맞추었다.[24] 팸플릿에 거론된 내용은 다음과 같다. 데이비드는 일곱 살에 미국으로 이민 왔고, 존경받는 현순 목사의 아들로 열심히 공부하고 일했으며, 웅변대회에서 '미국 헌법의 의미'라는 제목으로 연설하기도 했다. 하와이 대학 ROTC에 지원했을 때 시민권이 없어 가입할 수 없었지만, 군복과 장비를 스스로 구입했고, 마침내 ROTC 후보생 대위 계급까지 진급했다. 태평양전쟁 중에는 미군 복무를 할 수 없게 되자 하와이 방위군에 참가했다. 그의 부인은 미국 태생이며, 2명의 미국 태생 자녀를 두었고, 미국의 이상에 충성하고 헌신했다. 그는 미국인이 되고자 귀화 신청을 했으나 거절당했다. 현데이비드는 하와이 사탕수수 농장에서 백인 노동자보다 소수민족이 임금을 덜 받는다는 것을 알게 되었고, 산업별노동조합회의CIO의 집행위원에 임명되자 1946년 하와이 사탕수수 농장 노동자 파업을 주도했다. 하와이의 사탕수수 농장주 '빅파이브'big five는 현데이비드의 노동운동을 '전복' 또는 '공산주의적' 활동으로 규정했다. 이 혐의로 1949년 현데이비드는 로스앤젤레스에서 체포되었다. 이상이 팸플릿에 기재된 현데이비드의 모습이다.

이는 1954년 『독립』 신문에 기재된 내용이었다. 「데이비드 현 이야기, 데이비드 현은 누구인가?」The Story of David Hyun, Who is David Hyun?라는 기사는 데이비드 현의 일생을 다루고 있다.[25] 내용은 위의 팸플릿과 유사하다. 데이비드가 하와이에서 어린 시절을 보내며 시간당 25센트를 받고 일했는데, 백인 노동자들은 그보다 많은 임금을 받는 것을 목격했고, 비백인들에게 동일 임금을 제공하라는 투쟁에서 승리함으로써 "하와이 거대 기업의 식지 않는 증오"를 받게 되었다고 썼다. 한국전쟁 발발 이후 위험 외국인으로 체포되었고, 매캐런법에 따라 6개월 반 이상 보석 신청이 기각된 채 터미널 아일랜드의 4인조로 투옥되었다. 그가 캘리포니아에 있는 동안 하와이에서 청문회가 열려 거대 기업의 정보원과 고용원들의 증언 진술이 있었지만, 현데이비드는 반박하거나 공박할 수 없었다는 것이다. 『독립』은 현데이비드에 대해 법정에서 어떤 증거도 제시되지 않았다(No Evidence), 현데이비드에 대해 어떤 범죄 혐의도 제기되지 않았고, 다만 매캐런-월터법하에서 현재 범죄로 규정되는 과거의 행동뿐이었다(No Crime), 데이비드 현을 "바람직하지 않다"고 판단하는 관리들의 결론이 있을 뿐 유죄판결은 없었다(No Conviction)고 결론지었다.

현데이비드는 1956년 12월 6일 하원 비미활동조사위원회 로스앤젤레스 청문회에 소환되었다. 데이비드 역시 수정헌법 제1조와 제5조에 의거해 대부분의 답변을 거부했다. 청문위원들은 아니타 슈나이더의 증언을 거론하며, 로스앤젤레스위원회의 활동에 대해 집요하게 공격했다. 청문위원들은 현데이비드가 공산당원인지를 질문하며, 매캐런-월터법의 '신체 박해' 조항 때문에 "한국으로 추방되면 아마도 총살될 이 사람을 보내지 못하게" 되었다고 비아냥거렸다.[26]

미국 대법원과 법무장관은 1956년 현데이비드가 남한으로 추방되면 신체 박해를 받을 가능성이 있기에 추방을 재고해달라는 요청을 기각했지만, 이민귀화국은 1958년 추방을 무기한 연기했다. 신디 아이펜 쳉Cindy I-Fen Cheng은 그 배경에는 이승만이 폭군이라는 사실이 드러나는 것을 미국 정부가 꺼렸기 때문이라고 추론했다. 미국이 냉전시기 한국전쟁에 개입했지만, 한국에 민주주의를 정착시키는 데 실패했으며, 추방 명령을 지연함으로써 이를 감추려 했다는 것이다.[27]

여하튼 현데이비드는 1949년 체포된 이후 1966년 추방 명령이 공식 철회되기까지 무려 17년이나 화산의 가장자리를 걸어야 했다. 정치적 발언을 일절 삼가야 했으며, 한인 사회와도 거의 단절되다시피 했다. 역설적으로 그는 미국 노동운동에 개입하고, 소수민족 인권운동에 개입함으로써 외국계 미국인들의 시민권·인권운동이라는 보편성을 확보함으로써 추방을 면할 수 있었다. 그는 미국의 헌법과 법률이 제공하는 권리에 의지했고, 자신이 미국화의 표상임을 내세움으로써 살아남을 수 있었다.

북한으로 추방된 김강·파니아 굴위치 부부

현피터, 현데이비드 외에 주목을 받은 인물은 김강金剛, Diamond Kimm이었다. 김강의 스토리는 현피터, 현데이비드와 전혀 다른 맥락을 가지고 있었다.[28] 현씨 가족들은 미국에 정착한 감리교 목사의 자식들이었고, 또한 미국 시민과 결혼해 자녀들을 둔 가장이었다. 현피터는 재미한인 진보진영에서 활동했지만 미국 시민권을 보유하고 있었고, 현데이비드는 미국 노동운동과 깊은 관련을 맺고 있었다. 현씨 가족은 미국 중산층에 호소할 수 있는 미국화의 모델에 근접해 있었다. 반면 김강은 1950년대 이래 『독립』이라는 협소한 한국인 매체에서만 활동했을 뿐 미국의 주류사회와는 격리되어 있었다. 그는 미군 복무의 대가로 미국 시민권을 신청할 수 있었지만 한국인으로 남기로 결정했다. 또한 그는 미국 내에 가족이 없는 독신자였다. 미국 이민당국이 그의 체류 자격과 공산당 관련을 문제 삼아 추방하려 했을 때 그가 미국에서 거주해야 할 당위성을 설명하기는 어려웠다. 물론 추방되는 과정에서 그가 독신이 아니라 러시아 출신의 여성과 결혼했다는 충격적인 사실이 밝혀졌다.

김강은 1902년 10월 5일 평북 용천의 농부 집안에서 태어났다. 고향의 김씨 집안 학교에서 초등교육을 받았고, 16세에 선천의 신성학교에 입학했다. 1961년 주미 체코 대사관에 제출한 김강의 이력서에 따르면 그는 신성학교 재학 중 3·1운동에 참가했다. 신성학교가 문을 닫은 2년 동안 만주로 가서 한국독립군에 가담했다. 그는 2년 동안 가르치고 배운 후 재개교한 신성학교에 돌아와 1923년 졸업했다. 그 후 서울에 있는 영어학교에 들어가 주경야독했다.[29] 이 영어학교는 협성신학으로, 1926년 제12회로 협성신학을 졸업한 뒤 감리교 전도사가 되었다. 이경선과 동기생이었다.[30]

김강은 1928년 로스앤젤레스에서 열린 주일학교대회에 참석하는 한국 대표단 21명의 일원으로 덴요마루 호를 타고 샌프란시스코에 도착했다 (1928년 7월 6일). 부인 차순석車純錫, Soon Syuk Cha과 어린 아들 김창근Chang Keun Kimm을 동반한 상태였다.[31] 『신한민보』는 김강과 차순석을 모두 교사로 소개하고 있다.

차순석은 평양 출신 신여성이었다. 1921년 숭의여학교를 졸업한 후 함흥유치원에서 잠시 일했으며, 1924년 3월 22일 조선약학교를 졸업한 최초의 여성 3인 중 한 명이었다.[32] 그녀는 숭의여학교에서 결백대를 조직해 항일운동 겸 여성계몽운동을 했다고 알려져 있다.[33] 그녀의 성격을 보여주는 일화가 있다. 1923년 2월 12일 여자고학생상조회는 「신진여자의 제1보를 가정으로? 사회로?」라는 주제로 여자 토론회를 개최했다. 차순석은 가정편(이명준, 노명준)과 맞선 사회편(임영선, 차순석)의 연사로 나섰다. 그녀의 발언에 청중들이 비웃고 떠들며 "들어가라 나가라" 하는 대소동을 벌였고, 결국 토론회는 흐지부지되고 말았다.[34] 여성의 사회 참여를 역설했음이 분명하다. 동대문병원에서 2년 동안 근무한 후, 함흥 제2병원에서 근무했다. 1927년 『별건곤』에 따르면 함흥 자혜병원에 있다가 서울에 와서 개업을 모색하던 중이었다.[35] 김강과 어떻게 만났는지는 알 수 없으나 1927년에 김강과 결혼했고, 1928년 아들 김창근을 낳은 후 도미 행렬에 동참했다.[36]

김강은 미국에 건너온 이래 남가주 대학에서 지리학을 주전공, 화학을 부전공했다. 1932년에 이학사, 1933년에 이학석사 학위를 받았다. 1935년부터 1936년까지 2년 동안 콜로라도광산학교Colorado School of Mines에서 금속공학 대학원생으로 연구했다. 1937~1938년에 임시직으로 펠프스-닷지회사Phelps-Dodge Co.에서 일했다.[37] 김강이 주미 체코 대사관에 보낸 편지에는 6년 동안 전공 분야에서 일했다고 되어 있다.[38]

부인 차순석은 '미국에 건너가 7년간 약학 공부'를 했다고 되어 있으나, 『신한민보』 등에는 대학에서 수학한 내용이 나오지 않는다. 아들 김창근은 유치원생(1932년), 1학년 (1934년)으로 조사되어 있다.[39] 김

그림 54 김강, 부인 차순석, 아들 김창근(1930년대 초)
© 김창근

강은 1934년 부인과 헤어졌고, 차순석은 아들 김창근을 데리고 한국으로 돌아왔다. 김강의 기록에는 '부인과 헤어졌다separated'라고 되어 있는데, 이혼은 아니었을 것이다.

선우학원에 따르면 김강은 미국에 간 이후 교회에 다니지 않았고, 변준호와 밀접한 관계를 유지했다. 또한 그는 급격히 좌경화되었다.[40] 또한 김강은 1931년 국민회 회원이 되었고, 동시에 흥사단에 가입했다. 단우 번호나 이력서가 없으므로 언제 흥사단에 가입했는지 알 수 없으나, 1934~1948년 간 『흥사단보』에 따르면 흥사단 단우로 등재되어 있다.[41] 김강은 1938년 『흥사단보』에 「흥사단 주의 실현에 당면한 문제」를 실었는데, 편집자는 김강이 "고 도산선생 다음"으로 "흥사단을 머리 속에 두고 깊이 깊이 연구하신 동지 중의 한 분"이며 "본단 대계를 과학적으로 연구하고 본단을 가장 깊이 생각" 하고 있다고 소개했다.[42] 김강은 같은 흥사단 단원이자 협성신학 동창생인 이경선과 가까이 지냈다. 이경선은 김강이 운영하던 채소가게에서 일했으며, 김강은 이경선과 함께 『혁명방략대요』를 집필했다(1938년 8월). 『혁명

방략대요』에 첨부된 통신연락을 위한 암호문은 김강이 작성한 것이었다.[43] 흥사단 이사부가 이들의 혁명방략을 거부하자 김강은 이경선, 변준호, 최능익, 황사용, 곽림대, 신두식 등과 함께 흥사단에서 멀어졌다. 이후 이들은 중국후원회–조선의용대 미주후원회–조선민족혁명당 미주지부–『독립』의 핵심 멤버로 활동했다.[44]

양은식에 따르면 김강은 공상적 이상주의utopianism와 마르크스주의가 혼합된 전망을 가지고 있었으며, 그의 초기 생각에는 애국주의·기독교적 휴머니즘·사회주의가 혼재되어 있었다.[45]

김강은 1937년 귀국하려 했으나 이경선의 만류와 중일전쟁으로 귀국을 단념했다.[46] 김강이 1960~1961년에 주미 체코 대사관에 제출한 개인이력서에 따르면 그는 "평화와 민주주의를 위한 투쟁"에 참가하기 위해 인생 계획을 바꿔 미국에 체류하게 되었다.[47] 그의 학생비자는 1938년 7월 만료되었으며, 1941년 이민귀화국은 체포영장을 발부했다. 1942년 3월 이민귀화국 감독관은 김강에게 강제추방 대신에 자발적 출국 권한을 주었고, 2차 세계대전 종료 후 60일 내에 출국하라고 했다.[48] 김강은 1939~1944년 버그스 철강회사Bergs metal Corporation의 관리기사로 일했고, OSS에 입대하기 전까지 록히드 항공회사에서 8개월 동안 실험화학자로 일했다.[49] 김강은 1945년 1월 OSS에 입대해, 한반도 침투 작전인 냅코작전의 요원으로 특수훈련을 받았다. 이창희의 동창생인 함용준이 OSS 입대를 권유했고, 그에 따라 조선민족혁명당 미주지부에서 12명이 OSS에 입대했다.[50] 그는 1945년 9월 OSS에서 제대했다.

종전 이후 김강은 1945년 10월 국무부에 출국 허가를 요청했지만 답변을 듣지 못했고, 이후 몇 차례 요청했지만 마찬가지였다.[51] 해방 이후 미국 국무부와 맥아더 사령부, 하지 사령부 등은 좌파 인사들의 귀국 청원을 거부했다. 한길수, 김강, 변준호, 현순 등은 모두 입국을 시도했지만 거부되었다. 『독립』에 따르면 김강은 1945년 이후 1948년까지 모두 세 차례나 국무부에

출국 허가exit-permit를 요청했으나 아무런 답을 듣지 못했다.[52]

　그런데 1945년 10월 김강이 미국 국무부에 요청한 것은 귀국 신청은 아니었다. 국무부 문서에 따르면 김강은 국무부에 편지를 보내(1945년 10월 29일) 자신의 지리학·광산학 학력과 경력을 내세우면서, 한국에는 자신과 같은 전문가가 없다며 한국을 위해 기여하고 싶다고 했다. 그는 철강과 알루미늄의 압연·튜빙·압출·주조 분야에 대해 공부하고 싶으니 카이저 철강공장Kayser Steel mill과 펠프-닷지 구리회사Phelp-Dodge Copper Co.에서 각각 한 달씩 훈련받을 수 있게 해달라고 요청했다.[53] 즉 귀국 후 기술을 활용하기 위해 미국 철강회사에서 훈련생으로 일할 수 있도록 주선을 부탁했던 것이다. 물론 국무부는 1946년 1월 17일 김강에게 이런 프로그램을 지원하지 않는다고 회신했다.[54]

　1946년 12월 김강은 화학자·금속공학자로 주한 미군정에 지원해 전쟁부로부터 연봉 5,375달러를 받는 화학·광산·금속공학자 자리를 약속받았지만, 국무부의 출국 허가를 받지 못했다. 김강의 아내 차순석은 약사로 주한미군 약국에서 일하고 있었다.[55] 김강은 귀국 청원을 한 후 카이저 철강회사의 평로平爐부에서 합금공정을 검사·통제하는 일을 했고, 1948년 카이저 철강회사를 그만둔 후 『독립』의 편집을 전담했다. 김강은 1957년 『독립』이 폐간될 때까지 이 신문의 편집인이었다. 김강은 1961년에 자기 소유의 인쇄소를 아내인 파니아 굴위치Fania Goorwitch와 함께 운영하고 있었다.[56] 선우학원은 김강이 "성격이 강직했고, 생활이 검소했고, 동지애가 돈독했으며 한 생을 애국애족으로" 보냈다고 기억했다. 김강은 로스앤젤레스 '휘티어' Whittier 인근에서 과일과 채소 장사로 생계를 유지하며 이경선에게 생활비를 제공했다고 한다.[57]

　한국전쟁 발발 열흘 전 이민귀화국은 추방을 위해 김강을 체포했고, 1950년 6월 16일 청문회가 개최되었다.[58] 이민국은 1941년 김강에 대한 체포영장이 유효하며, 그가 체류 기간을 넘겨 미국에 거주하는 '전복적' 외국인이라고 규정했다. 청문회에서 이민국 관리는 김강이 공산주의자인지 질문했고, 김강은 변호사의 권고에 따라 수정헌법 제1조와 제5조에 근거해 답변을 거부했다.

한국전쟁 발발 직후 FBI는 미국 전역의 한국인을 조사하라고 지시했는데, FBI 로스앤젤레스 지부는 여러 명의 비밀정보원을 인용해 김강이 로스앤젤레스 한인 사회의 공산주의자 가운데 중요한 인물이며, 미국공산당이 개최하는 다수의 집회에 참가해 반미·반한·친북 연설을 했다고 보고했다(1950년 7월 31일).[59] 한국전쟁 이후 김강이 캘리포니아 노동학교California Labor School, 시민권의회Civil Rights Congress, 민주적 극동정책위원회 등에서 연설했고, 이는 FBI의 주목과 감시를 초래했다.[60]

1951년 3월 13일 김강은 매캐런법에 근거해 재차 체포되었고, 1952년 1월까지 추방한다는 명령을 받았다. 김강의 변호인들은 그가 공정한 재판 절차를 거치지 않았고, 현데이비드의 사례와 마찬가지로 남한으로 추방될 경우 '신체 박해'를 받을 것이라며 항소했다.

한국전쟁 기간에 김강은 『독립』 유지에 전력을 다했다. 이 시기 『독립』은 북한을 조국이라 부르며, 한국전쟁을 남한에 의한 북한 침략으로 묘사하며 미국과 남한을 비난했다. 1953년 『독립』은 미군이 북한 전역에 세균전을 벌였다는 북한 측의 주장을 여러 차례 실었는데,[61] 이는 비미활동조사위원회 청문회에서 미국 정보당국이 『독립』과 관련해 가장 중요하게 지목한 반미·반역 행동이었다. 1953년 대한인국민회가 헌장을 개정해 공산주의 배척과 반민주·독재자 배격을 명시하자, 『독립』은 이것이 '공산사회주의 반대 진영에 가입한다는 총괄 선언'이자 비겁한 사상이며 동족 수백만 명을 도륙한 것은 "자유민주주의를 선전하는 앵글로 양키"라고 맹비난했다.[62] 심지어 『독립』의 간부 최능익은 FBI 로스앤젤레스 지부 요원과 인터뷰하면서, 자신들이 모스크바 주재 북한 대사관을 통해 북한 신문을 수령하고 있으며, 최근 5월분 신문을 영문 주필인 박상엽의 주소로 받은 바 있다고 밝혔다.[63]

사정이 이러했으므로 『독립』의 주요 간부들이 미국 정보·사찰 당국의 감시와 압력을 피할 수는 없었을 것이다. 1950~1954년 이민국 관리들은 『독립』 신문 사무실을 세 차례나 불시에 단속해, 1955년까지 직원 5명에게 추방 소환장을 발부했다. 주요 타깃은 한글 편집인 김강, 영문 편집인 박상엽, 인쇄인 전경준, 기자 곽정순과 부인 이춘자, 현데이비드 등이었다.[64]

1948년에 이미 캘리포니아 주 상원 비미활동조사위원회California State Senate Committee on Un-American Activities는 『독립』을 공산주의 전선으로 규정했고, 1956년 하원 비미활동조사위원회HUAC 보고서는 『독립』이 소련과 북한의 정책을 촉진시키는 도구로 활용되고 있다고 썼다.[65]

김강은 1955년 6월 28일 비미활동조사위원회 로스앤젤레스 청문회에 소환되었다. 청문위원들이 문제 삼은 것은 크게 세 가지였다. 첫째 김강이 미국 시민권을 신청할 기회가 있었는데도 신청하지 않은 사실, 둘째 선우학원과 이사민이 김일성·박헌영에게 보낸 1948년 편지의 내용, 셋째 『독립』이 한국전쟁 때 미군의 세균무기 사용을 보도한 사실 등이었다.

첫 번째 혐의는 김강이 미국 시민권 신청을 포기한 인물로, 미국에 가족이 없으며, 고정 수입이 없는 상태에서 『독립』을 유지하고 있다는 점 등을 공격한 것이다. 그가 미국화될 수 없는 위험한 인물임을 강조한 것이다. 김강은 OSS에 참전함으로써 미국을 사랑한다고 주장했으나, 청문위원들은 김강에게 소련을 위해 봉사하며 돈이나 보상을 받은 적이 없냐고 비난했고, 그를 추방해야 할 많은 이유가 있는데 법무부가 왜 추방하지 않느냐고 목소리를 높였다.[66]

두 번째 혐의는 김강이 미국 정부를 전복하려는 공산주의자이며, 그의 한국 동료들이 모두 공산주의자임을 강조하려는 것이었다. 청문위원들은 1948년 편지에 등장하는 이사민(이경선), 선우학원, 변준호, 현앨리스, 현피터, 정웰링턴 등에 대해 질문했지만, 김강은 수정헌법 제1조와 제5조에 근거해 답변을 거부했다. 이사민·선우학원의 '편지 사건'에 등장하는 로스앤젤레스의 한국인 '좌경 인사 13인'에 대한 추궁은 미국 헌법이 보장하는 사상과 결사에 관한 것이고, 청문회에서 제시된 편지는 영어로 번역한 '복사 사진판'일 뿐 원본이 아니며, 어떤 법정에서도 제시된 바 없다고 주장했다.[67]

세 번째 혐의는 『독립』이 반미·친소·친북 활동의 공간이며 김강이 그 핵심 인물임을 부각하려 한 것이었다. 김강은 청문위원들의 질문이 출판과 언론의 자유를 침해하는 것이며, 자신은 미국 헌법과 권리장전을 옹호한다고 주장했다. 한국전쟁 때 미군의 '독균 보도사건'에 대한 추궁은 미국 헌법이 보장하는 언론과 출판의 자유를 침해하는 것이며, 세균전 보도는 없는 사실을 조작한 것이 아니라 『상하이 뉴스』*Shanghai News*의 언론 보도를 전재한 reprint 것이므로 탄압의 대상이 될 수 없다고 주장했다. 청문위원들은 "북한인으로 미국에 살며 한국전에서의 세균전을 보도하는 것과 같은 '범죄'를 저지른다"고 비판했고, 이에 맞서 『독립』은 청문위원들이 다른 증인보다도 김강을 더욱 심하게 모욕했다고 주장했다.[68]

1950년대 반미·친북 입장이 분명했던 김강과 『독립』은 청문회장에서 제기된 청문위원들의 공박이 모두 미국 헌법이 보장하는 권리를 위배하는 것이라고 맞섰던 것이다. 『독립』은 "미국의 헌법은 민주적이요 위대하다"고 칭송했다.[69] 이 시점에 김강과 『독립』 진영은 미국 헌법에 의지해야만 미국 정부의 추방과 투옥을 피할 수 있었던 것이다. 즉 김강과 『독립』 그룹은 미국을 침략자라 비판하면서도 미국 헌법에 의지해야 하는 위태롭고 모순적인 공간에 위치해 있었다. 『독립』은 김강 사건이 『이상한 나라의 앨리스』의 한 장을 읽는 것 같다고 표현했지만, 사실은 김강과 『독립』의 처지가 그런 소설적 맥락에 놓여 있었다.[70] 『독립』 영문사설은 김강 청문회가 "반동진영이 작지만 강력한 평화의 목소리를 잠재우기 위해 얼마나 나아갈 수 있는지를 보여주는 실례"라고 썼다.[71]

『독립』은 김강이 1945년 OSS를 제대하면서 그의 상관이자 냅코작전의 기획자였던 아이플러Carl F. Eifler로부터 받은 감사장(1945년 11월 9일)을 신기도 했다.[72] 김강이 미국에 충성하는 인물임을 보여주기 위한 것이었다. 김강의 청문회가 연기된 소식, 김강의 생일축하연이 열렸다는 소식도 『독립』에 게재되었다.[73] 이 정도가 『독립』이 김강을 위해 해줄 수 있는 최선이었다.

1955년 말 『독립』의 간부였던 김강, 전경준, 곽정순, 이춘자는 로스앤젤레스와 뉴욕에서 추방 대상자로 결정되어 모두가 동시에 추방 절차에 놓여 있었다.[74] 『독립』의 최후가 임박했던 것이다.

김강의 지지자들은 1956년 이승만이 독재자이며, 비판자들에게 가혹한 물리적 처벌을 가했다는 팸플릿을 간행했다. 김강이 남한으로 추방된다면 '총살'될 우려가 있음을 부각시키기 위한 목적이었다.[75] 그러나 연방대법원은 1960년 김강에 대한 자발적 출국 명령을 재확인함으로써 김강은 추방을 면할 수 없었다. 김강은 남한이 아니라 자신이 원하는 곳으로 갈 수 있게 되었을 뿐이다.

김강은 1960년 10월 8일 워싱턴 주재 체코 대사관에 편지를 보내 도움을 청했다. 자신이 1950년 이래 매캐런-월터 이민법에 의해 추방 절차가 진행되고 있는데, 연방대법원의 판결이 나오면 미국에서 추방될지 모른다며, 체코에서 정치적 피난처를 제공해달라고 요청했다. 이 편지에 따르면 김강은 이미 프라하의 북한 대사관에 북한 입국 청원서를 제출했으며, 소련 대사관에도 동일한 요청서를 제출했다.[76]

체코 대사관은 아무런 응답이 없었고, 1960년 10월 20일 연방대법원은 김강 추방에 대한 최종 판결을 내렸다. 김강은 1951년 2월 13일 재차 워싱턴 주재 체코 대사관에 편지를 보내 도움을 청했다. 김강은 북한 정부가 그들 부부의 정치적 망명을 허가했다는 소식을 '우호적 정부 대표'로부터 들었으며, 아울러 체코 정부가 이 일에 관해 통보받았다는 얘기도 들었다고 썼다. 이즈음에 김강은 체코 정부에 체코를 경유해 북한에 갈 수 있는 통과 비자를 요청했다.[77]

1961년 5월 25일 워싱턴 주재 체코 대사관의 즈데네크 피스크Zdenek

Pisk 총영사는 김강에게 답장을 보내 북한행 통과 비자를 제공하기로 결정했음을 알리며, 여권 혹은 신원진술서를 제출하라고 통지했다.[78] 김강은 1961년 6월 13일 체코 대사관에 자신과 부인 파니아 굴위치의 신원진술서와 사진 두 장을 제출했다.[79] 남가주사회연구조사도서관Southern California Library for Social Studies and Research에는 김강 추방 재판에 도움을 준 외국출생자보호위원회 로스앤젤레스 지부의 기록이 소장되어 있다. 여기에 김강 파일이 한 상자 보존되어 있는데, 체코 대사관에 보낸 김강과 파니아의 신원진술서와 준비 서류들이 들어 있다.[80]

김강 부부의 신원진술서와 개인이력서에 따르면 김강은 파니아 굴위치 혹은 파니아 번스타인Fania Bernstein이라는 러시아 폴타바Poltava 출신 여성과 결혼한 상태였음이 드러났다. 또한 김강의 개인이력서에는 '미국공산당'이라는 단어는 오려져 삭제된 상태였지만, 1938년부터 그가 개인 사정으로 활동을 중단한 1957년까지 미국공산당 당원이었다는 사실도 기록되었다.

파니아의 진술에 따르면, 그녀는 1903년 8월 2일 노동자 집안에서 태어났다.[81] 아버지는 인쇄소의 식자공이었다. 그녀는 1919년 고등학교를 졸업한 후 인쇄노동조합에서 일했다. 1922년 어머니가 사망한 후 1923년 아버지·남동생과 함께 미국으로 이민 와서 뉴욕에 정착했다. 그녀는 재봉틀 기술을 익혀 13년 동안 봉제산업에서 일했다. 1935년 가족은 로스앤젤레스로 이주했고, 파니아는 봉제산업 조직화에 참가해 캘리포니아 버논Vernon 봉제노동조합의 첫 여성 노동조합장이 되었다. 1937년부터는 교정사로 일했다. 파니아는 스페인 내전 때부터 정치활동을 시작했으며, 2차 세계대전 중에는 러시아전쟁구제회Russian War Relief의 지부인 '소비에트 러시아를 후원하는 동부위원회'The Eastside Committee to Aid Soviet Russia를 조직하고 위원장으로 활동했다. 1950년에는 '정치범복지위원회'의 활동에 참여했고, 1951년에는 외국출생자보호위원회 로스앤젤레스 지부에서 활동했다. 1951년부터 1957년까지 『독립』의 편집자인 김강과 함께 일하며 교정과 편집을 보조했다. 파니아의 개인이력서에도 '미국공산당'이라는 단어가 삭제된 상태였지만, 1952년부터 미국공산당의 당원이었다.

김강과 파니아가 결혼한 정확한 연도와 경위는 나타나 있지 않지만, 파니아의 이력으로 미루어 그녀가 외국출생자보호위원회 로스앤젤레스 지부에 참가한 1951년부터 관계를 맺었을 것으로 추정된다. 파니아도 미국 시민권이 없었다.

김강의 변호사 윌리엄 새뮤얼스William Samuels는 1961년 10월 16일 이민귀화국에 김강이 1962년 1월 6일 로스앤젤레스 국제공항을 통해 프라하로 출국한다는 사실을 통보했다.[82] 김강 부부는 1962년 1월 13일 토요일에 로스앤젤레스를 떠나 프라하로 출국할 수 있었다. 그러나 공항에서 소동이 벌어졌다.[83] 이민국 관리들이 외국인 파니아가 적절한 FBI 확인 절차와 이민국 허가를 받지 못했기 때문에 김강만 출국할 수 있다고 막아섰기 때문이다. 김강은 최종 출국 순간까지 파니아의 존재를 이민당국에 통보하지 않았던 것이다. 이민국의 제지를 받은 김강은 아내를 두고 혼자 출국할지 여부를 고민해야 했다. 마지막 순간 이민국 관리는 파니아가 다시는 미국에 돌아오지 않겠다는 문서에 서명하면 출국을 허락하겠다고 했다. 파니아는 서명하는 것이 비록 순간의 문제였지만 '악몽'이었다고 썼다. 서명을 하고 김강과 함께 갈 것인가 아니면 서명을 거부하고 알지 못하는 운명을 기다릴 것인가하는 순간이었기 때문이다.

우여곡절 끝에 미국을 출발한 김강 부부는 프라하에 도착했다. 공항에는 2명의 북한 대사관 직원들이 기다리고 있었다. 세관 검사나 질문은 없었다. 이들은 김강 부부를 차에 태워 인터내셔널 호텔로 데리고 갔다. 김강과 파니아는 1962년 1월 24일 프라하에서 자신들을 도와준 변호사 윌리엄 새뮤얼스에게 편지를 썼다. 김강은 "우리 새 집에서 당신을 맞기를 희망한다"라고 썼고, 파니아는 "신세계가 우리에게 약속을 제공하고 있으며, 우리는 신세계의 진정한 일부가 되길 갈망한다"라고 썼다. 김강은 또한 1962년 2월 프라하에서 미국의 친구들에게 '내 고국으로 돌아가는 길'이라는 제목의 감상적 편지를 써서 보냈다.[84] 김강은 "미국에 검은 구름이 몰려와 가장 훌륭한 수백 명의 사람들이 체포되고 추방 명령을 받았다. 많은 민족과 인종으로 구성된 우리들은 함께 모여 투쟁에 참가했다. 우리는 많은 승리와 적은 패배를 경험했다"라고 썼다. 김강은 귀국하는 길에 체코에서 잠시 체류하는 것은 북한에서 시작할 새 생활의 놀라운 서막이라고 썼다. 이들 부부는 1965년 평양에서 환한 웃음을 띤 채 다정하게 찍은 사진을 보냈다.[85] 그 이후 평양에서 김강 부부의 이야기는 더는 들려오지 않았다. 그는 63세였다.

평양에서 실종된 곽정순·이춘자 부부

곽정순郭正淳, 이춘자李春子 부부의 이야기는 이들이 살았던 시대의 희비극적 면모를 잘 드러내주었다. 재능이 뛰어난 음악가였던 이들은 식민지 한국에서 이상향 미국으로 건너와 부부의 연을 맺었다. 이들은 한국 독립을 희망하며 재미한인 사회와 연결되었고, 태평양전쟁 – 미군정 – 한국전쟁을 겪으면서 점차 급진화되었다. 한국전쟁기 미국이 북한을 침략했다고 믿은 이들은 『독립』에 적극적으로 가담했고, 결국 미국에서 추방되었다. 북한과 공산체제를 이상향으로 선택한 이 부부는 미국 좌익 언론의 도움을 받아 마침내 평양에 도착했다. 이들은 희망에 부풀었으나, 그 순간이 마지막이었다. 이들의 생사나 행방은 미궁에 빠져버렸다. 이들을 '미국'에서 구명한 좌익 언론들까지 모스크바와 베이징을 오가며 탐문했지만, 이들의 소식을 들을 수 없었다.[86]

곽정순Chung Soon Kwak, Carl Kwak은 1918년 4월 15일 평양에서 출생했다. 여덟 살부터 교회에서 바이올린을 연주한 음악 신동으로 알려졌다. 고등학교 재학 시절인 1926년 우리나라 최초의 관현악단인 중앙악우회中央樂

友會의 창단 멤버가 되었고, 선교사 부츠Florence S.Boots(세브란스 치과의사·의료선교사 존 부츠John L.Boots의 부인) 여사를 비롯해 박경호朴慶浩, 홍난파洪蘭坡, 홍재유洪載裕 등과 1928년 3월 3일 창단연주회를 열었다. 연희전문학교 재학 중인 1931년 순회 바이올린 독주회를 개최했으며, 연희전문학교 음악부에서 활동했다. 1934년 연희전문 문과를 졸업했다.[87] 같은 해에 서울에서 부츠 여사의 반주로 바이올린을 독주했고, 잡지『음악』의 동인으로 활동했다. 1936년『음악평론』4월호에 홍난파, 계정식, 홍성유 등과 함께 제금가提琴家(바이올리니스트)의 한 사람으로 소개되었다. 그가 바이올린 독주로 취입한 〈미뉴엣〉 등 여러 곡이 전한다.[88] 1935년 미국으로 건너가 시카고 음악학원 Chicago American Conservatory of Music에서 바이올린을 전공했고, 1940년 졸업했다.[89] 이후 정치학을 공부해 1949년 컬럼비아 대학에서 이학사 학위를 취득했다.

이춘자Choon Cha Lee는 1913년 1월 30일 서울에서 출생했으며, 1934년 이화여전 음악과를 제8회로 졸업했다.[90] 피아노 전공으로 이화보육학교 강사, 이화여전 음악과 강사를 지냈다.[91] 1936~1938년 피아니스트로 명성을 쌓았고, 단독 음반을 발매하기도 했다. 1938년 동양 여성에게 제공되는 장학금인 바버 스칼라십Barber Scholarship을 받아 미시간 대학에 유학했다.[92] 이춘자는 1939년 시카고 대학에서 열린 만국학생대회에 참석했고, 여기서 곽정순을 만났을 것이다.[93] 1941년 미시간 대학을 졸업한 후 1942년 5월 22일 곽정순과 결혼했다.[94] 둘은 이미 한국에서 함께 순회공연을 열었던 인연이 있었고, 1954년『독립』의 주장에 따르면 "당시 한국을 무도하게 지배하던 일본에 항거한 스트라이크와 시위에 참가"한 적이 있었다.

곽정순은 미국에 건너온 이후 재미한인 사회와 관련을 맺기 시작했다. 1935~1936년 대한인북미유학생총회 중서부연회의 서기를 지냈으며 1941년 학생회 총무를 지냈다.[95] 또한 곽정순은 국민회 회원이 되었다. 그는 시카고 지방회의 삼일절 기념식(1936년과 1938년), 광복군 성립 축하식

(1940년) 등에서 바이올린을 연주했다.[96]

그림 55 (오른쪽부터) 곽정순, 세드릭 벨프레이지, 이춘자
© Cedric Belfrage

곽정순의 정치의식이 어떻게 변화했는지는 명확하지 않지만 유학생회와 국민회로부터 영향을 받았음이 분명하다. 곽정순의 동생 곽정선郭正善 역시 첼리스트였다. 그는 1938년에 미국으로 건너가 시카고에서 형과 합류했다. 곽정순 부부와 곽정선은 모두 국민회 시카고 지방회 회원이었으며, 1942년 9월 뉴욕으로 이주한 후에는 국민회 뉴욕지방회에 참가했다.[97] 곽정순은 북미유학생총회 동부지구 위원장이 되었다. 곽정순 부부는 뉴욕 한인교회에 다녔고, 성가대원으로 활동했다.[98] 곽정순은 1944년 말 민족혁명당 미주지부와『독립』이 주도한 무장투쟁촉진위원회에 매달 10달러씩 기부하는 정기 기부자로 이름이 올라 있다.[99] 이로 미루어 1944년에는『독립』과 긴밀한 관련을 맺었음을 알 수 있다.

2차 세계대전 중 곽정순·곽정선 형제는 1942년 시카고 우체국 검사부에서 일했고, 그해 9월 12일 검사부가 뉴욕으로 이전하자 거주지를 뉴욕으로 옮겼다.[100] 이들의 임무는 일본어 번역이었다.[101] 해방 후 미군정 통역으로 잠시 귀국했던(1945년 11월~1946년 11월) 곽정선은 당시 자신의 임무가 "국무성의 지시에 의하여 일본인의 억류사무와 그들의 서류검열사무"를 하는 것이었다고 밝혔다.[102] 1943년 곽정순은 미육군 정보교육처 한국반Information & Education Division, Korean unit 반장이 되었고, 이춘자는 보조로 일했다.[103] 이들은 군이 사용하는 모든 한국어 문건의 편집과 출간을 감독했다. 곽정순은 탁월한 업무 능력을 인정받아 전후 국무부의 방송 〈미국의 소리〉Voice of America에서 한국어 방송을 담당했다. 1947년 국무부 직원록에 따르면 곽정순Carl Q.Kwak은 국제방송국IBD: International Broadcasting Division 극동과Far East Section 소속으로 되어 있다.[104]

1949년 6월 곽정순은 〈미국의 소리〉에서 해임되었고, 이춘자는 즉시 사임했다. 해임된 이유는 제시되지 않았다. 그러나 이는 곽정순의 행적과 관련이 있었을 것이다. 곽정순은 1948년 11월 이사민·선우학원이 김일성·박헌영에게 보낸 편지에 등장하는 '조선당 대표 동지'들의 일원으로 재미한인 공산주의자를 대표하는 7인 중 한 명으로 소개된 바 있다.[105] 곽정순이 체코에 제출한 기록에 따르면 그는 로스앤젤레스의 한인클럽 성원이 되었다고 썼는데, 이는 이사민·선우학원의 편지에 등장하는 로스앤젤레스에 조직된 '미국공산당 산하 한국인 그룹'을 의미할 것이다. 자세한 경로는 알 수 없지만 곽정순은 신두식과 함께 뉴욕의 대표적인 공산주의자로 소개될 정도로 재미한인 진보진영에 깊숙이 개입해 있었다.

1949년 9월 이민당국은 이들에게 추방 조치를 내렸다. 곽정순 부부는 학생 비자로 미국에 왔고, 태평양전쟁 중에는 미국 정부의 요청으로 방문객 비자로 변경한 상태였다. 이들은 정부기관에서 일했기 때문에 7년간 체류 후 영주권을 신청할 자격을 가졌고, 1948년 8월에 영주권 신청서를 제출했다. 그런데 1949년 9월 이민당국은 이를 거부하고, 오히려 추방 절차에 들어간 것이다.

이들은 추방 명령 취소를 요청하는 항소를 제기했으며, 남한이 아니라 자신들이 원하는 곳으로 갈 수 있는 자발적 출국을 청원했다. 그러나 1951년 4월 이 요청은 기각되었고, 1951년 9월 뉴욕 자택에서 체포되어 2주간 엘리스 아일랜드Ellis Island에 구금되었다. 보석으로 풀려난 이들은 2주에 한 번씩 엘리스 아일랜드에 보고해야 했다. 이들을 도운 것은 변호사 이라 골로빈Ira Gollobin과 외국출생자보호위원회였다.

이들은 재차 1951년 10월 추방 명령 연기를 요청했는데, 이는 매캐런법에 명시된 '신체 박해' 조항, 즉 물리적 박해가 예상될 경우 추방을 배제한다

는 조항에 근거한 것이다. 청문회는 1953년 4월 개최되었고, 이들은 "조선
민주주의인민공화국의 시민인 우리는 확신하며 공개적으로 말하고 쓰기를
이승만과 그의 군대가 조선인민의 적"이라고 주장했다.

곽정순은 1950년 8월 불현듯 『독립』 지면에 등장해 유엔 통신원을 맡
았다. 그가 1950~1951년에 『독립』에 투고한 기사들은 다음과 같다.

「An Open Letter to Mr. Youngjeung Kim」, 1950년 8월 30일, 9월 6일, 9월
13일

「딸라에 환장된 목사를 읽고」, 1950년 9월 13일, 9월 20일

「우리의 갈 길」, 1950년 10월 18일

「What Has UN Done for Korea」, 1950년 10월 18일, 10월 25일

「중국대표의 유엔 출석」, 1950년 12월 6일

「유엔총회 정치위원회 방청」, 1951년 1월 10일

「UN Mediation On Behalf Of MacArthur」, 1951년 1월 17일

「유엔총회 정치위원회 방청기」, 1951년 1월 31일

「유엔과 재미조선인」, 1951년 2월 14일

「조선 이재민 원조에 대하여」, 1951년 4월 4일

「맥아더의 면직」, 1951년 4월 18일

곽정순은 한국전쟁 발발 이후 대부분의 사람들이 『독립』을 떠나거나
과격한 논조에 등을 돌리던 때에 『독립』에 합류한 것이다. 그의 기사들은 미
국의 전쟁 개입에 반대하고 남한의 침략과 북한의 항전을 부각시키는 내용
이었다. 곽정순은 "6월 25일 이승만의 군대가 38선을 넘어 북벌을 시작"했
고,[106] "잔인무도한 미군은 우수한 공군과 해군을 이용하여 (중략) 수많은 조
선 사람의 생명을 죽일 것"이니 "원수 앞에 무릎을 꿇을 것인가? 그렇지 않
으면 얼마나 오랜 시일이 걸리든 얼마나 많은 희생이 필요하든 조선 사람이

남아 있는 한 조국을 지킬 것이냐?"라고 반문했다.[107] 곽정순은 1952년 이래
『독립』의 유엔 통신원이었다.[108] 그는 북한의 주장에 동조하면서 사실상 길
을 잃었다.

곽정순은 청문회에서 부산 정치파동에 대한『뉴욕타임스』기사 등을
인용하며 이승만의 '도살장'에 끌려가기 싫다고 주장했다. 곽정순 부부는
1954년 4월 7일 오전 10시로 예정된 남한으로의 추방을 위해 엘리스 아일
랜드에 출두하라는 명령을 받았다. 미국 법무장관은 남한으로 추방되어도
물리적 박해를 받는다는 증거가 없다고 판결했다.

곽정순 부부는 1954년 3월 말에 좌익 언론인『내셔널 가디언』*National
Guardian*의 제임스 애런슨James Aronson과 세드릭 벨프레이지Cedric Belfrage에게
도움을 청했다.『내셔널 가디언』은 1954년 3월 27일자 신문에서 이들 부부
의 이야기를 다루었고, 독자들의 개입과 재정 지원을 호소했다. 외국출생자
보호위원회와 관련된 자발적 조직인 곽씨 변호위원회Kwak defense committee
가 조직되었고, 이들은 1956년 1월까지 이 사건에 매달렸다.[109] 여론이 비등
해지자 연방법원은 1954년 4월 11일 잠정적으로 곽정순 부부를 남한으로
추방하지 말라는 금지명령에 서명했고, 이로써 추방이 연기되었다.[110] 그렇
지만 이들에게 남은 최상의 선택지는 남한이 아닌 다른 곳으로 출국하는 방
법이었다.

이들은 북한으로 가길 원했다. 체코에 남긴 곽정순의 기록에 따르면 처
음에는 인도를 경유하는 방법을 생각했고, 그다음에는 체코·폴란드·소련
을 통하는 방법을 대안으로 생각했다.[111] 이들은 1952년 5월 23일 체코 대사
관에 통과 비자를 신청했다. 이와 함께 폴란드와 소련에도 통과 비자를 신청
했다. 소련 대사관은 북한이 이들을 받아들일 경우에만 비자를 발급할 수 있
다고 답했고, 폴란드 대사관은 회답이 없었다. 이들의 요청을 전달받은 프라
하의 북한 대사관은 1953년 5월 20일 전쟁 중임을 이유로 이들의 신청을 기
각했다. 이에 따라 체코 정부도 비자 신청을 기각했다.

1954년 3월 29일 이들은 워싱턴의
체코 대사관을 다시 방문해 비자 발급을
거듭 요청하며, 자신들의 음악적 재능을
북한 인민과 정부를 위해 헌신할 수 있기
를 거듭 희망한다고 했다. 곽정순은 이승
만의 남한 통치를 공개적으로 계속 비난
했다. 1952년 제출한 비자 신청 편지에서
이들은 체코를 거쳐 북한에 들어간 사람
들의 사례를 언급했다. 2년 전에 체코를
통해 북한으로 입국한 이경선과 현앨리

그림 56 곽정순·이춘자 부부 추방 반대 포스
터 © AMFA

스의 사례, 그리고 1945년 이후 프라하에 거주하다가 북한으로 귀환한 한흥
수의 사례였다.[112] 곽정순과 재미한인들은 그들이 북한에서 숙청당한 사실
을 모르고 있었던 것이다.

1955년 2월 28일, 북한 대사관은 곽씨 부부에게 북한 입국을 허가한
다는 내용을 체코 외무성에 통보했다.[113] 북한이 왜 이런 조치를 취했는지
는 알 수 없다. 이후 체코 정부는 이들에게 비자를 발급했다. 미국 이민국은
1956년 1월 이들이 비자를 받은 체코로 떠날 수 있도록 허용했다. 마침내 곽
정순 부부는 1956년 1월 29일 유럽행 비행기를 타고 뉴욕을 떠날 수 있었
다.[114] 이들은 고투 끝에 북한으로 들어가는 험로를 뚫은 것이다. 여행경비는
외국출생자보호위원회가 제공했고, 유엔총회 회기 동안 이들을 위한 활동
이 벌어졌다. 결국 이민귀화국은 곽정순 부부가 미국을 떠나는 항공 여비를
지불했다.[115] 『내셔널 가디언』과 외국출생자보호위원회는 이들의 장도를 축
하하는 송별모임을 열어주었다. 이 자리에는 유명한 흑인운동가 두보이스
가 참석해 연설했다.

곽정순 부부는 1956년 2월 초 프라하에 도착해 2주 동안 체류했다. 프
라하에서 이들은 미국 출신 망명자 조지 휠러 부부의 환대를 받았다. 조지

휠러는『내셔널 가디언』의 프라하 통신원이자 뒤에 설명할 정웰링턴의 가장 가까운 친구였다. 이들은 1956년 2월 17일에 체코를 떠나 모스크바로 향했다.[116]

모스크바에 도착한 곽씨 부부는 1956년 2월 20일 자신들을 도와주었던『내셔널 가디언』지의 기자이자 이들보다 5개월 먼저 영국 런던으로 추방된 세드릭 벨프레이지에게 다음과 같은 편지를 썼다.[117]

우리는 미국을 떠나서 조금 유감입니다. 그렇지만 우리는 수많은 좋은 친구들을 남기고 떠나서 슬픈 감정을 감출 수 없습니다. 더 이상 미국 정부의 잔인한 손이 우리 목을 짓누를 수 없습니다. 미국에서 우리는 너무 자주 '자유세계'에 대해 말했습니다. 이제 우리는 자유세계의 공기를 진짜 맛봅니다. 우리는 당신과 모든 우리 친구들이 우리 힘의 근원이었음을 알아주길 바랍니다. 당신의 사랑과 격려가 없었더라면 우리는 고된 시련을 견뎌낼 수 없었을 것입니다. 이제 수년 만에 처음으로 우리에게 평화가 깃들었음을 느낍니다. 아마 가까운 장래에 당신이 조선을 방문할 수 있을 겁니다.[118]

이들은 희망에 가득 차 있었고, "진정한 자유세계"를 노래하면서 "수년 만에 처음으로 평화"가 깃들었다며 흥분된 감정을 감추지 못했다. 2월 26일 곽씨 부부는 역시 자신들을 도와준『내셔널 가디언』지의 제임스 애런슨 부부에게 편지를 썼다. 이들은 볼쇼이 극장을 구경하고 다양한 콘서트와 오페라를 보러 다녔다며 "아름다운 베르디"와 "우아한 모차르트"를 칭송했다. 열흘 동안 모스크바에 체류하는 동안 북한 대사관은 이들에게 필요한 모든 것을 제공하는 호의를 베풀었다. 이들은 원래 중국 베이징을 경유해『내셔널 가디언』의 통신원 이스라엘 엡스타인Israel Epstein을 만난 다음 평양에 들어갈 계획이었지만, 체코 비행기가 미군의 기구와 충돌해 추락사고가 발생한 탓에 2월 26일 저녁 기차를 타고 블라디보스토크를 거쳐 평양으로 직행하게 되었다.[119] 이들은 외국출생자보호위원회가 모금한 1,500달러를 가지고 "조선에서 재건이나 다른 원조"를 위해 사용할 계획이라며『내셔널 가디언』지 직원들에게 인사를 건넸다.[120] 그리고 이들의 희망과는 달리『내셔널 가디언』지와의 연락은 이것이 처음이자 마지막이 되었다.

이들의 운명은 체코에 도착한 순간 이미 결정되어 있었던 것과 다를 바 없었다. 이들이 체코에 도착하기 전후인 1956년 1월 14일과 2월 7일에 체코 주재 북한 대사 박성관Park Seung Kwan과 부관 김관석Kim Kwan Seok이 두 차례 체코 외무성을 방문했다. 곽정순의 미국 내 행적을 탐문하기 위해서였다. 체코 외무성은 워싱턴 주재 체코 대사관의 보고서 제14094호, 제14108호에 근거해 응답했다. 박성관 대사는 1948년에 이사민과 현미옥Sun Mi Ok이 프라하를 거쳐 북한으로 입국한 유사한 사례가 있음을 지적했다. 1956년 1~2월은 1955년 12월 평양에서 있었던 박헌영 재판이 끝난 직후였으므로, 이 질문의 예봉이 어디를 향하고 있는지 미루어 짐작할 수 있겠다. 박성관 대사는 박헌영의 반역 활동이 폭로된 이후 이사민과 현미옥이 그의 협력자로 드러나 체포되었다고 밝혔다. 나아가 그는 현미옥의 아들 정웰링턴이 체코에서 의학 공부를 위해 체류하고 있음을 지적하며, 정웰링턴이 어디에 있는지, 그가 외국과 접촉하고 있는지를 문의했다.[121]

평양에 도착한 이후 곽정순 부부의 소식은 완전히 차단되었다.『내셔널 가디언』지는 1957년 중국에서, 1958년에는 프라하, 런던, 스톡홀름 등에서 곽정순 부부의 행방을 탐문했다. 조선기자협회 중앙위원, 북한 평화위원회 수석대표인 조선문학자동맹 회장(한설야), 북한 교향악단 등에 문의했지만 회신을 받지 못했다. 이들은 소련 통신원인 윌프레드 버쳇Wilfred Burchett, 모니카 펠턴Monica Felton 등 공산진영과 김일성에게 신뢰받는 인물들을 동원해 김일성의 개인적 개입을 요청했지만 역시 회신은 없었다. 이들은 곽정순 부부의 실종에 대해 기사로 쓰겠다고 북한 당국을 위협했지만 소용이 없었다. 1959년 버쳇은 모스크바에서 곽정순이 평양외문출판사에서 일하고 있고, 이춘자는 음악학교에서 가르치고 있다는 북한 기자협회 중앙위원의 전언을 받았을 뿐이다. 곽정순이나 이춘자가 직접 쓴 편지는 단 한 번도 외부 세계에 전달되지 못했다.

실종 기사를 쓰겠다고 했던『내셔널 가디언』은 곽씨 부부가 평양에서 "미국의 비밀요원으로 발각되었을 가능성"을 우려했다. 부부의 안위를 걱정하던 사람들은 평양에서의 실종 기사를 묻어두고 말았다.[122]

체코로 추방된 전경준·송안나 부부

마지막으로 잘 알려지지 않은 재미한인 두 사람이 북한으로 추방되었다. 전경준과 그의 아내 송안나였다. 체코 외무성MZV: Ministerstvo zahraničních vecí 기록에 따르면,[123] 전경준은 1895년 3월 17일 북한의 강원도 토청Tauchung에서 출생했다. 그는 1910년까지 농업에 종사했고, 중국 북부에 화북으로 가서 역시 농업에 종사했다. 이후 시베리아로 건너가 철도와 임업 분야 등에서 일했다. 1차 세계대전 기간에 그는 소련 무르만스크에 체류했다. 그는 국제군에게 체포되었고, 소련을 떠나 영국군의 포로로 배속되었다. 이후 프랑스로 보내져 다른 한인들을 만났으며, 이들과 함께 프랑스 르아브르 항에 가서 부두화물 노동자가 되었다. 1920년 노동파업 이후 선원이 되었고, 미국으로 가는 화물선을 탔다. 1955년『독립』의 보도에 따르면 "그는 미국에서 피난처를 찾은 것이고, 선원으로 공식 검사 없이 이 나라에 입국"했다.[124] 그런데 전경준이 1920년 5~8월 사이 파리에서 뉴욕으로 입국한 사실은 이미 당시부터 재미한인 사회에 알려져 있었다.[125]

전경준은 1920년대 중반부터 뉴욕 재미한인 사회에서 활발한 활동을 벌였다. 1924년 독일에서 한국 유학생이 고학한다는 소식이 전해진 후

동정금을 모을 때 성금을 낸 기록이 있다. 체코 외무성 기록에 따르면 그는 1924년경 한국노동자상조회Korean Workers Benevolent Association를 조직했는데 이는 상호부조 조직이었다. 앞서 언급한 것처럼 북한의 이강국 기소장에 나오는 "뉴욕 조선인 노동자구락부"가 바로 이곳이었을 가능성이 높다.

1920년대 후반부터 1930년대 후반까지 전경준의 주요 활동무대는 국민회 뉴욕 지방회였다. 전경준은 1927년 국민회 뉴욕 지방회에 정식으로 입회했으며, 1929년 뉴욕 지방회의 서기가 되었고, 1930년에는 뉴욕 지방회 회장이 되었다.[126] 국민회에서 그의 입지가 1927~1930년에 수직적으로 상승한 것은 그만큼 그가 국민회 일에 열성적이었음을 보여준다.

체코 외무성 기록에 따르면 전경준은 1929년 미국공산당에 가입했다. 미국 내 그의 주요 활동은 국제노동보호International Labor Defense와 관련된 것인데, 이 조직은 외국 출신 국민을 보호하는 목적이 있었다.[127] 즉 전경준의 표면적 활동은 국민회 뉴욕 지방회였으며, 동시에 미국공산당 활동이 겹쳐 있었음을 알 수 있다.

1930년대 전경준은 현앨리스, 현피터 등 현씨 가문과 밀접한 관계였던 것으로 추정된다. 1950년대 정웰링턴이 체코 비밀경찰국에 진술한 바에 따르면, 현앨리스와 현피터는 1930년대 전경준의 뉴욕 집 지하실에서 6개월 동안 거주한 적이 있었다.[128] 전경준은 1937년 12월 뉴욕 한인연합중국후원회 상무위원에 이름이 올라 있었는데, 현피터는 뉴욕 후원회의 대표로 피츠버그에서 개최되는 미국인평화단체연합대회에 파견되었다.[129] 즉 전경준과 현피터가 뉴욕 중국후원회에서 함께 활동했던 것이다. 또한 1938년 국민회 뉴욕 지방회 임원 개선에서 현피터는 선전위원에, 전경준과 변준호는 위원에 임명되었고,[130] 전경준, 현피터, 변준호, 현폴은 원동특파원 경비를 납부했다.[131]

이후 전경준은 중국후원회-조선의용대 미주후원회-조선민족혁명당 미주총지부-『독립』에 적극적으로 참여했다. 그는 『독립』이 창간된 이후 라이노타이프 인쇄기의 식자공으로 일했다. 『독립』에는 그의 이름이 인쇄인 혹은 타자인으로 명기되었으며, 그는 1956년 폐간 때까지 『독립』에서 일했다. FBI 로스앤젤레스 지부의 정보 보고에 따르면 전경준과 부인 안나는 로스앤젤레스 공산당 당원이었다.[132]

그림 57 전경준·송안나 부부(1955년)
© K. W. Lee

전경준은 1955년 이민국 법정에 소환되었다.[133] 1955년 5월 『독립』에는 전경준 구명 기사가 실렸다. 이 기사는 『독립』이 직면하고 있는 위기의식을 보여준다.

독립신문의 스탭인 전경준John Juhn은 35년 이전에 미국에 왔다. 그는 한미 공동체의 존경받는 일원이자 훌륭한 작가이며, 노동조합의 활동적 성원이며, 본토 출신 미국인과 결혼했다. 전경준은 최근 35년 전 소위 "불법 입국"으로 체포되었다. 그는 다른 범죄로 기소되지 않았다.

비정상적 속도로, 당국은 청문회를 종결하고, 전경준이 추방 대상임을 발견하고, 즉각 남한으로 추방한다고 명령했다.

추방 명령은 전경준을 무덤 속에 놓는 것처럼 위험한데, 왜냐하면 그가 독립신문에 관계했고, 이 신문은 지속적으로 남한 이승만의 정책과 수단에 반대해온 한미신문韓美新聞이기 때문이다. 나아가 전경준은 남한 내 이승만에 반대하는 자신의 개인적 비판과 반대를 자유로이 표현했기 때문이다.

이런 이승만에 대한 명백한 개인적 반대 때문에 전경준은 만약 추방된다면, 육체적 박해에 직면해 거의 죽을 것이 확실하다. 그의 생명을 구하기 위해 가능한 모든 것을 하려고, 우리는 비상회의를 소집한다. 당신의 후원과 당신 친구의 후원이 이 사건에서 이민당국이 취하는 가공한 속도에 맞서기 위해 필요하다.

이 비상회의에 참가해서 전경준 사건에 대한 전모를 발견하기 바란다. 전경준의 생명을 구하기 위한 비상회의Emergency Conference to Save the Life of John Juhn 1955년 6월 8일 수요일, 오후 8:15, 장소: Star King Room, 2936 W. 8 Street(near Vermont Ave.)이다.[134]

전경준은 2차에 걸친 간단한 청문회 뒤에 1955년 5월 27일까지 추방한다는 최종 추방 명령을 받았다. 전경준은 추방 명령 후 15일 이내에 자신이 선택하는 나라로 떠나라는 최종 명령을 받았다. 전경준은 변호사를 통해 중화인민공화국으로의 출국 허가를 공식 요청했다. 전경준은 남한으로 추방될 경우 육체적 박해를 당하고 거의 추방될 것이라고 이민국에 청원했다.[135]

미국공산당과 연계된 외국출생자보호위원회 로스앤젤레스 지부가 이 사건에 개입했다. 이들은 전경준의 추방을 막기 위해 노력했다. 이들은 이민국이 전경준을 긴급체포해 한국행 배에 실어 추방할지 모른다고 우려해 연방법원에 불법금지청원을 제출하는 한편 긴급회의를 소집해 '전 동지 생명보호위원회'Committee to Save the Life of John Juhn를 조직했다. 또한 추방사건 진상과 전경준 약력을 출판해 미국 사회에 알렸다. 이들은 전화와 전보로 이민당국에 항의했고, 교회를 통해 상원의원에게 출국 정지를 요청하는 전보를 보내는 한편 수십 장의 항의 전보를 이민당국에 보냈다.[136]

전경준의 혐의는 35년 전 '불법입국'을 했다는 것이었다. 이에 대해 『독립』은 전경준이 35년 동안 준법시민이었고, 훌륭한 노동자로 미국노동조합연합AFL 타자원조합 조합원이었으며, 미국 출생 시민과 결혼했으나 동양인은 미국 시민이 될 수 없다는 '동양인배제법'Oriental Exclusion Law에 가로막혀 귀화할 수 없었다는 사실을 강조했다. 또한 그동안 출소出訴기한법이 전경준을 추방으로부터 보호했으나 1952년 통과된 매캐런-월터법이 거주 기간과 상관없이 전경준을 추방 대상으로 만들었다고 주장했다.[137]

1955년 6월 15일 이민국은 전경준 사건의 재심을 열었다. 전경준과 변호인들은 한국으로의 추방은 생명의 위험을 초래하므로, 중화인민공화국행을 공식 성명했으니 3개월을 기다린 후 중국행이 불가능할 경우 남한 형편 심사가 적당하다고 주장했다. 일단 전경준의 한국 추방 시도는 중단되었다.[138] 3개월이 지나자 이민국은 전경준의 출국 수속을 채근했다.[139]

전경준은 미국에서 태어난 안나 송Anna Song(결혼 후 안나 전Anna Juhn)과 결혼했다. 안나는 1908년 3월 24일 로스앤젤레스에서 출생했다. 부모는 하와이 사탕수수 노동자로 이민 온 한국인이었다. 그녀는 하와이의 다양한 곳에서 일했으며, 캘리포니아에 온 이래 노동조합 서기가 되었고 미국공산당 한국부의 성원이 되었다. 이민국 관리들은 전경준을 추방했지만, 미국 시민인 전안나는 추방하지 못했다. 전경준은 워싱턴 주재 체코 대사관에 자신과 아내의 정치적 망명을 요청했다.[140]

1957년 8월 9일, 체코 외무성의 관리Macuch와 북한 외교관 박일연은 전경준 문제를 비롯한 다양한 문제를 논의했다. 박일연은 전경준이 의심스럽다며, 북한은 그를 받아들일 수 없다고 주장했다. 체코가 전경준에 대한 비자를 거부해야 하는지 묻자, 박일연은 거부하는 편이 최상일 것 같다고 대답했다.[141] 그럼에도 적십자의 도움을 받아 전경준과 그의 아내는 1957년 9월 14일 체코에 도착했고, 이들은 1958년 12월 18일까지 체코 체류 허가를 받았다.[142]

프라하에서 전경준은 아내와 함께 인터나치오날 호텔Hotel Internacional, Hotel International에 거주했다. 그는 중앙체코통신Central-Czech press, Stredoceska tiskarna에서 일했고, 부인은 가정주부로 지냈다. 전경준은 체코에서의 체류와 활동에 만족했지만 정치적인 문제에는 관여하지 않았다. 공개적으로 그는 진보적인 것으로 보였으며, 서구 이데올로기를 전파하는 것 같지는 않았다. 그는 이따금 동료 정치 망명자인 조지 휠러와 만났다. 1958년 5월 이전 전경준은 공식적으로 북한 입국 비자를 신청했다.[143] 북한은 이전의 결정을 번복해 이들의 입국을 허용하지 않았다. 이에 따라 체코 정부는 이들에게 영주권을 주기로 결정하고 이들에게 적절한 영구 주거지와 직업을 찾아줄 것을 체코 적십자에 요청했다.[144]

전경준 부부의 이후 행적은 송안나가 전남편과의 사이에서 낳은 딸 임헬렌Helen Lim Kim을 통해 드러났다.[145] 송안나의 삶도 시대와 운명에 의해 출렁거렸다. 헬렌의 증언에 따르면 송안나는 불과 열네 살이던 1922년에 임성기林成基라는 30세 남자와 결혼했다. 임성기는 1892년 평남 강서군 태생으로 부유한 지주 집안 출신이었다. 그는 도산 안창호가 설립한 대성학교를 졸업한 안창호의 추종자였다. 그는 상하이로 밀항한 후 미국에 건너와 로스앤젤레스에서 도산 가족과 함께 생활하고 있었다. 그의 어머니 송원덕 역시 안창호의 추종자로 미국에 함께 건너와 캘리포니아 리버사이드, 디누바Dinuba, 맨티카Manteca에서 도산의 가족들과 지내며 과일을 땄다. 두 사람 사이에는 다이앤Diane이라는 딸이 있었다.

1925년 임성기와 송안나, 다이앤, 송원덕 등 전 가족은 한국으로 귀국했다. 임성기는 서양식 병원에서 일하며 송안나와 함께 중학교에서 영어를 가르쳤다. 송안나는 통역과 영어 타이피스트로 일했다. 1926년 둘째 딸 헬렌이 태어났고, 바람둥이였던 임성기는 집안의 하녀와 바람이 났다. 1927년 열아홉 살의 송안나는 남편과 이혼한 후 미국으로 돌아갔다. 첫째 딸은 사망했고, 둘째 딸 헬렌은 할머니 송원덕이 맡아 키웠다. 임성기는 새로운 여자와 함께 중국으로 떠났고, 그들의 딸 폴린Pauline도 할머니에게 맡겨졌다.

헬렌은 어머니와 아버지 없이 할머니 손에서 자랐다. 1939년 도쿄의 고등학교에 진학한 후 헬렌은 진남포 미인대회에 나갔고, 해방 후 최승희 무용학원에서 춤을 배웠다. 토지개혁으로 모든 것을 빼앗긴 헬렌은 1948년 월남했다. 1950년 헬렌은 해군사관학교 제1회 졸업생과 결혼했지만, 남편이 바람을 피우자 이혼을 선택했다. 헬렌은 1963년 어머니를 찾아 로스앤젤레스로 건너왔다. 어머니 송안나는 1955년 전경준과 함께 찍은 사진을 헬렌에게 보내준 적이 있었다. 헬렌은 송안나와 전경준이 1957년에 결혼한 것으로 기억했는데, 이는 결혼한 해가 아니라 이들이 함께 추방된 해였을 것이다. 1963년 헬렌이 로스앤젤레스에 도착했을 때 이미 송안나는 전경준과 함께 체코를 거쳐 북한에 들어간 후였다. 모녀는 그 뒤 다시는 만나지 못했다.

역사의 운명은 가혹한 것이었다. 딸은 공산주의 북한을 탈출해서 어머니를 찾아 꿈에 그리던 미국까지 왔는데, 같은 시기에 어머니는 미국에서 추방되어 공산주의 북한으로 들어갔던 것이다. 헤어져 살아온 모녀의 삶은 전혀 다른 궤적을 밟았던 것이다. 헬렌은 송안나의 두 번째 남편 전경준이 잘 알려진 반일 망명가이자 북한 출신 학생으로 자신이 태어난 강원도를 보고 싶어 북한으로 갔고, 송안나가 여기에 동행했을 것으로 짐작했다. 헬렌은 1965년 로스앤젤레스에서 로버트 김과 재혼했고, 시아버지로부터 국민회 새크라멘토 지부 회장 직위를 물려받았다.

헬렌은 계속해서 어머니를 수소문했다. 체코를 통해 북한에 여러 차례 편지를 보냈다. 그 결과 1967년 4월 송안나로부터 처음이자 마지막이 된 편지 한 통을 받았다. 편지는 헬렌과 사위 앞으로 되어 있었고, 체코의 제3자를 통해 전달되었다. 편지에 따르면 송안나·전경준 부부는 북한에 들어가 3년 동안 함흥에 거주했으며, 그 이후로는 사리원에서 살고 있었다. 무슨 일을 하는지는 적혀 있지 않았다. 그리움과 회한이 담긴 편지에서 송안나는 한때 자신이 살았고, 지금은 딸 헬렌이 살고 있는 삭도(새크라멘토)를 그리워했다. 찹수이 식당, 동양음식을 팔던 프리스코Frisco, 광동식 랍스터 요리, 이탈리아 저녁 등 맛있는 음식이 거론되는 송안나의 편지에서 그녀의 현실을 미루어 짐작할 수 있다. 편지 말미에 자신의 주소를 알려주면서도 그 주소로는 편지를 쓰지 말라고 신신당부했다. 모든 편지는 체코를 통해 여동생 마르타 Martha 앞으로 보내겠다며, 편지 내용은 "평범하고 간단하게 하지 않으면 내가 그 편지를 받지 못할 거야"라고 했다. 헬렌의 편지는 단 한 통만 송안나에게 전해졌다고 했다. 송안나의 편지에는 딸에 대한 애틋함과 미국에서 지냈던 생활에 대한 그리움, 두 남편을 따라 두 차례나 북한에 들어와 끔찍한 삶을 당면하게 된 자기 삶에 대한 회한 등이 배어 있었다.

그로부터 사반세기가 흐른 1991년에 헬렌은 어머니가 1967년에 보내준 편지 한 통을 손에 들고 어렵게 북한을 방문할 수 있었다. 편지의 주소로 기재된 사리원시를 찾았지만 어머니는 찾을 수 없었다. 15일짜리 방문에 2만 달러의 비용을 썼지만 그녀가 들은 이야기는 간단했다. 1968년 어느 날 정부 인사들이 찾아와 송안나와 전경준에게 좋은 옷을 입히고 좋은 차를 태워 멀리 데려갔다는 것이다. 이 부부가 입양한 딸은 두고 갔지만, 그 딸도 어떻게 되었는지는 알 수 없었다. 전경준과 송안나는 이렇게 북한에서 사라져갔다.

60세에 추방의 기로에 선 신두식

신두식申斗湜은 1950년대 사상 문제로 미국에서 추방의 위기를 겪은 가장 나이 많은 재미한인 인사였다. 그는 상하이 임시정부에서 내무부 비서국장을 역임한(1920년 3월 4일~5월 20일) 독립운동가 출신이자 국민회의 중견인물로『신한민보』주필을 지낸 적이 있다. 나이와 사회적 위상을 고려할 때 신두식의 사례는 냉전 시기 재미한인 사회에서 '추방'deportation의 공포가 어떠한 위력을 발휘했는지, 그리고 미국이 '공산주의자'로 의심되는 사람들을 어떻게 다루었는지를 보여주는 대표적인 실례가 되었다.

신두식은 60세의 나이에 자신이 한 발언 때문에 추방 위협을 당했고, 냉전시대 미국 이민국이 가지고 있는 공권력의 자의적 해석에 따라 농락당했다. 그것은 소수민족의 비시민권자에게 가해진 공포의 과정이었다.

신두식은 1920년 12월 19일 샌프란시스코에서 흥사단에 입단했는데(123단우), 이때 작성한 이력서에 근거해 그의 약력을 정리하면 다음과 같

다.[146] 신두식은 1896년 2월 12일 평안남도 평원군平原郡 숙천면肅川面 통덕
리通德里에서 출생했다. 1904년부터 1907년까지 고향에서 한문을 공부했
고, 1908년 서울에 올라와 1908년부터 1910년 사이에 서북 협성학교協成學
校와 오성학교五星學校를 졸업했다. 1911년 오성학교에서 산술算術을 가르쳤
고 보성전문학교에서 법률을 수학했다. 1913년 서간도로 건너간 신두식은
서간도 신흥강습소에서 6개월 동안 산술·대수·외국 지리를 가르쳤으며,
1914년까지 봉천성 유하현柳河縣에 거주했다. 1917년 상하이에 체류했고,
1919년 봉천(선양)에 거주했다. 1920년 당시 가족은 부친 신현덕申鉉德(47
세), 모친 박씨(49세), 동생 신규식申奎湜(23세)과 신태식申台湜(14세), 부인 오
숙오吳淑吳(27세), 딸 신몽학申夢鶴(7세), 아들 신오조申吳祖(2세) 등이 있었다.
미국에는 단신으로 건너갔고, 1920년 이후 가족들과 상봉하지 못했다.

『용의조선인명부』에 따르면 신두식은 1918년 8월 독립운동을 하기 위
해 남만주로 건너가 독립운동단체에 투신한 것으로 나온다. 다른 이름은 신
두창申斗昌, 신두식申斗植, 황학명黃鶴明 등이었다. 신두식은 구국모험단救國冒險
團에 들어가 이탁李鐸의 지시에 따라 전일田一 등과 함께 일제 고관 처단과 관
청 파괴에 사용할 폭탄을 제조하다가 1919년 9월 15일 봉천성 천성여관天城
旅館에서 폭탄 하나가 터지는 바람에 미수에 그친 바 있다.[147] 이 사고로 전일
은 사망했다. 신두식은 1920년 3월 4일부터 5월 20일까지 상하이 임시정부
내무부 비서국장으로 활동했다. 『안창호 일기』安昌浩日記에 따르면 신두식은
1920년 여러 차례 안창호를 찾아와 시국에 대해 이야기했고, 도산은 그에게
정부 내에서 일할 것과 흥사단 가입을 권유했다.[148]

신두식은 1920년 12월 4일 시애틀을 통해 미국에 입국했다.[149] 그는 중
국에서 황학명으로 개명하고, 중국에 입적해 미국행 여권을 획득했다. 샌
프란시스코로 건너온 직후인 12월 9일에 흥사단에 가입했고, 곧 국민회 회
원이 되었다. 1922년 8월부터 12월까지 캘리포니아 대학 캘리리오 중학교
를 다녔다.[150] 신두식은 캘리포니아 주 태프트에 거주했고, 석유회사 스탠

더드오일에 다니다가 인원 감축으로 실직하고
1932년 로스앤젤레스로 이주했다.[151] 신두식
은 1935년 3월부터 1938년 말까지 만 4년 동안
『신한민보』 주필을 맡았다.[152] 전임 주필 백일
규는 신두식이 "박사와 학사의 학위는 없지만
은 박언博言 박사博士라고 하여도 과언이 아니다"
라며 그를 '청년재사'로 소개했다.[153] 신두식은
30대 후반부터 40대 초반까지 『신한민보』와

그림 58 신두식(흥사단우 사진)
© 도산안창호선생기념사업회

국민회에 헌신한 것이다. 1937년 국민회 중앙집행위원으로 선출되었고,[154]
1941~1944년 재미한족연합회에 파견될 국민회 대표로 선출될 정도로 헌
신적이고 명망 있는 회원이었다. 신두식이 『신한민보』 주필로 있는 동안 중
일전쟁이 발발했고 김강, 이경선, 강영승 등 진보적 목소리가 『신한민보』를
통해 확산되었다.

　다른 한편 신두식은 1939년 10월 로스앤젤레스에서 이득환, 변준호,
최능익 등과 함께 중국피난민후원회를 조직했으며, 1941년 2월 조선의용대
미주후원회로 변경해 활동했다. 그는 1943년 『독립』 발기인으로 참여했고,
1944년 민족혁명당 미주총지부 집행위원(정치부)으로 선출되었다. 즉 태평
양전쟁기 재미한인 진보진영에 가담했던 것이다. 조선민족혁명당 미주지부
와 『독립』에 대한 미국 한인 사회 내부의 반발과 반대가 심해지자, 1944년
2~3월 국민회 로스앤젤레스 지방회, 오클랜드 지방회 등은 신두식과 장세
운이 "정치단체의 이중회원"이자 "불충분자"라며 두 사람을 재미한족연합
회 대표에서 소환해야 한다고 주장하기 시작했다.[155] 국민회는 신두식과 장
세운을 재미한족연합회 대표에서 소환했고, 신두식과 장세운 등은 1944년
5월 국민회 중앙집행위원직을 사임했다.[156]

　신두식은 1944년 10월 주미외교위원부 개조를 위한 재미한인 전체
대표회에 조선민족혁명당 미주총지부의 대표로 참석했다.[157] 그렇지만

1944년 말 주미외교위원부 파란으로 민족혁명당 미주총지부가 분열되었을 때 신두식은 김강, 이경선과 함께 임시정부 지지를 표방했고, 그 결과 사실상 민족혁명당 미주총지부에서 축출되었다. 충칭의 김규식, 김원봉은 신두식을 위원장으로 당 재편을 요구했지만, 축출된 김강, 이경선, 변준호는 1945년 1월 초 OSS에 입대한 상태였다.[158] 즉 신두식에게 1944년은 시련의 해였다. 오랫동안 헌신해왔던 국민회에서 축출되었고, 그 대가를 치를 정도로 자신이 애정을 쏟았던 민족혁명당 미주총지부에서도 사실상 축출되고 말았던 것이다. 그의 절친한 동료들은 모두 재미한인 사회를 떠나 미군에 입대해버렸다.

신두식은 1945년 7월 샌프란시스코 한국방송국에 취직했다.[159] 이는 〈미국의 소리〉 방송을 의미했다. 1947년 국무부 직원록에 따르면 신두식 Doo-sik Shynn은 국무부 국제방송국 극동과 소속으로 되어 있다.[160] 신두식은 1949년 해고될 때까지 〈미국의 소리〉에서 일했다.[161]

신두식은 1948년 11월 이사민·선우학원이 김일성·박헌영에게 보낸 편지에서 '조선당 대표 동지'로 언급한 7인 중의 한 사람이었다.[162] 그는 곽정순과 함께 뉴욕 대표로 되어 있는데, 신두식은 곽정순과 〈미국의 소리〉 방송에 함께 근무한 사이였다. 선우학원은 신두식에 대해 "상하이에서 미국으로 이민한 학자였고, 한인 교포 중에서 마르크스주의에 대한 지식을 가진 분으로 독특한 존재였다"라고 평했다.[163] 한국인으로 추정되는 비밀정보원은 신두식과 곽정순이 뉴욕 지역에서 공산주의의 영향을 받은 한국인이라고 FBI 뉴욕 지부에 보고했다.[164] 1949년 〈미국의 소리〉에서 해고된 신두식은 시애틀로 이주해, 1950년 7월 당시 최봉윤과 이창희가 소유하고 있는 체리호텔Cherry Hotel의 직원 겸 임시 매니저로 일하고 있었다. 시애틀 거주 한국인역시 신두식이 공산주의자임을 자인했다는 정보를 FBI 시애틀 지부에 전달했다.[165]

1954년 7월 19일 이민국은 신두식에 대한 체포영장을 발부했다. 그의 혐의는 이민귀화법 제265조 위반이었는데, 이는 미국 거주 외국인은 매해 1월 30일 이내에 자신의 거주지를 보고할 의무를 명시한 조항이었다. 신두식은 1953년 혹은 1954년에 주소지를 제출하지 않았다. 이민귀화법 제266조에 따르면 합리적 설명 없이 고의로 주소지를 보고하지 않은 외국인은 추방할 수 있다고 되어 있었기 때문에, 신두식의 주소지 미제출은 추방 사유에 해당했다. 그런데 이민국에서 열린 청문회에서 돌연 주소지 미신고 혐의가 아니라 공산주의 옹호 외국인이라는 혐의로 바뀌었다. 즉 신두식은 "세계 공산주의의 경제적, 국제적, 행정적 교리를 옹호하거나 미국에 전체주의 독재 수립을 옹호하는 외국인"으로 규정된 것이다.

신두식에 대한 이민국의 청문회는 1955년 7월 24일과 1955년 11월 3일에 개최되었다.[166] 신두식은 청문회 과정에서 이민국 관리의 질문에 잘못 응대했다. 그는 가난했기 때문에 변호사의 도움 없이 진술하기 시작했고, 이민국 청문회의 법률적 의미를 정확히 이해할 수 없었다. 이민국 특별조사관은 청문회에서 신두식의 진술을 토대로 그의 공산주의 관련 사실을 다음과 같이 정리했다.

그는 러시아혁명의 영향으로 1920년대 초반부터 마르크스주의 사회이론을 연구하기 시작했으며, 현재까지 마르크스주의의 옹호자이다.

그는 1938~1940년간과 태평양전쟁 기간 동안 공산주의자들과 친밀하게 지냈으며, 공산주의자 모임에 참가했다.

그는 공산주의자들의 목적에 기여했으며, 1944~1945년간 공산당의 도구인 캘리포니아 노동학교California Labor School에 참석해서 마르크스주의에 대해 강의했다.

그는 서해안 공산당의 공식 기관지로 하원 비미활동조사위원회가 인정한 (1944. 3. 29) 『피플스 월드』Peoples World를 구독했다.

그는 북한 정부를 공산주의자가 지도하는 것으로 생각하며, 남한보다 북한 정부를 선호한다.

그는 중국 공산정부가 중국 인민들에게 좋은 정부라고 확신한다.

그는 러시아 공산정부가 러시아 인민들에게 좋은 정부라고 확신한다.

그는 자주 만나는 다른 공산주의자들이 자신을 공산당원이라고 믿는 사실을 인정하면서도 자신은 공산당 당원이었던 적이 없었다고 한다.

그는 여전히 마르크스주의에 대한 확신을 유지하고 있다.[167]

이에 근거해 이민국의 특별조사관은 신두식이 한국 출생으로 중국에 귀화한 외국인이며, 1920년 12월 1일 미국에 상륙했고, 거주하는 주소를 고지하지 않은 사실의 의도성은 없으나, 스스로 마르크스주의와 변증법적 유물론을 신봉하고 있다고 자인했으며, 공산주의의 세계 확산을 선호하고 있음을 옹호하고 주장하는 한편, 공산주의자들과 교류하며 공산주의자들의 동기에 기여하고, 공산주의자들의 목적에 동정하고 있다고 결론지었다. 이에 따라 1955년 11월 10일 이민국 특별조사관은 이민귀화법 제265조 위반(주소지 미신고)은 배제하고, "세계 공산주의의 경제적, 국제적, 행정적 교리를 신봉하는 외국인"으로 신두식을 규정하고, 그를 미국에서 추방할 것을 명령했다.[168] 이민국 특별조사관은 신두식의 나이(59세)와 오랜 미국 체류 기간을 생각해, 추방 정지나 자발적 출국 같은 재량적 구제 방안을 고려했지만, 비밀보고서에 근거해 신두식이 재량적 구제를 신청할 경우 이를 거부해야 한다고 보고했다.[169] 추방 명령은 1955년 11월 14일 워싱턴 주 시애틀 이민국을 통해 신두식에게 전달되었다(1955년 11월 16일).

신두식은 항소하는 한편 홍콩을 통해 중국 본토행을 요청했다. 시애틀 이민국의 신원확인서(1955년 12월 6일) 양식에 기입한 바에 따르면, 신두식은 중국에 귀화한 중국인이므로 홍콩을 거쳐 중국으로 가겠다고 했는데,[170] 시애틀 이민당국은 샌프란시스코 한국 총영사관에 신두식이 북한행을 희망하니 그에게 한국 여권을 발급해달라고 요청했다(1955년 12월 6일).[171] 이에 따라 주영한 총영사는 신두식을 '대한민국'으로 여행할 수 있게 하는 임시여행권을 발급했다(1955년 12년 12일).[172] 이민당국은 한국 정부의 수중에 신두식을 넘기려고 한 것이었다.

1956년 1월 6일 신두식은 뒤늦게 변호사 없이 행해진 청문회가 '공정한 절차를 결여'했다고 항소했다. 신두식의 변호인은 함께 제출한 그의 선서진술서(1956년 1월 20일)를 통해 그에게 적용된 다양한 혐의들이 과도한 것이며, 세계 공산주의 교리를 옹호하지 않았고, 공산당원인 사실이 없다고 항변했다.[173] 신두식은 일주일에 50달러의 수입으로는 변호사를 고용할 수 없었기에 변호사 없이 청문회에 출석했고, 그에게 적용된 모든 혐의는 그 자신의 입에서 나온 증언 때문인데, 자신의 영어 억양 때문에 진술이 오독되었다고 주장했다.

신두식에 대한 청문회는 1956년 3월 19일에 재개되었다. 신두식의 변호인은 그에게 적용된 두 가지 혐의, 즉 주소지 변경 사실의 미기재 혐의와 국제공산주의 옹호자라는 혐의에 대해 항변했다. 변호인은 신두식이 공산주의를 신봉해서 활동한 증거도 없이 그의 발언을 곡해해 추방할 수는 없다고 주장했다. 또한 이민국 조사관이 사전 예단을 가지고 신두식의 발언을 종합했다고 주장했다. 청문회에서 변호인은 신두식의 성명을 낭독했다.

이제 나에게는 돈, 집, 국가, 그리고 아무도 남아 있지 않다. 나는 늙고 병들었다. 나는 어떤 책이나 팸플릿도 쓴 바가 없으며 잡지나 신문에 내 기사를 투고한 적도 없다. 나는 이 나이가 되도록 단지 한두 번 정도 대중연설을 했을 뿐이다. 나는 설거지를 하면서 내 몸과 마음을 닦고 있다. 나는 내 인생이 낭비되었다는 것을 깨달으며 때때로 왜 내가 안 죽는지 의문을 갖는다.[174]

3월 27일 신두식의 변호인단은 추방 절차의 중단을 요구하는 소장을 제출했다.[175] 1956년 4월 26일 미국 법무부 이민항소위원회Board of Immigration Appeals는 제시된 증거만으로는 신두식이 '세계 공산주의 독재'를 옹호한다고 볼 수 없다며 항소를 받아들였다.[176] 항소위원회의 판단은 다음에 근거한 것이었다. 첫째, 신두식에 대한 유일한 증거는 그의 발언뿐이다. 둘째, 신두식은 마르크스주의 철학을 신봉하지만, 그가 이민법에서 규정하고 있는 '전체주의 공산독재'를 선호한다는 발언을 한 적은 없다. 셋째, 신두식이 신봉하는 공산주의 형태는 러시아의 공산주의와 다르다. 넷째, 신두식은 평화적으로 정부 교체가 불가능하면 인민들이 무력으로 정부를 바꿀 수 있다고 발언했지만, 이것이 법에 규정된 '특정한 국제적 운동에 의한 전체주의 독재정부 수립'을 옹호한 것은 아니다.

결론적으로 이민국이 제시한 증거만으로는 신두식이 '어떤 나라에서 전체주의 독재를 수립'하는 것을 신뢰하거나 옹호했다는 사실을 입증하지 못한다고 판단했다. 즉 법률에서 규정하는 '세계 공산주의'를 신두식이 옹호했다고 볼 수 없다는 판결을 내린 것이다. 이렇게 해서 신두식에 대한 이민당국의 추방 시도는 일단락되었다.

이민국 청문회에서 낭독된 성명처럼 신두식은 늙고 병들었으며, 혼자 설거지를 하면서 한탄을 해야 했다. 그에겐 아무것도 남아 있지 않았다. 일제를 향한 폭탄의거의 열정이나 상하이 임시정부의 찬연했던 기억,『신한민보』와 국민회에서의 청춘,『독립』과 재미한인 진보진영의 활력은 사라졌다. 그를 이끈 대의가 분열과 절망 속에 흩어졌으며, 그의 친구와 동지들은 자발적으로 혹은 강제적으로 북한으로 향했고, 거기서 사라져갔다. 그에겐 그저 노인의 한탄과 회한의 시간만이 남아 있었다.

1948년 이사민·선우학원의 편지에 등장하는 '조선당 대표 동지' 7명의 운명은 이렇게 종결되었다. 현앨리스와 이사민은 북한에 들어갔으나 미국의 간첩으로 몰려 비극적 운명을 맞았다. 김강 부부와 곽정순 부부는 희망에 부풀어 체코를 거쳐 북한에 들어갔으나 소식이 두절되었다. 체코까지 갔던 선우학원은 한국전쟁 직전 미국으로 돌아왔고, 비미활동조사위원회 청문회에 소환되었다. 그는 체코에서 공산주의의 실상과 진실을 깨달았다며 적극적으로 협력한 결과 추방되지 않았다.[177] 신두식은 60의 나이에 여러 해 동안 추방 공포에 시달려야 했다. 마지막 남은 사람은 변준호였다. 그는 한국전쟁 이후 침묵을 유지했고, 어느 순간 재미한인 사회에서 사라졌다. 그는 청문회에 소환되거나 추방 절차에 당면하지 않은 유일한 사람이었다.

에필로그

어떤 죽음

그림 59 정웰링턴 © Nora Wheeler

정웰링턴, 세상을 버리다

— 1963년, 체코

1963년 10월 28일 체코의 수도 프라하에서 서쪽으로 171킬로미터 떨어진 인구 1만 5,000여 명의 소도시 헤프Cheb에서 젊은 외과의사가 독극물을 삼켰다. 36세의 정웰링턴은 헤프와 인근의 카를로비바리Karlovy Vary에서 외과의사 겸 임상연구원으로 일하고 있었다. 그는 체코 독립 45주년을 기념하는 날, 고통스러운 삶을 고통스럽게 끝냈다.[1]

11월 1일 헤프에서 44킬로미터 북동쪽에 위치한 아름다운 휴양 도시 카를로비바리의 화장장에서 장례식이 치러졌고, 웰링턴은 다음 날 화장되었다. 쓸쓸하고 간단한 이별이었다. 3개월 뒤인 1964년 2월 5일에야 체코인 아내가 그의 유골함을 인수했다. 현앨리스의 유일한 혈육은 한 줌의 재로 사라졌다.

한국 땅에서 잉태된 그는 어머니 현앨리스의 태중에 실려 태평양을 건넜고, 1927년 하와이에서 태어났다. 하와이와 로스앤젤레스에서 교육받았으며, 의사의 꿈을 품고 1948년 대서양을 횡단했다. 그는 희망과 절망이 교차하는 외로운 투쟁을 계속했지만 결국 1963년 36년의 신산한 삶을 스스로 마감했다. 그의 어머니 현앨리스가 북한에서 처형된 지 7년째 되던 해였다. 그는 태평양과 대서양의 어느 쪽에서도 안식을 얻지 못했다.

정웰링턴이 세상을 버린 지 몇 개월 뒤 로스앤젤레스의 가족들은 그의 비극적 최후를 알게 되었다. 로스앤젤레스의 가족들은 낙담하고 절망했다. 1948년 희망에 부풀어 프라하로 떠났고, 1955년 고투 끝에 의과대학을 졸업해 외과의사가 되었던 자신들의 사랑하는 손자이자 조카 윌리가 자살로 생을 마감했기 때문이다. 가족들은 현앨리스가 평양에서 체포되어 이강국·박헌영 재판 과정에서 '미 제국주의의 스파이'로 처형되었음을 알고 있었다. 불행은 혼자 찾아오지 않았다. 한때 체코 프라하는 사회주의 이상향 '평양'으로 통하는 희망의 관문으로 빛났지만, 이제는 앨리스와 윌리의 부고를 전달하는 하데스의 다른 이름이었다.

로스앤젤레스의 가족들은 미국공산당에 청원서를 썼다. 체코 공산당에게 정웰링턴 자살의 진위와 경위를 문의해달라는 것이었다. 가족들의 부탁을 받은 미국공산당 남가주 지구 위원장 도로시 힐레이Dorothy Healey, Chairman of Southern California District, Communist Party, USA는 1963년 12월 15일 미국공산당 지도자 거스 홀Gus Hal에게 다음과 같은 문서를 전달했다.

정웰링턴 박사는 1963년 10월 28일 자살로 사망했다. 그의 마지막 주소는 체코슬로바키아 헤프 에른스타 탈마나프Ernsta Thalmanaf Cheb였다.

[현순]은 신경쇠약으로 입원해 있다.

정 박사는 현앨리스의 아들이며 [현피터]와 [현데이비드]의 [조카]이며 미국 시민으로 출생했다.

정 박사는 1948년 의학을 공부하기 위한 청년학생이자 젊은 전투적 진보주의에 헌신적 열정을 품고 체코슬로바키아로 이주했다.

그의 어머니 현앨리스는 그를 쫓아 체코슬로바키아로 갔는데, 체코에서 북한으로 입국하길 희망했다. 그녀는 대략 6개월 전후로 북한 입국을 허락받았다. 후에 그녀가 반역행위로 북한 정부에 의해 체포·처형되었다는 미확인 보고가 미국에 들어온 바 있다.

그의 가족들은 정 박사와 최소한의 서신만을 주고받았는데, 한국전쟁 이전, 와중, 그리고 이후에 FBI가 국내에서 그의 가족들을 괴롭혔기 때문이며, 그 이후에는 국제적 분쟁 등에 대한 두려움 때문이었다.

1960년경 서신이 도착했는데, 그의 편지들에서 다음과 같은 상황들이 피력되었다.

1   그는 체코슬로바키아에서 극도로 불행하며 미국으로 돌아오길 희망

했다.

2 그는 의심스러운 인물로 간주되었으며, 북한 학생들에 의해 배척당했다. 의심의 정도는 이러했는데, 그는 우수한 의료기관에 임명될 희망이 없으며, 그를 그런 곳에 추천하는 사람은 누구나 위험을 감수해야했다.

3 그는 과학적인 의학 연구·조사를 시도했지만, 그의 직업 세계로부터 격려와 도움을 거의 받지 못했다.

4 그는 당면하는 인종적 편견에 불쾌해했다.

5 청년의 모든 열정과 헌신이 좌절되어서 그는 삼촌에게 보내는 편지에서 자신의 유언을 말한 것으로 보인다: "세계는 혼란스럽다, 가족은 혼란스럽다, 그래서 무언가가" 그를 부러뜨렸다.

상기 정보의 대부분은 명확한 결론, 확증적이거나 솔직한 슬픔을 드러내지는 않는다.[2] ([ ]는 인용자의 추정)

신경쇠약으로 입원한 사람은 다름 아닌 현앨리스의 아버지이자 정웰링턴의 외할아버지인 현순 목사였을 것이다. 1879년생인 현순은 이미 74세가 넘은 상태였다. 자랑스럽게 여기던 딸은 1956년 북한에서 처형되었고, 같은 시기 아들들은 하원 청문회에 소환되어 공산주의자라고 비난받거나 추방 위협에 시달려야 했다. 이제 사랑하는 외손자가 체코에서 자살했다는 비보가 전해진 것이다. 조국의 운명과 관련해 식민지 – 분단 – 전쟁으로 이어지는 오랜 풍상과 우여곡절을 겪었지만 자손들의 비참한 최후는 더욱 감내하기 힘들었을 것이다.

가족의 청원서를 미국공산당에 전달한 도로시 힐레이는 "이 문제에 관한 답변을 받지 못한다면, 우리는 이 가족 중 다른 누군가가 자살을 기도한다는 소식을 듣게 될 것입니다"라는 의견을 덧붙였다.[3] 현순의 상태를 의미하는 것이었다.

　도로시 힐레이의 문서는 곧바로 FBI의 수중에 들어갔고, 이 정보는 1963년 12월 31일 시카고 지부를 통해 FBI 국장에게 보고되었다. FBI는 미국공산당을 감시하는 과정에서 웰링턴에 관한 정보를 입수했다. 에드거 후버 FBI 국장은 1964년 1월 7일 웰링턴의 죽음 관련 정보를 CIA 국장에게 전달했다. 후버는 이 문서에 덧붙이기를 웰링턴의 어머니인 현앨리스는 1946년 하와이 공산당의 당원으로 알려져 있으며, 아버지 정준은 1948년 현재 한국에 거주하는 것으로 안다고 썼다.[4] 웰링턴뿐 아니라 현앨리스와 정준에 관한 정확한 정보를 가지고 있다는 점은 FBI의 놀라운 정보력과 사찰 능력을 보여주는 것이었다.

　1960년 웰링턴이 미국의 가족에게 쓴 편지가 과연 유서였는지 알 수는 없다. 다만 그가 체코 사회에서 완벽하게 고립되어 있었으며, 의사라는 직업세계에서도 배척당하고, 북한 유학생들로부터 따돌림을 당하며, 인종적 편견과 아마도 '사상적 의심'을 당하는 처지였음을 알 수 있다. 그는 미국으로 돌아오길 희망했지만, 1956년에 스스로 미국 국적을 포기한 바 있다. 그에게 도피처나 탈출구는 존재하지 않았던 것이다. 어머니와 함께 꿈꾸었던 사회주의 북한을 향한 그의 열정과 헌신은 좌절되었고, 그는 완전히 길을 잃었다. 좌절 속에 의지할 수 있는 가족들은 대서양 건너편에나 존재했다.

　1948년 체코에 도착한 웰링턴은 1963년 자살로 생을 마감하기까지 만 15년간 체코에 거주했다. 1949년부터 1955년까지 그는 프라하 찰스 대학 의대를 다녔고, 마침내 소망하던 외과의사가 되었다. 그러나 그는 자신이 원하던 북한에 들어가 어머니와 합류할 수 없었다. 그는 미국으로 돌아갈 수도 없었다. 그곳에서는 외삼촌들이 청문회에 소환되어 공산주의자냐는 힐문을 당하는 동시에 추방 절차로 고통을 당하고 있었다. 그는 출생의 시민권을 보유한 미국이나 정신의 모국으로 지향하던 북한 그 어디로도 돌아갈 수 없었다. 그는 어느 쪽에도 속하지 못했고, 어느 쪽에서도 환영받지 못한 존재였다. 그는 냉전이 뿜어내는 극한의 냉기에 완벽하게 얼어붙은 상태였다. 그가 발을 붙인 체코에서 삶은 생존을 위한 고투 그 자체였다. 1956년부터 1963년까지 그는 체코와 슬로바키아의 여러 지역에서 의사와 연구원으로 일했다. 그는 체코 여성과 결혼해 가정을 이루고 딸을 두었으나 행복과는 거리가 멀었다. 이제 우리는 지금까지 살펴본 모든 비극의 마지막 퍼즐을 완성하는 체코에서의 웰링턴의 삶을 간단히 복기할 차례다.

1948년 체코에 도착한 정웰링턴은 5개월 동안 체코어를 배웠다. 그는 1949년 2월 찰스 대학 의대에 입학을 신청했다. 그는 5월에 입학해서 1949년 가을에 1학기를 수강하는 것을 조건으로 입학할 수 있었다. 1949년 11월 어머니 현앨리스가 평양으로 떠난 후 그는 체코에 홀로 남아 학업을 계속했다. 그의 목표는 찰스 대학 의대를 졸업해 외과의사가 된 후 북한으로 들어가 어머니와 합류하는 것이었다. 정웰링턴에 대한 지속적 정보를 체코 비밀경찰국에 전달한 로즈 라부트Rose Lavoott에 따르면, 그는 "졸업 후 1년간 프라하에 머물며 병원에서 인턴을 끝마친 후" 북한으로 가고 싶다고 했다. 그는 몇몇 친구들에게 자신이 졸업한 후 1~2년 안에 체코를 떠나 북한에 갈 것이라는 얘기도 했다.[5]

정웰링턴은 1949년부터 1955년 최종 국가시험에 합격할 때까지 찰스 대학 의대에서 수학했다. 그는 1950년 2~10월 동안 수강과목 시험을 쳤는데 대부분 B학점 또는 C학점을 받았다. 1951년 가을학기 동안 학비와 국제학생연맹 참가로 잠시 휴학한 것을 제외하고는 학업에 열중했다. 1952년 봄학기에 복학한 후 그의 성적은 '최우수'와 '우수'를 기록했다. 1954년 가을학기까지 그는 다양한 의학부 시험을 통과했다. 1954년 11월 그는 프라하 제4아동병원the Fourth Children's Clinic in Prague에서 인턴 생활을 했다. 병원에서 바이러스성 간염에 감염되어 치료를 받은 후, 부족한 인턴 기한을 보충하기 위해 슬로바키아 마르틴Martin, Slovakia의 국립지구병원a district center for national health에서 일했다. 마침내 1955년 2월 정웰링턴은 외과 질병, 산과학

과 부인과학, 내과 질병, 마르크스·레닌
주의 원리에서 최종 국가시험에 합격해
수료증을 받았다. 이후 공식적으로 의대
를 졸업해 의사 자격을 땄다. 체코에 입국
한 지 7년 만의 성취였다.

정웰링턴은 학업과 함께 많은 일을
시도했다. 첫째, 그는 다양한 국제회의
에 참가했다. 1949년 4월 어머니 앨리스
와 함께 세계평화회의 프라하 대회에 옵
서버로 참석했고, 1950년 8월 제2차 세
계학생대회the Second World Student Congress;

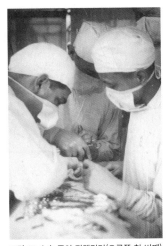

그림 60 수술 중인 정웰링턴(오른쪽 첫 번째)
© Nora Wheeler

the World YMCA meeting에도 옵서버로 참석했다. 그는 북한 대표로 출석한 강북
Kan Buk 중령과 김봉운Kim Pon-Un 등과 접촉하려 했지만, 공식 정치조직과 연
관이 없어 성공하지 못했다. 북한 대표단은 "그를 저어하는 눈치였고, 그는
이런 태도에 언짢아했다. 그는 그들의 태도에 기분 나빠했다. 그는 대표단원
중 한 명에게 자신의 만년필을 제공하려 했지만 정중하게 거절당했다."[6] 한
국전쟁 중이었으므로 북한 대표단은 경직된 태도를 취했을 가능성이 있으
며, 정체불명의 정웰링턴에게 경각심을 가졌을 가능성이 높다. 전시 『로동
신문』에는 제2차 세계학생대회에 관한 4건의 기사가 보도되었지만, 웰링턴
의 이름은 언급되지 않았다.[7] 그는 1950년 여름 체코공산당이 주최하는 '평
화열차'Train of Peace에도 탑승했다. 이는 30개 나라에서 온 200여 명의 학생
들이 체코를 횡단하는 일종의 선전 열차였는데, 그는 국제사회나 사회주의
동지들과의 다양한 접촉을 원했던 것으로 보인다.

둘째, 정웰링턴은 프라하의 외국인 사회와 교류했다. 1951년 가을 그는
휴학한 후 국제학생연맹International Union of Students의 언론부에서 일하며 학
비를 조달하는 한편, 유고슬라비아 출신 캐나다인 유본Yvonne과 잠깐 데이

트하기도 했다. 그는 또 체코 미국망명자협회Association of American Refugees in Czechoslovakia의 서기로도 일했다.

체코에서 웰링턴이 가장 친밀하게 지낸 것은 조지 휠러 가족이었다. 조지 휠러(1908년 5월 22일생)와 엘리노어 휠러Eleanor Wheeler(1907년 7월 9일생) 부부는 1947년 체코에 망명한 미국 관리 출신이었다. 이들의 망명은 체코와 공산진영에 일종의 정치적 승리로 해석되었고, 이후 이들은 공산진영의 중요한 선전 도구가 되었다. 이들은 1940년대 후반 체코에서 가장 유명한 외국인이었다. 조지 휠러는 거시경제학 교수로 경제과학대학 강사University of Economic Sciences, Faculty of Macroeconomics로 채용되었고, 엘리노어는 진보적 언론인『내셔널 가디언』의 기자로 일하기 시작했다. 후에 엘리노어는 외국문화관계위원회Vybor pro kulturni styk se zahranicim, Committee for Foreign Cultural Relations에서 일했다. 이들은 체코 사회에서 높은 사회적 지위에 있었다. 휠러의 아들은 1950년 세계학생대회에 참가하고 싶었지만 허가를 받지 못하자, 어머니로부터 사람들에게 자신의 이름이 휠러임을 알리라는 얘기를 들었고, 그렇게 해서 들어갈 수 있었다. 엘리노어는 "우리 이름은 어느 곳에서나 출입증과 같았다"라고 여러 차례 말했다.[8]

정웰링턴은 조지 휠러의 자택에서 다양한 외국 거주자들을 만나게 되었다. 여기에는 찰스 대학 학생이자 미국에서 건너온 로즈 라부트, 조이 모스Joy Moss, 존 베이커John Baker 등이 포함되었다. 또한 그는 페기 라시Peggy Lash라는 캐나다 출신 여성을 만나 한동안 사귀었다. 조지 휠러는 프라하 12구역 스로바로바Srobarova 25/1834에 거주했는데, 그의 아들이 아직도 그 집에 거주하고 있다. 웰링턴은 이 집에서 '조선의 밤' 행사를 조직했으며 1954년 4월부터 1년 동안 휠러의 집에서 함께 거주하기도 했다. 휠러 가족은 방세를 받지 않았고, 그는 집안일을 돕는 정도로 보답했다. 휠러 가족은 정웰링턴을 가족처럼 대했고, 웰링턴 역시 이들에게만은 마음을 열고 개인적 감정과 걱정을 토로했다. 휠러 부부의 딸 노라Nora Wheeler는 웰링턴이 후원에서 휴식하고, 클래식음악을 들으며 파이프담배를 피웠으며, 겸허한 수도자처럼 조용하고 내성적이었다고 기억했다.[9] 노라 휠러는 정웰링턴을 오빠처럼 친밀하게 여겼으며, 정웰링턴은 친밀함의 증표로 어머니 현앨리스가 사용하던 목욕 가운bath robe을 선물하기도 했다.

셋째, 정웰링턴은 체코에 거주하며 최소한 세 차례 이상 '조선의 밤' 행사를 열어 체코와 국제사회에 '조선', 즉 북한의 발전과 상황을 알리고 재건을 위한 모금활동을 벌였다. '조선의 밤' 행사는 조지 휠러의 자택과 허버트 라스의 자택에서 개최되었고, 다른 한 번은 이나 에번스Ina Evans의 도움으로 개최되었다.[10] 그는 휠러 자택 행사에서 5,000크라운을, 라스 자택에서 1만 크라운을 모금했다. 또한 웰링턴은 전쟁 중의 북한 학생들에 관해 쓴 책을 준비하기도 했다.

그러나 체코에서 웰링턴의 법률적 지위와 경제적 어려움은 그를 불안정한 상황으로 몰아갔다. 먼저 웰링턴은 경제적 어려움에 직면해 있었다. 그는 장학금 없이 모든 학비를 자비로 부담해야 했는데, 미국에 있는 가족들의 도움과 스스로의 노력에 의지해야 했다. 그가 1951년 가을 국제학생연맹 출판부에서 일한 것이나, 1954~1956년에 영어 번역에 참여한 것은 경제적 목적과도 연관이 있었을 것이다. 웰링턴은 1954년 포먼W. and B. Forman이 쓴 『체코슬로바키아의 중국 예술』Chinese Art in Czechoslovakia이라는 책을 영어로 번역했으며, 동일 저자의 책인 『이국적 예술』Exotic Art을 1956년에 영어로 번역한 바 있다.[11] 이전에 웰링턴이 이런 종류의 예술 저작에 관여한 사실이 없으므로 이는 어학적 재능을 활용한 부업의 일환이었을 것이다.

한편 웰링턴의 체류 자격은 내내 그를 괴롭혔다. 1950년에 미국 여권이 만료되어 그는 체코에서 장기 거주 허가를 갱신해야 했다. 웰링턴은 1950년 9월 15일부터 1954년 1월 30일까지 3년 4개월 정도의 장기 체류 허가를 받았는데, 이는 언제라도 철회될 수 있는 것이었다.[12] 외국인에 대한 감시를 소홀히 하지 않던 체코 비밀경찰국이 이를 놓칠 리 없었다. 웰링턴에 대한 체코에서의 자료 발굴은 그의 이름이 체코 비밀경찰국 문서철에서 발견됨으로써 출발했는데, 비밀경찰국 문서철에 웰링턴은 비밀협력자secret collaborator이자 요원agent으로 등록되어 있다. 비밀경찰국 문서에 따르면 웰링턴은 "Wellington Chung, John Wellington, Wellington Chong, Wellington John, John Wellington, Cang-Li, Li-Cang, Wellington Cchu" 등으로 기록되어 있었고, 일명 "Hawaii, Haway, Hanay, Hanoi"라고 표기되어 있기도 했다.

체코 비밀경찰이 어떻게 웰링턴을 포섭했는지는 명확하지 않다. 그렇지만 체코 비밀경찰국이 경제적 어려움과 불안정한 체류 신분에 위태롭게 흔들리고 있던 외국인을 장악하는 것은 손쉬운 일이었을 것이다. 올샤 주한 체코 대사의 지적처럼 체코 비밀경찰국은 장기 체류 허가 대신 단기 체류 허가만을 내주고, 대학이 장학금이나 생활비 등을 제공하지 않도록 조치해 그를 신분상·경제상 곤란한 처지에 놓이게 함으로써 간단하게 웰링턴을 수중에 넣고 원하는 대로 농락할 수 있었을 것이다.[13] 웰링턴은 1951년 6월 8일 공식적으로 체코 비밀경찰국 명부에 등록되었다. 웰링턴은 미국과 관련된 정보를 비밀경찰국에 제공하는 데 동의했다. 웰링턴은 거주지를 옮길 때마다 지역 비밀경찰국에 자신의 신상명세를 제공하고 보고해야 했다. 그는 이후 12년 동안 비밀경찰에 협력해야만 했다.

1955년 찰스 대학 의대를 졸업한 웰링턴은 북한으로 입국하길 원했고, 1956년 1월 북한 대사관에 입국 비자를 신청했다. 그러나 그가 북한행을 신청한 직후 프라하 주재 북한 대사관과 미국 대사관은 거의 동시에 그의 행적을 문의하는 외교 서한을 체코 외무성에 보내왔다. 이 이례적인 상황은 웰링턴에 대한 체코 정부의 의심을 불러왔고, 종국적으로 체코 내에서 웰링턴의 운명을 거의 결정지었다.

1956년 2월 8일 프라하 주재 미국 대사관은 체코 외무성에 비망록을 보내 웰링턴의 소재와 법률적 지위에 관한 기본 정보를 요구했다. 그의 주소, 체류 자격, 그가 체코 시민으로 귀화했는지 여부 등을 문의했다. 아마도 1954~1955년에 개최된 비미활동조사위원회 시애틀·로스앤젤레스 청문회에서 웰링턴의 이름이 거론된 것과 관련이 있었을 것이다. 시애틀 청문회에서는 선우학원이, 로스앤젤레스 청문회에서는 김강이 주요 증인이었는데, 청문 과정에서 1948년 11월 이사민·선우학원이 김일성·박헌영에게 보내는 편지와 관련해 정웰링턴의 이름이 여러 차례 거론되었다. 즉 정웰링턴이 체코로 향하던 1948년 9월 변준호, 김강, 현앨리스, 이사민 4인이 김일성에게 보내는 편지를 가지고 간 사실이 청문회에서 지적되었고, 선우학원은 1949~1950년 체코에서 '공산주의자'인 웰링턴을 여러 차례 만났다고 진술한 바 있었다. 이 때문에 이미 1954~1955년 이래 웰링턴은 미국 사찰기관으로부터 주목을 받던 상태였다. 미국 대사관의 요청에 체코 외무성이 어떤 답변을 했는지는 알 수 없다.

미국 대사관의 문의가 있은 지 이틀 후인 1956년 2월 10일, 이번에는 프라하 주재 북한 대사관이 체코 외무성에 웰링턴에 대해 질의했다. 프라하 주재 북한 대사관은 체코 외무성에 웰링턴에 관한 정보를 요청하며, 웰링턴의 어머니가 1년 전에 국가반역죄로 유죄판결을 받았다는 사실을 지적했다. 북한 대사관은 웰링턴이 북한 혹은 미국 내 누구와 접촉하고 있는지를 문의했다.[14] 즉 북한 대사관은 국가반역자인 현앨리스의 아들 정웰링턴의 행적을 체코 정부에 문의했던 것이다. 미국 대사관과 북한 대사관으로부터 동시에 문의를 받은 체코 외무성은 즉각 웰링턴에 대한 조사를 관계당국에 의뢰했다.

체코 내무성과 비밀경찰국은 웰링턴 문제에 대한 수사를 개시했고, 비밀경찰국은 1956년 2월 23일 웰링턴을 심문했다. 비밀경찰은 "거주지와 일터에서 그는 우리 국가의 민주적 제도에 일반적으로 부정적인 인사들과 교류하고 있다"라고 기록했다. 또한 그가 영어를 배우려거나 혹은 해외의 정치 상황에 관심이 있는 체코 동료 및 체코 거주 외국인들과 관련을 맺고 있다는 점을 지적했다. 체코 내무성장관 루돌프 바락Rudolf Barak은 1956년 4월 7일 모든 정보를 프라하의 북한 대사 양영순에게 전달했다. 여기에는 북한에 입국하고 싶다는 웰링턴의 의지가 피력되어 있었다.[15] 그렇지만 북한 대사관은 웰링턴의 북한 입국 신청을 기각했다. 북한 대사관은 체코 외무성에 통보하기를 체코 당국이 웰링턴에게 어떤 조치를 취해도 반대하지 않겠다고 했다.[16] 북한은 웰링턴의 입국을 거부한 데 그친 것이 아니라 체코 정부에 사실상 웰링턴을 제거하거나 처벌해야 한다고 강조했던 것이다. 1955년 12월에 있었던 박헌영 재판의 직접적인 여파였을 것이다.

웰링턴은 체코에서 철저히 고립될 수밖에 없었다. 미국 대사관과 북한 대사관의 이례적인 관심 표명은 웰링턴이 체코에 속박되는 결정적 계기가 되었다. 북한의 입북 거부와 방기, 미국의 의심 어린 문의 이후 웰링턴의 신산한 삶이 시작되었다. 웰링턴에게 1955년은 의과대학을 졸업하고 북한에 입국해 어머니와의 재회를 꿈꾼 환희와 희망의 한 해였다. 반면 1956년은 어머니의 비극적 최후를 통보받고 자신에 대한 북한의 입국 거부와 미국의 추적이라는 삼각파도에 부딪힌 절망과 좌절의 한 해였다. 그가 북한 입국을 신청하지 않았으면 피할 수 있었을지도 모를 가혹한 운명이 뒤를 이었다.

그는 다시는 미국으로 돌아가지 못했고, 북한으로도 입국할 수 없었으며, 심지어 체코의 프라하로 돌아갈 수도 없었다. 1955년 2월 의과대학을 졸업한 직후 그는 자동적으로 보건성에 고용되었다. 보건성은 그의 첫 근무지를 프라하에서 동남쪽으로 474킬로미터 떨어진 슬로바키아의 질리나Zilina 지역 루좀베로크Ruzomberok 시로 정했다. 그는 이곳에서 약 1년 정도 일했다. 체코 정부의 정책도 변화했다. 보건성은 웰링턴의 체류 허가를 1년 단위로 연장해주었고, 그나마 언제든 철회할 수 있는 조건이 붙었다.[17]

1956년 9월 1일 웰링턴은 체코의 서쪽 국경지대에 가까운 휴양 도시 카를로비바리 국립군郡보건센터the county center for national health in Karlovy Vary에 고용되었다. 그는 2년간 중앙연구소의 제2내과의사로 일했다. 그가 있던 루좀베로크에서 서쪽으로 600킬로미터 떨어진 정반대 지역이었지만, 그나마 프라하와는 127킬로미터로 훨씬 가까워졌다. 그는 카를로비바리로 이주했고, 프라하를 방문해 친구들을 만날 수 있었다. 웰링턴은 1957년 9월 프라하에 도착한 전경준과 상봉할 수 있었는데, 체코 정부는 전경준 부부를 의심의 눈초리로 주목하고 있었다.

1958년 2월 웰링턴은 병원을 그만두고 카를로비바리 인근에 위치한 오스트로프Ostrov의 스코다국립협진센터Skoda corporate center for national health에 지원했다. 그러나 그의 정치적 배경 때문에 취업은 거부당했다. 1958년 5월 북한 대사관은 웰링턴에 대한 정보를 재차 체코 외무성에 요청했고, 비밀경찰국은 웰링턴의 편지를 가로채기 시작했다. 또한 정보원 루다Mr. Ruda를 통해 그의 직장 생활을 감시했다. 특히 그가 체코에 유학하고 있는 북한 학생들과 '의심스러운 접촉'을 하고 있으며, 북한 학생과 만나고 있는 에드빈 지글러Edvin Borivoj Ziegler 박사와 밀접한 관계임이 밝혀졌다.[18] 1958년은 웰링턴의 생애 가운데 현실적 위협이 목전에 당도한 순간이었다.

웰링턴은 생존을 위해 필사의 노력을 경주해야 했을 것이다. 1957년 가을부터 웰링턴은 안나 샤프란코바Anna Safrankova라는 여성과 데이트하기 시작했다. 안나 역시 1927년생으로 동갑이었으나, 한 번 결혼한 적이 있었다. 결혼 전의 이름은 안나 솔티소바Anna Soltysova였고, 첫 남편의 이름은 얀 샤프라네크Jan Safranek였다.[19] 안나는 여덟 살 된 아들 얀 샤프라네크를 두고 있었다. 그녀는 웰링턴이 일하던 연구소의 생화학연구실 연구원bio-chemical laboratory medic이었다. 수개월 후 안나는 임신했고, 1958년 웰링턴은 안나의 아파트로 이사했다. 그리고 1958년 9월 8일 딸 타비타Tabitha Chung Hyun가 태어났다. 타비타는 성경 속의 사도 베드로가 죽음에서 부활시킨 여제자의 이름이었다.[20] 의미심장한 호명이었다.

타비타가 태어난 직후인 1958년 10월 29일, 웰링턴은 프라하 주재 미국대사관에 체코 시민권을 획득하기 위한 첫 조치로 미국 시민권을 포기하겠다는 의사를 표명했다. 그는 가족을 합법적이고 안정적인 지위에 두고 싶다는 희망을 피력하면서, 시민권
포기 과정에서 문제가 발생하
지 않기를 희망한다고 설명했
다. 또한 웰링턴은 체코인 여
자아이의 아버지 자격으로서
체코 시민권을 정식으로 요청
했다. 그의 체코 시민권 요청
은 1959년 2월 19일 수락되었
고, 그는 4월 19일 체코 시민
으로의 귀화 선서를 했다.[21] 이
때에 이르러서야 비밀경찰국
은 그에 대한 감시를 중단했고,
1956년부터 진행해오던 편지
가로채기를 중단했다.[22]

With thanks and best wishes for 1960

그림 61 타비타와 안(1960년) © Nora Wheeler

　　고투 끝에 웰링턴은 체코에서 가족과 시민권을 함께 얻었다. 아버지 없
이 태어난 그는 남자로서 책임감이 강했고, 안나와 타비타를 통해 체코의 한
소도시에서 드디어 자신만의 가족을 이루었다. 그렇지만 이것이 그가 꿈꾸
었던 가족이었는지는 알 수 없다. 웰링턴이 처했던 상황과 전후 맥락을 헤아
려보면 웰링턴과 안나 사이의 관계가 남녀 간의 평범한 사랑과는 거리가 있
을 수 있음을 짐작할 수 있겠다.

　　가족을 이루고 시민권의 전망이 보이자 웰링턴은 1958년 하반기 로스
앤젤레스의 가족들에게 편지를 보냈다. 편지를 받은 현순 목사는 1958년 성
탄 전야에 사랑하는 외손자 윌리에게 편지를 썼다. 체코 프라하의 비밀경찰
국 문서보관소에 사진판 사본이 남아 있다. 68세의 노인은 편지지 상단에
난초와 대나무를 그려 넣고, 눈물겨운 가족사를 써내려갔다.

1958년 12월 24일

사랑하는 윌리야.

생각지도 못하게 네가 쓴 긴 편지와 사진들을 받았다. 우리 기쁨과 행복을 어떻게 표현해야 할지 모르겠다. 네 편지의 개략을 할머니에게 말해줄 때 할머니는 울면서 너와 안나Anna, 그리고 증손녀를 보고 싶어하셨다. 그러나 우리는 네 일과 가정을 매우 자랑스럽게 생각한다.

이제 여기 우리 가족 얘기를 해주마. 먼저 할머니는 아직까지 살아계신다. 일주일에 두세 차례 의사를 만나러 가신다. 그 밖에 여기 집에서 내가 중국 약초로 치료하고 있다. 네가 할머니를 치료했으면 좋겠다.

피터와 안나는 딸 둘, 아들 하나를 가졌고, 둘 다 일하고 있다. 한 명은 보험 회사에 다니고, 다른 한 명은 의사 밑에서 일한다.

폴과 블라쉬Blache는 5년 전 결혼했고 현재 사내애 두 명이 있다. 샌프란시스코의 금문교 넘어 밀밸리Mill Valley에 살고 있다. 둘 다 일하고 있는데, 한 명은 화가로, 다른 한 명은 패턴 제조를 하고 있다.

조슈아는 얼마 전 남한에서 온 여자와 결혼했다. 이름은 희경이다.

우리는 1956년 가게를 접었다. 조슈아는 캐비넷 제조업에서 일하고 있다. 나는 청소하는 일밖에 못한다.

이제 데이비드와 메리는 다 자란 남자애 두 명을 데리고 잘 지내고 있다. 데이비드는 일급 건축가로 자기 사무실을 운영하고 있다.

마지막으로 창내[엘리자베스의 아들—인용자]에 대해 말하마. 창내는 교육을 끝마치고 민간 기사가 되었고, 결혼해서 딸 하나 아들 하나를 두었다.

우리는 시간이 허락하면 거기에 가서 너를 보는 꿈을 꾸고 있다. 우리를 거기 데려갈 채비를 해줄 수 있니?

사랑을 담아서

할머이(원문 그대로) & 할아버지

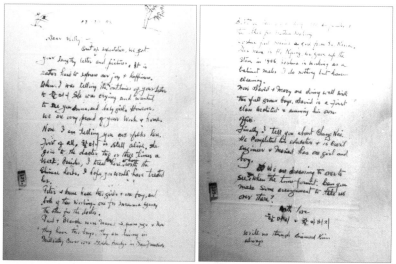

언제든 김강을 통해 우리에게 편지하렴.[23]

현순은 늙고 지쳤다. 어디에도 희망이 없는 상태였다. 그가 사랑하는 큰 딸은 이상향 북한을 선택한 결과 미국의 스파이로 몰려 처형당했고, 큰아들과 넷째 아들은 청문회에 불려가 혹독한 비난에 시달려야 했다. 넷째 아들 데이비드는 1950년부터 시작된 추방 시도에 맞서 8년째 싸우고 있었는데, 당시 이들은 몰랐지만 아직도 8년간의 투쟁이 더 기다리고 있었다. 그의 희망은 "거기에 가서 너를 보는 꿈"뿐이었다. 현순 생애의 불꽃은 이제 시들고 있었고, "우리를 거기 데려"가 외손자를 보는 것이 꿈이었다. 그렇지만 웰링턴은 "우리가 서로 만나려면, 상황이 급변해야만 합니다"라고 답장할 수밖에 없었다.[24] 현순은 외손자가 자살한 5년 뒤인 1968년에 눈을 감았다.

1958년 이후 체코에서 웰링턴의 생활은 이전에 비해 안정되어가고 있었다. 웰링턴은 1958년 오스트로프의 스코다국립협진센터 취직이 무산된 후 카를로비바리 병원으로 귀환했다. 그는 카를로비바리에서 서쪽으로 40여

킬로미터 떨어진 헤프 시의 병리학과에서 일할 기회를 얻었다. 외과의사나 병리학 연구에 관심이 많았던 그에게 비로소 기회가 주어진 것임을 알 수 있다. 그는 카를로비바리 병원의 의사이던 이지 바차Jiži Vacha와 함께 영어로 대화하며 의학 문제를 상의하곤 했다. 1960년 12월 웰링턴은 해부병리학과의 차석의사로 승진했고, 그의 연구를 본격적으로 계획하고 실행할 수 있게 되었다. 웰링턴은 1963년까지 1편의 의학 논문을 영어로 번역했고, 3편의 공동 연구를 수행했다. 웰링턴은 의학 세미나에서 두 차례 논문을 발표하기도 했다.[25]

웰링턴은 1962년 11월 15일 헤프 시립병원의 해부병리학 수석의사에 취임했고, 이와 함께 병원 중앙연구소의 소장으로도 임명되었다. 그의 가족들은 병원 인근의 아파트로 이사했다. 그에게 발전의 서광이 비치는 것 같았다. 그러나 돌연 1963년 10월 28일 웰링턴은 헤프 시립병원 해부실에서 독극물을 삼키고 자살했다. 동료들은 그의 죽음에 충격을 받았지만, 그는 어떤 단서도 남기지 않았다.

외삼촌 데이비드는 이렇게 썼다.

윌리는 미국 스파이 혐의로 체코슬로바키아에서 연금되었다. 냉전은 더욱 심화되었고 생활은 견딜 수 없었다. 또한 의학 학술 발표가 없어 윌리의 의사 직업은 장해를 받았다. 극단적인 방법으로 윌리는 아프리카에서 의학 봉사를 위하여 출국 봉사를 신청했다. 윌리는 자유 없는 생활을 받아들일 수 없었다. 1963년에 그는 그의 삼촌 데이빗에게 작별인사를 보내고 그의 처, 전처에서 낳은 아들과 딸 레비타를 돌보아주도록 부탁하였다. 데이빗이 윌리의 고별인사를 받았을 때는 윌리는 그가 이미 세상을 하직한 뒤였다. 그는 의문사하였던 것이다.[26]

현데이비드가 말한 편지는 1963년이 아니라 앞의 FBI 문서에 등장한

1960년경의 편지였을지 모르겠다. 이 편지의 마지막에 웰링턴이 쓴 "세계는 혼란스럽다, 가족은 혼란스럽다, 그래서 무언가" 그를 파멸시켰다는 대목이 그의 상태를 잘 보여주기 때문이다.[27]

그는 미국으로 돌아가고 싶었으나, 이미 미국 시민권을 포기했고 체코 시민이 된 상태였다. 그는 여전히 의심을 받고 있었고, 북한 학생들로부터 배척당했으며, 우수한 의료기관에 임명될 가능성도 없었다. 그는 체코 최고의 의과대학을 졸업했지만, 변방의 소도시에서 근근이 병리학과 의사로 일할 수밖에 없었다. 그는 왕성한 연구열을 가졌지만, 어떠한 과학적·재정적·인적 도움도 받을 수 없었다. 더욱이 그는 체코에서 의사로 활동하는 유일한 한국인이었다.

그가 추구했던 이상은 연기처럼 흩어졌고 그를 이끌었던 이념의 동력은 멈춘 지 오래였다. 그는 고립과 고독 속에 있었고 절망이 짝을 이루었다. 냉전체제는 그에게 가혹한 삶의 무게를 선사했고, 체제의 톱니바퀴에서 벗어나려 발버둥 칠수록 조금씩 빨려들며 으깨져갔다. 그의 의지로 맞설 수 없는 시대가 그 앞에 나락과 같은 어둠을 뿜어대고 있었다.

아마도 심리적으로 의지할 수 있는 마지막 언덕인 가족이 그에게 도움이 되지 못한 것이 결정적인 이유가 되었을지 모르겠다. 진정한 미국의 가족과는 상면할 길이 차단되었고, 체코에서 결속된 가족으로부터는 거의 위안을 얻지 못했을 것이다. 전혀 다른 문화와 배경·언어·관습을 가지고 있었고, 가족으로 공감할 수 있는 기억은 전무했기 때문이다. 그에게는 가족에 대한 책임과 의무가 있었을 뿐 카우아이 섬에서 카우보이 윌리로 향유했던 가족의 살 냄새는 맡지 못한 지 오래였다. 그는 어머니와 로스앤젤레스에 묻어둔 자신의 기억과 추억이 떠오를 때마다 조금씩 죽어가고 있었던 것이다. 임계점을 넘어서자 그는 스스로 세상을 버렸다.

웰링턴이 사망한 직후 카를로비바리의 비밀경찰국은 그동안 관리해오던 웰링턴 파일들을 파기했다. 비밀경찰의 공식 문서들이 사라짐으로써 그에 대한 냉전시기 체코 당국의 엄혹한 감시의 흔적들도 기록상으로는 사라졌다. 마치 처음부터 그런 감시와 통제가 없었던 듯 기록물의 표제만이 남았다. 웰링턴은 세상을 버린 후에야 감시자의 눈길에서 비로소 자유롭게 된 것이다.

남은 이야기

현앨리스는 1903년 어머니의 태중에 실려 제물포항을 떠날 때 자신과 가족들이 겪게 될 진정한 대항해의 시대를 예견할 수 없었을 것이다. 그녀는 한국 근현대와 세계가 마주치는 경계면을 따라 부평초처럼 떠돌았고, 세계질서의 변화에 따라 인생행로가 뒤바뀌었다. 그녀는 서울, 하와이, 일본, 상하이, 블라디보스토크, 로스앤젤레스, 프라하, 부다페스트, 평양으로 전전했고, 그에 따라 인생의 굴곡이 만들어졌다.

한국 근현대사는 전통적 질서에서 일본 중심의 질서로, 다시 미국과 소련의 양극 체제로 재편되면서 대변동을 경험했다. 구체제는 새로운 구심력과 소용돌이의 압력에 따라 분쇄되었고, 전통의 미덕과 질서는 완벽하게 해체되었다. 한국인들은 제국의 구심력에 원자화된 상태로 빨려 들어갔다. 제국의 위광과 자력 속에 기성의 제도와 체제는 뿌리째 뽑혔고, 외부로부터 이식된 새로운 질서를 따라 사회, 가족, 개인의 삶이 규정되었다. 외부의 충격은 한국 사회에 오랜 트라우마를 남겼다. 현앨리스와 가족들의 삶에 그 진파震波가 새겨졌다. 이들은 뿌리 뽑힌 존재였으며, 어디에도 속할 수 없는 존재가 되었다. 그것은 정신과 신분과 귀속의식의 차원에서 그러했다.

현앨리스의 존재론적 기반은 미국, 기독교, 민족주의였다. 그녀는 목사의 딸로 하와이에서 태어났고, 교회와 기독교 학교에서 성장했다. 그러나 그녀는 1920년대 초반 사회주의에 공명한 이래 진보주의자, 혁명가로서의 삶을 추구했다. 역설적으로 그녀를 진보주의와 사회주의로 이끈 중요한 동력은 3·1운동과 그 여파였다. 3·1운동의 거대한 에너지가 한 소녀의 뇌리에 새겨졌고, 그녀가 상하이에 도착했을 때, 그녀의 나머지 인생은 결정된 것이나 다를 바 없었다. 그녀는 3·1운동의 후예였고, 나머지 삶은 3·1운동의 후기였다. 상하이의 시대조류와 시대정신은 1920년대 초반 민족주의에서 사회주의로 급선회했다. 민족주의자 목사의 딸은 상하이에서 사회주의와 당면했고, 3·1운동의 여진 속에 혁명적 전환을 자연스럽게 받아들였다. 상하이 시절의 관성이 미주 시절 현앨리스의 삶을 규정했다. 그녀는 상하이의 독립운동과 사회주의 운동, 하와이에서의 노동운동, 해방 후 남한 혁명운동의 민족주의적 에너지에 매료되었다. 정확히 말해 그녀가 매료된 것은 사회주의 이념이라기보다는 민족주의와 결합한 사회주의적 이상주의 혹은 이상주의자들이 뿜어내던 열정과 시대정신이었을 것이다.

개인적으로, 그리고 가족사적으로 현앨리스에게는 불행이 끊이질 않았다. 행복한 대가족에서 성장한 현앨리스는 3·1운동의 연장선상에서 결혼했지만 행복은 짧았다. 두 번의 임신과 출산, 이혼 과정을 겪으며 불행과 좌절을 겪어야 했다. 그녀에게 남겨진 웰링턴은 불행한 결혼의 유산이었지만, 그녀의 삶을 증명하는 유일한 희망의 끈이기도 했다. 모자관계가 다정다감하지는 않았겠지만, 1948~1949년에 함께 체코행을 선택함으로써 둘 사이에 동지적 친연성과 깊은 믿음이 존재했음을 알 수 있다. 평양으로 향하는 길에 아들이 동행하기로 약속한 것은 두 사람이 꿈꾸는 이념의 조국, 사상의 모국이 찬란하게 여겨졌기 때문일 것이다. 두 사람은 평양에서 새로운 가족으로 재탄생하기를 꿈꾸었을지 모른다. 평양행은 좌절과 불우한 삶 속에서 그녀가 발견한 희망의 탈출구였을 것이다. 두 사람은 다시는 재회하지 못했다.

그녀의 일생을 통해 결혼, 이혼, 블라디보스토크행, 뉴욕 유학, 북한행 등의 중요 선택들을 연결해보면 그녀가 의지적 인간형이었음을 알 수 있다.

시대가 그녀를 이끌었고, 운명이 때때로 그녀를 희롱했지만, 그녀는 굴복하지 않고 끝까지 자기 운명의 주인공이 되고자 했다. 46세의 나이로 가족과 친구들을 떠나 아무런 연고가 없는 평양행을 선택한 순간 그 진면목이 잘 드러났다.

동시에 그녀는 이상주의자이자 비현실적인 낭만주의자였다. 그녀는 상하이에서 사회주의를 접한 이래 서울과 상하이의 '혁명동지'들을 꿈꾸며 현실을 극복하고자 했다. 그녀는 1930~1940년대 식민지 한국과 격리되어 있었다. 그녀는 1930년대 자유주의가 만연한 대공황과 뉴딜 시대의 미국공산당 당원이었고, 2차 세계대전 시기 미국의 대소對蘇 포용정책 속에서 자유롭게 활동했다. 해방 후 남한에서 현앨리스는 상하이 시절의 관성에 따라 친좌익·반미군정·반우익 노선을 취했다. 미국으로 추방된 그녀의 마지막 소망은 좌익 친구들을 따라 북한으로 가는 것이었다. 그녀는 현실사회주의, 해방 후 북한 사회주의 체제에 대해 입체적 경험과 판단을 갖고 있지 못했다. 그녀는 스스로의 결정에 따라 자신의 이상을 추구했고, 만난萬難을 헤친 끝에 처경悽境에 이르게 되었다.

현앨리스의 일생은 상실한 고향을 찾아 헤매는 방랑자의 삶이었다. 현앨리스는 한국을 떠나는 순간 영원히 조국을 상실했다. 현앨리스는 자신이 깃들 이상적 한국 혹은 조선을 늘 그리워하고 상상했다. 어느 곳에서도 삶은 영속성이 없었다. 늘 돌아갈 곳을 꿈꾸었고, 늘 돌아갈 때를 기다렸다. 그녀가 머문 어느 곳도 고향이 될 수 없었다. 그녀의 마음과 영혼이 그곳에 깃들었다는 증거는 없다. 끊임없이 조국으로 귀환하려는 그녀의 귀소본능과 '해방 한국'을 지향하는 끈질긴 노력이 결국 그녀의 삶을 규정했다. 그녀는 진정한 한국인이길 원했다.

그녀가 되돌아가고 싶었던 한국의 실체는 계속 변화했다. 현앨리스는 상하이에 도착해 독립 한국을 추구했다. 민족주의와 사회주의의 세례를 받은 이후에는 진정한 해방 조선을 지향했다. 현실세계에서 그녀가 지향한

'이상적 한국 혹은 조선'은 그 어느 곳에도 존재하지 않았다. 그녀의 삶은 이상과 희망이 만들어낸 상상 속의 한국에 갇혀 있었던 셈이다.

그녀는 일본인이나 미국인이 되길 거부했다. 일본인으로 규정되는 삶은 치욕이었으므로 그녀는 해방 한국의 한국인을 꿈꾸었다. 그녀는 미국 시민으로 귀화했으나, 이는 여행과 직업세계의 자유를 보장했을 뿐이다. 미국 시민이 되어 당대 보통의 한국인들이 상상할 수 없었던 태평양과 대서양을 횡단하는 파격적인 여행을 할 수 있었고, 그 결과 비극적 인생의 막다른 골목에 도달했던 것이다. 미국 시민권은 그녀의 불행을 보증하는 자유통행권이었던 셈이다.

해방 후 남한과 북한 모두에서 그녀는 이방인으로 자리했다. 그녀는 자신이 성장했던 남한에 속할 수 없었다. 남한은 상하이 시절의 '혁명동지'인 박헌영과 여운형이 탄압받는 '반동적' 미군정과 이승만의 세계였다. 이제 그녀가 꿈꿨던 이상적인 모국은 북한에 존재하는 것 같았다. 미국 시민권을 포기하고 체코를 거쳐 지구 반 바퀴를 돌아 평양에 도착했을 때 그녀가 마주한 것은 낯선 세계였다. 그곳은 그녀가 깃들고자 했던 이념과 사상의 조국이 아니었다. 그녀의 비극적 삶을 완성하는 죽음의 심연이 기다리고 있었다. 북한은 그녀를 이질적 존재이자 위험 요소로 간주했고, 그녀를 통해 박헌영과 이강국도 미국의 스파이로 규정한 후 제거했다.

그녀는 한국을 찾아 일생을 보냈으나 파랑새의 동화처럼 진정한 한국은 끝내 그녀 앞에 모습을 드러내지 않았다. 그녀는 생명이 다하는 순간까지 이상과 고향을 추구했고, 그 어느 곳에도 깃들지 못함으로써 자신의 정체성을 완성했다. 고향을 상실한 채 끊임없이 떠도는 방랑자, 어느 곳에도 속할 수 없는 이방인의 삶은 그녀가 조우한 한국적 근대의 종착점이었다. 낯선 곳에서의 쓸쓸한 죽음은 그녀가 당면한 근대를 상징적으로 보여주었다. 모든 곳이 깃들 수 없는 타향이며, 고향으로 몸을 의탁한 곳에서 배척되고 죽임을 당하는 처지가 된 것이다. 그녀는 제국의 원심력에 의해 근대 한국에서 튕겨져 나간 뿌리 뽑힌 존재였고, 한국적 디아스포라의 상징이 되었다.

그녀는 일본제국의 신민, 미국의 시민, 남한의 국민, 북한의 공민 중 그 어디에도 속할 수 없는 이질적이고 위험한 존재가 되었다. 어디에도 동화되지 않고, 어디에도 귀속될 수 없는 그녀의 정체성과 부동하는 경계적 삶은 결국 그녀에게 스파이의 굴레를 씌웠다. 일본의 입장에서 그녀는 '위험한 좌익 혁명분자'였고, 미군정의 눈에는 좌익과 소통하는 '악마적 존재'로 비쳤으며, 북한에서는 '미 제국주의의 고용간첩'으로 낙인찍혔다. 한국 근현대사의 경로는 그녀의 한 몸에 다중적이고 역설적인 정체성을 강요했다. 현앨리스를 투과한 근현대의 빛은 공존 불가능한 극단적 스펙트럼을 보여주었다.

현앨리스의 다른 가족들도 쓸쓸한 최후를 맞았다. 현순은 1968년 로스앤젤레스에서 눈을 감았다. 자손들의 비극이 연이었지만, 마지막 길은 명예로운 것이었다. 한국 정부는 1963년 그에게 건국훈장을 수여했다. 현순의 유해는 한국으로 옮겨져 1975년 8월 장인환 등과 함께 국립묘지 애국지사 묘역에 안장되었다. 현순은 한국의 공식 역사 속에 주요 독립운동가로 자리 잡았다.

현피터는 1964년 부인 안나와 이혼했다. 1950년대를 휩쓴 전쟁과 매카시즘의 풍파를 견디었지만, 시대가 남긴 상처가 너무 컸던 것이다. 피터는 자신과 가족의 이야기를 담은 두 권의 회고록을 남긴 후 1993년 세상을 떠났다.[28]

현데이비드는 추방 위협에서 풀려난 후 건축가로 입신했고, 노년에 이르러 아버지 현순의 독립운동을 기리기 위해 한국과 미국을 오가며 노력했다. 데이비드는 현순 문서를 남가주 대학에 기증했고, 남가주 대학과 독립기념관은 현순 문서를 인터넷으로 공개하고 있다.[29] 데이비드의 노력으로 『현순자사』가 연세대학교에서 간행되었고, 사진으로 보는 현순의 독립운동사가 출간되었다.[30] 그는 2012년 사망했다.

카를로비바리에 남아 있던 웰링턴의 아내와 딸, 의붓아들은 로스앤젤레스의 가족들로부터 현씨 가문의 일원으로 인정받았다. 이들은 1969년 3월 체코를 떠나 미국으로 향했다. 안나 솔티소바는 1969년 7월 24일 로스앤젤레스에서 현씨 가문의 친구인 데이비드 월든David C. Walden과 재혼했다. 현앨리스가 태중에 안겨 서울을 떠난 지 66년 뒤에 손녀 타비타가 웰링턴이 출생한 미국에 도착함으로써 4세대에 걸친 현씨 일가의 근대로의 대모험과 파란의 여정이 일단락되었다.

우리는 이제야 현앨리스와 그 가족의 운명을 헤아릴 수 있게 되었다. 오랜 열전의 상흔이 묻히고, 세계적 냉전의 시대가 저물고 나서야 비로소 알게 된 것이다. 남한과 북한, 미국과 일본, 나아가 체코에 도달해 그 삶의 편린들을 모은 후에야 그녀의 가냘픈 목소리를 들을 수 있게 되었다. 그녀의 삶에서 망실된 비극적 모자이크 조각들이 더 수습된다면 우리는 좀더 생생한 목소리를 들을 수 있을지도 모르겠다. 그 목소리가 앞으로 어떤 울림을 가지고, 어떤 모습으로 기억될지는 알 수 없다. 한국 현대사는 열정과 희망으로 가득했던 한 여성의 치열했던 삶을 스파이의 우극愚劇으로 마멸시켰지만, 미래 한국은 묘비명조차 남기지 못한 그 삶이 전하는 역사적 울림에 좀더 진지하고 관대한 성찰을 갖게 될 것이다.

주

저자의 글

1 정병준, 「현앨리스 이야기: 어느 진보주의자의 삶과 파국적 종말」, 『역사비평』 여름호, 2012.
　　　　, 「해방 직후 주한미군 공산주의자 그룹과 현앨리스」, 『한국근현대사연구』 65집, 2013.
　　　　, 「1950년대 재미한인 『독립』 그룹의 非美활동조사위원회(HUAC) 청문회 소환과 추방」, 『이
화사학연구』 48집, 2014.
Jung Byung Joon, "Alice Hyun: Korea's Mata Hari or a Revolutionary?" Andreas Schirm-
er ed., *Koreans and Central Europeans: Informal Contacts until 1950*, Vienna: Praesens,
(Spring, 2015).
HLASNY Vladimir and JUNG Byung Joon, "Wellington Chung: Child of the Korean In-
dependence Movement Crushed by the Cold War Regimes," *Korea Journal*, Vol. 54, No.
4(Winter, 2014).

서장

1 이정박헌영전집편집위원회 엮음, 『이정 박헌영 전집』 9권, 역사비평사, 2004, 45쪽.
2 이 책의 편집이 끝난 2015년 1월에 사진 이용허가를 받기 위해 원경 스님과 전화통화를 했다. 원경 스
님은 이 사진과 관련해 세 가지 점을 지적해주었다.
첫째 현재 알려진 사진은 좌우가 뒤바뀐 것이라는 점, 둘째 호찌민에 대해서는 주세죽이 사진 뒷면에
한자로 胡志明이라고 적어놓았다는 점, 셋째 주세죽으로 알려진 여성은 주세죽이 아니고 다른 사람
이 주세죽이라는 점 등이다.
원경 스님은 사진을 복사하면서 뒷장의 주세죽 메모는 복사하지 못했지만, 당사자인 주세죽이 이 사
진 속에 호찌민, 김단야, 양명 등이 있다고 했으므로 1929년 모스크바 체류 시기의 사진임이 분명하
다고 했다(원경 스님 전화 인터뷰, 2015년 1월 7일).
3 임경석 교수 전화 인터뷰(2013년 12월 10일).
4 원경 스님도 지금까지 주세죽으로 알려진 인물이 다른 사람이며, 이 여성이 실제로 주세죽이라고 확
인해주었다(원경 스님 전화 인터뷰, 2015년 1월 7일).
5 新義州警察署, 「被疑者(朱世竹)審問調書」(1925년 12월 4일): 임경석, 『이정 박헌영 일대기』, 역사비

평사, 2004, 72쪽.

6 신의주지방법원, 「피고인 박헌영 신문조서(제4회)」(1926년 4월 23일), 박헌영과 주세죽의 결혼 시
   점에 대해서는 1921년 봄, 1924년 11월, 1924년 12월 등 다른 기록들이 있다. 임경석, 위의 책, 2004,
   70쪽.

7 조선민주주의인민공화국 최고재판소, 「피소자 박헌영의 조선민주주의인민공화국 정권전복 음모와
   미제국주의자들을 위한 간첩 행위 사건」, 『미제국주의 고용간첩 박헌영 리승엽 도당의 조선민주주의
   인민공화국 정권전복 음모와 간첩사건 공판 문헌』, 국립출판사, 1956, 93쪽.

8 「안현경 → 이승만」(1920년 5월 8일), 유영익·송병기·이명래·오영섭 편, 『李承晚東文書翰集』(하),
   연세대학교출판부, 2009, 73쪽.

9 Peter Hyun, MAN SEI! : The Making of a Korean American, A Kolowalu Book, University of
   Hawaii Press, Honolulu, 1986, p. 102.

10 「華東留學生大會」, 『獨立新聞』 133호, 1922년 7월 15일.

11 Peter Hyun, In the New World: The Making of a Korean American, A Kolowalu Book, Univer-
   sity of Hawaii Press, Honolulu, 1995, pp. 171~172.

12 Peter Hyun, MAN SEI!, pp. 108, 172.

13 Peter Hyun, MAN SEI!, photographs.

14 현피터는 1995년 회고록에서 박헌영이 1921~1922년간 중국공산당과 접촉해 재정 후원을 획득했
   으며, 학교를 설립해 한인청년들에게 농업·산업경제, 노동계급·계급투쟁에 대해 가르쳤다고 썼다
   (Peter Hyun, In the New World, pp. 238~239).

15 Peter Hyun, MAN SEI!, pp. 123, 124, 127, 168~171; Peter Hyun, In the New World, p. 144.

16 「上海情報」(機密受제176호-高警제2760호, 朝鮮總督府 警務局 → 內田康哉(外務大臣), 拓殖局長官)
   (1922년 9월 2일), 『不逞團關係雜件-朝鮮人ノ部-在滿洲ノ部(33)』.

17 「高警 第1666號, 高麗共産黨員 朴憲永 外 2명의 供述報告의 件」(1922년 6월 10일): 임경석, 위의 책,
   2004, 68쪽.

18 임경석, 위의 책, 2004, 74~75쪽.

19 「在上海 鮮人團體 一覽表」(1922년 12월), 『不逞團關係雜件-鮮人ノ部-在上海地方(4)』.

20 Peter Hyun, MAN SEI!, pp. 120~122.

21 「高警 第2355號의 2, 國外情報 高麗共産黨青年團 組織의 件」(1921년 7월 20일): 임경석, 위의 책,
   2004, 67쪽.

22 손정도 목사의 호는 입정立丁이다. 손정도는 현순의 후임으로 정동감리교회 목사를 지냈으며, 3·1운
   동 직후 임시정부의 주요 인물로 활동하며 현순과 밀접한 관계를 맺고 있었다. 정동 감리교회는 현
   순, 손정도, 최창식의 호가 입석정立石丁의 의미로, 의친왕을 옹립한다는 뜻이라고 해석했다. 기독교
   대한감리회 정동제일교회, 『濯斯 최병헌 목사의 後光』(김창수·김승일, 『해석 손정도의 생애와 사상 연
   구』, 넥서스, 1999, 146~147쪽).

23 Peter Hyun, In the New World, pp. 171~172; 「Genealogy of Reverend Soon Hyun, January 1,
   2002」, 데이빗 현 지음, 김영목 편집, 『사진으로 보는 애국지사 현순 목사의 대한 독립운동』, 한국독
   립역사협회, 2002; 한규무, 「玄楯의 신앙과 활동: 3·1운동 이전을 중심으로」, 『한국기독교와 역사』 16

호, 2002, 149쪽.

24 임경석, 위의 책, 2004, 69~80쪽.

25 「高警 第2869號 國外情報, 上海의 共産黨에 關한 件」(1921년 11월 3일): 임경석, 위의 책, 2004, 74쪽.

제1장

1 玄楯, 『玄楯自史』(David Hyun and Yong Mok Kim, ed., *My Autobiography: The Reverend Soon Huyun*, Yonsei University Press, 2003 수록), 235쪽. 이런 연유로 1887년 현제창은 현순을 진령군의 양자 김창열金昌悅의 장녀와 결혼시키려고 했다(같은 곳).

2 같은 책, 223쪽; 데이빗 현, 2002; 한규무, 위의 논문, 2002.

3 현순, 위의 책, 2003, 256~257쪽.

4 順天中学校 · 高等学校 沿革, http://www.junten.ed.jp/rinen/enkaku.html(2013년 12월 27일 검색).

5 현순, 위의 책, 2003, 263~265쪽, 269쪽. 현순은 같은 기록에서 1901년 부친의 투옥과 모친의 사망 소식을 듣고 학교를 중퇴했다고 썼다.

6 같은 책, 259쪽.

7 한규무, 위의 논문, 2002.

8 현순, 위의 책, 2003, 267~268쪽.

9 한규무, 「玄楯(1878~1968)의 인물과 활동」, 『국사관논총』 40집, 국사편찬위원회, 1992, 75쪽.

10 金元容, 『在美韓人五十年史』, 캘리포니아 리들리California Reedly, 1959, 6쪽; 미 상원의 기록에는 1902~1910년간 총 7,291명이 이민한 것으로 되어 있으며, 이덕희의 조사에서는 1902~1905년간 7,415명이 이민한 것으로 집계되었다(Duk Hee Lee Murabayashi, "Korean Passengers Arriving at Honolulu, 1903-1905," the Center for Korean Studies, School of Hawaiian, Asian and Pacific Studies, University of Hawaii at Manoa, July 2004[revised version], p. 6).

11 玄楯, 『布哇遊覽記』, 日韓印刷株式會社, 1909, 5쪽.

12 "List or Manifest of Alien Passenger for the Commissioner of Immigration," S.S. Coptic from Nakasaki, Japan, 16 Feb 1903. Arriving at Port of Honolulu, March 3, 1903(www.ancestry.com). 현순의 기록에는 2월 20일경에 도착한 것으로 되어 있다.

13 현순, 「布哇履歷」, 위의 책, 2003, 275쪽; 데이빗 현, 위의 책, 2002, 151쪽.

14 자조회의 규칙은 (1) 상호친교를 강화하고, (2) 부녀자들을 존중 · 보호하고, (3) 도박음주를 금하고, (4) 수상쩍은 여자들의 막사 출입을 금하는 것 등이었다. 현순, 위의 책, 2003, 275쪽.

15 같은 책, 276쪽.

16 신민회의 목적은 구국정신을 고취해 일본의 침략 행위에 반항하는 것이었고, 강령은 동족 단결과 민지民智 계발 및 국정쇄신이었다. 설립일은 1903년 8월 7일이었다. 김원용, 위의 책, 85~86쪽.

17 盧載淵, 『在美韓人史略』, 미국 LA(독립운동사편찬위원회, 『독립운동사자료집 제8집: 임시 정부사자료집』, 1974), 1963, 47쪽.

18 「布哇傳道師현순氏의奇書」, 『공립신보』, 1906년 1월 8일.

19 「특별사고」,『공립신보』, 1908년 2월 19일, 7월 22일. 현순의 주소는 '배재학당 내'로 되어 있다.

20 현순, 위의 책, 2003, 277쪽.

21 현순, 「在布所歷」, 위의 책, 2003, 13쪽.

22 같은 책, 281쪽.

23 「41인 신학 졸업」,『신한민보』, 1912년 1월 22일; 유동식,『정동제일교회의 역사 1885~1990』, 기독교 대한감리회 정동제일교회, 1992, 204쪽.

24 한규무, 위의 논문, 2002.

25 현순, 위의 책, 2003, 281~289쪽.

26 Official Minutes of the 8th Korea Annual Conference of M.E.C., 1915, p. 39; 유동식, 위의 책, 207쪽.

27 유동식은 교회와 민족운동의 관계를 보수적 정통주의·정교분리(선교사), 교회와 무관하게 독립·민족 운동 추구(김구·안창호), 기독교를 민족운동의 기초(이승만), 교회운동 안에서 민족운동(현순·손정도), 민족운동과 종교운동 하나로 통합(윤치호) 등으로 구분했다. 유동식, 위의 책, 1992, 200~201쪽.

28 현순, 위의 책, 2003, 283쪽, 286쪽.

29 조민우, 「현순 목사 자사自史원본 최초 공개」,『기독교타임즈』(http://www.kmctimes.com), 2004년 10월 18일. 이 자료는 기존에 공개되지 않았던『현순자사』1권(조상의 내력, 1919년 직전까지)으로 원래 현앨리스가 소지하다가 현엘리자베스가 받아 보관하던 것이라고 한다. 엘리자베스의 손자가 유품에서 발견했다.

30 김승태·박혜진 엮음,『내한선교사총람』, 한국기독교역사연구소, 1994, 256쪽; 정병준,『우남 이승만 연구』, 역사비평사, 2005, 310쪽.

31 강덕상 지음, 김광열 옮김,『여운형 평전 1: 중국·일본에서 펼친 독립운동』, 역사비평사, 2007, 106~107쪽.

32 정병준, 위의 책, 2005, 93쪽; 강덕상, 위의 책, 2007, 105~106쪽.

33 현순, 위의 책, 2003, 283쪽, 286쪽.

34 「海老名목사의 한국시찰담」,『基督敎世界』1390(1910년 4월 28일), 小川圭治·池明觀 編,『日韓キリスト敎關係史資料 1876~1922』, 新敎出版社, 1984; 金允玉·孫奎泰 共譯,『韓日그리스도교 關係史資料』, 한국신학연구소, 1990, 274~275쪽.

35 「朝鮮牧師禮拜」,『福音新報』481(1911년 8월 10일); 김윤옥·손규태, 위의 책, 117~124쪽; 한규무, 위의 논문, 2002, 58~59쪽.

36 「帝都에서의 朝鮮牧師 一行」,『護敎』1045(1911년 8월 5일); 김윤옥·손규태, 위의 책, 194~197쪽.

37 小山生, 「朝鮮見學團紀行」,『開拓者』7-12(1912년 12월 1일); 김윤옥·손규태, 위의 책, 544쪽; 한규무, 위의 논문, 2002, 60~61쪽.

38 강덕상, 위의 책, 2007, 87~90쪽.

39 「解放된 故土밟은 軍服의 朝鮮男妹: 美軍으로 빛나는 歸國」,『서울신문』, 1946년 3월 20일.

40 이화여자중고등학교 동창회,『이화여자중고등학교 동창회명부』, 1970, 18쪽.

41 Peter Hyun, MAN SEI!, pp. 75~77.

42 이화70년사편찬위원회,『이화70년사』, 이화여자대학교출판부, 1956, 305쪽; 이화 90년사편찬위원

회, 『이화90년사 1886~1875』, 이화여자고등학교, 1975, 79쪽; 이화100년사편찬위원회, 『이화백년
사 1886~1986』, 이화여자고등학교, 1994, 103~105쪽.

43 한규무, 위의 논문, 1992; 金良洙, 「조선전환기의 中人 집안활동: 玄德潤·玄采·玄楯 등 川寧玄氏 驛館
    家系를 중심으로」, 『東方學志』 102집, 1998; 한규무, 위의 논문, 2002; 한규무, 「극동인민대표회의
    에 참가한 '조선예수교대표회' 현순의 '위임장'과 그가 작성한 '조사표'」, 『한국근현대사연구』 30집,
    2004.

44 현순, 위의 책, 2003, 292~293쪽.

45 「朴熙道先生取調書」, 李炳憲, 『三一運動秘史』, 1959, 434~435쪽; 한규무, 위의 논문, 1992, 78쪽.

46 박은식, 『조선독립운동지혈사』; 강덕상, 위의 책, 2007, 243쪽.

47 정병준, 위의 책, 2005, 161~170쪽.

48 현순, 위의 책, 2003, 304~306쪽.

49 Peter Hyun, MAN SEI!, pp. 153~156; 「현안 량씨의 뉴욕착」, 『신한민보』, 1920년 9월 9일.

50 이상훈, 「김규식의 구미위원부 활동(1919~1920)」, 한림대학교 석사학위 논문, 1996.

51 현순이 구미위원부 위원장에서 면직된 후인 1921년 7월 『동아일보』는 현순이 미국 국무부에 독립을
    청원했고, 황기환은 영국 수상회의에 독립을 청원했다고 보도했다. 「英米에 獨立請願」, 『동아일보』,
    1921년 7월 10일.

52 「현순씨의 하와이 도착, 열정의 환영을 받아」, 『신한민보』, 1921년 6월 16일.

53 「하와이 한인은 현순씨 반대」, 『신한민보』, 1921년 7월 14일; 「안정수씨는 현순씨를 변호」, 『신한민
    보』, 1921년 6월 30일.

54 「현씨 사태에 대한 서박사의 편지」, 『신한민보』, 1921년 7월 21일; 「재무부와 위원부간 내왕 공문」, 『신
    한민보』, 1921년 7월 28일; 「열강평의회, 1921. 7. 25. 서재필」, 『신한민보』, 1921년 8월 11일.

55 국사편찬위원회, 『일제침략하 한국36년사』 6권, 1971, 167쪽; 현순, 『華盛頓 外交實記』.

56 「(李承晩) 聲討文」(1921. 4. 19), 「(大朝鮮獨立團布哇支部總團) 通知書」(1921. 8. 11), 「(玄楯) 聲明
    書」(일자 미상), 이상 「(高警 제28132호) 布哇二於ケル朝鮮人ノ爭鬪ト李承 晩ノ不人望」(1921. 10.
    12) 赤池濃(조선총독부 경무국장) → 埴原正直(외무차관) 『不逞團 關係雜件-朝鮮人ノ部-上海假政
    府(5)』

57 「현순씨난 원동으로 도망, 구미위원부에 도착한 소식」, 『신한민보』, 1921년 7월 28일; 현순은 송지상
    宋之相, Tche Siang Song이라는 중국 이름을 사용했다. Honolulu, Hawaii, Passenger and Crew
    Lists 1900–1959. Departure, 1921, July(www.ancestry.com).

58 현순, 「回滬後履歷」, 위의 책, 2003, 319쪽.

59 「(機密 제87호) 鮮人玄楯來滬ノ件」(1921. 8. 18), 山崎馨一(上海總領事) → 內田康哉(외무대신) 『不
    逞團關係雜件-朝鮮人ノ部-上海假政府(4)』

60 Peter Hyun, MAN SEI!, p. 58; 최영방·최영화 지음, 김대구 편집, 『대한독립운동 최후의 광경: 아버
    지 雲丁 최창식 어머니 雲堂 김원경』, 한국이민역사연구소, 2008, 225~226쪽.

61 「망명객의 가족, 참혹한 현목사 가족」, 『동아일보』, 1920년 4월 27일. 현피터도 마리아가 일본 교회에
    배치된 미국 선교사를 찾아가 여행권을 얻어달라고 간청했고, 그 결과 상하이행이 가능했다고 회고
    했다(Peter Hyun, MAN SEI!, pp. 58~59).

62 『독립신문』, 1920년 3월 16일.

63 조명구(20원), 박주병(10원), 최창선(10원), 이사윤(3원), 효자동 유지(50원), 김기영(3원), 우필순(10원), 이원조(5원), 김준호(2원) 등이다.『동아일보』, 1920년 4월 28일, 4월 29일, 5월 1일, 5월 4일, 5월 6일, 5월 10일.

64 「현순목사 가족은 재정곤란에다 왜놈의 방해」,『신한민보』, 1920년 6월 11일.

65 현순, 위의 책, 2003, 308쪽; 현피터도 이씨 아저씨Uncle Lee가 자신들을 상하이로 데리고 왔다고 기록했다. Peter Hyun, MAN SEI!, pp. 80~85.

66 「안현경 → 이승만」(1920. 5. 8), 유영익 · 송병기 · 이명래 · 오영섭 편, 위의 책, 2009, 73쪽.

67 「(高警 제14626호) 露國義勇艦隊汽船客鮮人ニ關スル件」(1923. 5. 12) 澤田牛麿(福岡縣 知事) → 水野鍊太郞(내무대신) · 內田康哉(외무대신) · 赤池濃(警視總監)『不逞團關係 雜件 – 朝鮮人ノ部 – 在西比利亞(14)』.

68 「(高警 제189호)上海ニ於ケル李承晩歡迎會ノ狀況」(1921. 1. 14) 朝鮮總督府 警務局長 → 埴原正直(외무차관)『不逞團關係雜件 – 朝鮮人ノ部 – 上海假政府(3)』.

69 지금까지 하란사는 일제에 의해 독살되었다고 알려져왔으나, 현순의 회고록에 따르면 하란사는 손정도와 함께 베이징北京 하다먼哈達門 내에 있는 감리교회 소관所管 병원에서 묵던 중 "우연偶然히 유행성流行性 감모感冒에 걸리어 고통타가 불행 병사病死"했다. 남편 하상기河相騏가 서울에서 달려와 중국인 예배당에서 장례식을 하고 베이징 성외에 안장했다. 현순, 「三一運動과 我의 使命」, 위의 책, 2003, 297~298쪽.

70 같은 책, 298쪽.

71 같은 책, 297~298쪽.

72 趙鍾武, 「尹淙善: 뉴욕 최초의 교포 치과의사」,『아메리카대륙의 韓人風雲兒들』(下), 朝鮮日報社, 1988, 120~130쪽; 안혜령,『손인실: 사랑과 겸허의 향기』, 이화여자대학교출판부, 2001.

제2장

1 Peter Hyun, MAN SEI!, pp. 102, 171~172.

2 임경석, 「박헌영과 김단야」,『역사비평』53집, 2000, 125~126쪽.

3 沈熏,『沈熏文學全集』2권에 수록된『東方의 愛人』, 1966, 탐구당. 여운형은 그의 인맥 중 한 갈래를 '주례인맥'이라고 부를 정도로 청년들의 주례를 잘 서주기로 유명했다. 최창식과 김원경도 상하이에서 여운형의 주례로 결혼했다. 최영방 · 최영화, 위의 책, 2008, 310~311쪽.

4 강덕상, 위의 책, 2007, 141쪽.

5 임경석, 위의 논문, 2000, 126쪽.

6 고려공산청년회 상하이 지회 집행위원장은 최창식이었다. 「高警 第2355號의 2, 國外情報高麗共産黨 靑年團 組織의 件」(1921년 7월 20일), 임경석, 위의 책, 2004, 67쪽.

7 원문에는 채창식Chai Chang-Sik, 김애영Kim Ai-Young으로 되어 있다. Peter Hyun, MAN SEI!, p. 108.

8   Peter Hyun, *MAN SEI!*, pp. 120~122.

9   Peter Hyun, *In the New World*, pp. 238~239.

10 검사총장 리송운, 「국가 검사의 론고」(1955년 12월 15일), 「피소자 박헌영의 조선민주주의인민공화국 정권전복 음모와 미제국주의자들을 위한 간첩행위 사건」, 조선민주주의인민공화국 최고재판소, 『미제국주의 고용간첩 박헌영 리승엽 도당의 조선민주주의인민공화국 정권전복 음모와 간첩사건 공판 문헌』, 국립출판사, 1956, 93쪽.

11 윤해동, 「한국 현대사의 증언: 박헌영의 아들 원경스님, 혁명과 박헌영과 나」, 『역사비평』 39호, 1997, 108~109쪽.

12 데이빗 현, 위의 책, 2002, 149쪽.

13 「Genealogy of Reverend Soon Hyun, January 1, 2002」, 데이빗 현, 위의 책, 2002, p. 27.

14 The Standard Certificate of Birth, Wellington Chung, dated November 2, 1927. "Wellington Chung File," Charles University Archives, Prague, Czechoslovakia.

15 1920년대 한국인의 일본 유학에 대해서는 다음을 참조. 박찬승, 「1910년대 渡日留學과 留學生活」, 『역사와 담론』 34집, 2003; 박찬승, 「1920년대 渡日留學生과 그 사상적 동향」, 『한국 근현대사연구』 30, 2004; 박찬승, 「식민지 시기 도일유학생과 근대지식의 수용」, 『지식변동의 사회사』, 문학과지성사, 2003; 김인덕, 『식민지 시대 재일조선인 운동 연구』, 국학자료원, 1996.

16 關西大學學友會, 『關西大學校友會學友會會員名簿』, 關西大學學友會, 1925, 190쪽.

17 경남 거창군 위천면 홈페이지 지명 유래, http://www.geochang.go.kr/program/publicsil/default2.asp?sec=d5470035(2013년 12월 31일 검색).

18 「關西大學專門部學則」, 『大正十五年度 關西大學大學豫科入學案內』, 2~4쪽. 1학년(헌법, 민법, 형법, 형사소송법, 경제학, 경제원론, 영어, 윤리학) 28학점, 2학년(행정법, 민법, 심리학·논리학, 상법, 형법, 민사소송법, 영어) 27학점, 3학년(행정법, 상법, 민사소송법, 파산법, 국제공법, 국제사법, 재정학, 영어, 철학개설) 30학점.

19 박찬승, 위의 논문, 2003, 119쪽; 정병준, 「일제하 한국 여성의 미국 유학과 근대 경험」, 『이화사학연구』 39집, 2009, 51~52쪽.

20 국사편찬위원회, 「조선총독부 및 소속관서직원록」(2013년 12월 31일 검색).

21 「統營防波堤의 復舊工事着手」, 『每日申報』, 1937년 9월 5일.

22 「慶南道辭令」, 『해방일보』, 1940년 4월 21일.

23 간사이 대학 교우회 명부를 살펴본 결과 변호사, 판사, 검사는 거의 찾아볼 수 없었다. 법원 서기를 대량 양성하던 경성법학전문에서도 법조계로 진출하는 것은 하늘의 별 따기였다. 정병준, 「해제: 김성칠의 삶과 한국전쟁」, 김성칠 지음, 정병준 해제, 『역사 앞에서』, 창비, 2009, 408~410쪽.

24 구여순은 1919년 3·1운동으로 투옥되었다 석방된 후 1924년 의열단 단원으로 체포되어 징역 4년을 선고받아 복역했다. 이후로도 독립운동군 자금 모집, 고려구국동지회 조직 등의 활동을 벌이는 등 의령군을 대표하는 항일운동가가 되었다. 「安武商 田溶璿 崔秉圭 판결문」, 대구복심법원(1919년 8월 19일); 金正明, 『朝鮮獨立運動 I권』, 371쪽, 376쪽; 慶尙南道 警察部, 『高等警察關係摘錄』(1936년 12월), 11쪽; 이용락, 『三一運動實錄』, 683~687쪽; 변지섭, 『경남독립운동소사』(상), 48~51쪽, 114~117쪽; 憲兵隊 司令部, 『朝鮮騷擾事件』, 106쪽.

25 독립운동사편찬위원회,『독립운동사』제3권,『삼일운동사』(하), 독립유공자사업기금운용위원회, 1971, 307~312쪽;「구여순 등 판결문」(大正 刑控 제444, 445), 대구복심법원(1919년 7월 15일), 국가보훈처 공훈전자사료관.

26 독립운동사편찬위원회, 위의 책, 1971, 311~312쪽. 대구복심법원 기록에는 1심 판결 결과가 남여순·최정학 징역 2년, 남호섭·정봉균·정원익·이억근 징역 10월, 이태수 징역 7월, 노오용·남성희 징역 5월로 되어 있다.

27 「구여순 등 판결문」(大正8年 刑上 제816, 817), 고등법원(1919.10.4), 국가보훈처공훈전자 사료관.

28 구여순(호석상芦席商, 27세), 최정학(농업, 24세), 남호섭(곡물상, 25세), 정봉균(농업, 일명 정판석, 19세), 정원익(농업, 35세), 이억근(잡화상, 27세), 노오용(무직, 19세), 남성희(농업, 일명 남성희南性熙, 35세), 이태수(잡화상, 24세).

29 Peter Hyun, In the New World, pp. 171~172;「Genealogy of Reverend Soon Hyun, January 1, 2002」, 데이빗 현, 위의 책, 2002, 149쪽.

30 Peter Hyun, MAN SEI!, pp. 178~179.

31 Peter Hyun, In the New World, p. 170.

32 데이빗 현, 위의 책, 2002, 148~149쪽.

33 정병준, 위의 책, 2005, 204~205쪽; 윤대원,『상해 시기 대한민국임시정부 연구』, 서울대학교출판부, 2006, 41~103쪽.

34 이애숙,「상해 임시정부 참여세력의 對蘇 교섭」,『역사와현실』32호, 1999, 23~24쪽.

35 「在上海 鮮人團體 一覽表」(1922년 12월),『不逞團關係雜件–鮮人의 部–在上海地方(4)』; 朝鮮總督府 警務局,『朝鮮治安狀況(國外)』.

36 현순,『華盛頓外交實記』; 정병준, 위의 책, 2005, 200~201쪽.

37 「高警 第2355號의 2, 國外情報高麗共産黨靑年團組織의 件」(1921년 7월 20일): 임경석, 위의 책, 2004, 67쪽.

38 「현순→이승만」(1919년 12월 24일), 유영익·송병기·이명래·오영섭 편, 위의 책, 2009, 370쪽.

39 「안현경 → 이승만」(1920년 3월 26일, 4월 23일, 5월 25일),「장붕 → 이승만」(1920년 8월 21일), 유영익·송병기·이명래·오영섭 편, 위의 책, 2009, 62쪽, 67쪽, 75쪽, 246쪽.

40 정병준,『몽양 여운형 평전』, 한울, 1995, 44쪽.

41 임경석,『한국 독립운동의 역사 42: 초기 사회주의운동』, 독립기념관 한국 독립운동사연구소, 2009, 262쪽.

42 임경석,「극동민족대회와 조선대표단」,『역사와현실』32호, 1999, 45~46쪽, 57쪽.

43 한규무, 위의 논문, 2004, 206쪽.

44 같은 논문, 203쪽.

45 임경석, 위의 논문, 1999, 38~46쪽; 한규무, 위의 논문, 2004, 206쪽.

46 임경석, 위의 논문, 1999, 34쪽.

47 한규무, 위의 논문, 2004, 207쪽.

48 「III. 소련심방의 동기」, 현순문서.

49 여운형,「몽고사막 횡단기(나의 회상기 제2편)」,『중앙』, 1936년 4월호; 임경석, 위의 논문, 1999,

42~43쪽.

50 최영방·최영화, 위의 책, 2008, 254~257쪽.

51 현순이 적은 나머지 특징은 3) 러시아전권위원Commissar, 4) 신경제, 5) 공동노동–건설, 6) 문맹퇴 치, 7) 신경제정책 등이었다.

52 임경석, 위의 논문, 1999, 263쪽. 김규식은 대회 참가 소감을 영국공산당 기관지에 발표했다. Kinsic Kim, "The Asiatic Revolutionary Movement & Imperialism," *Communist Review*, Vol. 3, No. 3, July 1922, Communist Party of Great Britain. 미국인의 대회 방청 소감과 김규식·여운 형의 대회 참가 사진은 Ernestine Evans, "Looking East from Moscow," *Asia*, December 1922, p. 976에 수록되어 있다.

53 Peter Hyun, *MAN SEI!*, p. 161.

54 현순,「再渡布哇와 靜穩餘生」, 위의 책, 2003, 320~321쪽. 현순은 회고록에 1921~1922년 모스크바 행에 대해 서술하지 않았다.

55 현순, 위의 책, 2003, 321쪽; 데이빗 현, 위의 책, 2002, 95쪽.

56 Peter Hyun, *In the New World*, p. 281; 데이빗 현, 위의 책, 2002, 95~96쪽.

57 현순,「再渡布哇와 靜穩餘生」, 위의 책, 2003, 321쪽; "Personal History Declaration," July 18, 1945 by Hyun Soon.

58 「(公機密 제22호) 朝鮮人牧師玄楯ノ行動ニ關スル件」(1923년 3월 3일) 山崎馨一(호놀룰루 총영사) →內田康哉(외무대신)『不逞團關係雜件–朝鮮人ノ部–在歐米(6)』.

59 「(高警 제14626호) 露國義勇艦隊汽船船客鮮人ニ關スル件」(1923년 5월 12일) 澤田牛麿(福岡縣 知 事) → 水野鍊太郞(내무대신)·內田康哉(외무대신)·赤池濃(警視總監)『不逞 團關係雜件–朝鮮人ノ 部–在西比利亞(14)』.

60 위와 같음.

61 「(高警 제1618호) 容疑鮮人婦人浦潮旅行ニ關スル件」(1923년 5월 16일) 朝鮮總督府警務局『不逞團 關係雜件–朝鮮人ノ部–在西比利亞(14)』.

62 위와 같음.

63 『용의조선인명부』, 178쪽, 국사편찬위원회 한국근현대인물자료.

64 임경석,「국민대표회의 원내 대표원단 연구」,『한국사학보』51집, 2013, 279쪽.

65 선우섭은 평양 출신으로 1921년 중국 창춘에서 '선전대' 소속으로 상하이 임시정부와 블라디보스토 크 간의 연락을 담당했으며, 1922년 랴오닝성 안동현 이륭양행怡隆洋行에서 각 방면의 연락과 정보 수집에 종사했고, 1923년 5월 상하이 국민대표회의에 고려공산당청년회 대표로 참석해 '大독립당건 설안'을 제안하는 등의 활동을 했다.「선우섭 공적조서」(국가보훈처).

제3장

1 「현순씨는 미이미교의 목사로 피임」,『신한민보』, 1923년 3월 22일;「현순씨난 미이미교의 목사로 시 무」,『신한민보』, 1923년 5월 10일.

2   "Personal History Declaration," July 18, 1945 by Hyun Soon;「(公機密 제22호) 朝鮮人牧 師玄
楯ノ行動ニ關スル件」(1923년 3월 3일) 山崎馨一(호놀룰루 총영사) → 内田康哉(외무대신);「(公機密
제18호) 朝鮮人牧師玄楯ノ妻子渡布ニ關スル件」(1923년 3월 14일) 吉田丹一郎(호놀룰루 총영사대
리) → 幣原喜重郎(외무대신);「(亞三機密 제16호)「朝鮮人牧 師玄楯ノ行動ニ關スル件」(1923년 4월
4일) 田中都吉(외무차관) → 元田敏夫(拓殖局 事務局長)『不逞團關係雜件-朝鮮人ノ部-在歐米(6)』.
지금까지 송지상은 안현경의 변성명으로 잘못 알려져 있었다. 상하이 내 이승만의 복심이었던 안현
경은 현순과 함께 상하이를 떠나 미국으로 들어왔다. 현순은 로스앤젤레스로 이주한 1947년 이후 사
용한 편지봉투에 'Tche Siang Song'이라고 썼다. The Reverend Soon Hyun Collected Works,
Korean American Digital Archive, USC, shyun16-008.

3   현순, 위의 책, 2003, 296쪽.

4   List of Alien Passenger, S.S. Great State, Passengers Sailing from Honolulu, July 21, 1921
Bound for Port of Manila. Honolulu, Hawaii, Passenger and Crew Lists 1900-1959. Depar-
ture, 1921. July(www.ancestry.com).

5   1927년 일본 영사 경찰의 엄항섭 체포 시도와 엄항섭의 중국 국적 취득 문제에 대해서는 다음을 참조.
「61. 嚴恒燮에 관한 제문건」,『한국독립운동사』, 자료20 임정편Ⅳ [上海 佛租界 工務局 文書(낭트소
장사료)], 국사편찬위원회, 1991.

6   「국어학교 학도 1백50명」,『신한민보』, 1923년 10월 25일.

7   List of United States Citizens. S. S. Tenyo Maru Sailing from Shanghai January 13 1924,
Arriving at Port of Honolulu, January 30, 1924. Honolulu, Hawaii, Passenger and Crew
Lists 1900-1959(www.ancestry.com).

8   현엘리자베스는 현앨리스와 함께 승객 명부에 적혀 있지만 지워져 있었다. 때문에 엘리자베스는 앨리
스와 동행하기로 했다 취소했거나 호놀룰루에서 입국이 거절되었을 가능성이 있다.

9   Peter Hyun, *In the New World*, pp. 281~282.

10   「현목사의 자녀가 상해로 도래」,『신한민보』, 1924년 6월 19일.

11   현피터는 18세, 1906년 8월 15일 하와이 리후에 출생으로, 현엘리자베스는 19세, 1905년 3월 9일 하
와이 호놀룰루 출생으로 기록되어 있다. List of United States Citizens, S. S. President Cleveland
Sailing from Shanghai May 11 1924 Arriving at Port of Honolulu, May 24, 1924(www.an-
cestry.com).

12   「(公機密 제18호)鮮人牧師玄楯ノ妻子渡布ニ關スル件」(1925년 3월 14일) 吉田丹一郎(호놀룰루 총영
사대리) → 幣原喜重郎(외무대신)『不逞團關係雜件-朝鮮人ノ部-在歐米(8)』.

13   「현순목사의 가족 도미」,『신한민보』, 1925년 4월 9일.

14   「현목사 사임설」,『신한민보』, 1924년 1월 17일.

15   「현순목사의 사직설은 허보」,『신한민보』, 1924년 2월 14일.

16   현전하는『한인교회보』에 따르면 현순은 1925년 2월호까지는 주필이었으나, 5월호부터는 주필직에
서 이름이 보이지 않는다. 정병준,「해제」,『해외의 한국독립운동사료 38: 미주편(11) 미주한인기독
교잡지』, 국가보훈처, 2014.

17   「단산시보 간행」,『신한민보』, 1925년 6월 11일.

18 정병준, 위의 책, 2005, 320~326쪽.

19 「서박사 오찬회에서」,『신한민보』, 1925년 8월 6일. 이 기사는『단산시보』의 내용을 옮긴 것이었다.

20 이덕희,『하와이 이민 100년, 그들은 어떻게 살았나?』중앙M&B, 2003, 30~31쪽, 57쪽.

21 「현알나쓰녀사의 국어교수」,『신한민보』, 1924년 2월 21일.

22 「엡웰청년회 임원 변경」,『신한민보』, 1924년 8월 15일. 회장 현피드로, 서기 현알라씨, 재무 현공춘, 부회장 정왈라, 교제국 김찬제, 전도국 김또라, 학문국 김진호.

23 「엡웰청년회 신임원」,『신한민보』, 1924년 10월 6일. 회장 정봉관, 부회장 강영각, 서기 현앨리스, 재무 정왈라, 학문국 홍영매, 교제국 현피드로.

24 「불행중 다행」,『한인교회보』Hawaiian Korean Christian Advocate, 1925년 5월, 32쪽.

25 Certificate of Birth, Territory of Hawaii, Bureau of Vital Statistics, No B73824 (Wellington Chung). Charles University Archives.

26 Peter Hyun, In the New World, p. 170; 데이빗 현, 위의 책, 2002, 143~145쪽.

27 「현양이 재차 하와이 방문」,『신한민보』, 1930년 7월 3일.

28 「현피터군 류학차로 도미」,『신한민보』, 1928년 9월 6일; Peter Hyun, In the New World, pp. 281~283.

29 현피터에 따르면 엘리자베스는 김병호와 결혼함으로써 20여 년간 '희비극적 삶'tragicomic life을 살게 되었다. 김병호는 수개월간 집을 비우는 비밀사업에 종사했고, 노상강도를 만나 사망했다. 세 아이는 엘리자베스의 노력으로 모두 대학을 졸업했다. Peter Hyun, In the New World, p. 61.

30 U.S. Naturalization Record Indexes, 1791–1992(www.ancestry.com).

31 「현순목사의 두따님 도미후 발정」,『신한민보』, 1931년 10월 1일.

32 「解放된 故土밟은 軍服의 朝鮮男妹: 美軍으로 빗나는 歸國」,『서울신문』, 1946년 3월 20일.

33 Peter Hyun, In the New World, p. 171.

34 데이빗 현, 위의 책, 149쪽. 현앨리스가 하와이 대학에서 잠시 공부했을 가능성도 있다. 1946년『독립』신문은 현앨리스가 하와이 대학에서 수학했다고 보도했다. "Korean Delegates," Korean Independence, October 16, 1946.

35 Korea Student Bulletin, Vol. XI, No. 1, February 1933, p. 4; 국가보훈처,『한국학생회보』The Korea Student Bulletin(해외의 한국 독립운동사료), 2000, 256쪽. 뉴욕 지부의 간부는 다음과 같다. 회장 김세선S. S. Kim, 서기 겸 재무 김은숙E. S. Kim, 사교부장 현앨리스.

36 Korean Student Directory for 1935, by The Social Relations Department of the Korean Student Federation of North America and The Korean Division of the Committee on Friendly Relations Among Foreign Student, p. 12. 이는 외국학생친우회 청년회 안에 설치된 한국학생부가 간행하던 주소록 겸 명부였다.

37 헌터 칼리지 홈페이지의 대학 설명, http://www.hunter.cuny.edu/abouthunter(2014년 1월 4일 검색).

38 Peter Hyun, In the New World, p. 171.

39 Peter Hyun, MAN SEI!, p. 166.

40 「뉴욕중국후원회」,『신한민보』, 1938년 5월 12일. 뉴욕중국후원회의 재무는 리덕환(이득환)이었다.

같은 시점에 라성중국후원회 임원은 회장 김월라, 부회장 김강, 영문서기 김옥자, 국문서기 최능익이 었다.「라성중국후원회」,『신한민보』, 1938년 5월 12일.

41 선우학원,『아리랑 그 슬픈 가락이여』, 대흥기획, 1994, 30쪽. 중일전쟁 이후 재미한인들이 주중대 사관의 외교행낭을 이용했다는 사실은 1950년대 미국 하원 비미활동조사위원회 청문회에서 재미 한인 진보주의자들이 북한 및 남한 공산주의자들과 연락하기 위해 제3국의 외교행낭을 이용했다는 식으로 과장되기도 했다. "Testimony of Harold W. Sunoo, Johsel Namkung. Accompanied by Counsel, Kenneth A. MacDonald," *Investigation of Communist Activities in the Pacific Northwest Area*–Part 7(Seattle), Friday, June 18, 1954. Unites States House of Representatives, Subcommittee of the Committee on Un–American Activities, Seattle, Washington.

42 「현피터가 현순에게 보낸 편지」, 1938년 2월 24일.

43 「현피터가 현순에게 보낸 편지」, 1938년 2월 7일.

44 선우학원, 위의 책, 1994, 55쪽; 김혜란,「중일전쟁 이후 재미동포 해방운동의 회고」(1),『독립』, 1946년 9월 18일.

45 「현피터가 현순에게 보낸 편지」, 1938년 2월 7일.

46 중국후원회 조직은 뉴욕에서는 전경준, 이득환, 임창영, 임성호, 김만근, 김병호, 현피득, 현폴, 변준호 등이 참가했고 시카고에서는 강영승, 강영문, 장세운, 천세헌 등이 참가했다. 로스앤젤레스에서는 김 강, 이경선, 신두식, 안석중, 최영순, 최봉윤, 선우학원, 곽림대, 최능익, 김혜란 등이 주도했다. 김혜란, 위의 글; 최기영,「조선의용대와 미주한인 사회: 조선의용대 미주후원회를 중심으로」,『한국근현대사 연구』11집, 1999, 81~82쪽.

47 「한국대일전선동맹회」,『신한민보』, 1933년 7월 27일.

48 「뉴욕한인공동회」,『신한민보』, 1935년 2월 14일.

49 Peter Hyun, *In the New World*, pp. 96~103. 현피터에 따르면 모스크바 예술극단의 감독인 스타니 슬라프스키가 쓴『연극배우입문』*An Actor Prepares*은 젊은 연극배우들의 성경이 되었고, 할리우드 상업주의에서 탈피하자고 주장하는 연극운동인 '그룹 시어터'Group Theater를 탄생시켰다. 같은 책, p. 120.

50 「현군은 활동사진업에 참가」,『신한민보』, 1933년 11월 9일.

51 미국 이민국 승선자 기록에 따르면 현피터는 1932년 9월 15일 샌프란시스코에서 호놀룰루에 도착했 다. 그가 호놀룰루를 떠나 본토로 향한 것은 1934년 7월이었다. 7월 7일 호놀룰루를 떠나 7월 12일 로 스앤젤레스에 도착했다. 이번에는 동생 현폴(21세)과 동행했다(www.ancestry.com).

52 Subject: "Theatre of Action"—Radical Theatrical Group, June 26, 1935. Headquarters Second Corps Area, Office of the Corps Area Commander, RG 165, Military Intelligence Division Correspondence, 1917–41, Box 2844.

53 Peter Hyun, *In the New World*, pp. 143~158.

54 「피소자 리승엽 조일명 림화 박승원 리강국 배철 윤순달 리원조 백형복 조용복 맹종호 설정식들의 조 선민주주의인민공화국 정권 전복음모와 반국가적 간첩 테로 및 선전선동 행위에 대한 사건」, 138쪽.

55 뉴욕 한인교회 역사에 따르면 현피득(현피터)이 1930년대 교인으로 등록되어 있다. 현앨리스에 대한 기록은 없다. 최병현,『강변에 앉아 울었노라: 뉴욕한인교회70년사』, 깊은샘, 1991, 526쪽.

56 이강국은 1926년 6월 24일 조준호의 여동생 조갑숙趙甲淑과 결혼했다. 이강국은 경성제대 예과 재학 중이었고 신부는 숙명여자고등보통학교 출신이었다. 『시대일보』, 1926년 6월 25일.

57 심지연, 『이강국연구』, 백산서당, 2006, 24쪽.

58 List or Manifest of Alien Passengers for United States Immigration, SS Berengaria passengers sailing from Southhampton 2 October 1935 arriving Port of New York 8 October 1935(www.ancestry.com).

59 Hyun Peter, *In the New World*, pp. 155~158.

60 자료는 이화여자대학교 동료인 블라디미르 흘라스니Vladimir Hlasny 교수가 체코 국립문서 보관소, 외무성, 비밀경찰문서보관소 등에서 발굴한 것이다. National Archive of the Czech Republic, UV-KSC; 319_40_15 p. 12.

61 Testimony of Wellington Chung to Czech Secret Service, 319_4040_15 p. 12. English translation by Professor Vladimir Hlasny from Original Czech text.

62 데이빗 현, 위의 책, 149쪽.

63 List or Manifest of Passengers (Citizens) for Immigration Officials at Port of Arrival. S.S. Malolo, Sailing from Los Angeles Harbor August 14, 1935 Arriving Port of Honolulu August 19, 1935(www.ancestry.com).

64 The Reverend Soon Hyun Collected Works, Korean American Digital Archive, USC.

65 데이빗 현, 위의 책, 2002, 136쪽.

66 현순에 따르면 이 집을 마련하는 데 카우아이 섬의 '도라 아이젠버그 여사의 큰 도움'이 있었다. 아이젠버그는 카우아이 섬 리후에의 주요 농장주로 1905년 현순의 카우아이 섬 목회 당시 그를 후원했고, 1926년 현순이 카우아이 섬으로 다시 돌아온 후 그의 아내인 도라 아이젠버그가 현순을 후원했다. 현순, 위의 책, 2003, 278~279쪽, 323쪽.

67 Peter Hyun, *In the New World*, p. 171.

68 Department of Commerce, Bureau of the Census, Fifteenth Census of the United States: 1930, Population-Hawaii, County: Kauai, Island: Kauai, City: Lihue(www.ancestry.com).

69 『신한민보』, 1932년 4월 21일.

70 데이빗 현, 위의 책, 2002, 111~132쪽.

71 「임시정부 와히아와 후원회, 가와이 후원회」, 『신한민보』, 1932년 6월 2일.

72 「대한민국임시정부 공보 국무회의 기사」, 『신한민보』, 1937년 1월 21일.

73 『신한민보』, 1936년 3월 26일.

74 「현피터가 현순에게 보낸 편지」, 1937년 2월 6일; 1938년 7월 11일.

75 「현피터가 현순에게 보낸 편지」, 1937년 2월 6일.

76 「현피터가 현순에게 보낸 편지」, 1938년 7월 11일.

77 Peter Hyun, *In the New World*, pp. 173~177; 데이빗 현, 위의 책, 2002, 140~141쪽.

78 Peter Hyun, *In the New World*, p. 181. 현순의 주소는 3573 Kaimuki Ave. Honolulu였다. The Reverend Soon Hyun Collected Works, Korean American Digital Archive, USC, shyun17-029-002.

79 이하의 설명은 정병준, 「현앨리스 이야기: 어느 진보주의자의 삶과 파국적 종말」, 『역사비평』, 여름호, 2012 참조.

80 Peter Hyun, *In the New World*, p. 172.

81 선우학원, 위의 책, 1994, 135쪽.

82 T. Michael Homes, *The Specter of Communism in Hawaii*, University of Hawaii Press, 1994, pp. 75~88.

83 Ichiro Izuka, *The Truth about Communism in Hawaii*, 1947; *Scope of Soviet Activity in the United States*: Hearing before the Subcommittee to Investigate the Administration of the Internal Security Act and Other Internal Security Laws of the Committee on the Judiciary, United States Senate, Eighty-fourth Congress, Second Session[-Eighty-fifth Congress, First Session], United States. Congress. Senate. Committee on the Judiciary, U. S. Govt. Print. Off., 1956; T. Michael Holmes, *The Specter of Communism in Hawaii*, University of Hawaii Press, Honolulu, 1994, p. 55.

84 T. Michael Holmes, *The Specter of Communism in Hawaii*, p. 56. 위원장 잭 기모토, 재무 존 E. 라이네케 박사, 제임스 프리먼James Freeman, 아 쿠온 맥엘라스, 잭 가와노, 찰스 후지모토Charles Fujimoto, 아일린 후지모토, 랠프 보스브링크Ralph Bossbrink, 데이비드 현.

85 *Hearings regarding communist activities in the Territory of Hawaii: Hearings before the Committee on Un-American Activities*, House of Representatives, Eighty-First Congress, Second Session. 82d cong.; 1st sess., April 10, 11, and 12, 1950; July 6, 1951, pp. 1395, 1397, 2073.

86 "Anti-Communist fever," by Michael Tsai, *Honolulu Advertiser*, July 2, 2006.

87 Dan Boylan, T. Michael Homes, *John A. Burns: the Man and his times*, University of Hawaii Press, 2000, pp. 93~95.

88 "Report on the Honolulu Record," October 1, 1950, Prepared and released by the Committee on Un-American Activities, U. S. House of Representatives Eighty-First Congress, Second Session, Washington, D. C.

89 "About the record," The center for labor education & research, University of Hawaii-West Oahu, the Honolulu Record digitization project(http://www.hawaii.edu/uhwo/ clear/HonoluluRecord/homepage/homepage.html).

90 "'Hawaii Seven' trial," by Michael Tsai, *The Honolulu Advertiser*, July 2, 2006.

91 T. Michael Holmes, *The Specter of Communism in Hawaii*, p. 14.

92 「解放된 故土밟은 軍服의 朝鮮男妹: 美軍으로 빗나는 歸國」, 『서울신문』, 1946년 3월 20일.

93 현순, 「再渡布哇와 靜穩餘生」, 위의 책, 323~324쪽.

94 The Reverend Soon Hyun Collected Works, Korean American Digital Archive, USC, shyun06-043-001.

95 신문을 주도한 사람은 박순동, 이종실, 박형무 등이다. 이들은 학병으로 끌려 나갔다가 버마 전선에서 일본군을 탈출한 후 캘리포니아 주 샌타카탈리나Santa Catalina 섬까지 이동해 OSS 워싱턴 본부의

한반도 침투계획인 냅코NAPKO작전에 참가했다. 잠수함으로 한반도 연근해에 침투해 정보기지를 만드는 것을 주안점으로 한 이 작전은 실행 직전 일본군의 항복으로 무산되었다. 전쟁포로들을 특수 작전 계획에 투입했던 미군은 종전 직후 이들을 하와이 포로수용소로 돌려보냈다. 박순동은 이 경험을 '모멸의 시대'라고 명명했다. 정병준, 「朴順東의 항일투쟁과 美전략첩보국OSS의 한반도 침투작전」, 『지방사와지방문화』 6권 2호, 2003.

96 정병준, 위의 책, 2005, 221~227쪽.

97 RG 319, Army Intelligence Decimal File, 1941-1948, Box 394. FBI의 한인동정보고서 내의 Survey of Korean Activities in the Honolulu Field Division, Reported by J. S. Adams, 3/20/43, p. 21; 방선주, 「韓吉洙와 李承晩」, 『이승만의 독립운동과 대한민국 건국』, 연세대학교 현대한국학연구소 제2차 국제학술회의, 1998, 4쪽.

98 「후스후: 韓길수씨(一)」, 『신한민보』, 1968년 11월 29일; 「후스후: 韓길수씨(二)」, 『신한민보』, 1968년 12월 13일; 「후스후: 韓길수씨(三)」, 『신한민보』, 1968년 12월 27일; 「한길수 이력서」, Haan, Kilsoo, 「1933~1978 진주만 자료」Pearl Harbor Materials, 1933~1978, Fred Cannings Collection, Archives of Contemporary History, University of Wyoming; 한길수의 아들(Stan Haan) 인터뷰(2001년 채널세븐).

99 RG 165, Correspondence of the Military Intelligence Division Relating to General, Political, Economic and Military Condition in Japan, 1918-1941, 2657-H312철(NARA 마이크로필름 M1216) 제13문서, 방선주, 위의 논문, 9쪽.

100 「현앨리스가 현순에게 보낸 편지」, 1936년 9월 17일.

101 「현앨리스가 현순에게 보낸 편지」, 1936년 9월 24일.

102 "About United Chinese news=Zhonghua gong bao. (Honolulu, T.H.) 1928-1951." 미의회도서관 Chroniclingamerica 검색 결과(http://chroniclingamerica.loc.gov/lccn/sn85047202).

103 현앨리스는 현순에게 보낸 편지(1936년 9월 17일)에서 커패트릭의 직함을 대위Captain로 썼다가 지우고 'Commander'라고 수정했는데, Commander는 해군중령을 의미한다.

104 「현앨리스가 현순에게 보낸 편지」, 1936년 8월 12일, 8월 21일, 일자 미상.

105 "Hawaii's Nisei Women Deployed to Tokyo in WW II to Help America," by 'Dee' Buckingham, Hawaii Reporter, June 4, 2009.

106 「디 버킹엄이 정병준에게 보낸 편지」, 2011년 2월 9일.

107 WAAC/WAC, "Women in the U.S. Army,"(http://www.army.mil/women/wac.html) 2011년 1월 29일 검색.

108 "WACs" by Stacey Hirose, Brian Niya, Japanese American History: An A-to-Z Refernce from 1868 to the Present, The Japanese American National Museum, 1993, p. 345.

109 Americans of Japanese Ancestry World War II Memorial Alliance, "Japanese American Women in World War II," Echoes of silence: The Untold Stories of the Nisei soldiers who served in WW II, Montebello, California, AJA WW II Memorial Alliance, 2007.

110 전후 니세이 언어전문가들은 극동에서 활약했다. 1945년 8월 27일 존 싱글러브John K. Singlaub가 지휘하는 OSS 팀이 중국 하이난도에 낙하산으로 투하될 때 동참하기도 했고, 거의 100명의 니세

이 언어전문가들이 일본 점령 초기에 소련과 관련된 일본의 정보를 수색하기 위해 일본에 파견되었다. 이들은 전후 도쿄에서 전범재판, 연합통역번역대ATIS: the Allied Translator and Interpreter Section, 민간통신검열단Civilian Censorship Detachment, 방첩대CIC: Counter Intelligence Corps 등에서 일했다. 또한 2차 세계대전의 베테랑 니세이 언어전문가들이 한국전쟁기 일본 내 북한 포로들을 심문하거나 일본공산당을 겨냥한 CIC의 작전을 수행하는 활동에 종사했다.

제4장

1 Subject: Travel Orders, MPXMS 200.4(TravO) (23 Oct 45), Headquarters, United States Army Forces, Middle Pacific, Office of the Commanding General, RG 494, Records of U.S. Army Forces in the Middle Pacific, 1942–46, Entry 52, Adjutant General, Formerly Classified General Correspondence 1945–47, Box 601.

2 "Hawaii's Nisei Women Deployed to Tokyo in WW II to Help America," by Dorothea 'Dee' Buckingham, *Hawaii Reporter*, June 4, 2009.

3 「로버타 장이 정병준에게 보낸 편지」, 2011년 2월 22일.

4 그랜트 이치가와 인터뷰(2011년 7월 27일, 2012년 2월 1일, 버지니아 주 비엔나 자택); Grant Ichikawa, "Original Women M.I.S: Linguists Were Dept of the Army Civilians," *Secret Valor: M.I.S. personnel, World War II, Pacific Theater*, Military Intelligence Service Veterans Club of Hawaii, 1993; "Interview with Grant Hayao Ichikawa [8/29/2003]," Veterans History Project, American Folklife Center, The Library of Congress. 란코 다케다의 연락처와 현앨리스가 포함된 니세이 여성들의 도쿄 도착 사진은 이치가와의 후의로 입수한 것이다.

5 일레인 야가와 인터뷰(2012년 2월 15일, 로스앤젤레스 자택).

6 현순의 주소록·연락처 수첩에는 현앨리스의 주소가 기록되어 있다. 조선민족혁명당 하와이 지부 간부 선임(1945년 7월 15일) 이후에 적혀 있다. 현앨리스 군사우편 500, 태평양 방면 미군사령부 총사령부 민간검열관실(Alice Hyun, Civil Censor Dept. G.H.Q. AF PAC, APO 500, c/o P.M. San Francisco, Calif.). The Reverend Soon Hyun Collected Works, Korean American Digital Archives, USC, shyun13–001–008.

7 방선주, 「노획 북한필사문서 해제(1)」『아시아문화』창간호, 1986(방선주, 『미국소재 한국사 자료 조사 보고III: NARA 소장 RG242 '선별노획문서' 외』, 국사편찬위원회, 2002, 493~494쪽).

8 1946년 1월 도쿄에 파견된 11명 중 미와코 야마모토Miwako Yamamoto는 종전 당시 병장이었다. Miwako Yanamoto, "Nisei WAC has No Regrets about Enlistment," *Japanese American National Museum Quarterly*, Vol. 10, No. 5, Winter 1995.

9 일레인 야가와 인터뷰(2012년 2월 15일, 로스앤젤레스 자택).

10 현순의 메모에는 Peter Hyun, Battery B 24 Battalion, Eighth Training Regiment, FARTC Fort Sill, Oklahoma로 기록되어 있다.

11 Stephen C. Mercado, "Book Review: Nisei Linguists: Japanese Americans in the Military

Intelligence Service during World War II," *Studies in Intelligence*, Vol. 52, No. 4, Extracts, December 2008, pp. 23~27; James C. McNaughton, *Nisei Linguists: Japanese Americans in the Military Intelligence Service during World War II*, Department of the Army, Washington D.C., 2006.

12 Americans of Japanese Ancestry World War II Memorial Alliance, "Japanese American Women in World War II," *Echoes of silence: The Untold Stories of the Nisei soldiers who served in WW II*, Montebello, California, AJA WW II Memorial Alliance, 2007.

13 "Military Intelligence Service Language School Disposition of Graduates," RG 165, Entry 208, Records of War Department General and Special Staffs, Correspondence and Reports Relating to the Operation of Language Schools and Other Training Facilities, 1943-49, Box 287.

14 정병준, 위의 논문, 2003; 정병준, 「해제」, 『NAPKO Project of OSS: 재미한인들의 조국정진 계획』 (海外의 韓國獨立運動史料 24, 美洲篇 6), 국가보훈처, 2001.

15 박기벽 인터뷰(1998년 8월 17일).

16 정병준, 「해제」, 위의 책, 2001.

17 매큔은 선교사였던 아버지George S. McCune와 어머니Helen McAfee McCune의 큰아들로 평양에서 출생했다. 한국에서 초등학교를 다닌 후 휴론 칼리지Huron College, 러트거스 대학Rutgers University, 옥시덴탈 칼리지Occidental College, UCLA 등에서 수학했다. '조선시대사'로 박사학위를 받은 후 옥시덴탈 대학 역사학과에서 가르쳤다. 1942년 OSS에 가담해 2년 동안 근무하며 한국 관련 일을 했다. 국무부 한국 담당으로 일했으며, 한국 사정과 한국학에 정통한 유일한 외교관이었다. 1938년 에드윈 라이샤워Edwin O. Reischauer와 함께 매큔-라이샤워 한글표기법을 만들었다. 1948년 병사하지 않았다면 한국학의 대부가 되었을 것이라는 평이 지배적이다. 그의 동생은 지리학자 섀넌 매큔Shannon Boyd-Bailey McCune(1913~1993)이다. "George McAfee McCune, History: Berkeley," University of California: In Memoriam, 1948.

18 Peter Hyun, *In the New World*, pp. 189~203.

19 RG 165, Civil Affairs Division General Records, Security Classified General Correspon-dence, 1943-1949. 7, Entry 463, Box 188.

20 이들 외에도 황성수, 배의환, 김재훈, 김태묵, 박상엽, 이창희, 김진엄 등이 재미일본인 집단수용소 Japanese Alien Enemy Detention Centers에서 한국인 통역으로 일했다. Hyung-ju Ahn, *Between Two Adversaries: Korean Interpreters at Japanese Alien Enemy Detention Centers during World War II*, Michi Nishiura and Walter Weglyn, Multicultural Publication Series, California State University, Fullerton, 2002.

21 이들은 대부분 유일한이 1943년 12월 조직한 고려경제회 발기인이거나 이승만이 1944년 6월 주미외교위원부 산하에 조직한 각위원부(협찬부) 부원이었다. 정병준, 위의 책, 2005, 233~236쪽.

22 정병준, 위의 논문, 2001, 6~8쪽.

23 趙鍾武, 「金世旋」, 『아메리카대륙의 韓人風雲兒들』(상), 조선일보사, 1987; 뉴욕한인교회 역사편찬위원회 대표집필 최병현, 위의 책, 1992.

24 『신한민보』, 1942년 4월 16일.

25 「곽정선군 음악전공차 도미」, 『동아일보』, 1938년 6월 7일; 「곽정선씨 도미」, 『신한민보』, 1938년 7월 28일. 「김여사와 곽씨는 지성우체국에서 복무」, 『신한민보』, 1942년 9월 3일; 「치카고 우체국 검사부」, 『신한민보』, 1942년 10월 1일; 「곽정선군과 김애순양의 결혼」, 『신한민보』, 1943년 10월 7일; 「뉴욕지방 순국선열기념식 거행」, 『신한민보』, 1943년 12월 9일; 「미주 악단에서 대활약, 곽정선씨 등 두 유학생 또 귀국」, 『자유신문』, 1945년 11월 20일; 「美樂壇의 近況: 곽정선씨의 소식」, 『자유신문』, 1947년 5월 7일.

26 「美 유학생부대 제1진, 자유해방의 조국 찾아 7청년 入京」, 『자유신문』, 1945년 11월 15일.

27 Memorandum for the Civilian Personnel Division, Office, Secretary of War. Subject: Employment of Mr. Peter Hyun, XXIV Corps. AFPAC (Korean) 21 September 1945. RG 165, Civil Affairs Division General Records, Security Classified General Correspondence, 1943–1949. 7, Entry 463, Box 188.

28 「38선 이남 각도지사 회의가 군정청에서 개최」, 『자유신문』, 1945년 11월 28일.

29 「미주 악단에서 대활약, 곽정선씨 등 두 유학생 또 귀국」, 『자유신문』, 1945년 11월 20일; 「美樂壇의 近況: 곽정선씨의 소식」, 『자유신문』, 1947년 5월 7일.

30 Peter Hyun, In the New World, pp. 209~216.

31 같은 책, pp. 218~220.

32 같은 책, pp. 221~222.

33 같은 책, pp. 227~232.

34 「解放된 故土밟은 軍服의 朝鮮男妹: 美軍으로 빛나는 歸國」, 『서울신문』, 1946년 3월 20일.

35 현피터가 1929~1930년에 다닌 대학은 리퍼 대학이 아니라 드포DePauw 대학이었다.

36 Memorandum for the Civilian Personnel Division, Office, Secretary of War, Subject: Employment of Mr. Peter Hyun, XXIV Corps, AFPAC(Korean), 21 September 1945. RG 165, Civil Affairs Division General Records, Security Classified General Correspondence, 1943–1949. 7, Entry 463, Box 188.

37 애리스玄, 「미국의 여성」, 『신천지』, 1946년 5월호(통권4호, 1권 제4호).

38 현미옥, 「미국의 로동녀성들」, 『조선여성』, 1950년 4월호.

39 "Klonsky," Regarded Confidential, authority CO USACRF, (undated) RG 319, IRR File "Kl-onsky, Robert F, X8469545".

40 "Klonsky," (undated, page #1 missing) (downgraded as "confidential" by Commanding Officer, USACRF, January 24, 1961).

41 Headquarters, XXIV Corps, Office of the G-2, G-2 Weekly Summary, #41(1946. 6. 27), incl. #3. "Communist Diary".

42 「解放된 故土밟은 軍服의 朝鮮男妹: 美軍으로 빛나는 歸國」, 『서울신문』, 1946년 3월 20일.

43 Peter Hyun, In the New World, pp. 217~238.

44 같은 책, p. 239.

45 "Klonsky," (undated, page #1 missing) (downgraded as "confidential" by Commanding Of-

ficer, USACRF, January 24, 1961.)

46 위와 같음.

47 현피터의 회고록에는 강원도 춘천에서 텅스텐 광산 관리권을 요구했던 6명에 대한 재판과 함께 은장
도를 압수당한 한 사람에 대한 재판이 거론되어 있다. 현피터는 통역으로 재판에 참여해 은장도 혐의
자를 석방시키는 데 기여했다. Peter Hyun, *In the New World*, pp. 231~232.

48 이 장의 주요 내용은 정병준, 「해방 직후 주한미군 공산주의 그룹과 현앨리스」, 『한국근현대사연구』
65집, 2013을 참조.

49 Title: Brown, Edwin B., Pfc., ASN 19204453, File No. 5-26, (1946. 7. 8) United States Army
Forces, Korea, Headquarters, Counter Intelligence Corps. RG 319, Entry 47, Army-Intel-
ligence Decimal File 1946-1948, Box 243, 000.244 Korea 11 April 1947.

50 Exhibit K 29: for Comrade Klonsky from KCP(Pak, Heun Young) to CP of USA. Interroga-
tion Aboard Cape Perpetua in Incho'on Harbor, 26 March 1946.

51 Title: Brown, Edwin B., Pfc., ASN 19204453, File no. 5-26, July 7, 1946), United States Army
Forces, Korea, Headquarters, Counter Intelligence Corps. RG 319, Entry 47, Army-Intel-
ligence Decimal File 1946-1948, Box 243, 000.244 Korea 11 April 1947.

52 朴甲東, 『歎きの朝鮮革命』, 三一書房; 이소가야 스에지, 『좋은 날이여 오라』(원제는 磯谷季次, 『良き
日よ來たれ: 北朝鮮民主化への私』の遺言』, 花傳社, 1991), 5장 「비운의 혁명가」 수록, 『이정 박헌영 전
집』 8권 재수록 896쪽. 박갑동은 미군 중 공산주의자가 개별적 접촉은 있었지만 조선공산당과 미국
공산당의 공식적 연결은 없었다고 증언했다.

53 Title: Brown, Edwin B., Pfc., ASN 19204453, File No. 5-26, July 7, 1946. United States Army
Forces, Korea, Headquarters, Counter Intelligence Corps. RG 319, Entry 47, Army-Intel-
ligence Decimal File 1946-1948, Box 243, 000.244 Korea 11 April 1947.

54 "Interrogation Aboard Cape Perpetua in Incho'on Harbor, 26 March 1946".

55 Headquarters XXIV Corps, 224th CIC Detachment Regional office, 6 April 1946. Subject:
Disaffection Military Personnel Infiltration of the Communist party in the Armed Forces,
by Charles S. Weatherholt, 1st Lt., Inf., Security Section.

56 제임스 두보이스James K. Dubois라는 제대군인은 1946년 2월 19일 로스앤젤레스에서 클론스키에
게 보낸 편지에서 제대군인들은 제대군인 대기소에 집결하기 전까지 미국 내에서 어떤 짐 검사도 받
지 않기 때문에 그전에 집으로 물건을 우송할 기회가 있다고 알려주었다. 클론스키와 그의 동료들은
한국에서 수집한 다양한 자료들을 이런 방법으로 미국에 가져갔을 것이다. HQ, XXIV Corps, 224th
Counter Intelligence Corps. File: 5-8& 5-10, 7 April 1946. Memorandum For the Officer
in Charge, by Special Agent William Ward, Subject: Personnel of Committees protesting
Rotation Policy and Screening of I & E Personnel (KLONSKY, Robert, Pfc., ASN 39588934,
Co. A, 754th Tank Bn.)

57 「Exhibit K 32a, b, c: Letter from Korean Communist Party to Communist Party of U.S.A. 20
March 1946」.

58 "Interrogation Aboard Cape Perpetua in Incho'on Harbor, 26 March 1946".

59 「Notes on Press Conf of D.N.F. 3/8/46-1030AM」(1946년 3월 8일 오전 10시 30분, 민주주의민족전
    선에서 박헌영의 외국 기자 회견 노트).

60 "History of CCIG-K," Headquarters, XXIV Corps, G-2 Section, Civil Communications
    Intelligence Group-Korea, compiled and written under the direction of Colonel Thomas
    M. Watlington, CSC, ACS G-2, XXIV Corps; "Monthly Operational Report, 15 November
    to 20 December 1945," Headquarters, XXIV Corps, G-2 Section, Civil Communications
    Intelligence Group-Korea, (20 December 1945) RG 332, Records of U.S. Army Commands,
    1942-, Miscellaneous Withdrawn Items Refiles, Box 16.

61 "Monthly Operational Report, 15 November to 20 December 1945," (20 December 1945), p. 3.
    현순의 주소록, 연락처 메모장에 현앨리스의 연락처는 다음과 같이 기록되어 있다. 현앨리스 군사우
    편 235, 24군단 G-2 CCIG-K(Alice Hyun, CCIG-K G-2 Section, HQ, 24 Co, RPS APO 235, c/o
    PM San Francisco). USC Soon Hyun Collection, shyun13-001-014.

62 "A Counter Intelligence Corps"(정용욱 편, 『해방 직후 정치·사회사자료집』 2집, 다락방, 1994,
    35~37쪽).

63 James C. McNaughton, Nisei Linguists: Japanese Americans in the Military Intelligence Ser-
    vice during World War II, Department of the Army, Washington D.C., 2006. p. 453.

64 "The purpose of the CCIG-K," by Colonel Nist, 2 August 1946(정용욱 편, 위의 책, 1994, 31~32
    쪽).

65 민간통신검열단의 1945년 10월 월간보고서에 따르면 1945년 9월 20일부터 1945년 10월 20일까지
    서울에서는 18만 9,047건의 우편물을 처리했는데, 그중 4만 3,460건을 검사하고, 129건의 논평보고
    서comment sheets를 생산했다. "Monthly Operational Report, 20 September to 20 October
    1945," (22 October 1945), pp. 5~8.

66 방선주에 따르면 CCIG-K는 15명 미만의 미군과 190명 정도의 한인으로 구성되어 편지 검열, 전화
    도청, 전보 검열을 일삼았는데, 1947년 9월에만 편지 검열 60만 통, 전화 도청 100여 회를 기록했다
    (방선주, 「미국 제24군 G-2 군사실 자료 해제」, 『아시아문화』 3호, 1987, 205~206쪽, 272~273쪽). 또
    한 CCIG-K의 1945년 11월 말부터 1946년 8월 초까지의 활동보고서 역시 방선주에 의해 발굴, 공개
    되었다. HQ, XXIV Corps, G-2 Section, Civil Communication Intelligence Group-Korea, A
    Digest of Information Obtained from Censorship of Civil Communication in Korea, 한림
    대학교, 『HQ, USAFIK, G-2 Periodic Report(주한 미군정보 일지) 부록』(한림대학교 아시아문화연
    구소 자료총서2), 1990, 233~376쪽.

67 『대동신문』, 1946년 7월 23일; 정병준, 위의 책, 1995, 424~431쪽.

68 「존경하는 박동무에게」, 『동아일보』, 1946년 5월 7~9일; 「미발표의 사신 초고」, 『현대일보』, 1946년
    5월 15일; 「기사 박헌영동무에게의 이면: 필자 조봉암씨가 폭로」, 『조선인민보』, 1946년 5월 15일;
    「비공산정부를 세우자(조공과 그 정치활동을 부정하는 성명서)」, 『동아일보』, 1946년 6월 26일; 「계급
    독재를 부인하고 신당이 태동: 조봉암씨와의 문답기」, 『동아일보』, 1946년 8월 2일.

69 "Monthly Operational Report, 20 September to 20 October 1945," (22 October 1945), p. 5.

70 "Monthly Operational Report, 20 August to 20 September 1945," (23 September 1945),

pp. 3~4.

71　"Monthly Operational Report, 20 September to 20 October 1945," (22 October 1945), pp. 5~8.

72　조선민주주의인민공화국 최고재판소,『미제국주의 고용간첩 박헌영 리승엽 도당의 조선민주주의인 민공화국 정권전복 음모와 간첩사건 공판 문헌』, 국립출판사, 1956, 26~93쪽.

73　"Klonsky," (undated, page #1 missing) (downgraded as "confidential" by Commanding Officer, USACRF, January 24, 1961).

74　"The purpose of the CCIG-K," by Colonel Nist, 2 August 1946(정용욱 편, 위의 책, 1994, 32쪽).

75　"Staff Conference Lecture on CCIG-K," by Colonel C. W. Nist, 2 August 1946(정용욱 편, 위의 책, 1994, 43~44쪽).

76　"The purpose of the CCIG-K," by Colonel Nist, 2 August 1946(정용욱 편, 위의 책, 1994, 32쪽).

77　Peter Hyun, In the New World, pp. 211~212.

78　「堂叔主前上書, 堂姪 孝燮 上書」, 일자 미상. 현효섭의 주소는 '朝鮮 京城府 社稷洞 249'로 되어 있었다.

79　『조선중앙일보』, 1935년 10월 15일;『동아일보』, 1939년 2월 18일;『동아일보』, 1940년 3월 10일; 윤경헌·최창신,『이야기 한국체육사 3: 國技축구 그 찬란한 아침』, 서울올림픽기념국민체육진흥공단, 1997, 78쪽, 355쪽.

80　대한축구협회,『한국축구100년사(증보판)』, 상신, 2003, 204쪽, 206쪽.

81　홍덕영,「대학생 선수들의 집단월북: '촌축구대회' 가는 줄 알았을 것」, 대한축구협회, 위의 책, 2003, 220~221쪽; 신덕상·김덕기,『이야기 한국체육사 2: 國技축구 그 화려한 발자취』, 서울올림픽기념국민체육진흥공단, 1999, 40~41쪽.

82　현효섭은 현피터와 사촌이며, 현피터는 현앨리스의 남동생이다.

83　마쓰모토 세이쪼 지음, 김병걸 옮김,『北의 詩人 林和』, 미래사, 1987, 190~194쪽.

84　조선민주주의인민공화국 최고재판소,『미제국주의 고용간첩 박헌영 리승엽 도당의 조선민주주의인 민공화국 정권전복 음모와 간첩사건 공판 문헌』, 국립출판사, 1956, 26쪽.

85　조선민주주의인민공화국 최고재판소, 위의 책, 1956, 55쪽.

86　『서울신문』, 1946년 3월 1일, 3월 2일.

87　"Klonsky, Robert F, X8469545," RG 319, Entry A1 134-B, Records of the Investigative Records Repository: Intelligence and Investigative Dossiers—Personal Name File, 1939-1976, Box 408.

88　"Klonsky," (undated, page #1 missing) (downgraded as "confidential" by Commanding Officer, USACRF, January 24, 1961).

89　"Subject: Personnel of Committees protesting Rotation Policy and Screening of I & E Personnel(KLONSKY, Robert, Pfc., ASN 39588934, Co. A, 754th Tank Bn.)," HQ, XXIV Corps, 224th Counter Intelligence Corps. File: 5-8& 5-10, 7 April 1946. Memorandum For the Officer in Charge by Special Agent William Ward.

90　정병준, 위의 논문, 2013.

91　"Klonsky," (undated, page #1 missing) (downgraded as "confidential" by Commanding Officer, USACRF, January 24, 1961).

92   이하 주한미군 내 공산주의자들에 대해서는 정병준, 위의 논문, 2013을 참조.

93   "Disaffection Military Personnel Infiltration of the Communist Party in the Armed Forces," by Charles S. Weatherholt, 1st Lt., Inf., Security Section, Headquarters XXIV Corps, 224th CIC Detachment Regional Office, 6 April 1946. Klonsky, Robert F, X8469545, RG 319, Entry A1 134–B, Records of the Investigative Records Repository: Intelligence and Investigative Dossiers—Personal Name File, 1939–1976, Box408(ARC#645054).

94   Radios, Korean Situation(Outgoing), CG USAFIK to CINCAFPAC, 21 June 1946, RG 332, XXIV Corps Historical File.

95   "5 Communists Freed; Judge in Philadelphia Drops Smith Act Indictment," *New York Times*, May 17, 1958; Consolidated Index Sheet, Klonsky, Robert "Bob," date 8 September 1950, filed under "Abraham Lincoln Brig. Secret".

96   ASF, HQ Ninth Service Command, Fort Douglas, Utah, 24 May 1946, Basic: Letter from ASF(Army Service Forces), Ninth Service Command, date 8 April 1946, Subject: Klonsky, Robert, Pfc, ASN 39588934; ASF, Hq Ninth Service Command, Fort Douglas, Utah, 24 May 1946. Theodore N. Hunsbedt, LTC, Director, Intelligence Division to CG, Second Service Command, Governors Island, New York.

97   Norman Frisch, "Korean Brushoff, Some Army Brass and GI's Made Enemies Calling Them 'Gooks'," *The Korean Open Letter*, Vol. 3, No. 14, September 30, 1946, pp. 7~10. 프리쉬의 이 글은 출처가 적혀 있지 않으며, 1946년 11월 뉴욕 집필로 부기되어 있다.

98   노만 프리쉬, 「美軍人이 본 朝鮮안의 美軍人行狀(1): 美軍將校와 兵士는 朝鮮人을 敵으로 맨든다」, 『독립신보』, 1947년 1월 17일; 「美軍人이 본 朝鮮안의 美軍人行狀(2): 朝鮮女子의 問題로 美軍人을 憎惡한다」, 『독립신보』, 1947년 1월 18일; 허은, 「미 점령군 통치하 '문명과 야만'의 교차」, 『한국근현대사연구』 42집, 2007, 154쪽.

99   C. L. 호그 지음, 신복룡 · 김원덕 옮김, 『한국분단보고서』(상), 풀빛, 1992, 177쪽.

100   "Japs Puppts Ride High in Korea—Unionists Ride Low," By Harold Rossman, *Labor Herald*, May 3, 1946; *Korean Independence*, May 15, 1946.

101   "Little lost Korea stewing in ferment of revolution with global impact," by Vern Partlow, *Daily News*, undated; "Vets say U.S. backs collaborator, feudal groups to rule over Koreans," by Vern Partlow, *Daily News*, 10 May, 1946; "L.A. Korean colony split spilt wide open over leaders of independence plan," Vern Partlow, *Daily News*, May, 1946.

102   Arthur Bary, Also Known as Achilles Diamantis Daramparis; Anna Bary; Harold Zepelin, Also Known As Harry Zepelinsky; Lewis Martin Johnson; Joseph William Scherrer; Maia Scherrer, Also Known as Maia Turchin; Patricia Julia Blau, Appellants, v. United States of America, Appellee., 248 F.2d 201, United States Court of Appeals Tenth Circuit. August 23, 1957, Docket Number: 5240~5246.

103   워싱턴 주립대학University of Washington 태평양북서부 노동 · 시민권 역사Pacific Northew-

est Labor and Civil Right History 워싱턴 주 공산주의(역사와 기억) 프로젝트Communism in Washington State, History and Memory, http://depts.washington.edu/ labhist/cpproject/ west_interview.shtml(2014년 7월 7일 검색); 「제임스 웨스트 부고기사」Jim West, 91, Communist leader, 『피플스 월드』People's World, 2005. 4. 29. http://www. peoplesworld.org/ jim-west-91-communist-leader/

104 "Subject: Attached Newspapers," 224th Counter Intelligence Corps Detachment, Pusan District Office (1946. 3. 9), RG 319, Entry A1 134-B, Records of the Investigative Records Repository: Intelligence and Investigative Dossiers —Personal Name File, 1939-1976, Box 763(ARC #645054)1916 CarlC. Sunoo XA 54 50 49.

105 『자유신문』, 1945년 11월 15일, 11월 28일; 『신한민보』, 1946년 7월 31일.

106 Headquarters, XXIV Corps, CIC Korea, APO 235 (1946. 4. 12) File No: 4-134, Subject: Sunoo Carl C.

107 Headquarters XXIV Corps, Office of Civilian Personnel (1946. 4. 24) File AG 230.82, Subject: Termination of Services.

108 Headquarters, USAFIK, Office of the Assistant Chief of Staff, G-2, APO 235 (1946. 5. 22), Subject: Subversive Personnel.

109 「사설: 무법무도한 이민당국: 선우천복 씨 무죄 검거 사건」, 『독립』, 1946년 7월 31일; 『자유신문』, 1946년 9월 9일.

110 『독립』, 1946년 9월 11일; USAFIK, Korea, Headquarters, Counter Intelligence Corps, APO 235 (1946. 11. 14), Memorandum for the officer in Charge, File no. 14 November 1946. Subject: Sunoo, Henry B.(Hung Bok)(鮮于興復) 38-29 Tong Sa Hun Chung, Seoul; Headquarters XXIV Corps, Inter-Staff Routing Slip (1946. 11. 15) Sunoo, Henry B.

111 "Americans' Exhibitionism of Racial Superiority In Korea," By Sidney Burke, Los Angeles Editor, Daily People's World, Korean Independence, July 24, 1946.

112 Headquarters XXIV Corps, 224th CIC Detachment Regional Office, 6 April 1946, Subject: Disaffection Military Personnel Infiltration of the Communist Party in the Armed Forces, by Charles S. Weatherholt, 1st Lt., Inf., Security Section.

113 Subject: Disaffected Personnel, 11 April 1947. Headquarters XXIV Corps, Office of the Assistant Chief of Staff, G-2. RG 319, Entry 47, Army-Intelligence Decimal File 1946-1948, Box243, 000. 244 Korea 11 April 1947.

114 "Americans' Exhibitionism of Racial Superiority In Korea," By Sidney Burke, Los Angeles Editor, Daily People's World, Korean Independence, July 24, 1946; "Korea: Experiment in Hypocrisy," by D. L. Olmstead, Korean Independence, July 17, 24, August 7, 14, 28, 1946.

115 옴스테드의 박사학위 논문 제목은 『폴란드 음운론』The Phonology of Polish이었다.

116 D. L. Olmsted with the collaboration of Peter Park and Do-Sik Kim, Korean folklore reader, texts with presyntactic analysis, Blommington, Indiana University, 1963; "About History and current aims of the Anthropology Department," http://anthropology.ucdavis.

117 Title: Brown, Edwin B., Pfc., ASN 19204453, File No. 5-26, July 7, 1946. United States Army Forces, Korea, Headquarters, Counter Intelligence Corps. RG 319, Entry 47, Army-Intelligence Decimal File 1946-1948, Box 243, 000.244 Korea 11 April 1947; Headquarters XXIV Corps, 224th CIC Detachment Regional Office, 6 April 1946. Subject: Disaffection Military Personnel Infiltration of the Communist Party in the Armed Forces, by Charles S. Weatherholt, 1st Lt., Inf., Security Section.

118 "Klonsky," (undated, page #1 missing) (downgraded as "confidential" by Commanding Officer, USACRF, January 24, 1961).

119 위와 같음.

120 "Bare Kim Koo-Syngman Rhee's Nefarious Plan, Intrigues Hatched To Pawn Korea's Independence and Economic Interests To Aliens," By Kilsoo K. Haan, *Korean Independence*, January 23, 1946.

121 정병준, 위의 책, 2005, 537~543쪽.

122 "Bare AMG's Anti-Labor Policy in S. Korea, American Imperialism Seeking Monopoly of Korean Markets and Resources," By An American Observer in Seoul, Korea, *Korean Independence*, March 13, 1946.

123 Exhibit: Complete Document Seized 26 March 1946 Aboard S.S. Cape Pepetua, "Exhibit K 24 b: Korean Federation of Trade Unions Calls For World Labor Unity Against Fascism". 주한미군 군사실 군사관이었던 리처드 로빈슨Richard Robinson도 미군GI 공산당원 사건을 지적하면서 바로 이 대목을 지적했다. 리차드 로빈슨 지음, 정미옥 옮김, 『미국의 배반』, 과학과사상사, 1988, 112쪽.

124 "Report on Korean Militant Labor Movement. AMG Showing Favoritism for Pro-Fascist Koreans; Busy Breaking Labor Union Strikes," By An American Observer in Seoul, Korea, *Korean Independence*, April 10, 1946.

125 "Report on Korea" By Ralph Izard(From "New Masses," April 2, 1946), *Korean Independence*, April 17, 1946.

126 "Korean Workers Appeal to American Workers," *Korean Independence*, April 24, 1946.

127 "Korean Women Appeal to American Women," *Korean Independence*, May 1, 1946.

128 "AMG Using Hunger As Weapon To Subdue Koreans," *Korean Independence*, May 15, 1946.

129 "Little Lost Korea Stewing in Ferment of Revolution with Global Impact," "L.A. Korean Colony Split Spilt Wide Open Over Leaders of Independence Plan," "U.S. Press Bare AMG's Corruption in Korea," By Vern Partlow, *Los Angeles Daily News*, May 5, 9, 10, 1946; *Korean Independence*, May 15, 1946.

130 "Vets Say U.S. Backs Collaborator, Feudal Groups to Rule Over Koreans," By Vern Partlow, *Los Angeles Daily News*, May 5, 9, 10, 1946; *Korean Independence*, May 15, 1946.

131 "Japs Puppets Ride High in Korea—Unionists Ride Low," By Harold Rossman, *Labor Herald*, May 3, 1946; *Korean Independence*, May 15, 1946.

132 "American Military Gov't. Suppresses Democracy, Puts Pro-Japs in Saddle," By An American Soldier Just Back From Korea, *People's Daily World*, April 17, 18, 23, 1946; *Korean Independence*, May 15, 1946.

133 위와 같음.

134 "GI Scores AMG's Anti-Democratic Terror in S. Korea,"*People's Daily World*, May, 13, 1946; *Korean Independence*, June 5, 1946.

135 "GI Reports Observations On U.S., Policy in Korea," By James West, *Korean Independence*, June 26, 1946.

136 "History of Korean Federation of Trade Unions," By Harold Zepelin, *Korean Independence*, July 17, 1946.

137 "Americans' Exhibitionism of Racial Superiority In Korea," By Sidney Burke, Los Angeles Editor, Daily People's World, *Korean Independence*, July 24, 1946.

138 "Korea: Experiment in Hypocrisy," By D. L. Olmstead, *Korean Independence*, July 17, 24, August 7, 14, 28, 1946.

139 「CCIG-K가 검열·감청한 통신량(1945년 9월~1948년 6월)」에 따르면 검열·감청 통신량은 1946년 3월을 최정점으로 해서 급감하기 시작해 1946년 6월을 지나 9월에 최하점을 기록했다. 이때는 이미 현앨리스가 한국에서 추방된 훨씬 뒤였다. 현앨리스가 고용한 '북한 출신 친구'들이 이렇게 오랫동안 활동을 방해했다고 생각하기는 어렵다. "Volume of Communications Examined and Intercepts Published" by CCIG-K, RG 332, Entry Misc. Refile, Records of U.S. Army Commands, 1942-, Miscellaneous Withdrawn Items Refiles, Box 16.

140 "Klonsky," (undated, page #1 missing) (downgraded as "confidential" by Commanding Officer, USACRF, January 24, 1961).

141 "Subject: Disaffection Military Personnel Infiltration of the Communist Party in the Arm-ed Forces," Headquarters XXIV Corps, 224th CIC Detachment Regional Office, 6 April 1946. 현앨리스의 남동생 이름은 피터, 조슈아, 폴, 데이비드 등이며 존이라는 이름은 없다.

142 Headquarters XXIV Corps, 224th CIC Detachment Regional Office, 6 April 1946, Subject: Disaffection Military Personnel Infiltration of the Communist Party in the Armed Forces, by Charles S. Weatherholt, 1st Lt., Inf., Security Section.

143 김원용, 위의 책, 446~448쪽.

144 Headquarters XXIV Corps, 224th CIC Detachment Regional Office, 6 April 1946, Subject: Disaffection Military Personnel Infiltration of the Communist Party in the Armed Forces, by Charles S. Weatherholt, 1st Lt., Inf., Security Section.

145 Peter Hyun, *In the New World*, p. 242.

146 Peter Hyun, *In the New World*, p. 246.

제5장

1 「현앨리스녀사 래성」,『독립』, 1946년 8월 28일.

2 Peter Hyun, *In the New World*, p. 246.

3 『신한민보』, 1933년 3월 2일.

4 『신한민보』, 1937년 10월 28일.

5 「김병호씨 라성에 두류」,『신한민보』, 1938년 10월 20일.

6 『신한민보』, 1942년 6월 4일.

7 「현앨리스가 현순에게 보낸 편지」, 1937년, 일자 미상, The Reverend Soon Hyun Collected Works, Korean American Digital Archive, USC.

8 Peter Hyun, *In the New World*, p. 244; 데이빗 현, 위의 책, 2002, 150쪽. 김병호는 노상강도를 만나 사망했다고 알려져 있다.

9 「현순 이력서」Personal History Declaration, 1945년 7월 18일. The Reverend Soon Hyun Collected Works, Korean American Digital Archive, USC.

10 Peter Hyun, *In the New World*, pp. 242~243.

11 「현피터군 라성에 체류」,『독립』, 1946년 11월 6일.

12 「연출가 玄疲得씨 뉴욕잡지편집」,『자유신문』, 1946년 11월 8일.

13 데이빗 현, 위의 책, 2002, 148~150쪽. 데이비드는 엘리자베스가 가족들에게 가게 하나를 주어서 궁색하지 않게 살 수 있도록 도왔다고 썼다. 같은 책, 151쪽.

14 Peter Hyun, *In the New World*, pp. 95, 247~248.

15 『독립』, 1947년 10월 12일.

16 Peter Hyun, *In the New World*, p. 246.

17 「현순 이력서」, 1945년 7월 18일, The Reverend Soon Hyun Collected Works, Korean American Digital Archive, USC.

18 선우학원, 위의 책, 1994, 134쪽.

19 「현금 남조선의 분렬과 혼란의 책임자는 누구인가」,『독립』, 1946년 9월 11일.

20 OSS의 기록에는 1902년 1월 1일 원산에서 출생한 것으로 되어 있다. "Data on James Penn(Choon Ho Pyen)," Subject: Data on Former Member of the Field Experimental Unit Who Are of Korean Birth, 9 October 1945. 정병준 편, 위의 책, 2001, 764쪽.

21 「변준호 평생이력서」(국가보훈처);「제102단우 卞埈鎬이력서」, 도산안창호선생기념사업회,『도산 안창호 전집』 10권, 2000, 655쪽; 최기영, 위의 책, 2003, 308쪽.

22 고정휴,「1930년대 미주 한인 사회주의 운동의 발생 배경과 초기 특징」,『한국근현대사연구』 54집, 2010, 198쪽.

23 방선주,「김호철과 사회과학연구회」,『재미한인의 독립운동』, 한림대학교 아시아문화연구소, 1989, 346쪽.

24 방선주,「미주지역에서 한국독립운동의 특성」,『한국독립운동사연구』 7집, 1993, 510쪽; 정병준,「해제」, 위의 책, 2001, 15~16쪽.

25 이 편지에서 "조선당원대표"朝鮮黨員代表로 거명된 사람은 로스앤젤레스(羅城)의 변준호, 김강金剛, 현앨리스(玄앨니스), 시애틀(沙港)의 선우학원, 이사민李思民, 뉴욕의 신두식申斗湜, 곽정순(곽正淳)이었다. 「이사민 · 선우학원이 김일성 · 박헌영에게 보낸 편지」, 1948년 11월 15일.

26 변준호는 'California Liquor Store'(주소: 5200 Avalon Boulevard, LA)를 운영했는데, 『독립』의 주필 박상엽은 밤에 이 가게에서 일했다. Title: Survey of Korean Activities in the Los Angeles Filed Division(1950. 7. 31), FBI File no. LA 100-17151, RG 319, Entry 47-E1, Box 1, Records of the Army Staff, Office of the Assistant Chief of Staff for Intelligence(G-2), Military Intelligence Division(MID) Decimal File, 1949-1950.

27 「변준호 평생 이력서」에는 생몰연대가 1895~1966년으로 되어 있다.

28 「선우학원이 정병준에게 보낸 편지」, 2011년 8월 19일. 선우학원은 인터뷰에서도 자신과 부인, 그리고 이경선이 워싱턴 주립대학에서 군인들에게 한글을 가르치며 받은 월급으로 의용대후원회 기부금을 많이 냈다고 했다. 선우학원 인터뷰(2012년 2월 15일, 로스앤젤레스 자택).

29 최기영, 위의 책, 2003, 311~313쪽.

30 민오, 「우리 혁명운동의 전도」 1~8, 『신한민보』, 1938년 2월 10일, 2월 17일, 2월 24일, 3월 3일, 3월 10일, 3월 24일, 3월 31일, 4월 7일.

31 김강, 「순풍에 돛을 답시다」 1~2, 『신한민보』, 1938년 2월 17일, 2월 24일; 김강, 「3·1절과 우리 혁명의 본질」, 『신한민보』, 1938년 3월 3일.

32 김강, 「흥사단 주의 실현에 당면한 문제」, 『흥사단보』 24권 1·2 양월 합부호, 3·4·5월 합부호, 1938.

33 강영승, 「혁명운동건의서」, 『신한민보』, 1938년 9월 15일; 9월 22일. 혁명운동의 실행 계획으로 강영승이 제시한 것은 다음과 같았다. (1) 발기운동(대혁명당을 조직해 혁명운동의 직접 사업인 군사행동 · 대외선전 실행, 이를 위해 먼저 캘리포니아 각 단체 책임자들이 모여 혁명 방략 반포), (2) 대미선전운동, (3) 미주·하와이·멕시코동포연합조직운동, (4) 원동연합운동, (5) 국내연락운동, (6) 대외물질운동, (7) 최후운동.

34 Eun Sik Yang, "Korean Revolutionary Nationals in America: Kim Kang and the Student Circle, 1937-1956," Yu, Eui-Young, Kandal, Terry R, *The Korean Peninsula in the Changing World Order*, Center for Korean-American and Korean Studies and California Socialist, California State University, 1992, p. 197.

35 김혜란, 「중일전쟁 이후 재미동포 해방운동의 회고(그2)」, 『독립』, 1946년 9월 25일.

36 The Reverend Soon Hyun Collected Works, Korean American Digital Archive, USC, shyun-14-003-041.

37 최능익은 1939년 3월 흥사단에서 출단되었다. 최기영, 위의 책, 2003, 318쪽.

38 김혜란, 「중일전쟁 이후 재미동포 해방운동의 회고(그3)」, 『독립』, 1946년 10월 23일.

39 김혜란, 「중일전쟁 이후 재미동포 해방운동의 회고(그4)」, 『독립』, 1946년 10월 30일. 김강, 곽림대, 이득환, 이창희, 박상엽, 백일규, 변준호, 신두식, 장기형, 전경준, 정덕근, 최능익, 황사용(이상 로스앤젤레스), 이경선, 최봉윤(이상 샌프란시스코), 조경천, 민찬호, 오창익, 정두옥, 차신호, 현순(이상 하와이) 등이 핵심 인물이었다.

40 『의용보』는 1940년 3월호, 1941년 2·3월호(합집), 7월호 등이, 『민족전선』은 1·2·4·7·11·16호가 현

전한다. 최기영, 「제3장 조선의용대와 미주한인 사회」, 『식민지 시기 민족 지성과 문화운동』, 한울, 2003.

41 김혜란, 「일중전쟁 이후 재미동포 해방운동의 회고」, 『독립』, 1946년 9월 11일.

42 방선주, 「김호철과 사회과학연구회」, 『재미한인의 독립운동』, 한림대학교 아시아문화연구소, 1989; 「쉬카고한인공산당」, 『신한민보』, 1934년 5월 24일. 백일규는 공산당원들과 얽힌 사실을 미국 정부가 인지하면 징역형을 살거나 추방당하게 될 것이라고 했다.

43 The Reverend Soon Hyun Collected Works, Korean American Digital Archive, USC, shyun-14-003-038; shyun-14-003-039.

44 「시국대책: 이경선」, 『독립』, 1944년 1월 27일.

45 이하의 설명은 다음을 참조. 정병준, 위의 책, 2005, 227~233쪽; 정병준, 「1940년대 재미한인독립운동의 노선과 성격」, 『한국민족운동사연구』 38집, 2004.

46 「민혁 미주총지부 분열 진상」, 『독립』, 1944년 12월 20일; 「미주 조선민족혁명당 분열의 이유: 변준호」, 『독립』, 1944년 12월 20일.

47 「집회소식」, 『독립』, 1944년 12월 20일. 그 밖의 임원은 다음과 같다. 서기 현철, 재무 류계상, 정치 장기영, 사교 김필권, 이사원 홍희두·임성택·황제넷.

48 「민혁당 미주총지부 연례 집회」, 『독립』, 1945년 1월 10일. 그 밖의 간부진은 다음과 같았다. 집행위원: 변준호, 김강, 신두식, 황사용, 이경선, 조극, 김두헌, 김혜란, 유시열, 감찰위원: 이운경, 하은택, 최봉윤.

49 민족혁명당 북미총지부는 1945년 1월 한족연합회와 협동으로 군자금 모금을 위해 결성한 군사운동촉진위원회 파견 대표였던 이창희, 이경선, 김강 3인의 대표직을 취소했다. 「인사소식」, 『독립』, 1945년 1월 31일.

50 정병준 편, 위의 책, 2001; RG 226, Records of the Office of Strategic Services, Entry 224, OSS Personnel files, 1941-1945.

51 김강은 이경선과 함께 협성신학을 제12회로 졸업한(1926년) 동창생이다. 『監理敎會協成 神學校一覽(自一九三○至一九三一年)』에 따르면 김강의 한자명은 金岡, 출신지는 원산, 직분은 전도사, 현주소는 미국으로 되어 있다. 위의 책, 30쪽, RG 59, Department of State, Decimal File 895 Series, Internal Affairs of Korea, 895.42/33; "Diamond Kimm," RG 226, Records of the Office of Strategic Services, OSS Personnel files, 1941-1945, Box 0404.

52 「본사사원의 변동」, 『신한민보』, 1939년 1월 12일.

53 「민족혁명당 총지부 분열 후문: 중경 본부의 지시 서한」, 『독립』, 1945년 4월 5일.

54 간부진은 다음과 같다. 북미조선민족혁명당 집행위원 곽림대, 최능익, 황성택, 현철, 한길수, 류계상, 홍희두, 김필권, 임성택, 최춘홍. 「민족혁명당 분열 후문: 신임 간부파의 입장」, 『독립』, 1945년 4월 11일.

55 「공포문: 조선민족혁명당 북미총지부」, 『독립』, 1945년 2월 7일. 간부진은 다음과 같았다. 위원장 곽림대, 총무 황성택, 서기 현철, 조직부장 최능익, 선전부장 한길수(교통부 겸임), 훈련부장 장기형(정치부 겸임), 재무부장 류계상, 사교부장 김필권, 위원 홍희두·황제넷·임성택·이원희.

56 정병준, 「김호의 항일독립운동과 정치활동」, 『한국민족운동사연구』 43집, 2005. 재미한족연합회 최후의 활동은 방한 결과를 정리한 『해방조선』이라는 보고서의 간행이었다.

57   Eun Sik Yang, "Korean Revolutionary Nationals in America: Kim Kang and the Student Circle, 1937–1956," p. 190.

58   「조선민족혁명당 공포」, 『독립』, 1946년 5월 15일.

59   「하와이 혁명당의 결의」, 『독립』, 1947년 8월 13일; 「하와이 소식」, 『독립』, 1947년 11월 12일. 민생사의 간부는 다음과 같다. 주석 박상하, 총무 리근성, 서기 전형균, 재무 정준영, 장재 손창희, 감사원 김리제 · 황사용, 교제원 김익용 · 최애다 · 고영주 · 정에스더.

60   「인사소식」, 『독립』, 1946년 3월 16일.

61   변준호, 「제3차 세계전쟁이 난다면」, 『독립』, 1946년 9월 11일; 변준호, 「미국의 반동적 외교정책과 조선」, 『독립』, 1946년 9월 25일.

62   「전후 독립신문 계획」, 『독립』, 1945년 5월 16일; 「유지금」, 『독립』, 1945년 8월 16일; 「유지금 · 특연금」, 『독립』, 1945년 12월 19일.

63   「본사 상무원 개선, 백일규를 사장 겸 총무로 선임」, 『독립』, 1946년 6월 27일.

64   이경선은 "수년간 와싱턴 수부首府에서 수학"했다. 「이경선씨 워싱턴대학으로」, 『독립』, 1948년 5월 5일.

65   「본사재정란」, 『독립』, 1949년 5월 18일.

66   선우학원, 「조선해방은 조선노동자의 손으로만 성취: 조선노동조합이 세계련맹에 참가함을 듯고」, 『독립』, 1946년 9월 11일.

67   「사고: 리득환William Lee 씨 본사 총무로 피선」, 『독립』, 1946년 4월 17일.

68   「씨애틀동포 무사, 4월 17일 선우학원」, 『독립』, 1949년 4월 20일.

69   「정치적 림종에 박두한 김구 리승만 임정의 말로」, 『독립』, 1946년 2월 6일, 2월 13일. 소제목은 다음과 같다. '김구의 폭력주의', '김구의 빈 위협', '민중의 절대다수는 인민공화국을 후원', '연합전선을 형성하려고 노력하는 좌익', '한민당의 환멸의 비애', '폭력당의 단장 리승만 박사', '정치적 임종에 가까운 김구', '팟쇼분자들의 위험'.

70   「상항대회에 관한 한길수씨의 보고」, 『독립』, 1945년 7월 18일; "Bare Kim Koo–Syngman Rhee's nefarious plan," 『독립』, 1946년 1월 23일; 정병준, 위의 책, 2005, 537~543쪽.

71   "Klonsky," (undated, page #1 missing) (downgraded as "confidential" by Commanding Officer, USACRF, January 24, 1961).

72   Scope of Soviet Activity in the United States, Hearing Before the Subcommittee to Investigate the Administration of the Internal Security Act and Other Internal Security Act and Other Internal Security Laws of the Committee on the Judiciary, United States Senate, Eighty–Fourth Congress, Second Session, On Scope of Soviet Activity in the United States, April 10, 11, and 12, 1956, Part 13, United States Government Printing Office, 1956, pp. 722~727.

73   『자유종: 이번 태평양회의 종횡관: 워싱턴 정덕근」, 『독립』, 1945년 1월 24일; 「사고: 정덕근Dakin K. Chung씨 본사 총무로 피선」, 『독립』, 1946년 2월 6일; 『독립』, 1946년 8월 28일.

74   "Stage For Action," by Bill Bence, New York City April 1946, In Progress, Left, Popular Front in 1946.

75   "Korean Delegates," Korean Independence, October 16, 1946.

76 "Conference on China, Far East Will Present Korean Issues, Korean Delegates to Urge Recall of Anti-Korean Dictator Hodge and Formation of Korean Gov't", *Korean Independence*, October 9, 1946.

77 『독립』은 대회의 한국 관련 결의안 초안을 이미 인쇄한 상태였다. "Draft Resolution on United States Policy in Korea," *Korean Independence*, October 16, 1946.

78 FBI Office Memorandum, Subject: Harold Won Sunoo. with aliases. October 28, 1947. Federal Bureau of Investigation, Freedom of Information and Privacy Acts, Subject: Harold Hakwon Sunwoo(FOIA Case Log January–March 2009), p. 4.

79 현앨리스, 「조선문제를 토의한 중국 급 원동문제 토의 전국대회 보고」, 『독립』, 1946년 10월 30일.

80 현앨리스, 「상항에서 개최된 원동문제 전국대회와 조선인의 관계: 재미조선인의 외교운동의 실패 원인」, 『독립』, 1946년 11월 27일.

81 「독립신문사 사우총회 경과상황」, 『독립』, 1945년 1월 24일. 신문은 46회에 걸쳐 매호 약 1만 5,000부씩, 총 9만 2,500부가 발행되었다.

82 김혜란, 「중일전쟁 이후 재미동포 해방운동 회고(二五)」, 『독립』, 1946년 11월 13일. 주필과 타자원의 봉급은 신문대금·유지금·보조금으로 지탱해나갔으며, 부족할 때는 영업부장 최능익이 발로 뛰어 해결했다.

83 수입은 1947년 시재금 355달러 87전, 유지금 2,435달러 05전, 특연금: 238달러 57전, 신문대금: 785달러 57전이었고, 지출은 비품비(영문모형자) 153달러 88전, 통신비·신문발송 304달러 09전, 인쇄비 2,464달러 04전, 가옥세금(사무소) 300달러, 잡비 180달러 21전, 합계 3,402달러 21전, 시재금 383달러 35전이었다. 「독립신문사 재정보고」, 『독립』, 1949년 1월 5일.

84 「제7회 사우총회」, 『독립』, 1949년 1월 5일.

85 「독립 사우총회 경과」, 『독립』, 1951년 1월 10일.

86 현재 『독립』 신문을 보유하고 있는 곳은 미국 국회도서관, 뉴욕공립도서관, 스탠퍼드 대학 후버연구소, 예일 대학 도서관 등이다.

87 「사설: 사과와 결심: 본보 림시 정간에 대하여」, 『독립』, 1947년 10월 12일.

88 「독립신문을 애독하시는 제위 선생」, 『독립』, 1948년 11월 10일.

89 「금년도 독립신문사 신임원」, 『독립』, 1947년 1월 29일.

90 「사설: 독립신문의 근본정책에 대하야, 독립신문의 정책이 무엇이냐?」, 『독립』, 1947년 2월 12일.

91 「독립의 사명과 혁명적 지위」, 『독립』, 1947년 1월 1일.

92 「금년도 독립신문사 신임원」, 『독립』, 1947년 1월 29일.

93 「독립신문사 6차 사우총회」, 『독립』, 1948년 1월 21일.

94 현앨리스, 「녀자의 정치동등권을 위하여: 연합국 내 여자위원부의 대활약」, 『독립』, 1947년 2월 12일.

95 현앨리스, 「유태인의 반영 항쟁」, 『독립』, 1947년 2월 26일.

96 현앨리스, 「추루맨대통령의 희랍후원정책의 리면」, 『독립』, 1947년 4월 16일.

97 현순은 석정이라는 호로 글을 기고했다. 쪼지 엘 페인목사 원제, 석정 역술, 「쏘비에드 러시아 견지에서」 1~2회, 『독립』, 1949년 8월 24일, 8월 31일.

98 「재미조선인민주전선의 선언」, 『독립』, 1947년 2월 26일.

99 위와 같음.

100 간부진은 다음과 같다. 중앙집행위원 강영승·변준호·박상엽·장기형·김강·곽림대·최능익·현앨리스·임초·김성권·현피터, 위원장 강영승, 총무 곽림대, 재무 최능익, 서기 현앨리스, 선전부장 장기형, 부원 박상엽·변준호·현앨리스·현피터, 연구부장 강영승, 부원 장기형·박상엽, 사교부장 김성권, 부원 최능익.「재미조선인민주전선의 진용」,『독립』, 1947년 2월 26일.

101 장기형,「재미조선인민주전선의 편성」,『독립』, 1947년 2월 26일. 장기형은 그 이유로 미주 사회의 특수환경, 일반 거류민의 지식 정도가 낮은 것, 지도자들의 무능 등을 꼽았다.

102 「재미조선인민주전선의 진용」,『독립』, 1947년 2월 26일.

103 「라성조선인공동회 소집」,『독립』, 1947년 3월 19일.

104 「재미조선인민주전선과 본사에서 공동위원에 축전 발송」,『독립』, 1947년 5월 28일.

105 「민전토론회의 성황」,『독립』, 1948년 3월 3일. 강연자는 다음과 같았다. '민족적 3·1정신'(현순), '새 민주주의로 탄생되는 조선'(김강), '세계의 예술과 병진하려는 즉 세계 대사조와 가치 다름질하려고 이러나는 조선의 예술'(조택원).

106 「민전시국회담」,『독립』, 1948년 5월 12일.

107 「인사소식: 민중대회의 성황」,『독립』, 1948년 5월 26일;「민전 간부회의 소집」,『독립』, 1948년 6월 13일;「민전회의 소집」,『독립』, 1948년 7월 7일.

108 「통일정부 수립을 위한 재미 조선민주전선 시국선언」,『독립』, 1948년 7월 14일.

109 「시사단평: 조선에 단독정부 수립은 민족적 잔멸」,『독립』, 1948년 3월 10일.

110 「남조선 선거반항으로 인하야 인민살해 350명」,『독립』, 1948년 5월 5일.

111 「사설: 조선림시헌법초안 발표에 대하야」,『독립』, 1948년 4월 14일;「시사단평: 조선헌법」,『독립』, 1948년 4월 28일;「전조선대표회의에서 헌장 발표」,『독립』, 1948년 5월 5일;「사설: 조선임시헌법은 마침내 통과」,『독립』, 1948년 5월 12일.

112 「김일성 위원장의 약력(제2)」,『독립』, 1948년 3월 10일.

113 「시사단평: 평양대회는 력사적 걸작」,『독립』, 1948년 5월 5일;「남북회담의 력사적 승리(김일성 장군과 서광제 특파원의 문답)」,『독립』, 1948년 6월 13일;「남북요인회담은 상상 이상 성공: 금후 성과는 대중의 추진에」,『독립』, 1948년 6월 13일.

114 「두 령도자의 환경還京」,『독립』, 1948년 6월 30일;「민족 최후의 힘을 다 받쳐 통일자주정부 세우자: 애국열에 불타는 양지도자 귀경」,『독립』, 1948년 7월 7일.

115 「시사단평: 통일정부」,『독립』, 1948년 10월 6일.

116 「사설: 통일정부 그 의의와 전도」,『독립』, 1948년 10월 13일. 사설은 상하이 임시정부가 중국 정부가 아니라 민족의사를 총합한 것과 마찬가지로, 북한 정부도 북방 정부가 아니라 '민족대표가 우리 당에서 통일정부'를 주장한 것이라고 했다.

117 「통일정부 원칙적으로 승인」,『독립』, 1948년 10월 13일.

118 「조선민족민주전선 성적 보고」,『독립』, 1949년 1월 12일.

119 「시국강연회 대성황, 일기자」,『독립』, 1948년 11월 3일.

120 「민전회의와 결정」,『독립』, 1949년 3월 23일.

121 「사설:조선의 완전통일과 독립을 위하야 미군대는 남조선에서 즉시 물너가라」,『독립』, 1949년 4월

13일.

122 「북미주조선민전성명」,『독립』, 1949년 8월 10일.

123 "Testimony of Diamond Kim, Accompanied by Counsel, William Samuels," June 28, 1955, United States. Congress. House. Committee on Un-American Activities. *Investigation of communist activities in the Los Angeles, Calif., area.* Hearings before the Committee on Un-American Activities, House of Representatives, Eighty-fourth Congress, first session. June 27 and 28, 1955, pp. 1543~1572; RG 319, Entry 47-E1, Box 1, Records of the Army Staff, Office of the Assistant Chief of Staff for Intelligence(G-2), Military Intelligence Division(MID) Decimal File, 1949-1950.

124 이하의 주요 설명은 주한 체코 대사를 지낸 야로슬라브 올샤Jaroslav Olša, jr와 안드레아스 쉬르머 Andreas Schirmer 교수의 연구에 따른 것이다. Jaroslav Olša, jr. & Andreas Schirmer, "An Unsung Korean Hero in Central Europe: The Life and Work of the Multi-Talented Scholar Han Hŭng-su(1909-?)," *TRANSACTIONS*, Vol. 87, ROYAL ASIATIC SOCIETY KOREA BRANCH, 2012; 야로슬라브 올샤, 「체코슬로바키아와 한국의 관계」,『체코슬로바키아 중립국감독위원단이 본 정전 후 남과 북』, 서울역사박물관, 2011.

125 韓興洙, 「原始社會硏究의 重大性과 그 다음에 오는 諸問題」,『批判』, 批判社, 1933년 11월.
　　　, 「朝鮮의 巨石文化硏究」,『震檀學報』 3, 1935.
　　　, 「朝鮮原始社會論: 白南雲氏著「朝鮮社會經濟史」에 對한 批判을 兼하야」,『비판』, 1935년 12월.
　　　, 「人種과 民族과 文化: 歷史科學의 領域에서」,『비판』, 1936년 3월.
　　　, 「朝鮮文化硏究의 特殊性」,『비판』, 1936년 7월.
　　　, 「朝鮮石器文化槪說」,『진단학보』 4, 1936년 4월.
김재찬,『「조선사회경제사」의 재검토: 한흥수씨의 비판에 대한 비판」,『비판』, 1936년 4월.
　　　, 「휘보: 한흥수씨의 서신」,『진단학보』 6, 1936.

126 한흥수, 「北歐 縱斷記」 1~6,『조선일보』, 1937년 3월 2~7일.
　　　, 「海外短信」,『비판』, 1937년 3월.
　　　, 「維也納日誌─荒波의 孤舟 같은 墺地利의 近情」,『비판』, 1937년 7월.
　　　, 「瑞西通信: 프리부룩에서」,『人文評論』 3권 2호, 人文社, 1941년 2월.

127 「구라파에서 조국문화선전을 위하야 활동하는 한흥수박사: 체코슬로바키아에서 본사에 내도한 한흥수박사의 서한」,『독립』, 1946년 12월 26일.

128 위와 같음.

129 야로슬라브 올샤, 위의 논문, 2012, 4쪽.

130 올샤의 연구에 따르면 후베르타는 독일 남편과 이혼한 후 전후 체코에 체류할 수 있는 지위가 필요했고, 한흥수의 주선으로 1945년 김경한Kim Kyung-han이라는 한국인 건축가와 편의상 결혼했다. 그녀는 독일 이름 대신 'Huberta Kimova'를 자신의 이름으로 사용했다. 그 외에도 'Ertie Algermissen', 'Ertie Kim(ova)', 한국 이름은 'Kim Yn-ai' 등을 사용했다. 김경한은 1946년 미국으로 건너갔다. 그는 국민회의 지도자이자 리들리Reedley 3김씨Three Kims의 한 명인 김호의 아들이었다. 야로슬라브 올샤, 위의 논문, 2012, 6쪽.

131 블라디미르 푸체크Vladimir Pucek, 「체코슬로바키아에서의 한국학 연구」, 『해외한국학백서』, 한국국제교류재단, 2007.

132 올샤 대사는 후베르타가 남긴 한흥수의 수고手稿 원본을 소장하고 있다. 필자는 2013년 10월 체코 대사관저에서 이 수고본들을 열람한 바 있다.

133 야로슬라브 올샤, 위의 논문, 2011, 242쪽.

134 한흥수, 「전후 오스츠리아 급 체코 량국의 실정을 통하야 본 조선의 건국사업 '해방된 국가의 길'」 1~2회, 『독립』, 1947년 1월 1일, 1월 8일.

135 한흥수, 「전 세계 여성 대표 앞에 조선 여성의 기백을 보인 박정애 이한라 양대표」, 『독립』, 1947년 3월 19일; "N. Korea Represented at Women's Congress: Park chung Ai, Lee An Na Represent Korean Women," *Korean Independence*, April 2, 1947.

136 한흥수, 「우리 전평대표는 세계근노대중 압헤 민족의 슲흠을 호소」, 『독립』, 1947년 7월 2일.

137 한흥수, 「세계민청축전 관방기」 1~9회, 『독립』, 1947년 10월 12일, 10월 20일, 11월 12일, 11월 19일, 11월 26일, 12월 3일, 12월 10일, 12월 17일, "Koreans at Youth Festival, by Dr. Hung Soo Han," *Korean Independence*, November 19, 1947.

138 한흥수, 「세계민청축전 관방기」 7회, 『독립』, 1947년 12월 3일.

139 야로슬라브 올샤, 위의 논문, 2012, 7쪽.

140 이광린, 「북한의 고고학: 특히 都宥浩의 연구를 중심으로」, 『동아연구』 20집, 1990, 110쪽; 한창균, 「초기(1945~1950년)의 북한 고고학」, 『중재장충식박사화갑기념논총(상) 역사학편』, 단국대학교출판부, 1992.

141 한흥수, 「전쟁과 경제」 6회, 『독립』, 1948년 4월 28일.

142 이광린, 위의 논문, 110쪽.

143 한흥수, 「원시사회사 연구에 관한 각서」, 『력사제문제』 2, 1948.
　　　, 「민족문화유산의 계승에 관한 제문제」, 『문화유물』 1, 1949.
　　　, 「조선원시사 연구에 관한 고고학상 제문제」, 『력사제문제』 15, 1950.
　　　, 「조선민속학의 수립을 위하여」, 『문화유물』 2, 1950.
도유호, 「선사학의 유물사관적 고찰을 위한 몇 개의 기본문제」(상)(하), 『력사제문제』 15·16집, 1950.

144 한흥수, 「첵코슬로바키아 녀성들의 새생활」, 『조선여성』, 1949년 9월호; 유리우쓰 푸칙 지음, 한흥수 옮김, 『교형수의 수기』, 조쏘문화협회중앙본부, 1949, U.S. National Archives and Records Administration, Record Group 242, National Archives Collection of Foreign Records Seized, Captured Korean Documents, SA 2012, Item #1-35.

145 야로슬라브 올샤, 위의 논문, 2012, 10쪽.

146 선우학원은 '평양박물관 관장으로 귀국한 한흥수 박사'가 보내준 김일성의 사진을 1949~1950년 체코 유학 시절 소지하고 있었다(선우학원, 위의 책, 1994, 166쪽).

147 「李思民·鮮于學源이 金日成·朴憲永에게 보낸 편지」(1948년 11월 15일), RG 242, Entry Captured Korean Records, Box No. 8, Document No. 200710.

148 "Testimony of Harold W. Sunoo, Johsel Namkung. Accompanied by Counsel, Kenneth A. MacDonald," *Investigation of Communist Activities in the Pacific Northwest Area*-Part 7(Se-

attle), Friday, June 18, 1954. Unites States House of Representatives, Subcommittee of the Committee on Un-American Activities, Seattle, Washington. pp. 6489~6509; 선우학원 인터뷰(2012년 2월 15일, 로스앤젤레스 자택).

149 尹深溫,「李思民牧師經歷草」.

150 리사민,『종군긔』, 1946, 5쪽.

151 「이경선 내포」,『태평양주보』 488호, 1941년 8월 2일;「이경선 목사는 하와이로 전왕」,『신한민보』, 1941년 7월 24일;「雜報 이경선씨 도미」,『신한민보』, 1942년 6월 18일.

152 「이경선 목사 상항으로 이주」,『신한민보』, 1943년 7월 22일.

153 리사민,『새조선』, 서문, 1945년 1월 20일. 선우학원은 이경선 목사로부터 자신이 국내에 있을 때 도산 안창호의 왼팔이었고, 춘원 이광수가 오른팔이었다는 얘기를 들었다고 했다. 선우학원 인터뷰(2012년 2월 15일, 로스앤젤레스 자택);「선우학원이 정병준에게 보낸 편지」, 2011년 8월 19일.

154 이경선은 흥사단원이었지만, 단우 번호가 붙지 않은 흥사단 예비·기타 단우였다.「李敬善履歷書」, 도산안창호선생전집편찬위원회 편,『島山安昌浩全集』 10권, 도산안창호선생기념사업회, 2000, 929쪽.

155 「선우학원이 정병준에게 보낸 편지」, 2011년 8월 19일.

156 위와 같음.

157 Title: Survey of Korean Activities in the Honolulu Field Division, August 4, 1950. File No. 100-15, by Harold L. Child, Jr. RG 319, Entry 47-E1, Records of the Army Staff, Office of the Assistant Chief of Staff for Intelligence(G-2), Military Intelligence Division(MID), Decimal File, 1949-1950, Box 1; Subject: Biographic Information of Yi Sa Min, by Everett F. Drumright, Counselor of Embassy, Seoul, January 14, 1950. 795.521/1-1450. RG 263, CIA, Murphy Collection.

158 국사편찬위원회, 2005,『대한민국임시정부자료집』 3 (大韓民國臨時議政院) 臨時議政院會議 34회 (1942년 10~11월),『우리 通訊』.

159 최기영,「1930~40년대 미주 기독교인의 민족운동과 사회주의」,『한국기독교와 역사』 20호, 2004. 이경선의 사위 윤심온 목사는 '민오'라는 필명으로 다수의 글을 국내에서 발표했다고 증언했다. 윤심온 인터뷰(2012년 2월 15일, 로스앤젤레스 자택).

160 「신간소개: 이경선 저작」,『독립』, 1945년 2월 28일.

161 OSS의 요원이력철에는 1945년 1월 4일에 입대한 것으로 되어 있으며, 이경선의 기록에는 1월 18일 워싱턴의 소환 명령을 받아 워싱턴으로 출발한 것이 1월 26일이었다고 되어 있다. 리경선, 위의 책, 4~5쪽.

162 OSS 훈련 과정에 관해 국내에 알려진 것은 냅코 프로젝트에 참가했던 박순동의 수기「모멸의 시대」를 통해서였다. 이 수기와 박순동의 경험은 이후 김성종의 추리소설『여명의 눈동자』에 나오는 장하림, 조정래의 대하소설『태백산맥』에 나오는 김범우의 모델이 되었다. 정병준, 위의 논문, 2003.

163 「광고:『변증법적 유물론과 사적 유물론』」,『독립』, 1949년 4월 13일, 5월 4일.

164 Subject: Biographic Information of Yi Sa Min, by Everett F. Drumright, Counselor of Embassy, Seoul, January 14, 1950. 795.521/1-1450. RG 263, CIA, Murphy Collection.

165 "Testimony of Harold W. Sunoo, Johsel Namkung. Accompanied by Counsel, Kenneth A.

MacDonald," *Investigation of Communist Activities in the Pacific Northwest Area*-Part 7(Seattle), Friday, June 18, 1954. Unites States House of Representatives, Subcommittee of the Committee on Un-American Activities, Seattle, Washington. pp. 6489~6509.

166 Subject: Biographic Information of Yi Sa Min, by Everett F. Drumright, Counselor of Embassy, Seoul, January 14, 1950. 795.521/1-1450. RG 263, CIA, Murphy Collection.

167 「제7회 사우총회」, 『독립』, 1949년 1월 5일; 리사민, 「독립사우대회에 림하여」, 『독립』, 1949년 1월 12일.

168 리사민, 「남조선 망국선거와 괴뢰정권: 노력자 게재 선거진상을 읽고」, 『독립』, 1948년 12월 8일.

169 리사민, 「사설: 민주주의와 평화」, 『독립』, 1949년 2월 23일.

170 이경선은 중국의 신민주주의를 소개하기도 했다. 리사민, 「신민주주의」, 『독립』, 1949년 3월 16일.

171 리사민, 「진보당 전국대표대회에서」, 『독립』, 1948년 7월 28일.

172 「리사민 동지 라성 심방」, 『독립』, 1949년 7월 6일; 「본사 재정보고」, 『독립』, 1949년 8월 17일.

173 「국제청년대회에 대한 보고(독립 편집부 앞, 9월 13일 부다페스트에서 리사민)」, 『독립』, 1949년 9월 21일.

174 방선주 박사는 선우학원이 평양에서 부친 방지일 목사와 함께 기독교 청년모임에 열성을 보인 청년 중 한 명이었다고 증언했다. 방선주 박사 인터뷰(2014년 1월 4일, 서울).

175 FBI Office Memorandum, Subject: Harold Won Sunoo. with aliases. October 28, 1947. Federal Bureau of Investigation, Freedom of Information and Privacy Acts, Subject: Harold Hakwon Sunwoo(FOIA Case Log January-March 2009).

176 "Testimony of Harold W. Sunoo, Johsel Namkung. Accompanied by Counsel, Kenneth A. MacDonald," *Investigation of Communist Activities in the Pacific Northwest Area*-Part 7(Seattle), Friday, June 18, 1954. Unites States House of Representatives, Subcommittee of the Committee on Un-American Activities, Seattle, Washington. pp. 6489~6509.

177 FBI Office Memorandum, Subject: Harold Won Sunoo. with aliases. October 28, 1947. Federal Bureau of Investigation, Freedom of Information and Privacy Acts, Subject: Harold Hakwon Sunwoo(FOIA Case Log January-March 2009). p. 2.

178 선우학원, 「조선해방은 조선노동자의 손으로만 성취: 조선노동조합이 세계련맹에 참가함을 듯고」, 『독립』, 1946년 9월 11일.

179 선우학원, 「미국외교정책해부」 1~4회, 『독립』, 1947년 10월 12일, 10월 20일, 11월 12일.

180 선우학원, 「남조선경제정책을 검토」, 『독립』, 1948년 2월 18일.

181 선우학원, 「세계평화금년미국선거전」 1~2회, 『독립』, 1948년 3월 24일, 3월 31일.

182 선우학원, 「추대통령의 미국자본 외출론」 1~2회, 『독립』, 1949년 2월 23일, 3월 1일.

183 선우학원, 「대서양안전동맹이란 무엇인가」 1~3회, 『독립』, 1949년 4월 27일, 5월 4일, 5월 11일.

184 선우학원, 「미국권리조례대회」 1~3회, 『독립』, 1949년 8월 3일, 8월 17일, 8월 24일.

185 "Testimony of Harold W. Sunoo, Johsel Namkung. Accompanied by Counsel, Kenneth A. MacDonald," *Investigation of Communist Activities in the Pacific Northwest Area*-Part 7(Seattle), Friday, June 18, 1954. Unites States House of Representatives, Subcommittee of the Committee on Un-American Activities, Seattle, Washington. pp. 6489~6509.

186 선우학원은 필자와의 인터뷰에서 "이들은 공산당원이 아니고 북의 동지들이 하는 일을 지원한다. 그

러니까 우리도 지원하는 것을 승인해달라"는 것이었다고 했다. 선우학원 인터뷰(2012년 2월 15일, 로스앤젤레스 자택).

187 「선우학원이 정병준에게 보낸 편지」, 2011년 8월 19일.

188 선우학원은 필자와의 인터뷰에서 샌프란시스코에서 유엔을 조직할 때 소련 대표가 왔고, 그 대표단과 접촉해 북한과 연락을 해달라고 요청했으나 거절당했다고 했다. 선우학원 인터뷰(2012년 2월 15일, 로스앤젤레스 자택).

189 「조선노동조합대표 일행 푸라하 도착」,『독립』, 1947년 6월 25일; 한홍수,「우리 전평대표는 세계근노대중 압헤 민족의 슯흠을 호소」,『독립』, 1947년 7월 2일.

190 한홍수,「세계민청축전 관방기」 1~9회,『독립』, 1947년 10월 12일~12월 17일.

191 「인사 소식: 이경선, 정웰링턴」,『독립』, 1948년 9월 29일.

192 『동아일보』, 1947년 9월 16일;『독립』, 1947년 11월 12일.

193 선우학원, 위의 책, 1994, 186~188쪽.

194 선우학원,『한미관계 50년사: 알려지지 않은 이야기』, 일월서각, 1997, 49쪽.

195 선우학원 인터뷰(2012년 2월 15일, 로스앤젤레스 자택).

196 「선우학원이 정병준에게 보낸 편지」, 2011년 8월 19일.

197 "Testimony of Johsel Namkung. Accompanied by Counsel, Kenneth A. MacDonald," *Investigation of Communist Activities in the Pacific Northwest Area*-Part 8(Seattle), Saturday, June 19, 1954. Unites States House of Representatives, Subcommittee of the Committee on Un-American Activities, Seattle, Washington. pp. 6511~6512.

198 방선주,「미국 국립공문서관 소장 RG 242 내 '선별노획문서' 조사연구」,『미국 소재 한국사 자료 조사 보고Ⅲ: NARA 소장 RG 242 '선별노획문서' 외』, 국사편찬위원회, 2002, 3쪽.

199 방선주 박사 인터뷰(2011년 1월 19일, NARA).

200 Letter by Victor N. Miller and Harry B. Ansted, Department of Far Eastern and Slavic Languages and Literature, University of Washington to Department of the Army, February 16, 1950. RG 319, Entry 47, Army-Intelligence Decimal File 1949-1950, CSGID 291.2 Korean 1 Jan 49 thru 31 Dec 50, Box 49.

201 Subject: Namkung, Johsel and Helen, 20 July 1950, George S. Smith, Colonel, Chief, Intelligence Division, G-2, Sixth Army. RG 319, Entry 47, Army-Intelligence Decimal File 1949-1950, Box 49.

202 Title: Johsel Namkung, Harold Won Sunoo, was. Hag Won Sunoo, Kyung Sun Lee, was. Samin Lee, Kyong Son Ree, FBI Seattle, Washington, November 21, 1949. RG 319, Entry 47, Army-Intelligence Decimal File 1949-1950, Box 49.

203 "Petition for Naturalization," by Josel Namkung, October 13, 1960; "Petition for Naturalization," by Josel Namkung, November 3, 1980, Washington, Naturalization Records, 1904-1991(www.ancetry.com).

204 Ronald Holden, "Johsel Namkung's Remarkable Nature Photographs," *Opus Opera: Arts & Entertainment Dispatches*. September 16, 2011. http://opusopera.blogspot. kr/2011/09/

johsel-namkungs-remarkable-nature.html.

205 *Josel Namkung; Artist's View of Nature*, March 29–May 28, 1978, Seattle Art Museum, The University of Washington Press, 1978; Josel Namkung, *Ode to the Earth*, Cosgrove Editions, 2006.

제6장

1   데이빗 현, 위의 책, 2002, 147쪽.

2   "Photo of Soon Hyun family in Los Angeles, 1948," The Reverend Soon Hyun Collected Works, Korean American Digital Archive, USC.

3   현앨리스, 「세계평화대회」, 『독립』, 1949년 5월 18일.

4   이 사진은 블라디미르 교수가 영국 'British Pathe'의 동영상에서 찾은 것이다. http://www.brit-ishpathe.com/video/world-peace-congress-in-prague-aka-paris-world-of/query/World+Peace+Congress.

5   데이빗 현, 위의 책, 2002, 145~146쪽.

6   데이빗 현, 위의 책, 2002, 134~136쪽. 이 사진들은 모두 웰링턴이 한 살 되던 1928년경에 찍은 것으로 보인다.

7   R. L. Stevenson Intermediate School, Record of Wellington Chung, "Wellington Chung File," Charles University Archives, Prague, Czechoslovakia.

8   "Transcript of Records for Mr. Wellington Chung," Robert Louis Stevenson Intermediate School, December 3, 1947. 중학교 성적표는 1947년 12월 3일에 발급되었다. 웰링턴의 중학교, 고등학교, 대학교 성적증명서는 찰스 대학에 입학하기 위해 제출한 것이다. Wellington Chung File, Charles University Archives, Prague, Czechoslovakia.

9   고등학교 성적표는 1947년 12월 3일 발급되었다. 발급 목적은 프라하 II구역 '의학교수부'Medical Faculty Bureau에 제출하기 위한 것이었다.

10   하와이 대학 성적표는 1947년 12월 2일에 발급되었다.

11   *Ka Palapala*(yearbook, class of 1946), the Associated Students of the University of Hawaii, Honolulu, Hawaii, 1946, p. 36.

12   「현순이력서」Personal History Declaration, 1945년 8월 18일. The Reverend Soon Hyun Collected Works, Korean American Digital Archive, USC.

13   Statement of Master of Vessel Regarding Changes in Crew Prior to Departure, S. S. Robert Lowry, January 13, 1946. New York Passenger Lists, 1820–1945(www.ancestry.com).

14   List or Manifest of Aliens Employed on the Vessel a Members of Crew, SS Houston Volunteers, June 7, 1946. Hawaii Passenger and Crew Lists, 1900–1959(www.ancestry.com).

15   Archives of the Security Forces of the Czech Republic(ASFCR), Record Group 319, Folder 319_40_15 p. 34; Folder 44581_020 part 2.1, p. 3_1–4_2.

16 「소식: 정월터군 도미」, 『독립』, 1946년 9월 11일.

17 Wellington Chung File, p. 37, Archives of the Charles University; ASFCR, Record Group 319, Folder 319_40_15 p. 32. 웰링턴이 미국공산당의 정식 당원이었다는 기록은 없다.

18 데이빗 현, 위의 책, 2002, 146쪽.

19 ASFCR, Record Group 319, Folder 319-40-15. p. 34.

20 현피터는 웰링턴이 로스앤젤레스의 백인 학교인 마셜 고등학교Marshall High School를 최우등으로 졸업했다고 썼으나 이는 착오다. 피터는 전시 · 전후에 현씨 가문을 떠나 있어서 웰링턴의 학력을 혼동한 것으로 보인다. Peter Hyun, In the New World, p. 246.

21 조용준, 「미주한인사의 산증인 선우학원 인터뷰: 내가 본 한국인 미국공산당원들의 항일운동」, 월간 『말』, 1996년 7월호.

22 야로슬라브 올샤, 위의 논문, 2012, 7쪽.

23 한흥수, 「전쟁과 경제」 6회, 『독립』, 1948년 4월 28일.

24 Hlasny Vladimir and Jung, Byung Joon, "Wellington Chung: Child of the Korean Independence Movement Crushed by Cold War Regimes," Korea Journal, Vol. 54, No. 4, UNESCO Korea, Winter 2014.

25 Letter to Wellington Chung(801 Micheltorena St. Los Angeles, Calif.) from Deanship of Faculties of Medicine of Charles University in Prague, January 26, 1948. "Wellington Chung File," Charles University Archives, Prague, Czechoslovakia.

26 「인사 소식: 이경선, 정웰링턴」, 『독립』, 1948년 9월 29일.

27 ASFCR, Record Group 319, Folder 319_40_15 p. 31.

28 위의 자료, p. 21.

29 ASFCR, Folder 44581_020 part 2.1, p. 39_2; 휠러Wheeler와의 인터뷰(2013년 여름, 블라디미르 홀라스니 교수, 체코).

30 National Archives of the Czech Republic(NACR), Folder H-352; #19/49.

31 ASFCR, Record Group 319, Folder 319_40_15. p. 34.

32 「민전회의와 결정」, 『독립』, 1949년 3월 23일.

33 NACR, Folder H-352; #19/49.

34 현앨리스의 프라하 주소는 프라하 I구역의 Rytriska 26번지였다(Rytriska 26, Prague I). NACR, Folder H-352.

35 ASFCR, Folder 319-40-15, p. 34, titled case number Sv-03388/50-56, Subject: John Welington-podani zpravy [Filing of a report], February 27, 1956; NACR, Folder H-2516/30, p. 5~6, Ustredni narodni vybor hl. m. Prahy-Reditelstvi narodni bezpecnosti [Central national bureau in Prague-Directorate of National Security], Request for a return visa: February 22-March 6, February 22, 1949.

36 NACR, Folder H-352, p. 3, Krajske velitelstvi NB-cizinecke odd. V/5 [Regional directorate of the National Security, Immigration department], internal note, February 16, 1951.

37 이하에서 인용되는 체코 문서들은 모두 블라디미르 홀라스니(이화여대) 교수가 발굴한 것이다. 그의

도움과 협력에 특별한 감사를 표한다. 정웰링턴에 대해서는 다음의 연구를 참조할 수 있다. Vladimir Hlasny, "Doctor Wellington Chung: Life and Demise in Czechoslovakia," Andreas Schirmer ed., *Koreans and Central Europeans: Informal Contacts until 1950*, Vienna: Praesens, (Spring, 2015).; Hlasny Vladimir and Jung, Byung Joon, 위의 논문, 2014.

38 사진의 출처는 다음과 같다. NACR, Hyun Alice File, H 2576_30.

39 사진의 출처는 다음과 같다. NACR, Chung Wellington File, XXXIII/127.

40 World Peace Council; Wittner, Lawrence S., *One World or None: A History of the World Nuclear Disarmament Movement Through 1953*, Vol. 1, Stanford University Press, 1993; Santi, Rainer, *100 years of peace making: A history of the International Peace Bureau and other international peace movement organisations and networks*, Pax förlag, International Peace Bureau, January 1991.

41 『독립』은 1949년 4월 24일 파리에서 개최되는 '세계민간평화회'에 북한을 대표하여 한설야, 이기영 2명이 참석한다고 4월 16일 평양발 기사를 보도했다. 「한설야 리기영 인민공화국을 대표」, 『독립』, 1949년 4월 20일.

42 「세계 평화대회, 푸라하에서 현앨리스」, 『독립』, 1949년 5월 18일.

43 북한 대표단은 1949년 6월 귀국했다. 「평화옹호세계대회에 참가하였던 조선민주주의인민공화국 대표 귀환」, 『로동신문』, 1949년 6월 8일; 「평화옹호세계대회 참가자 대표 귀환보고대회 성황(한설야대표 보고진술)」, 『로동신문』, 1949년 6월 15일; 「세계민주진영은 평화를 위해 투쟁(평화옹호세계대회에 참가하였던 김창준씨 귀환담)」, 『로동신문』, 1949년 6월 15일.

44 「체코슬노박키아 녀성, 푸라하에서 현앨리스」, 『독립』, 1949년 8월 24일, 8월 31일.

45 리사민, 「국제청년대회에 대한 보고」, 『독립』, 1949년 9월 21일.

46 Hlasny Vladimir and Jung, Byung Joon, 위의 논문, 2014.

47 리경선, 「세계청년대회에 우리 대표 55인, 8월 22일 부다페스트」, 『독립』, 1949년 9월 7일; "Youth is the Hope of the World, Fight for World Peace pledged by the 2nd World Youth Festival in Budapest; 55 Korean Youth Represented the Korean People's Democratic Republic," by Stan Steiner, *Korean Independence*, September 14, 1949.

48 리사민, 「국제청년대회에 대한 보고」, 『독립』, 1949년 9월 21일. 이경선의 보고에 따르면 참가한 무용 단원 중에는 무용가 최승희의 딸 안성희도 포함되어 있었다. 북한에서는 1949년 7월부터 9월까지 대표 파견 소식이 보도되었다. 「세계청년축전파견 대표환송 체육대회」, 『로동신문』, 1949년 7월 9일; 「세계청년 및 대학생축전에 파견할 조선체육대회 대표 선발」, 『로동신문』, 1949년 7월 12일; 「세계민청대회와 청년 및 대학생 축전에 참가할 조선대표 일행 출발」, 『로동신문』, 1949년 7월 24일; 「2천5백여 명의 대표 참가 밑에 제2차 세계청년대회 부다페스트에서 개막」, 『로동신문』, 1949년 9월 7일; 「제2차 세계청년대회(각국 대표들 열렬한 토론 전개 조선청년대표도 토론에 참가)」, 『로동신문』, 1949년 9월 8일; 「'제2차 세계청년대회' 각국 대표들 계속 토론에 참가(9월 4일 회의)」, 『로동신문』, 1949년 9월 9일; 「제2차 세계청년대회 각국 대표들 토론을 계속 선언서작성위원들을 선거(9월 5일 회의에서)」, 『로동신문』, 1949년 9월 10일; 「'제2차 세계청년대회' 미국의 침략정책에 대한 항의 전문을 채택(9월 6일 오전회의)」, 『로동신문』, 1949년 9월 11일.

49 "Oh Yoon Shik Addresses The World Youth Festival, With Pride and Dignity, The Youth of No. Korea March Forward!," *Korean Independence*, September 21, 1949; 오운식, 「조선 청년 사정 보고」, 『독립』, 1949년 10월 5일; 오운식, 「조선 새 건설 사정 보고」, 『독립』, 1949년 10월 12일; "The youth of Korea Oppose Civil War," *Korean Independence*, October 26, 1949.

50 Title: Survey of Korean Activities in the Honolulu Field Division. August 4, 1950. File No. 100-15, by Harold L. Child, Jr. RG 319, Records of the Army Staff, Office of the Assistant Chief of Staff for Intelligence(G-2), Military Intelligence Division(MID), Decimal File, 1949-1950, Box 1.

51 "Testimony of Harold W. Sunoo, Johsel Namkung. Accompanied by Counsel, Kenneth A.MacDonald,"*Investigation of Communist Activities in the Pacific Northwest Area*-Part 7(Seattle), Friday, June 18, 1954. Unites States House of Representatives, Subcommittee of the Committee on Un-American Activities, Seattle, Washington. pp. 6489~6509; 선우학원, 위의 책, 1994, 139쪽.

52 Title: Survey of Korean Activities in the Honolulu Field Division. August 4, 1950. File No. 100-15, by Harold L. Child, Jr. RG 319, Records of the Army Staff, Office of the Assistant Chief of Staff for Intelligence(G-2), Military Intelligence Division(MID), Decimal File, 1949-1950, Box 1.

53 「리경선 현앨니스 양인에게 대표 임명」, 『독립』, 1949년 9월 7일.

54 Pultr, Alois(1949). Ucebnice Korejstiny(Mluvnice) [Korean Language Textbook (Conversation)]. PhD dissertation in Philology at Charles University, Dissertation no. 2981, Prague: Statni tiskarna.

55 Masaryk Institute and Archives of the Academy of Sciences of the Czech Republic (MI&AASCR)-Executive Committee Meetings, RG 013/22, p. 1, Materialy ze schuzi ridicich organu 1949 [Materials from the meetings of executive bodies], Zapis o schuzce Pratel Koreje 5. 4. 1949 [Record of the meeting of the Friends of Korea, April 4], April 6, 1949.

56 MI&AASCR, Schuze lektoru [Lecturer meetings], Folder 41, p. 28, Zprava o porade lektoru SOJ 21. 1. 1950 [Report on a meeting of School of Oriental Languages lecturers, January 21]; 선우학원, 위의 책, 1994, 159쪽.

57 NACR, Folder H-352, p. 3, Krajske velitelstvi NB-cizinecke odd. V/5 [Regional directorate of the National Security, Immigration department], internal note, February 16, 1951.

58 선우학원, 위의 책, 1994, 136쪽.

59 OSS 캘리포니아 지부는 김원봉이 이경선에게 보낸 1943년 3월 10일자 편지 사본을 입수한 바 있다. 김원봉은 '경선 동지'라고 부르고 있다. "Photostat Copy of Letter written in Korean(Mixed Chinese and Korean Script) By Kim Yak San, in Chungking, China, to Yi Kyung Sun(Reverend Kyung Sun Lee) 10 March, 1943," Appendix III-B to California Office, OSS, Report Number 8, Progress of the Free Korean Movement, Part II, 18 June, 1943, RG 226, Entry 140, Box 72.

60 Peter Hyun, *In the New World*, p. 273.

61 「선우학원이 정병준에게 보낸 편지」, 2011년 8월 19일.

62 「미제의 고용간첩 두목인 조국 반역자 박헌영에 대한 공화국 최고재판소 특별재판 진행」, 『로동신문』, 1955년 12월 18일.

63 선우학원, 위의 책, 1994, 137~182쪽.

64 조용준, 「미주한인사의 산증인 선우학원 인터뷰: 내가 본 한국인 미국공산당원들의 항일운동」, 월간 『말』, 1996년 7월호.

65 "A Study of the Korean Treaties 1876 and 1882, The Opening of Korea," A Thesis submitted for Doctor of Philosophy at Charles University, Philosophy Faculty, in Prague. 1949-1950 by Sunoo Hag-Won; *Disertace Prazske University 1882-1953*, Universita Karlova-Praha, 1965, p. 200.

제7장

1 현미옥, 「미국의 로동녀성들」, 『조선여성』, 1950년 4월호.

2 현앨리스가 남한에서 쓴 글은 '애리스玄'으로 되어 있다. 애리스玄, 「미국의 여성」, 『신천지』, 1946년 5월호(통권 4호, 1권 제4호). 그녀의 부동浮動하는 정체성을 알 수 있는 대목이다.

3 리사민, 「달레스의 캄풀주사도 리승만을 구원치 못한다」, 『로동신문』, 1950년 6월 25일.

4 리사민, 「미주재류동포의정형」·「最近 米國의 實情」, 『태풍』 3권 4호(통권 45호), 1950년 1월 25일, 46~72쪽.

5 윤심온 목사 인터뷰(2012년 2월 15일, 로스앤젤레스 자택).

6 「북미조선민전 조국전선에 정식 참가」, 『독립』, 1950년 4월 12일.

7 조국전선 참가 단체에 대해서는 이신철, 「북의 통일정책과 월·남북인의 통일운동(1948~1961년)」, 성균관대학교 사학과 박사학위 논문, 2005, 64~65쪽 참조.

8 『로동신문』에 등장하는 북미조선인민주전선의 마지막 소식은 「재미조선인 민주주의전선 미국의 조선내전 간섭 규탄」으로 생각된다. 『로동신문』, 1950년 8월 12일.

9 FBIS에 대해서는 정병준, 「해제」, 『남북한관계사자료 15: 미 중앙정보부 평양방송청취 일일보고서(1947. 12~1948. 2)』, 국사편찬위원회, 1995 참조.

10 Enclosure 1 "Translated Text of Pyongyang Radio Broadcast, December 20, 1949," Subject: Biographic Information of Yi Sa Min, by Everett F. Drumright, Counselor of Embassy, Seoul, SEOUL 35, January 14, 1950.

11 Subject: Biographic Information of Yi Sa Min, by Everett F. Drumright, Counselor of Embassy, Seoul, SEOUL 35, January 14, 1950. 795.521/1-1450. RG 263, Records of the Central Intelligence Agency, The Murphy Collection on International Communism 1917-1958 Korea & Japan, Box 70.

12 최고검찰소 검사총장 리송운, 「기소장」(1955년 12월 3일), 『조선민주주의인민공화국 최고재판소 '미

제국주의 고용간첩 박헌영, 리승엽 도당의 조선민주주의인민공화국 정권전복 음모와 간첩사건' 공
판 문헌』.

13 이경선의 자녀들은 이영창(1녀), 이영옥(2녀), 이영석(1남), 이영숙(3녀), 이영화(2남) 등이다. 이중
이영창과 이영옥은 미국에 거주하며, 이영석은 미국을 거쳐 브라질로 이민을 갔고, 이영숙과 이영화
는 북한에 생존해 있다. 「이사민 목사 가계표(2남 3녀)」(2012년 1월 현재), 윤심온 목사 작성.

14 「소식: 리경선씨에게 온 북선의 깃분 소식」, 『독립』, 1946년 7월 10일. 이경선의 둘째 아들의 한자명은
영석英晳인데, 석晳자를 철晳자로 오독한 것으로 보인다.

15 김광운, 『북한 정치사연구 I』 선인, 2003, 407쪽, 417쪽, 420쪽, 428쪽, 651쪽, 713쪽.

16 이영석은 공학자·기사로 현재 브라질에 거주하고 있다. 윤심온, 「이사민 목사가계표(2남 3녀)」
(2012년 1월 현재).

17 "Testimony of Harold W. Sunoo, Johsel Namkung. Accompanied by Counsel, Kenneth A.
MacDonald," *Investigation of Communist Activities in the Pacific Northwest Area*–Part 7(Se-
attle), Friday, June 18, 1954. Unites States House of Representatives, Subcommittee of the
Committee on Un–American Activities, Seattle, Washington. pp. 6489~6509.

18 중앙지도간부학교에는 교장이 소개되지 않았고, 대신 김일성 사진이 들어간 것으로 보아 김일성이 교
장이었을 것이다. 그 외 부교장 방형식, 교육장 현희안이었다. 18기 졸업생 가운데에는 변재철, 길원
팔, 한재덕, 김준보, 신하균, 노동해 등이 들어 있다.

19 선우학원, 위의 책, 1994, 136쪽; 선우학원 인터뷰(2012년 2월 15일, 로스앤젤레스 자택).

20 Peter Hyun, *In the New World*, pp. 272~273; 데이빗 현, 위의 책, 2002, 148~149쪽.

21 「박헌영 간첩사건」, 이정박헌영전집편집위원회, 『이정 박헌영 전집』 7권, 2004, 301~302쪽.

22 「문서 1 1953년 3월 31일 김일성과의 대담 기록 발췌」(1953년 4월 16일), РГАСПИ(러시아 국립사회정
치사문서보관소) фонд 495, опись 228, дело 23, л.16~21, 『이정 박헌영 전집』 7권, 2004, 303~307
쪽.

23 이송운은 빨치산파다. 함경북도 성진 출신으로 1935년 김일성 부대에 합류했고, 1937년 보천보 전
투에도 참가했다. 조국광복회 탄압사건(혜산사건)으로 체포되어 1942년 징역 10년을 선고받았다.
1946년 1월 조선공산당 북조선분국 조직부장이 되었고, 1952년 6월 검찰총장에 선임되어 1956년 1월
까지 근무했다. 「문서12기소장」, 『이정 박헌영 전집』 7권, 2004, 330쪽.

24 「문서 2 박헌영의 비호 하에서 리승엽 도당들이 감행한 반당적 반국가적 범죄적 행위와 허가이의 자살
사건에 관하여」, 조선로동당 중앙위원회, 『결정집 1953년도(전원회의, 정치, 조직, 상무위원회)』, 『이
정 박헌영 전집』 7권, 2004, 307~319쪽.

25 "조선민주주의인민공화국 최고재판소 군사재판부는 조선민주주의인민공화국 최고재판소장 김익선
을 재판장으로 하고 판사 박룡숙, 판사 박경호를 성원으로 하고 서기 김영주가 립회한 공개 공판에서
감사 부총장 김동학, 검사 김윤식, 리창호, 변호인 지영대, 리규홍, 김문평, 정영화, 길병욱 관여 하에
심리"했다. 조선민주주의인민공화국 최고재판소, 『미제국주의 고용 간첩 박헌영 리승엽 도당의 조선
민주주의인민공화국 정권전복 음모와 간첩사건 공판 문헌』, 국립출판사, 1956, 177쪽.

26 「一. 기소장」(1953년 7월 30일)(조선민주주의인민공화국 최고검찰소 검사총장 리송운), 위의 책, 1956,
138~140쪽,

27 「리강국에 대한 신문」(1953년 8월 4일), 위의 책, 1956, 280쪽.

28 「三. 국가 검사의 론고」(1953년 8월 6일), 위의 책, 1956, 344쪽.

29 「六. 판결」(1953년 8월 6일), 위의 책, 1956, 429쪽.

30 「리강국에 대한 신문」(1953년 8월 4일), 위의 책, 1956, 275~286쪽.

31 金午星, 「李康國論」, 『指導者群像』, 대성출판사, 1946, 155~165쪽(심지연, 『이강국 연구』, 백산서당, 2006, 469쪽). 김오성은 이강국이 독일 유학 중 "시리아 출생의 모 여자와 동지애에서 출발한 격렬한 연애가 있었으니, 이것은 씨의 청춘을 장식하는 한낱 기념이 될 것"이라고 썼다. 독일 유학 전 이강국은 조준호의 여동생과 결혼한 상태였다. 김오성의 글이 출간된 1946년 이강국은 김수임과 연애하고 있었고, 그녀의 도움으로 월북할 수 있었다.

32 「리강국에 대한 신문」(1953년 8월 4일), 위의 책, 1956, 275~286쪽.

33 이강국은 북한의 공판 과정에서 자신이 일제강점기 전향은 했지만 동지는 팔지 않았고, 대화숙 회의에 참가하거나 신궁 참배도 하지 않는 등 일제에 협력하지 않았다고 자부했다. 이강국은 자신은 적극적 친일파가 아니었으며, 일제강점기 말 최용달과 함께 "해방을 맞이할 태세를 갖추었"다고 했는데, 이는 여운형의 건국동맹과 연계된 활동이었다. 정병준, 「조선건국동맹의 조직과 활동」, 『한국사연구』 80호, 1993, 135쪽.

34 「림화에 대한 신문」(1953년 8월 3일), 위의 책, 1956, 215쪽.

35 「(절대비밀) 최근 당내에서 발로된 리승엽, 배철, 박승원, 윤순달, 조일명, 리강국 등 반당 반국가적 간첩 도당들의 사건에 관하여」(일자 불명, 번호 6801, 제정부수 10,000), RG 242, Captured Korean Records, Box 181, Document No. 207866, 38~39쪽.

36 위와 같음.

37 서울신문특별취재반, 「새로 쓰는 한국현대사 38 : 이사민·현앨리스 사건」, 『서울신문』, 1995년 10월 2일.

38 「李思民·鮮于學源이 金日成·朴憲永에게 보낸 편지」(1948년 11월 15일), RG 242, Entry Captured Korean Records, Box 8, Document No. 200710.

39 선우학원, 위의 책, 1994, 135~136쪽.

40 「사고: 리득환William Lee씨 본사 총무로 피선」, 『독립』, 1946년 4월 17일.

41 「리득환씨의 약력」, 『독립』, 1946년 4월 17일.

42 「사고: 리득환William Lee씨 본사 총무로 피선」, 『독립』, 1946년 4월 17일; 「중일전쟁 이후 재미동포 해방운동 회고(그五)」(김혜란), 『독립』, 1946년 11월 13일.

43 「(절대비밀) 최근 당내에서 발로된 리승엽, 배철, 박승원, 윤순달, 조일명, 리강국 등 반당 반국가적 간첩 도당들의 사건에 관하여」(일자 불명), RG 242, Captured Korean Records, Box 181, Document No. 207866, 38~39쪽.

44 「(절대비밀) 최근 당내에서 발로된 리승엽, 배철, 박승원, 윤순달, 조일명, 리강국 등 반당 반국가적 간첩 도당들의 사건에 관하여」, 5쪽.

45 「一. 기소장」(최고검찰소 검사총장 리송운) (1955년 12월 3일) 조선민주주의인민공화국 최고재판소, 『미제국주의 고용간첩 박헌영 리승엽 도당의 조선민주주의인민공화국 정권전복 음모와 간첩사건 공판 문헌』, 국립출판사, 1956, 25~26쪽.

46 「二. 공판심리」(1955년 12월 15일), 위의 책, 1956, 60쪽.

47 같은 책, 83쪽.

48 「三. 국가 검사의 론고」(1955년 12월 15일), 위의 책, 1956, 93쪽.

49 「四. 피소자 박헌영의 최후 진술」(1955년 12월 15일), 위의 책, 1956, 107~108쪽.

50 「五. 판결」(1955년 12월 15일), 위의 책, 1956, 116쪽.

51 「二. 공판심리」(1955년 12월 15일), 위의 책, 1956, 72쪽.

52 「四. 피소자 박헌영의 최후 진술」(1955년 12월 15일), 위의 책, 1956, 107~108쪽.

53 재판은 1955년 12월 15일 오전 10시에 개정해서 당일 오후 8시에 완료되었고, 휴정 시간 3시간 30분을 제외하면 실제 재판에 소요된 시간은 6시간 30분에 불과했다.

54 박헌영은 자필로 다음과 같이 썼다. "나의 사건 재판에 변호사의 참가를 나는 요구하지 않합니다. 변호사의 변론의 여지가 없기 때문이 (몇 자 미상)의 참가를 (몇 자 미상) 하는 것입니다. (몇 자 미상) 12일 박헌영(서명)." 위의 책, 1956, 55쪽.

55 「五. 판결」(1955년 12월 15일), 위의 책, 1956, 124쪽.

56 드미트리 볼코고노프 지음, 한국전략문제연구소 옮김, 『스탈린』, 세경사, 1993, 425~450쪽.

57 윤심온 목사 인터뷰(2008년 9월 9일, 전화인터뷰; 2012년 2월 15일, 로스앤젤레스 자택); 「이사민목사 경력초」(윤심온 작성).

58 서울신문특별취재반, 「새로 쓰는 한국현대사 38 : 이사민·현앨리스 사건」, 『서울신문』, 1995년 10월 2일; 정창현, 「박헌영: 권력투쟁의 희생양인가 '미제의 간첩'인가」, 『인물로 본 북한 현대사』, 민연, 2002.

59 『서울신문』, 1995년 10월 2일; 정창현, 위의 책, 2002, 142~143쪽; 『『조국』의 주인공 김진계의 증언 '박헌영 간첩사건'의 새로운 전모」, 월간 『말』, 1994년 11월호(『이정 박헌영 전집』 8권 수록).

60 「한국판 마타하리 '앨리스 현' 있었다」, 『경향신문』, 2002년 11월 8일; 「'한국판 마타하리' 앨리스현 있었다」, 『문화일보』, 2002년 11월 9일.

61 『서울신문』, 1995년 10월 2일; 정창현, 위의 책, 2002, 143~144쪽.

62 RG 319, IRR Personal Name Files, Box 130, IRR XA 512437 Sa Min Lee.

63 Summary of Information, Subject: Lee Sa Min, TB-629-52, General Headquarters, Far East Command, Military Intelligence Section, 15 February 1952; Summary of Information, Subject: Lee, Sa Min(Ri, Shi Min), 15 Feb 1952, Headquarters, Seventh District, 441st CIC Detachment.

64 현앨리스와 이사민의 운명은 1949년 국회 프락치 사건 당시 가장 중요한 증인이었던 정재한鄭載漢을 떠올리게 한다. '북한 공작원'으로 주장된 이 여성은 국회부의장 김약수 등 국회의원 10여 명을 남로당의 프락치로 만든 유일한 증거의 소지자이자 증인이었는데, 법정에 출두하지 않았다. 한국군은 이미 1949년 12월 정재한을 처형한 후였다. 유일한 증인이 살인멸구殺人滅口되었음에도 불구하고 관련자들은 모두 유죄판결을 받았다(정병준, 『한국전쟁』, 돌베개, 2006, 365쪽).

65 「미제 고용간첩 도당들에 대한 인민들의 증오와 분노」, 「리승엽 도당들의 공화국 전복 음모와 간첩사건에 대한 공판 개정」, 『로동신문』, 1953년 8월 5일.

66 「기소장: 피심자 리승엽 조일명 림화 박승원 리강국 배철 윤순달 리원조 백형복 조용복 맹종호 설정식 들의 조선민주주의인민공화국 정권 전복 음모와 반국가적 간첩 행위에 대한 사건」, 『로동신문』,

1953년 8월 5일.

67 이강국의 발언은 이렇게 인용되었다. "나는 1935년 10월 독일로부터 귀국할 때 미국 뉴욕에서 크로리 라는 자를 만나 앞으로 그와 련계 밑에 조선에 귀국한 후 활동할 것을 약속하고 그로부터 장차 나와 같 이 조선에서 사업할 사람으로 뉴욕 조선인로동자구락부에서 현뻬트와 리월리암을 소개받았습니다." 『로동신문』, 1953년 8월 5일자 2면.

68 위와 같음.

69 「리승엽 리강국 등에 대한 사실 심리 진행, 리승엽 도당들의 범죄 공판 제2일」, 『로동신문』, 1953년 8월 7일.

70 「리승엽 도당 사건에 대한 공판정에서 피소자들 자기 범죄 행동을 진술」, 『로동신문』, 1953년 8월 7일.

71 「흉악한 미제의 간첩 도당들에게 인민의 준엄한 심판은 나리다. 리승엽 도당들의 범죄 사건 공판 종 료」, 『로동신문』, 1953년 8월 8일.

72 「판결, 조선민주주의인민공화국의 이름으로써」, 『로동신문』, 1953년 8월 8일.

73 「리승엽 도당들의 반역적 범죄에 전체 인민들 극도의 격분을 표시」, 『로동신문』, 1953년 8월 10일; 「리 승엽 도당들에 대한 처단을 전폭적으로 지지, 중앙출판물보급사업소 집회에서」, 『로동신문』, 1953년 8월 13일.

74 「문서 3 따스통신 보도, 1953년 8월 7일(비밀)」, РГАСПИ(러시아 국립사회정치사문서보관소), фонд 495, опись 228, дело 23, л. 13, 『이정 박헌영 전집』 7권.

75 「문서 4 박헌영의 체포에 관한 로이터 통신사의 보도」, 1953년 8월 7일, 위의 책.

76 「문서 5 朴憲永等에 死刑言渡 政府轉覆企圖 間諜嫌疑, 李承燁等 13名도 逮捕報道」, 『동아일보』, 1953년 8월 9일, 위의 책. 이는 1853년 8월 8일자 타스통신 보도를 인용해 보도한 8월 8일 런던발 로 이터통신을 재인용한 것이다.

77 「간첩 리승엽 도당들의 공판」, 『독립』, 1953년 9월 30일.

78 「쏘련 최고재판소에서 미국이 파견한 간첩 파괴분자들을 공판」, 『로동신문』, 1954년 6월 17일; 「쏘련 법정에서 미국 간첩 공판」, 『로동신문』, 1954년 6월 20일; 리인식, 「미제의 간첩활동의 새로운 폭로」, 『로동신문』, 1954년 6월 25일.

79 「미제의 고용간첩 두목인 조국 반역자 박헌영에 대한 공화국 최고재판소 특별재판 진행」, 『로동신문』, 1955년 12월 18일.

80 위와 같음.

81 「문서 18 조선인민의 반역자에 대한 공판」, Правда, 1955년 12월 18일, РГАСПИ(러시아 국립사 회정치사문서보관소), фонд 495, опись 228, дело 23, л. 6; 「문서 19 박헌영 사건 사실심리(비 밀)—따쓰 극동정보 속보」, 1955년 12월 18일, РГАСПИ(러시아 국립사회 정치사문서보관소), фонд 495, опись 228, дело 23, л. 7~9, 『이정 박헌영 전집』 7권.

82 「문서 20 朴憲永에 死刑言渡 타스 報道, 罪名은 間諜, 殺人等」, 『동아일보』, 1955년 12월 20일: 『이정 박헌영 전집』 7권.

83 박갑동, 「(남기고 싶은 이야기들 31화) 내가 아는 박헌영 12(朴의 上海時代)」, 『중앙일보』, 1973년 2월 26일, 『이정 박헌영 전집』 8권, 461~462쪽.

84 박갑동, 『歡きの朝鮮革命』, 三一書房; 이소가야 스에지, 『좋은 날이여 오라』, 1975(원제는 磯谷季次,

『良き日よ來たれ: 北朝鮮民主化への私の遺言』, 花傳社, 1991), 5장 「비운의 혁명가」 수록, 『이정 박헌영 전집』 8권에 재수록, 899~901쪽.

85 박갑동, 「서울 평양 北京 東京」, 기린원, 1988.

86 고봉기, 「리강국과 김애리사」, 『조선노동당원의 육필수기』, 시민사회, 1990. 고봉기는 북로당 함경 북도당위원장(1949~1951년), 루마니아·불가리아 주재 북한대사(1951~1953년), 평양시당 위원장 (1953~1954년)을 지낸 경력이 확인된다.

87 「해제: 전 조선노동당 중앙위원, 평양시당 위원장 고봉기의 유서」, 『이정 박헌영 전집』 8권, 56~57쪽.

88 고봉기, 위의 글, 1990, 210~254쪽(『이정 박헌영 전집』 8권에 재수록, 65~69쪽).

89 강상호, 「(남기고 싶은 이야기들) 내가 치른 북한 숙청」 25회(남로당 제거 20), 『중앙일보』, 1993년 1월 11일~10월 12일(35회 연재): 『이정 박헌영 전집』 8권, 150~151쪽.

90 데이빗 현, 위의 책, 149쪽.

91 「추천사(기독교대한감리회 감독회장 장광영)」, 데이빗 현, 위의 책, 10쪽.

92 「한국판 마타하리 '앨리스 현' 있었다」, 『경향신문』, 2002년 11월 8일; 「'한국판 마타하리' 앨리스현 있었다」, 『문화일보』, 2002년 11월 9일. 이 기사들의 출처는 밝혀져 있지 않지만, 사실관계에 오류가 많다. 현앨리스의 한국 이름은 현순옥으로, 상하이에서 결혼한 정모 씨는 의사로, 현순이 "한국 독립 을 도와달라"는 미국 CIA의 요청을 받아들여 앨리스, 피터, 데이비드 3남매가 극동사령부에서 맥아 더 사령관의 비서로 근무한 것으로, 선우학원이 1949년 체코 프라하에서 CIA 첩보활동을 한 것으로 썼는데, 이는 모두 사실이 아니다.

93 한호석, 「중앙정보국의 비밀공작과 분당파의 미필적 고의」; 강준식, 「김수임과 앨리스 현: 그 여인들 죄명은 '간첩' 진짜 죄는 '사랑'이었다」, 『월간중앙』, 2010년 1월호.

제8장

1 이하는 정병준, 「1950년대 재미한인 『독립』 그룹의 非美활동조사위원회(HUAC) 청문회 소환과 추 방」, 『이화사학연구』 48집, 2014를 참조.

2 Peter Hyun, In the New World, p. 264.

3 현피터는 자신이 청문회에 소환된 것이 1953년이라고 기억했다. Peter Hyun, In the New World, p. 283.

4 Peter Hyun, In the New World, pp. 268~269.

5 "Testimony of Peter Hyun," Accompanied by Counsel, John W. Porter, Los Angeles, Calif., December 8, 1956, Communist Political Subversion, Part 1, Hearing Before the Committee on Un-american Activities, House of Representatives, Eighty-Fourth Congress, Second Session, Washington, D. C., November 12, 13, and 14, 1956; Youngstown, Ohio, November 28, 1956. Chicago, Ill. December 3 and 4, 1956. Los Angeles, Calif., December 5, 6, 7, and 8, 1956. San Francisco, Calif., December 11, 1956. Seattle, Wash., December 13 and 14 1956. United States, Government Printing Office, Washington, 1957, pp. 6838~6847.

6   Peter Hyun, *In the New World*, pp. 269~271.

7   "Testimony of Anita Schneider," Los Angeles, Calif., December 7, 1956, *Communist Political Subversion*, Part 1, pp. 6723~6741.

8   "Testimony of Anita Schneider," Los Angeles, Calif., June 27, 1955, *Investigation of Communist Activities in the Los Angeles, Calif., Area*, Part 1, Hearings before the Committee on Un-American Activities, House of Representatives, Eighty-Fourth Congress, First Session, June 27 and 28, 1955, U. S. Government Printing Office, 1955, pp. 1498~1522.

9   아니타 벨 슈나이더는 샌디에이고 주립대학에서 사회학과 경제학을 전공했고, 졸업한 후에는 보안 관 사무실에서 일했다. 1944~1945년에 해군 관제탑 오퍼레이터로 복무하기도 했다. "Testimony of Anita Bell Schneider," July 5, 1955, *Investigation of Communist Activities in the San Diego, Calif., Area*, Hearings before the Committee on Un-American Activities, House of Representatives, Eighty-Fourth Congress, First Session, July 5 and 6, 1955, United States, Government Printing Office, 1955, pp. 1908, 1910.

10   "Testimony of Anita Bell Schneider," July 5, 1955, *Investigation of Communist Activities in the San Diego, Calif., Area*, pp. 1918~1919. 슈나이더는 1955년 6월 27일 로스앤젤레스 청문회에 서도 동일한 주장을 한 바 있다.

11   나머지 3명은 프랭크 칼슨Frank Carlson, 미리엄 크리스틴 스티븐슨Miriam Christine Stevenson, 해리 칼라일Harry Carlisle이었다. 칼손은 폴란드 출신으로 6세에 미국으로 이민을 왔고, 칼라 일은 아일랜드 출신의 할리우드 영화각본 작가였으며, 스티븐슨은 유럽 출신으로 결혼한 주부였다. 「미국 대심원의 새 결정」, 『독립』, 1953년 1월 3일.

12   Cindy I-Fen Cheng, *Citizens of Asian American: Democracy and Race During the Cold War*, New York, New York University Press, 2013, p. 128.

13   Transcript of Record in the case of *Frank Carlson, Miriam Christine Stevenson, David Hyun and Harry Carlisle, petitioners v. Herman R. Langdon, District Director of Immigration and Naturalization Service*, U.S. Department of Justice, U.S. Supreme Court, October term, 1951, No. 35, p. 136. Cindy I-Fen Cheng, 위의 책, p. 128.

14   「현떼빌군의 출국 림시 루안, 7월 6일 라성」, 『독립』, 1953년 7월 8일; 「현데이비드 보석, 11월 22일 라 성」, 『독립』, 1953년 11월 20일; "Save Them From at the Hands of Rhee Syngman," "The Story of David Hyun, Who is David Hyun?," *Korean Independence*, April, 1954.

15   Cindy I-Fen Cheng, *Citizens of Asian American*, pp. 126~129.

16   같은 책, p. 127.

17   제인 홍, 「워싱턴에서의 조망: 미국의 정치적 국외 추방과 한인 디아스포라」, 『역사문제연구』 26호, 2011, 271~272쪽.

18   Guide to the Records of the American Committee for Protection of Foreign Born TAM.086, The Tamiment Library & Robert F. Wagner Labor Archives, Elmer Holmes Bobst Library, New York University; Committee on Un-American Activities, U.S. House of Representatives, *Guide to Subversive Organizations and Publications(and appendixes)*, Revised and

published December 1, 1961, Washington, D.C., p. 18

19 로스앤젤레스위원회는 매카시 선풍이 불던 1950년대 내내 외국 출생자들의 인권을 옹호해 투쟁했
    고, 1960년대 인권운동이 본격화되면서 흑인 민권운동으로 초점이 이동했다. 이에 따라 1967년에
    조직 이름을 '외국 출생자 보호 및 민권 방어 로스앤젤레스위원회'Los Angeles Committee for
    Defense of the Bill of Rights and Protection of Foreign Born로 변경했다. Los Angeles Com-
    mittee for Protection of Foreign Born Records, 1938-1973. MSS 080, Online Archive of
    California(OAC); Kim Chernin, *In My Mother's House*, MacAdam/ Cage, 2003.

20 Friends and Neighbors of David Hyun, *Exile: The Story of David Hyun*, Los Angeles, ca.
    1954; Soon Hyun, *I Am Appealing on Behalf of My Youngest Son*, Los Angeles, ca. 1954.

21 "Save Them From at the Hands of Rhee Syngman," "The Story of David Hyun, Who is Da-
    vid Hyun?," *Korean Independence*, April, 1954.

22 Cindy I-Fen Cheng, *Citizens of Asian American*, pp. 120~121.

23 Soon Hyun, *I Am Appealing on Behalf of My Youngest Son*, Los Angeles, ca. 1954.

24 Cindy I-Fen Cheng, *Citizens of Asian American*, pp. 130~134.

25 "The Story of David Hyun, Who is David Hyun?," *Korean Independence*, April, 1954.

26 "Testimony of David Hyun," Los Angeles, December 6, 1956, *Communist Political Subver-
    sion*, Part 1, p. 6717.

27 Cindy I-Fen Cheng, *Citizens of Asian American*, p. 134.

28 같은 책, p. 139.

29 "Biographical Sketch of Diamond Kimm," ca. 1961. Los Angeles Committee for Protection
    of Foreign Born Records, 1938-1974, Box, folder 11-1, Diamond Kimm Files, Southern
    California Library for Social Studies and Research.

30 졸업생 명부에는 김강의 한자명이 金岡, 출신지는 원산, 직분은 전도사, 현주소는 미국으로 되어 있다.
    『감리교회협성신학교일람(1930~1931년)』, 30쪽, RG 59, Department of State, Decimal File 895
    Series, Internal Affairs of Korea, 895.42/33.

31 「주일학교 대표단 20여 원 안착」, 『신한민보』, 1928년 7월 12일; 「제20회 대의원회 사업성적 보고, 제
    4편 도미동포」, 『신한민보』, 1929년 1월 31일.

32 『동아일보』, 1921년 6월 24일, 7월 12일, 1924년 3월 23일. 여성 졸업자는 김순복, 차순석, 김려운 등
    이었다. 서울대학교 약학대학 동창회, 『서울대학교 약학대학 동창회명부』, 2005.

33 이옥수, 『한국근세여성사화』(상), 규문각, 1985, 330~333쪽.

34 『매일신보』, 1923년 2월 11일, 2월 15일.

35 「海內 海外에 헛허저 잇는 朝鮮女醫師 評判記」, 『별건곤』, 5호, 1927년 3월 1일.

36 "Biographical Sketch of Diamond Kimm", ca. 1961. Los Angeles Committee for Protection
    of Foreign Born Records, 1938-1974, Box, folder 11-1, Diamond Kimm Files, Southern
    California Library for Social Studies and Research.

37 Letter by Diamond Kimm to Dr. Gordon T. Bowles, Division of Cultural Relations, De-
    partment of State, October 29, 1945. RG 59, State Department Decimal File, 811.42795

SE/10-2945, Box 4816. 김강은 1932년 11월 현재 남가주 대학생, 1933년 말 현재 '가주택낵' 연구원 학생으로 되어 있다. 가주택낵은 아마도 'California Institute of Technology'(Caltech)였을 것이다. 「대중소학생 일람표」, 『신한민보』, 1932년 11월 24일; 「재미학생 일람표 1933년 연말 보고」, 『신한민보』, 1934년 1월 25일.

38 Letter by Diamond Kimm to Embassy of Czechoslovakia, October 8, 1960. Diamond Kimm Files, Southern California Library for Social Studies and Research.

39 「대중소학생 일람표」, 『신한민보』, 1932년 11월 24일; 「재미학생 일람표 1933년 연말 보고」, 『신한민보』, 1934년 1월 25일.

40 「선우학원이 정병준에게 보낸 편지」, 2011년 8월 19일.

41 『홍사단보』에 따르면 김강은 1938년 의사부원 선거에서 1표를 얻었고, 1940년에는 의사부원이 되었다. 김강은 과일 소매업, 과채 소매상을 하는 것으로 나타나 있다.

42 김강, 「홍사단 주의 실현에 당면한 문제」, 『홍사단보』, 1938년 1·2월 합부호, 3·4·5월 합부호.

43 선우학원, 위의 책, 1994, 48~54쪽.

44 선우학원에 따르면 재미한인 진보운동, 좌익운동은 1938년 이경선 목사가 도미한 후 김강, 변준호를 만나면서 시작되었다. LA감리교회가 그 모체였는데, 여기에 미주공산주의자들, 즉 변준호, 신두식, 김강의 영향은 없었고 모두 이경선 목사의 기독교사회주의의 영향을 받았다는 것이다. 「선우학원이 정병준에게 보낸 편지」, 2011년 8월 19일; 선우학원, 위의 책, 1994, 133~135쪽.

45 Eun Sik Yang, "Korean Revolutionary Nationals in America: Kim Kang and the Student Circle, 1937-1956," p. 179.

46 선우학원, 위의 책, 1994, 133~134쪽.

47 "Biographical Sketch of Diamond Kimm", ca. 1961. Los Angeles Committee for Protection of Foreign Born Records, 1938-1974, Box, folder 11-1, Diamond Kimm Files, Southern California Library for Social Studies and Research.

48 Cindy I-Fen Cheng, Citizens of Asian American, p. 137.

49 「김강 로키드 비행기 제조소 취직」, 『독립』, 1944년 3월 29일. 양은식은 김강이 1941~1948년 트리플렛&바턴 회사Triplett&Barton Company, 카이저 철강회사Kaiser Steel Corporation 등에서 일했다고 기록했다.

50 이창희 인터뷰Sonia Snuoo(1975년 11월 20일); Eun Sik Yang, 위의 논문, 1992, p. 189.

51 "Biographical Sketch of Diamond Kimm", ca. 1961. Diamond Kimm Files, Southern California Library for Social Studies and Research; Eun Sik Yang, 위의 논문, 1992, p. 190.

52 "The Case of Diamond Kimm," Korean Independence, July-August, 1955.

53 Letter by Diamond Kimm to Dr. Gordon T. Bowles, Division of Cultural Relations, Department of State, October 29, 1945. RG 59, Stste Department Decimal File, 811.42795 SE/10-2945, Box 4816.

54 Letter by Harry H. Pierson, Acting Assistant Chief, Divison of International Exchange of Persons to Diamond Kimm, January 17, 1946. RG 59, State Department Decimal File, 811.42795 SE/10-2945, Box 4816.

55 Eun Sik Yang, 위의 논문, 1992, p. 190.

56 "Biographical Sketch of Diamond Kimm", ca. 1961; "Biographical Sketch of Fania Goorwitch", ca. 1961. Diamond Kimm Files, Southern California Library for Social Studies and Research.

57 선우학원, 위의 책, 1994, 137쪽; Marn J. Cha, *Koreans in Central California(1903-1957), A Study of Settlement and Transnational Politics*, University Press of America, 2010, p.138.

58 Cindy I-Fen Cheng, 위의 책, pp. 137~147; Eun Sik Yang, 위의 논문, 1992, p. 190.

59 Title: Survey of Korean Activities in the Los Angeles Field Division. July 31, 1950. File no. LA 100-17151. RG 319, Records of the Army Staff, Office of the Assistant Chief of Staff for Intelligence(G-2), Military Intelligence Division(MID), Decimal File, 1949-1950, Box 1.

60 Title: Survey of Korean Activities in the Los Angeles Field Division. October 31, 1950. File No. 100-17151, by Douglas G. Bills. RG 319, Records of the Army Staff, Office of the Assistant Chief of Staff for Intelligence(G-2), Military Intelligence Division(MID), Decimal File, 1949-1950, Box 1.

61 「원산에 병균 투하」, 『독립』, 1953년 5월 27일; 「전쟁략사: 38선에서 락동강까지」, 『독립』, 1953년 7월 29일; "American Germ War officers Interviewed," *Korean Independence*, September 30, 1953; 「사설: 리론답지 않은 미국의 독균답변」, 『독립』, 1953년 10월 28일.

62 「사설: 미주 국민회의 반동」, 『독립』, 1953년 1월 21일; 「국민회는 근본 정신을 찾으라」, 『독립』, 1953년 4월 29일. 국민회 헌장 3조에 새로 들어간 내용은 다음과 같다. 1. 자유 세계민주주의 민족들과 제휴 병진, 2. 공산주의와 그 정책을 배척, 3. 민주주의에 위반되는 반동세력과 독재자를 배척, 4. 국가 안전을 위하여 침략적 전쟁 조장자를 타도.

63 Title: Survey of Korean Activities in the Los Angeles Field Division. October 31, 1950. File no. 100-17151, by Douglas G. Bills. RG 319, Records of the Army Staff, Office of the Assistant Chief of Staff for Intelligence(G-2), Military Intelligence Division(MID), Decimal File, 1949-1950, Box 1.

64 제인 홍, 위의 논문, 2011, 265쪽.

65 House Committee on Un-American Activities, *Annual Report for the Year 1955*, U.S. Government Printing Office, 1956, p. 27; Cindy I-Fen Cheng, *Citizens of Asian American*, p. 138.

66 "Testimony of Diamond Kimm," Los Angeles, Calif., June 28, 1955, *Investigation of Communist Activities in the Los Angeles, Calif., Area*, Part 1, Hearings before the Committee on Un-American Activities, House of Representatives, Eighty-Fourth Congress, First Session, June 27 and 28, 1955, U. S. Government Printing Office, 1955, pp. 1571~1572.

67 「미국회위원의 질문」, 『독립』, 1955년 7~8월.

68 "Editorial," *Korean Independence*, July-August, 1955.

69 「백절불굴하는 독립」, 『독립』, 1955년 7~8월; 「미국회위원의 질문」, 『독립』, 1955년 7~8월.

70 "The Case of Diamond Kimm," *Korean Independence*, July-August, 1955.

71 "Editorial," *Korean Independence*, July-August, 1955.

72 "A Note of Commendation to Our Editor," *Korean Independence*, September–October, 1955.

73 "The Friends of Diamond Kimm," "Birthday Celebration for Diamond Kimm," *Korean Independence*, September–October, 1955.

74 「출국령과 이민법 수정운동, 11월 23일 독립」, 『독립』, 1955년 12월.

75 Transcript in the hand of Ira Gollobin, American Committee for Protection of the Foreign Born, Tamiment Library, New York University; 제인 홍, 위의 논문, 2011, 268쪽.

76 Letter to Embassy of Czechoslovakia from Kimm Kang(Diamond Kimm), October 8, 1960. Diamond Kimm Files, Southern California Library for Social Studies and Research.

77 Letter to Embassy of Czechoslovakia from Kimm Kang(Diamond Kimm), February 13, 1961. Diamond Kimm Files, Southern California Library for Social Studies and Research.

78 Letter to Diamond Kimm from Czech Embassy at Washington D.C., Dr. Zdenek Pisk, May 25, 1961. Diamond Kimm Files, Southern California Library for Social Studies and Research.

79 Letter to Embassy of Czechoslovakia from Kimm Kang(Diamond Kimm), June 13, 1961; Affidavit of Diamond Kimm, June 12, 1961; Affidavit of Fania Goorwitch, June 12, 1961. Los Angeles Committee for Protection of Foreign Born Records, 1938–1974, Box, folder 11-1, Diamond Kimm Files, Southern California Library for Social Studies and Research.

80 이 자료는 로스앤젤레스에 거주하는 이화여대 김수연 박사의 도움으로 입수했다.

81 Affidavit of Fania Goorwitch, June 12, 1961; "Biographical Sketch of Fania Goorwitch", ca. 1961. Los Angeles Committee for Protection of Foreign Born Records, 1938–1974, Box, folder 11-1, Diamond Kimm Files, Southern California Library for Social Studies and Research.

82 Letter to George K. Rosenberg, District Director, Immigration & Naturalization Service, Los Angeles by William M. Samuels, October 16. 1961. Diamond Kimm Files, Southern California Library for Social Studies and Research.

83 Letter to William Samuels by Diamond Kimm and Fania Goorwitch, January 24, 1962. Praha. Diamond Kimm Files, Southern California Library for Social Studies and Research.

84 "Letter from afar: Homeward To My Native Land," by Diamond Kimm, *Constitutional Protection for the Foreign Born, 12th Annual Conference Journal*, 1962, Los Angeles Committee for the Protection for the Foreign Born, pp. 19~20.

85 Cindy I-Fen Cheng, *Citizens of Asian American*, p. 136.

86 "The Story of Choon Cha & Chungsoon Kwak," "Save Them From at the Hands of Rhee Syngman," *Korean Independence*, April 1954; Cedric Belfrage and James Aronson, *Something to Guard: The Stormy Life of the National Guardian 1948 - 1967*, Columbia University Press, 1978, pp. 119~129.

87 「郭正淳君 提琴獨奏大會」, 『동아일보』, 1931년 4월 14일; 「郭正淳君과 提琴獨奏大會」, 『동아일보』,

1931년 4월 18일.

88 宋芳松, 『한겨레음악인대사전』, 보고사, 2012, 62~63쪽. 『삼천리』 6권 9호, 1934년 9월에 따르면 곽
정순은 최성두, 곽정선과 함께 '京城 트리오'로 활동하고 있었다. 漢陽花郎, 「樂壇메리-그라운드」,
『삼천리』 6권 9호, 1934년 9월.

89 「악단의 총아 곽정순 도미」, 『조선중앙일보』, 1935년 1월 7일; 「곽정순 군 도미 음악 연구차로」, 『동아
일보』, 1935년 1월 8일; 「곽정순 씨 유학차로 도래」, 『신한민보』, 1935년 2월 7일.

90 「3과 합해 37명 이화여전」, 『동아일보』, 1934년 3월 11일.

91 金八蓮, 「梨花大學과 專門出身은 엇던 데로 시집갓나, 四角帽의 閨秀들의 꾸미고 잇는 스윗홈은?」,
『삼천리』 8권 4호, 1936; 김팔련, 「서울 獨身女敎員名簿, 청춘은 저무는데 이 佳人들 언제까지 외로히
게시려나?」, 『삼천리』 8권 6호, 1936; 「梨專 李春子孃 피아노 연구차 도미」, 『동아일보』, 1938년 8월
26일.

92 「梨專 李春子孃 피아노 연구차 도미」, 『동아일보』, 1938년 8월 26일.

93 「리춘자 여사는 음악과를 전공」, 『신한민보』, 1939년 1월 19일.

94 「곽정순과 리춘자 녀사의 결혼」, 『신한민보』, 1942년 6월 11일; 『동아일보』, 1938년 8월 26일.

95 「북미류학생 중서부연회」, 『신한민보』, 1935년 6월 20일; 「중서부연회」, 『신한민보』, 1936년 6월 11일;
「김순희 여사 동정금 모집」, 『신한민보』, 1941년 10월 30일. 곽정순 부부를 후원한 『내셔널 가디언』
National Guardian의 제임스 애런슨James Aronson은 곽정순 부부가 이승만에 반대하는 학생운
동의 지도자들이었다고 썼다.

96 「각처 동포의 3.1기념: 쉬카고디방」, 『신한민보』, 1936년 3월 12일; 「지성지방의 3.1기념식」, 『신한민
보』, 1938년 3월 31일; 「지성 한인 졸업생 축하회」, 『신한민보』, 1940년 7월 4일; 「각 지방회 광복군
축하식 성황」, 『신한민보』, 1940년 11월 14일.

97 「뉴욕 지방회의 이래회원 환영회」, 『신한민보』, 1942년 11월 19일.

98 1954년 『독립』은 곽정순이 뉴욕 한인교회 이사회 의장이었으며, 이춘자는 성가대 지휘자였다고 썼으
나("The Story of Choon Cha & Chungsoon Kwak," Korean Independence, April 1954), 뉴욕한인교
회사는 곽정순이 "1950년대 교인, 바이올리니스트, 곽정선의 백씨. 임창영 박사에 의하면 '공석에 나
타나지는 않았으나 실력가란 인상을 주었음", 곽정순(곽정준으로 오기) 부인은 "1943년 찬양대원"이
었다고만 기록했다. 최병현, 위의 책, 1992, 473쪽.

99 국사편찬위원회 편, 「FBI 보고: 로스앤젤레스 지역 한인 활동상황」(1945년 1월 18일), 『한국 독립운동
사 24집』(임정편 IX), 1994, 528~537쪽.

100 「김 여사와 곽씨는 지성우체국에서 복무」, 『신한민보』, 1942년 9월 3일; 「치카고 우체국 검사부」, 『신
한민보』, 1942년 10월 1일. 곽정순은 1942년 3월 한미협회가 작성한 미 육군 입대희망자 명단에 포
함되어 있었다. 국사편찬위원회, 「입대 지원자 명단」(1942년 3월 26일), 『한국 독립운동사 25집』, 자
료25(임정편 X), 1994, 104~105쪽.

101 「치카고 우체국 검사부」, 『신한민보』, 1942년 10월 1일.

102 「미주 악단에서 대활약, 곽정선씨 등 두 유학생 또 귀국」, 『자유신문』, 1945년 11월 20일.

103 "The Story of Choon Cha & Chungsoon Kwak," Korean Independence, April 1954. 곽정순의
업무는 한국검열반장chief of the Korean censorship office으로도 표현되었다. Cedric Belfrage

and James Aronson, *Something to Guard*, pp. 119~129.

104 *Register of the Department of States. December 1, 1946*, United States Government Printing Office, Washington, 1947, p. 63.

105 7인은 로스앤젤레스의 변준호, 김강, 현앨리스(玄앨니스), 시애틀의 선우학원, 이사민, 뉴욕의 신두식, 곽정순(곽正淳)이었다. 「이사민·선우학원이 김일성·박헌영에게 보낸 편지」, 1948년 11월 15일.

106 곽정순, 「딸라에 환장된 목사를 읽고」, 『독립』, 1950년 9월 13일.

107 곽정순, 「우리의 갈길」, 『독립』, 1950년 10월 18일.

108 "The Story of Choon Cha & Chungsoon Kwak," *Korean Independence*, April 1954.

109 Cedric Belfrage and James Aronson, *Something to Guard*, pp. 121~122.

110 "The Story of Choon Cha & Chungsoon Kwak," *Korean Independence*, April 1954.

111 이하의 설명은 블라디미르 흘라스니 교수가 발굴한 자료에 따른 것이다. "Note on Choon Soon (Carl) Kwak" by Vladimir Hlasny.

112 "Note on Choon Soon (Carl) Kwak," by Vladimir Hlasny.

113 위와 같음.

114 「곽정순 씨 내외 유럽으로, 1월 29일 뉴욕」, 『독립』, 1956년 2월.

115 곽정순 부부는 외국출생자보호위원회에 항공권 비용 750달러 중 서비스 제공 대가로 단지 300달러만을 반환했다. 미국공산당은 북한의 공산당에 이에 관해 항의했다.

116 "Note on Choon Soon (Carl) Kwak," by Vladimir Hlasny.

117 세드릭의 추방에 대해서는 "Editorial," *Korean Independence*, July–August, 1955 참조.

118 Cedric Belfrage and James Aronson, *Something to Guard*, p. 123.

119 위와 같음; 「미국 기구에 의해 체코 비행기 추락」, 『로동신문』, 1956년 2월 25일.

120 Cedric Belfrage and James Aronson, *Something to Guard*, p. 124.

121 Archive of the Ministry of Foreign Affairs, Czechoslovakia; "Note on Choon Soon (Carl) Kwak," by Vladimir Hlasny.

122 Cedric Belfrage and James Aronson, *Something to Guard*, pp. 124~129.

123 "Note on John Juhn," by Vladimir Hlasny.

124 "John Juhn Ordered Deported, Faces physical persecution and execution if deported to South Korea," *Korean Independence*, June 1955.

125 「뉴욕에 상륙한 신동포」, 『신한민보』, 1920년 8월 26일. 전경준과 같은 시기 입국한 사람들은 다음과 같다. 백남칠, 허정, 나기호, 최창복, 윤림, 신명식, 백남용, 박노영, 김정식, 김훈, 백남규, 홍성삼, 김원, 이일 부인, 이화숙 여사.

126 『신한민보』, 1924년 5월 22일, 1927년 3월 10일, 1929년 2월 14일, 1930년 1월 30일.

127 "Note on John Juhn," by Vladimir Hlasny.

128 Testimony of Wellington Chung to Czech Secret Service, 319_4040_15 p. 12. English translation by Professor Vladimir Hlasny from Original Czech text.

129 「뉴욕 재류 동포의 활동」, 『신한민보』, 1937년 12월 2일. 뉴욕한인연합 중국후원회 상무위원은 임창영, 이득환(리덕환), 안정수, 황보익준, 안승화, 조극, 전경준, 변민평 등이었다.

130 「各地方會報」, 『신한민보』, 1938년 11월 17일. 같은 시기에 로스앤젤레스 지방회에서는 이경선이 지방집행위원 7인 중 1명으로, 김강·이경선은 지방대표 3인 중 2명으로, 김강은 원동특파원 후보자로 선출되었다.

131 「각지방공금」, 『신한민보』, 1938년 12월 29일. 로스앤젤레스에서는 이창희, 이경선, 김강, 최능익, 신두식 등이 원동특파원 경비를 냈다.

132 Title: Survey of Korean Activities in the Los Angeles Field Division. July 31, 1950. File No. LA 100–17151. RG 319, Records of the Army Staff, Office of the Assistant Chief of Staff for Intelligence(G-2), Military Intelligence Division(MID), Decimal File, 1949–1950, Box 1.

133 「독립사원 방축 음모」, 『독립』, 1955년 3월 30일.

134 "A Call to Save the Life of John Juhn," *Korean Independence*, May 1955.

135 "John Juhn Ordered Deported, Faces physical persecution and execution if deported to South Korea," *Korean Independence*, June 1955.

136 「전경준 씨 축출 문제 경과, 약 3개월 루안, 독립사 특신」, 『독립』, 1955년 6월.

137 "John Juhn Ordered Deported, Faces physical persecution and execution if deported to South Korea," *Korean Independence*, June 1955; "Campaign to Save Juhn's Life," *Korean Independence*, July–August, 1955.

138 「전경준 씨 축출 문제 경과, 약 3개월 루안, 독립사 특신」, 『독립』, 1955년 6월.

139 「독립사원 출국 문제」, 『독립』, 1955년 9~10월.

140 "Note on John Juhn," by Vladimir Hlasny.

141 AMFA, Folder group on John Juhn, pp. 155/117 (pp. 7~8), Czechoslovak embassy in Pyongyang doc.0437/57, Subject: Zaznam o navsteve u vedouciho I. odboru MZV KLDR Pak Il Jon-a[Record of a visit with the North Korean Ministry of Foreign Affairs First Division chief, Park Il Young], Pyongyang, August 12, 1957.

142 NACR, UV-KSC.

143 "Note on John Juhn," by Vladimir Hlasny; National Archives of Czechoslovakia, UV-KSC; 319_40_15 p. 12.

144 NACR, UV-KSC; 319_40_15 p. 12.

145 K.W. Lee, with Dr. Luke and Grace Kim, "A Child of the Lost Century: A daughter of han, a life of forlorn search," *KoreAm Journal*, Vol. 17, No. 4(April 2006), pp. 56~64; Marn J. Cha, *Koreans in Central California(1903-1957), A Study of Settlement and Transnational Politics*, University Press of America, 2010, pp. 139~140.

146 「제123단우 신두식 이력서」, 도산안창호선생전집편찬위원회 편, 『도산 안창호 전집』 10권, 도산안창호선생기념사업회, 2000, 679쪽.

147 독립운동사편찬위원회, 『독립운동사 제7권: 의열투쟁사』, 독립유공자사업기금운용위원회, 1976, 272쪽; 독립운동사편찬위원회, 『독립운동사자료집』 14권, 1976, 983쪽.

148 『안창호일기』, 1920년 1~8월: 도산안창호선생전집편찬위원회 편, 『도산 안창호 전집』 4권, 도산안창호선생기념사업회, 2000 수록.

149 「신두식 씨의 도미」, 『신한민보』, 1920년 12월 9일.

150 「신두식 씨의 캘리포니아 주 대학 입학」, 『신한민보』, 1922년 8월 24일; 「신두식 씨의 중학교 졸업」, 『신한민보』, 1922년 12월 14일.

151 「신두식 씨 나성으로 이래」, 『신한민보』, 1932년 7월 28일.

152 「본사 사원의 변동」, 『신한민보』, 1939년 1월 12일.

153 「신한민보 신두식 군 소개와 본기자의 고별」, 『신한민보』, 1935년 3월 28일.

154 「미주 국민회의 제도 변경과 임원 선거」, 『한민』 12호, 1937년 3월 1일.

155 「나성지방회 중요 결의」, 『신한민보』, 1944년 2월 17일; 「장신 양씨 대표권에 관한 감찰원의 기소」, 『신한민보』, 1944년 2월 24일; 「딜라노 오클랜드 지방회」, 『신한민보』, 1944년 3월 9일; 「라성 지방 국민회가 신두식, 장세운 양씨의 축출을 음모」, 『독립』, 1944년 3월 1일; 「국민회 특별 중앙집행위원 회 신두식 장세운 양씨의 소환을 결정」, 『독립』, 1944년 3월 22일.

156 「제1회 중앙집행위원회 회록 초략」, 『신한민보』, 1944년 5월 4일; 백일규, 「지도자 측의 감정적 무법 행동 ― 신, 장 양씨의 파면 사건」, 『독립』, 1944년 7월 12일. 이때 사임한 국민회 중앙집행위원은 송헌 주(중앙집행위원장)를 비롯해 이옥형, 신두식, 장세운, 황사선, 백일규 등 6인이었다.

157 「전체대표회준비회록초록」, 『신한민보』, 1944년 10월 5일. 민족혁명당 대표는 황성택, 신두식, 김강, 이경선, 변준호였다.

158 「조선민족혁명당 총지부 분열 후문」, 『독립』, 1945년 4월 4일; 「민족혁명당 분열 후문」, 『독립』, 1945년 4월 11일.

159 「지방소식」, 『신한민보』, 1945년 7월 5일; 「인사 소식―신두식 씨 상항 정보국에 취직」, 『독립』, 1945년 7월 11일.

160 *Register of the Department of States. December 1, 1946*, United States Government Printing Office, Washington, 1947, p. 63.

161 Title: Survey of Korean Activities in the New York Field Division, August 3, 1950. File No. 100-41972. RG 319, Entry 47-E1, Records of the Army Staff, Office of the Assistant Chief of Staff for Intelligence(G-2), Military Intelligence Division(MID), Decimal File, 1949-1950, Box 1.

162 「이사민·선우학원이 김일성·박헌영에게 보낸 편지」, 1948년 11월 15일.

163 선우학원, 위의 책, 1994, 134쪽.

164 Title: Survey of Korean Activities in the New York Field Division, August 3, 1950. File No. 100-41972. RG 319, Records of the Army Staff, Office of the Assistant Chief of Staff for Intelligence(G-2), Military Intelligence Division(MID), Decimal File, 1949-1950, Box 1.

165 Title: Survey of Korean Activities in the Seattle Filed Division. July 28, 1950. File No. 100-12512. RG 319, Records of the Army Staff, Office of the Assistant Chief of Staff for Intelligence(G-2), Military Intelligence Division(MID), Decimal File, 1949-1950, Box 1.

166 Affidavit of Doo-sik Shynn, Motion to Remand to Special Inquiry Officer for Further Hearing. "Doo Sik Synn: briefs, affidavits, argumentation," Doo Sik Shynn deportation case, Korean Heritage Library Subject Files, University of Southern California.

167 Memorandum for Record File, by Special Inquiry Officer, Subject: [Doo-sik Shynn]; subject of deportation proceedings, November 10, 1955, United States Department of Justice, Immigration and Naturalization Service. Doo Sik Shynn deportation case, Korean Heritage Library Subject Files, University of Southern California.

168 Report by Special Inquiry Officer, November 10, 1955. Doo Sik Shynn deportation case, Korean Heritage Library Subject Files, University of Southern California.

169 Memorandum for Record File, by Special Inquiry Officer, United States Department of Justice, Immigration and Naturalization Service. Subject: [Doo-sik Shynn]; subject of deportation proceedings, November 10, 1955. Doo Sik Shynn deportation case, Korean Heritage Library Subject Files, University of Southern California.

170 Certificate of Identity, December 6, 1955. Doo Sik Shynn deportation case, Korean Heritage Library Subject Files, University of Southern California.

171 Letter by John P. Boyd, District Director to the Korean Consul-General, San Francisco, California, December 6, 1955. Doo Sik Shynn deportation case, Korean Heritage Library Subject Files, University of Southern California.

172 「대한민국주미상항총영사관 임시여행권 No. S. F. 57」(1955년 12월 12일); Letter by Young Han Choo, Consul General, Korean Consulate General, San Francisco to John P. Boyd, District Director, INS, Seattle, Washington, December 13, 1955.

173 Affidavit of Doo-sik Shynn, Motion to Remand to Special Inquiry Officer for Further Hearing. "Doo Sik Synn: briefs, affidavits, argumentation," Doo Sik Shynn deportation case, Korean Heritage Library Subject Files, University of Southern California.

174 Before the Board of Immigration Appeals, Oral Argument: March 19, 1956, Request: Termination.

175 Brief for Respondent to United States Department of Justice, Board of Immigration Appeals, March 27, 1956.

176 In Re: [Doo-sik Shynn], also known as. U. S. Department of Justice, Board of Immigration Appeals, April 26, 1956.

177 선우학원은 자신이 미국 시민권을 가지고 있었기 때문에, 불법체류자로 취급된 김강처럼 추방되지 않았다고 설명했다. 최봉윤은 민족혁명당 소속이었던 좌익 인사들 중 "한 사람은 유럽에 머무르면서 마음을 바꾸고 다시 미국으로 돌아와 미국 당국에 협조하였다"라고 썼다. *Top Secret*(폐간), Vol. 1, No. 18(1956년), pp. 24~25, 49~50, 최봉윤, 『미국 속의 한국인』, 종로서적, 1983, 188쪽.

에필로그

1 이하의 내용은 다음을 참조. Hlasny Vladimir and Jung, Byung Joon, "Wellington Chung: Child of the *Korean Independence* Movement Crushed by Cold War Regimes," *Korea Journal*, Vol. 54, No. 4, UNESCO Korea, Winter 2014; Vladimir Hlasny, "Doctor Wellington Chung: Life and Demise in Czechoslovakia," Andreas Schirmer ed., *Koreans and Central Europeans:Informal Contacts until 1950*, Vienna: Praesens(Spring, 2015).

2 SAC, Chicago to Director, FBI, December 31, 1963. "Document concerning Doctor Wellington Chung, Former American in Czechoslovakia," FBI VAULT. SOLO Part 53 of 125. http://vault.fbi.gov/solo/solo-part-50-of/view. pp. 85~87.

3 FBI VAULT. SOLO Part 58 of 1. http://vault.fbi.gov/solo/solo-part-58-of-1. pp. 11~12.

4 Subject: Wellington Chung, Security Matter C, John Edgar Hoover, Director, FBI to Director, Central Intelligence Agency, (IS) 100-423091, January 7, 1964. FBI VAULT. SOLO Part 53 of 125. http://vault.fbi.gov/solo/solo-part-50-of/view. p. 91.

5 Rose Lavoott, 1952, 44581_020 part 2.1, p. 39_2; 44581_020 part 2.1, p. 3_1-4_2; 319_40_15 p. 43; T_1621_MV file, p. 170.

6 Rose Lavoott, 1952, 44581_020 part 2.1, p. 3_1-4_2; part 2.2, p. 39_2.

7 「제2차 세계학생대회개막」, 『로동신문』, 1950년 8월 17일; 「제2차 세계학생대회 각국학생대표들 토론전개」, 『로동신문』, 1950년 8월 20일; 「제2차 세계학생대회 (조선에 대한 미국침략중지를 요구하는 결의문 채택―8월 17일 회의)」, 『로동신문』, 1950년 8월 22일; 「제2차 세계학생대회에 참가하였던 조선대표 귀국 전세계 청년 학생들 조선인민의 투쟁을 성원」, 『로동신문』, 1950년 10월 2일

8 Rose Lavoott, 44581_020 p. 12-1.

9 노라 휠러Nora Wheeler(조지 휠러의 딸) 인터뷰(2013년 7~8월, 블라디미르 흘라스니 교수, 체코).

10 Rose Lavoott, 1952, 44581_020 part 2.1, p. 3_1-4_2.

11 W. and B. Forman, translated by Wellington Chung, *Chinese Art in Czechoslovakia*, Artia publishing house, 1954; W. and B. Forman, translated by Wellington Chung and Helen Watney, *Exotic Art*, Spring Books London, 1956.

12 ASFCR, Folder 319_40_15 p. 31.

13 야로슬라브 올샤 대사 인터뷰(2013년 10월 11일, 주한 체코대사관).

14 ASFCR, Folder 319-40-15, pp. 21~23, document No. 301 labeled "Neoficialni preklad" [Unofficial translation], February 8 and February 29, 1956; and p. 42, document No. Sv-3388/50-56, Letter by Deputy Minister of the Interior to Chief of the Secretariat of Ministry of Foreign Affairs, Milos Paris, April 9, 1956.

15 ASFCR, Folder 319-40-15, p. 43, Rudolf Barak's Letter to Ambassador Jan Jen Sun, April 7, 1956.

16 ASFCR, Folder 319-40-15, p. 25~27, document subjects Sv-7805/50-56, A/2-0569/12-56, A/2-01352/12-56.

17 ASFCR, Folder 319_40_15, p. 43.

18 ASFCR, Folder 319_40_15, p. 16, CHUNG Wellington — vyzadani poznatku a obstaveni korespondence[Request for information and mail censoring], May 28, 1958.

19 APVPLA_4 p. 88; Archive KV.

20 「사도행전」, 9장 36~43절.

21 SRAKV, 1960.

22 ASFCR, Folder 319_40_15, p. 7, Subject: CHUNG Welington — zruseni pozadavku o PK[Cancellation of the request for mail censoring], February 9, 1959.

23 ASFCR, Record Group 319, Folder 319_40_15, 편지의 발신자는 김강, 주소는 독립신문사의 주소로 되어 있다. 웰링턴 정의 주소는 Engelsova 106, Karlovy Vary, Czechoslovakia로 되어 있다.

24 ASFCR, Folder 319_40_15 p. 6.

25 Chung, W. and V. Sima (1961), "Renal tubular necrosis: its relation to norepinephrine administration," Surgery 50(2):328-334, August 1961; Linhartova, Alena, and Wellington Chung (1963). "Bronchopulmonary Moniliasis in the Newborn," Journal of Clinical Pathology, 16(1):56-60; Horacek, J., W. Chung, V. Poddany (1966), "Otázka specifity tzv. dnavé ledviny. [The issue of specifity of the gouty kidney]," Plzensky lekarsky sbornik 27:79-82.

26 데이빗 현, 위의 책, 2002, 146쪽.

27 SAC, Chicago to Director, FBI, December 31, 1963. "Document concerning Doctor Wellington Chung, Former American in Czechoslovakia" FBI VAULT. SOLO Part 53 of 125. http://vault.fbi.gov/solo/solo-part-50-of/view. pp. 85~87.

28 Peter Hyun, MAN SEI!; Peter Hyun, In the New World.

29 The Reverend Soon Hyun Collected Works, Korean American Digital Archive, USC; 한국독립운동사정보시스템(독립기념관).

30 David Hyun and Yong Mok Kim, ed., My Autobiography: The Reverend Soon Huyun, Yonsei University Press, 2003; 데이빗 현 지음, 김영목 편집, 위의 책, 2002.

참고문헌

I 자료

1 미국

- 미국 국립문서기록관리청
  NARA: the National Archives and Records Administration

RG 59, Department of State, Decimal File 895 Series, 811.42795 Series.

RG 165, Civil Affairs Division General Records, Security Classified General Correspondence, 1943–1949. 7, Entry 463, Box 188.

RG 165, Correspondence of the Military Intelligence Division Relating to General, Political, Economic and Military Condition in Japan, 1918–1941.

RG 165, Entry 208, Records of War Department General and Special Staffs, Correspondence and Reports Relating to the Operation of Language Schools and Other Training Facilities, 1943–49, Box 287. "Military Intelligence Service Language School Disposition of Graduates".

RG 226, Entry 140, Box 72. "Photostat Copy of Letter written in Korean (Mixed Chinese and Korean Script) By Kim Yak San, in Chungking, China, to Yi Kyung Sun (Reverend Kyung Sun Lee) 10 March, 1943".

RG 226, Records of the Office of Strategic Services, OSS Personnel files, 1941–1945, Box 0404. "Diamond Kimm".

RG 242, National Archives Collection of Foreign Records Seized, Captured Korean Documents, Box 8, Document No. 200710. 「李思民·鮮于學源이 金日成·朴憲永에게 보내는 편지」(1948년 11월 15일).

RG 242, National Archives Collection of Foreign Records Seized, Captured Korean Documents, Box 181, Document No. 207866, 「(절대비밀) 최근 당내에서 발로된 리승엽, 배철, 박승원, 윤순달, 조일명, 리강국 등 반당 반국가적 간첩 도당들의 사건에 관하여」(일자 불명, 번호 6801, 제정부수 10,000).

RG 242, National Archives Collection of Foreign Records Seized, Captured Korean Documents, SA 2012, Box 1, Item #35. 유리우쓰 푸칙 지음, 한홍수 옮김, 『교형수의 수기』, 조쏘문화협회중앙본

부, 1949.

RG 263, CIA, Murphy Collection. Subject: Biographic Information of Yi Sa Min, by Everett F. Drumright, Counselor of Embassy, Seoul, January 14, 1950. 795.521/1-1450.

RG 319, Entry 47, Army-Intelligence Decimal File 1946-1948, Box 243, 000.244 Korea 11 April 1947.

RG 319, IRR Personal Name Files, Box 130, XA512437 Sa Min Lee; Box 408, X8469545 Klonsky, Robert F; Box 763, Carl C. Sunoo XA 54 50 49.

RG 319, Entry 47, Army-Intelligence Decimal File 1949-1950, Box 49. Subject: Namkung, Johsel and Helen, 20 July 1950, George S. Smith, Colonel, Chief, Intelligence Division, G-2, Sixth Army.

RG 319, Records of the Army Staff, Office of the Assistant Chief of Staff for Intelligence(G-2), Military Intelligence Division(MID), Decimal File, 1949-1950, Box 1. Title: Survey of Korean Activities in the Los Angeles Field Division. October 31, 1950. File No. 100-17151, by Douglas G. Bills.

RG 332, Records of U.S. Army Commands, 1942-, Miscellaneous Withdrawn Items Refiles, Box 16, "Monthly Operational Report, 15 November to 20 December 1945," Headquarters, XXIV Corps, G-2 Section, Civil Communications Intelligence Group-Korea, (20 December 1945).

RG 494, Records of U.S. Army Forces in the Middle Pacific, 1942-46, Entry 52, Adjutant General, Formerly Classified General Correspondence 1945-47, Box 601. Subject: Travel Orders, MPXMS 200.4(TravO) (23 Oct 45), Headquarters, United States Army Forces, Middle Pacific, Office of the Commanding General.

- 남가주 대학 한미디지털아카이브
  Korean American Digital Archive, University of Southern California

The Reverend Soon Hyun Collected Works.

Doo Sik Shynn deportation case.

- 연방수사국
  FBI: Federal Bureau of Investigation

FBI VAULT. SOLO Part 53 of 125. SAC, Chicago to Director, FBI, December 31, 1963. "Document concerning Doctor Wellington Chung, Former American in Czechoslovakia," http://vault.fbi.gov/solo/solo-part-50-of/view.

FBI VAULT. SOLO Part 58 of 1. Subject: Wellington Chung, Security Matter C, John Edgar Hoover, Director, FBI to Director, Central Intelligence Agency, (IS) 100-423091, January 7, 1964. http://vault.fbi.gov/solo/solo-part-58-of-1.

FBI Office Memorandum, Subject: Harold Won Sunoo. with aliases. October 28, 1947. Federal

Bureau of Investigation, Freedom of Information and Privacy Acts, Subject: Harold Hak-won Sunwoo(FOIA Case Log January-March 2009).

- 남가주사회연구조사도서관 외국출생자보호위원회 로스앤젤레스 지부 문서
Los Angeles Committee for Protection of Foreign Born Records, 1938-1973. Southern California Library for Social Studies and Research

Diamond Kimm Files, Box, folder 11-1.

"Affidavit of Fania Goorwitch," June 12, 1960.

Letter to Embassy of Czechoslovakia from Kimm Kang(Diamond Kimm), October 8, 1960.

Letter to Williams Samuels from Diamond Kimm and Fania Goorwitch from Prague, Czechoslovakia, January 24, 1962.

Diammond Kimm, "Letter from afar Homeward To My Native Land," *Constitutional Protection for the Foreign Born, 12th Annual Conference Journal, 1962,* Los Angeles Committee for the Protection for the Foreign Born, pp. 19~20.

- 와이오밍 대학 프레드 캐닝 컬렉션
Fred Cannings Collection, Archives of Contemporary History, University of Wyoming

「한길수 이력서」, Haan, Kilsoo, 「1933~1978 진주만 자료」 *Pearl Harbor Materials, 1933-1978.*

- 비미非美활동조사위원회 청문회 자료
"Report on the Honolulu Record," October 1, 1950, Prepared and released by the Committee on Un-American Activities, U.S. House of Representatives Eighty-First Congress, Second Session, Washington, D.C.

Hearings regarding communist activities in the Territory of Hawaii: Hearings before the Committee on Un-American Activities, House of Representatives, Eighty-first Congress, second session, 82d cong.; 1st sess., April 10, 11, and 12, 1950; July 6, 1951.

"Testimony of Harold W. Sunoo, Johsel Namkung. Accompanied by Counsel, Kenneth A. Mac-Donald," *Investigation of Communist Activities in the Pacific Northwest Area-Part 7 (Seattle),* Friday, June 18, 1954. Unites States House of Representatives, Subcommittee of the Committee on Un-American Activities, Seattle, Washington.

"Testimony of Anita Schneider," June 27, 1955, *Investigation of Communist Activities in the Los Angeles, Calif., Area, Part 1,* Hearings before the Committee on Un-American Activities, House of Representatives, Eighty-Fourth Congress, First Session, June 27 and 28, 1955, U. S. Government Printing Office, 1955.

"Testimony of Diamond Kim, Accompanied by Counsel, William Samuels," June 28, 1955, United States. Congress. House. Committee on Un-American Activities. *Investigation of communist activities in the Los Angeles, Calif., area,* Hearings before the Committee on

Un-American Activities, House of Representatives, Eighty-fourth Congress, first session. June 27 and 28, 1955.

"Testimony of Anita Bell Schneider," July 5, 1955, *Investigation of Communist Activities in the San Diego, Calif., Area*, Hearings before the Committee on Un-American Activities, House of Representatives, Eighty-Fourth Congress, First Session, July 5 and 6, 1955, United States, Government Printing Office, 1955.

"Testimony of David Hyun," December 6, 1956, *Communist Political Subversion, Part 1*, Hearing Before the Committee on Un-american Activities, House of Representatives, Eighty-Fourth Congress, Second Session, Washington, D.C., November 12, 13, and 14, 1956; Youngstown, Ohio, November 28, 1956. Chicago, Ill., December 3 and 4, 1956. Los Angeles, Calif., December 5, 6, 7, and 8, 1956. San Francisco, Calif., December 11, 1956. Seattle, Wash., December 13 and 14 1956. United States, Government Printing Office, Washington, 1957.

"Testimony of Anita Schneider," December 7, 1956, *Communist Political Subversion, Part 1*.

"Testimony of Peter Hyun," December 8, 1956, *Communist Political Subversion, Part 1*.

House Committee on Un-American Activities, Annual Report for the Year 1955, U.S. Government Printing Office, 1956.

Scope of Soviet Activity in the United States, Hearing Before the Subcommittee to Investigate the Administration of the Internal Security Act and Other Internal Security Act and Other Internal Security Laws of the Committee on the Judiciary, United States Senate, Eighty-Fourth Congress, Second Session, On Scope of Soviet Activity in the United States, April 10, 11, and 12, 1956, Part 13, United States Government Printing Office, 1956.

• 재판 자료

Transcript of Record in the case of Frank Carlson, Miriam Christine Stevenson, David Hyun and Harry Carlisle, petitioners v. Herman R. Langdon, District Director of Immigration and Naturalization Service, U.S. Department of Justice, U.S. Supreme Court, October term, 1951, No. 35.

• 앤세스트리(www.ancestry.com) 검색 자료

U.S. Naturalization Record Indexes, 1791-1992.

"List or Manifest of Alien Passenger for the Commissioner of Immigration," S.S. Coptic from Nakasaki, Japan, 16 Feb 1903. Arriving at Port of Honolulu, March 3, 1903.

Honolulu, Hawaii, Passenger and Crew Lists 1900-1959. Departure, 1921. July.

List of Alien Passenger, S.S. Great State, Passengers Sailing from Honolulu, July 21, 1921 Bound for Port of Manila. Honolulu, Hawaii, Passenger and Crew Lists 1900-1959. Departure, 1921. July.

List of United States Citizens. S. S. Tenyo Maru Sailing from Shanghai January 13 1924, Arriving at Port of Honolulu, January 30, 1924. Honolulu, Hawaii, Passenger and Crew Lists 1900-1959.

List of United States Citizens, S. S. President cleveland Sailing from Shanghai May 11 1924 Arriving at Port of Honolulu, May 24, 1924.

Department of Commerce, Bureau of the Census, Fifteenth Census of the United States: 1930, Population-Hawaii, County: Kauai, Island: Kauai, City: Lihue.

List or Manifest of Passengers (Citizens) for Immigration Officials at Port of Arrival. S.S. Malolo Sailing from Los Angeles Harbor August 14 1935 Arriving Port of Honolulu August 19 1935.

List or Manifest of Alien Passengers for United States Immigration, SS Berengaria passengers sailing from Southhampton 2 October 1935 arriving Port of New York 8 October 1935.

List or Manifest of Aliens Employed on the Vessel a Members of Crew, SS Houston Volunteers, June 7, 1946. Hawaii Passenger and Crew Lists, 1900-1959.

Statement of Master of Vessel Regarding Changes in Crew Prior to Departure, S. S. Robert Lowry, January 13, 1946. New York Passenger Lists, 1820-1945.

"Petition for Naturalization" by Josel Namkung, October 13, 1960.

"Petition for Naturalization" by Josel Namkung, November 3, 1980, Washington, Naturalization Records, 1904-1991.

* 브리티시 패스(http://www.britishpathe.com) 동영상
http://www.britishpathe.com/video/world-peace-congress-in-prague-aka-paris-world-of/query/World+Peace+Congress

* 신문, 잡지
Daily News, Daily People's World, Honolulu Advertiser, New York Times

2 체코

* 체코 비밀경찰국 문서보관소
ASFCR: Archives of the Security Forces of the Czech Republic (Archiv Bezpecnostnich Slozek)
Record Group 319, Folder 319_40_15, Folder 44581_020 part 2.1.

Record Group 319, Folder 319_40_15.

Subject: CHUNG Welington -zruseni pozadavku o PK [Cancellation of the request for mail censoring], February 9, 1959.

CHUNG Wellington—vyzadani poznatku a obstaveni korespondence [Request for information and mail censoring], May 28, 1958.

document No. 301 labeled "Neoficialni preklad" [Unofficial translation], February 8 and February 29, 1956; and p. 42, document no. Sv–3388/50–56, letter by Deputy Minister of the Interior to Chief of the Secretariat of Ministry of Foreign Affairs, Milos Paris, April 9, 1956.

document subjects Sv–7805/50–56, A/2–0569/12–56, A/2–01352/12–56.

titled case number Sv–03388/50–56, Subject: John Wellington—podani zpravy [Filing of a report], February 27, 1956.

Rudolf Barak's letter to Ambassador Jan Jen Sun, April 7, 1956.

Testimony of Wellington Chung to Czech Secret Service, English translation by Professor Vladimir Hlasny from Original Czech text.

Folder 44581–020–1–2, Report by Rose Lavoott, ca. Summer 1952, titled "George and Eleanor Wheeler," undated.

RG 44581–1 of Security Services Administration, Folder 44581–020–1–2, Report by Rose Lavoott, titled "Wellington Chung," undated.

Folder MTH 21393b (from Folder 40057), File No. 40057–000–1–2 (RG MTH/First Administration of State Security).

File: T–1621–MV [Ministry of the Interior].

• 체코 국립문서보관소
  NACR: National Archives of Czech Republic
Folder H 2576_30, Hyun Alice File.

Folder XXXIII/127, Chung Wellington File.

"Note on John Juhn," by Vladimir Hlasny; UV–KSC; 319_40_15.

Folder H–352, Krajske velitelstvi NB—cizinecke odd. V/5 [Regional directorate of the National Security, Immigration department], internal note, February 16, 1951.

Folder H–2516/30, Ustredni narodni vybor hl.m. Prahy—Reditelstvi narodni bezpecnosti [Central national bureau in Prague—Directorate of National Security], Request for a return visa: February 22—March 6, February 22, 1949.

• 체코 외무성 문서보관소
  AMFA: Archive of the Ministry of Foreign Affairs, Czechoslovakia
"Note on Choon Soon (Carl) Kwak," by Vladimir Hlasny.

Folder group on John Juhn, Czechoslovak embassy in Pyongyang doc.0437/57, Subject: Zaznam o navsteve u vedouciho I. odboru MZV KLDR Pak Il Jon–a [Record of a visit with the North Korean Ministry of Foreign Affairs First Division chief, Park Il Young], Pyongyang, August 12, 1957.

- 찰스 대학 문서보관소
  CUA: Charles University Archives

Wellington Chung File.

Letter to Wellington Chung (801 Micheltorena St. Los Angeles, Calif.) from Deanship of Faculties
of Medicine of Charles University in Prague, January 26, 1948. "Wellington Chung File,"
Charles University Archives, Prague, Czechoslovakia.

R. L. Stevenson Intermediate School, Record of Wellington Chung, "Wellington Chung File,"
Charles University Archives, Prague, Czechoslovakia.

- 카를로비바리 병원 문서보관소
  AKVH: Archives of the Karlovy Vary hospital

Personnel files, Wellington Chung, accessed October 2013.

- 카를로비바리 국립지역문서보관소
  SRAKV: State Regional Archives of Karlovy Vary(1960)

Evidence obyvatelstva—prihlasovaci listek Dr. Chung Wellington [Population census—registration card], 1960.

Karlovy Vary Crematorium(1963), Cremation and Burial Records, October 1963.

- 체코 과학아카데미 마사리크연구소 및 문서보관소
  MI&AASCR: Masaryk Institute and Archives of the Academy of Sciences of the Czech Republic

Executive Committee Meetings, RG 013/22, Materialy ze schuzi ridicich organu 1949 [Materials
from the meetings of executive bodies], Zapis o schuzce Pratel Koreje 5.4.1949 [Record of
the meeting of the Friends of Korea, April 4], April 6, 1949.

Schuze lektoru [Lecturer meetings], Folder 41, p.28, Zprava o porade lektoru SOJ 21.1.1950 [Report on a meeting of School of Oriental Languages lecturers, January 21].

3 일본

- 자료

慶尙南道 警察部, 『高等警察關係摘錄』, 1936년 12월.

關西大學學友會, 『關西大學校友會學友會會員名簿』關西大學學友會, 1925.

小川圭治·池明觀 編, 『日韓キリスト敎關係史資料 1876~1922』, 新敎出版社, 1984; 金允玉·孫奎泰 共譯,
『韓日그리스도교關係史資料』, 한국신학연구소, 1990.

朝鮮總督府 警務局, 『朝鮮治安狀況(國外)』.

憲兵隊 司令部, 『朝鮮騷擾事件』.

- 판결문 심문조서

「구여순 등 판결문」(大正 刑控 제444, 445) 대구복심법원(1919년 7월 15일) 국가보훈처 공훈전자사료관.

「구여순 등 판결문」(大正8年 刑上 제816, 817) 고등법원(1919년 10월 4일) 국가보훈처 공훈전자사료관.

「安武商 田溶璿 崔秉圭 판결문」 대구복심법원(1919년 8월 19일).

新義州警察署,「被疑者(朱世竹)審問調書」(1925년 12월 4일).

신의주지방법원,「피고인 박헌영 신문조서(제4회)」(1926년 4월 23일).

- 외무성 불령단관계잡건

『不逞團關係雜件-朝鮮人ノ部-上海假政府』(3)~(5)

『不逞團關係雜件-朝鮮人ノ部-在滿洲의 部』(33)

『不逞團關係雜件-鮮人ノ部-在上海地方』(4)

『不逞團關係雜件-朝鮮人ノ部-在歐米』(6)

『不逞團關係雜件-朝鮮人ノ部-在西比利亞』(14)

4   한국

- 신문

『경향신문』,『공립신보』,『大東新聞』,『獨立新聞』,『독립신보』,『동아일보』,『로동신문』,『매일신보』,『문화일보』,『서울신문』,『시대일보』,『신한민보』,『자유신문』,『조선인민보』,『조선중앙일보』,『현대일보』
Korean Independence, The Korean Open Letter

- 잡지

『삼천리』,『조선여성』,『중앙』,『태평양주보』,『颱風』,『한민』,『흥사단보』
Korea Student Bulletin

- 이력서

「변준호 평생이력서」, 국가보훈처.

「선우섭 공적조서」, 국가보훈처.

「제102단우 卞埈鎬이력서」,「제123단우 申斗湜이력서」,「李敬善 履歷書」, 도산안창호선생전집편찬위원회 편,『島山 安昌浩 全集』10권, 2000.

尹深溫,「李思民牧師經歷草」.

- 기소장·판결문·조서

「기소장: 피심자 리승엽 조일명 림화 박승원 리강국 배철 윤순달 리원조 백형복 조용복 맹종호 설정식 들의 조선민주주의인민공화국 정권 전복 음모와 반국가적 간첩행위에 대한 사건」,『로동신문』, 1953년 8월 5일.

「朴憲永等에 死刑言渡 政府轉覆企圖 間諜嫌疑, 李承燁等 13名도 逮捕報道」,『동아일보』, 1953년 8월 9일.

「박헌영의 비호 하에서 리승엽 도당들이 감행한 반당적 반국가적 범죄적 행위와 허가이의 자살 사건에 관하여」, 조선로동당 중앙위원회, 『결정집 1953년도 (전원회의, 정치, 조직, 상무위원회)』, 이정박헌영전집 편집위원회 엮음, 『이정 박헌영 전집』 7권, 역사비평사, 2004.

「피소자 박헌영의 조선민주주의인민공화국 정권 전복음모와 미제국주의자들을 위한 간첩행위 사건」, 조선민주주의인민공화국 최고재판소, 『미제국주의 고용간첩 박헌영 리승엽 도당의 조선민주주의인민공화국 정권전복 음모와 간첩사건 공판 문헌』, 국립출판사, 1956.

- 인터뷰

한길수의 아들(Stan Haan) 인터뷰(2001년 채널세븐).

박기벽 인터뷰(1998년 8월 17일).

윤심온 목사 전화 인터뷰(2008년 9월 9일).

그랜트 이치가와Grant Ichikawa 인터뷰(2011년 7월 27일; 2012년 2월 1일, 버지니아 주 비엔나 자택).

「이사민 목사 가계표(2남 3녀)」, 2012년 1월 현재(윤심온 목사 작성)

선우학원 인터뷰(2012년 2월 15일, 로스앤젤레스 자택).

윤심온 인터뷰(2012년 2월 15일, 로스앤젤레스 자택).

일레인 야가와Elaine Yagawa 인터뷰(2012년 2월 15일, 로스앤젤레스 자택).

야로슬라브 올샤Jaroslav Olša, jr 대사 인터뷰(2013년 10월 11일, 주한 체코대사관).

Wheeler Interview by Prof. Vladimir Hlasny(Summer 2013).

노라 휠러Nora Wheeler(조지 휠러의 딸) 인터뷰(2013년 7~8월, 블라디미르 홀라스니 교수, 체코).

- 편지

「선우학원이 정병준에게 보낸 편지」(2011년 8월 19일).

「디 버킹엄이 정병준에게 보낸 편지」(2011년 2월 9일).

「로버타 장이 정병준에게 보낸 편지」(2011년 2월 22일).

II 논저

1 저서

• 한국어

C. L. 호그 지음, 신복룡·김원덕 옮김, 『한국분단보고서』(상), 풀빛, 1992.

監理教會協成神學校, 『監理教會協成神學校一覽 (自一九三○至一九三一年)』.

강덕상 지음, 김광열 옮김, 『여운형 평전1: 중국·일본에서 펼친 독립운동』, 역사비평사, 2007.

국가보훈처, 『한국학생회보』The Korea Student Bulletin(해외의 한국독립운동사료), 2000.

국사편찬위원회, 『일제침략하 한국36년사』6권, 1971.

─────────, 『한국독립운동사』24~25집, 임정편 IX~X, 1994.

─────────, 『대한민국임시정부자료집』3(大韓民國臨時議政院), 2005.

金元容, 『재미한인오십년사』在美韓人五十年史, California Reedly, 1959.

金正明, 『朝鮮獨立運動』I권.

磯谷季次, 『良き日よ來たれ: 北朝鮮民主化への私』の遺言』, 花傳社, 1991(이소가야 스에지, 『좋은 날이여 오라』, 『이정 박헌영 전집』8권 재수록).

기독교대한감리회 정동제일교회, 『濯斯 최병헌 목사의 後光』.

김광운, 『북한 정치사연구I』, 선인, 2003.

김승태·박혜진 엮음, 『내한선교사총람』, 한국기독교역사연구소, 1994.

김인덕, 『식민지 시대 재일조선인운동 연구』, 국학자료원, 1996.

김창수·김승일, 『해석 손정도의 생애와 사상 연구』, 넥서스, 1999.

盧載淵, 『재미한인사략』在美韓人史略, 미국 LA, 1963(독립운동사편찬위원회, 『독립운동사자료집 제8집: 임시정부사자료집』, 1974).

대한축구협회, 『한국축구100년사』(증보판), 상신, 2003.

데이빗 현 지음, 김영목 편집, 『사진으로 보는 애국지사 현순목사의 대한 독립운동』, 한국독립역사협회, 2002.

독립운동사편찬위원회, 『독립운동사』3권, 『삼일운동사』(하), 독립유공자사업기금운용위원회, 1971.

─────────, 『독립운동사자료집: 임시정부사자료집』8집, 1974.

─────────, 『독립운동사: 의열투쟁사』7권, 독립유공자사업기금운용위원회, 1976.

─────────, 『독립운동사자료집』14권, 1976.

드미트리 볼코고노프 지음, 한국전략문제연구소 옮김, 『스탈린』, 세경사, 1993.

리사민, 『종군긔』, 1946.

────, 『새조선』, 1945년 1월 20일.

리차드 로빈슨 지음, 정미옥 옮김, 『미국의 배반』, 과학과사상사, 1988.

마쯔모토 세이쪼 지음, 김병걸 옮김, 『北의 詩人 林和』, 미래사, 1987.

朴甲東, 『歎きの朝鮮革命』, 三一書房, 1975.

_____, 「서울 평양 北京 東京」, 기린원, 1988.

선우학원, 『아리랑 그 슬픈 가락이여』, 대흥기획, 1994.

小川圭治·池明觀 編, 『日韓キリスト敎關係史資料 1876~1922』, 新敎出版社, 1984(金允玉·孫奎泰 共譯, 『韓日그리스도교 關係史資料』, 한국신학연구소, 1990).

宋芳松, 『한겨레음악인대사전』, 보고사, 2012.

신덕상·김덕기, 『이야기 한국체육사 2: 國技축구 그 화려한 발자취』, 서울올림픽기념국민체육진흥공단, 1999.

심지연, 『이강국 연구』, 백산서당, 2006.

안혜령, 『손인실: 사랑과 겸허의 향기』, 이화여자대학교출판부, 2001.

유동식, 『정동제일교회의 역사 1885~1990』, 기독교대한감리회 정동제일교회, 1992.

유영익·송병기·이명래·오영섭 편, 『李承晩 東文 書翰集』(하), 연세대학교출판부, 2009.

윤경헌·최창신, 『이야기 한국체육사 3: 國技축구 그 찬란한 아침』, 서울올림픽기념국민체육진흥공단, 1997.

윤대원, 『상해시기 대한민국임시정부 연구』, 서울대학교출판부, 2006.

이덕희, 『하와이 이민 100년, 그들은 어떻게 살았나?』, 중앙M&B, 2003.

李炳憲, 「朴熙道先生取調書」, 『三一運動秘史』, 1959.

이옥수, 『한국근세여성사화』(상), 규문각, 1985.

이정박헌영전집편집위원회 엮음, 『이정 박헌영 전집』 9권, 역사비평사, 2004.

이화100년사편찬위원회, 『이화백년사 1886~1986』, 이화여자고등학교, 1994.

이화70년사편찬위원회, 『이화70년사』, 이화여자대학교출판부, 1956.

이화90년사편찬위원회, 『이화90년사 1886~1875』, 이화여자고등학교, 1975.

이화여자중고등학교 동창회, 『이화여자중고등학교 동창회명부』, 1970.

임경석, 『이정 박헌영 일대기』, 역사비평사, 2004.

_____, 『한국독립운동의 역사 42: 초기 사회주의운동』, 독립기념관 한국독립운동사연구소, 2009.

정병준, 『몽양 여운형 평전』, 한울, 1995.

_____, 『우남 이승만 연구』, 역사비평사, 2005.

_____, 『한국전쟁』, 돌베개, 2006.

정용욱 편, 『해방직후정치·사회사자료집』 2집, 다락방, 1994.

최병현, 『강변에 앉아 울었노라: 뉴욕한인교회70년사』, 깊은샘, 1992.

최봉윤, 『미국 속의 한국인』, 종로서적, 1983.

최영방·최영화 지음, 김대구 편집, 『대한독립운동 최후의 광경: 아버지 雲丁 최창식 어머니 雲堂 김원경』, 한국이민역사연구소, 2008.

沈熏, 『沈熏文學全集』 2권 수록, 『東方의 愛人』, 탐구당, 1966.

한림대학교, 『HQ, USAFIK, G-2 Periodic Report(주한미군정보일지) 부록』(한림대학교 아시아문화연구소 자료총서 2) HQ, XXIV Corps, G-2 Section, Civil Communication Intelligence Group-Korea, A Digest of Information Obtained from Censorship of Civil Communication in Korea, 1990.

玄楯, 『布哇遊覽記』, 日韓印刷株式會社, 1909.

- 외국어

Cedric Belfrage and James Aronson, *Something to Guard: The Stormy Life of the National Guardian 1948 - 1967*, Columbia University Press, 1978.

D. L. Olmsted with the collaboration of Peter Park and Do - Sik Kim, *Korean folklore reader, texts with presyntactic analysis*, Blommington, Indiana University, 1963.

Dan Boylan, T. Michael Homes, John A. *Burns: the Man and his times*, University of Hawaii Press, 2000.

David Hyun and Yong Mok Kim, ed., *My Autobiography: The Reverend Soon Huyun*, Yonsei University Press, 2003.

Friends and Neighbors of David Hyun, *Exile: The Story of David Hyun*, Los Angeles, ca. 1954.

Hyung-ju Ahn, *Between Two Adversaries: Korean Interpreters at Japanese Alien Enemy Detention Centers during World War II*, Michi Nishiura and Walter Weglyn, Multicultural Publication Series, California State University, Fullerton, 2002.

Ichiro Izuka, *The Truth about Communism in Hawaii*, 1947.

James C. McNaughton, *Nisei Linguists: Japanese Americans in the Military Intelligence Service during World War II*, Department of the Army, Washington D.C., 2006.

Josel Namkung, *Artist's View of Nature*, March 29–May 28, 1978, Seattle Art Museum, The University of Washington Press, 1978.

Kim Chernin, *In My Mother's House*, MacAdam/Cage, 2003.

Korean Student Directory for 1935, by The Social Relations Department of the Korean Student Federation of North America and The Korean Division of the Committee on Friendly Relations Among Foreign Student.

Marn J. Cha, *Koreans in Central California(1903–1957), A Study of Settlement and Transnational Politics*, University Press of America, 2010.

Peter Hyun, *MAN SEI!: The Making of a Korean American*, A Kolowalu Book, University of Hawaii Press, Honolulu, 1986.

_____, *In the New World: The Making of a Korean American*, A Kolowalu Book, University of Hawaii Press, Honolulu, 1995.

Register of the Department of States. December 1, 1946, United States Government Printing Office, Washington, 1947.

Santi, Rainer, *100 years of peace making: A history of the International Peace Bureau and other international peace movement organisations and networks*, Pax förlag, International Peace Bureau, January 1991.

Soon Hyun, *I Am Appealing on Behalf of My Youngest Son*, Los Angeles, ca. 1954.

T. Michael Homes, *The Specter of Communism in Hawaii*, University of Hawaii Press, 1994.

W. and B. Forman, translated by Wellington Chung, *Chinese Art in Czechoslovakia*, Artia publishing house, 1954

W. and B. Forman, translated by Wellington Chung and Helen Watney, *Exotic Art*, Spring Books London, 1956.

2   논문

- **한국어**

강은지,「선우학원 박사에게 듣는 미주동포운동사 2: 돈 모아 독립운동 자금 보내는 것이 가장 큰 낙이었다」, 『민족21』, 2003년 12월호.

강상호,「(남기고 싶은 이야기들) 내가 치른 북한 숙청」 25회(남로당 제거 20), 『중앙일보』, 1993년 1월 11일 ~10월 12일, 35회 연재(『이정 박헌영 전집』 8권).

강준식,「김수임과 앨리스 현: 그 여인들 죄명은 '간첩' 진짜 죄는 '사랑'이었다」, 『월간중앙』, 2010년 1월호.

고봉기,「리강국과 김애리사」, 『조선노동당원의 육필수기』, 시민사회, 1990.

고정휴,「1930년대 미주 한인사회주의운동의 발생 배경과 초기 특징」, 『한국근현대사연구』 54집, 2010.

김민희,「『조국』의 주인공 김진계의 증언 '박헌영 간첩사건'의 새로운 전모」, 월간 『말』, 1994년 11월호(『이정 박헌영 전집』 8권 재수록).

金良洙,「조선전환기의 中人집안활동: 玄德潤·玄采·玄楯 등 川寧玄氏 驛館家系를 중심으로」, 『東方學志』 102집, 1998.

金午星,「李康國論」, 『指導者群像』, 大成出版社, 1946(심지연, 『이강국 연구』, 백산서당, 2006).

김재찬,「휘보: 한흥수씨의 서신」, 『震檀學報』 6집, 1936.

_____,「『조선사회경제사』의 재검토: 한흥수씨의 비판에 대한 비판」, 『批判』, 1936년 4월.

도유호,「선사학의 유물사관적 고찰을 위한 몇 개의 기본문제」(상)(하), 『력사제문제』 15·16집, 1950.

박갑동,「(남기고 싶은 이야기들 31화) 내가 아는 박헌영 12(朴의 上海時代)」, 『중앙일보』, 1973년 2월 26일 (『이정 박헌영 전집』 8권, 461~462쪽).

박찬승,「1910년대 渡日留學과 留學生活」, 『역사와담론』 34집, 2003.

_____,「식민지시기 도일유학생과 근대지식의 수용」, 『지식변동의 사회사』, 문학과지성사, 2003.

_____,「1920年代 渡日留學生과 그 사상적 동향」, 『한국근현대사연구』 30호, 2004.

방선주,「미국 제24군 G-2 군사실 자료 해제」, 『아시아문화』 3호, 1987.

_____,「김호철과 사회과학연구회」, 『재미한인의 독립운동』, 한림대학교 아시아문화연구소, 1989.

_____,「미주지역에서 한국독립운동의 특성」, 『한국독립운동사연구』 7집, 1993.

_____,「韓吉洙와 李承晩」, 『이승만의 독립운동과 대한민국 건국』, 연세대학교 현대한국학연구소 제2차 국제학술회의, 1998.

_____,「미국 국립공문서관 소장 RG 242 내 '선별노획문서' 조사연구」, 『미국소재 한국사 자료 조사보고 III: NARA 소장 RG 242 '선별노획문서' 외』, 국사편찬위원회, 2002.

블라디미르 푸체크Vladimir Pucek,「체코슬로바키아에서의 한국학 연구」, 『해외한국학백서』, 한국국제교류재단, 2007.

서울신문 특별취재반,「새로 쓰는 한국현대사 38: 이사민·현앨리스 사건」, 『서울신문』, 1995년 10월 2일.

야로슬라브 올샤. jr., 「체코슬로바키아와 한국의 관계」, 『체코슬로바키아 중립국감독위원단이 본 정전 후 남과 북』, 서울역사박물관, 2011.

윤해동, 「한국 현대사의 증언: 박헌영의 아들 원경스님, 혁명과 박헌영과 나」, 『역사비평』 39호, 1997.

이광린, 「북한의 고고학: 특히 都宥浩의 연구를 중심으로」, 『동아연구』 20집, 1990.

이상훈, 「김규식의 구미위원부 활동(1919~1920)」, 한림대학교 석사학위 논문, 1996.

이신철, 「북의 통일정책과 월·납북인의 통일운동(1948~1961년)」, 성균관대학교 박사학위 논문, 2005.

이애숙, 「상해 임시정부 참여세력의 대소對蘇 교섭」, 『역사와현실』 32호, 1999.

이정박헌영전집편집위원회, 「해제: 전 조선노동당 중앙위원, 평양시당 위원장 고봉기의 유서」, 『이정 박헌영 전집』 8권, 2004.

임경석, 「극동민족대회와 조선대표단」, 『역사와현실』 32호, 1999.

_____, 「박헌영과 김단야」, 『역사비평』 53집, 2000.

_____, 「국민대표회의 원내 대표원단 연구」, 『한국사학보』 51집, 2013.

정병준, 「조선건국동맹의 조직과 활동」, 『한국사연구』 80호, 135쪽, 1993.

_____, 「해제」 『남북한관계사자료 15: 미 중앙정보부 평양방송청취 일일보고서(1947. 12~1948. 2)』, 국사편찬위원회, 1995.

_____, 「해제」, 『NAPKO Project of OSS: 재미한인들의 조국 정진 계획』(海外의 韓國獨立運動史料 24, 美洲篇 6), 國家報勳處, 2001.

_____, 「朴順東의 항일투쟁과 美전략첩보국OSS의 한반도 침투작전」, 『지방사와지방문화』 6권 2호, 2003.

_____, 「김호의 항일독립운동과 정치활동」, 『한국민족운동사연구』 43집, 2005.

_____, 「일제하 한국여성의 미국유학과 근대경험」, 『이화사학연구』 39집, 2009.

_____, 「해제: 김성칠의 삶과 한국전쟁」, 김성칠 지음, 정병준 해제, 『역사 앞에서』 창비, 2009.

_____, 「해방 직후 주한미군 공산주의자그룹과 현앨리스」, 『한국근현대사연구』 65집, 2013.

_____, 「해제」, 『해외의 한국독립운동사료38: 미주편(11) 미주한인기독교잡지』, 국가보훈처, 2014.

정창현, 「박헌영: 권력투쟁의 희생양인가 '미제의 간첩'인가」, 『인물로 본 북한현대사』, 민연, 2002.

제인 홍, 「워싱턴에서의 조망: 미국의 정치적 국외추방과 한인 디아스포라」, 『역사문제연구』 26호, 2011.

조민우, 「현순 목사 자사自史원본 최초 공개」, 『기독교타임즈』(http://www.kmctimes.com), 2004년 10월 18일.

조용준, 「미주한인사의 산증인 선우학원 인터뷰: 내가 본 한국인 미국공산당원들의 항일운동」.

趙鍾武, 「金世旋」, 『아메리카대륙의 韓人風雲兒들』(上), 朝鮮日報社, 1987.

_____, 「尹湸善: 뉴욕 최초의 교포 치과의사」, 『아메리카대륙의 韓人風雲兒들』(下), 朝鮮日報社, 1988.

최기영, 「조선의용대와 미주한인사회: 조선의용대 미주후원회를 중심으로」, 『한국근현대사연구』 11집, 1999.

_____, 「제3장 조선의용대와 미주한인사회」, 『식민지시기 민족지성과 문화운동』, 한울, 2003.

한규무, 「玄楯(1878~1968)의 인물과 활동」, 『국사관논총』 40집, 국사편찬위원회, 1992.

_____, 「현순玄楯의 신앙과 활동: 3·1운동 이전을 중심으로」, 『한국기독교와 역사』 16호, 2002.

_____, 「극동인민대표회의에 참가한 '조선예수교대표회' 현순의 〈위임장〉과 그가 작성한 〈조사표〉」, 『한국근현대사연구』 30집, 2004년 가을호.

한창균,「초기(1945~1950년)의 북한 고고학」,『중재장충식박사화갑기념논총(상) 역사학편』, 단국대학교
　　출판부, 1992.

한호석,「중앙정보국의 비밀공작과 분당파의 미필적 고의」, 통일학연구소, 2008(www.onekorea.
　　org/2008/080131.html).

韓興洙,「原始社會硏究의 重大性과 그 다음에 오는 諸問題」,『批判』, 批判社, 1933년 11월.

＿＿＿,「朝鮮原始社會論: 白南雲氏著「朝鮮社會經濟史」에 對한 批判을 兼하야」,『批判』25호, 1935.

＿＿＿,「朝鮮의 巨石文化硏究」,『震檀學報』3집, 1935.

＿＿＿,「人種과 民族과 文化: 歷史科學의 領域에서」,『批判』, 1936년 3월.

＿＿＿,「朝鮮文化硏究의 特殊性」,『批判』, 1936년 7월.

＿＿＿,「朝鮮石器文化槪說」,『震檀學報』4집, 1936년 4월.

＿＿＿,「北歐 縱斷記」1~6,『조선일보』, 1937년 3월 2일~3월 7일.

＿＿＿,「維也納日誌―荒波의 孤舟 같은 墺地利의 近情」,『批判』, 1937년 7월 11일.

＿＿＿,「海外短信」,『批判』, 1937년 3월.

＿＿＿,「瑞西通信: 프리부륵에서」,『人文評論』3권 2호, 人文社, 1941년 2월.

＿＿＿,「원시사회사 연구에 관한 각서」,『력사제문제』2, 1948.

＿＿＿,「민족문화유산의 계승에 관한 제문제」,『문화유물』1, 1949.

＿＿＿,「조선민속학의 수립을 위하여」,『문화유물』2, 1950.

＿＿＿,「조선원시사 연구에 관한 고고학상 제문제」,『력사제문제』15, 1950.

허은,「미 점령군 통치하 '문명과 야만'의 교차」,『한국근현대사연구』42집, 2007.

홍덕영,「대학생선수들의 집단월북: '촌축구대회' 가는 줄 알았을 것」, 대한축구협회,『한국축구100년사』
　　(증보판), 상신, 2003.

• 외국어

Americans of Japanese Ancestry World War II Memorial Alliance, "Japanese American Women
　　in World War II," *Echoes of silence: The Untold Stories of the Nisei soldiers who served in WW
　　II*, Montebello, California, AJA WW II Memorial Alliance, 2007.

Dorothea 'Dee' Buckingham, "Hawaii's Nisei Women Deployed to Tokyo in WW II to Help
　　America," *Hawaii Reporter*, June 4, 2009.

Duk Hee Lee Murabayashi, "Korean Passengers Arriving at Honolulu, 1903-1905," the Center
　　for Korean Studies, School of Hawaiian, Asian and Pacific Studies, University of Hawaii at
　　Manoa, July 2004(revised version).

Ernestine Evans, "Looking East from Moscow," *Asia*, December 1922.

Eun Sik Yang, "Korean Revolutionary Nationals in America: Kim Kang and the Student Circle,
　　1937-1956," Yu, Eui-Young, Kandal, Terry R, *The Korean Peninsula in the Changing World
　　Order*, Center for Korean-American and Korean Studies and California Socialist, Califor-
　　nia State University, 1992.

Grant Ichikawa, "Original Women M.I.S: Linguists Were Dept of the Army Civilians," *Secret*

Valor: M.I.S. personnel, World War II, Pacific Theater, Military Intelligence Service Veterans Club of Hawaii, 1993.

Hlasny Vladimir and Jung, Byung Joon, "Wellington Chung: Child of the Korean Independence Movement and Victim of the Cold War," *Korea Journal,* Vol. 54, No. 4, UNESCO Korea, Winter 2014.

Jaroslav Olša, jr. & Andreas Schirmer, "An Unsung Korean Hero in Central Europe: The Life and Work of the Multi-Talented Scholar Han Hǔng-su (1909-?)," *TRANSACTIONS,* Vol. 87, ROYAL ASIATIC SOCIETY KOREA BRANCH, 2012.

Kinsic Kim, "The Asiatic Revolutionary Movement & Imperialism," *Communist Review,* Vol. 3, No. 3, July 1922, Communist Party of Great Britain.

K. W. Lee, with Dr. Luke and Grace Kim, "A Child of the Lost Century: A daughter of han, a life of forlorn search," *KoreAm Journal,* Vol. 17, No. 4(April 2006).

Miwako Yanamoto, "Nisei WAC has No Regrets about Enlistment," *Japanese American National Museum Quarterly,* Vol. 10, No. 5, Winter 1995.

Pultr, Alois, Ucebnice Korejstiny (Mluvnice) [Korean Language Textbook (Conversation)]. PhD dissertation in Philology at Charles University, Dissertation No. 2981, Prague: Statni tiskarna, 1949.

Ronald Holden, "Johsel Namkung's Remarkable Nature Photographs," *Opus Opera: Arts & Entertainment Dispatches,* September 16, 2011, http://opusopera.blogspot.kr/2011/09/johsel-namkungs-remarkable-nature.html.

Stephen C. Mercado, "Book Review: Nisei Linguists: Japanese Americans in the Military Intelligence Service during World War II," *Studies in Intelligence,* Vol. 52, No. 4, Extracts, December 2008.

Sunoo Hag-Won, "A Study of the Korean Treaties 1876 and 1882, The Opening of Korea," A Thesis submitted for Doctor of Philosophy at Charles University, Philosophy Faculty, in Prague. 1949-1950.

WAAC/WAC, "Women in the U.S. Army," (http://www.army.mil/women/wac.html).

사진출처

대한축구협회, 『한국축구100년사(증보판)』, 상신, 2003, 204쪽. [그림] 29.

데이빗 현 지음, 김영목 편집, 『사진으로 보는 애국지사 현순목사의 대한 독립운동』, 한국독립역사협회, 2002, 145쪽. [그림] 18, 42.

도산안창호선생기념사업회, 『도산 안창호 전집』 14권, 2000, 307쪽, 340쪽. [그림] 37, 58.

리사민, 『종군긔』(부 미국려행긔), 1946. [그림] 38.

이정박헌영전집편집위원회 엮음, 『이정 박헌영 전집』 제9권, 역사비평사, 2004, 32쪽, 44~45쪽. [그림] 1, 2, 4, 5, 6, 7, 8, 9, 11.

한규무, 「극동인민대표회의에 참가한 '조선예수교대표회' 현순의 〈위임장〉과 그가 작성한 〈조사표〉」, 『한국 근현대사연구』 2004년 가을호 제30집, 206~207쪽. [그림] 16, 17.

『로동신문』. [그림] 48, 50.

『서울신문』, 1946년 3월 20일. [그림] 25.

Archives of the Ministry of Foreign Affairs(AMFA), Kwak, Wellington file. [그림] 56.

Archives of the Security Forces of the Czech Republic(ASFCR), Record Group 319, Folder 319_40_15 [그림] 62.

Britishpathe, http://www.britishpathe.com/video/world-peace-congress-in-prague-aka-paris-world-of/query/World+Peace+Congress. [그림] 41.

Cedric Belfrage and James Aronson, *Something to Guard: The Stormy Life of the National Guardian 1948-1967*, Columbia University Press, 1978, p. 81. [그림] 55.

Charles University Archives(CUA), Harold Sunwoo Dissertation. [그림] 39.

Ernestine Evans, "Looking East from Moscow," *Asia*, December 1922, p. 976. [그림] 15.

Grant Ichikawa, "Original Women "M.I.S: Linguists Were Dept of the Army Civilians," *Secret Valor: M.I.S. personnel, World War II, Pacific Theater*, Military Intelligence Service Veterans Club of Hawaii, 1993, p. 114(a). [그림] 21, 22, 23.

Ichiro Izuka, *The Truth About Communism in Hawaii*, 1947. [그림] 20.

K.W. Lee, with Dr. Luke and Grace Kim, "A Child of the Lost Century: A daughter of han, a life of forlorn search," *KoreAm Journal*, Vol. 17, No. 4 (April 2006). [그림] 57.

Ka Palapala(yearbook, class of 1946), the Associated Students of the University of Hawaii, Honolulu, Hawaii, 1946, p. 36. [그림] 43.

National Archives of the Czech Republic(NACR), [그림] 33, 34, 45.

Peter Hyun, *In the New World: The Making of a Korean American*, A Kolowalu Book, University of Hawaii Press, Honolulu, 1995, p. 168, [그림] 24.

Peter Hyun, *MAN SEI!: The Making of a Korean American*, A Kolowalu Book, University of Hawaii Press, Honolulu, 1986, photographs, p. 189, [그림] 10, 12, 13.

The Reverend Soon Hyun Collected Works, Digital Library, University of Southern California. Photo of Soon Hyun family in Los Angeles, 1948, Sep. 1948, [그림] 31, 44.

Southern California Library for Social Studies and Research, [그림] 53

U. S. National Archives and Records Administration(NARA), [그림] 19, 26, 27, 28, 30, 32, 36, 40, 46, 49, 52.

Wikipedia, http://en.wikipedia.org/wiki/Ho_Chi_Minh#mediaviewer/File:Nguyen_A%C3%AFn_Nu%C3%A4%27C_(Ho-Chi-Minh),_d%C3%A9l%C3%A9gu%C3%A9_indochinois,_Congr%C3%A8s_communiste_de_Marseille,_1921,_Meurisse,_BNF_Gallica.jpg, [그림] 3.

http://www.titanic-whitestarships.com/Coptic.htm, [그림] 14.

* 사진 게재를 허락해주신 분들과 자료를 제공해주신 분들께 감사드립니다.